谨以此书献给浙江树人大学建校 40 周年

民办高等教育研究与民办高校学报发展

徐绪卿◎著

中国社会科学出版社

图书在版编目（CIP）数据

民办高等教育研究与民办高校学报发展 / 徐绪卿著 . —北京：中国社会科学出版社，
2024.7

ISBN 978-7-5227-3532-0

Ⅰ.①民…　Ⅱ.①徐…　Ⅲ.①民办高校—研究—中国　Ⅳ.①G648.7

中国国家版本馆 CIP 数据核字（2024）第 091540 号

出　版　人	赵剑英
责任编辑	宫京蕾
责任校对	杨　林
责任印制	郝美娜

出　　　版	中国社会科学出版社
社　　　址	北京鼓楼西大街甲 158 号
邮　　　编	100720
网　　　址	http://www.csspw.cn
发　行　部	010-84083685
门　市　部	010-84029450
经　　　销	新华书店及其他书店

印刷装订	北京君升印刷有限公司
版　　次	2024 年 7 月第 1 版
印　　次	2024 年 7 月第 1 次印刷

开　　本	710×1000　1/16
印　　张	32.5
插　　页	2
字　　数	550 千字
定　　价	188.00 元

凡购买中国社会科学出版社图书，如有质量问题请与本社营销中心联系调换
电话：010-84083683

序　言

浙江树人大学原校长徐绪卿教授将其在《浙江树人大学学报》2001 年创刊以来发表的全部文章结集成书，由中国社会科学出版社出版，邀我为其写个序言，既十分高兴，又诚惶诚恐。想来我与徐教授差不多是同龄人，也是好友，更是民办高等教育研究的惺惺相惜者，应欣然接受。快速浏览了一遍这部 50 余万字的文稿，回头再看一下这个书名，想说的话实在太多。我认为这是一部具有多重"历史"含义的文集：一份民办高校学报从初创到走向成熟的期刊成长史；一所特殊的"混合所有制"民办大学进入二十一世纪以来的发展史；一部"浓缩"了我国民办高等教育研究的学科史；一位高等教育管理者从研究的"门外汉"转向深耕者的个人学术史。该书是徐绪卿教授从事 20 余年民办高校管理工作和理论研究的踏雪留痕。

说到徐教授这部书稿，就不得不提到我们的结识过程。我与徐绪卿教授相识于 2001 年 1 月，当时他来厦门大学参加教育部高教司召开的民办高等教育研讨会，他的大会报告就是从这份尚未"出生"的民办高校《学报》开始的："我这次是从北京飞来厦门开会，首先和大家分享一个好消息，经多方奔走和努力，我校刚刚成功申请到了《学报》的出版刊号，北京的气温是零下 19 度，厦门是零上 19 度，两地温差近 40 度，厦门宜人的气候正如我激动的心绪。其次，我们的《学报》很快就会出刊，热忱欢迎各位赐稿。"他的发言充满激情，脸上挂满喜悦，与会代表被他的情绪所感染。我当时的感觉是，似乎"老天爷"都在为民办高等教育站台，从阴冷的北方雨雪到明媚的南方阳光，这不仅仅是气候变化的自然现象，更是徐教授的心情写照。虽然当时的民办高等教育发展面临着诸多挑战，但他讲话的激情和特殊的"声调"，让参会代表与他一起分享了这份喜悦。

说到徐教授这部书稿，就不得不提到浙江树人大学。这是一所筹建于1984 年、具有"特殊身份"的民办高校，用学术的话来说，是我国民办高等教育"混合所有制"的先行者，从其校名的变化与"合并"过程可以窥视这所大学的"特殊性"。1984年10月开始筹建时叫"武林大学"，"武林"系杭州古地名。1984年12月，浙江省政府下达的批文是"同意依靠各民主党派和社会力量筹建民办的武林大学"。两个月后的1985年2月，筹建中的"武林大学"改为"浙江社会大学"。学校很快召开成立了浙江社会大学首届董事会，原则通过了《浙江社会大学董事会章程》《浙江社会大学章程》，成立了基金委员会。1985年9月正式招生时，省政府又同意将"浙江社会大学"改名为"浙江树人大学"。1993年10月，该校通过了国家教委高等学校设置委员会的审核，1994年3月，国家教委正式发文同意建立民办的浙江树人学院，成为全国最早获得批准的4所民办普通高校之一。学校的重大转折是在2000年，省政府同意浙江树人大学与浙江省电子工业学校、浙江省轻工业学校、浙江省对外经济贸易学校"以资产为纽带，按股份制形式联合组建"新的树人大学，这些带引号的词语，实际上是当时形势下处理问题的策略，按照文件，学校"实行统一领导、统一建设，统一管理"；2001年6月，省政府又将浙江勘察工程学校并入。从此，它不再是一所"纯粹"的民办大学，而是具有民办"底色"公办"基因"于一体的民办高校。2003年顺利升格为本科院校，学校进入一个快速发展的新阶段而受到同行和学者的关注。

正是从2001年开始，我与树人大学和徐教授结下了友谊，民办高等教育研究是连接我们友谊的桥梁。我们的结识缘于厦门会议，我们的友谊续延于树人大学的一系列学术活动。从2003年到2012年，树人大学民办高等教育研究所（院）与中国高教学会合作，先后举办了6届具有较大影响的"中外民办（私立）高等教育发展论坛"，我参加了其中5届，并应邀在会上演讲。此外，潘懋元老师与我还有厦门大学教育研究院的教授有时也带博士生到该校调研，有据可查的是，潘老师至少有9次去该校进行学术交流。20余年接触下来，我对树人大学和徐教授都有了深刻的了解。2000年，随着浙江省电子工业学校与树人大学合并，徐教授从一位省属重点中专学校的党委书记兼校长转任浙江树人大学副校长，并在12年后担任校长，直到2019年11月从领导岗位退下来。徐教授是新树大建设的第一批领导者，见证并经历了学校进入21世纪以来的全过程，也由此开启了自己的民办高等教育研究之路。徐教授如是说，"正是由于管理工作的迫切需要，自己才不得不将工作的压力与挑战转变为内在的学术自觉，不得不开启了民办高等教育研究的学术生涯。"

　　说到徐教授这部书稿，就不得不提到树人大学主办的这份《学报》。该《学报》是全国仅有的四份具有正式刊号的民办高校学报之一，在徐教授等同仁的精心呵护下，《学报》成为民办高等教育研究的重镇，是展示我国民办高等教育研究成果的窗口之一。2021年，在《学报》创刊20周年之际，我曾写了一篇祝贺文章，题目是《民办高等教育研究阵地的坚守者》，我早期的三篇关于民办高等教育研究的论文都是发表在这份《学报》上。该《学报》的特色之一就是在创办伊始开设的"民办高等教育"栏目，是国内目前唯一不间断开设的、专门研究民办高等教育问题的学术栏目。最近这20余年，正是我国民办高校快速成长、发展壮大的重要阶段，该栏目共刊出136期，累计发文692篇，基本记录了我国民办高等教育发展的历史轨迹。自2012年迄今，我一直受邀担任《学报》的校外编委，每当《学报》取得一些成绩，编辑部的同志都会及时告诉我，与他们一起分享期刊成长的快乐。2011年12月，该刊的"民办高等教育"栏目入选第二批"教育部高校哲学社会科学名栏建设工程"，我为他们感到十分高兴，因为这是浙江省内高校学报第一个取得该荣誉的学术专栏，也是全国唯一进入国家层次名栏建设的民办高校学报栏目。后来的好消息接踵而至，该栏目先后于2006年、2010年、2014年、2019年和2023年共五次获得"全国高校社科期刊特色栏目"。2016年10月，在首届教育部"名栏工程"建设评奖活动中，"民办高等教育"栏目获得"名栏建设优秀奖"，在全国民办高校学报中独此一家，是当之无愧的"名栏"。在该栏目发表过论文的学者不仅有潘懋元教授、钟秉林教授、杨德广教授等，还有国外学者丹尼尔·C.列维教授、菲利普·G.阿尔特巴赫教授等。潘老师曾在该《学报》发表9篇论文。这些荣誉和光环的背后离不开树大同仁们的辛劳付出，尤其是徐绪卿教授，他说他的研究源于管理，始于学报。他累计在"民办高等教育"栏目发表论文51篇，实属少见。在崇尚"C刊""核心"的当下，徐教授能够持之以恒一如既往地给自己学校的《学报》供稿，显得难能可贵，值得敬佩，可以看出徐教授的研究工作从自发到自觉的心迹，也体现出他对树大、对学报所饱蘸的挚爱深情。

　　说到徐教授这部书稿，就不得不提到他的研究团队。树人大学于2000年9月成立了民办高等教育研究所，并于2010年更名为中国民办高等教育研究院，名字十分大气。该团队应该属于最早的"有组织科研"团队之一，自成立以来，紧紧抓住民办高等教育这一新生事物，坚持针对实践发展中的重大问题开展理论研究，既服务于学校自身发展，也兼顾浙江民办高校发展和政府决策，研究影响力日益彰显；拥有一支结构合理、水平较高、实力较强的研究团队；形成了民办高等教育政策创新、民办高等教育院校治理和民办高等学校竞争力评价等三个基本方向。自成立以来发表论文 600 余篇，出版专著（译著）50 余部；先后承担国家社科基金重点项目、一般项目、青年项目和省部级项目 60 余项；先后获得省部级奖项 11 个。自 2012 年，起连续六年发布"全国民办高校科研竞争力排名与评价报告"；至今已获得四届全国优秀高等教育研究机构的荣誉称号。徐教授是研究团队的创始人和组织者，是首任院长，他在组建研究团队、物色人才方面很是下了一番功夫。我的一位博士生属于"定向委培"，原本博士毕业之后需要回到原单位工作，否则就要面临高额的违约金赔偿。徐教授看中了该生的科研能力和发展潜力，花"重金"招聘该博士进入树大，并为他解决了一系列生活保障问题，从这件事情上足以窥见他在组建团队上的良苦用心。

读罢徐教授这部书稿，我认为他基本完成了从"门外汉"到学者的转变。徐教授担任浙江树人大学的副校长、校长共 20 个年头，他一边躬行于繁杂的行政工作，一边努力投身于民办高等教育研究。他称自己是"半路出家"的研究者，在任职浙江树人大学之前，对什么是高等教育研究、什么是民办高等教育研究，基本上是"一无所知"，既没有做过任何课题研究，也没有发表过学术论文。走上管理岗位之后，为了更好地管理这所民办高校，他意识到需要努力开展研究工作，加快提高理论素养，开始了自觉地将自己从一个"门外汉"向一个民办高等教育的研究者转变。为了充实自己，他虚心向老一辈请教，向专家学习，参加和举办各种学术活动，带头撰写论文，笔耕不辍，"深陷其中不能自拔"。从 2001 年到 2023 年的 20 余年，他在各类期刊、报纸发表了 150 余篇论文，其中 C 刊论文近 50 篇，被全文转载的近 10 篇，主持国家级、省部级课题 20 余项，出版民办高等教育研究专著 12 部，获得 9 项省部级政府学术奖项。徐教授先后受邀参加英国、美国、韩国、日本以及中国港澳台地区的学术交流活动，多次在国（境）外会议上发表演讲，介绍中国民办高等教育的发展。研究工作引起了同行和教育部门的关注，他陆续参加了《民办教育促进法》和《民办教育促进法实施条例》等法律和重大政策的制定、修订讨论，作为全国民办高校的唯一代表，参加了全国教育事业"十一·五"规划的制定讨论，主持相关内容研究；先后主持民办高校税收政策、资产过户政策等国家政策调研任务和省政府民办教育重大政策的组织起草。鉴于他的学术影响，他曾被推选为中国民办教育协会民办教育研究分会理事长，实现了从"门外汉"到内行专家的华丽转身。

徐教授在其专著《民办高等教育研究二十年》中谈到，"我的论文有三个显著特点：针对问题而写，针对课题而写，针对现实而写。自知理论水平不高，但研究的问题要有针对性。"直面现实，针砭时弊，解决问题是徐教授的研究意义所在，这一点与"纯"理论研究者的"路数"迥然不同。由此我称他为躬耕于民办高等教育实践和理论研究。在实践层面，徐教授对浙江树人大学的发展立下了汗马功劳，新校区的开拓和医学院的设置，重点学科与学校品牌的建设，教学服务型大学、高级应用型人才和行业学院等相关理论的完臻，都体现了他对民办大学办学实践的孜研和追求；在理论研究层面，他长期坚持深耕民办高等教育领域，产出大量成果，从政府宏观管理和民办高校内部治理层面上，多方位、多角度探讨中国民办高等教育发展的规律，留下了许多宝贵的思想观点，为中国民办高等教育发展贡献了诸多智慧，他为深入推动民办高等教育研究发挥了重要作用。

读罢徐教授这部书稿，我认为他是民办高等教育实践与理论研究并行的专家。在我国民办高等教育领域有一批著名的校长，他们有着丰富的办学体验和管理经验，并能够把他们的管理财富转化为高等教育理论，徐校长是其中之一。他对民办高等教育理论和发展规律有诸多独到的认知。我们之间既有许多观点的不谋而合，犹如"英雄所见略同"，但也在个别问题上，我们各持己见相互尊重。正是在"和而不同"的商榷中，相互之间多了些理解和包容，我们的友谊在互相交流、互相启发、互为补充之中不断增强。正是在平常的交流与争鸣中，我和徐教授的关系也逐渐发展成为可以随时打电话聊天、相互打扰的好友。

读罢徐教授这部书稿，我认为他是民办高等教育研究的坚守和深耕者。说他是坚守者，是因为他20余年不改初心，他的研究始终聚焦于民办高等教育，"非民办不研"，这是事业的坚守、理想的坚守、信念的坚守，坚守者是定力和信心的体现。说他是民办高等教育研究的深耕者，是因为他的研究都与民办高等教育相关，涵盖了民办高等教育的方方面面，从管理体制、办学体制、投资体制到人才培养，从微观的校内治理到宏观的国家政策都有涉及。当你读了这部文集，我想也会得出同样的结论。我国民办高等教育领域正是有了这样一批坚守者，才有了我国民办高等教育理论研究的多样化，才有了民办高等教育发展的今天。我国民办高等教育领域正是有了这样一批坚守者，才让人们坚信：民办高等教育发展和民办高等教育研究一定会有美好的明天。希望这本书的出版能够带动越来越多的民办高等教育实践与理论的并行者，推动民办高等教育实践与理论的并行发展，推动民办高等教育研究与民办高校发展的并行前进，共同开创中国民办高等教育的未来！

给徐教授的专著写这篇序言，也是梳理自己民办高等教育研究的过程。1998 年 12 月，我代表潘懋元老师到北京领取"民办高等教育研究创新奖"。从 1999 年开始，潘老师带领我们投入到民办高等教育研究中，调研了许多高校，结识了一批民办大学校长，开始为民办高等教育发展"摇旗呐喊"。回顾我国民办高等教育 40 多年的发展历程，需要总结的经验和教训实在太多。如果把我国民办高等教育的成长过程放在国际背景中考察，一定是用最短的时间，创造了世界上发展最快的民办高等教育，对我国高等教育从大众化到普及化做出了巨大贡献。但也需要指出，我国民办高等教育的复杂性应该也是世界上少见的，例如，我国民办高等教育的产权结构应该是世界上独一无二的；我国民办高等教育的市场化和产业化程度应该是世界上最复杂的；我国民办高等学校产生的数量与消失的数量应该是世界上最多的；我国民办高等教育与公办高等教育的差距应该是世界上最大的；我国民办高等教育的治理结构应该是世界上最复杂的；我国民办高等教育的一系列政策既是世界上最超前的也是最滞后的，等等。总之，我国民办高等教育的产生动因、组织形态、创办者构成、学校转型、身份认可、专科升本、本科升硕、师资队伍、学生构成、治理体系、投资办学、政策法律、介入资本市场等，都有一系列值得研究的问题。

我国的民办高等教育发展模式，并没有现成的西方经验与模式可供借鉴，基本上是在"摸着石头过河"。以浙江树人大学为例，该校作为具有"公办基因""民办体制"的民办高校就是民办高等教育复杂性的典型代表之一，是研究民办高等教育发展道路绕不开的典型案例之一。徐教授在分享浙江树人大学的管理与研究经验时指出，浙江树人大学是探索民办高校中国办学模式的一个重要"试验场"，在具体办学中，既有自身特点带来的优势，办学比较规范，质量信誉较好，也常常反映出一些难以克服的局限性，其中很多问题既是我国民办高等教育面临的普遍问题，也有"混合所有制"和树人大学特殊的个性问题。总体上我们对民办高等教育的复杂性与特殊性还缺乏充分的前期研究和理论储备，故理论成果的引领能力比较薄弱，尤其是在早期办学过程中，理论研究与政策制定都跟不上，很多时候只能一边实践一边进行理论探索和总结归纳，相关政策的出台尤其是目标的确定往往姗姗来迟。不难设想，如果在理论与政策上早走一步，我们在民办高等教育的实践中就可能少走许多弯路。

我非常认可徐教授的这些看法。我国民办高等教育发展在几个重要的时间节点往往出现较大的动荡，甚至"洗牌"现象。如今，部分民办高校已经站稳了"脚跟"，有的甚至具备了与公办高校"叫板"的实力。但需要清醒地认识到：我国今天的高等教育已经进入了普及化时代，高等教育的规模问题基本解决，民办高等教育原有的各种"优势"逐渐减弱，"市场"留给民办高等教育的空间相对减少，"市场"的制度优势开始受到"压缩"，新的挑战和压力是"内涵式"和"高质量"发展，质量提升问题已经提上极为重要的议事日程，这是民办高校跟上和超越公办高校必须经历的阶段，这才是对民办高等教育发展的真正挑战。

现在，徐绪卿校长已经从学校管理岗位上退下来了，但作为一位民办高等教育的研究者，他依然在这片沃土上笔耕不辍，但愿这本书不是他研究工作的"句号"，而是一个新的起点。过去他关于民办高等教育的研究较多的是基于浙江树人大学的实践，希冀徐教授今后能够更多一些跳出自身的办学经验，从更宏观的视野来研究民办高等教育。我国民办高等教育的发展需要徐教授这样的有实践经验的行动者，又有理论素养的研究者，真正的高等教育研究缺少的就是教育实践与理论的并行者，尤其是长期扎根实践，将理论与实践相结合的深耕者。

徐教授曾谈到，回顾自己作为一位高校管理者，早期的自己更专注于管理实践，作为学校管理者的责任感不断鞭策着自己从民办高等教育研究的"门外汉"快速成长为"内行"。他更为欣慰的是能够作为民办高等教育的研究者继续从事自己的学术事业、服务于自己热爱的大学和群体。在我看来，民办高校的管理需要专业的理论研究作为支撑。如果民办高校的管理者不研究民办高等教育，那么就很难办好这所民办高校。另一方面，民办高等教育研究要以民办高校实践为基础。只有深入到民办高等教育的一线才能了解真问题，只有将实际问题与理论结合才能成为真研究，才能成为深耕者。

为了写好这篇序言，我专门在线上采访了徐教授，他说"回顾自己在浙江树人大学管理与研究的岁月，最为自得的还是人才培养，每每想到自己的名字至少出现在五万余本毕业证书上这一点就深感欣慰和自豪，这既是一份责任时时鞭策自己，也是一份荣耀可以享受终生。"

　　是为序。

2024 年 1 月 6 日

于厦大黄宜弘楼

目　　录

宏观与比较研究

微观和内部治理

立法与政策研究

学报与会议综述

宏观与比较研究

大众化高等教育与民办高校对策

摘　要：大众化高等教育是当前社会关注的话题。本文介绍了大众化高等教育理论的内容和意义，分析了我国高等教育的发展进程和发展趋势，就民办高校在大众化高等教育过程中的对策做了初步探索。

关键词：高等教育；大众化；民办高校；对策

一　马丁·特罗大众化高等教育理论的内容与意义

大众化高等教育，我们习惯称作高等教育大众化（关于大众高等教育与大众化高等教育、高等教育大众化的概念区别，学术界有不同观点①，本文采用大众化高等教育的提法，不做区别），是指高等教育发展到一定程度和规模的阶段。20 世纪 70 年代，美国伯克利大学著名社会教育学家马丁·特罗（Martin Trow）教授通过对美国、战后西欧国家高等教育发展轨迹的研究，探讨了这些国家高等教育发展中的量变与质变问题，接连写了一系列的长篇论文，其中著名的有《从大众高等教育向普及高等教育转化的思考》（1970）、《高等教育的扩展与转变》（1972）、《从精英向大众高等教育转变中的问题》（1973）以及《高等教育的大众化——量的发展和质的变化》等。在巴黎"中等后教育的未来结构研讨会"上发表的《从精英向大众高等教育转变中的问题》一文中，马丁·特罗从西方高等教育发展过程的史

---

① 张康庭：《关于高等教育大众化问题的若干思考》，《开放教育研究》2000 年第 2 期，第 30—31 页。

实出发，以高等教育毛入学率①为指标，将高等教育发展历史分为"精英（elite）、大众（mass）和普及（universal）"三个阶段。马丁·特罗教授提出："一些国家的精英高等教育，在其规模扩大到能为15%左右的适龄青年提供学习机会之前，它的性质基本上不会变化。当达到15%时，高等教育系统的性质开始改变，转向大众型；如果这个过渡成功，大众型高等教育可在不改变其性质下，发展规模直至其容量达到适龄人口的50%。当超过50%时，即高等教育开始快速迈向普及时，它必然再创新的高等教育模式。"这些论述，成为我们今天经常谈论和划分"大众化高等教育"②的主要依据。

马丁·特罗教授不仅从数量方面提出了划分高等教育发展阶段的标准，而且根据量变引起质变的发展原理，深入探讨高等教育规模、数量增长与性质变化的关系。他研究分析了精英、大众和普及三个阶段在高等教育的规模，功能，课程与教学形式，学生的经历，高等教育的多样性、特点和界限，领导和决策，学术标准，学术管理模式，高等教育的内部管理，共十一个方面的不同，重点揭示高等教育进入到一个新的阶段——大众阶段的基本特征，力图研究和揭示高等教育发展的规律。他认为，伴随着高等教育的发展，接受高等教育的对象从少数精英向大众直至普及过渡的整个进程，高等教育的性质将会发生一系列质的变化。在高等教育的观念上，接受高等教育从"少数出身好或天赋高或两者兼有的人的特权"向"具有一定资格者的一种权利"和全体人的"一种义务"转变；在高等教育的目的和目标上，从"塑造统治阶层的心智和个性"、培养政府和学术精英转向"提高人们的社会适应能力，为发达工业社会大多数人的生活做准备"；在高等教育的功能上，办学形式多样化，学校的类型越来越多，从单一的全日制普通高校向全日制、部分时间制、远程教育、开放教育等多种办学模式共存的多样化系统转变，学校与社会的清晰界限逐渐消失。从学生的学习来说也呈现出多样化的趋势。原来的住校不间断学习与延迟学习、时学时辍一起，成为学生学习多样化的选择。在课程方面，从"高度的专门化结构"趋向"灵活的模

① 高等教育毛入学率是国际通用口径，指一个国家正在接受高等教育的人数占18—22岁年龄段人数的比例。我国"正在接受高等教育的人数"＝研究生+普通高校、成人高校本、专科生+军事院校本、专科生+学历文凭考试在校生+电大注册生×30%+高等教育自学考试毕业生×5（系数），详见1999年1月16日的《中国教育报》。

② 教育部发展规划司统计信息处：《2000年全国教育事业统计主要指标及简析》，《教育发展研究》2001年第3期，第5—11页。

块化"，进而逐渐泛化；在入学的选拔方面，从过去的根据"考试成绩"
"英才成就"到引入"非学术标准"，以及凭借"个人意愿"；在领导与决
策方面，从"少数学术精英团体"的垄断向社会公众的逐渐介入和参与的
格局转变；在学校领导与管理上，也从"由学术人员兼任"转变为由"专
业管理者、管理专家"专门管理并吸收校内外人士参与，等等。这些分析
和论述，是大众化高等教育的基本理论论点。

　　马丁·特罗教授关于高等教育发展的阶段理论，主要是根据美国和欧洲
发达国家高等教育发展历程而构建的关于高等教育发展进程及其特征的一个
思想框架。尽管这一理论的科学性一直有人质疑，而且后来他本人也认为这
个思想框架"存在甚多的局限和不完善"，并意识到数量和模式并不完全排
斥，针对存在的问题进行了一些修正、补充等，但是不可否认，马丁·特罗
的大众化高等教育理论仍具有一定程度的普遍意义。由于马丁·特罗教授是
在20世纪60年代末70年代初欧美高等教育快速发展之际提出大众化高等
教育发展阶段理论，同时这一理论是将高等教育量的扩张与质的变化两者结
合起来研究，使以往只以数据所表示的高等教育规模扩张有了丰富的质的内
涵，也使高等教育的重大变革——质的飞跃有了量的比较标准。这种研究思
想和方法不仅可以从某种程度上为一个国家制定高等教育改革与发展政策提
供依据，而且也为人们综合考虑高等教育发展问题提供了新的思路，并且也
的确在一定程度上为发达国家和新兴工业化国家、地区高等教育发展的历程
所印证。因此，这一理论一经提出就得到西方国家的关注并在发展中国家广
为流传，成为世界高等教育发展理论的重要思想之一。

二　我国高等教育已经初步呈现"大众化"的部分特征

　　我国的高等教育正在逐步从精英教育阶段向大众化教育阶段迈进。近几
年来，国家根据经济和社会发展的需要，加快高等教育发展步伐。按照马
丁·特罗的划分，我国高等教育的毛入学率与15%显然还有较大的差距，
从有关部门公布的数字来看，我国高等教育2000年毛入学率为11.5%[①]左

----

① 教育部发展规划司统计信息处：《2000年全国教育事业统计主要指标及简析》，《教育发展
研究》2001年第3期，第5—11页。

右，还没有达到马丁·特罗设定的"大众化"阶段。但是，仔细分析可以发现，我国高等教育已经初步具备"大众化"发展的基本条件，"大众"的基本特征已经逐渐显现。在政府决策方面，科教兴国的基本国策深入人心，一个国家国力的强弱，社会物质文明和精神文明的进步，在很大程度上取决于高等教育所培养的人才的数量和质量，这一点正在为越来越多的政府领导和社会各界所认同。高等教育的发展越来越受到社会各界的关注，其地位越来越向社会中心位移。经过20多年的改革开放，人民群众的生活水平有了较大的提高，要求发展高等教育、接受高等教育的呼声高涨。"高等教育应该适当超前"的呼声成为本届人大、政协的新的议题。从"面向21世纪的教育发展规划"提出在2010年实现毛入学率15%的目标，到朱镕基总理2001年3月本届人大代表政府所做的工作报告中，明确2005年实现毛入学率15%的目标，表明从政府方面讲，"大众"的日期已经制定，高等教育的发展步伐将进一步加快。从发展规模来说，近几年扩招带来的快速发展，使高等教育有了超常规的发展，如浙江省2000年的毛入学率已达到13%[①]。高校招生数量连续几年呈现猛增趋势，有关部门已经确定2001年的普通高校招生为250万人，比去年增加13.6%，预计今后几年高校扩招的态势不会逆转；在发展手段上，"要进一步改变政府包办教育的状况，鼓励社会力量以多种形式办学，形成以政府办学为主体、公办学校和民办学校共同发展的格局"。"在发展民办教育方面，可以迈出更大的步伐。要鼓励社会力量以各种方式举办高中阶段和高等职业教育，有条件的也可以举办普通高等学校。"[②] 国家这些教育政策的实施，客观上为社会各界参与高等教育的发展创造了良好的条件，在这个背景下，高等教育的投资主体将进一步呈现多元化的格局，高校尤其是民办高校与高职院校的数量将迅速增加。民办高校的地位将不断提高，发展速度无疑将进一步加快。近年来，通过学校之间联合产生了一批巨型的大学。以高教园区为特征的"大学城"建设掀起热潮，在浙江省，仅杭州的三个高教园区就规划投资百亿元以上。网络技术的发展使远程教育兴起，网络大学发展迅速，仅两三年时间，教育部批准的网络大学就达30余所，多层次、多功能、多模式办学正在丰富和充实高校的办学功能，进而引起整个办学模式和功能的改变，高校的办学类型和办学体系多

---

① 侯靖方：《以高质量促进高教健康快速发展》，《中国高等教育》2001年第1期，第21—23页。

② 教育部：《深化教育改革 全面推进素质教育》，高等教育出版社1999年版。

元化的局面已经初步形成。同时，高校也正视形势，加快了教育改革的步伐，促进和推动办学功能的转变和办学模式的创新。学分制、弹性学制、时学时辍的学习形式也逐渐为许多高校所认可和采用，学习期间的创业行为为许多高校所默许和鼓励。取消高考考生年龄、婚否限制将为构建终身教育奠定基础，从而为真正意义上的大众化高等教育创造必要的条件。高校的专业改革、课程改革，也以更贴近经济发展和社会进步的目标展开，高等教育的培养目标、培养模式也发生了较大的变化。随着高校的发展，就学机会日益增多，学生对于所学的学校、专业有了更大的选择空间。这些都为学生按照"个人意愿和兴趣"选择学习创造了条件。

以上种种情况表明，我国高等教育虽然尚未进入马丁·特罗教授所提出的"大众"阶段，每个国家的高等教育在发展进程中所表现的性质也不可能完全一致，但是，从我国高等教育发展的现状和趋势来看，已经逐渐表现出"大众化"的一些特征。大众化高等教育正迈步向我们走来，"我国将迎接通常所说大众化的高等教育阶段的到来"①。正是基于这一点，许多教育专家和学者潜心于大众高等教育的研究，有的提出我国正处于大众化"过渡阶段"的观点，是有一定的道理的。

三　民办高校应该抓住机会，在大众化高等教育进程中发展壮大

大众化高等教育对于民办高校来说，既是发展的极好机遇，也面临更加严峻的挑战。首先，大众化高等教育需要社会提供大量的高等教育资源，这必然促进高等教育数量上的大发展。据有关方面测算，要在 2005 年实现 15% 的毛入学率的目标，高校每年的招生将扩招百余万人。而浙江省则提出 2002 年实现 15% 毛入学率的指标，并且计划在 2020 年毛入学率达到 40%，全日制在校生达 80 万，而 2000 年全省高校的在校生仅 20 万人，可见高等教育仍有相当大的发展空间。而由于国家财力有限，所缺口的高等教育资源不可能完全由国家举办公办高校提供，民办高校将担负起更重要的角色，这无疑为发展中的民办高校提供了更广阔的发展机遇。其次，大众化高等教育

① 董洪亮：《逾十分之一适龄青年进入高校》，《人民日报》2000 年 11 月 28 日。

对高校提出了全新的要求，民办高校将遇到一系列全"新"的问题，需要有新的思路、新的对策。教育观念、教育思想，都要有新的转变。大众化高等教育要求高校提供多样化、优质且有特色的高等教育，由此可能引发和加剧高校之间优胜劣汰的竞争，这种竞争对提高高等教育的教学质量将起到积极的推动作用。然而，由于民办高校发展历史短，其办学的信誉、质量、办学条件和办学经验等与公办高校相比仍有一定的差距，建设的任务十分繁重。他们既有成长、完善的任务，又被迫参与和应付与公办高校之间的竞争，这种全新的挑战使民办高校的办学路子走得更为艰难。许多民办高校的领导已经意识到这个严峻的形势，纷纷考虑应战的思路和对策，在"强筋壮骨"的同时注意采取行之有效的措施，努力跻身于大众化高等教育的行列。笔者根据民办高校的办学实践，认为当前尤其要注意以下几方面的问题：

1. 坚定不移地加快基本建设。当前民办高校正处于重要的发展阶段，与前几年相比，相当多的民办高校办学条件有了较大的改善，但社会对民办高校的软硬件建设，总体而言是不太满意的。大众化高等教育给社会提供了就学的选择空间，学校的基本办学设施是学生择校的一个直观依据。当前特别要加快基础设施和办学硬件（如实验室、图书馆、计算机房、多媒体教室、体育活动设施和生活设施等）的建设，满足教学需求，树立学校形象。除了"硬件"方面，"软件"的建设也十分重要。有关方面的调查显示，一些民办高校之所以缺乏社会信誉，除了教学管理乃至学校管理存在不同程度的问题外，其中很重要的就是教学不规范、秩序无保证、质量提不高、社会难认同。因此，必须加快教学基本规范的建设，使之符合高等教育的规律，为教学质量的提高提供条件。

2. 坚定不移地抓专业建设，增强学校整体竞争实力。专业是高校的产品，是形成学校办学特色的重要依托。大众化高等教育意味着高等教育逐步实现由卖方市场转向买方市场，专业是主要的"卖点"之一。笔者认为，当前应重点从以下几个方面入手。（1）加强市场调查工作，更好地使专业设置贴近社会的需要。要以市场需求为导向，运用灵活高效的民办机制，优化学校的专业结构，增强专业对社会的吸引力。（2）聘任好专业负责人，是专业建设的关键环节。由于民办高校专职教师缺乏，专业负责人不落实，专业建设到不了位，有必要全面推行专业负责人制度，使专业建设工作落到实处。（3）积极推行主干（重点）课程的建设工作。通过启动课程建设工作，使课程的实施条件（师资队伍、教学大纲、教材、教学设备与手段）、状态（教学的组织、管理）及方法（教学方法、考核方法）等方面有明显的改善，确保专业建设跃上新的台阶。（4）启动名牌专业建设工程。学校专业特色的形成有赖于一部分在省内外有知名度、有影响力的骨干专业的建设。当前特别要加快校级重点专业的建设，制定建设规划和实施方案，集中教学资源，加大人力、物力、财力的投入，促使其尽快上规模、上水平。力争通过几年的努力，办出特色、办出质量、办出影响，为学校的发展挑大梁。

3. 坚定不移地抓教师队伍建设。由于大众化高等教育政策的实施，近几年高校的扩张将呈现更快速的态势，包括师资在内的高等教育资源紧张的状况将进一步加剧。民办高校要办出质量、办出特色，在继续用好外聘教师、充分发挥外聘教师作用的同时，必须抓住时机，加快步伐，及时建设好一支稳定的、起骨干作用的专职教师队伍。外聘教师在民办高校教师队伍中占主体，在民办教育发展中功不可没。但是，近几年的情况也表明，民办高校专职教师队伍的建设仍无大的进展。据有关方面的调查，近80%的民办高校没有专职教师或专职教师很少，主要靠校外聘请兼职教师，这种状况不利于教学质量的提高，阻碍了民办高校向高层次、大规模发展。随着高等教育的快速发展，近几年整个高校的师资都会呈现紧张的趋势，外聘教师聘请难度将会增大，聘请优秀的教师难度更大。民办高校要做到上规模、上水平、办出特色、办出质量，仅凭一支外聘教师队伍是不可能做到的。必须根据本校的办学思路，抓紧做好教师队伍的规划，确定专职教师队伍的规模和整体要求，拟定切实有效的引进措施。近年来，由于经济结构的调整，民办高校正在成为就业的关注点，应该抓住机遇，加快专职教师队伍建设的步伐，促进整体教学水平的提高。

4. 坚定不移地抓教学质量。质量是民办高校持续发展的生命线。近年来，高等教育事业的发展，为学生按照个人意愿和兴趣选择学习创造了条件。但是，大众化高等教育情况下，人民群众不但要求接受高等教育，而且要求接受更好的高等教育。然而，在相当长的时间内，优质高等教育仍将呈现供不应求的局面。近年来，高校的规模扩张引起各方面对高等教育质量的质疑，而快速发展的民办高校首当其冲。对于高等教育的质量观，当然有待于深入思考和审视，问题是质量终归有一个客观的衡量标准。在学校规模大幅扩张的情况下，更要注重教学质量的问题，特别是要抓好教学秩序的稳定和常规教学的环节。教学计划、教学大纲、常规教学管理制度、教师聘用、课堂教学、备课、作业布置与批改、实验与实习、考试与考核等，都必须按照教学要求，严格把关。许多优秀的民办高校之所以得到社会青睐，很重要的一点就是一丝不苟、严格管理，可惜也有一些民办高校一味地抓、扩、招，忘却了质量是学校生存与发展的生命线。发展是硬道理，但是有质量的发展才是硬道理，我们所需要的是有质量保证的高速度。没有质量的高速度只会给发展制造隐患和障碍，最终会葬送高等教育高速发展的成果。

5. 坚定不移地深化教学改革，探讨民办高校人才培养的新模式。根据马丁·特罗教授的观点，大众化高等教育的根本是要改变高等教育的功能，使其服从于"大众化"的需要，培养社会所欢迎的建设人才。人才培养模式是教学改革中一个极为重要的问题。我们要培养的人应该是素质高、基础实、知识面宽、能力强的复合型和应用型人才。目前，民办高校在办学条件、办学经验等方面，与公办高校相比确实有一定的差距，并且这个差距在短期内难以消除，但在教学改革方面，则有可能比公办高校做得更好。民办高校要扬长避短，在这方面努力探索，办出特色。首先，要针对大众化高等教育学生生源发生的变化，制定适宜的培养方案。其次，要按照培养应用型人才的要求，加大教学计划中实践环节的比重，以增强学生应用能力的培养，逐步通过向学生开放实验室、成立课外科技活动小组甚至组织学生参与一些课题研究等来培养学生的创新创业能力。最后，要积极推广学分制、弹性学制、双学位制等制度，更好地体现大众高等教育"宽进严出"的办学要求。

大众化高等教育正在向我们走来，这是经济发展和社会进步的必然要求。它为民办高校的发展带来了机遇，同时也赋予民办高校新的历史责任和严峻的挑战。民办高校只有大胆解放思想，坚持实事求是，努力走创新之路，才能跻身于大众化高等教育的行列，获得快速、健康、持续地发展。我们有理由相信，通过民办高校同仁的齐心努力，民办高等教育的明天将更加辉煌，在大众化高等教育的进程中贡献应有的力量。

（2001 年第 3 期）

附记：2001 年 10 月 25—27 日，浙江大学、杭州市政府和联合国教科文组织在杭州举办召开"高等教育发展与研究国际研讨会"，本文因约稿而作，后被田正平教授主编的《国际视野中的高等教育》一书收录，浙江大学出版社 2002 年 5 月出版。

民办高等教育新发展中面临的问题

中国民办高等教育发展战略研究课题组①

摘　要：简述了我国民办高等教育发展的最新状况，分析了当前民办高教发展中存在的主要问题。对于开展民办高等教育研究，具有一定的参考意义。

关键词：中国；民办高等教育；发展现状；问题；研究

一　发展概况

民办学校在中外教育史上由来已久。国外的民办学校最早可追溯到古希腊亚里士多德、柏拉图创办的"学园"。现代意义上的私立大学也有几百年的历史。中国的民办学校源远流长，可追溯到由孔子创办的私塾，私立大学（古称"书院"）始于唐朝，盛极于宋代。在新中国成立初期，全国有高校227 所，其中私立的高等学校69 所，占 39%。到了 20 世纪 50 年代，由于国家政治体制变革所带来的社会所有制关系发生了变化以及其他多种原因，私立教育基本改为公办。从此，民办高等教育在我国绝迹 30 多年。

1982 年 3 月，全国第一所民办高校——中华社会大学在北京成立，标志着中国民办高等教育在经历了 30 多年的沉寂之后又重新登上了历史舞台。伴随着我国改革开放和现代化建设的进程，经过近 20 年的发展，我国民办高等教育从无到有，从小到大，不仅在数量上已经达到了相当的规模，而且质量也逐步取得了社会的认同，形成了一定的结构、层次和办学特色。近几

---

①　本文系全国教育科学"十五"规划教育部重点课题"中国民办高等教育发展战略研究"（编号 DGA010248）的部分成果，由徐绪卿撰写。

年来，在"积极鼓励，大力支持，正确引导，加强管理"的十六字方针指导下，特别是在高等教育大扩招的政策推动下，民办高等教育得到了迅猛的发展，并逐步成为我国高等教育体系中的一支强有力的生力军，在我国高等教育迈向大众化的进程中发挥了重要作用。

据不完全统计，到 2001 年底，经各级教育行政部门批准的各类民办高等教育机构有 1391 所，注册在校生 128 万余人。其中经批准有学历文凭颁发资格的民办高校已经有 89 所（到 2002 年 6 月 12 日止已有 105 所），在校生 15.11 万人，学历文凭机构 436 所，在校生 32 万人；其他类型（学历文凭机构）772 所，在校生 81 万余人。2001 年全国共有普通高校 1224 所，在校生 719 万人，成人高校 719 所，在校生 455 万人，另外还有劳动部门审批的部分高级技工学校、近年来出现的公办高校民办二级学院以及采用新机制、新模式运作的高职学院未统计在内。民办高校已经占到我国高中后教育机构总数的 40%。而在整个普通高校、成人高校和民办高校的在校生中，普通高校、成人高校为 1174 万人，民办高校 128 万余人，约占在校生总人数的 10% 以上[①]。根据浙江省教育厅下发的 2002 年招生计划，当年浙江省民办本、专科共招生 3.49 万人，另有运用新机制、新模式运行的高职学院招生 5.62 万人。这样，运用民办机制办学的院校已经占到省内高校招生数 14.15 万人的 64%[②]。这是一个了不起的成绩。

从办学条件来看，2001 年有关部门曾经对 24 个省（区、市）的民办高校进行了调查，情况喜人。调查数据表明，大约有 200 多所民办高校的办学条件已达到或接近教育部 1993 年颁发的《民办高等学校设置暂行规定》的要求。这些民办高校的生均面积已经达到 12.5 平方米，专业设置平均达到 6.2 个，校均规模达到 1300 多人；1993 年教育部颁发的《民办高校设置暂行规定》明确了民办高校的设置条件为：生均面积 10—16 平方米，专业 3 个以上，规模 500 人以上。调查说明在 1000 多所学校里，有 200 多所条件是比较好的，基本达到民办高校的设置要求。但在规模方面，1997 年普通高校校均规模 3111 人，成人高校是 2461 人，民办高校和高等教育机构是 1087 人。2001 年底，89 所民办高校的在校生是 15.11 万人，校均也不到 2000 人。与公办高校、成人高校相比，尚有较大差距。

---

① 邬大光：《注重市场　办出特色　促进发展》，《浙江树人大学学报》2002 年第 4 期，第 5—8 页。

② 根据浙江省高等院校招生委员会《浙江招生考试》（2002 年 9 月 10 日）整理。

民办高校的成长和发展，改变了我国高等教育投资体制长期以来单一的由国家财政独家承担的局面，拓宽了高等教育资金的投资渠道，减轻了国家负担，增加了高等教育的投入；兴办了新的高等学校，改善了我国高等教育的紧缺资源，缓解了我国高等教育供求关系严重失衡的矛盾；增加了高中毕业生读大学的机会，满足了人民群众接受高等教育的愿望；为社会培养了大批经济建设和社会发展需要的人才；推出了新的办学机制，推动了高等教育的改革和发展。民办高等教育正在为越来越多的人所认同，正在成为我国高等教育的重要组成部分，在我国社会主义现代化建设事业中发挥重要的作用。

二 发展问题

中国民办高等教育发展迅速，发展机遇与挑战并存。从民办高校的实践来看，还存在相当多的困难和问题，制约和影响了民办高等教育事业的发展。

1. 事业的地位问题。这个问题，说到底就是对民办高等教育发展的认识问题，特别是政府对发展民办高等教育的认识问题。经过多年的努力，目前政府和社会各界对民办高等教育的地位和作用的认识有了一定的提高，观念正在转变。但就总体而言，认识还很不够。歧视、忽视甚至鄙视的现象还不同程度地存在。在对民办高等教育的认识问题方面，有五种论调[①]。第一是多余论，认为民办高校存在的必要性不大，是多余的，只要把公办学校办好就行了。第二是冲击论，认为举办民办高校冲击了公办高校，公办高校培养出来的人工作都不好找，还办民办高校？在生源上，民办高校和公办高校有了竞争，认为是冲击。第三是营利论，有的人只要一说民办高校，在感觉上就觉得他们是以办学之名行赚钱之实的。公办高校可以积累，可以贷款建校，民办高校投资者收回成本就难以容忍。第四是怀疑论，对民办高校持不信任态度，认为公办高校问题都不少，民办高校能办好？特别是对民办高校的办学质量要求甚至高于公办高校。第五是过渡论，认为民办高校在公办高

---

① 瞿延东：《民办教育改革与发展中的几个问题》，《浙江树人大学学报》2002 年第 1 期，第5—12 页。

校不足的情况下作为过渡的形式发展是可以的，但随着公办高校的发展，民办高校就没有必要存在了。这"五论"严重地制约着发展民办高校的决策和政策制定，从而阻碍着民办高校的壮大和持续发展。

2. 法律保障问题。近几年来，民办高校快速发展，但至今为止，我国还没有一部有关民办高等教育的正式国家法律。民办高校无章可循，无法可依。民办高等教育的投资者利益得不到保证，民办高校的办学行为缺乏规范，社会褒贬不一，成为社会热点。《民办教育促进法》历经近两届人大的酝酿和修订，由于在一些敏感问题上认识难以统一，迟迟难以出台；也有人担心，法律反反复复修改，使得一些大家关心的"热点""重点"条款缺乏执行的力度，最后起不到法律应起的作用，对法律的期望值出现了弱化的心理趋向。至于发展民办高等教育专用的立法，短期内更难解决。立法的滞后，增加了民办高校投资者的担心和顾虑，影响了社会各界举办民办高校的积极性，严重制约了民办高等教育办学条件的完善和资金的再投入，从而妨碍了民办高校整体办学水平的提高。对于加入 WTO 后的高等教育竞争，更是一个隐患。

3. 产权界定问题。民办高校的产权问题是伴随民办高等教育发展的重大问题之一，同时也是民办高校能否健康持续发展的关键所在。产权问题应该说是公办、民办高校共有的问题，但由于投资体制、投资渠道不同，民办高校的产权问题更加突出，特别是在多元投资或公办高校改制的民办高校中问题尤甚。由于目前我国对民办高校的产权问题可资借鉴的文件法规不多，产权问题已经成为涉及民办教育立法和运行争论最多的问题之一。

民办高校的产权问题，既有投资所形成的校产归属问题，同时也有一个学校办学积累资产的归属问题，而且学校校产的归属、使用与收益、分配同企业管理经营的概念颇不一样。由于我国民办高校投资主体异常复杂，不同的民办高校投资来源不尽相同，大量国有企业事业组织、接受财政津贴的社会组织和公办学校参与创办"民办高校"，各民办高校之间私人投资所占比例相差较大，一个标准也难以涵盖。目前，相当一部分民办高校采取股份制的形式起步，其资产界定是明确的。但是，也确实有一部分民办高校的资产是不明确的，如一些二级院校、改制院校和合并组建的院校，甚至于一些股份制的院校，资产的界定问题也无人提起。从另一个方面讲，由于主要是市场的运作，相应地就会忽视产权问题。有专家分析，在西安的民办高校就是私立高校，在浙江，说不清楚。在这个问题上，部分办学者认为，不搞争论，把主要精力集中到学校建设、教学工作和管理工作上来，有利于教学秩序的稳定和教学质量的提高。但资产的性质决定办学和管理的模式，资产归属不清晰，投资者利益的保证不明朗，势必影响举办者投资高等教育的积极性，弱化社会资金对民办高校的投入。产权关系说到底是一种利益关系，产权常常是利益分配的依据。在现阶段，没有产权就难以有持续的投资热忱和内在的投资动力。同时，对政府来说，产权不清也存在着风险。由于政府对民办高校相对放松管理，而经营者的职责又不明确，增值部分的归属也是不明确的，相应的亏损的责任也是不明确的。一旦民办高校关门倒闭，只能由政府来接盘，到时候再做界定就是"亡羊补牢"了。这个问题不是危言耸听，国内此类案例已有出现。近几年来民办高校的扩张，基本建设规模空前，相当一部分靠银行贷款，如有意外，责任谁负？产权问题对民办高校举办者的合法权益和建立正常的民办高校产权运行机制也具有重要的协调作用。说到底，产权界定工作对举办者、办学者和政府来说都是十分重要的。重视和抓好这个问题，对能否办好学校影响很大，同时也是民办高校人事制度的改革、学校后勤社会化实施过程中教职员工的剥离等必备的基础。

4. 经费筹集问题。目前，民办高校的财政危机仍然存在，并且有越演越烈之势。财政和经费筹集问题成为民办高校校长最头痛的问题之一。我国民办高校办学历史不长，经济发展的水平严重制约了社会对高等教育的投入。民办高校要接受教育行政部门对举办高等教育的刚性要求需要筹集大量建设资金；要参与国内已经举办几十年、在教育市场占绝对优势的公办高校的竞争和民办高校同行之间的竞争；要接受加入 WTO 后国际高等教育的严峻挑战；资金问题是个瓶颈。近年来由于经济的发展和各级政府对发展高等教育认识的深化，公办高校的办学经费有了较大幅度的增加，而目前民办高校除了向学生收取学费以外，几乎得不到政府的任何补贴，其他捐助形式收入几乎没有。由于民办高校的办学大都在大专层次，并且大都带有社会认可度较低的"高等职业技术"的帽子，低层次、高收费、办学信誉不高，使得民办高校的学费调整空间非常有限，而办学成本又不断攀升，经费收支难以平衡，导致办学条件日益恶化，优秀教师无力引进。在这种情况下，民办高校的持续发展可以说步履艰难。

5. 公办、民办高校公平问题。从民办高校的角度来看，民办高校的办学环境不容乐观，其中相当大的一个问题就是公办、民办高校之间的公平问题。民办高校不仅得不到国家的投资，而且在办学环境方面也得不到应有的公平对待。除了得不到政府补贴的公用经费，在学生的待遇、教师评奖和科研、教师的人事档案保管和养老保险金缴纳、土地征用和税收、毕业生就业等方面，都得不到政府部门政策的支持。近两年来，由于相关部门认识的逐步提高和有关方面的大声呼吁，情况有所好转，但与公办高校相比还是相差很大。如民办高校教师的养老保险金缴纳标准和办理手续问题，政府部门非常清楚，有的领导也感到确实有解决的必要，但就是下不了手，迟迟得不到解决。

6. 办学自主权问题。办学自主权问题是公办、民办高校共有的问题，但相对而言，民办高校更加突出。民办高校的出现，最初的动因主要是为了解决高中毕业生上大学难和筹集办学资金的问题。随着改革的深入和民办高等教育的发展，认识逐步深化，使得人们能够从高等教育改革和发展的高度来看待发展民办高等教育的意义，人们希望民办高校在教育改革方面能够走出一条新路。作为民办高校的举办者，希望能在减少干预的环境下得到更多的办学自主权。但从目前来看，情况也不尽如人意。教育行政部门往往用过去计划经济的尺子、用管理公办高校的办法来管理民办高校，在招生计划、招生批次、招生分数、招生区域等方面，基本上还是用计划经济年代的老办法来进行管理；在专业设置、课程及课程内容安排、教学计划甚至教学大纲等方面，几乎还是用一个统一的标准来衡量。这种做法限制了民办高校办学的自主权，也使得民办高校难以办出特色。应该承认，近几年来，社会各界特别是教育管理部门观念的改变和认识的提高是比较明显的，例如在民办高校设置问题上进展较快。2000 年以前经国家教育行政部门批准的民办普通高校只有 43 所，2000 年一年只批准了 6 所，而 2001 年一年时间里批准的民办普通高校就达 46 所，比过去近十年的总和还要多。但是，也应该看到，在民办高校的升格、民办高校专业设置和民办高校的办学特色等方面，有关部门一方面提倡个性，另一方面又强调统一性，这种自相矛盾的管理办法使得民办高校的办学自主权受到损害，民办高校办学活力被抑制，难以形成自己的办学特色。

7. 质量和评估问题。高等教育的质量问题是社会十分关注的问题，尤其是高等教育扩招和高等教育实行收费制度以来，人们对高等教育的质量和教育消费的价值更加敏感。值得一提的是，由于长期以来人们对民办高校的偏见，自民办高校产生以来，人们心目中就产生了对质量的疑义。在人们印象中，民办高校是与高收费、低质量结合在一起的。校舍靠租、教师靠聘、资金靠收费的"三靠"起步，办学低层次、学生低考分等因素客观上也带来了提高教育质量的难度。同时，实施高等教育大众化以后，人们的高等教育质量观仍停留在原来精英教育的水平上，习惯于用精英教育的眼光看待大众化后的教育质量，使得高等教育改革步伐更加缓慢。而有关部门在教育评估中，往往也只用一个标准来衡量，使得社会对民办高校的偏见难以改变。起点不一致、条件各有异，而标准一个、要求一样，在很大程度上也没有可比性。从民办高校与公办高校的特殊性来看，也难以用一刀切的办法来衡量。例如对师生比的统计，民办高校教师主要是教学工作，但在一些公办高校中一部分教师主要从事科研工作，统计就可能产生偏差。

8. 配套改革问题。民办高校应该用改革的思路来办学，但目前社会改革不配套，使得民办高校一些应该实施的改革也无法实施。例如，在教师队伍建设中，教师的职称评定及科研经费的到位、人事档案存放及个人养老金的缴纳、工作业绩的评奖以及人才的流动等都难以得到落实。而民办高校教师问题是办学中碰到的最关键问题，教师问题的存在制约了民办高校质量的提高和教学秩序的稳定。有关部门虽然对这个问题有所了解，但苦于国家没有出台有关文件，操作缺乏依据而难以实施。

9. 内部建设与管理问题。除外部环境以外，民办高等教育的内部建设与管理问题也是制约民办高校发展的重要因素。由于体制的不同和办学目标的差异，民办高校的管理就应该有自身特点。但是，出于对传统管理路径的依赖，相关部门对民办高校的管理工作自觉不自觉地向公办高校的管理模式靠拢，逐步失去民办高校自身的管理特色。社会筹资、收费为主、自主办学、注重质量、机构精简、人员高效、机制灵活、思路新颖等是民办高校的办学特色和优势所在，然而目前许多民办高校不仅体现不了这些特色，有的方面甚至比公办高校还要"公办"，这样的民办高校为数不少。个别的民办高校甚至出现回流现象，即有关领导部门给予学校一个帽子，给予领导一个级别，转为公办管理。发生这样的事虽然是少数，但它混淆了民办高校的性质，造成管理上的混乱，影响很大。

10. 科研和信息传递问题。从总体上看，我国民办高等教育乃至整个的民办教育仍处于发展的起步阶段。由于特有的国情，我国民办高等教育既与国外的私立高等教育有较大的不同，又与过去精英教育时期的私立高等教育有着较大的区别。如何走出一条有中国特色的民办高等教育办学道路，需要业内人士、有识之士的不懈探索和经验积累，需要各校之间的经验交流。但目前民办高校之间联系甚少，地区间的民办高校之间联系也不多，就是本省各类民办高校之间来往也不多见，信息不灵，缺乏一种联系的纽带，处于独立操作、孤军作战、各自为营、各自为政的状况，更谈不上信息交流和资源共享。全国还没有一个跨省的民办高等教育学术团体，而全国民办高等教育规模庞大、类别不一，活动组织也很困难。从浙江省来看，省民办学校协会至今尚未建立高等教育分会，实际上尚未涉及民办高等教育领域。对民办高等教育的研究更滞后。见诸报端的民办高等教育研究机构寥寥无几，面向整个民办高等教育研究的主要是厦门大学高等教育研究发展中心等为数不多的几个机构。近年来，在民办高等教育研究方面，出现了一些新人，展现了一些研究成果，一部分课题被列为全国重点课题，在民办高等教育研究方面发表了一些论文和专著，取得了一些进展。但系统地研究我国民办高等教育发展的课题和文章尚很少见。比较整个教育研究，我国民办高等教育研究力量单薄，成绩更待努力。

（2002 年第 5 期）

民办高等教育评估若干问题研究

课题组①

摘　要：随着民办高等教育的不断发展壮大，民办高等教育如何规范发展、办学水平如何提高、教育质量如何保障等问题日渐突显，开展民办高等教育评估日趋迫切。本文对民办高等教育评估的重要意义、评估的指导思想、评估所应遵循的原则、评估的主要内容以及评估过程中应注意的问题进行探讨和分析。

关键词：民办高等教育；民办高校；质量；评估

改革开放以来，我国民办高等教育开始得到恢复和发展，尤其是第三次全国教育工作会议召开以后，国家进一步明确了高等教育发展的目标，促使公众转变传统的高等教育发展观，很大程度上激发了社会举办民办高等教育的热情。1999 年开始的高校大扩招，又为民办高校的发展和繁荣提供了机遇。2000 年以前，经教育部正式批准的民办普通高校仅有 43 所，而 2001 年一年批准备案的民办高校就有 46 所，2002 年再批 44 所，到 2003 年 6 月底，总数达到 167 所。民办高校发展速度之快、力度之大均超出常规。在办学层次上，2001 年教育部批准黄河科技学院升格为本科学院；2002 年又批准上海杉达学院和南京三江学院升格；2003 年 3 月，批准浙江树人大学等 5 所民办高校升格；加上原来的仰恩大学，我国已经有 9 所民办本科院校。这一切都预示着民办高等教育广阔的发展前景。民办高等教育地位的确立，拓宽了高等教育的投资渠道，为高等教育筹集了可贵的资金，减轻了国家财政的压力，扩大了高等教育资源，增加了高等教育的有效供给，满足了人民群

---

①　本文根据全国高教"十五"规划重点课题"民办高校教育评估研究"成果整理。本课题由浙江树人大学徐绪卿主持，课题组成员有：沈中伟、励如孟、郭耀邦、陈新民、周朝成等，本文由徐绪卿撰写。

众接受高等教育的需求，为社会培养了经济建设和社会发展所需要的人才。民办高等教育正成为我国高等教育的重要组成部分。

一 开展民办高等教育评估的重要性和迫切性

民办高校在发展过程中，也面临着许多问题和困难。如何评价民办高校的办学质量与办学条件是当前规范民办高等教育发展的重要任务。民办高校起步晚，发展历史短，经费靠自筹，教师靠聘用，教学设施设备、图书资料等办学基本条件与公办学校相比总体上肯定要差一些。由于按照成本分担的收费政策、目前的招生政策以及大部分民办高校的培养模式为刚兴起的社会认可度较低的"高等职业技术教育"等原因，制约了民办高校教育质量的提高。社会上也确实存在一些民办高校不规范的现象，如办学动机不端正、功利性较强、教学投入不足、教学管理不够严谨、难以按教学大纲要求完成教学内容；为应付文凭考试或自学考试，丢掉了民办高校自己的特色；教学计划、大纲不齐全、不规范；缺少有效的教学质量监控体系等等。这些情况制约了民办高校的进一步发展，也成为社会上一些人怀疑、否定民办高校教育质量进而否定整个民办高等教育发展的主要理由。社会缺乏民办高校质量评价的依据，不利于国家政府制定民办高校的发展政策以及社会力量对民办高等教育的支持，阻碍民办高等教育的进一步发展。因此，政府、学术界以及社会各界对开展民办高等教育评估日趋关注。

开展民办高等教育评估是变革我国目前单一的高等教育评估体制的一种尝试。长期以来，我国高等教育以公办高校为主，评估主要面向公办高校，评估目标、体制、标准和模式等比较单一。这既不符合近几年来民办高等教育发展的新形势，也不符合大众化高等教育的深入发展。在民办高等教育发展和高等教育大众化的进程中，高等教育最突出的特点就是多样化。与精英教育相比，大众化高等教育的办学体制和领导体制、办学机制和办学模式、培养目标定位、经费筹集办法等都发生了很大的变化。在现实情况下，如果用精英教育的标准和公办高校的统一标准来衡量民办高校的办学质量和办学水平，既不符合高等教育的实际情况，也不利于民办高等教育的健康发展，不利于推进我国高等教育的大众化。

办好民办高等教育也是国际高等教育发展的一个重要趋势。我国要实现高等教育大众化，抓住知识经济的机遇，迎接加入 WTO 后的挑战，形成政府办学为主体，社会广泛参与、公办高校与民办高校共同发展的格局，就必须大力发展民办高等教育。积极鼓励、大力支持、正确引导、依法管理民办高等教育，促进民办高校上规模、上水平、办出特色、办出质量，是我国高等教育发展战略的重要内容。客观地分析和评价民办高校的教育质量，把握质量全局，是促进民办高等教育健康发展必不可少的重要举措，也是政府管理部门不可推卸的责任。推进民办高校的评估工作，既是民办高等教育工作者的呼声，也是政府义不容辞的职责。

二　民办高等教育评估的指导思想

民办高等教育评估的出发点是什么，这是关系到评估工作的方向问题。

《中共中央关于教育体制改革的决定》中指出："国家及其教育管理部门要加强对高等教育的宏观指导和管理。教育部门还要组织教育界、知识界结合用人部门定期对高等教育的办学水平进行评估，对成绩卓著的学校要给予荣誉和物质上的重点支持，对办得不好的学校要整顿直至停办。"《中国教育改革和发展纲要》指出，要"建立各级各类教育的质量标准和评估指标体系"。制定民办高校教育的评估标准正是符合"建立各级各类教育的质量标准和评估指标体系"目标的具体行动。《民办教育促进法》中也明确提出：教育行政部门及有关部门依法对民办学校实行督导，促进提高办学质量；组织或者委托社会中介组织评估办学水平和教育质量，并将评估结果向社会公布。这些规定，为确立民办高等教育评估工作的指导思想提供了政策依据。

开展民办高等教育评估，旨在确立和推进高等教育新的发展观和质量观，适应高等教育多样化发展的趋势和要求，为社会衡量高校多样化、多元化办学形式的教育质量和民办高校规范办学提供基本依据。积极推动和实施民办高等教育的评估工作，为客观公正地评价民办高等学校的办学质量，引导、鼓励和支持民办高等教育规范、有序、持续地发展创造条件。开展民办高等教育评估，促使民办高校在自主办学的基础上自觉坚持社会主义办学方向、贯彻党的教育方针，坚持育人宗旨；正确定位，扬长避短，明确自身的优势和问题；不断改善办学条件、深化教学改革、切实改进教育工作；以评估来规范办学、提高质量，促进民办高校办学水平的提高，培养适应社会主义现代化建设需要的实用型人才。开展民办高等教育评估，促使政府教育部门加强对民办高校办学质量的监控，为政府宏观管理提供依据，以利于政府采取积极有效的政策，奖优扶弱，推动民办高校的健康发展，为民办高校创造良好的发展环境。开展民办高等教育评估，可以进一步增加民办高校办学的透明度，使社会了解各民办高校的办学特点、办学优势和办学质量，为受教育者公平地接受民办高校办学信息，更好地选择适合自身发展的民办高校提供机会。

因此，开展民办高等教育评估的基本指导思想是：以邓小平理论和"三个代表"重要思想为指针，以国家有关法律和政策为依据，以发展和繁荣多样化、多元化的民办高等教育为出发点，以构建适应大众化高等教育的评估体系为目标，参考我国公办高校评估工作的基本规范，借鉴和吸收国外私立高校评估的经验，结合我国民办高校的发展实际，研究民办高等教育评估的基本理论，初步制定民办高等教育评估的各类基本指标，督促和鼓励民办高校提高教育质量，规范民办高校的健康发展。

三　民办高等教育评估的几个原则

确立民办高等教育评估工作的原则是非常重要的。根据评估的基本指导思想，考察民办高等教育发展的规律与特征，从我国民办高等教育的实际情况出发，确定评估的基本原则，这对于评估工作的展开具有重要的指导意义。

1. 以国家的法律和政策为依据，以鼓励和支持民办教育健康发展为出发点。近几年来，国家出台了许多发展民办高校的政策法规，如《民办高校设置暂行条例》《中华人民共和国民办教育促进法》、北京等地的《民办高校评估考核规定》《高等职业技术学院设置暂行条例》以及国家、各省市有关社会力量办学条例、规定等，为开展民办高等教育评估提供了一些必要的参考依据。

2. 从民办高校发展的实际出发。我国民办高校的发展虽然取得了一些成绩，但办学时间短，高等教育投资资金庞大，办学条件相对较弱，师资队伍有待于建设和提高，因此，总的来说，还处于发展的"初级阶段"，还需要各方面的理解、扶持和鼓励。民办高校的评估应该充分考虑到我国民办高校发展的具体情况，从有利于民办高校的发展和繁荣出发，把规范和鼓励很好地结合起来。特别是对一时还达不到要求的民办高校，要热情帮助他们理清发展思路，完善办学条件，克服困难，采取切实有效的措施，提高和稳定教育质量。

3. 可参考而有别于公办高等教育评估。民办高校与公办高校都是高等教育的组成部分，同样承担培养社会主义现代化建设人才的任务，同样的使命使得他们具有许多相通之处，评估工作应该参考和借鉴我国几十年积累的公办高等教育评估的有效方法，使民办高校培养的人才符合国家对同类学校的规格和标准。同时，由于投资体制引发的管理体制、运行体制的特殊性，民办高校有许多自身拥有而公办高校不曾碰到或不相同的问题，例如在领导的体制和分工、经费的安排和运行、教师队伍的建设、教学管理的重点等方面，民办高校有着自己的特点。评估应该而且必须考虑到这些特点，并纳入教育评估的重要内容。

4. 借鉴和消化国外私立高校教育评估的经验。我国民办高校恢复办学时间不长，在评估工作方面更是刚刚起步。相比而言，国外私立高等教育已经举办了几百年，在办学和质量评估方面积累了丰富的经验，许多方面可资借鉴。当然，由于所处的文化背景、经济发展水平和时代背景的不同，这些经验不可能照搬照抄，而借鉴其先进的评估理论和方法则甚为必要。

四　民办高等教育评估的重点内容

如前所述，民办高校有其自身的许多特点，这为评估带来了许多新的内容。除了一些基本的教育教学评估条款与公办高校相同以外，有许多内容都是民办高校评估所特有的。

1. 民办高校的领导管理体制。按照国务院颁发的《社会力量办学条例》和即将出台的《民办教育促进法（草案）》等有关方面的规定，民办高校应建立董事会，实行董事会领导下的校长负责制。董事会、监事会、校长构成民办高校领导体制的基本框架。在领导职数、机构设置、干部定岗等方面，由于投资体制的特殊性，比较讲究精干、精简、适用、高效，以保证较高的人员使用效率和较低的管理成本。

2. 民办高校的教师队伍。教师是办学的根本，是决定教学质量的关键因素。由于投资体制的原因，民办高校不可能像公办高校一样，建设一支齐全完备的师资队伍。大多数民办高校教师队伍是聘用起步，外聘为主。应该说，大量外聘教师的使用，发挥了离退休教师的"余热"，达到了"社会资源教育化、教育资源社会化"的效果。外聘教师的出现和运作，改变了长期以来高校教师"从一而终"的旧体制，推动了高校人才管理的改革。从可能方面来讲，外聘的形式可以集其精英，教书育人，培养高素质的人才。但是，在全社会教师仍然处于单位所有的情况下，外聘教师存在队伍不稳定、质量参差不齐、管理难以到位的问题。特别是近几年来，由于行业之间经济效益的不同，民办高校在吸引优秀人才方面仍处于劣势。而高校大幅扩招，公办高校师生比居高不下，闲置师资大量减少，许多地方甚至出现公办高校教师严重短缺的情况。面对当前形势，民办高校如果继续全部依靠外聘教师，既难以稳定教学秩序，也难以保证教育质量。如何建设一支专兼结合、稳定有序、适应民办高校教学工作需要的师资队伍，是新形势下民办高校建设的新课题。

3. 人才培养质量的评估。教育质量的评估比较复杂，涉及的方面较多。从目前我国招生制度安排看，民办高校的生源质量较差，很大一部分是高考落榜生；民办高校大多数处于低层次的大专（高职）教育，毕业生大多数直接走向社会就业。从内部教学管理分析，确实还存在一些民办高校教学秩序不够稳定、师资力量短缺、管理不够规范的现象；目前民办高校教育经费来源比较单一，主要依靠学费，仍未形成政府、企业等多方力量支持的格局，总体来说，办学经费相当紧缺。相较于近几年各级政府对公办高校的投入来说，民办高校获得的财政投入较少。从教育投入视角分析，低投入势必影响教育质量。近几年我国民办高校蓬勃发展虽有高等教育供给不足的原因，但更主要的是民办高等教育本身发展的内在驱动。市场并没有以精英教育质量观来衡量民办高等教育并对之加以排斥，而是给予民办高校很大的发展空间。

因此，评估民办高校的人才培养质量要立足于特色人才培养的价值取向，应根据学校的不同培养目标进行评估，注重横向的多种类型的人才规格，而不是以传统纵向的精英教育质量观作为评判取向。如毕业生升学情况和在机关事业单位任职情况，民办高校为数很少，与公办高校大不相同。当然，评估同样要在德育、智育、体育等几方面进行，应侧重智育方面的评估，注重实用型人才培养，注重毕业生就业率和适应岗位情况。总之，应构建相应的评估指标体系，根据人才的使用情况对基于不同类型人才培养框架下的基本理论与专业知识、实验与实践基本技能、毕业设计等方面进行评估。

4. 民办高校的基本办学条件。比较而言，高等教育的发展受制于政治、经济制度。新中国成立后很长一段时间内，我国高等教育由公办高校一统天下，民办高等教育是随着政治、经济体制改革的不断深化而逐步恢复发展的。民办高校才恢复发展 20 年左右，时间很短，在基本办学条件方面的积累很少，很难与国内同级同类公办高校相比，也很难与国外私立高校相比。任何一个企业、公司的创立初期必然是一个积累时期，民办高校虽然与企业、公司在目标、性质等方面不同，但是在其发展过程中存在着许多类似企业的行为，同样存在着一个积累时期。近几年虽然出现了一批建设得较好的民办高校，但总体而言相当多的学校办学条件仍差于公办高校。鉴于我国民办高校发展过程的特殊性，对于民办高校的办学基本条件的评估不可以照搬国内公办高校与国外私立高校的评估标准，而是应根据我国民办高校发展的实际情况来构建基本办学条件的评估指标体系。要考虑到我国民办高校正处于发展的"初级阶段"，要着眼于民办高校完成基本积累后的发展前景，给予民办高校一个良好的发展空间，应通过评估给民办高校一个推动力，引导其向高水平、高质量、特色化的方向发展。

民办高校合格评估的基本办学条件标准应参照《普通高等学校设置暂行条例》的有关规定，根据我国民办高校的实际发展情况而提出，同时要考虑区域经济情况，既要有一个集中统一的标准，又要通盘考虑全国民办高校发展的区域平衡，标准要弹性化，构建基本办学条件评估指标体系应基于民办高校的不同定位、不同科类与层次。目前大多民办高校是市场导向型的，学科专业与规模根据市场进行调节，文科、政法、财经类的专业较多，理工农林医类的专业较少，实用型的居多，基础型的偏少，所需的教育投入要求相对会低一些。所有这些都是我国民办高等教育发展过程中的一些基本特征，这些特征对于制定民办高校合格评估基本办学条件的规定具有重要意义。

五　民办高校教育评估应注意的问题

1. 精英教育质量观与大众化教育质量观。民办高等教育的发展改变了我国高等教育发展的单一格局。我国将在 2010 年全面实现高等教育的大众化，目前部分省（区、市）已经步入大众化阶段，这无疑是对传统精英型高等教育的重大变革。在这一变革过程中，民办高等教育是高等教育改革与发展的生力军，对我国高等教育大众化进程的推进起着重要的作用。由于大众化进程的推进，高等教育的规模不断扩大，精英型教育时期的质量、规模、效益的平衡被打破，契合点将被调整。因此，伴随着大众化进程的不仅是高等教育规模的扩大，而且还有高等教育发展观、质量观、效益观的转变。对于民办高校的教育质量评估，用精英型教育质量观显然不符合高等教育自身变革与发展的需要，而应树立高等教育大众化的质量观，以一种高等教育的多元质量观来指导民办高校评估研究。

2. 政府评估机构、（民间）中介评估机构与民办高校之间的关系问题。公办高等教育接受国家与政府的大量财政资助，作为投资者甚或办学者必定参与对高等教育的评估，因此，公办高校评估标准可以说是政府发展高等教育的产物，其间会有很大一部分是作为投资者与办学者的政府观点。显然，在高等教育多元化多样化发展的背景下，政府的观点并不能完全等同于社会和高校本身的观点与价值取向。目前，我国的高等教育正在办学自主权、市场机制引入等方面深入地进行改革。由于民办高校是由社会力量参与办学的，其资金来自社会，而社会力量多为享受高等教育的家庭。因此，评估标准的制定可以有政府的引导，但是更重要的是要有社会力量的参与。

中介机构的加入在一定程度上可以起到缓冲的作用，比较公正客观地参与评估。由于中介评估兼顾了社会多种价值观并接受各方面的监督，可以克服行政性评估难以避免的种种弊端，对民办高校教育活动及办学效益作出客观、公正的价值判断，引导民办高校形成以市场为导向的评估机制。《中华人民共和国民办教育促进法》对此已有明确的规定，应该得到很好的贯彻落实。政府的评估职能应该随着体制改革的深化得到转变，而社会评估的力量应该得到加强。中介组织参与评估是民办高等教育发展活力的一个重要保证。

所以，政府评估机构、中介评估机构以及民办高校之间形成三角关系的均衡对于民办高校的评估是一个尝试与改革，同时，中介机构的介入并保持其相当的独立性对于我国评估体制的改革也有深远意义。

3. 公办高校的评估标准与民办高校的评估标准。显然，公办高校与民办高校的评估标准应该是两个不同的标准体系。公办高校的评估标准基于政府投资办学的条件，并且公办高校发展相对成熟与稳定，其评估标准也相对成熟。对于民办高校而言，目前仍无适用的评估标准，其本身的许多问题仍在探讨与摸索之中。由于制定的民办高校评估标准的客观环境与公办高校有所不同，两者难以统一。但是，出于教育规律和要求的相对一致性，两者在人才培养中所担任的责任又具有一致性，公办高校的评估标准对于民办高校评估仍可以作为一个重要的参照，许多方面可以借鉴和沿用。民办高校的评估标准正是通过与公办高校的对比中显示其特殊性与创造性。

4. 民办高校类型的多元化与个性化问题。我国民办高等教育的发展是一个特殊的过程，其发展大多基于地方的、区域性的实际情况，在类型与层次上呈现出多元化、个性化的特点。这与当前世界高等教育的发展趋势是相吻合的。因此，考虑到我国民办高等教育发展的区域不平衡性以及所呈现出的多元化、个性化的复杂特点，制定出的整体评估标准要与这些特点相适应。在制定评估标准时，要考虑与政府、公众的价值取向的一致性，为提高教育质量服务，保证最基本的办学条件等；但也要充分思考民办高等教育目前在我国存在的特殊性，他们有着不同的定位，基于不同的地方经济、不同的市场需求、不同的办学起点，等等。因此，一个相对集中统一的评估标准对规范民办高等教育发展的确相当重要，但它必须是科学的、弹性的、适应民办高校多元发展的。

（2003 年第 5 期）

规范管理、促进民办高等教育健康可持续发展

摘　要：从民办普通高校的发展现状入手，充分肯定了民办高等教育对社会经济和发展所做出的重要贡献，深入剖析当下民办普通高校发展中存在的问题，对如何规范管理，促进民办普通高校的健康和可持续发展，提出了若干建设性意见。

关键词：民办教育；民办高等教育；民办普通高校；可持续发展

高校大扩招以来，我国民办高校抓住机遇，发挥自身机制优势，加快发展，取得了积极的成效。民办高等教育在高等教育中的比重大幅增加。据教育部2006年教育事业统计快讯公布，2006年，我国独立设置的民办高校已经达到278所，比2000年的37所增加了6倍多，独立学院已经达到318所。从办学规模上看，2006年我国民办普通高校在校生280.5万人，比2000年增加了40多倍①，占我国普通高校在校生的比例已经上升到16%。从校均规模来看也扩张得很快，独立设置的民办高校校均规模已经从2000年的1500人增加到2006年的4813人。民办高校在许多地区已经成为承担高等教育大众化任务的重要力量，成为高等教育事业的重要组成部分。如浙江省，截至2006年已有民办普通高校12所（含筹建2所），转制高校1所，在校生79653人，经教育部备案的独立学院20所，在校生144400人，两项相加，已经占普通高校在校生的32%以上。其中民办本科高校招生数和在校生数已分别占全省普通高校的37%和36%，3个在校大学生中就有1个在民办高校就读，这就较好地满足了经济建设、社会发展对人才的需求和人民

---

① 本文根据笔者2007年3月2日参加教育部在大连召开的"加强民办高校规范管理、引导民办高等教育健康发展座谈会"上的发言稿整理而成。

群众接受高等教育的愿望。按照目前民办普通高校 22.4 万在校生的收费统计，浙江省民办高校每年从社会募集的教育资金就达 30 余亿元。根据已经公布的浙江省高校生均经费 20643 余元①计，每年为政府节省 46 亿余元的教育投入，还节约直接建校费 100 多亿元。同时，在办学的过程中也积累了教育资源。目前，浙江独立设置的民办高校校园面积达到近 6000 亩，建筑面积 228 万平方米，藏书 480 万册，固定资产近 38 亿元，教学仪器价值 4.2 亿元。另外，民办高校办学促进了社会就业，目前在职职工近 6000 人，其中专职教师 4100 人②。应该说，民办高校对社会的贡献是比较大的。可以看出，随着高等教育体制改革的深入和高等教育大众化的进展，我国民办高校将发挥越来越重要的作用。

一　民办高校的办学不规范问题

我国民办高校尚处于发展的初级阶段，办学历史较短、实践经验不足、学校层次较低、社会信誉不高。办学不规范的问题在民办高校中还有不同程度地存在。

1. 产权界定不清，责任不明，法人财产权不落实。有的民办高校在创办初期，预期规划尚未完全实现，因此，对学校产权归属问题比较模糊和疏忽，没有作认真的考虑和界定，当时也确实没有相关的法律规范可依，致使产权问题至今没有落实。鉴于此，民办高校难以真正享受法人权益。一旦这些民办高校在办学上发生问题，政府将不得不承担相关后果。近几年，由于民办高校的法人财产不明确，引发了许多相关的纠纷，分散了办学者的精力，影响了学校的稳定和发展。与产权问题相关联，部分民办高校内部管理体制不健全，出资者与办学者之间职责不明确。一些民办高校至今还没有建立起系统、科学、严格的内部管理制度，家族化管理现象日趋严重。

2. 规模扩张过快。我国民办高校绝大多数都属于投资办学。由于资金来源单一，相当多的民办高校都走以学养学、滚动发展的发展道路，以扩张规模来提高效益已成为许多民办高校发展的主要途径。但是一些民办高校校

---

① 根据教育部公布的教育事业快报整理，详见教育部网站，http://www.moe.edu.cn。

② 盛昌黎：《在全省高等教育工作会议上的讲话》，浙江省教育厅网站，http://www.zjedu.org。

均规模的过快增长，超越了一些学校的办学能力和管理能力。在高等教育大众化的进程中，有的民办高校忽视办学条件，一味追求规模。许多学校办学时间不长，而在校生竟达几万人。2000 年以前，全国没有超过万人的民办高校，但是，接下来的短短几年内出现了几十所规模超万人的民办高校，有的甚至达到数万人的规模。如此巨型的办学规模，给学校的办学质量、和谐稳定和内部管理带来了相当大的难度。

3. 办学资金未到位，学校持续发展困难较大。现阶段我国社会资金积聚不够，而举办高等教育需要巨大的资金投入，举办者往往对此准备不足，资金难以一步到位。目前许多大规模的民办高校不是依靠社会巨大投资来建设的，而是主要依赖于学费的积累。一些民办高校的办学者在办学初期就打算通过收取学费和贷款来扩大基建，完善基本办学条件和维持日常开支，甚至期望通过积累归还贷款，实现滚动发展的目的。显然，这一计划是不现实的。校园基本建设投入、教学仪器设备购置、维持学校正常运转等都是不小的开支，需要源源不断地投入。由于大量办学经费被用于基建、归还贷款和完善办学设施，正常的教学经费被挤占。据上海教科院原院长胡瑞文估计，许多民办高校实际生均经费已不足千元。投入不足，办学条件不完善，优秀师资难以引进，办学质量自然难以提高。

4. 对高等教育发展的客观规律认识不足。一些民办高校的领导者和管理者，办学思想缺乏科学的理论指导，功利思想抬头，淡忘了教育的公益性原则。个别学校举办者违规操作，抽逃和挪用办学资金，致使办学难以为继，影响学校的正常运作和教学秩序的稳定。一些民办高校办学行为不规范，影响了民办高校的整体形象。如：违规招生，花大价钱做假广告，做不负责任的承诺，制度不健全，财务管理混乱，资金去向不明等。近几年因资金不足、管理不善而导致的学生溺水、被偷盗、食物中毒、交通意外等安全责任事故屡有发生，由此引发的群体性事件明显增多，且在聚集规模、激烈程度、反复性和影响面等方面出现了愈演愈烈的趋势，引起社会的广泛关注。

5. 办学观念陈旧。部分民办高校缺乏对高等教育发展形势的了解和把握，忽视大众化高等教育背景下民办高校培养目标的定位和培养措施，民办机制不落实，学校工作按部就班，改革力度不大，教育质量不高，办学特色不明显，影响了毕业生就业率的提高。同时，也使学校信誉下降，社会认可度低，可持续发展难度大。

在我国高等教育大众化的进程中，民办高等教育已经成为高等教育的重要组成部分。但是，上述问题的存在和恶化，直接损害了民办高校的形象，误导了社会对民办高校的认识，破坏了民办高等教育发展的环境，制约了民办高校的健康发展，影响了社会的和谐、稳定。

二　政府对民办高等教育管理上存在的问题

从民办高等教育的政府管理方面来说，也存在诸多问题。

第一，民办高等教育发展的地位没有得到确立。尽管民办高校快速发展的贡献有目共睹，国务院文件也指明，民办高等教育已经成为我国高等教育事业的重要组成部分，但是在实际工作中，许多主管部门对民办高校往往另眼看待。近几年高等教育大发展后，高等教育资源紧张的状况有所缓解，而此时个别民办高校在办学中出现了一些问题，所以，原有的"多余论""补充论""怀疑论"等论调又开始有所抬头，影响了民办高等教育发展政策的制定和落实。

第二，一些地区政府部门机构、人员不落实，对民办高校疏于管理。从全国来看，短短几年时间，民办高校的办学规模以超常规的发展速度得以扩张，政府部门对此准备不足，机构、编制、人员、经费落实不够，管理明显滞后。对于布局不合理、设置和管理不规范、部分投入不足、办学条件差、达不到设置标准的民办高校，审批部门碍于面子和关系违规予以批准。对于个别民办高校的违规办学行为，相关部门熟视无睹。实际上，民办普通高校的主要办学行为已经置于政府严格的管理之下，如招生广告、招生计划、证书发放、收费退费等，都有相关的法律规定。如果严格管理，许多违规行为是可以避免的。需要指出的是，我国民办高等教育作为庞大的高等教育体系中的特殊群体，需要有专门的管理机构和力量。当前管理机构不健全，管理机制不完善，管理力量不落实，也是导致政府部门对民办高校疏于管理的原因之一。

第三，民办高校的发展政策也有待于完善和落实。应该看到，通过各方面的努力，民办高等教育的发展环境有了很大的改进。但是，就许多已经颁布的制度、法律与文件来看，"优惠"的条文都是表面性的原则，政策界限、概念比较模糊，虽具有导向性，却缺少操作性。有些规定涉及许多方面，仅仅依靠个别部门的努力是无法落实的。办学中的税收问题、投资回报问题等表面上看已经解决，实际上由于政策之间的分设和冲突而无法落实。促进民办高等教育发展的制度建设和落实仍相对滞后与不足，不仅面临着制度完善层面的压力，而且面临着执行层面所带来的挑战。

第四，民办高等教育的发展空间仍很窄。从最早的 1978 年成立的湖南长沙中山进修大学算起，民办高校已经有近 30 年的发展历史。由于多方面的原因，目前民办高校的办学空间仍相当狭窄，并且受政府政策的变动影响较大。2005 年由于高等教育学历文凭考试试点的取消，一大批民办高校不得不关闭和转型。最近，教育部又提出高职院校一律不得升格本科，这一政策是否包括民办高校不得而知。但实际情况是，在我国至今所有的 278 所民办普通高校中，只有 25 所是本科院校，不足十分之一，而在全国本科院校中仅占三十分之一。也就是说，90% 以上的民办高校都是高职院校。我国至今尚无民办高校举办研究生教育。民办高等教育在整个高等教育体系中的份额还很小，办学的层次比较低，只有很小的办学空间，这些对民办高校的发展都是非常不利的。人为限制民办高校的办学类型、办学层次和办学空间，不利于调动民办高校投资者和办学者的积极性。

第五，个别民办高校的不规范行为，往往成为影响发展的障碍。在民办高校的发展进程中，由于多方面的原因，总有个别学校"不守规矩"，违规操作，损害社会利益，甚至危及社会稳定，对此采取措施并及时做出相关处理是完全必要的。但有关部门在"处理"问题的过程中，往往注重"堵"，忽视"疏"，一竿子到底，规范措施全线覆盖，一个也不能少。对于促进的具体措施，却少有落实力度。这种奖、罚的强烈反差往往会引发民办高校举办者不必要的担心，影响社会力量对高等教育的投入，不利于民办高校稳定、持续地发展，也不符合相关的法律规范。

三　对策和建议

民办高等教育发展的现状和存在的问题，说明民办高等教育事业的发展面临着规范与促进的双重艰巨任务。教育部 2007 年工作要点第 39 条明确提出要"加强对民办高校的积极扶持和规范管理、引导民办高等教育健康发展"，体现了政府管理部门对民办高校发展的高度关注。2006 年 12 月

21 日，国务院办公厅下发《关于加强民办高校规范管理，引导民办高等教育健康发展》的通知（国办〔2006〕101 号文件）。同日，中央组织部和中共教育部党组也下发了《关于加强民办高校党的建设工作的若干意见》（教党〔2006〕31 号）。2007 年 2 月 3 日，教育部部长周济签发 25 号令《民办高等学校办学管理若干规定》。在短短的几个月里，政府及相关部门相继下发了三个文件，提出了规范民办高校管理、促进民办高校健康发展的具体措施，表明了政府对加强民办高校规范管理的决心和坚定发展民办高校的政策导向。2007 年年初以来，各地纷纷出台相关政策，贯彻落实文件精神。根据相关政策，遵循高等教育发展规律，规范民办高校的管理，解决好发展中出现的问题，提高民办学校的办学质量，构筑民办高校生存和发展的良好环境，依法落实有关扶持政策，促进民办高校快速、健康和可持续发展，是民办高等教育发展的当务之急。加强管理，以规范带促进，规范与促进并举，是今后一段时期民办高等教育发展的主要特征。

贯彻落实国办发〔2006〕101 号文件和教育部 25 号令，规范民办高校的管理，有许多工作要做。从民办高校发展的实际来看，建议重点抓好以下工作。

1. 组织学习好文件，统一思想认识。对于规范民办高等教育管理的措施，民办高校中总的反映是积极的。稳定、有序、健康的环境，是民办高校可持续发展的保证。但是也有部分民办高校的领导感觉有压力，还有一些思想问题，认为文件"规范"有余，"促进"不足，不公平，有牢骚。文件的贯彻落实，政府的管理措施当然是必需的，但也需要民办高校的积极配合。政府要确立民办高等教育是国家高等教育重要组成部分的思想，真正把民办高校与公办高校同等对待，给予关心、爱护、引导和帮助，用行动说明政府鼓励举办民办高校不是权宜之计。通过学习，管理部门要真正树立"公平管理"的理念，对公办、民办"一碗水端平"，不以办学性质分亲、疏、远、近，担当起领导民办高校健康发展的责任。民办高校领导也要认识到，规范管理，净化民办高校的竞争秩序，完善民办高等教育的发展机制，对渴望和实施健康发展的民办高校，是极为有利的。规范管理是为民办高校创设更好的发展环境，最终是为了民办高校的健康和可持续发展。有了此种共识，才能取得民办高校的广泛认同和支持，激发落实和执行文件的自觉性和主动性。

2. 规范管理和示范引导两手抓，引导民办高校提高整体办学水平。规范民办高校举办者和民办高校的办学行为，以及规范民办高等教育管理者的行为，是《民办教育促进法》的重要规定。民办高校的健康发展，要依靠民办高校的"自律"，同时也需要政府的引导和规范管理。针对民办高校中出现的问题，一方面，应采取有力的措施，仔细排查，严格执法，加强监管，落实各项措施，以保障和维护各方的权益。以《民办教育促进法》及其实施条例为依据，加强民办高校管理的制度建设，使民办高校的管理有章可循。当前特别是在资产划拨、建立法人治理机构、加强内部管理、稳定校园秩序、规范广告和收费、防止个别民办高校的不实宣传误导考生等方面，必须加强监管力度，引导民办高校实现内涵发展。另一方面，也要注意正面引导，培育典型，加强示范性民办高校的建设，以带动民办高校整体管理能力和水平的提高。应该看到，绝大多数民办高校是能够做到规范办学的，并且确实已出现了一批办学信誉和质量深得社会好评的民办高校。可借鉴国家建设"985""211"以及示范性高职平台的经验，发现优秀民办高校，宣传其办学经验，扩大优质民办高校的影响力，并采取优惠措施，进一步加大扶持力度，支持一批优秀民办高校加快提高建设水平、管理水平和教学质量，使之具有较好的正面效应。政府的宣传和扶持具有权威性，对促进和带动我国民办高等教育整体水平的提高，无疑将起到积极的促进作用。

3. 落实优惠政策，加大促进力度。现阶段我国民办高校仍处于弱势，需要社会各界的理解，需要政府和各界的支持和帮助。近几年来我国高等教育有了快速的发展，但是与实际需求和政府规划相比还有很大的差距。民办高等教育还有很大的发展空间，对此应该有坚定而清醒的认识。加强民办高校管理，必须做到鼓励扶持和规范管理两者并重、缺一不可。不能只规范不支持，也不能只支持不规范。管理既包括规范，也包括支持和促进。对于民办高校发展的促进和支持，《民办教育促进法》及其实施条例有明确规定。从民办高校的实际来看，当前最迫切的是要切实解决教师队伍建设的政策性问题。根据有关规定，民办高校是"非企业法人"单位，而我国传统的人事制度只有事业单位和企业单位之分，非企业法人单位职工的相关制度尚无现成的法规可以借鉴，政策的缺失致使民办高校教师与公办高校教师在待遇上形成巨大差别，从而影响了民办高校高学历、高层次教师的引进和稳定以及专职教师队伍的建设，同时也阻碍了公办、民办高校之间教师的流动。教师是办好学校的主要因素，民办高校的发展强大最终要依靠有实力的教师队伍的崛起。建设一支数量足够、素质较高、专兼结合、相对稳定的教师队伍，是民办高校健康、可持续发展的关键。贯彻《民办教育促进法》，落实法律赋予民办高校教师的合法地位，在确定编制、养老保险、职称评定、科研评奖、培训提高、合理流动等方面制定相关的具体规定，扫除障碍，加快民办高校专职教师队伍的建设和结构优化，是促进民办高校可持续发展的保障。

4. 采取切实有效的措施，努力提升教育质量。目前，我国高等教育已经进入内涵发展、提升质量的阶段。当前和今后一段时间，要着重引导民办高校转变发展模式，强化质量观念，把发展重点从规模扩张转移到内涵发展上来。从民办高校办学的实际来看，重点要做好五方面的工作：一是根据办学实际，正确定位培养目标，确定与学校和学生实际相适应的人才培养目标以及相应的培养模式，并以此指导人才培养的各项工作；二是根据学校人才培养规格，加快调整专业结构，设计好人才培养的具体方案，细化人才培养的措施，为教学质量的提升提供指导，并注意把办学理念、人才培养的特色融入其中；三是大力加强学风建设，加强教学督查力度，注重改进教学方法和教学手段，着力提高课堂教学的效果和质量；四是加大对专职教师尤其是有学术造诣和教学经验丰富的中年教师的引进力度，加强教师队伍建设；五是加大办学投入，特别是要增加教学方面的投入，集中财力加快办学设施建设，改善办学条件，为提高质量、实施内涵发展提供物质保障。通过落实系统全面的提升教学质量的措施，进一步稳定教学秩序，提高民办高校的办学质量，实施民办高校内涵发展的战略。

5. 落实办学自主权，鼓励和引导民办高校发挥机制优势，提高质量，彰显特色。办学自主权是指高校针对其面临的任务和特点，为保障办学活动能够依据其自身特点和内部客观规律的要求，充分发挥其功能所必需的自主决策权。民办高校由于投资主体的特殊性，需要有更多的办学自主权，以适应市场变化，增强学校的活力和竞争力。在高等教育大众化的背景下，高校办学呈现多元化的办学格局，高校应该有自身的定位和培养特色，以适应社会对人才的多样化需求。为了稳定高等教育发展的环境，保证人才培养的质量，政府对民办高校办学加以规范是完全必要的。但是，不加区别、千篇一律的评估和"规范"可能会导致民办高校千校一面，弱化机制优势，丧失自身特色。民办高校的可持续发展，需要进一步细化与政府的关系，明确并落实各项办学自主权，增强市场竞争力。当前在落实民办高校的办学自主权问题上，反映较多的有学校升格本科、专业设置、自主招生、成本收费等。

特别是在民办高校专业设置、招生数量、补录和招生区域方面，希望给予更多的灵活操作空间，以帮助民办高校贴近市场办学，增强竞争实力，提高办学效益，更好地服务于地方经济社会发展。

6. 继续鼓励多渠道筹资，改善办学条件。经费问题是民办高校稳定发展的重要基础。在现阶段，限于经济实力，也由于民办高校投资特别巨大而许多投资又难以完全到位，学校遭遇了经费困难和财政危机。拮据的财政导致一些功利性的办学行为发生，影响办学条件的改善和教学质量的提高。近几年各地政府加大了对公办高校办学经费的支持力度，如浙江，高校生均经费已达 2 万余元。而民办高校的学费和住宿费标准多年冻结，标准按公办高校标准一刀切，使民办高校的办学成本难以消化。民办、公办高校之间的贫富差别越来越大，最终将导致高等教育发展的不和谐，难以形成共同发展的格局。当前解决民办高校的资金问题，落脚点主要应放在四个方面：一是要出台优惠政策，继续动员、鼓励和引导社会投资高等教育，加大对民办高校的投入；二是要切实落实"按成本收费"的政策，在学费、住宿费标准的制定和执行中充分考虑到民办高校的特殊性，允许一定的浮动幅度，不搞公办、民办一刀切；三是要贯彻出台扶持政策，在土地征用、建设配套等方面提供优惠，努力降低民办高校的办学成本；四是要引导民办高校加强财务管理，厉行节约，提高资金使用效益。同时要增强资金使用的透明度，接受社会监督，保证资金使用的安全。

7. 政府应该鼓励民办高校坚定信念，安心办学，提高质量，办出特色。民办高校的举办和发展，是高等教育事业中出现的新生事物。民办高校不能与旧中国的私立大学同日而语，也不能与国际上许多国家的私立大学相提并论。现阶段民办高校起步迟、历史短，在严密的计划经济背景下恢复办学，并伴随经济体制改革的发展而发展。在公办高校占绝对地位的夹缝中求生存，又遇到高等教育从精英型快步走向大众化、高等教育市场迅速从卖方走向买方、高等教育从供应型转向选择型的挑战，这些对民办高校的生存和发展是一个考验。据了解，当前许多民办高校的教职工特别是一些年轻的学校领导并不安于工作，而民办高校的可持续发展，有赖于一大批年轻人才的成长、成熟。政府应积极出台政策，解决相关问题，鼓励民办高校办学，鼓励民办高校领导安心工作，立足于学校的长远发展，提高质量，办出特色。政府不应该鼓励民办高校转为公办高校的行为，这将动摇民办高校的办学信心，误导民办高校的发展方向。

8. 加强管理机构建设，保证管理力量，发挥中介机构的作用，使管理落到实处。我国民办高校已经有了一定的发展，未来的发展还有很大的空间。因此，加强民办高校管理机构的建设，保证一定的力量投入，是当前民办高校规范管理急迫需要的。建议教育部和各省教育部门建设、充实专职的民办高校管理机构，解决一定的编制，确定相应的规格，有专门的力量来应对民办高校的管理事务，不要让民办高校成为管理部门的累赘，成为多余的负担。鉴于民办高等教育的管理涉及政府许多部门，仅仅依靠教育部门解决问题在实际中也是不可能的，如税收、收费、广告管理、编制、保险、财政补助等。因此，建议在国家和省级政府两个层面建立由相关部门组成的民办高等教育管理协调机构，通报情况，收集信息，研究问题，协调政策，落实相关措施。同时，建议进一步发挥学会、协会等民间团体和中介机构的作用，疏通信息渠道，协助承担一些诸如督查、评估、自律、规范等具体事务，加强民办高校的自律，使规范管理落到实处。

（2007 年第 5 期）

论科学发展观视野下的民办高校发展转型^①

摘 要：简要回顾了高等教育发展观的演变过程，阐述了以高等教育科学发展观的内涵，分析了高等教育发展的趋势和模式，就新形势下民办高校如何实行转型，转变发展方式做了论述。

关键词：发展观；科学发展观；高等教育；民办高校；发展

一

高等教育的发展观是与高等教育的发展相伴而来的，是关于何谓高等教育、怎样发展高等教育的总的看法与观点。同时，高等教育发展观伴随着高等教育的发展而发展。高等教育从诞生、发展、壮大，至今已走过了几百年的历程，数量由小到大，功能不断完善，品种逐步发展，结构逐步优化，类型不断丰富。与此同时，高等教育发展观也经历了从传统发展观、综合发展观、可持续发展观到科学发展观的演变。

高等教育，从最早的现代大学产生开始，就存在一个如何发展的认识问题，即发展观问题。到了近代，社会对高等教育的需求剧增，高等教育的规模扩张成为主要矛盾，从经济发展观引入的以数量扩张为特征的传统发展观应然产生。特别是第二次世界大战以后，经济快速发展对人才的需求急速增长，导致了对高等教育需求的大量增加。经济快速增长的表象形成了人们对发展观念的朴素理解，认为发展就是数量指标的增长。这一理论被延伸、引入后，形成以数量指标快速增长和规模快速扩张为特征的传统的高等教育发

① 基金项目：本文是本人主持的全国教育科学"十一五"规划课题（教育部重点）"民办高等学校可持续发展研究"（编号 DIA070124）部分研究成果。

展观。这一发展观认为，高速发展的经济增长必然需要高速发展的高等教育，而高速发展的高等教育必然推动经济的高速发展。人们甚至认为高等教育与经济发展之间存在着确定的正比关系，如拉雅德等提出的"人均教育年"概念就为当时许多人所接受，甚至成为当时研究经济与教育关系的重要理论依据①。

传统的高等教育发展观在推进高等教育的规模扩张和引导高等教育为经济和社会发展服务方面，无疑起到了较好的促进作用。但是单纯以数量增长为特征的持续发展可能会导致高等教育资源的稀释和质量的下降，并与经济发展关系日趋疏远。20世纪70年代以后，西方国家由于经济危机的影响，失业人口大增，教育投入锐减，教育质量下降，从反面证明了高等教育单边数量增长的局限性。高等教育的质量受到指责，作用受到质疑，教育对经济的直接的推动和促进作用渐受冷落。这些现状引发了学者对传统的高等教育发展观的关注和思考。

20世纪80年代，整体发展理论产生形成了整体发展观。高等教育学者从当时新型的整体发展观中受到启发，提出了高等教育的整体性发展观。卢卡奇指出，总体范畴，整体对于各个部分全面的、决定性的统治地位，是马克思取自黑格尔并独创性地改造成为一门全新科学的基础的方法的本质②。在整体发展理论的启发下，人们对以经济增长为目标的传统社会发展观进行反思，逐步形成整体发展观。波士顿大学教授、世界发展研究所所长保罗·P. 斯特里登认为，"经济增长"与"发展"是两个不同的概念。社会的发展包含着经济的增长，但是经济的增长并不意味着社会的发展，社会的发展是社会结构各个部分的整体发展③。1983年联合国推出了法国经济学家佩鲁提出了"整体的""综合的""内生的"新发展理论，在此基础上逐步形成了"经济+自然+社会+人"的综合发展观，强调社会是一个由人口、环境、政治、经济、科学技术以及其他相关系统组成的有机整体，其发展不是各个部分发展的简单总和，而是各要素之间或各子系统之间的协调运行过程④。

受整体发展观和综合发展观影响而产生的高等教育整体发展观认为，高等教育的发展是一个整体，数量增长仅仅是发展的一个方面。除了数量增长

---

① 房剑森：《高等教育发展论》，广西师范大学出版社2001年版，第22页。

② 张康之：《卢卡奇的总体范畴》，《马克思主义研究》1999年第2期，第56—60页。

③ 王晶雄：《整体发展：科学发展观的根本内核》，《求实》2004年第7期，第41—44页。

④ 张艳玲：《国外几种发展观解析》，《理论前沿》2006年第12期，第31—32页。

以外，它还应包括结构的调整、质量的稳定和提高、办学效益的增强等，是质量和效益得到保证前提下的数量增长。因此，高等教育应该从"增长"走向"发展"。无疑，"发展"不仅仅是规模的问题，而是有着更为丰富的内涵。它要求高等教育发展进程中妥善处理好数量与质量、结构与效益的关系，推进高等教育数量、质量、结构和效益的同步发展①。

20 世纪 90 年代以来，随着可持续发展理论的引入和普及，我国高等教育的可持续发展问题引起许多高等教育研究者的关注。他们运用可持续发展理论，观察、思考和研究高等教育发展问题，甚至有的学者直接借用生态学原理来研究高等教育的可持续发展。著名高等教育专家潘懋元认为："可持续发展理念的原生意义是协调人与自然生态环境的关系，但在理论研究与实践过程中，人们发现这一理念所蕴含的价值观、发展观和基本原则，对于人与社会的关系，都有重要的意义，而且只从技术层面而不从文化、教育层面来实施可持续发展战略是行不通的。正如现代生态学，不再局限于自然界的生态系统，而是把世界看作'人—社会—自然'的复合生态系统，从以生物学为基础的生态系统泛化或渗透到一切自然科学、社会科学、人文学科的研究领域，从而使人们能够从新的视角，用新的方法来研究自然的、社会的、人文的问题，包括高等教育问题。世界（人、社会、自然）的可持续发展是现代生态学研究的出发点与归宿，而现代生态学是可持续发展理念的理论基础，从而，高等教育生态研究是高等教育可持续发展的理论与方法。"②

党的十七大把科学发展观纳入了中国特色社会主义理论体系。十七大报告指出："科学发展观，第一要义是发展，核心是以人为本，基本要求是全面协调可持续，根本方法是统筹兼顾……要全面把握科学发展观的科学内涵和精神实质，增强贯彻落实科学发展观的自觉性和坚定性，着力转变不适应不符合科学发展观的思想观念，着力解决影响和制约科学发展的突出问题，把全社会的发展积极性引导到科学发展上来，把科学发展观贯彻落实到经济社会发展各个方面。"③ 高等教育作为社会系统的重要组成部分，科学发展观的提出必然需要高等教育具备与之相应的发展观。同时，高等教育对于经济基础的依附性也决定着高等教育只有主动适应和服务于社会需要，才能有

---

① 房剑森：《高等教育发展的理论与中国的实践》，复旦大学出版社 1999 年版，第 38 页。

② 贺祖斌：《高等教育生态论》，广西师范大学出版社 2005 年版，第 1 页。

③ 《胡锦涛在中国共产党第十七次全国代表大会上的报告》，《中国教育报》2007 - 10 - 24（1）。

更好更大更快的发展。而回顾不同时期我国高等教育的发展观，几乎都能找到同一时期社会发展观的烙印。在"增长"与"发展"作为不同的概念被学界以及管理者区分之后，全面协调可持续的发展成为高等教育发展观的基本要求。追求规模、质量、结构、效益多目标的优化已经成为近年来我国高等教育发展的一个显著特征。而以人为本作为科学发展观的核心，也应当成为高等教育发展的价值内核，成为重新建构高等教育发展的坐标系。以人为本作为高等教育科学发展观的价值内核，应贯穿在高等教育的方方面面。以人为本的科学规模观、以人为本的科学质量观、以人为本的科学结构观、以人为本的科学效益观相互联系、相互作用，成为发展观的具体体现，并与以人为本的价值观一起形成高等教育科学发展观的内涵。

二

　　高等教育发展如何贯彻科学发展观？国务委员陈至立在教育部直属高校工作咨询委员会第十八次全体会议上的讲话中提出了建设高等教育强国的目标，实际上也是高等学校落实科学发展观的基本任务①，具体有以下六个方面的内容。一是高等教育的布局、层次、类型和学科结构优化，高等职业教育、本科教育和研究生教育协调发展，形成各类高校相互促进、各具特色、健康发展的格局。二是高等教育质量全面提高，培养一批拔尖创新人才和大批各级各类优秀人才。三是高校拥有一批具有国际领先水平的学科带头人和具有国际竞争力的教学科研队伍，具有国际影响力和吸引力。四是相当一批重点学科达到世界一流水平，具有若干所世界一流大学和一批国际知名的高水平大学，取得一批在国际上具有重大影响的科研成果，支撑发展，引领未来。五是高等教育为社会提供一流的服务，成为科技成果转化为现实生产力的生力军，推动经济社会发展的"思想库""人才库"，对经济社会发展的贡献率高。六是高校具有一流的管理，依法自主办学的自主权得到切实落实，高校拥有民主、宽松、开放、和谐的良好学术环境和精神文化氛围。

　　民办高校必须加快转型，贯彻落实科学发展观的要求，转变发展模式，

---

　　①　《陈至立国务委员在教育部直属高校工作咨询委员会第十八次全体会议上的讲话》，《中国教育报》2007-12-28（1）。

加快内涵建设。

从高等教育发展的态势来看，随着大众化的不断深化，民办高校的扩张优势正在受到高等教育资源紧张状态缓解的限制。由于高校资源的大幅增加，高等教育正在从卖方市场走向买方市场，紧缺资源的优势正在弱化，求学者上大学的选择意识和行为在逐年增强。而民办高校由于生源处于高考录取的末端，其粗放型发展的态势将难以为继。近年来国家教育部推出的"985 工程""211 工程""示范性高职"建设工程、五年一轮的评估以及规模浩大、投入巨资的高等教育"质量工程"的实施，大量扶优、扶强、扶特措施的出台，说明政府对高等教育发展的导向已经从规模扩张转为质量的提升。民办高校如果不能把握发展的主流和趋势，将有可能成为发展中的边缘化产物。

从民办高等教育发展的实际来看，转型既有必要，也有较好的基础。民办高校恢复办学以来的近 30 年，其发展主要是规模扩张，尤其是高校扩招，使民办高校抓住了机遇，发挥了机制优势，规模扩张快速。自 1994 年国家教委首次根据《民办高等学校设置暂行规定》（教计〔1993〕129 号）审批放行民办普通高校办学以来，民办普通高校从无到有，在校生也快速增长。2006 年我国独立设置的民办高校已经达到 278 所，比 2000 年的 37 所增加了 7.5 倍。2001—2006 年，国家每年批建独立设置的民办高校平均为 20 多所，其中 2002 年、2003 年、2004 年民办高校的建校数分别为 44 所、40 所和 55 所。另外，高校扩招以来政府还批准设置独立学院 318 所。从办学规模上看，2006 年我国民办普通高校在校生 280.5 万人，比 2000 年增加了 40 多倍[①]，占我国普通高校在校生的比例已经上升到 16%。2001 年以来的民办高校在校生人数几乎每年翻番。民办高校校均规模也扩张得很快。独立设置的民办高校校均规模已经从 2000 年的 1500 人增加到 2006 年的 4813 人（见表 1）。

表 1　　1978 年以来民办普通高校建校情况及在校生数、校均生数一览

年份	1994	1995	1996—1997	1998	1999	2000	2001 **	2002 **	2003	2004	2005	2006
学校数/所	14 *	16	21	25	37	37	89	133	137	228	252	278

---

① 徐绪卿：《积极开展院校研究，促进民办高校健康发展》，《高等教育研究》2007 年第 6 期，第 53—57 页。

续表

年份	1994	1995	1996—1997	1998	1999	2000	2001**	2002**	2003	2004	2005	2006
在校生/万人	—	1.2	1.6	2.2	4.0	6.8	14.0	32.0	81.0	139.8	212.6	280.5
校均生数/人	—	772	802	967	1086	1518	1577	2404	***	3070	4170	4813

注：本表根据历年教育部公布的资料整理，学校数为当年审批数，学生数为当年合计数；
*1978—1993 年，部分省（区、市）批准了 10 万所民办普通高校，报教育部备案；** 2001 年、
2002 年在校生数已经包括独立学院；*** 校均规模未划分。

与公办高等教育一样，民办高等教育的人才培养同样面向现代化建设，是国家高等教育体系中的一部分。民办高校的壮大和成长，改变了高等教育投资体制长期以来由国家财政独家承担的局面，拓宽了高等教育资金来源的渠道，减轻了财政负担，增加了高等教育的投入，兴办了新的高等学校，扩大了高等教育的资源；缓解了高等教育供求关系严重失衡的矛盾，增加了学生读大学机会，在一定程度上满足了人民群众对接受高等教育、选择高等教育的愿望；增加了高等教育的规格和品种，为社会培养了大批经济建设和社会发展需要的人才；推出了新的办学机制，推动了高等教育的改革和发展。民办高等教育正在成为国家高等教育的重要组成部分，成为推动高等教育大众化的重要力量，在现代化建设事业中发挥重要的作用。

在充分肯定民办高校作用的同时，也要实事求是地看到，我国民办高等教育处于弱势的局面并未改变。从生源来看，民办高校处于录取的最末端，生源文化素质总体不高。从办学层次来看，全国仅有 27 所本科院校，本科比例不足民办高校总数的 10%。至今，全国还没有一所民办高校举办研究生教育。从科研和学科建设来看，虽然有一些优秀的民办高校启动了科研工作，也取得了一些成果，但是，就绝大多数民办高校来看，仍处于无项目、无经费、无论文的状态。从教师队伍建设来看，大多数民办高校存在数量不足，结构不合理，高层次教师严重匮乏的状况。这些情况的存在，对民办高校办学质量的提升带来了不小的困难。

我国民办高校资金来源单一，相当多的民办高校都走以学养学、滚动发展的道路，以扩张规模来提高效益已成为许多民办高校发展的主要途径。但是，民办高校校均规模的过快增长，超越了一些学校的办学能力和管理能力。2000 年以前，全国没有一所万人民办大学，经过短短几年时间，目前已有几十所规模超万人的民办高校，有的甚至达到数万人的在校生规模。如此规模的巨型大学，给办学质量、学校稳定和内部管理带来了相当大的难

度，资源性矛盾突出，引发群体性事件，影响社会稳定。这些民办高校由于内涵建设不足，难以享受国家出台的扶优、扶强、扶特政策。随着高等教育改革的深化，部分地区的民办高校实际上已经处于被边缘化的危险。种种事实表明，民办高校必须认真贯彻科学发展观，加快转型，实行发展方式的根本转变。

三

关于民办高校转型，有人认为，应该包括：（1）从边缘化地位向主流化地位转型；（2）从补充性作用向发展性作用转型；（3）从行政性管理向法制化管理转型；（4）从指令性调节向加大市场化调节因素转型；（5）从机遇性发展向实力性发展转型；（6）从趋同化模式向多元化模式转型①。也有人认为，我国民办高等教育的发展成绩显著，而且出现了由初创期向成熟期转型的动力因素，如民办教育规模快速扩张、层次结构不断提升、法规政策逐步调整等。然而，转型就本质而言是一种变革，必须要改变过去的弊端和不足，尤其是对于民办高等教育的转型来讲，这种变革将是多层面、整体性的，其核心是要致力于提升办学和育人质量，稳定合理的扩张规模，加强制度创新，明确各责任主体的关系，形成一个稳定长效的合理运行机制与完善的市场体系②。当然，限于条件，民办高校转型还不够成熟，理论研究也不够充分，实施转型还有一定的难度。

笔者认为，民办高校转型，实施从"增长"向"发展"的转变，主要包括五个方面的内容。一是转变发展观念。以科学发展观的视角、国际化眼光、现代化理念、大众化要求来审视高等教育的现状和任务，提高转型的自觉性和主动性。二是转变发展重点。从规模建设向内涵建设转型，牢固确立人才培养的中心地位，把主要精力、财力投入到人才培养工作中去。三是转变发展方式。从规模扩张转向稳定规模、提高质量和规范管理。遵循高等教育发展规律，量力而行控制学校发展规模，使之与学校资源相匹配，与社会

---

① 陶西平：《加快民办高教转型　推动民办教育进入主流行列》，《中国高等教育》2006年第12期，第46—48页。

② 陈新民：《民办高等教育转型期的矛盾和对策探讨》，《中国高等教育》2006年第12期，第49—50页。

需求和培养能力相适应。四是转变发展途径。正确定位，立足现有办学层次培养优秀人才，不以层次论贵贱，不以规模论英雄，不求大不求全，重在办出特色，创出品牌。五是转变管理模式。注重过程管理，把握质量监控的基本环节，从粗放型管理转向效益型管理。

当前，我国民办高校正面临良好的发展机遇。贯彻落实科学发展观，必将引导全社会重新审视教育的地位与作用，确立科教兴国的发展战略和教育优先发展的方针，也必将给高等教育带来新的发展机遇。而穷国办大教育的基本国情，决定了民办高等教育在发展中的空间和地位。全社会不断增长的高等教育需求、日益庞大的教育成本，与不断下降的生均预算内事业费支出、生均预算内公用经费支出之间的矛盾，给民办高校提供了发展机遇。世界发达国家和地区发展私立高等教育的经验为我国民办高等教育的发展提供了有益的借鉴。同时，现有民办高校的发展成果为下一步发展奠定了良好的基础，民办高校有着广阔的发展空间。

根据科学发展观的要求，实施民办高校健康稳定和可持续发展，必须加快民办高校转型步伐。当前和今后一段时间，民办高校需要着重抓好以下几项工作。

1. 加快办学观念的转变和更新，牢固树立质量立校的思想，以科学发展观引领学校发展。转变观念是转变发展战略和增长方式的先导与关键。民办高校要融入社会，进入国家高等教育系统的核心，就必须贯彻国家的教育方针，坚持社会主义办学方向和教育公益性原则。要以高度负责的态度，走办人民满意教育的路子。国际国内高等教育发展的规律表明，高等教育规模的增长有其特定的阶段性和时效性，不断追求人才培养的质量却是高校永恒的主题。提高教育教学质量，是我国高等教育和高等院校的立身之本、生命之源。在日益加剧的高等教育竞争中，唯有办学质量是最关键的核心竞争力。民办高校只有牢牢确立教学工作的中心地位，端正办学思想，以育人为宗旨，把主要精力和财力集中到人才培养上来，努力办出水平，办出特色，创出品牌，才能在激烈的竞争中赢得地位。

2. 正确处理规模发展和内涵发展的关系，合理控制在校生规模。通过扩大办学规模提高办学效益，是相当多民办高校谋求发展的重要途径。但是，规模不是越大越好。有研究认为，5000—6000 名学生规模的大学足以有条件成为质量最好的大学，甚至在校生超过 15000 人在经济上会得不偿失，质量上难以保证①。国外经验表明，私立高校的平均规模都小于公立高校，即使像哈佛大学、斯坦福大学等世界一流大学，与加州大学等相比，规模仍是有限的。规模的过度扩张会给办学质量的提高带来困难，助长民办高校的功利性倾向，从而制约民办高等教育发展的后劲和可持续能力。应该借鉴国内外私立（民办）高校的发展经验，从学校的实际出发，合理确定和控制办学规模，以确保有足够的精力和财力投入人才培养工作。

3. 遵循高等教育发展规律，以公益性体现举办民办高等教育的办学宗旨。投资办学是我国民办高等教育融资的根本特征。按照经济学的观点，资本的输出以利润的回报为终极目标。但是自古以来，教育都是培养人、造就人的崇高事业，公益性是教育的固有特性，投入教育的资金的性质完全用资本的概念是难以涵盖的。民办高等教育是公益性和资本趋利性的统一体。从国家发展的长远利益出发，既不能用完全意义上的社会资本的概念来定性社会力量对高等教育的投入，放松对社会资本投资高等教育的趋利性的限制，任其高"回报"、高"营利"，也不能过分地将公益性视作福利性，抹杀民办高等教育与公办高等教育的区别而拒绝社会资本对高等教育的投入。我国《民办教育促进法》在既强调民办学校公益性的同时又允许举办者取得合理回报，为鼓励社会资本进入高等教育投资领域提供了法理可能。从国际国内私立（民办）高等教育发展的历史来看，大凡办得好、可持续发展的私立（民办）高校，都是那些公益性强、坚持非营利原则的学校。有学者甚至指出，公益性是民办大学成为优质高等教育资源的必备条件②，这是很有见地的。

4. 采取切实有效的措施，努力提升教育质量。民办高校的转型，其核心是加快提升民办高校人才培养的质量。当前和今后一段时间，民办高校必须抓好以下工作。一是根据民办高校的办学实际，正确定位培养目标，确定适应学校和学生实际的人才培养目标以及相应的培养模式，并以此指导人才培养的各项工作。二是根据学校人才培养规格，优化专业结构，设计好人才培养的具体方案，细化人才培养的目标，并注意努力创新人才培养模式，把办学理念、人才培养的特色融入其中。三是贯彻以人为本的理念，不断调整

---

① 潘懋仙：《民办高等教育发展的六大矛盾》，《黄河科技大学学报》2005年第3期，第12—17页。

② 宋秋蓉：《超越营利与高水平民办大学》，《现代教育科学：高教研究版》2005年第11期，第67—69页。

课程结构，更新教学内容，加强实践教学环节，提高人才培养质量。四是大力加强学风建设，加强教学督查力度，注重改进教学方法和教学手段，着力提高课堂教学的效果和质量。五是加大对专职教师尤其是有学术造诣和丰富教学经验的中年教师的引进力度，加强教师队伍建设。应着眼于民办高校的长远发展，建设一支胜任教学、乐于奉献、敢挑重担的专职教师队伍。同时，要充分发挥优秀教师及有经验的外聘老教师的传、帮、带作用。六是投入要向教学倾斜，集中财力加快办学设施建设，改善办学条件，为提高质量提供物质保障。通过落实系统全面的提升教学质量的措施，进一步稳定教学秩序，提高民办高校的办学质量。

5. 加强管理，规范办学，提高管理效益。从当前民办高校的具体情况来看，存在着不同程度的管理观念陈旧、管理制度不完善、管理队伍老化、管理措施不到位、管理效益低下的问题，这必将严重地制约民办高校的可持续发展，已经引起了社会各界的广泛关注和许多民办高校领导的重视。我国办学质量较高、办学信誉较好的一批民办高校的成功经验表明，管理是民办高校健康快速发展的重要保证。加强民办高校的管理，第一，要理顺关系，建立健全董事会、评议会和监事会制度，健全内部管理体制，明确各方职责。第二，要建立和完善以高等教育发展规律为主导、以市场需求为依据的决策体系，根据民办高校的实际，构建高效精干的组织机构及运行机制。第三，要加快管理制度的建设，建立健全和完善各项制度，规范管理，走科学化、制度化、法制化的管理路子，克服家族制、作坊制的管理方式及其弊端，构建现代学校管理制度。第四，要改革和创新管理理念、管理措施。我国民办高校的发展具有自己的独特性，完全搬用公办高校或国外私立大学的管理经验均不符合学校发展的实际，难以收到较高的管理效益和效果。第五，要贯彻以人为本的现代管理理念，采取积极有效的措施，调动广大管理人员的积极性，最大限度地凝聚学校教职工的人心。只有最广泛地集中全校上下的智慧和能力，才能收到最佳的管理效果。

（2008 年第 1 期）

我国民办高等教育发展回顾及中长期发展思路

摘　要：我国的改革开放已经走过了30年的历程，这30年也是我国民办高等教育获得长足发展的关键时期，可以说民办高等教育已经取得了一系列辉煌的成绩。文章回顾我国民办高等教育发展的进程，指出民办高等教育的发展现状，阐述发展民办高等教育的重要意义，提炼多年发展的经验，提出中长期发展方向，明确列出今后五至十二年的发展思路。

关键词：民办教育；民办高等教育；民办普通高校；发展回顾；发展经验；发展思路

我国改革开放已经走过了30年的历程。30年来，全国人民在党中央的带领下，积极进取，努力探索，大胆改革，勇于实践，取得了经济和社会发展的重大成果，创造了一个又一个奇迹。与此同时，我国民办高等教育从最早的民办高等教育试点开始，也已经有了30年的历史。1978年底，党的十一届三中全会"解放思想，实事求是"思想路线的确立和国家把工作重点转移到经济建设上来的果断决策，激发了一批对高等教育充满热情的老知识分子和有识之士的办学灵感。他们租借场地，聘用教师，自筹资金，白手起家，从零开始，"小打小闹"地办起了民办高校，为国家经济建设和社会发展培养人才，从此掀开了我国民办高等教育恢复发展的新篇章。30年来，民办高等教育界的同行们，以为国植才为己任，艰苦创业，知难而进；30年来，民办高校从无到有，规模从小到大，形式从高复班、自考助考班到全日制，办学层次从专科到本科，历经千难万苦，在探索中坚定地前进，为国家经济建设和社会发展培养人才。特别是高校扩招以来，在第三次全国教育工作会议精神的鼓舞下，得益于国家积极发展高等教育的政策，民办高等教育抓住高校扩招的大好机遇，加快了发展步伐，迅速提高了在高等教育中的比重。1993 年全国民办普通高校才十所，至 1998 年也只有 22 所，但是到 2007 年底已经达到 297 所，具有民办性质的独立学院也有 318 所，两者之和已经占全国普通高校总数的 33%，三分天下有其一。民办普通高校在校生从 2.2 万人增加到 349.7 万人，十年增长了近 160 倍，已占全国普通高校在校生的 18.5%[①]；还有其他民办高等教育机构 900 多所，注册学生 87.3 万人。从规模上看，我国民办高校已经成为高等教育体系的重要组成部分。从办学层次上看也有所突破，2008 年初，教育部又批准 13 所民办高校升格本科，这样，经教育部批准独立设置的民办本科院校已经达到 40 所。我国民办普通高校今后将持续快速发展，成为我国高等教育发展强劲的增长点。

一　发展民办高等教育的重要意义

民办高等教育与公办高等教育一样，是我国高等教育体系的重要组成部分。发展民办高等教育是国家高等教育发展的重要决策，是高等教育体制改革的重要成果。

从总体上来看，民办教育的发展增强了国家和地方的教育实力，为我国作为教育大国的崛起发挥了重要作用。我国是一个人口大国，同时还是一个经济上处于落后状态的发展中大国。财政的短缺和高等教育筹资渠道的单一，使得高等教育长期处于滞后的状态。"穷国办大教育"的基本国情，决定了我国高等教育必须改革，走公办、民办教育共同发展的路子。民办高等教育的发展，拓展了高等教育投资的渠道，扩大了高等教育的规模，也壮大了国家和地方高等教育的实力。从国家的层面来说，2007 年全国高等教育毛入学率为 23%，全日制本专科在校生 1884.90 万人，占全部高等教育规模人数 2700 万人的三分之二略多，而其中民办普通高校在校生 346.69 万人，接近在校生数的 20%，五个在校大学生中就有一个是在民办高校就读的。当然，在近 900 万其他形式的在校大学生中，民办高等教育机构占据的比重还要大。从这点上可以看出民办高校发展对国家高等教育的贡献。从浙江省来看，由于高等教育先天资源的不足，改革开放以来人民群众生活水平的逐

[①]　根据相关年份《全国教育事业发展公报》整理。

步提高和对接受高等教育的强烈渴求，促使民办高等教育发展更为快速，在整个高等教育发展中的贡献更为明显。可以明确地说，如果没有社会对高等教育的投资，没有民办高校同仁的努力，浙江省高等教育不可能出现跨越式的发展。民办高等教育的发展和崛起，为建设高等教育强国和高等教育强省奠定了基础。

表1　　　　　　　　**浙江省近十年来民办高校在校生比例增长情况**

类别	1998 年	1999 年	2000 年	2001 年	2002 年	2003 年	2004 年	2005 年	2006 年	2007 年
高等教育在校生数/人	11.35	15.13	21.24	29.31	39.31	48.46	57.28	65.13	71.99	77.80
公办高校在校生数/人	11.16	13.73	18.63	21.41	33.94	36.43	42.78	48.91	49.20	52.33
民办高校在校生数/人	0.19	1.39	2.61	7.90	5.37	12.03	14.5	16.22	22.79	25.47
比例/%	1.70	9.19	12.59	26.95	13.66	24.82	25.31	24.90	31.66	32.74

数据来源：根据历年浙江省教育发展统计资料整理。

首先，民办高校的成长和发展，促进了新高校的兴办，形成了高等教育的多样化。它增加了我国高等教育的规格和品种，增加了学生读大学、选大学的机会，在一定程度上缓解了现代化建设的多样化需求与现有高等教育规模有限的矛盾，满足了人民群众对接受高等教育的强烈愿望，为社会培养了大批经济建设和社会发展需要的人才。"文革"以后，百废待兴。一方面，社会经济的复兴急需大批人才；另一方面，由于多年积累，大批社会青年渴望上大学。而由于国家经济不发达，高校资源稀少，多方面的原因促成社会资源投资和参与举办高等教育。民办高校的兴起，大大缓解了人民群众上大学的需求，同时，民办高校的举办增加了高等教育供给方式的选择性和灵活性，为更多的青少年提供了接受高等教育，选择学校、师资和学习内容的机会。由于高等教育资源的增加和丰富，高等教育逐步向可选性教育形式过渡，为促进"以人为本"为核心的个性化培养和人的发展创造了条件。

其次，民办高校的成长和发展，改变了我国高等教育的投资格局及资金来源渠道。长期以来，高等教育一直由国家财政独家承担，民办高校的发展打破了这个局面，拓宽了高等教育资金来源的渠道，减轻了国家财政负担，增加了高等教育的投入和资源供给，缓解了高等教育供求关系严重失衡的矛盾。通过举办民办高校，有效地增加了教育投入，补充了财政不足，吸纳了社会资金，促进了资源共享，对优化教育资源配置起到了一定的调节作用。据不完全统计，从1993年以来，民办高校已经培养了数以千万计的各类大学生，在政府投入十分困难的情况下，民办高校的加盟大大拓宽了高等教育经费的渠道，推进了高等教育投资体制的改革。目前，300所独立设置的民办高校和318所独立学院的资产已经达到2000多亿元。民办高校办学的探索和试验，推进了高校投入体制的改革。据权威人士称，目前维系中国高等教育正常运转的经费大约需要4000亿元，而国家现有的实际投入只有800亿元，高校现在向银行借贷的总金额已经超过了1000亿元，差额部分就是各高校靠收学费填充的①。高等教育经费紧缺是一个世界性的难题，即使在发达国家也不例外。我国目前支撑着世界上最庞大的高等教育体系，可以想见，仅仅依靠政府的力量是远远不够的。因此，举办民办高校对高等教育的长远发展具有重大的战略意义，其作用不仅仅局限于办几所民办高校，更体现在对我国高等教育投资体制改革的巨大推动作用上。

最后，民办高校的成长和发展，给高等教育带来了竞争和活力，有效促进了高等教育的改革。民办高校通过推出新的办学机制，带来了高等教育的竞争，增强了高等教育的活力，促进了高等教育的改革、发展和效率的提高。原有公办高校办学的弊端，集中表现为一切都由国家包下来，一切都由政府统起来的一种封闭半封闭的办学体制。而新时期高等教育体制改革，包括办学体制、管理体制、招生就业体制、经费筹措体制、校内管理体制的改革。"通过五大体制的改革，改变了我国大学按科类设置的状况，使一部分学校的科类更加综合，为我国高等学校培养高水平、高素质的人才，为出高水平的科研成果打下了基础。实行办学体制改革，使我们发展了民办高等教育。实行管理体制改革，使我们的高等学校加大了办学自主权，各地市基本上实现了建有一所高校的目标，大大增强了高等教育为地方和区域经济、为社会主义市场经济服务的能力；也使我们基本结束了行业办学的局面，使所有的大学都面向地方、面向区域、面向社会办学。实行经费筹措体制改革，使我们实现了'财、税、费、产、社、基'多渠道筹措资金，特别是经过多年的努力，实现了大学生缴费上学，大大改善了学校的办学条件，增加了学校的办学容量。实行招生就业体制改革，使我们实现了面向社会双向选择的就业体制，招生的改革也进行了多种探索。实行学校内部管理体制改革和后勤社会化改革，使学校各类人员的积极性有了提高，高等教育健康可持续发展有了保障。总之，体制改革使我们的高等教育适应了社会主义市场经

---

① 《张保庆作答大学学费是以何标准计算的》，《中国青年报》2005年9月8日。

济，为规模的发展和质量效益的提高打下了基础、创造了条件。"① 值得指出的是，在高等教育五大体制改革中，民办高校始终站在改革的前列，许多改革的具体举措是民办高校首先提出并实施的，很多政策是根据民办高校的试验情况提炼的，民办高校起到了良好的试验田作用，为高等教育体制的改革积累和提供了经验。同时，民办高校的参与，激活了高等教育内部的竞争，促进和带动了高等教育的改革。可以想见，随着改革开放的深化和民办高校的发展壮大，民办高等教育将在我国高等教育体系中扮演越来越重要的角色，成为推动高等教育大众化的重要力量。民办高校只要抓住机遇，大力加强学校各方面建设，不断提高办学水平，必将有广阔的发展空间和美好的发展前景。

二　民办高等教育的发展经验

30 年来，我国民办高等教育在摸索中发展，在为国家高等教育事业发展做出贡献的同时，也创造和积累了鲜活的改革经验。

（一）政府高度重视，认识逐步提升

我国民办高等教育是在国家经济从计划体制向市场体制转变的过程中恢复和发展起来的。在计划体制仍未完全退出，市场体制处于探索和确立进程中，公办高校"一统天下"的背景下发展民办高等教育，没有政府的重视和支持是不可能的。事实证明，凡是当地政府重视并支持得好的地区，民办高等教育必然发展得好，发展得快；反之，凡是当地政府重视不够、支持不够的，民办高等教育则往往面临重重困难。30 年来的事实证明，凡是办得好的民办高校，无一不是得到当地政府的热情关爱与精心扶持的结果，政府完全有能力、有办法促进民办高等教育的健康发展，形成民办高等教育与公办高等教育共同发展的和谐格局。反之，脱离了政府的支持甚至受到某些政府部门以各种方法挤压的民办高校，即使是依法办学、规范办学，也不能做优、做强、做大，甚至有不少学校半途夭折。政府的理解和支持是穷国办民办高等教育的必然需要。

---

① 周远清：《把高等教育科学研究做强》，《浙江树人大学学报》2008 年第 2 期，第 1—3 页。

(二) 坚持改革创新，大胆运用市场机制

我国民办高等教育恢复于计划经济向市场经济的过渡阶段，是改革创新的结果，是市场机制在高等教育领域中的具体表现。实践已经证明，市场机制是高效的资源配置方式，也是现代社会起基础性作用的资源配置方式。民办高等教育引入市场机制后，拓宽了高等教育的投资渠道，为民间资本进入高等教育领域提供了可能性。高等教育投资渠道的拓宽克服了我国高等教育长期以来对公共财政投入的依赖，实现了高等教育投资主体的多样性，在很大程度上缓解了高等教育资源不足的局面，为我国成为世界高等教育大国做出了巨大贡献。

市场机制的另一个优点在于能够对社会需求作出灵活而迅速的反应。现代社会是一个多元化的社会，反映在教育领域，家长对孩子的期望是多样的，对教育的需求也是多样的；同时，社会对人才规格的需求更是多样化的。单一的公办教育体系不能充分满足社会对教育多样化的需求。民办高等教育的健康发展不仅有利于我国高等教育总量的扩大，而且有利于更好地满足人民群众的教育需求，这是我国民办高等教育发展的基本经验之一。

当然，市场也有先天缺陷，教育更应有自身的发展规律。民办高校是市场和教育的结合体，如想获得健康发展，就必须建立"两个制度"（法人治理结构与现代学校制度），"尊重两个规律"（教育规律与市场规律），成为在市场空间成长起来的教育实体。

(三) 坚持改革创新，尊重、鼓励和支持社会各界的积极性与创造性

人民群众中蕴含着巨大的创造力，改革开放30年的基本经验之一便是尊重人民群众在实践中的积极性和创造性。民办高等教育的发展同样如此，在民办教育发展过程中，正是因为坚持解放思想、实事求是、鼓励创新、大胆实践的宗旨，才使民办高等教育取得了今日的巨大成就。在相关的法律、法规框架下，只要有利于增加教育投入，有利于扩大教育规模和提高教育质量，有利于满足社会的教育需要，各种办学形式都在实践中进行了大胆试验和积极探索，在实践的摸索中逐步探索出了一条适合我国国情的民办高等教育发展之路。在今后的发展中，要继续尊重、鼓励和支持社会各界发展民办高等教育的积极性和创造性。

教育实践总是在突破现有局限的基础上不断前进和发展的，既有的条条

框框往往限制着民办高校的前进和发展。在今后的发展中，仍然要鼓励创新，允许各个地区、各民办高校在办学体制、人才培养模式、产权制度等方面进行改革，只要不违背相关法律，都可以大胆尝试。

（四）坚持依法管理，加强立法和配套，保护各方合法权益

以立法的方式规范和支持民办高等教育的发展，是我国民办高等教育发展的一条基本经验。至今为止，国家先后出台了《社会力量办学条例》《民办教育促进法》《民办教育促进法实施条例》等法律法规，为民办高等教育的健康、可持续发展提供了法律和政策的有力支持。《民办教育促进法》及其实施条例维护了民办高校、民办高校举办者、教师及受教育者的合法权益。民办高校对学校财产享有法人财产权，举办者可以取得合理回报，民办高校的教师、受教育者与公办高校的教师、受教育者具有同等的法律地位。保护各利益相关者的合法权益，有助于保持民办高校的稳定发展格局。

由于民办高等教育实践的不确定性和复杂性，且民办高等教育处于不断发展变化之中，《民办教育促进法》及其实施条例也留下了一些"地方空间"。如：鼓励各地结合实际情况，制定区域性的民办教育促进法实施条例，很好地解决了一些制约民办高等教育发展的突出问题，收到了明显的成效。这些区域性的地方立法对全国其他地区也具有很好的借鉴意义。

（五）坚持民办高等教育的公益性

公益性是我国教育的基本属性，民办高等教育也不例外。教育的公益性并不表现为政府充当唯一的办学主体，由社会团体及个人出资创办的学校也具有公共教育的属性。我国民办高校在政府管理和支持下已经成为公共教育体系的重要组成部分，在收费管理、经费支出、培养目标、课程设置、学生来源等方面呈现出较为明显的公益性。在现有条件下，坚持教育的公益性，实际上就是坚持民办教育的合法性，而这正是一些民办高校走上快速发展之路的重要原因。而且，公益性与合理回报是不矛盾的，合理回报以公益性为基础，实际上是对坚持公益性的鼓励和奖赏。

（六）坚持规范和支持并重

民办高等教育是我国高等教育体制改革出现的新生事物，因此，在发展初期给予相关的规范是完全必要的，否则就可能失去正确的发展方向。规范

是支持的前提，不规范的办学行为得不到社会的认可，也不可能得到政府的支持。支持是规范的力量所在，是扶强带弱、优胜劣汰的具体体现。支持和规范是政府政策不可或缺的重要方面。民办高等教育的立法工作是规范发展的重要基础，除此之外，政府还要加强对民办高校的监督检查，尤其要对民办高校的招生、宣传、资金运作、办学质量、内部治理模式、发展路径等方面进行监督检查和规范。要吸取一些民办高校的办学教训，加大规范力度，切实负起监督的责任，通过规范促进发展。规范要与支持并重。我国民办高等教育的健康发展离不开政府的支持。政府加大对民办高等教育的支持力度，按照《民办教育促进法》及其实施条例的要求，全面落实对民办高校的各项鼓励和扶持政策，切实保护民办高校及其举办者的合法权益，在制度改善、资金投入、舆论环境等方面给予民办高校积极支持，促进其又好又快地发展，具有十分重要的意义。

（七）坚持教育的责任心，牢牢把握质量和水平

改革开放以来，我国民办高等教育从无到有、从弱到强。近年来，民办高校的办学质量和办学水平有了新的提高，社会认可度日益提升。办学质量是民办高校的生命线，正是因为政府的引导和规制，督促民办高校增加教学投入，关注教学质量，不断提高办学水平，民办高校才会较快地得到社会的认可，逐步在市场中占据份额和发展地位。

总体来看，我国民办高校教育质量还有待提高，与人民群众对优质教育的迫切需求还不相适应。民办高校应该树立危机意识和发展意识，苦练内功，进一步提高教育质量和办学水平。政府和各级教育管理部门也要引导民办高校端正办学思想，全面贯彻国家教育方针，以社会效益为重，以教育质量求生存，以特色办学求发展。要积极探讨针对民办高校的教学评估，促进民办高校尊重教育规律，明确办学宗旨，改善办学条件，强化教学管理，全面提高教学质量和办学效益。

三　民办高等教育的发展方向

随着我国高等教育大众化的积极推进和高等教育上学需求的持续增长，高等教育经费紧张的局面将进一步加剧。教育部领导已经表示，今后高等教

育发展的增量，主要依靠发展民办高等教育解决[①]。可以想见，我国民办普通高校今后仍将持续快速发展，成为我国高等教育发展强劲的增长点。今后几年，民办高等教育将朝着以下几个方向发展。

（一）规模继续增长

高等教育贯彻科学发展观，不是说不要规模。我国高等教育大众化还是初步的，与国外许多国家相比，还有较大的差距。高等教育的规模扩张并非不需要，问题是规模的发展必须有质量的支撑。虽然大范围、大幅度的高等教育规模扩张期基本结束，但从基本国情出发，今后民办高等教育的办学规模还将进一步增长，民办高等教育在整个高等教育中的比例仍将持续提高。从办学形式来看，鉴于国家已决定从 2005 年起取消高等教育学历文凭考试试点招生，为满足高等教育大众化的发展需要，今后民办高校的发展将从以举办高等教育学历文凭考试试点为主，加快向以提供普通高等教育为主转变。办学形式除部分专修学院仍在坚持举办少量的高等教育自学考试助考以外，主体是民办普通高校和独立学院举办的全日制教育。

（二）层次逐步提高

当前，民办高校的办学类型仍以专科层次的高等职业技术教育为主。同时，随着高等教育的发展，为平衡人才培养层次的供求关系，相当一部分公办专科院校的升格已经完成，国家已经明确规定高职院校不再升格，今后几年本科院校增长主要依靠民办高校。除了适度发展独立学院以外，政府将会加大民办高校升格的力度，鼓励和支持一部分办学条件和办学信誉较好的民办高校向本科教育层次发展，甚至开展学位与研究生教育的试点也有可能。但是限于本科教育对办学条件的要求较高，民办高校升格本科的速度不会太快，学校不会太多。由于对独立学院办学的评估等措施还不配套，按照一般公办高校的规范难度较大，出于国家政策导向和规范办学的压力，预计独立学院下一步的发展速度可能会放慢。

（三）注重内涵建设

随着民办高校的不断壮大，办学质量进一步提升，认可度将进一步提

---

① 张保庆：《统一思想　提高认识　注重质量　严格管理　努力促进独立学院健康持续发展》，《中国高等教育》2005 年第 9 期，第 3—5 页。

高，办学实力将不断增强，为更大规模的发展打下基础。我国民办普通高校经过 20 多年的艰苦努力，已经积累了一定的办学经验。民办高校阵容的不断扩大，必然会产生对创建品牌和高层次办学的要求。近几年高等教育数量和规模问题已得到初步解决，质量和结构的问题成为突出矛盾。社会对高等教育质量的关注、高等教育周期性评估的逐步推进和高等教育选择性的增强，都将可能成为推动民办高校提升质量的动能和压力。从目前我国民办高校的发展现状来看，在总体质量逐渐提高的同时，已有一批办学理念先进、办学条件较佳、资金实力雄厚、办学质量良好、社会信誉较高、学科特色明显、发展前景广阔的优秀民办高校开始展露风采和高层次的办学目标，未来民办高校的办学质量将有较大提高，跨入同类高校中的优秀行列。

（四）体制更具多样化

独立设置的民办普通高校还有发展空间，特别是民办高等教育发展比较薄弱的地区和高等教育发展相对滞后的地区。随着社会经济发展和资产集聚的加速，社会投资能力加强，对民办高等教育的投资会进一步加大，而投资民办高校将成为投资民办教育的主要方面。贯彻落实教育部 26 号令，独立学院的"独立"进程加快，大部分完成转型。此外，由于改革开放的深入、社会主义市场经济体制的完善和对公办高校产权改革的突破，公办高校改制将进入实质性操作阶段，部分高等职业技术学院将成为改制的主要对象。或者实行经费"断奶"，运用民办高校机制运作，与行业、企业更好地结合在一起，培养适销对路的应用型人才。随着法制的健全，只要政府许可，可能会有民办高校与资本市场结合的试点。多途径、多渠道筹集经费，将成为民办高校多元办学的主要形式。

四　今后七至十二年的发展思路

今后七至十二年（2008—2020 年），我国民办高等教育改革与发展，必须坚持巩固、提高、规范、发展的方针，大力支持，积极鼓励，拓展空间，完善政策，规范办学，促进民办高等教育持续发展。

1. 积极支持。鉴于我国高等教育巨大的改革潜力和广阔的发展空间，鉴于民办高等教育在整个高等教育体系中发展与改革的地位和作用，今后七至十二年，政府应继续贯彻"积极鼓励、大力支持"的方针，大胆解放思想，坚定国家高等教育发展两条路发展的思路不动摇。

2. 均衡发展。以国家中长期教育事业发展规划为依据，从国家高等教育发展战略的高度，从实际出发，以协调发展为主线，规划民办高等教育的发展地位、作用、规模和空间，促进区域高等教育生态平衡，促进公办、民办高等教育协调发展。

3. 拓展空间。以总结改革开放 30 周年经验为契机，提升 30 年来民办高等教育的办学成绩和经验，继续解放思想，深化改革，大力鼓励社会各界投资高等教育，促进民办高等教育持续发展。在发展学历教育的同时，积极向继续教育、终身教育和各种素质培养全方位拓展，努力向社会提供更多的教育资源，为经济和社会发展服务。

4. 科学发展。以贯彻落实科学发展观为思想基础，加快民办高校转型，转变增长方式，从规模扩张向内涵建设转变，增加投入，完善条件，规范办学，提高质量。鼓励民办高校大胆创新，发挥体制和机制优势，凸显特色，推进民办高等教育管理改革。转变政府职能和管理方式，依法管理，形成有利于民办高等教育发展的体制机制。

5. 深化改革。以改革人才培养模式为核心，进一步强化教学工作的中心地位，从市场需求和学校实际出发，勇于探索，大胆创新，进一步改革人才培养的目标、规格，改革人才培养方案，改革课程内容和教学方法，以人为本，服务多样化的人才需求，努力凸现人才培养特色，使民办高校继续走在深化高等教育改革的前列。

6. 完善政策。以贯彻落实教育部 25 号令、26 号令为抓手，抓紧落实民办高等教育相关鼓励、扶持政策，回归民办高校的办学自主权，继续营造民办高等教育特色发展的良好环境。规制民办高校的办学行为，坚持教育公益性的原则，引导民办高校正确处理好市场与教育的关系，提高民办高校办学的社会认可度。

7. 分类评估。以教学评估为手段，落实分类管理、分类指导措施，从民办高校办学特点出发，制定相关评估指标体系，引导民办高校科学制定发展规划，正确定位，明晰应用型人才的培养目标，确立教学工作的中心地位，坚持以生为本，增强使命感，努力提高教育质量，鼓励一部分有条件的民办高校升格本科和开展研究生学位教育，培育一批优质的民办高校。

8. 规范办学。随着高校之间争夺高等教育资源的竞争加剧，民办高校将面临更为艰难的发展环境。在生存遭遇危机的状态下，民办高校仍要加强管理，规范竞争秩序，净化竞争环境，坚持社会主义的办学方向。

9. 建好队伍。以落实教师待遇为突破口，加强民办高校专任教师队伍建设。从政策上制定和完善相关条款，落实公办、民办高校教师同等待遇，解除民办高校教师的后顾之忧，同时要加强师德建设，强化教师培训，提高师资水平。只有改革和完善教师管理制度，努力建设高素质的教师队伍，才能实施民办高校可持续发展战略。

（2009 年第 1 期）

附记：2008 年，应教育部和中国民办教育协会的邀请，本人承担了《我国中长期民办高等教育发展》课题的研究工作，为《国家中长期教育改革和发展规划纲要》（2010—2020 年）制定提供素材。本文是课题研究的阶段成果。

论建设高等教育强国与国家示范性民办高校

摘　要：建设高等教育强国是建设人力资源强国和创新型国家的必然选择。民办高校既然已经成为我国高等教育重要组成部分，其自身作为高等教育建设进程的积极参与者，应适时开展国家示范性民办高校建设，建成一批民办高校的佼佼者。笔者提出，推进民办高等教育的发展是建设高等教育强国的应有之义，并呼吁政府开展国家示范性民办高校建设，打造民办高校的"211工程"。

关键词：民办高等教育；高等教育强国；国家示范性民办高校

建设高等教育强国是建设人力资源强国和创新型国家的必然选择。民办高校已经成为我国高等教育的重要组成部分，民办高校积极参与高等教育强国建设进程，是建设高等教育强国的应有之义。为巩固我国高等教育改革的成果，实现高等教育和谐健康和可持续发展，应适时开展国家示范性民办高校建设。

一　建设高等教育强国的要素

改革开放30年来，特别是1999年国家实施高校扩招、积极发展高等教育以来，我国高等教育的规模实现了跨越式的发展。经过十年的努力，我国已经具有了世界上最大规模的高等教育，为快速发展的国家社会主义现代化建设提供了有力的人才支撑。但总体来看，我国高等教育创新型人才培养的质量和数量还很不够，培养的人才对经济增长的贡献也有待提高，高等教育人才培养的结构还需要优化，为社会服务的意识和能力还有待于加强，高等教育的整体和谐布局还有待于调整，高等教育的人才培养模式改革还有待于深化，高等教育的体制改革也还有待于深入。总之，面临实施建设人力资源强国和创新型国家发展战略的要求，我国高等教育还有一定的差距。在新的历史条件下，加快高等学校内涵建设，提升高等教育人才培养质量和服务水平，努力建设高等教育强国，为建设人力资源强国和创新型国家做出自身的贡献，已经成为高等教育发展的重要任务。

建设高等教育强国不是心血来潮、权宜之计，而是我国经济、社会、文化发展的迫切需要。纵观世界，各个经济强国在其历史发展进程中，都曾大力加强教育尤其是高等教育的建设力度，高等教育都为这些国家成为世界强国作出了重要贡献。强大的高等教育不仅是这些国家成为世界强国的重要原因，也是其国家综合实力和竞争力的标志①。对于一个拥有 12 亿人口，具有古老优秀文明的泱泱大国来说，不是要不要、应不应该的问题，而是必须成为教育的强国，特别是高等教育的强国②。从十年前教育部原副部长周远清提出"建设高等教育强国"的命题以来③，高等教育研究界对其内涵进行了多方面的研究和阐述。虽然至今为止高等教育强国的内涵还在不断地探讨和丰富中，但是许多要点已成共识。综合学术界的研究，笔者认为高等教育强国至少应该包括如下几个方面的内容。

一是要有一个较高毛入学率的高等教育规模。高等教育强国必须是高等教育普及率很高的国家，应该有一个完整的能满足经济社会需求的高等教育体系，高等教育整体实力较强，在国家发展和创新体系中占有重要地位。"没有足够的数量，就没有真正意义上的高质量"，清华大学校长顾秉林认为，"我国是世界第一人口大国，正处在经济社会快速发展的现代化进程中，各行各业对于人才的需求十分旺盛，我们理当有与之相适应的高等教育规模，以满足国家建设的需要，满足人自身发展的需要"④。

二是要有一个合理而和谐的结构。即包括层次结构、类型结构、学科结构、区域结构等，并且各类高等教育都有自身的分工和定位，有适合自身和社会需求的服务面向，以适应社会上不同人群的高等教育需求，同时满足经

---

① 周远清：《高等教育改革发展的强音：建设高等教育强国》，《中国高等教育》2008 年第3—4 期。

② 周远清：《强化"三个意识"建设高等教育强国》，《中国大学教学》1999 年第 4 期，第4—5 页。

③ 周远清：《强化"三个意识"建设高等教育强国》，《中国大学教学》1999 年第 4 期，第4—5 页。

④ 《建设高教强国：新起点的时代命题》，《中国教育报》2007 年 12 月 24 日第一版。

济和社会发展对多层次、多样化人才的需要。潘懋元先生认为，我们要建设人力资源强国，作为强国的人力是多种多样、多层次的①。教育产品的数量、层次和类别应适应国民经济和社会发展需求，能够培养一大批各个行业各个层次的创新人才，满足实现国家科技和经济社会发展目标的需要。

三是要有较高的办学质量。高等教育质量的内涵可以概括为"高等教育产品和服务所具有的功效性、人文性和调适性在满足社会和学生发展以及高等教育系统自身有序运转方面要求的程度"②。虽然对高等教育质量的标准众说纷纭，但是对基本的要素还是具有共同认识的，并且质量也不是一个完全抽象的概念，它必然通过学校的社会影响体现出来。

四是要有一批具世界影响的高水平大学。以此为国家建设培养高水平人才，直接参与国家创新体系和科技发展，引领国家文化建设方向，参与国际高等教育竞争。北京大学校长许智宏认为，目前我国高校数量不少，但缺少一批能与世界一流大学平等对话的高水平研究型大学；培养的毕业生不少，但在造就世界一流科学家和学术领军人才方面还很欠缺；高校产生的科研成果不少，但堪称代表世界科研最高水平的成果还不多。

五是要有一个规范而有序的竞争环境。高等教育内部要充满竞争和活力，有较高的效率和效益，对国家经济和社会的贡献率就会较高。通过竞争，增强高等教育的发展活力，推进高等教育改革和创新，促进高等教育体系效益和效率的提高；涌现一大批具有社会影响力的特色大学，对经济和社会发展能够做出较大贡献。高水平大学在一个国家的高等教育体系中是必不可少的，但毕竟是少数，不可能所有大学都是高水平大学。高水平也不等同于高层次，不同层次、不同类型的大学具有自身的特殊性，都可能形成自身同类中的高水平大学。关键是各个学校自身的办学特色，对经济繁荣和社会进步要有所贡献。

二　民办高等教育重要性显现但仍处弱势

伴随着改革开放的深化，我国民办高等教育逐步得到恢复和发展。特别

---

① "遵循科学发展　建设高等教育强国"重大攻关课题研究简讯（一）［EB/OL］.（2008-11-11）中国高等教育学会网. http://www.hie.edu.cn/xhgk/news.asp？new=164。

② 余小波：《高等教育质量概念：内涵与外延》，《高教发展与评估》2005年第6期，第46—49页。

是1999年第三次全国教育工作会议以后，贯彻落实逐步形成"公办学校为主体，公、民办学校共同发展"的格局，得益于国家积极发展高等教育的政策，抓住高校扩招的大好机遇，民办高等教育加快了发展步伐，迅速提高了在高等教育中的比重。截至2007年底，我国民办普通高校已经达到297所，具有民办性质的独立学院318所，两者之和已占全国普通高校总数的33%，三分天下有其一。民办普通高校在校生达到349.7万人，占全国普通高校在校生人数的18.5%①；还有其他民办高等教育机构900多所，注册学生87.3万人。从规模上看，我国民办高等教育已经成为高等教育体系的重要组成部分。

民办高等教育与公办高等教育一样，人才培养同样面向现代化建设，是国家高等教育体系中不可分割、不可或缺的重要组成部分。我国是一个人口大国，穷国办大教育的基本国情，决定了高等教育必须改革，走公办、民办共同发展的路子。民办高等教育的发展扩大了高等教育的规模，也壮大了国家高等教育的实力。2007年我国高等教育毛入学率为23%，全日制本专科在校生1884.90万人，占全部高等教育规模人数2700万的三分之二，而其中民办普通高校在校生346.69万人，五个在校大学生中就有一个是在民办高校就读的。从这一点上就不难看出民办高校对国家高等教育发展的贡献。

民办高校的成长和发展，改变了我国高等教育长期以来由国家财政独家承担的局面，拓宽了资金来源的渠道，增加了高等教育的投入和资源供给，推动了高等教育投资体制的改革。据不完全统计，目前，300多所独立设置的民办高校和318所独立学院的资产已达2000多亿元。据权威人士提供的信息，目前维系中国高等教育正常运转的经费大约需要4000亿元，而国家现有的实际投入只有800亿元，高校现在向银行借贷的总金额已经超过了1000亿元，差额部分就是各高校靠收学费填充的②。高等教育经费紧缺是一个世界性的难题，而我国目前支撑着世界上最大的高等教育体系，仅仅依靠政府的力量是远远不够的。因此，举办民办高等教育对于高等教育的长远发展具有重大的战略意义。

民办高校的成长和发展，缓解了高等教育供求关系严重失衡的矛盾，丰富了我国高等教育的规格和品种，增加了学生读大学、选择大学的机会，在

① 根据相关年份《全国教育事业发展公报》整理。
② 张保庆作答大学学费是以何标准计算的［EB/OL］.（2005-09-08）中国青年报网站.http://edu.people.com.cn/GB/1053/3677455.html.

一定程度上缓解了现代化建设的多样化人才需求与现有高等教育规模有限、品种单一的矛盾，满足了人民群众接受高等教育的强烈愿望，为社会培养了大批经济建设和社会发展需要的人才。同时，民办高校的举办增加了高等教育供给方式的选择性和灵活性，为更多的青少年提供了接受教育、选择学校、师资和学习内容的机会，为促进以人为本为核心的个性化培养和人的发展创造了条件。

民办高校的成长和发展，推出了新的办学机制，推动了高等教育的竞争，增强了高等教育的活力，促进了高等教育的改革、发展和效率的提高。新时期高等教育体制改革，民办高校始终走在前列，许多改革的具体举措是民办高校首先提出并实施的，很多政策是在民办高校的试验实践中提炼的，民办高校起到了良好的体制改革试验田的作用，为高等教育体制改革积累和提供了经验。另外，民办高校的参与，引入了市场因素，激活了高等教育内部的竞争，促进和带动了高等教育的人才培养改革和效率、效益的提高。

但是，我国民办高等教育处于弱势的局面并未改变。从招生来看，民办高校处于录取的最后批次，生源文化素质总体不高。从办学层次来看，目前全国仅有 40 所本科院校，全国至今为止没有一所民办高校能够举办研究生教育。从科研和学科建设来看，虽然也有一些民办本科院校启动了科研工作，也取得了一些成果，但是，就绝大多数民办高校来看，还是处于无项目、无经费、无论文的"三无"状态。从教师队伍建设来看，许多民办高校还存在数量不足、结构不合理、高层次教师严重匮乏的状况。还有个别民办高校的领导者和管理者，办学思想缺乏科学理论的指导，淡忘了教育的公益性原则，功利思想抬头，办学行为偏离高等教育发展规律。有的举办者违规操作，抽逃和挪用办学资金，致使办学难以为继，影响学校的正常运作和教学秩序稳定，甚至引发影响社会稳定的群体性事件，引起社会的广泛关注，影响民办高校的整体形象。在整个社会贯彻实施落实科学发展观，加快高等学校内涵建设和质量提升的背景下，民办高校也面临如何转型、提升质量的艰巨任务。

三　推进民办高等教育的发展是建设高等教育强国的应有之义

从高等教育大国走向高等教育强国已经成为高等教育建设的急迫任务。

国际国内高等教育发展的经验，很重要的一条就是以重点建设带动整体发展，为此我国采取了一系列措施加快高等教育的建设。从上个世纪末开始，国家先后启动"985工程""211工程""高等学校本科教学质量与教学改革工程""国家示范性高职院校建设工程"等重点高校建设项目，加大政府投入，培育学校品牌，重点建设一批高校，使其在教育质量、科学研究、管理水平和办学效益等方面有较大提高，在高等教育改革特别是管理体制改革方面有明显进展，成为立足国内培养高层次人才、解决经济建设和社会发展重大问题的基地。其中，一部分重点高校和一部分重点学科接近或达到国际同类学校和学科的先进水平，大部分学校的办学条件得到明显改善，在人才培养、科学研究上取得较大成绩，直接为国家科技实力的发展做出贡献，为创新型国家建设提供人才和智力支持。同时，以点带面，以重点带一般，示范带动，通过这些重点大学的带头和骨干作用，引领我国高等教育整体办学水平的全面提升，缩小与发达国家之间的差距，在一段不太长的时间内，逐步将高等教育由大变强。实践证明，这条以重点建设带动整体发展的路子是符合我国国情的。从实践的情况来看，重点高校建设工程已经成为我国高等教育强国建设的抓手，已经成为国际高等教育界认可的中国高等教育优质品牌，对大力提高我国高等教育的国际地位和影响力产生了重要作用。重点高校建设工程效果是显而易见的。

值得强调的是，管理部门在相关政策的指导和实施过程中，虽然并没有把民办高校排除在外，但是也没有与公办高校进行分类审批，而是用同一标准统一申报、统一立项审批，在公平竞争的背后，造成了对目前尚处于发展初期阶段的民办高校竞标不利的局势，实际上，作为我国高等教育重要组成部分的广大民办高校，目前还游离在建设高等教育强国的圈外。以"国家示范性高等职业院校建设计划"为例，全国已有100所高职院校被列入示范院校，但都是几乎清一色的公办高校。而截至2007年底，全国共有民办高职院校270余所，已占全国总数的四分之一。这种状况不利于民办高校办学水平的提高，也影响我国高等教育强国建设的进程，从而影响建设人力资源强国目标的实现。

我国民办高校总体来说尚处于发展的初级阶段，处于弱势地位。民办高校对国家发展所做出的贡献、未来发展趋势和目前存在的一些问题，说明民办高等教育发展面临着规范与提高双重的艰巨任务。自《民办教育促进法》颁布实施以来，虽然各级政府在鼓励和支持发展方面也出台了一些政策，但是由于各种主客观因素的影响，各项措施规范较多，支持偏少且落实不多。民办普通高校作为我国民办高等教育系统中的高端层次，在自身经济资源持续紧张的状况下，承担了为国家培养数以百万计职业性、应用型本专科人才的任务，为国家的经济社会建设和高等教育大众化做出了应有的贡献，在建设高等教育强国的政府政策支持中，应该有国家示范性民办高校建设的内容。在政府加大对高等教育建设投入，加快各类重点高校、示范校建设的背景下，应该将国家示范性民办高校建设纳入总体计划，重点建设一批民办高校的强校，示范和带动民办高校整体办学水平的提高。占高校总数 20% 的民办高校如果长期处于低水平的办学状态，不能有效提高自身的办学水平和服务能力，民办高校本身难以做到可持续发展，要实现高等教育强国的建设目标也是不可能的，至少是不完整的。

"建设高等教育强国，是要使整个高等教育适应和促进我国经济社会的发展，是要使各级各类高等教育都办好办强，如教育部直属院校、普通本科院校、地方本科院校、高职高专院校，都应该做强，各类学校都要有强校，都要为全国、地方、区域经济社会某些方面做出贡献。在建设高等教育强国的过程中，要把各类学校关系理顺，正确定位，办出特色，形成领军的强校。"[①] 针对社会需要多样化人才而高等教育人才培养趋同化的现实，建设高等教育强国，其中重要的一点就是要研究不同层次、不同类型的高校如何发挥各自的作用，通过培养不同层次、不同规格的人才为国家经济和社会发展做出贡献。因此，从实际出发，开展国家示范性民办高校的建设，提升民办高校整体办学水平，推进民办高校积极参与高等教育强国建设进程，是建设高等教育强国的应有之义。

四　开展国家示范性民办高校建设打造民办高校"211 工程"

"在国家高等教育资源总量有限的前提下，严格选择若干所诚信办学、管理规范、质量优良、基础建设完备的民办高校，进行'国家级示范性民

---

① 周远清：《高等教育改革发展的强音：建设高等教育强国》，《中国高等教育》2008 年第 3—4 页。

办高校工程'建设，从而打造属于民办高校的'211 工程'，实有必要。如此一来，不仅可以充分调动地方政府、学校和社会力量各方面的办学积极性，而且也将极大促进民办高校办学思想的深化。"① 由于发展历程、投资体制、资金来源、办学指导思想以及各地方政府对民办高校的扶持措施不同等原因，我国民办高校办学条件参差不齐，质量呈现明显的层次性。一部分民办高校办学条件差，社会知名度低，发展动力不足。但也有许多学校坚持正确的办学方向，牢牢把握教学质量，办出水平和特色，成为办学理念先进、社会声誉良好、办学条件优异、综合实力较强、教育质量较高、具有探索和创新精神的优秀民办高校，这些高校代表了我国民办高校的主流形象，成为我国民办高等教育的排头兵。加强这些高校的建设和培育，在由国家构筑的示范性高等学校的平台上，重点支持一批优秀民办高校在较短时间内进一步加大建设力度，增强他们的办学实力，提高管理水平和教育教学质量，并利用这些学校的示范和带动作用，促进和带动我国民办高等教育整体办学条件的改善与办学水平的提高，从而收到以点带面的良好效果。

开展国家示范性民办高校建设，示范和带动民办高校整体办学质量和水平提高，首先是建设人力资源强国的基本要求，民办高校办学质量直接影响人力资源强国建设的质量；其次，它是建设高等教育强国的应有之义，占我国高校四分之一的民办高校长期处于低水平办学，建设高等教育强国就是一句空话；最后，它是人民群众的强烈期望，目前民办高校在校生 365 万人，涉及至少 365 万个家庭的切身利益，他们希望民办高校能够尽快提高质量、办出特色。当然，这也是民办高校可持续发展的需要。由于我国公共财政有限，未来几年高等教育的规模增长主要还是依靠民办高校，民办高校必须实施可持续发展。开展国家示范性民办高校的建设，重点支持一批优秀民办高校建成强校，利用这些学校的示范和带动作用，促进和带动整体办学条件办学水平的提高，是民办高校可持续发展的成功之路。

国家示范性民办高校建设，必须得到民办高校领导的重视和支持。要成为国家示范性民办高校，学校本身的品质要比较好，有实力、有特色、有信誉、有品牌。要牢固树立科学发展观，转变发展模式，强化质量观念，把发展重点从规模扩张转移到内涵发展上来。要端正教育思想，克服功利观念，遵循高等教育发展规律，真正把主要精力和财力投入学校内涵建设，努力创

---

① 黄藤：《民办高校也应有自己的"211"》，《教育与职业》2007 年第 19 期，第 21 页。

建学校品牌，在提升学校办学水平上下功夫。要根据办学实际，正确定位培养目标，确定与学校、学生实际相适应的人才培养目标以及相应的培养模式，并以此指导人才培养的各项工作。要根据学校人才培养规格，加快调整专业结构，设计好人才培养的具体方案，细化人才培养的措施，为教学质量的提升提供指导，并注意把办学理念、人才培养的特色融入其中。要大力加强学风建设，加强教学督查力度，注重改进教学方法和教学手段，着力提高课堂教学的效果和质量。要加大对专职教师，尤其是有学术造诣和丰富教学经验的中年教师的引进力度，加强教师队伍建设。要加大办学投入，特别是要增加教学方面的投入，集中财力加快教学设施建设，改善办学条件，为提高质量、实施内涵发展提供物质保障。通过落实系统全面的提升教学质量的措施，进一步稳定教学秩序，提高民办高校的办学质量，实施民办高校的可持续发展战略。

国家示范性民办高校的建设，政府主管部门是主导。根据我国高等教育管理体制的特点，为使项目建设具有较高的权威性，更好地发挥国家示范性民办高校的带动和辐射作用，国家示范性民办高校建设工程应该由国家教育行政部门来组织为宜。从当前我国民办高校发展的实际出发，笔者认为，国家示范性民办高校建设需要政府部门给予以下支持。

第一，从国家层面将民办高校示范校建设列入重点高校建设工程。与此相配套，制定专门的选拔标准和选拔机制，确定专业的专家队伍，选拔一批办学质量较好、办学信誉较高、办学条件完善、办学形象较佳的民办高校列为国家示范性民办高校，重点予以支持和建设。

第二，努力提高国家级民办高校示范院校的整体办学水平和办学实力。鼓励和引导社会对民办高校的投入，建立国家专用资金，以民办高校自身投资为主、政府予以适当补贴的方式，加大国家级示范性民办高校的基本建设和教学基础设施建设力度。

第三，"双管"齐下，给予国家级示范性民办高校办学过程中必要的自主权。即建设国家级示范性民办高校要与贯彻落实《民办教育促进法》相结合，如民办高校反应强烈的招生自主权和专业设置权等。可以通过国家级示范性民办高校办学自主权的改革，为其他民办高校和公办高校办学自主权改革积累经验，增强高校人才培养（供给）与市场需求的契合性。

第四，大力推进国家级示范性民办高校教学建设和教学改革工作。提升人才培养质量，创新人才培养模式，探索通过专业教学的改革来提高毕业生的就业竞争力，扎实提高国家级示范性民办高校毕业生的就业率和就业质量。

第五，加强国家级示范性民办高校重点专业建设工作。在国家级示范性民办高校中选取一批办学理念先进、特色鲜明、就业率高的专业进行重点支持。专业建设是高校质量保障的基础，专业的特色也是一所学校特色得以形成的关键。要支持国家级示范性民办高校根据自己的办学条件和对社会需求的判断预测，培育、开发自己的重点和特色专业，在此基础上推进学校整体办学水平的提高。

第六，从国家层面鼓励国家级示范性民办高校积极参与科研工作。鼓励在科研工作中凸显特色，提高对经济社会发展的服务能力。科研是现代高校三大职能之一，也是提高教学质量和开展社会服务的重要基础。当前我国民办高校的科研工作总体较为落后，这影响了我国民办高校的总体质量和社会声誉。国家要借助于国家级示范性民办高校的建设来推动和促进这些民办高校的科研工作，从而带动我国民办高校总体科研水平的提高。

第七，鼓励国家级示范性民办高校走集团化发展的路子。广泛聚集社会高等教育资源为建设人力资源强国服务，扩大国家级示范性民办高校建设经验的辐射功效，推动民办高校走内涵发展路子，带动全国民办高校的优质资源建设，提升民办高校的整体办学水平。

第八，鼓励社会以各种方式投资民办高校。鼓励各地因地制宜建立民办高等教育发展资金，专门用于民办高校的专项建设补贴。允许国家级示范性民办高校在政策许可范围内适当浮动收费标准。鼓励民办高校在主体资源稳定的状态下适当吸纳社会资源办学，壮大民办高校的办学能力。

（2009 年第 2 期）

注：为推进《国家中长期教育改革和发展规划纲要》草案讨论，响应"建设一批高水平民办学校"的要求，本人组织召开了"全国优质民办高校建设专题研讨会"。本文是本人为"全国优质民办高校建设专题研讨会"提供的会议主题论文。

世界私立大学办学体制及其演变：经验与启示①

摘　要：大学的办学体制，最初都是私立大学办学。先发国家是先有私立高等教育，后有公立或国立高等教育，最后形成公、私立高等教育并存的发展状态；后发国家是公、私立高等教育同时起步，有的国家受社会制度变化的影响，曾一度不允许开设私立大学。现代大学发展的经验表明，高等教育只有坚持公、私立高校共同发展，才能不断增强发展活力，促进大学的可持续发展。

关键词：私立高等教育；民办高等教育；私立大学；民办院校；办学体制

一

大学的办学体制，是指大学举办的国家制度。胡卫提出："办学体制是一个国家对设置其教育机构的主要制度安排，规定教育机构可以由哪些组织或个人（即办学的主体）来举办，各类主体有资格举办或参与举办哪一级哪一类的教育机构。"② 这一观点强调了办学主体的概念。邬大光认为："高等教育办学体制主要是指高校与举办者之间的关系，包括不同办学主体关系

① 基金来源：本人主持的国家社科基金教育部重点课题"民办院校办学体制与发展政策研究"（编号 AFA150012）阶段成果。
② 胡卫、何金辉、朱利霞：《办学体制改革：多元化的教育诉求》，教育科学出版社 2010 年版，第 1 页。

所构成的一个国家的高等教育办学模式。"① 这里有两个关键词：一个是关系，一个是模式。杨民刚等提出："高等教育办学体制一般指举办高等教育的方式、方法与制度，主要反映高等教育管理者与办学者之间的关系以及由此而形成的办学模式。"② 这一思想在前述的基础上又有所拓展。刘铁认为："高等教育办学体制是有关举办或创立高等教育机构的主体结构形态及其相应制度规范的总和，其内涵主要包括：（1）有关举办或创立高等教育机构的主体的规范；（2）有关举办主体结构形态的规范；（3）有关高等教育机构的举办者和投资者、办学者、行政管理者（中央和省级政府）责权划分及其相互关系的制度规范及其运行机制。具体来说分两个层面：一是由谁来举办，如政府举办、社会力量举办等；二是怎么办，如每所高校具体的办学行为。"③

　　对于民办院校办学体制，目前还少有文章提出清晰的概念。民办院校的办学体制与公办院校的办学体制相比，含义不完全相同：前者主要是指社会力量（非政府主导、民间）举办大专院校的体制；而后者则包括各级政府、政府各个部门及各个公立社会团体等举办高等教育机构的体制。另外，两者改革的着重点也不同：前者主要体现为民办院校由谁出资举办、由谁承办以及由此所涉及的制度架构等，如民办院校办学的国家政策，政府如何规制民办院校的办学行为，民办院校在办学过程中应履行哪些义务，民办院校举办者、办学者和利益相关者具有哪些权益等；而后者主要是改变以往以中央部门为主的办学格局，逐渐把高等教育的举办权下放给地方，发挥地方政府举办高等教育的积极性，并更好地实现大学为地方经济和社会发展服务的职能。鉴于现有的国家制度架构，我国民办院校举办者的主体是个人和机构（组织）。

　　综合现有研究，笔者认为，民办院校的办学体制就是"国家对设置民办院校的主要制度安排、责权划分以及办学过程中相关关系的总和"④。它

---

　　① 邬大光：《试论高等教育管理、办学与投资体制改革的相关性》，《高等教育研究》1999 年第 2 期，第 23—25 页。

　　② 杨民刚、李代玉：《论管理、办学与投资体制之间的互联性与高等教育体制改革》，《山东商业职业技术学院学报》2010 年第 6 期，第 35—38 页。

　　③ 刘铁：《中国高等教育办学体制研究》，广东教育出版社 2006 年版，第 7 页。

　　④ 徐绪卿：《2015 年度国家社科基金教育学重点项目〈民办院校办学体制与发展政策研究〉（AFA150012）开题报告》，浙江树人大学中国民办高等教育研究院，2016 年。

具体规定非政府财政以外有什么人（机构、组织）可以（有资格）举办民办院校、举办民办院校应该如何处理相关关系等，主要包括两个层面：一是民间举办高等教育的主体构成（组织、机构及个人）；二是民间举办大专院校的各办学主体运行与管理的制度总和。

二

"从世界教育发展的历史看，民间办学与民间经商一样，由来已久，源远流长。"① 大学的办学体制经历了从私立大学为主到公立大学为主，再到公、私立大学并驾齐驱、协调发展的过程。现代大学发源于欧洲的中世纪大学，而初期中世纪大学毫无例外都是私立的。换句话说，大学的办学体制最初主要是私立大学的办学体制，且举办主体主要是民间的，大致可以分为三类。

（一）自发举办大学

以意大利的博洛尼亚大学为典型。意大利是古罗马的发祥地，沿袭和承载了古罗马帝国的部分文化。公元476年，西罗马帝国灭亡，封建领主的统治开始，外族入侵，意大利被瓜分为多个自由城邦。由于具有得天独厚的地理优势，在经历了五六百年缓慢发展后，意大利获得较快发展，当时社会对罗马法学者需求量较大，而封建统治、封地竞争、君权与教权之间的竞争，也使得统治者逐渐认识到需要运用法律来解决纠纷，稳定社会秩序。社会现实需求推动了罗马法律研究的复兴，博洛尼亚大学应运而生。

11世纪中后期，博洛尼亚的法律学校规模扩大，声名鹊起，许多欧洲青年跋山涉水，慕名前来求知求学，学习古罗马法。他们自发地组织起来，聘请专门的教师，开展《罗马法》讲习和讨论。为了维护自身的权益，免遭当地市民和世俗政权的欺凌与干扰，他们借助行会形式，建立了学生"联合组织"，推举出自己的会长（校长）作为领导人。这就是现代大学的原型。博洛尼亚大学是一所学生主导的大学，校长由学生推荐代表担任，教师上什么课、上多少课、什么时候上课和发多少课酬等，主要根据学生的需

---

① 徐辉：《民办教育五问》，《新华日报》2015-09-10（12）。

求来安排，因此，这个大学也被称作学生大学。1158 年，皇帝费德里克一世颁布法令，博洛尼亚大学拥有了自治权。中世纪欧洲南部（法国以外）的许多大学，都是仿效博洛尼亚大学的形式建立的。

（二）教会举办大学

以法国巴黎大学为典型。在巴黎大学以前，许多教会学校承担着培养神职人才的职能。12 世纪初，法兰西岛逐渐成为法国真正的中心。腓力二世时法国加紧对公爵、伯爵的控制，摧毁和控制了其他有威胁的国家，逐渐成为欧洲大国，巴黎成为法国首都，巴黎的教会学校越来越多地分享了特权，使巴黎成为当时对学者们较具吸引力的地方。许多著名的讲学者在巴黎发表演说、解析教义教礼，吸引了大批学生前来学习，为成为神职人员做准备。为免遭当地教会和封建主的欺凌，学生们按原籍组成"同乡会"，以保护自己的利益。随着学生人数的增多，教师需求量也大增，这样教师资格审定就成为大学与教会争夺的重要资源。为维护教师职业权利、保证教师资质，教师自发组成教师联合会，严格把关，自主授予教学许可证，并通过多次师生组织之间的谈判，逐渐形成了"巴黎师生联合会"，即巴黎大学的前身。1180 年，法皇路易七世正式授予其"巴黎大学"的称号。

在相当长的时期内，教会是大学的主要办学者。由于上帝赋予的特权、相对富裕的经济条件、传播教义的人才需求以及颁布敕令的便利，教会举办大学的数量占绝对比例。教会大学在为传播教义、研究教礼服务的同时，客观上传播了社会文明，为培养学生的文化素养和科学知识等作出了贡献。中世纪后期，欧洲先后爆发了宗教改革运动等，各个教派之间围绕大学的作用展开了激烈的讨论，对大学的认识重新得到统一，教会举办大学的热情有增无减，教会大学的数量更是大幅增长。

（三）知识人士举办大学

在社会对知识、对人才需求空前增长的背景下，部分具有"知识"的"大师"利用自己的知识优势举办大学、开展讲学活动。据考证，中世纪中后期讲学盛行，一些"哲学家""古罗马法翻译家""医学家""神学家"纷纷组织讲学，各地一时大学兴起，但是真正存活下来的并不多。而大学的迁移或分离，成为新大学创建的另一条途径，英国牛津大学就是这样的例子。在 12 世纪之前，英国还没有大学。1167 年，英格兰国王与法兰西国王发生争吵，遂出台禁令不让英国的青年到巴黎上大学，在那里讲学的英国教师也被召回。1168 年，这些教师在英国发起创办了牛津大学。1209 年发生了学生暴力事件，大学被解散。部分学生和教师逃至剑桥，后在那里建立了剑桥大学。1213 年，教皇使节出面斡旋，牛津大学得到了第一张由罗马教皇签署的特许状。1214 年 6 月，部分师生又回到牛津恢复办学，而剑桥大学在 1225 年获得亨利三世的批准。这两所大学可以说都是巴黎大学的复制品，也是中世纪的主要大学。

在移民地举办新大学，也属这种情况。典型案例是：17 世纪初到达北美的移民中有一批清教徒，是牛津大学和剑桥大学的毕业生，1636 年他们在美国建立了第一所高等学府，后因校友清教牧师约翰·哈佛将其全部藏书和一半资产捐赠给这所学院而改名为哈佛学院，1780 年改名为哈佛大学。

中世纪大学的举办主体，大致有以上三种。值得注意的是，中世纪没有政府直接举办的大学。虽然也有一些国王"举办"的大学，如腓特烈二世就曾于 1224 年举办那不勒斯大学①，美国的威廉玛丽学院（建于 1693年）得名于时任英国国王的威廉三世和玛丽二世，但是现有的研究表明，当时仅仅是根据皇帝的敕令（或特许状）得到允许，即皇帝"赐"名和许可办学，没有任何证据说明皇帝出资、皇家出钱投资等。美国常青藤大学都是建国前建立的，当然也都是私立的。中世纪大学都是收费的大学，学生听课必须缴纳学费，一些教会举办的大学对家庭临时困难的学生可以有一些减免。从这一点来看，中世纪大学都是私立大学。

中世纪时期政府之所以没有直接参与举办学校，基于以下两个原因。一方面，中世纪欧洲世俗政权都是弱势政权。当时欧洲城邦林立，"国家"众多，与教会之间争夺控制权的斗争异常激烈，政府没有"能力"和精力来举办大学。另一方面，大学这种机构在社会发展中能发挥什么作用、对政府到底有什么好处等，还有待于观察。需要强调的是，政府虽然没有直接办学，但是在形成大学的制度框架方面，今天来看也作出了应有的贡献。首先，政府对于办学的主体没有限定，但是办学必须得到政府的许可（敕令），至少也有"没有门槛"的门槛。办学敕令最初较为混乱，有的由教皇颁发，有的由国王（政府）颁发，但从 13 世纪后半叶起，只有政府颁发敕令许可办学才是合法的，这一点渐成惯例。也只有政府认可的大学，其办学

---

① 宋文红：《欧洲中世纪大学的演进》，商务印书馆 2010 年版，第 100 页。

行为和师生权益才能得到认可与保障。对于师生的基本权益，大学的建制、课程、学制和学位等基本规定，也在多个政府颁发的敕令中逐渐完备和固化。

三

世界上最早的大学都是民间自发创办或教会创办的，因此，毫无例外都是私立大学。世界高等教育发展史首先是私立高等教育的发展史。随着国家主义的盛行和世俗政权的强大，加上工业革命、技术进步对专业人才的需求和民众接受高等教育需求的增加，举办大学所需要的经费支持远远超出了民间的承受能力，而教会举办的一些大学往往成为国家改革中的保守力量。政府开始重视大学的作用，主动举办大学，并逐渐担负起发展公共教育的责任，高等教育的资源和大学的举办权逐渐转移到政府手中，大学逐渐成为国家发展的利器，成为政府主导提供资源支持的公共机构，大学也从国家服务的过程中获取资源和支持，在为社会提供服务的进程中丰富自身的价值并发展壮大。

世界上真正意义上的公立大学是在 17 世纪末到 18 世纪初创建的，比如德国的哈勒大学（1694 年）和哥廷根大学（1734 年），它们不是由私人举办，也不是由教会举办，而是由国家出资举办的，这表明政府开始举办大学。与教会办学不同，哈勒大学首任校长托马西乌斯在任时，将哲学从神学中独立出来，打破经验哲学和神学的垄断地位；使用德文授课；把自然科学的知识引入课堂，在教学过程中贯彻实际有用的知识。使用民族语言讲课，这与当时普遍使用拉丁文讲课的主流格格不入，也反映了民族国家的需要；把哲学从神学中分离出来，降低神学在教学中的地位，这在当时以神为尊的年代是需要莫大的勇气和胆量的。哥廷根大学的校长闵希豪森是哈勒大学的毕业生，他担任校长以后，完全废弃了神学的垄断地位，并使用精良的装备设置了科学实验室、解剖示范室、植物园、学校的医院和化学研究所，还创建了图书馆。从 1737 年到 1810 年的 70 多年中，哥廷根大学是世界上最好的大学。此后德国开始大量举办公立高等教育，办学体制发生了重大改变。

法国是经典大学的最早发源地，巴黎大学的规模一度达到 5 万人以上，成为欧洲最负盛名的大学。1789 年法国大革命爆发后，许多经典大学站在革命的对立面。革命成功后拿破仑颁布《公共教育组织法》，宣布关闭所有中世纪大学，大学收为国有，新大学一律由政府举办，从此建立了单一的公立大学办学体制。

英国也是最早举办私立大学的国家，在相当长时期内，私立大学担当高等教育的主要角色。19 世纪中叶，英国颁布了《初等教育法》，对公立教育的定性是"填补空缺"，明确只有在民间办学无法顾及的地方，才由政府出资兴办学校，满足社会需求。后来"工业革命、技术进步对人的素质要求越来越高，教育普及所需要的办学经费远远超出了民间组织的能力，加上城市化的快速扩张需要将大批青少年组织起来学习文化知识，政府逐渐担负起发展公共教育的责任"①，大学的经费也开始完全由政府拨款。

意大利及其他地方的私立大学，也因其教师资格从学生代表提名改为由公社任命并付给报酬而逐渐退出高等教育舞台。此后欧洲各国均受到影响，公立大学体系逐渐建立。

美国在建国以前的大学都是私立的。1819 年达特茅斯案后才由第三任总统托马斯·杰斐逊建立州立大学——弗吉尼亚大学，并在后续的发展进程中，逐渐建立了以各州政府为主要办学主体的公立高等教育系统。

在亚洲高等教育后发国家，例如日本、韩国等，高等教育发展起步较晚，政府掌握强大的财政，因此公、私立大学同时起步。这些国家的私立大学在 20 世纪以前都受到不同程度的限制，并且由于起步阶段投入不足，很多私立大学难以营生而关闭，尽管也有一些知名私立大学存活下来，但总体来看处于弱势。

18—20 世纪，各国政府逐渐认识到大学的作用和地位，开始重视和投资创办大学，政府成为举办大学的主体，牢牢掌握举办权，许多国家逐渐形成了单一的以公立大学为主体的办学体制。20 世纪前后，世界大部分国家纷纷建立了以政府举办公立大学为主的办学体制。学校由政府举办，经费由政府供给，校长由政府委派，教师由政府招聘。民间办学被弱化，私立大学逐渐被边缘化，有的国家私立大学一度销声"绝"迹。

---

① 徐辉：《民办教育五问》，《新华日报》2015 年第 11 期，第 4—8 页。

四

从公立大学举办开始，大学的办学体制开始发生了质的变化。但是随着时间的推移，单一公立大学办学体制的弊端也开始显露：政府财政有限，单一的经费来源难以满足社会对人才的需求以及民众接受高等教育的需求；政府的过多介入导致大学过分功利化；单一的办学体制削弱了大学发展的活力和动力，降低了大学的效率和效能，从而引发了学界和社会的质疑。这使政府逐渐认识到，要使高等教育稳定发展，满足人们接受高等教育和社会对人才培养的多样化需求，就必须改变由政府单一投资的大学办学体制。进入20世纪中叶，随着经济、社会发展和高等教育民主化、大众化的推进，私立大学办学在许多国家重新得到重视，尤其是第二次世界大战以后，各国都高度认识到大学在国家经济和社会发展中的重要作用，许多国家制定了科教兴国的发展战略，推进高等教育大众化，积极开展办学体制的改革，在发展私立大学方面迈出了坚定的步伐。私立大学恢复发展的主要原因是市场经济的大环境和私有化思想唤起了私立高等教育的复苏。市场经济的迅速发展，刺激了企业对技术人员的需求，民众对中学后教育的需求持续高涨，但政府对公立高等教育的资金投入不能紧随其后。

在美国，第二次世界大战以后经济建设对人才的需要和大批退伍军人安置的需求，推动了私立大学的发展，在校生占比达到20%以上。在英国，白金汉大学宣布不会接受政府捐赠，成为独树一帜的私立大学。一大批以应用技术人才为主要培养目标的私立专科院校开始兴建。在日本、韩国和我国台湾地区，1950年后私立大学得到政策明晰的指引，学校数量快速增加，在校生占比达到75%以上。在苏联和东欧地区，原本绝迹的私立大学也开始得到快速发展。1994年世界银行对最具代表性的9个发达国家和32个发展中国家私立高等教育的统计资料表明，共有21个国家私立高等教育机构在校生人数占整个高等教育机构在校生总数的20%，12个国家的相应百分比超过40%①。联合国教科文组织统计资料显示，在已经进入高等教育大众

———————

① 联合国教科文组织：《从统计数字看世界高等教育》，《教育参考资料》2000年第1—2期，第49—50页。

化阶段的 73 个国家（地区）① 中，多数国家所采用的主要举措就包括支持私立高等教育的稳步发展尤其是可持续发展，部分国家私立大学的发展速度令人惊叹②。大学的举办体制最终完成了从私立大学为主体到公立大学为主体，再到公、私立大学共同发展格局的演变。在一部分国家（地区），私立大学成为高等教育的主体。

私立大学的兴起，表面上看是办学体制的回归，但是绝非仅仅如此。首先，新体制下办学主体已经多元化。就世界范围来说，除了政府、教会举办以外，社会组织和机构甚至个人都有可能根据需要参与高校的举办，甚至出现了许多"混合型"的办学主体，由此推进了高等教育民主化进程。其次，办学体制的改变，大大扩大了高等教育资源，增加了高等教育的供应量，推进了高等教育大众化。世界大学生人数激增，高等教育毛入学率快速达到 20% 以上，满足了社会对人才的需求和民众接受高等教育的需求。高等教育大众化程度较高的国家，毫无例外都有私立大学的深度参与，有的国家或地区（如日本、韩国和我国台湾地区）私立大学在校生占比甚至达到 75% 以上。再次，私立大学办学体制的加盟，促进了高等教育多样化。私立大学的广泛参与，克服了公立大学同质化、趋同化的办学，各种不同的举办目的和办学诉求，推进了高等教育多样化，满足了经济和社会多样化的需求。最后，私立大学的崛起带来了许多新的办学机制，激活了高等教育内部竞争，促进了高等教育质量的提升，促进了公立院校办学效率和效益的提高，从而推动高等教育质量的整体提升和高等教育改革的不断深化，更好地服务于经济和社会的发展，并在服务过程中发展壮大自身。正如美国著名比较高等教育研究专家阿尔特巴赫的专著书名所示——"私立高等教育的发展，是一场全球革命"。

五

"自从 13 世纪西方大学创办以来，私立高等教育一直是大学体制的重

---

① 列入统计的有 139 个国家（地区）。

② 菲利普·G. 阿尔特巴赫、丹尼尔·C. 列维：《私立高等教育：全球革命》，胡建伟等译，中国社会科学出版社 2014 年版，第 229—236 页。

要部分，现已成为 21 世纪高等教育的核心特征。如何看待私立高等教育，并将其融入一个国家乃至世界范围的更为广泛的大学体制，是一个非常关键的问题。新的私立大学在构建、办学目标和财政背景方面都与传统的私立大学有很大不同。毋庸置疑，理解和制定适合于私立高等教育发展的政策框架迫在眉睫。"①

中国也是高等教育的后发国家，直至 18 世纪末才产生现代大学，与大多数后发国家一样，大学的办学体制是公、私立同时起步的。1949 年以前，私立大学的举办主体主要为政府官员、教会和社会开明人士。与其他国家有明显区别的是，我国个人出资举办私立院校的占比较高。教会方面，1879 年美国圣公会上海主教施约瑟创办圣约翰书院，将西方近代大学的教学风格引入中国，成为中国近代最早的教会大学，也是中国最早的近代意义上的大学。1905 年圣约翰书院正式升格为圣约翰大学，并在美国华盛顿州注册，1947 年向国民政府注册。个人办学方面，1896 年，盛宣怀管辖下的轮船招商局、上海电报局以商户捐款和每年规银 10 万两创办上海南洋公学（交通大学沪校前身），被认为是中国近代第一所国人举办的私立大学。1902 年，由著名爱国教育家马相伯捐出全部家产土地 3000 亩、现洋 40000 元创办震旦学院（复旦大学前身）。1906 年，为解决部分归国留学生的就学问题，资产阶级革命派姚宏业、孙镜清等人四方奔走，劝募经费，在上海创办中国公学。1919 年，近代著名的教育家严修和张伯苓先生在天津创建南开大学。1921 年，著名爱国华侨陈嘉庚认捐开办费 100 万元，经常费 300 万元，分 12 年支付，创办厦门大学。这些大学都是我国历史上较为著名的私立大学，至今仍有广泛而深远的影响。经查阅，在 20 世纪 30 年代中期 20 所较为著名的私立大学中，10 所是教会大学，10 所是国人所办的私立大学。至 1950 年初，全国共有高校 227 所，其中私立高校 65 所，占高校总数的 39%②。从在校生来看，全国专科以上高校在校生为 62935 人，私立高校为 23770 人，占在校生总数的 1/3 以上③。可以说，私立大学不仅在办学体制上一直得到保证，而且事实上占据中国近代高等教育的半壁江山，为国家和民族的

---

① 菲利普·G. 阿尔特巴赫、丹尼尔·C. 列维：《私立高等教育：全球革命》，胡建伟等译，中国社会科学出版社 2014 年版，第 233 页。

② 瞿延东：《我国民办教育的发展与管理》，中国财政经济出版社 2002 年版，第 374—375 页。

③ 《中华人民共和国各大城市公私立学校学生人数统计表》，《人民教育》1950 年第 2 期，第 18 页。

发展培养了大批优秀人才，在中国高等教育发展进程中作出了重要贡献。

1952 年，政府对高校进行大规模的院系调整与体制改革。在新体制下，政府办学成为国家唯一的办学体制，公办大学开始独占高等教育舞台。

改革开放以后，国家制定了科教兴国战略，重视和鼓励发展高等教育。从穷国办大教育的基本国情出发，政府重新支持社会力量举办高校。从现有的法律法规来看，民办院校举办主体比较广泛而复杂，主要是公民个人、组织机构和企事业单位等。21 世纪开始，随着高等教育大众化进程的加快，民办院校迅速崛起，学校数量和在校生规模快速增长，截至 2015 年底，民办普通院校数量接近全国普通高校总数的 30%，在校生规模占比达到 23% 左右①。短短 16 年时间，民办院校已经成为国家高等教育体系的重要组成部分，成为国家高等教育改革和发展新的增长点。然而，由于历史的原因，我国民办院校的发展还面临许多体制性矛盾、政策缺失、社会偏见、队伍较弱和层次较低等问题困扰着民办院校的可持续发展。

世界私立大学办学体制演变的曲折进程和宝贵经验，对当下我国民办院校的发展至少有四个方面的启示。

（一）加强顶层设计，加快民办院校办学体制的国家制度建设

积极发展民办高等教育，首先需要国家制度的支持。从国家顶层设计上来规制私立大学的办学方向，是世界私立高等教育发展的重要经验。比如，以英国为代表的欧洲大学完全自治制度和大学拨款制度，美国私立大学从哈佛大学的双轨制发展到采用耶鲁大学单轨制的董事会制度。高等教育后发国家和地区，大都非常重视私立大学办学体制建设，比如，印度大学附属制度，日本、韩国和我国台湾地区采用的私立大学财团法人举办制度、坚持私立大学的非营利性等，都是从国家教育价值观上来探索和完善的，经过漫长的运行与比较，最后成形。而许多国家营利性私立大学的举办制度，更不是一开始就有的制度设计，而是在实践中不断探索、建立和健全起来的。

相对而言，我国民办院校办学体制先天不足、顶层设计缺乏，致使许多问题长期得不到解决，失去发展的大好机遇。陈平原称"中国或已错过发

---

① 根据教育部《2015 年全国教育事业发展统计公报》整理。

展民办大学的最好时机"①，这是非常中肯的结论。实际上，滞后于实践的相关制度设计，肯定会损害一部分办学人的权益。国家制度体现着国家的教育意志和教育发展方向，引导着民办院校的发展方向，必须尽早明确。例如，我国民办院校的分类管理问题和是否允许营利问题，主要还是应该从国家教育意志上去考量，加快顶层设计，否则民办院校会无所适从，从而丧失发展机遇，阻碍其健康、稳定和可持续发展。

（二）加强政府扶持，落实公共财政政策和政府购买政策

经费是私立（民办）大学生存和发展的基础条件，办大学需要巨额资金。私立（民办）高等教育大多数是公益性教育，"政府支持民办学校办学是一项法定义务，是一项公共管理责任"②。世界上绝大多数国家都出台了对私立大学的财政资助政策，纳入政府预算安排，帮助私立大学加强基础建设，引进和稳定高水平师资，提高教育质量。英国政府 1881 年开始试行财政资助，1919 年后逐步实行政府拨款，成为私立大学经费的主要来源。据研究，美国、日本私立大学财政补助在经费中的占比达到 16% 以上③。政府补助也体现了对私立大学就读者教育公平的原则，让他们享受到政府的帮助和支持，同时也提升了私立大学的社会认可度。

我国民办院校已经有了较快的发展和较好的发展趋势，但是相对来说，在整个高等教育体系中的弱势地位仍未改变，尤其是经费来源单一，主要依靠学费收入，大部分学校依靠办学结余滚动发展。"目前中国的民办大学，基本上全靠学生学费，加上银行贷款，这样的财政状况，不可能在学术研究上投入过多，因而也就很难有效提高教学及研究水平。"④ 而落实政府财政政策的地区还不多，因此，仍然需要加大力度积极推进。

除此之外，许多发达国家和地区普遍采取向私立大学购买教育服务的方式给予支持，既体现了社会公平的导向，又提高了公共财政的使用效率，值得学习和借鉴。

---

① 陈平原：《中国或已错过发展民办大学的最佳时机》，《文汇报》2015 年第 10 期，第 8—12 页。

② 徐辉：《民办教育五问》，《新华日报》2015 年第 11 期，第 4—8 页。

③ 陈舒：《国外私立高校经费筹措经验借鉴》，《合作经济与科技》2015 年第 21 期，第 38 页。

④ 陈平原：《中国或已错过发展民办大学的最好时机》，《文汇报》2015 年第 10 期，第 8—12 页。

（三）加强内涵建设，提升民办院校社会影响力和信誉度

世界私立大学办学体制的重要经验，就是要有一批高质量的敢与公立大学相竞争和媲美的私立大学。在世界各大著名的大学排行榜中，经常可以看到一些私立大学的身影。在美国排名靠前的 20 所著名大学中，私立大学占60%以上。正是有一批跻身于国家高等教育体系中心的著名高水平私立大学的存在，才能增强社会对私立大学的认识和信心，激发社会持续投入的动力。

当下我国高等教育大众化不断深入，大学资源供不应求的局面已经改变，高等教育市场已经从卖方市场转为买方市场，机遇性需求大幅萎缩，优质资源需求快速上升。办学质量既关乎社会责任，也关乎学校发展，因此，知难而进、迎难而上和加快内涵建设，是民办院校当下的工作重点。

加强民办院校内涵建设，一是要抓定位，明确办学目标和服务方向；二是要抓基础，坚持以学科建设为龙头，以专业建设为重点，以课程建设为抓手，夯实办学基础；三是要抓队伍，重点是加强高层次人才引进和高端团队的建设，增强办学实力；四是要抓改革，尤其是人才培养模式改革，努力克服趋同化的办学倾向，培育自身的品牌特色；五是要抓监控，严格教学管理，严把教学质量关。通过扎实有效的工作，努力提升办学水平和办学质量，培育民办院校品牌，办人民需要、人民满意的高等教育。

（四）加强自主自律，提高民办院校内部管理水平

给予私立大学更多的办学自主权，是世界各国私立大学办学体制的又一特征。由于特殊的办学体制，我国民办院校更加需要办学自主权，以充分发挥体制机制的优势、弥补自身的不足。当前民办院校尤其应该解决好五个方面的办学自主权。一是专业设置权和选择权。在专业设置权方面，政府应尊重民办院校根据市场需要和学校自身条件的选择，以便更好地服务社会、走向市场。在选择权方面，民办院校应尊重学生的专业选择权，让他们自主选择专业和课程。二是招生自主权。民办院校在哪个地区招生、招多少学生、招什么专业的学生及招什么层次的学生，在具备条件的情形下应该得到尊重。三是收费定价权。目前这一问题表面上看已得到解决或者部分解决，但是对该文件的执行仍带有较大的随意性，导致政策难以落实，仍有解决的必要。四是教师聘用权。"是否以及如何礼聘国立大学的退休教授到私立大学

任教，这牵涉学校的意愿、学生的接受、社会的观感以及政策的制定等。按目前制度，很多教授退休后仍有巨大的发展空间。而私立大学礼聘国立大学的退休教授，这在很多国家及地区，都有成功的经验，是其迅速提升学术水平的不二法门。"① 现在的关键是，有关部门对退休教师和行业教师，总以各种理由"不得计入"教师总数，为了应付评估，民办院校不得不放弃相关措施的执行。五是内部机构设置权。《民办教育促进法》第二十一条明确规定："民办学校内部组织机构的设置方案由校长提出，报理事会、董事会或者其他形式决策机构批准。"事实上，近年来民办院校内设机构数量增加较快，行政人员数量增幅较大，部分原因是出于管理部门提出的硬性要求。诸如此类不尊重法律规定、不切合民办院校办学规律的硬性要求，在一定程度上消耗了民办院校的体制机制优势，不利于民办院校的健康发展。

(2017 年第 1 期)

---

① 陈平原：《中国或已错过发展民办大学的最好时机》，《文汇报》2015 年第 10 期，第 8—12 页。

白俄罗斯高等教育改革新动向：博洛尼亚进程与私立高等教育发展

徐绪卿　高　飞　邱昆树　宋　斌　胡建伟

摘　要：近年来，白俄罗斯在高等教育领域积极推动博洛尼亚进程，包括改革学位体系、修订专业目录、加强质量保障、促进师生流动以及调整就业制度等；私立高等教育也得到规范，表现在规模有所缩减、政府加强管理和间接财政支持增多等。反思白俄罗斯的高等教育改革，顺应国际化趋势以与世界接轨、监管与扶持并重以推动私立高校发展、深化与产业界的合作以建设高等教育强国等经验，对我国高等教育的发展有重要启示。

关键词：一带一路；博洛尼亚进程；私立高等教育；白俄罗斯；高等教育改革

白俄罗斯共和国位于欧洲中部，属于内陆国家。1991 年苏联解体以后，白俄罗斯宣布独立并更名为白俄罗斯共和国。伴随其政治体制改革的开展和深化，包括教育领域在内的各类社会革新也相应启动。在高等教育领域，博洛尼亚进程的推动以及私立高等教育的发展，成为引人注目的趋势和动向。2018 年 3 月，笔者赴白俄罗斯进行实地考察和调研，通过诸多资料的收集和整理，探求白俄罗斯高等教育改革的新动向。

一　白俄罗斯高等教育的历史演进

早在 16—17 世纪，在白俄罗斯土地上就建立起一批教堂和修道院附属学校，如洛戈尔斯克县（1522 年）、莫吉廖夫市（1589 年）、布列斯特市

（1591 年）、明斯克市（1612 年）以及奥尔沙市（1648 年）都开办了教会学校。16 世纪末至 17 世纪初，在波洛茨克、格罗德诺市以及涅斯维日市等地出现了巴西利亚式学校和耶稣会大学，成为白俄罗斯高等教育的起源。16—18 世纪，许多白俄罗斯人赴欧洲大学学习，并开始思考举办本国的大学。18 世纪末，白俄罗斯并入俄罗斯帝国。1812 年 3 月，亚历山大一世发布命令，将波洛茨克耶稣会转为学院，于 1813 年正式办学。1836 年，俄罗斯帝国决定在莫吉廖夫州奥尔沙县高尔基地区新建一所农业学校，成为白俄罗斯农业大学的前身。20 世纪初，白俄罗斯高等教育系统初步形成。1919 年，白俄罗斯更名为白俄罗斯苏维埃社会主义共和国，同年 2 月，中央执行委员会发布命令在明斯克建立大学。1921 年，白俄罗斯国立大学创建，成为该国第一所现代大学。在此后的高等教育发展进程中，政府以白俄罗斯国立大学的部分学科系为基础，将这些院系独立出来扩充为专业大学（见图 1）。

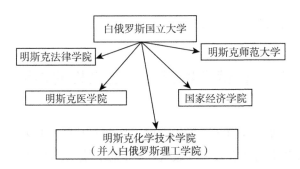

图 1　白俄罗斯国立大学对高等教育的贡献

截至 1940 年，白俄罗斯已有 25 所高校，学生 2 万多人，教师 900 多人。卫国战争结束后，白俄罗斯高等教育系统日益发达，至 1958 年，已有学生 5 万多人，教授 3000 多人。1991 年，"白俄罗斯苏维埃社会主义共和国"改名为"白俄罗斯共和国"。目前，白俄罗斯共和国有 51 所高校，根据办学主体和属性，分为国立高等教育机构 42 所、私立高校 9 所。2017/2018 学年，学生数达 313.2 万人。国立高校和私立高校都由教育部主管，高校校长委员会是高等教育系统最高咨询机构。表 1 反映了近年来白俄罗斯高校招生和毕业生情况。

表1　　　　　　　　　　近年来白俄罗斯高校招生和毕业人数①

学年	2010/2011	2011/2012	2012/2013	2013/2014	2014/2015	2015/2016	2016/2017
机构数量/所	55	55	54	54	54	52	51
在校生数/千人	4429	4456	4285	3953	3629	3364	3132
其中：全日制教育	2217	2217	2093	1983	1850	1768	1726
夜间教育	7	8	9	11	12	14	14
函授教育	2205	2231	2183	1959	1767	1582	1392
招生数/千人	1005	960	881	687	634	631	627
其中：全日制教育	524	485	450	391	379	379	388
夜间教育	1	3	3	5	3	4	3
函授教育	480	422	427	291	252	248	236
毕业生数/千人	733	757	845	827	812	779	746
其中：全日制教育	370	374	456	392	414	391	365
夜间教育	1	1	1	2	1	1	2
函授教育	362	382	388	433	397	387	379

二　白俄罗斯博洛尼亚进程的推动

　　欧洲国家高等教育的博洛尼亚进程深受多重因素的影响：一是欧洲政治经济一体化改革不断寻求教育领域的呼应，欧洲各国可以借助进程形成共同的文化观念和价值理想；二是高等教育国际化趋势也要求高校加强国际交流与合作；三是出于增强自身吸引力和竞争力的渴求，欧洲高校也希望建立起彼此沟通的桥梁，从而共同推进质量进步，实现欧洲大学的复兴。早在1988年，欧洲430位大学校长就共同签署《欧洲大学宪章》。1997年《里斯本公约》出台，推动了欧洲各国高等教育文凭的互认，也成为具有重要约束力的博洛尼亚进程的奠基性文件。1998年，英、德、法、意四国教育部部长共同签署《索邦宣言》，提出欧洲高等教育区的理念和协调学位制度的建议。这些探索性的前期工作，为博洛尼亚进程的启动和推进提供了重要依据。1999年6月，29个欧洲国家签订《博洛尼亚宣言》，提出了欧洲高等教育改革计划，确定了欧洲范围内高等教育系统的共同框架，标志着该进

---

①　《白俄罗斯高等教育研究报告》，浙江树人大学白俄罗斯研究中心，2018年，第3页。

程的正式开启。该宣言秉持并弘扬《索邦宣言》的精神，主要由六项内容构成：使用易于理解和比较的文凭体系；采用本科—研究生教育两级制为基础的学位体系；建立如欧洲学分累积与转移系统等学分制度；消除促进师生等人员自由流动的障碍；推动欧洲在质量保障方面合作开发具有可比性的标准和方法；提升高等教育领域的欧洲维度①。此后，一系列政策文件相继出台：2001 年《布拉格公报》发表，进一步将终身学习、学生参与以及增强欧洲高等教育的吸引力等内容纳入发展目标；2003 年柏林会议确立进程的行动方案，明确有限项目并完善组织保障机制；2005 年《卑尔根公报》《伦敦公报》《鲁汶公报》《布达佩斯—维也纳宣言》等纷纷发表，确立该进程在新阶段加强参与全球化、推动社会公平以及提高学习能力等方面的新目标和举措。

　　博洛尼亚进程虽在诸多方面取得成就，但也存在着一系列有待解决的问题：在文凭体系方面，尽管部分国家已着手改革，仍有约 2/3 的国家尚未满足文凭补充说明的全部要求；在学位体系方面，欧洲高等教育区已经构建起更具普遍性的学位结构，但在第一阶段还未形成统一模式；在学分制度方面，欧洲学分累积与转移系统得到较好的贯彻，但将学分与学习结果相挂钩的工作需继续加强；在"以学生为中心"的学习方面，课程开发更重视学习结果的运用，但学习结果在学生评估中尚未得到广泛应用；在质量保障方面，就内部质量保障而言，越来越多的高校提出质量改进策略并公布质量保障评估结果，外部质量保障则更强调其成效及如何与欧洲高等教育区的标准、原则相符合；在社会维度方面，尽管各国已承诺学生群体应体现多样性，然而提供平等接受高质量高等教育的目标远未达成；在有成效的学习和就业方面，各国对于辍学率问题仍重视不足，对于高校毕业生就业问题也需进一步关注；在流动性和国际化方面，尽管多数国家都以文件的形式鼓励高等教育的国际化，然而其中过半缺乏国际化战略或指南②。可见，为了更好地推动博洛尼亚进程，各国都需进行更深入的改革。目前，已有 48 个国家

---

① European Ministers of Education.The Bologna Declaration of 19 June 1999 ［EB/OL］. （2018-03-21）. http://media. ehea. info/file/Ministerial _ conferences/02/8/1999 _ Bologna _ Declaration _ English _ 553028.pdf.

② The European Higher Education Area in 2015：Bologna Process Complementation Report，Education，Audiovisual and Culture Executive Agency ［R］. Education，Audiovisual and Culture Executive Agency，2015：17-22.

加入欧洲高等教育区。

2002 年，白俄罗斯承认《里斯本公约》，之后多次就博洛尼亚进程进行研讨并参加国际会议。2010 年，白俄罗斯总统亚历山大·卢卡申科宣布，白俄罗斯已获得加入博洛尼亚进程的许可，启动加入博洛尼亚进程的各项程序[①]。2015 年在埃里温举行的欧洲高等教育区部长级会议讨论了有关白俄罗斯被列入欧洲地区高等教育的相关问题，宣布白俄罗斯正式加入博洛尼亚进程，成为最后一个加入欧洲高等教育区的东欧国家。根据博洛尼亚进程的要求，白俄罗斯也推出一系列措施以更好地与国际接轨：一是发展和实施国家资格框架，使其与高等教育架构保持一致；二是建立与欧洲标准指南相符合的独立质量认证机构；三是监控学习成果的透明度，引进博洛尼亚宣言中欧洲学分转换与积累系统和文凭补充规定；四是师生流动性更加多样化；五是发展高等教育和终身学习的社会维度，修改相应体制以保证毕业生首次就业。重点改革领域主要涉及如下方面。

（一）改革学位体系

在学位授予与学分设置方面，欧洲学分互认体系（ECTS）规定，欧洲高等教育区的国家一学年学习相当于 60 个 ECTS 学分，每学分 25—30 小时，以便于国家间的相互转换。高等教育第一阶段应修得 180—240 个学分，学制 3—4 年，通常授予学士学位；第二阶段应修得 90—120 个学分，通常授予硕士学位；第三阶段不受该体系制约，通常授予博士学位。《白俄罗斯共和国教育法》规定的高等教育结构设置如下：第一阶段学制 4—6 年，获得专业文凭；第二阶段学制 1—2 年，获得研究生学术学位。在高等教育第一阶段，普通高等教育需修满 240 个学分；高等教育第二阶段需修满 60—120 个学分，取得硕士学位；特殊高等教育 5—6 年，修满 300—360 不等的学分，取得硕士学位；优秀毕业生可以继续深造，毕业后授予副博士学位和博士学位。可见，白俄罗斯高等教育的学分设置已逐步接近博洛尼亚进程的要求。

（二）修订专业目录

为更好地推动博洛尼亚进程，白俄罗斯着手构建国家资格框架，其中

---

① 于翔：《白俄罗斯将加入博洛尼亚进程》，《中国教育报》2010-08-17（3）。

信息技术和管理领域已形成较为完善的资格框架，层次清楚、描述规范。国家资格框架建设的关键是专业目录的修订。2015 年 2 月，白俄罗斯共和国部长会议明确提出，在修订《教育法》的过程中要优化专业目录。分类目录的修订原则涉及如下方面：（1）减少专业与学历资格的数量，把狭隘专业并合为一组；（2）符合雇主要求；（3）无专业领域；（4）目录分类要符合联合国教科文组织"教育与专业培训的领域"；（5）专业名称符合经济活动名称（基于全国经济活动分类目录）；（6）国家课程符合教育阶梯（根据《国际教育分类标准》ISCED）以及学历资格（根据国家资格框架）。2015 年修订后的《全国专业与学历资格分类目录》规定：白俄罗斯高等教育第一阶段共开设 382 个专业；第二阶段开设 331 个专业，其中科学教育类硕士学位 193 个，实践导向类硕士学位 138 个。可见，白俄罗斯高等教育在专业设置上既深受苏联高等教育体制的影响，又开始加快博洛尼亚进程的步伐。

（三）加强质量保障

加入博洛尼亚进程后，白俄罗斯成为欧洲高等教育质量认证协会成员。该协会要求在尊重本国高等教育体系的前提下，借鉴国际经验评价本国高等教育质量认证标准、要求和程序。从目前的情况来看，欧洲内部和外部质量保障标准都未能完全执行。白俄罗斯高等教育质量认证体系还不够完善，教育部坚持认定自身为教育认证的唯一主体，质量认证处负责该项工作，立法部门也不允许成立任何机构干涉高校质量认证这一环节。不过，白俄罗斯教育部的认证标准与欧洲高等教育质量保证联合会（ENQA）正好一致。高等教育质量认证夹杂复杂的问题和矛盾，包括白俄罗斯在内的许多欧洲国家短期内都难以解决。

（四）促进师生流动

在全球化背景下，白俄罗斯高等教育开展国际合作，加快融入欧洲高等教育区（EHEA）和欧洲研究区（ERA），参与欧亚经济联盟活动、独联体国家间创新合作项目及欧盟东欧伙伴计划的 63 项国际研发项目。白俄罗斯与独联体国家及欧亚经济共同体国家开展积极合作，如俄罗斯、乌克兰、摩尔多瓦、亚美尼亚、格鲁吉亚和阿塞拜疆。欧洲高等教育机构也积极参加欧盟田普斯计划及伊拉斯谟世界项目等活动，以加强与各国的合作。2002 年，白俄罗斯加入《里斯本公约》，承认外国教育文件和学历程序的合法性。此后，拥有白俄罗斯高校文凭的毕业生可以在 112 个国家工作，白俄罗斯高校与世界其他院校一起开展师生交流和实习项目。图 2 反映了在白俄罗斯的外国学生数量，截至 2016 年底，已有来自 98 个国家的 19059 名外国留学生在白俄罗斯学习。

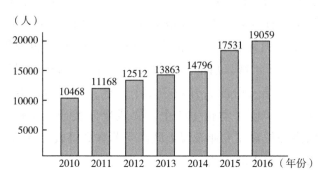

图 2　2010—2016 年在白俄罗斯求学的外国学生数

（五）　调整就业制度

白俄罗斯一直以来都由国家负责公费生的工作分配。根据分配制的要求，毕业生必须从事相关指定工作 2 年，紧缺专业延长至 5 年。对白俄罗斯大学来说，毕业生工作分配十分重要，因为分配成功率决定了次年的奖学金数量，也直接影响学校经费和教师收入，学校往往优先考虑国有机构和企业。分配制会引发一系列问题，如有的毕业生分配工作之前并没有受过专门训练而难以应岗。在博洛尼亚进程的推动下，政府需要采取更多措施，鼓励单位雇佣大学毕业生，如出台税收优待或其他财政政策；鼓励高校重视实践、提高毕业生就业率，如加强教育质量评级和监控，对高校的财政投入与毕业生就业水平挂钩，在高校建立职业咨询体系，帮助毕业生了解劳动力市场的需求和当前的热门职业。

三　白俄罗斯私立高等教育的规范

苏联时期的高校包括白俄罗斯在内，都属于国家并接受高度集权的管理，不存在私立高校。由于国家没有足够的资金对高等教育进行财政支持、国立大学对自费生培养数量有严格限制以及新形势下社会对与经济活动更密切相关人才（如管理、商务以及营销等方面）需求的增大，20 世纪 90 年代前半期，白俄罗斯共和国开始出现私立高校①。此外，俄罗斯等国的高校也在白俄罗斯设立各类分支机构。白俄罗斯私立高等教育在发展过程中呈现如下特征。

（一）规模有所缩减

与国立高校相比，白俄罗斯私立高校地位整体较低，主要发展函授教育，不培养学术骨干和硕士，其数量在 1995—1997 年保持在 20 所。为防止高校为多招自费生而降低录取标准，白俄罗斯教育部提高了颁发许可证的标准。资金压力、严格的政策以及生源的减少，导致私立高等教育规模缩减。2000 年，私立高校数量减少至 14 所，2011 年仅剩 10 所，目前只有 9 所（见表 2）。此外，进入私立高校学习的学生数从 2004 年开始减少，2007 年录取 14509 名学生，2011 年录取 12180 名学生。私立高校的学生比重不到白俄罗斯在校大学生总数的 14%②。根据 2014/2015 学年的统计，白俄罗斯第一阶段学生人数为 362907 人，其中 90.5% 的人就读于公立高校，就读私立高校的仅占 9.4%；第二阶段 8855 人中，91.3% 的人就读于公立高校，就读私立高校的仅占 8.7%。笔者访问了白俄罗斯创建最早、办得最好的私立高校——现代知识大学，该校在校生最多时有 7500 余人，现在不到 1000 人。同时，国立高校中自费生的比重也日渐增大，在 2014/2015 学年中，第一阶段公费生占 38%，自费生占 62%，其中公立高校有 52% 的学生为自费生。只有通过国立高校入学考试的学生，才有资格享受免费教育。但自费生的学费也不高，一般在 500—1500 美元，且可利用宽松的贷款制度解决经济困难；而私立高校学生必须全额支付学费。白俄罗斯高等教育机构的教师普遍具备较高的专业能力，据统计，45% 的国立高校教师和 41% 的私立高校教师都具有科学学位。但就整体而言，私立高校的社会地位、社会认可度及规模都远不及国立高校，难以成为广大学生的首选。

---

① 铁雪娜：《白俄罗斯独立以来高等教育发展与改革研究》，东南大学，2014 年，第 24 页。

② 铁雪娜：《白俄罗斯独立以来高等教育发展与改革研究》，东南大学，2014 年，第 24—25 页。

表 2　　　　　　　近年来白俄罗斯私立高校招生和毕业人数①

学年	2010/2011	2011/2012	2012/2013	2013/2014	2014/2015	2015/2016	2016/2017
机构数量/所	10	10	9	9	9	9	
在校生数/千人	601	584	512	412	346	287	224
其中：全日制教育	154	14	109	87	70	61	59
函授教育	447	440	403	325	276	226	165
招生数/千人	130	115	87	48	41	47	41
其中：全日制教育	36	28	20	13	14	17	18
函授教育	94	87	67	35	27	30	23
毕业生数/千人	96	117	121	133	99	96	93
其中：全日制教育	22	28	40	28	26	21	86
函授教育	74	89	81	105	73	75	7

（二）政府加强管理

1997 年，白俄罗斯共和国部长会议通过《关于私立教学机构活动的组织和协调顺序的决议》，出台了一系列规定私立高校活动的文件，私立高校必须具备教育部颁发的许可证。其中现代知识大学作为第一所私立高校，接受教育领域活动的规范②。《白俄罗斯共和国教育法》明确了其高等教育体系兼具公立和私立属性，肯定了私立高校的合法地位。教育部在教育体制运行中起到主要作用，负责整体管理和质量监控。教育部负责对各类高等教育机构进行许可和认证，批复包括公立和私立高校在内的所有高等教育机构的法定文件，并监管国家教育政策的实施。

私立高校必须获得政府的办学执照，与公立高校一样参加每五年一次的教育认证。私立高校颁发的学位和文凭须经教育部审批同意。近年来，白俄罗斯政府官员表示将发布新的学位证书，将公立高校与私立高校的毕业生区分开来。为此，私立高校师生极力反对这种严重影响私立高校招生和毕业生就业、有碍私立高等教育公平竞争的歧视政策。另外，私立高校校长的任命与罢免事宜一般在听取办学者意见之后，由教育部执行。包括私立高校在内的所有高校提供的全部课程和专业都须经教育部批准，纳入国家分类标准，

---

① 《白俄罗斯高等教育研究报告》，浙江树人大学白俄罗斯研究中心，2018 年，第 3 页。

② 铁雪娜：《白俄罗斯独立以来高等教育发展与改革研究》，东南大学，2014 年，第 38 页。

毕业生修完所有课程后应获得的学习结果和掌握的实践技能均由教育部制定。

（三）间接财政支持增多

在经费来源方面，公立与私立高校之间存在较大差异。除了国家财政投入，公立高校的收入还包括学生学费、研究和商业活动收入以及赞助费。私立高校没有国家财政支持，只能依靠办学者、捐赠者的投入和学生的学费，办学经费不充裕，发展空间也有限。不过，私立高校也可享受减税优惠，减免增值税和所得税，体现了国家对私立高校的财政间接支持。

四　白俄罗斯高等教育改革的启示

白俄罗斯在改革前已建立起较发达的高等教育体系，并保持着较高的教育质量。20世纪50年代，白俄罗斯就普遍实现了脱盲。据统计，1989年从事国家经济工作的每1000人中就有899人受过高等教育或中等教育，其中144人是高校毕业生。据联合国开发计划署的教育指标排名，白俄罗斯位列第21名。根据2016年列格坦全球繁荣指数，白俄罗斯在教育惠及、教育质量和人才潜力方面超过俄罗斯、乌克兰、立陶宛以及其他一些欧盟国家。究其原因，白俄罗斯较扎实的教育基础为其教育改革提供了良好条件。近年来，白俄罗斯为增强竞争力，创建符合国际标准的独立、优质的新型学校，确保公民能根据自身能力和特点享受高质量的教育，积极开展教育体制改革，尤其是在推动博洛尼亚进程和规范私立高等教育发展方面出台的一系列举措，对我国民办高等教育的改革有一定的启示意义。

（一）积极顺应国际化趋势以与世界接轨

白俄罗斯加入博洛尼亚进程的时间虽较短，但长期以来一直非常重视国际交流与合作，且成绩斐然。在国际化过程中，白俄罗斯既注重顺应国际和欧洲趋势，又力图尊重自身的文化传统，当然也面临着不少挑战。在苏联时期，高校使用指定的教学计划、课程大纲并接受统一的学位认证，而欧美等西方高等教育则体现出明显的多样化与自主性特征，引入博洛尼亚进程，是为了推动一体化、减少流动障碍以及强化衔接性。白俄罗斯高校在融入欧洲整个大环境的过程中，其特征表现为力求更多地使用自身资源而不是简单采用外国模式，在意识形态上与东方而不是西方保持着更紧密的联系①。白俄罗斯既努力尊重高校的特色，又注重在新的形势下借鉴西方经验进行变革，比如招生考核方式更重视结合自身的传统、定位和资源，而不是盲目依照外部标准。白俄罗斯高等教育受苏联时期的影响，存在着创新能力和人文素养培育不足以及无法完全满足劳动力市场等问题，而以博洛尼亚基本价值观为目标实施的各项标准，要求建立一种全新的结构与体系，使白俄罗斯高等教育面临新的挑战。我国目前在"一带一路"高等教育合作的过程中，也面临着诸多类似问题：一要更多发挥主导者的作用，在借鉴各国经验的同时也要主动传播自身的优势与特色，而非被动参与接受；二要不断拓展合作的对象和范围，在向沿线国家开放的同时又要有所侧重和倾斜；三要加强不同层次、不同领域的交流。白俄罗斯以博洛尼亚进程为契机，积极推动高等体系的改革，其出发点和立足点还在于为该国的高等教育改革提供参考。我国在国际合作方面也要更多地向系统化和体制化方向发展。

（二）监管与扶持并重以推动私立高校发展

白俄罗斯私立高等教育曾经有过较快的发展，但目前面临增速缓慢、规模不足以及发展空间受限等难题，这在很大程度上与私立高校的治理方式有关。政府对私立高校的严格监管，有助于保障其规范运行和提高办学质量，但监督有余、扶持不足，制约了私立高校的发展。国家虽已在法律上承认私立高校的合法地位，仍缺少资助政策，导致私立高校处于停滞、萎缩的状态，不仅难以与公立高校公平竞争，起到激发高等教育发展活力的作用，甚至缺乏必要的生存保障。

我国在大部分民办高校办学行为已较为规范的情况下，初步确立了民办高等教育政策的"扶持"导向②。2012年教育部出台的《关于鼓励和引导民间资金进入教育领域　促进民办教育健康发展的实施意见》明确规定："清理并纠正对民办学校的各类歧视政策。依法清理与法律法规相抵触的、不利于民办教育改革发展的规章、政策和做法，落实民办学校与公办学校平等的法律地位。"2016年全国人大常委会《关于修改〈民办教育促进法〉

---

① 铁雪娜：《白俄罗斯独立以来高等教育发展与改革研究》，东南大学，2014年，第2页。

② 徐绪卿、王一涛：《论我国民办高等教育政策从"规范"向"扶持"的转型》，《高等教育研究》2013年第8期，第42—48页。

的决定》指出："国家对民办教育实行积极鼓励、大力支持、正确引导、依法管理的方针。"党的十九大报告提出优先发展教育事业，支持和规范社会力量兴办教育。不少地方政府在公共财政资助、教师人事管理以及办学自主权等方面，响应国家号召并已出台一系列扶持政策。

（三）深化与产业界的合作以建设高等教育强国

白俄罗斯高等教育机构以研究和实验为重，满足国家经济发展要求，这是其高等教育发展的显著特征。为实现这一目标，高校从事创新和产业工作以解决科技方面的迫切问题，科研经费主要来自国家、企业客户、国际项目资金、自身经费以及捐赠。白俄罗斯政府通过国家基础研究基金会、国家科学技术规划项目支持基础和应用研究。《2016—2020 年白俄罗斯教育青年政策规划》强调，高等教育既要联系中等教育体系，又要与社会经济需求相结合，并呼吁大学教育课程借鉴国际先进经验。近年来，立法和执行部门都要求高校加强与产业界的联系，如提供实习岗位、派遣教师去公司任职、大学与公司合作开办实验室等举措被普遍推广。研究人员和学生积极参与创新竞争，开办创业中心，7 家国家科技园区中有 4 家是以大学为基础成立的。白俄罗斯还允许大学创办小型公司，推动科技成果转换并进入市场，如白俄罗斯国立大学有 9 家公司是独立法人。白俄罗斯国立高校和其他高校有一系列生产设备，将研发成果推广至国内其他公司和机构。2015 年，白俄罗斯国立大学 9 家公司的产值达 2000 余万美元。政府的大力推动，有效加强了高校与产业界的密切合作。

我国高等教育自进入大众化阶段以来，截至 2017 年 5 月，高校数量已达 2914 所①。高等教育的发展已不再以追求数量和规模为主旨，而是更重视质量提升与内涵建设。为更好地培育高素质的高层次人才，推动区域社会发展以及服务国家创新战略，不论是一流大学还是普通高校，都在谋求与产业界的密切合作以实现双向介入、资源共享以及协同创新的共赢局面。一方面，一流大学的建设必须面向国家的战略需要、社会的改革趋势以及科技的发展前沿，体现出开放性和动态性。2017 年 1 月，教育部、发改委和财政部联合印发《统筹推进世界一流大学和一流学科建设实施办法（暂行）》，

---

① 教育部．教育部发布最新高校名单［EB/OL］．（2017-06-16）教育部网站．http://www.moe.edu.cn/jyb_xwfb/ s5147/201706/t20170616_307075.html.

提出一流大学建设要"突出与产业发展、社会需求、科技前沿紧密衔接，深化产教融合，全面提升我国高等教育在人才培养、科学研究、社会服务、文化传承创新和国际交流合作中的综合实力"，从而明确了一流大学的定位与责任，同年9月，建设名单相应出台。另一方面，普通高校也不能因循单一学术化道路的发展方式，必须谋求转型，为立足区域、面向行业的应用型方向提供新的发展路径。特别是2015年11月教育部等三部委印发《关于引导部分地方普通本科高校向应用型转变的指导意见》后，各省纷纷实施转型工作。不可否认的是，我国在推动高等教育界与产业界的互动融合上仍面临着不少问题，而白俄罗斯高校关注学生实践经验的培养、注重双方人员的流动合作以及强化科技成果转化的制度保障等做法，都值得学习与借鉴。

（2018 年第 6 期）

附注：2017 年 6 月，本人申报的"白俄罗斯研究中心"获教育部备案，随后便组织申报了一批课题。本人申报的"白俄罗斯私立大学发展研究"获批立项，本文为课题研究的阶段成果。

中国家政产业发展与民办高校的人才培养

编者按：家政产业是满足人民对美好生活向往的民生产业。近年来，中国家政服务业保持良好发展势头，产业规模持续扩大，产业发展前景巨大。然而，目前家政产业还面临诸多挑战，产业发展除了良好的政策环境外，关键还需要人才资源。在此背景下，第20届亚洲区家政学会国际双年会在杭州举行，这是关于家政学学科发展、人口老龄化、家政产业发展和家政人才培养等主题的学术盛会，促进了中国学界、业界与亚洲各国乃至世界的交流。此文是亚洲区家政学会执委、浙江树人大学校长、浙江省家政服务人才培养培训联盟理事长徐绪卿在大会上发表的家政学国家报告。

关键词：家政学；社会学；家政专业；家政产业；家政服务业

一 中国家政产业发展概述

家政产业又称为"家政服务业"，是指以家庭为服务对象，由专业人员进入家庭成员住所提供或以固定场所集中提供对孕产妇、婴幼儿、老人、病人和残疾人等群体的照护以及保洁、烹饪等有偿服务，满足家庭生活照料需求的服务行业[①]。关于这一概念的界定，理论界尚未完全统一。在实践中，有些业态，如保洁、物业、看护等，已经不限于家庭服务的概念，但还属于家政服务业的范畴。过去，家政人员一般被称作雇佣工、保姆或管家等。在国外，规范化的家政起源较早，特别是以菲佣为代表的国外"雇佣"和以英国为代表的"管家"，世界闻名。随着经济和社会的发展，人们的消费观

[①] 《国务院办公厅关于促进家政服务业提质扩容的意见》（国办发〔2019〕30号）。

念快速转变，家政逐渐以一个行业的形式，快步走入人们的生活并广受欢迎。

进入 21 世纪后，中国政府开始非常重视家政服务业的发展。2007 年 3 月，国务院发布《关于加快发展服务业的若干意见》；2010 年 9 月，国务院办公厅发布《关于发展家庭服务业的指导意见》。党的十八大以来，习近平主席多次作出关于发展家政服务业的重要指示，如 2013 年提出：家政服务是社会需要，许多家庭上有老、下有小，需要服务和照顾，与人方便，与己方便，家政服务要讲诚信、职业化；2018 年提出：家政业是朝阳产业，既满足了农村进城务工人员的就业需求，也满足了城市家庭育儿养老的现实需求，要把这个互利共赢的工作做实做好，办成爱心工程。这些讲话精神是中国家政产业发展的重要遵循。2019 年 2 月，李克强总理在国务院常务会议专题研究家政服务业发展时也强调，家政服务业事关千家万户福祉，是一项一举多得的产业，要推动这一产业发展壮大、扩容提质。

当下，家政服务业变得越来越重要，主要是基于旺盛的消费需求和日趋细化的社会分工。一方面，民众的生活水平日益提高，其消费观念和生活方式发生了较大的变化，家政消费越来越普遍，家政服务需求量较大。根据国家发改委公布的数据，2017 年和 2018 年，中国家政服务业的产值分别为4400 亿元、5762 亿元，同比增长 26%、27.9%，从业人员分别为 2800 万人[1][2]。中国劳动和社会保障科学研究院发布的《中国家政服务业发展报告（2018）》显示，中国家政服务业整体保持良好的发展势头，家政服务业产业规模继续扩大，连续保持 20% 以上的年增长率，其中规模以上企业营业收入增长速度更快，涉及的细分产业已有 20 多个门类、200多个服务项目[3]，尤其是居家养老、康复护理、育婴育幼和烹饪保洁等方面的需求，持续呈刚性增长，未来中国家政服务业将成为万亿元级别的朝阳产业，发展前景巨大。另一方面，随着生活节奏的加快和社会分工的细化，民众需要专业的家政队伍承担部分家务。专业的人做专业的事，发展专业的家

---

[1] 全国"家政培训提升行动"顺利启动 [EB/OL]. (2018-08-22) 国家发展和改革委员会网站. http://www.ndrc.gov.cn/gzdt/201808/t20180822_895999.html.

[2] 连维良副主任介绍《关于促进家政服务业提质扩容的意见》有关情况 [EB/OL]. (2019-07-24) 国家发展和改革委员会网站. http://www.ndrc.gov.cn/zcfb/jd/201907/t20190724_942302.html.

[3] 韩秉志：《家政服务业：需求旺盛还要优质供给》，《经济日报》2018-08-28（7）。

政产业，促进社会稳定与家庭和谐，能够推动现代社会健康发展。人口老龄化日益加剧以及全面"二孩"政策的落地，成为家政产业发展的重要环境条件。因此，可以毫不夸张地说，家政体现着大民生。家政服务需要大量的人工劳动，发展家政产业，有利于扩大内需、增加就业，尤其是在吸引农村妇女劳动力就业、带动农村增收和农民致富方面，发挥着重要的作用。根据常山县委书记叶美锋的介绍，"常山阿姨"一年的收入就达 5 亿余元。可见，发展家政服务业能起到农民增收和发展经济的作用，也是促进就业、精准脱贫与保障民生的重要路径。

二　中国家政服务业发展的特点

家政服务业是服务业的重要组成部分，是居民服务业的主体。当前，在互联网与信息技术、人工智能和大数据等创新工具应用的刺激下，通过资本与消费市场的培育、行业发展优良环境的营造、行业特色品牌的培育建设、职业化与标准化的推进、学科建设与人才队伍的培养培训、公共服务平台的完善等方式，利用政策引导、市场调节、分类指导、结构调整等手段，家政服务业态呈现良好的发展势头。近年来，家政服务业快速发展，呈现以下五个显著特点。

（一）政府引导与市场调节双轮驱动

2009 年开始，由国家人社部牵头，国家发改委、民政部、财政部和商务部等 8 个部委共同参与"发展家庭服务业促进就业部际联席会议"，并专门成立国务院家庭服务业办公室。联席会议统筹协调各成员单位，形成"部委、省、市"三级联动工作机制，分工合作，共同研究制定相关政策法规及发展规划，建立行业规范和标准，从市场管理、职业培训、劳动保障、权益维护、服务网络和信息平台建设等方面推动家政服务业发展。同时，注重发挥市场对资源配置的调节作用，促进家政服务业提升自我发展能力，推进家政服务业市场化、标准化、信息化和产业化发展。比如，在杭州，由少数几家通过审核和认证的实力较强的公司发行包括家政服务券和养老服务券在内的通用服务券，这种模式有利于在服务券消费领域引入市场机制，提高服务质量，增加服务供给。将家政服务业的规范化、市场化、标准化和品牌化有机结合起来，促进了家政服务企业的自我发展能力。

（二）重视培育家政服务业主体、资本与消费市场

中国政府非常重视家政服务业市场发展能力，通过培育家政服务业主体、资本与消费市场，不断激发市场活力。比如，通过出台有利于家政行业企业发展的法规条例、标准体系和制度性补贴等措施，塑造职业化、规范化的企业形象，形成行业主体的主流模式，获得市场的正向效应和溢出效应；积极学习网上零售商圈的先进经验，与互联网企业融合，开发家政 O2O 服务模式，满足不同消费者的服务需求，进一步扶持家政服务业主体市场；通过财税优惠政策，激发社会资本、民间组织、非营利机构广泛参与和支持家政服务业发展，扩大家政服务业发展资金筹措来源。据调查，湖北木兰花家政、厦门小羽佳家政、北京逸家洁、北京爱依养老及银川城市管家等多家家政服务企业已在"新三板"上市。积极引导居民转变消费观念，扩大家庭服务消费领域和消费群体，引导居民认识品牌企业与一般企业的区别，形成对家政服务品牌消费的支持机制，帮助家政服务业扩大消费市场空间。

（三）注重营造良好的市场环境

中国的政府部门、行业协会和企业都非常重视营造良好的市场环境，利用媒介引导从业人员树立正确的就业观和道德观，增强职业归属感，吸引更多优秀人才从事家政服务业；引导家政企业和消费者正确对待从业人员、尊重其劳动，促进和谐的劳动关系、雇佣关系的建立，增强家政服务市场的正向效应。以杭州市为例，国内主流媒体《人民日报》《光明日报》《中国青年报》《中国妇女报》、新华社和中央人民广播电台等中央媒体，《浙江日报》《杭州日报》《钱江晚报》《都市快报》、杭州网和新蓝网等地方媒体，均对家政企业的发展及家政从业者、管理者的优秀事迹进行了正面、生动地报道，大大增强了民众对家政行业的了解和认同感。

（四）着力打造家政服务业品牌

在中国，品牌对家政服务业的引领作用已越来越受到重视。家政服务业通过品牌标准化、品牌规模化和品牌文化建设三条路径打造品牌。家政企业积极参与各种服务质量认证、著名商标评选以及明星企业评选，促成服务质量的构成要素、考核依据、评价标准等过程和结果规范、统一，有据可依，

满足消费者日益增长的对家政企业品牌、质量的需求。政府通过设立专项资金扶持、建设一批具有自主品牌、区域特色、较强竞争力的服务企业和企业集团做强做大，通过兼并、重组、联合和实行连锁经营、加盟经营等方式，促进家政企业的品牌化、规模化经营。同时，进一步强化企业与高校、培训机构的合作，组织实施家政企业经营者和管理者培训，搭建经营者、管理者经验交流和联谊合作的平台，完善其成长环境和激励机制，增强其开拓市场、创新商业模式的能力和经营管理、品牌运作的能力。

（五）　推行家政职业化、标准化建设

家政服务具有强烈的经验品和信任品特征，服务供给者要增强自身的可信度，必须提高服务质量。中国政府在重视家政服务业从业人员队伍建设、促进规模发展的同时，加强对从业人员的资格管理和职业培训，要求从业人员的知识、技能、行为符合职业规范和标准，通过职业归属感重建、职业机制建设和职业技能竞赛等方式，推进家政职业化、标准化建设。例如，通过宣传与贯彻《家政服务员》国家职业标准，强化职业技能资格认定和考评工作，逐步实施从业人员职业资格的准入制度，提升家政从业人员的素质和能力。

三　中国家政产业发展面临的挑战

中国家政产业快速发展，但是也面临着发展中产生的一系列问题，对产业发展构成严峻的挑战。

（一）　特色化需求持续增长

中国的 GDP 每年保持6%以上的增速，已进入高质量发展阶段，带动居民收入水平不断提高，不仅增强了居民对家政服务的消费能力，也将加快居民生活方式的转变，家政服务需求持续扩大。从这个层面上讲，未来中国家政服务业需求扩张的空间和潜力都是巨大的，同时需求的层次和类型差异也将更加明显，尤其是与高龄老人、妇幼儿童相关的服务，将成为家政服务需求及其增长的重点。面对服务需求不断分化、新型业态不断涌现的实际，家政企业在保证综合性、大众化、一般性家政服务得到有效供给的前提下，如

何满足个性化、高端性、专业化和特色化的消费需求，同时选择供给短缺严重、需求扩张潜力较大、行业带动效应较强、促进就业和惠及民生作用突出的家政服务内容作为重点发展领域，将是家政服务业发展面临的重大挑战。

（二）从业人员素质亟待提高

当前，家政服务产品的"产、供、销、存"等方面还存在薄弱环节，家政服务行业渗透率依然较低，市场占比依然较小。由于家政行业自身的复杂性，在面对消费需求时，企业不可能有一个大而全的解决方案，应将市场细分为若干子项，针对每个子项提供精细化的产品和服务，使目标用户拥有切实的使用价值，只有实现了使用价值，才有可能转化为商业价值。特别是针对日益强烈的养老服务需求，"互联网+"背景下的智慧养老与家政服务拥有巨大的发展潜力，为家政服务业产业转型升级带来了新的机遇。这充分表明，今后家政服务市场的细化与分化将成必然，不仅需要更大规模的从业人员，而且对中高端人才特别是具有良好的经营管理能力、市场营销能力的知识技能型和专家智慧型家政从业人员的需求更加迫切。《中国家政服务业发展报告（2018）》显示，全国家政从业人员为2800万人左右，需求量高达4500万人，缺口1700万人，且现有队伍存在年龄偏大、文化水平偏低、技术技能水平较弱、流动性高以及稳定性差等问题[①]。因此，如何加大力度优化市场环境、增强家政职业吸引力，是家政服务业能否满足社会需求、实现可持续性发展的关键所在。

（三）行业转型升级任务急迫

中国的家政服务业是典型的传统服务行业，市场需求空间巨大，可供创业的空间较大，而且受到资本市场的持续关注。然而，面对社会的飞速发展，家政服务业面临着许多发展困难，尤其是互联网技术在业内应用的进一步增强，智能感知、线上下单、线下服务、轻松支付等新型服务模式，正在影响和改变传统的家政服务业态。因此，家政服务企业在服务产品、管理体制、营销平台和智能应用等方面亟待创新转型：从细分服务品类、服务精准聚焦方面，对家政服务产品生产进行创新；从家政服务员培训与管理体制方

---

① 家政从业人员缺口1700万人［EB/OL］.（2019-06-28）央视网. http://country.cnr.cn/gundong/20190628/t20190628_524667696.shtml.

面，对家政服务供应机制进行创新；从服务平台搭建、聚拢商家、建立终端系统方面，对家政服务产品的营销平台进行创新；将信息技术、人工智能和互联网思维与家政服务机制建设融合创新。

四　近代以来中国家政教育的发展历程

家政产业的发展离不开家政学科发展及人才支撑，进一步分析，掌握学科发展历史及家政教育史，对于掌握学科发展规律、人才培养规律具有一定的发展意义。

1907 年，清政府颁布《女子学堂章程》，开始了正式的家政教育，提出女子不仅要学习德操，还要学习持家必备的知识和技术。当时的女子小学堂还专门开设"女红"一科，教授家政知识。女子师范学堂设有家事、裁缝和手工艺等学科，并讲述保育幼儿的方法。民国以后，女子小学堂设有手工、缝纫等课程，女子中学设有家事、园艺和缝纫等三科，政府规定女子学校的家事、园艺课程宜授食、衣、住及伺候、育儿、经理家产、栽培、莳养兼实习烹饪等事。1919 年，北京女子高等师范学校设置家政系，开创了中国在大学中开设家政学专业的先河。其后，燕京大学、河北女子师范大学、东北大学、四川大学、金陵女子文理学院、福建协和大学、辅仁大学、国立女子师范大学、震旦大学等 11 所大学相继开设了家政系。

新中国成立以后，家政学作为大学中一门独立的学科被取消，但对家政学的研究以及在职业教育中对幼儿教育、缝纫、烹饪和居室装饰等家政知识和技能的传授并没有中断。

改革开放以来，人民生活水平不断提高，家政产业不断发展，一些学校前瞻性地关注这一产业的发展，相继开设了家政学及相关专业，受到社会的好评。1985 年，河南省妇女干部学校开办了"女子家政班"；1988 年 10 月，大连市开办了"妻子家政班"；1988 年 2 月，冯觉新女士创办了武汉现代家政学院；1994 年，浙江树人大学开设了家政专业，开展了家政学历人才的培养和培训。

我国家政服务业快速发展，但仍存在有效供给不足、行业发展不规范以及群众满意度不高等问题，队伍素质、服务品质亟须提升，这就需要高校的深度参与。无论是中低端人才的培训还是高端人才的培养，无论是家政产业的发展和转型升级还是特色化、个性化的高端需求，无论是产业本身的技术扩张还是完整的产业政策研究，都需要高校的深度参与和合作。国务院办公厅发布的《关于促进家政服务业提质扩容的意见》明确提出：采取综合支持措施，提高家政从业人员素质。支持院校增设一批家政服务相关专业。原则上每个省份至少有 1 所本科高校和若干职业院校开设家政服务相关专业，扩大招生规模。开展 1+X 证书制度试点，组织家政示范企业和职业院校共同编制家政服务职业技能等级标准及大纲，开发职业培训教材和职业培训包，支持家政服务相关专业学生在获得学历证书的同时，取得家政服务类职业技能等级证书。国务院对教育机构参与家政人才培养直接提出要求，这在以往并不多见。

目前，中国有 200 多所大学开设家政学本科和专科教育。以浙江省为例，浙江省家政服务人才培养培训联盟于 2013 年 4 月成立，通过推进学校、家政企业和用人单位之间的联系和交流，搭建校企合作培养家政服务人才平台，共同开展校企合作模式下的家政服务人才培养。据统计，浙江省现有 32 所本科高校和高职高专院校、40 多所中职学校开设了包括家政服务、老年服务与管理、健康管理、康复治疗技术、老年护理、母婴护理以及社区与家政管理等 20 余个家政服务类专业及方向，全年招收大中专学生 11291 人。从事培养家政人才的专职教师有 993 人，其中高级职称 223 人，双师型教师 524 人，另有兼职教师 518 人；已投入实训设备资金 4091 万元；共开设课程 554 门，有统编教材 373 门，自编教材 86 门，使用网络教材 25 门。2017 年，浙江省家政类在校生 28821 人，毕业生 9765 人，毕业生就业率 98.3%，专业对口率 90.8%，已获相应职业资格 8775 人。同时，浙江省各地依托机构、企业、学校等组织开展培训，2017 年培训机构数达 4246 个，培训 118610 人，近三年累计培训 364015 人，其中 118419 人获得职业资格①。

五　家政产业发展与民办高校人才培养的契合

家政产业的快速发展，为中国民办高校的发展带来了新的发展机遇、空间和领域，也为其特色和专长的发挥提供了用武之地。民办高校培养的应用

---

① 《浙江省家政服务人才培养培训情况通报》，浙江省家政服务人才培养培训联盟，2018 年。

型人才与家政产业发展所需要的人才相吻合，尤其是高职院校培养的技能型、操作型人才，也是家政服务人才的主体。人才培养类型的吻合，有利于民办高校深度参加家政服务人才培养和培训。

目前，我国民办高校都有一定的规模，校均在校生 8000 人以上，规模办学为民办高校办学效益的提升和学校经营的良性循环创造了条件，但是也对专业结构、学科结构带来了压力。家政学科基础上的专业相近，有利于建设专业群，降低建设难度和压力。

家政人才培养使民办高校与社会的联系更加密切，在服务社会民生的过程中产生了影响并形成了自身的地位。随着国家相关政策的出台，民办高校举办家政专业、参与家政人才培养，正当其时。

近年来，为适应家政产业的不断深化发展，浙江树人大学加快发展家政专业群，加大人才培养的投入。一方面，增设专业，扩大培养面，增加培养量。全校已经设立家政相关专业 5 个，每年招生 400—500 人。学校采取自身培养、定向培养和定点培养等形式，加强校企合作和产教融合，培养新型家政人才。另一方面，发挥学科优势，在地区家政人才培养过程中发挥引领和指导作用。在浙江省教育厅、省发改委、省人力资源保障厅、省商务厅和省妇联等部门的指导下，由设有家政服务专业的学校、行业协会、企业和有关单位自愿组成"浙江省家政服务人才培养培训联盟"，整合全省力量，培养家政人才，促进产业发展，收到了良好的效果。

家政从业者队伍，是家政服务业发展的重要资源，经过系统培养的专业家政人才更是稀缺难求，民办高校应该抓住机遇，积极响应政府号召，积极投身和参与家政人才培养培训，通过职业培训为家政企业充实员工队伍。更为重要的是，要利用高校的学科人才优势，系统开展专业人才的培养。随着社会对家政需求的提高，今后应重点结合市场需求，用"职业化"思维共同推进技能型、专家型和智慧型等不同层次人才的培养。第一，设立"证考结合"制度。在分析家政行业职业岗位与内容体系的基础上，分解知识结构与技能水平要点，设立"证考结合"制度，专业人才通过参加职业资格技能考试与鉴定，充抵相应的学分，增强职业化水平。第二，建设家政服务业实训基地，通过在实训基地观察、体会家政服务业各岗位的应用场景，构建"从学到习，由习带学"的实践教学模式，建立专业实验教学由点及面、理论到应用、原理验证、综合应用、自主开发及创新的多层次实验体系，增强学生的职业归属感。第三，建立行业导师制度。在家政行业中选拔一批优秀的企业负责人和业务骨干作为行业导师，指导和帮助专业人才提高职业技能，让其尽快完成从"校园人"向"职业人"的转变，这是一种人才培养模式的创新，更是体现校企合作共同培养家政服务专业人才、共同促进行业发展的美好愿景。

（2019 年第 5 期）

美国私立大学发展态势：
认识误区及其启示①

徐绪卿　　胡建伟

摘　要： 国内学界对于美国私立大学的研究存在一些片面认识，包括美国私立大学的经费大多来自捐赠、私立大学的质量高于公立大学、私立大学的政策环境甚佳和营利性大学发展势头迅猛等。这些认识或以点代面，或数据老旧，或引用过当，在实践中造成了一些误导，应予纠偏。美国私立大学的发展主要有五个方面值得学习和借鉴：坚持国家引领，确立私立大学的发展方向；坚持"营""非"分类，尊重大学自主选择发展类型；坚持面向市场，优胜劣汰，提高办学品质；坚持扶优扶强，培育高水平私立大学的国家队；坚持体制创新，增强发展活力。

关键词： 私立高等教育；美国私立大学；认识误区；民办高校

我国民办高校发展时间较短，缺乏历史积淀，若要实现可持续发展，亟须拓宽视野，积极借鉴国外先进经验。不过，借鉴之前必须先对借鉴对象有一个准确的认识。鉴于美国私立大学的独特地位，在借鉴国外先进经验时，国内学界会自觉不自觉地将其作为优先的学习和借鉴对象。但迄今为止，许多学者对美国私立大学的认识存在"盲人摸象"、以点代面的现象，或数据老旧，或移花接木，可能会误导业界的认识，有必要加以分析和澄清，以便更好地学习和借鉴。

---

①　基金项目：本人主持的国家社科基金教育部重点课题"民办院校办学体制与发展政策研究"（编号 AFA150012）阶段成果。

一　我国民办高校的可持续发展需要学习和借鉴国际先进经验

　　我国古代高等教育出现较早，国家层面的高等教育可以追溯至西周的教育制度。与现代高等教育相同的是，两者都是国家最高层次的教育，培养国家高层次的人才。当然，我国古代"大学"的概念与今天的"大学"是有本质区别的，后者专指从欧洲中世纪大学发展而来的现代大学。从这个意义上说，我国的现代大学也是学习和借鉴欧洲中世纪大学的产物。

　　19世纪末期，我国才产生现代大学，与许多后发国家一样，公立、私立大学同时起步。中华民国建立以后，出台了《私立大学规程》（1913），允许举办私立大学。与其他国家有着明显区别的是，我国私立大学中个人出资举办的占比较高。1879年，美国圣公会上海主教施约瑟创办的圣约翰书院，是我国最早的私立大学和近代最早的教会大学，也是我国现代意义上最早的大学。1905年，圣约翰书院正式升格为圣约翰大学，并于1947年向政府注册。在个人办学方面，"清末私立高校中，由国人自办的有1905年创办的中国公学、复旦公学……"[1]；"发展到1909年，有私立大学2所，即中国公学和复旦公学"[2]。这些都表明，国人举办的私立大学产生于19世纪末至20世纪初。1896年，盛宣怀管辖下的轮船招商局和上海电报局以商户捐款的形式创办上海南洋公学，被认为是近代国人举办的第一所私立大学。1902年，爱国教育家马相伯创办震旦学院；1906年，资产阶级革命派姚宏业、孙镜清等人为解决部分归国留学生的就学问题，在上海创办中国公学；1919年，近代教育家张伯苓和严修在天津创建南开大学；1921年，爱国华侨陈嘉庚创办厦门大学。20世纪30年代中期较为著名的20所私立大学中，有10所是国人创办的私立大学，另10所是教会大学。1950年初，全国227所高校中有65所私立高校，占39%[3]。从在校生数量看，全国高校专科以

---

①　宋秋蓉：《近代中国私立大学研究》，天津人民出版社2003年版，第18页。

②　李华兴：《民国教育史》，上海教育出版社1997年版，第594页。

③　瞿延东：《我国民办教育的发展与管理》，中国财政经济出版社2002年版，第374—375页。

上在校生 62935 人，其中在私立高校就读的有 23770 人，占 1/3 以上①。

我国私立大学不仅在创办时间上与公立大学同时起步，在数量上具有一定的规模，而且在办学质量和信誉上也有一批能与公立大学齐名的学校，如南开大学、复旦大学、厦门大学等，他们与公立大学共同塑造了我国现代大学的形象，服务于国家经济和社会的发展。这些私立大学虽几经变迁，但至今仍影响深远。

1949 年以后，由于国家政治、经济和文化制度的改变，对新环境下私立大学的体制矛盾还没有找到解决的办法，加上当时复杂的国际国内形势，私立大学逐渐退出了我国高等教育舞台。

我国当下的民办高校是改革开放以后办学体制改革的产物。短短 40 年间，民办高校从无到有、从小到大，成为国家高等教育的重要组成部分。目前，民办高校的学校数、在校生数和教师数，已经分别占全国高校的 1/3、1/4 和 1/5，成为国家推进高等教育普及化以及满足人民群众接受和选择高等教育需求的重要方面军。

我国民办高校与世界各国私立大学具有相同的特质，即它们都是由政府以外的力量举办的。在这个意义上，正如潘懋元先生所说："民办学校，实质上相当于私立学校。"② 世界上最早的私立大学已超过千年历史，在欧美一些国家，它们已经成为国家高等教育的中坚力量，代表着国家高等教育的形象。与世界上许多国家私立大学发展的历史相比，我国民办高校起步迟、历史短、发展快，创造了世界高等教育发展史上的奇迹。但是，由于发展制度缺失、内部管理失范、办学质量欠佳、办学实力欠强，我国民办高校尚未形成可持续发展的核心竞争力，亟须开阔眼界，积极学习和借鉴世界私立大学积累的办学经验、管理经验。

二　对美国私立大学的认识误区

美国私立大学历史悠久、实力强大，在国家高等教育体系中起着领头羊

①　教育部：《中华人民共和国各大城市公私立学校学生人数统计表》，《人民教育》1950 年第 2 期，第 18 页。

②　潘懋元：《关于民办高等教育体制的探讨》，《上海高教研究》1988 年第 3 期，第 35—40 页。

的作用，尤其是有大批顶尖的一流私立大学占据世界高等教育发展舞台的中心，成为美国大学的象征和标志，成为世界各国高等教育发展的标杆。在我国加快民办高校内涵发展、建设高水平民办高校的过程中，美国的经验值得学习和借鉴。国内学界也对美国私立大学给予相当高的关注度，倾注了很多研究力量，出了不少研究成果，为我国民办高校的发展提供了重要的理论支撑和实践指导。但是，笔者通过学习、考察和研究发现，国内学界对于美国私立大学的研究也有一些片面认识，存在以点代面、以偏概全、数据老旧、引用过当、断章取义、"盲人摸象"等现象，在实践中造成了一些误导，亟须澄清和纠正。本文选取其中四点，与同行商榷。

（一）美国私立大学的经费大多来自捐赠

一些人认为，美国私立大学的经费主要依靠捐助和政府拨款，而我国民办高校办学难以持续的重要原因是缺少"捐赠文化"，这是误解之一。美国确实有许多私立大学在办学过程中获得了社会捐赠，但是，美国私立大学的经费来源主体仍然是学费①。菲利普·G.阿尔特巴赫也指出："私立高等教育的经费基本来自学生学费。"②

据考察，美国私立大学的经费来源主要有四个方面（见表1）。一是政府资助，主要是州政府给予的资助，但是比例不高，并因各州财力不同而差异较大。美国联邦教育部并不直接管理大学，更没有设立私立大学的专项资助经费。联邦政府经费流入私立大学主要有两条渠道：第一，联邦科技部面向全国的大专院校和科研机构（企业与研究所）设立了许多技术创新项目，以科研经费的形式拨款。顶尖的私立大学能从中获得大批项目和丰裕的科研经费，但一般的私立大学很少得到。2005年，联邦政府共拨出5500亿美元的科研经费，其中，10所顶尖研究型大学（3所公立、7所私立）所获科研经费不超过97亿美元。可见，私立大学从联邦政府获得的科研经费十分有限。第二，联邦政府通过提供助学贷款，解决部分学生交费难的问题。当然，贷款是需要还的。二是社会捐助，以校友捐助为主。对于一部分办学历史较长、拥有较多杰出校友的学校而言，校友捐助数量不小，且比较稳定。社会产业

---

① 马永霞、刘薇：《美国大学经费来源结构研究》，《中国教育经济学年会会议论文集》，2008年，第754—761页。

② 菲利普·G.阿尔特巴赫等：《私立高等教育：全球革命》，胡建伟等译，中国社会科学出版社2014年版，第4页。

界也会给予大学一些捐助，但是这类捐助占比不高。私立大学所获捐助经费
很不平衡，大部分集中于顶尖的研究型大学。三是教会拨款，教会举办的私
立大学，经费主要由教会拨款。四是学费，这是私立大学办学经费的主要来
源。美国私立大学的学费，从全世界范围来看也是不低的，世界一流大学的
学费每年都在 5 万美元以上（见表 2）。据统计，2019 年美国 737 所私立大学
的平均学费为 3.6 万美元，其中学费超过 5 万美元的院校在 100 所以上①。

表 1　　　　　　　1996—2003 年美国私立高等教育经费来源构成/%

年份	学费	联邦政府	州政府	地方政府	捐赠收入	服务和销售收入
1996—1997	27.8	3.0	1.0	0.6	12.3	3.0
1997—1998	27.8	11.7	1.0	0.5	13.9	17.4
1998—1999	29.3	12.1	1.1	0.6	14.9	18.3
1999—2000	24.6	10.1	0.9	0.5	13.7	15.3
2001—2002	39.6	17.5	1.5	0.6	18.3	24.4
2002—2003	34.1	15.7	1.4	0.5	13.6	0.6

表 2　　　　　　　　　　美国部分私立大学的学费②

学校名称	2018—2019 学杂费/美元	L.S.Ne 排名和分类
哥伦比亚大学	59430	3（tin），全国大学
芝加哥大学	57006	3（tie），全国大学
瓦萨尔学院	56960	11（tie），全国级文理学院
三一学院	56910	46（tie），全国级文理学院
哈维穆蓉学院	56876	18（tie），全国级文理学院
富兰克林与马歇尔学院	56550	36（tie），全国级文理学院
阿默斯特大学	56426	2，全国级文理学院
塔夫斯大学	56382	27（tie），全国大学
塔夫茨大学	56225	22（tie），全国大学
巴克内尔大学	56092	36（tie），全国级文理学院

---

①　U.S. News. 2019 美国 TOP100 大学学费及涨幅排行榜 [EB/OL]. (2019-02-19). https://
baijiahao.baidu.com/s？id=1625862000747617950&wfr=spider&for=pc.

②　美国私立大学费用 TOP10 [EB/OL]. (2019-08-27) 留学社区. https://www.liuxue86.
com/a/3928377.html.

　　研究表明，营利性私立大学 80% 以上的收入来自学费，两年制非营利性私立大学也有接近 60% 的收入来自学费，而四年制非营利性私立大学私人捐赠及其投资收益占总收入的 33.74%。尽管捐赠费用也占一定的比重，但就整体而言，美国私立大学的收入主要还是依靠学费①，学费约占总资金收入的 42%，创收约占 23%，政府资助约占 18%，捐赠约占 14%，其他约占 3%②。由此可见，美国私立大学的经费来源是多元的，但学费仍然是其办学经费的主要来源。

（二）美国私立大学的质量高于公立大学

　　一些人认为，美国私立大学的办学质量大大高于公立大学，这个观点并不全面。确实，在世界主要的大学排行榜（如泰晤士报、QS 和 U. S. News 美国大学排名等）上，美国私立大学都名列前茅。由于对美国大学的情况了解不多，加上受大学排行榜的影响，国人通常认为美国私立大学很优秀，而公立大学不行。实际上，这个观点也是站不住脚的。就整体而言，公办大学的办学质量还是要高于私立大学。

　　美国有 3000 多所大学，其中私立大学占 70% 以上，但就在校生人数来说，私立大学占比不足 1/4；就校均规模而言，公立大学比私立大学大得多。美国的确有一批办学历史长、办学信誉高、办学质量上乘的私立大学，这是他们长期办学积累的结果，代表了美国大学的办学质量和水平。但就整体而言，美国公立大学的质量均值也是不低的，可能比私立大学的质量均值要高得多。根据 2019 年 U. S. News 美国大学排行榜，排名前 20 位的高校中，私立大学占 19 席，公立大学占 1 席（加州大学伯克利分校）；前 60 位高校中（实际一共有 65 所大学），22 所为公立大学，43 所为私立大学。美国前 60 名的高校几乎都进入了世界前一百强，如果将这些大学定义为美国顶尖大学，那么美国顶尖大学里，公立大学也是三分天下有其一。位列前 120 名的高校共有 123 所，其中有 64 所私立大学、59 所公立大学，公立、

---

　　①　马永霞、刘薇：《美国大学经费来源结构研究》，《中国教育经济学年会会议论文集》，2008 年，第 754—761 页。

　　②　王雪燕、戴士权：《美国私立高校经费筹措及其对我国民办高等教育的启示》，《现代教育科学》2010 年第 2 期，第 155—157 页。

私立大学的数量已经很接近了①。在排名 120 名以后，公立大学数量和占比开始大幅增加，私立大学占比逐渐减少。许多私立大学规模不大、质量垫底，甚至沦为"野鸡大学"。美国教育部、美国高等教育认证委员会（CHEA）、俄勒冈州和缅因州教育厅 2012 年 8 月共同公布的全球"野鸡大学"黑名单，一共列出了 691 所高校，其中美国有 342 所，几乎占了一半②。虽然不能得出"美国公立大学质量高于私立大学"的结论，但是，对于不加区分、笼统地说"美国私立大学办学质量高于公立大学"，显然这个说法是需要打问号的。实际上，美国大学排行榜数量众多、类型多样，许多公立大学信誉不菲、认可度高，只不过国人了解甚少、接触不多、研究不深。

（三）美国私立大学的政策环境甚佳

一些人认为，美国教育政策好，私立大学一直处于快速发展中。在民办高校发展政策的相关研究成果中也经常可以看到，不少学者对美国私立大学的政策环境大加赞赏、视为标杆。笔者认为，这个观点也不完全准确。

美国是高等教育的先发国家，哈佛大学始建于 1636 年，早于美国建国整整 140 年。世界著名的美国常青藤大学联盟 8 所院校中，有 7 所在建国之前就已建校，至美国建国时，已经有 25 所大学③，这些大学都是私立的。在建国以后相当长一段时间内，大学的类型主要是私立。各州政府不区分大学的公立、私立性质，都给予经费资助。同时，许多人士一度计划举办国立大学，议会也组织了多次讨论，无奈受法律限制而难以取得共识。建国初期，有多个州政府采取措施，希望以改名等方式来收纳殖民地时期的学院为政府服务，但是收效甚微。达特茅斯案以后，州政府将私立大学改造成公立大学的计划落空，于是开始缩减对私立大学的资助，改为举办州立大学。美国第三任总统托马斯·杰斐逊于 1819 年创建了美国历史上首个独立于教会的公立大学——弗吉尼亚大学，在美国开了政府举办大学的先河。至

---

① 刘明娟. 史上最精细的美国 Top120 大学学费比较［EB/OL］.（2017-08-03）搜狐网. http://www.sohu.com/a/162003450_310818.

② 中国人养活了全美国的野鸡大学？这已成现实［EB/OL］.（2017-07-06）搜狐网. http://www.sohu.com/a/154971094_671492.

③ 王晓阳：《美国教育现代化的历史经验及其启示》，《教育发展研究》2008 年第 23 期，第 64—72 页。

1860 年，美国 264 所高校中，州立大学有 17 所，私立大学有 247 所，后者仍占绝对优势，但是在教育体制上已经开启了公立大学参与高等教育办学的局面。

随后，尽管私立大学取得较大发展，但以州立大学为主要形式的公立大学发展更快，高等教育从此开始进入公私并举的时代。不仅如此，美国国会于 1862 年、1890 年两次通过《莫雷尔法案》，发展赠地学院，大大加快了公立大学发展的步伐，公立大学在校生占比越来越高，开始挤占私立大学的原有版图（见图 1）。1950 年是美国公立、私立高等教育结构变动的转折点，当年公立、私立大学在校生人数分别为 1154456 人和 1142136 人，大约各占一半。此后公立大学数量虽然还是少于私立大学，但校均学生数快速上升，至 1970 年，公立、私立大学的学生数占比为 75∶25，1994 年为 79∶21，2001 年公立大学的学生数略有下降，为 77∶23，这一状态一直维持至今。"在过去的半个世纪中，在公立大学和学院就读的学生比例呈稳定上升趋势，80∶20 的比率似乎要持续下去。"① 目前，美国私立大学在校生人数仅占高校在校生总人数的 20%—25%。

由此看来，美国在建国尤其是第二次世界大战以后的较长时期内，对高等教育实施"公进私退"的政策，公立大学快速扩张，私立大学的发展空间被大幅挤压。从单一的私立大学办学体制逐渐过渡到较稳定的"以公为主、公私并举"的办学体制。

美国是典型的高等教育分权型国家。根据美国宪法，教育（包括高等教育）属于各州管理的事务，联邦政府没有权力决定教育事务。因此，美国没有一个统一的教育模式，50 个州各自决定自己的教育政策和教育模式，形成了各州的高等教育特色。即使这样，州政府也无权干预和决定州立大学的发展方向，只能通过政策、经费等举措施加影响。大学内部采取由校外人士组成的董事会管理制度，董事会是学校的最高权力机构。外部人士参加董事会，使董事会成为大学与社会联系的"桥梁"。为了达成学术权力与行政权力之间的平衡，大学实行教授会参与管理的"共同治理"模式。

---

① 菲利普·G. 阿尔特巴赫：《私立高等教育：从比较的角度看主题和差异》，《教育展望》2000 年第 3 期，第 9—18 页。

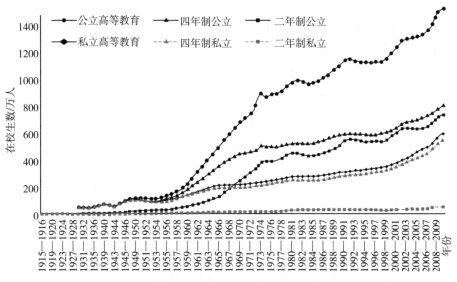

图 1　1915—2009 年美国公私立高等教育在校生人数变化趋势①

（四）美国营利性大学发展势头迅猛

一些人认为，美国营利性私立大学发展势头好、力度大、速度快。在我国民办学校实施分类管理的相关讨论中，美国营利性私立大学发展的案例和数据经常被一些学者所引用。笔者认为，这种认识是不准确的。许多研究所引用的数据老旧，值得思考。在民办高校是否可以取得办学收益的问题上，学者引用的大多是美国营利性私立大学的成功案例。美国是目前世界上少数几个在法律上规定可以举办营利性私立大学的国家之一。我国修订教育相关法律，并在 2016 年全国人大审议通过《关于修改〈民办教育促进法〉的决定》后，对民办学校实行分类管理，允许举办营利性民办学校，除了办学实践的推动外，也主要受到美国营利性私立大学发展的影响。

营利倾向是私有办学机构举办学校伴随而来的附属品。美国营利性高等教育已有数百年历史，但直到 1972 年联邦通过《高等教育法案》，才确定了营利性私立高等教育与公立高等教育、非营利性私立高等教育具有同样的合法身份。进入 21 世纪以来，美国营利性私立大学一度发展势头强劲，规

---

①　韩梦洁：《美国高等教育结构变迁机制研究》，博士学位论文，大连理工大学，2013 年，第 36 页。

模扩张快速，成为世界各国争相效仿的标杆。但是营利性私立大学的发展也开始遇到问题，规模已快速萎缩。近十年来，国内学界从不同角度对其原因作出分析。杨程等（2020）认为，主要原因在于：质量和口碑双降；毕业生贷款违约严重，新生入学意愿下降；大学理念与公司理念的矛盾逐渐凸显；在资本市场上表现不佳但高管获得巨额回报，引发信任危机[①]。吴玫（2018）对美国营利性私立大学危机溯源，认为学生贷款违约率的居高不下、虚假招生宣传与低下的教学质量、奥巴马政府对营利性高校的严格审查，是导致美国私立大学走下坡路的直接原因[②]。时至今日，美国营利性私立大学发展势头锐减、遭遇重大危机已成既定事实，其在 2010 年达到高峰后一直走下坡路，倒闭众多，包括几大巨型教育公司的高校。2014 年，著名的七大营利性教育公司（G7 集团）中的科林斯学院宣告倒闭，100 多个校区关闭，转学或失学的注册学生多达 75 万人。2016 年法院判决这个大学集团赔偿学生 82 亿美元，并因非法广告罚款 35 亿美元。2015 年，美国有171 所营利性私立大学倒闭，2016 年又有 350 多所倒闭。德弗锐大学 2017年关闭了 39 个校区，赔偿了 1 亿美元；另据调查，大概有 800 所营利性私立大学因未达到联邦教育基金助学贷款资格，面临关闭的危险。世界著名的营利性高等教育机构阿波罗教育集团 2016 年亏损严重，折合每股亏损 78 美分，股价回归发行价，遭投资基金收购。

美国营利性私立大学在校生人数已从 2008 年的 180 万人下降至 2016 年的 110 万人，减少了近40%。四年制营利性私立大学招生人数不断下降，尤以 2017 年为甚（见表3）。凤凰城大学 2017 年注册人数为 17 万人，比 2016年减少22%，比 2010 年减少70%；德弗锐大学注册人数为 2.65 万人，比2016 年减少23%。

表3　　　　　　　　2010—2017 年美国四年制营利性高校招生人数变化[③]

年份	招生人数/人	增长比例/%
2010	1260058	17.3
2011	1233795	-3.9

① 杨程、秦惠民：《美国营利性大学发展的动因、困境及启示》，《高校教育管理》2020 年第2 期，第54—61 页。

② 吴玫：《美国营利性高等教育的新危机》，《高等教育研究》2018 年第 4 期，第 92—99 页。

③ 资料来源：The National Student Clearinghouse Research Center.

年份	招生人数/人	增长比例/%
2012	1463097	−7.2
2013	1321107	−9.7
2014	1315167	−0.4
2015	1134974	−13.7
2016	970267	−14.5
2017	901331	−7.1
2018	765596	−15.1
2019	749885	−2.1

营利性私立大学危机蔓延，连带引发了相关的社会问题。据统计，2010年美国营利性私立大学学生从政府申请到的助学贷款和助学金已经上升到300亿美元，约占美国联邦助学资金的25%，但是每年从营利性私立大学毕业的学生不到20%。即使是获得毕业证的学生，在就业时也没有显著优势，导致全美不能偿还助学贷款的年轻人日趋增多。如果按目前每年25%的违约率计算，数十年后营利性私立大学的坏账将是一个可观的数字，加上之前累计的拖欠未还贷款，这一数额累计可达数千亿美元以上，若不采取相应措施，必将危及金融行业的健康发展。因此，从2011年开始，奥巴马政府对营利性私立大学实施严格审查和政策调整，总的政策指向是收紧和限制。这对我国营利性民办高校的发展也有警示意义。

三　美国私立大学发展对我国民办高校的启示

以上对美国私立大学四点误解的分析，是基于全面、系统的客观分析得到的，但这并不否定美国私立大学优秀的本质，也不会动摇美国私立大学在世界高等教育中的强大地位。全面、辩证地认识美国私立大学，有利于更好地了解其发展趋势，目的是学习和借鉴它们的经验，增强我国民办高校发展的自信，促进民办高校的健康发展。笔者认为，美国私立大学的发展，主要有五个方面值得学习和借鉴。

(一) 坚持国家引领，确立私立大学发展方向

近几十年来，美国私立大学发展比较稳定，尽管美国举办学校比较容易，但是，私立大学在校生规模一直稳定在 25% 以内，未出现大起大落的发展风险。一大批高水平私立大学的领头作用，能确保私立大学在国家高等教育发展中的领先地位，坚定国家发展私立大学的决心，法律定位明确，相关政策稳定，得到了社会认可。我国鼓励社会力量举办高等教育、推进民办高校的稳定发展，须先从国家顶层设计上来规制民办高校的办学方向和办学行为，明确国家对于民办高校发展的战略定位，在不同政策层级和类别之间形成一个清晰稳定的框架体系，确保政策体系的系统性、全面性、科学性、连续性和稳定性，引领民办高校办学方向。其中，要特别注意加强各政策制定部门之间的相互协同，确保在协同治理机制下开展政策制定工作，达成多方一致后方可出台实施。如果顶层设计不清晰，其他的政策就很容易发生方向上的"漂移"，无法形成明确的政策预期，难以稳定社会投入，从而制约民办高等教育的稳定发展。

(二) 坚持"营""非"分类，尊重大学自主选择发展类型

美国的法律有效划分了营利性和非营利性私立大学的界限，国家尊重大学的选择，并加以严格管理。长期以来，我国民办高校发展深受"营""非"争议的困扰，在"合理回报"的幌子下，投资与捐资混同，营利与非营利纠合，引发了大量营利行为的发生，致使诸多政策无法落实，丧失权威。营利行为不准自准、难以规制。2016 年修订的《民办教育促进法》对营利性和非营利性民办高校实施分类管理，旨在理顺管理关系、纠偏矫正。但是，一方面，分类管理的政策体系尚不齐备，实施尚待时日；另一方面，各地政策本身留有一定的"过渡期"，允许有一段思考选择的时间。令人担心的是，有人硬将营利性与公益性挂钩，又想搞"营""非"不分、浑水摸鱼的把戏，如此最终将使分类管理空心化。因此，借鉴美国私立大学的管理经验，政府要坚持"营""非"分类，尊重民办高校的选择，严格实施分类制度，不搞模棱两可的"第三种方案"，这样才能明确政策导向，引导学校选择。

(三) 坚持面向市场，优胜劣汰，提高办学品质

私立大学（民办高校）都是依赖市场生存和发展的教育服务机构，要

尊重市场规律。民办高校的优势是市场机制，因此先要创设良好的发展环境，培育健康的高等教育市场，鼓励民办高校面向市场、经济建设、社会发展对人才的需求和广大考生求学的个性需求办学，努力提升办学质量。市场的一个特点是优胜劣汰，对一些不顾质量或质量低下、市场信誉差、不能适应市场需要的学校，政府要及时预警，尊重市场的优胜劣汰，不能照顾迁就。美国每年有很多私立大学建校，但退出的也很多，这就是市场规律使然。要加快建立民办高校退出机制，确保一部分办学有困难、质量难保证的民办高校有序、妥善地退出，促进民办高校整体办学品质的提升，保障广大受教育者的权益。面向市场的另一个特点是从服务市场中获取教育资源，形成多元的投入机制，鼓励和引导私立大学从服务中获得资源和发展机遇。这对我国民办高校服务社会能力的培育和提高也有重要意义。

（四）坚持扶优扶强，培育高水平私立大学的国家队

考察美国及一些私立高等教育发达的国家后发现它们有一个共同点，就是在整个国家高等教育体系中，有一批办学质量较高、办学信誉良好的私立大学，形成了私立大学的国家队，奠定了私立大学发展的地位，甚至代表着国家高等教育品牌的形象和亮丽的"金名片"，成为国家私立大学发展和稳定的基石，引导着国家高等教育发展和改革的方向。美国拥有一大批在国内甚至国际上顶尖的私立大学，始终居于高等教育发展的金字塔尖。我国民办高校虽然起步迟、发展快，但由于在发展之初就遇上了高等教育大众化的良机，许多民办高校抓住机遇，获得了快速发展。规模的迅速扩张带来质量建设的相对滞后，致使民办高校缺乏足够的质量积淀，未形成国家品牌。现在，许多有识之士提出要建设国家级高水平民办高校，有关部门也在积极倡导建设民办高校强校，这是值得肯定和探索的。

（五）坚持体制创新，增强发展活力

经济和社会的不断发展，推动私立大学不断创新，以最大限度地满足经济社会发展的需求，保持私立大学蓬勃发展的态势。私立大学的定位、发展模式需要不断改革和创新，逐步成形并成熟稳定，在这方面美国私立大学树立了标杆。另外，美国实施联邦制，各州之间社会经济发展不平衡，扶持私立大学发展的政策只能依靠州政府，由此出现了各种适合本州私立大学发展的政策。相较公立大学，美国私立大学的创新能力更为显著。

　　我国民办高校是在公办高校全面占据高等教育舞台的环境中发展起来的,是在原有强大的体制夹缝中成长起来的。得益于国家实施高等教育大众化的契机和高等教育资源稀缺带来的巨大缺口,民办高校乘势崛起,在办学体制上敢于改革、大胆突破,发挥体制机制优势,在短时间内迅速成长为国家高等教育的重要方面军。但同时,我国民办高校创新不足、趋同办学明显:处于初创期的民办高校将主要精力、财力用于规模扩张,难以顾及体制创新;趋同办学在资源紧张时期容易得到社会的认可。此外,管理部门大量的"检查""评估""考核",也在一定程度上抑制了民办高校的创新能力和创新动力。面对市场选择和激烈的竞争,民办高校能否发挥体制创新优势,成为其能否实现可持续发展的关键。体制创新的另一个层面,是鼓励地方政府大胆创新民办教育发展政策。与美国相似,我国地域广阔,区域之间社会经济发展很不平衡,各地民办高校在发展的历史和阶段、发展的层级和模式、发展的目标和需求等方面,具有显著的差异性、非均衡性,从而突显出在国家统一意志引领下地方政府实施不同发展规划和发展政策的必要性及可能性。各地政策的重点和力度不可能完全相同,各校发展目标和诉求的差异,促使民办高校必须面向当地经济建设主战场,牢牢抓住地域优势和需求,从地域发展的机遇中汲取自身发展的营养和动力。

四　结　语

　　我国民办高校既不同于国外私立大学,也不同于 1949 年以前国内的私立大学。民办高校接受党的领导,服务国家发展需求,与国家的发展目标相一致,与人民对美好生活的向往结合在一起,因此具有无限美好的发展前景。学习和借鉴国外私立大学的发展经验,目的是更好地理解私立大学的发展价值和可持续发展的驱动力,进一步发挥我国民办高等教育的体制机制优势,探索适合我国国情和民办高校实际的发展道路。在发展民办高等教育的问题上,要增强道路自信、理论自信、制度自信和文化自信,解放思想,勇于创新,在服务国家和社会的同时发展壮大民办高校,使其在实现中华民族伟大复兴的中国梦进程中贡献力量。

(2020 年第 6 期)

全球私立教育学段的举办结构及
对我国民办教育发展的启示①

徐绪卿　胡建伟

摘　要： 从全球范围看，世界各国基本形成了公私并举的教育发展格局，私立教育举办结构呈现出私立大学在校生数"三分天下有其一"、私立中小学在校生数占比不高、百余国家私立幼儿园在园人数少于四成等现状。当下，我国教育举办结构存在规模不平衡、功能不协调、质量不理想、竞争不充分和政策不落实等问题。借鉴全球具有代表性国家和地区的私立教育经验，应不断深化对发展民办教育意义的认识、科学规划民办教育的发展空间和结构、引导民办学校的科学定位、落实落细民办教育发展的扶持政策、努力营造教育市场竞争的良好环境，以力推公办教育和民办教育的协调发展。

关键词： 私立教育；民办教育；公私并举；教育举办结构

公私并举是世界教育体制改革和发展的共同趋势。由于国情、历史文化传统和教育体制不同，各国私立教育在各个学段的占比会有一定的差异，但是发展趋势相近。通过对各国私立学校各个学段在校生占比的数据分析和背后原因的研究，探寻世界私立教育发展的规律，这对我国民办教育发展以及教育事业规划的制定和实施有着重要的借鉴意义。

① 基金项目：国家社科基金教育学重点课题"新时代民办教育发展战略和治理创新研究"（编号 AKA200017）阶段成果。

一　教育结构的概念和研究意义

教育结构主要是指教育机构总体中各个部分的比例关系及组合方式，即教育纵向系统的级与级之间的比例关系和相互衔接及教育横向系统的类与类之间的比例关系和相互联系①。教育总体系大致可分为纵向结构和横向结构。纵向教育结构又被称为层次结构，具有"纵"的联系，主要包括各级阶段性教育（学段）之间的层次结构（如学前教育、初等教育、中等教育、高等教育等）、各阶段（学段）内不同层次之间的结构（如高等教育阶段有专科、本科、研究生；中等教育阶段有初中、高中等）。横向教育结构主要是指各个教育阶段（学段）中不同类型的教育形式，具有多层次性和多方面性，主要包括教育类型、办学形式和管理体制等结构。根据现代职业技术教育体系构建的精神，各级教育内部又有各自的教育类型结构和教育层次结构等。合理的教育结构能够对经济和社会的发展起到重要的支撑作用，因而调整教育结构是提高教育服务能力和经济效益的重要途径。

本文主要侧重于教育举办体制的分类研究，即各学段的公立、私立结构，包括公立、私立学校之间及两类学校在校生之间的比例结构，笔者将其称为教育的"举办结构"。考虑到在校生结构更能体现问题的实质，本文主要选取公立、私立学校在校生的比例结构，从分析一些代表性国家公立、私立教育在各学段中的在校生人数占比来探求其举办结构的规律性。

需要指出的是，"私立学校"或"私立教育"在不同国家、地区或机构中所描述的内涵并不完全一致。我国《民办教育促进法》将"民办教育"的范畴限定为"国家机构以外的社会组织或者个人，利用非国家财政性经费，面向社会举办学校及其他教育机构的活动"。举办主体为"国家机构以外的社会组织或者个人"和办学经费来自"非国家财政性经费"，是确定"民办"性质的两个必要条件。而西方国家的界定比较复杂，有的机构倾向于从学校经营的角度对公立、私立教育进行区分，政府或其代理机构管理运行的为公立教育，此外就是私立教育。换言之，公立学校是指"政府直接管理运行的学校"，而私立学校则是"社会力量经营运行的学校"。联合国

---

① 顾明远：《教育大辞典（增订合编本上）》，上海教育出版社1998年版，第1796页。

教科文组织则将私立教育机构定义为"由非政府组织（教会、工会或企业）控制和管理的教育机构，不论其是否接受公共权力机构的资金支持"①。而 OECD 区分"公立教育机构""私立教育机构"的主要标准也指向"该教育机构最终是由公立部门享有控制权还是由私立部门享有控制权"②。"私立教育机构"按照对政府教育经费依赖程度的大小，可分为"政府依赖型私立教育机构""独立型私立教育机构"，前者是指办学经费主要来源于政府部门或教师工资由政府部门支付的教育机构，后者是指从政府部门获得的经费资助少于自身全部办学经费的 50% 或教师工资并非由政府部门支付的教育机构③。可见，经费是重要的划分依据。在许多国家，"政府依赖型私立教育机构"的办学经费绝大部分都来自政府财政，包括学校的基本建设费用和教师酬金，被学界视为典型的"公立学校"。

在现代教育发展过程中，教育主要由政府举办，但是私立教育仍然具有强大的生命力。由于各国国情不一，经济条件、文化传统和教育发展阶段之间存在差异，私立教育在各个学段的占比呈现较大差别。各国在发展私立教育的过程中都有重点、有布局、有引导、有规制，以促进教育的均衡和公平发展，并且随着社会的进步，私立教育的定位、功能和价值也逐渐得以丰富，满足了社会对人才的需要和公民接受教育的需要。

当前我国各级各地正在制定"十四五"教育发展规划，分析世界典型国家私立教育的规模和占比，以国际视野研究各国和地区的教育举办结构，借鉴国际经验，遵循发展规律，对于我国加强民办教育发展规划，制定科学的教育政策，引导发展方向，充分利用公办、民办教育资源，完善教育举办结构，促进民办教育健康稳定发展，都具有重要的现实意义和长远的发展意义。

---

① 丁秀棠：《私立教育中的政府资助比较研究——以 OECD 国家为例》，北京教育科学研究院学术年会论文集，2008 年，第 351—373 页。

② The Classification between Public and Private Institution is Made According to Whether a Public Agency or a Private Entity has the Ultimate Control over the Institution.

③ For Private Institutions, the Distinction between Government-dependent and Independent Refers only to the Degree of a Private Institution's Dependence on Funding from Government Sources: A Government-dependent Private Institution Receives 50% or More of Its Core Funding from Government Agencies or One Whose Teaching Personnel are Paid by Government Agency. An Independent Private Institution is One That Receives Less Than 50% of Its Core Funding from Government Agencies and Whose Teaching Personnel are not Paid by a Government Agency.

二　私立大学：在校生数"三分天下有其一"

高等教育自古就有，但是，现代高等教育是从中世纪的私立大学发端的。在欧洲和一些经济发达国家，大学最初都是私立的。民族国家时代，财政逐渐建立，政府逐渐强大，培养国家体制的管理者、建设者和接班人成为迫切的要求。大学与国家人才培养密切相关，工业革命、技术进步以后，社会对专业人才的培养提出了更高层次、更多数量的要求，对高等教育的需求大幅增加，举办大学所需要的经费数量远远超出了民间组织的能力。而教会举办的一些大学往往成为国家发展的保守力量。政府开始重视大学的作用，世俗政权逐渐接管大学的举办权，兴办公立大学。此后，公立大学获得快速发展，承担起高等教育的主要职责。有的国家将大学的举办权国有化，使私立大学退出了历史舞台。

第二次世界大战后，私立大学顺势兴起，获得快速发展，原因在于两个方面：一方面，战争中断了经济发展，政府财力遭到重创，无力举办大量的大学；另一方面，大量年轻退伍军人需要学习，战争期间累积的高中毕业生也需要上大学，且经济的复苏和发展都需要大批的高层次人才。巨大的需求和资源稀缺的尖锐矛盾，客观上为民间办学创造了良好的发展空间，私立大学乘势崛起。20世纪80年代以后，在理论与实践的推动下，各国政府重新认识到私立大学的重要作用，即它能加大人力资源投资、弥补经费不足、增强教育活力、满足多样化的教育需求，因而允许、鼓励和支持私立大学的发展。私立高等教育发展热潮到来，掀起了一场发展私立高等教育的"全球革命"[1]。

高等教育是私立教育发展最重要的一个学段。在高等教育先发国家[2]，随着国家对高等教育重要性认识的提升，尽管公立高等教育比较发达，私立高等教育仍有发展空间；而在高等教育后发国家，私立高等教育发展拥有更加宽松的政策环境；许多私立高等教育绝迹的原社会主义国家，私立大学的

---

[1]　菲利普·G.阿尔特巴赫：《私立高等教育：全球革命》，胡建伟等译，中国社会科学出版社2014年版，前言。

[2]　关于"高等教育先发国家、后发国家"的相关概念，参见徐绪卿《民办院校办学体制与发展政策研究》，中国社会科学出版社2018年版，第2页。

发展也开始得到政府的鼓励和支持。

私立大学曾是美国历史上唯一的大学举办形式。建国初期，美国开始发展公立大学。19 世纪中期，受两次赠地运动和其他政策的推动，美国公立大学快速发展，规模很快就超越了私立大学。私立大学在校生占比一路下降，近年来在校生逐步稳定在 22%—25%①，但学校数也在不断增加，总体呈现公立、私立大学并举发展的态势。美国有一批优质私立大学牢牢占据该国乃至世界高等学校排行榜的前列，成为美国乃至世界高等教育发展的标杆。

大学由欧洲的中世纪大学发展而来，中世纪大学都是由教会或者是民间举办的私立大学。18 世纪民族国家形成并稳定以后，各国逐渐收紧了大学的管理，随着福利国家制度的实施，大学基本成了国有单位。一些国家在私立大学面临经费危机时，采用拨款等方式提供资金，模糊了大学的公立、私立性质。例如，单从当今大学的经费来源渠道看，英国的大学都是公立的。意大利和西班牙等国家在建立世俗政权以后，私立大学的经费全部由国家财政提供；法国大革命以后，拿破仑建立了帝国大学，实行私立大学国有化。德国最早举办公立大学，在后续的发展中，政府逐渐成为大学单一的举办机构。20 世纪 60 年代以后，这些国家在高等教育体制改革中逐步放宽了对私立大学的管制，也出现了一些私立大学，但是数量稀少，影响不大。在 OECD 相关数据统计中，这些国家的私立大学相关数据均很少。

日本、韩国的高等教育起步较晚。第二次世界大战前，两国大学数量少、规模小；第二次世界大战后，两国政府的主要力量集中在恢复经济方面，财政经费相对紧张，分配给教育的财政经费不多。基于此，日韩两国私立大学发展快速，仅仅几年时间就占据了各自国家高等教育 80% 的份额。但实际上，其时民间也不富裕，私立大学大多条件差、经营困难，教师很多都是公立大学的退休教师，生师比几乎是公立大学的 2—3 倍，因此办学质量认可度不高②。后续通过发展积淀和大财团支持等路径，一批质量信誉较好的高水平私立大学应运而生，但是数量不多、占比不高。20 世纪 60 年代，日韩两国私立大学都因发展中出现的营利和质量下滑问题遭遇整顿，政府取消了许多私立大学的营利许可，对质量监控也采取了相应措施。之后的

①　徐绪卿：《民办院校办学体制与发展政策研究》，中国社会科学出版社 2018 年版，第173 页。

②　陈永明：《当代日本私立学校》，山西教育出版社 1996 年版，第 4 页。

政策倾向于支持，但不允许营利，并要求私立大学接受政府监管。政府还出台了扶持发展的措施，保证私立大学稳定发展。

20 世纪 80 年代以后，在亚洲、非洲、拉丁美洲的很多国家以及中东欧的原社会主义国家，私立大学以极强的生命力快速发展起来。笔者根据 2015 年全球 70 个国家和地区私立大学的学校数与在校生数的相关数据作了整理①，发现私立大学数占该国或该地区大学总数 90% 以上的有 6 个，占 80%—90% 的有 12 个，占 70%—80% 的有 6 个，占 60%—70% 的有 6 个，占 50%—60% 的有 9 个，占 40%—50% 的有 11 个，占 30%—40% 的有 9 个，占 20%—30% 的有 5 个，占 10%—20% 的有 4 个，占 10% 以下的为 1 个。从学校数看，私立大学数占该国或该地区大学总数 50% 以上的共有 39 个，超过半数，占 30% 以内的仅 10 个，说明从学校数看私立大学还是不少的。但是，从在校生数占比看，私立大学在校生数占该国或该地区大学在校生总人数 80% 的国家仅 1 个（韩国），占 70%—80% 的为 4 个，占 60%—70% 的为 2 个，占 50%—60% 的为 4 个，占 40%—50% 的为 5 个，占 30%—40% 的为 7 个，占 20%—30% 的为 9 个，占 10%—20% 的为 25 个，占 10% 以下的为 15 个。可见，一半多的国家和地区的私立大学在校生数占比在 20% 以下。另据英国《大学世界新闻》报道，2017 年世界各国私立大学在校生共 5670 万人，占全球大学生总人数的 32.9%②。在 179 个按高等教育专业招生的国家中，只有不到 20 个国家没有私立高等教育机构。尽管私立高等教育机构分布广泛，但是发展中国家私立大学在校生数占全球私立大学在校生总人数的 69.8%，因此，私立大学学生群体主要来自发展中国家。

三　私立中小学：在校生数占比不高

中小学教育尤其是义务教育，受到世界各国政府的高度重视。欧洲是现代中小学教育的发源地，最早的中小学也是私立的。在国家独立和发展的过程中，政府逐渐提高了对教育的认识。欧洲最早实施义务教育制度，基于社

---

① 本文数据除注明外，均由笔者根据 OECD 的相关统计整理，网址为 https：//www.oecd-ilibrary.org.

② 上海交通大学党政办. 每日情况通报［EB/OL］.（2018－07－18）上海交通大学网站. http：//gfb.sjtu.edu.cn/CN/show.aspx? info_lb＝11&info_id＝1674&flag＝2.

会公平的考量，公立中小学主要为政府主导，私立中小学受政府管控逐渐减少。

（一）全球私立中小学的发展状况

北欧国家义务教育阶段私立学校的份额都很小。丹麦有着悠久的历史和地方管理教育的传统，私立学校被称为"自由学校"，私立中小学的在校生数约占学生总人数的13%。丹麦于1814年立法规定国民享有接受7年义务教育的权利，当然"义务教育"并不是单指学校教育，根据家庭实际情况，家长有权自由选择其他适合其子女的教育形式，因此丹麦的基础教育成为世界上"最自由"的教育。瑞典私立学校中义务教育阶段在校生数占3%、高中阶段在校生数占3.5%，由政府全额补贴。芬兰1—8年级私立学校在校生数占1.9%，高中阶段在校生数占6.2%，学校经费由公共财政负担，且这些私立学校不具有英才学校、贵族学校的性质，没有明显的升学优势，因此规模一般都不大。

相对而言，英国的私立中小学教育是"精英教育""贵族教育"的代名词，约有7%的学生就读。高昂的学费使就读私立学校成为少数富有阶层所享用的"特权"，上私立学校被视为子女进入"上流社会"的跳板，被学者诟病为"坏榜样"[1]。目前英国仍有一些宗教和古典中学留存，继续从事中学教育。

法国约有17%的学生在私立中小学就读。这些学校多为教会学校，教师的工资由政府提供，有的教师甚至享受公务员待遇[2]。德国有14%的中小学是私立学校，在校生数约占9%，私立学校80%以上的经费由州政府提供[3]。政府购买私立学校的教育服务，同时加强对其办学质量的监控。

美国基础教育阶段的私立学校大致有两类：一类为高收费、追求卓越的精英学校，占少数；另一类为基于社区的教会学校，数量较多，其学费高于公立学校但大大低于私立学校。目前，美国基础教育阶段私立学校数约占

---

① 杨东平. 重新认识民办教育：国际视野中的私立教育［EB/OL］.（2019-08-29）搜狐网. http：www.sohu.com/a/337414932_100974.

② 杨东平. 重新认识民办教育：国际视野中的私立教育［EB/OL］.（2019-08-29）搜狐网. http：www.sohu.com/a/337414932_100974.

③ 杨东平. 重新认识民办教育：国际视野中的私立教育［EB/OL］.（2019-08-29）搜狐网. http：www.sohu.com/a/337414932_100974.

5%，在校生数约占 10%。据美国国家教育统计中心发布的统计数据，2015—2016 年度美国私立中小学有 3.5 万所，在校生 490 多万人，全职教师 48.2 万人。与 2001 年度相比，私立中小学在校生数减少了约 140 万人。67% 的私立中小学为教会学校。私立中小学平均在校生规模为 142 人。46% 的私立中小学在校生规模小于 50 人①。

1990 年以来，特许学校（Charter School）在美国兴起。学校由州政府立法通过，由政府负担教育经费，但是允许教师、家长、教育专业团体或其他非营利机构等私人或团体经营。与其他公立学校一样，经核准的特许学校必须接受所有的学生，不得有任何限制，所需经费依据学生人数从政府的教育经费中支出。特许学校与政府之间是一种契约关系（通常为 3—5 年），接受州立法律和所在学区的监管，学校必须在契约规定期限内保证达成双方认可的目标。这种目标通常以改进学校的教学现状为主，因此特许学校多数属于教学改革的实验学校，往往可以不受例行性教育行政法规的限制，以鼓励和助推教学改革。由此看来，特许学校在某种程度上相当于我国的公有民办学校或者公办托管学校。2017—2018 年美国约有 320 万中小学生在特许学校就读②。

日本基础教育阶段的私立学校大致占比为：高中 25%、初中 5%、小学 1.1%。由于政府不允许私立学校营利，私立中小学占比不高，但私立大学占比较高。日本政府将教育财政经费大部分用于基础教育，公立学校质量较高。在这种情况下，私立学校要获得生存和发展的空间，难度很大。日本公立学校实施学区就近入学政策，但是私立学校可以自由选择，这为一部分以质量和声誉取胜的私立学校留足了发展空间。优秀的私立学校办学质量较高，具有明显的升学优势，满足了一部分人对优质教育的需要，生源丰裕，有的录取比例甚至达到了 10∶1③。

印度基础教育阶段的私立学校主要是由慈善机构、社会福利机构或个人建立，其中家族式私立学校近半。从资金筹措方式看，印度私立学校按是否接受政府的固定资金资助，可分为"政府资助性私立学校""非政府资助性

---

① 张扬：《美国教育统计中心发布私立中小学统计数据》，《中国教育报》2017 年 10 月 13 日第五版。

② 潘燕．"特许学校"：美国成功了，中国可能吗？［EB/OL］．（2018-11-13）搜狐网．https：//www.sohu.com/a/275127044_100974.

③ 陈永明：《当代日本私立学校》，山西教育出版社 1996 年版，第 11 页。

私立学校"①。由于公立学校的环境和教学质量参差不齐，优质私立学校受到社会的青睐，录取比例一度达到 25：1 甚至 50：1②。印度政府对私立学校监管较严、介入较深。印度《2005 教育权法案》规定："不接受资助的私立学校，一年级必须保留 25% 的名额给所在区的弱势群体，以随机确定和提前通告的方式，直到这些儿童接受完初等教育或转校。"对这部分学生，"当地政府应当按照当地公立学校或全额资助学校生均成本或该校实际收取的学费为标准予以补偿"。另外，印度私立中小学的收费比公立中小学高 20%。尽管如此，由于公立学校不足，义务教育资源匮乏，印度超半数学龄儿童在私立学校就读③。

新加坡于 20 世纪 90 年代开始有限开放，允许私立性质的独立学校存在和发展，并给予鼓励和资助，但受文化传统和教育质量的影响，私立中小学发展非常缓慢。为提高行业诚信水平和学生满意度，新加坡颁布了《2009 年私立教育法案》，加强对私立学校的监控，开展了认证计划。但限于条件，半数以上的私立学校无法通过认证，导致国外留学生大幅减少，"给新加坡的 GDP 造成 3%—5% 的损失"④。

澳大利亚基础教育阶段的私立学校包括天主教体系学校和独立学校。天主教体系学校由澳大利亚天主教全国委员会统一领导，学校体系庞大；独立学校则由民间举办，规模较小。2006 年，天主教体系学校的在校生数占 20.1%，独立学校的在校生数占 13.1%，合计约占全国中小学在校生总人数的 1/3。澳大利亚公立中小学的经费主要由各州政府负责，私立中小学的政府经费主要由联邦政府承担。由于政府提供持续的经费支持，私立中小学发展稳定、教育质量较高。

（二）全球私立中小学的发展特点

通过以上分析，全球私立中小学的发展具有四个特点。一是在校生

①　张学强、张晓冬：《印度公私立学校的比较分析》，《外国教育研究》2006 年第 3 期。第 26—29 页。

②　印度私立学校竞争太激烈，残酷到 4000 学生争夺 80 个名额［EB/OL］.（2019-05-21）腾讯网. https：//new.qq.com/omn/20190521/20190521A0QGI3.html？pc.

③　吴姝. 私立中小学在发展中国家迅速扩张：填补公立不足，还是"开了金矿"？［EB/OL］.（2019-05-09）文汇网. https：//wenhui.whb.cn/third/zaker/201905/09/261277.html.

④　雷瑞瑞、姜峰：《新加坡〈2009 年私立教育法案〉：强化管理　确保质量》，《中小学管理》2014 年第 2 期，第 53—54 页。

数占比小。私立学校在校生数所占份额较小，据不完全统计，义务教育阶段或者是中小学阶段，绝大部分国家的在校生数占比都在 10% 以内，有的仅为 3%—5%。二是非营利。各国基本上都不允许私立中小学营利，即使有的国家存在营利现象，但是法律法规未明确规定可以营利，许多国家私立学校主要依靠政府资助运行，完全没有营利倾向。三是小班化。这与教育质量有关，以美国为例，仅设立小学部的私立学校校均在校生只有 100 人，仅设立中学部的为 263 人，两者均有的为 199 人；另外，有 46% 的私立中小学在校生规模小于 50 人[①]。四是精英性。办得好的私立学校大多靠质量取胜，社会信誉好的私立学校具有市场竞争力，受到了社会的欢迎。

四　私立幼儿园：百余国家在园人数少于四成

学前教育纳入教育体制和学段相对较晚。20 世纪 80 年代以来，随着经济社会的发展，学前教育逐渐受到各国政府的重视，许多国家将其作为国民终身教育的起始点，有的甚至将学前教育纳入义务教育。1998—2002 年，在联合国相关机构调查的 14 个 OECD 国家中，托幼机构和幼儿教育服务学费全免的国家包括澳大利亚、比利时、加拿大、丹麦、芬兰、法国、意大利、卢森堡、荷兰、挪威、瑞典、英国和美国，共 13 个[②]。

学前教育也是民间办学比较集中的一个领域，且举办主体相对复杂、形式多样。各国政府对举办者的身份和要求相对宽松，准入门槛较低。联合国教科文组织对 50 个国家开展相关调查后发现，世界各国私立幼儿教育机构呈多样化趋势[③]，既有股份公司、大型团体附设的幼儿园，也有慈善机构、红十字会赞助开设的幼儿园；既有小型团体和私人开设的幼儿园，也有村落自发集资或捐款建立的托幼兼顾的幼教和保育机构，甚至还有联手共建的家庭互助中心等。

从发展历程看，大部分国家的学前教育机构从以私立为主走向以公立为

---

① 张扬：《美国教育统计中心发布私立中小学统计数据》，《中国教育报》2017-10-13（5）。
② 郭巧丽：《幼儿教育发展中的政府财政投入问题研究》，东北师范大学，2009 年，第 8 页。
③ 洪成文：《近年世界私立幼儿教育发展走势分析》，《学前教育研究》1995 年第 1 期，第23—25 页。

主或公私并举。究其原因,既有经费问题,也有认识问题。在各国政府经历了一番探索以后,公立幼儿园逐步兴起,私立幼儿园尽管数量占比有所下降,但仍受到政府和社会的广泛重视,在世界范围内获得了较大的发展。政府与市场合作、公私并举的发展格局得到推广。

有学者在 1995 年对 102 个国家和地区的私立幼教机构做过统计,学前教育全为公办的有 19 个(主要为原社会主义国家),全为私立的有 17 个①。可见,大多数国家和地区采用的是公私并存制,且大部分国家的私立幼儿园享受政府补贴。近十年来,尽管公立幼儿园快速发展,但是私立幼儿园仍在发挥积极作用。据联合国教科文组织《全民教育全球监测报告》1999—2012 年的数据,在有数据可查的 100 个国家中,私立学前教育机构的入学人数占比从 28%上升至近 31%,尤其是在中高收入国家和高收入国家,私立学前教育机构的入学人数占比上升趋势更加明显。英国私立学前教育机构的入学人数在 1999—2012 年间增长了 6 倍,2012 年入学率达 37%。受此影响,许多发达国家政府开始与私立学前教育机构合作,为进入私立学前教育机构的幼儿家庭支付全部或部分学费,以此降低入学成本、扩充入学机会②。当然,这些幼儿园大多是非营利性的。与其他学段不同,绝大部分国家对私立幼儿园采取了积极的支持政策。在高福利国家,政府对学前教育投入的经费已占基础教育总经费的 2/3,甚至全部由政府支付。

20 世纪 90 年代,日本私立幼儿园约占该国幼儿园总数的 58.2%,在园人数约占该国在园总人数的 80%。为鼓励生育和教育公平,日本政府宣布从 2019 年 10 月起,对 3—5 岁幼儿实施免费化教育,并规定受政府认可的幼儿园实施完全免费。日本幼儿园可分成三类:文部科学省管辖下的幼儿园;厚生劳动省管辖下的托儿所;2006 年文部科学省与厚生劳动省联合创设认定的幼儿园③。新政策中,以上幼儿园将完全实行免费政策。同时,对就读认可外私立幼儿园的 3—5 岁儿童,设定每生每月补贴 37000 日

① 洪成文:《近年世界私立幼儿教育发展走势分析》,《学前教育研究》1995 年第 1 期,第 23—25 页。

② 全球幼儿教育发展趋势分析 [EB/OL].(2018-04-10)搜狐网. https://www.sohu.com/a/ 227830458_455364.

③ 日本《幼儿教育免费制度》最全面解读 [EB/OL].(2019-01-03)搜狐网. https://www. sohu.com/a/286260420_157309.

元的上限①。

五　我国民办教育举办结构的现状及问题

（一）我国民办教育举办结构的现状

我国民间自古以来就有崇学办校的传统，在古代，官学与私学一直并行发展，共同为社会培养人才。孔子举办的是我国古代最大的私学，教育规模、教育质量和教育思想至今仍有重要影响。民国以后，政府延续和尊重民间办学传统，允许和鼓励民间办学。无论哪个学段，都有民间举办的学校，都有一些与公立学校相媲美的私立名校，具有良好的社会信誉。20 世纪 50年代以后，受国内外形势、认识偏差及其他方面的影响，私立学校逐渐退出国家教育体系。

我国当下的民办教育是改革开放后发展起来的。1978 年以后，就有民间力量参与举办中小学或非学历的教育。1982 年《宪法》修订案的颁布，进一步激发了社会力量举办教育的热情，民办教育在除高等学历教育以外的各个学段全面展开。1993 年，中共中央、国务院印发的《中国教育改革和发展纲要》提出，改变政府包揽办学的格局，逐步建立以政府办学为主体、社会各界共同办学的体制。1999 年，中共中央、国务院下发《关于深化教育改革、全面推进素质教育的决定》，提出要"积极鼓励和支持社会力量以多种形式办学，满足人民群众日益增长的教育需求，形成以政府办学为主体、公办学校和民办学校共同发展的格局。凡符合国家有关法律法规的办学形式，均可大胆试验。在发展民办教育方面迈出更大的步伐。鼓励社会力量以各种方式举办高中阶段和高等职业教育。经国家教育行政主管部门批准，可以举办民办普通高等学校"。在党和政府的大力推动下，经过二十多年的努力，民办教育在各个学段上都得到了快速发展，形成了从学历教育到非学历教育、从学前教育到高等教育，层次类型多样、充满生机活力的发展局面，有效增加了教育服务供给，为推动教育现代化、促进经济社会发展作出了积极贡献。

---

① 日本逐步落实教育免费化：幼儿教育 2019 年开始，高等教育 2020 年开始［EB/OL］.（2018-12-28）环球网. http://m.huanqiu.com/article/9CaKrnKgpIs.

我国公立、私立（民办）学校的比例结构与世界各国发展的基本趋势大体一致。截至 2019 年底，全国共有各级各类民办学校 19.15 万所，占全国学校总数的 36.1%，"三分天下超其一"，公办、民办教育协同发展的格局进一步得到巩固。分学段看，民办幼儿园在园幼儿 2649.44 万人，占 56.2%；民办普通小学在校生 944.91 万人，占 9%；民办初中在校生 687.40 万人，占 14.2%；民办普通高中在校生 359.68 万人，占 9%；民办中等职业学校在校生 224.37 万人，占 14.5%；民办高校在校生 708.83 万人，占 23.4%①。从比较角度看，民办幼儿园在园人数占比稍高于世界平均水平；民办高校在校生数占比与美国私立大学在校生数占比基本持平，但稍低于世界平均水平。

我国学前教育尽管起步较早，但由于多年来缺少政府投入，发展长期滞后，民办幼儿园得以在许多空白地带和区域快速发展，许多地方民办幼儿园在园人数占比高于 80%。为满足社会需求，近年来政府加大了对学前教育的经费投入，公办幼儿园快速发展，占比逐渐提升。

我国民办高校实际上在 1999 年高校扩招以后，才开始进入快速发展阶段，发展历史较短，政府监管较严，面临压力较大，能够取得近 1/4 的市场份额实属不易。与经济转型国家相比，我国民办高校无论是规模还是质量，都已取得可喜成果，值得充分肯定。

（二）我国民办教育举办结构存在的问题

当前我国公民并举的教育结构存在的问题主要表现在"五个不"：规模不平衡、功能不协调、质量不理想、竞争不充分和政策不落实。

1. 规模不平衡。一是民办学校在校生在各学段的占比不平衡。从全国范围看，民办学前教育占比偏高，民办中小学义务教育和高中教育占比偏低，政府大力鼓励和支持的民办职业教育在校生数占比较低。二是地区之间民办教育发展不平衡，全国各省（区、市）民办教育占比差距较大。三是各地学段之间发展不平衡。这些不平衡既来自地区社会经济的差异，也来自政策效力的不足。当然，平衡不是绝对的一刀切，但是部分地区公办、民办教育比例不协调的问题已经影响到区域教育事业的发展，值得引起重视。

---

① 教育部. 2019 年全国教育事业发展统计公报 ［EB/OL］.（2020－05－21）教育部网站. http://www.moe.gov.cn/jyb_xwfb/s5147/202005/t20200521_457227.html.

2. 功能不协调。民办教育在各地的功能定位尚不明确。分工不清晰、定位不准确，导致公办、民办学校各自的功能发挥不充分，制约了整体教育质量的提高。比如，政府支持的公办学校重点发展领域，民办学校一定要"硬挤"进去，就可能得不偿失、难以持续，甚至可能造成资源浪费。如果公办、民办学校之间功能不协调，也可能造成无序的恶性竞争，同样不能提高资源利用效率。因此，有必要将民办教育作为教育发展新的增长点和教育体制改革的重要力量，纳入区域教育发展的"总盘子"，统筹安排、协调发展，真正提高区域教育资源的利用效率。

3. 质量不理想。新时代我国教育事业得到快速发展，资源紧张的状态得到显著缓和，社会接受教育的选择性明显增多，民众期待接受优质教育，国家倡导教育高质量发展。许多民办学校积极响应政府号召，加强内涵建设，提高教育质量，在一些学段取得了一些成绩，出现了一批名校。但整体而言，迄今为止民办教育还处于规模扩张的粗放发展状态，办学质量与人民群众的要求、期盼还有一定的差距，需要作出更大的努力。

4. 竞争不充分。由于历史原因和原有体制惯性，我国教育体制改革难度较大、进展缓慢。公办教育在国家教育体系中起着关键、主体的作用，也享有优先、优越的发展条件。当前教育市场存在竞争内容不明确、准入机制不透明、机会不均、条件不公等问题，亟待加强环境建设。从政策到实践，民办学校还不能作为自然主体参与各项竞争，需要政策的专门条款加以引导，多数地区民办学校无法或鲜少获得政府资源，且在很多项目上不能公平参与竞争，处于弱势地位的态势在短期内难以改变，形成了结构性的发展差异。

5. 政策不落实。我国民办教育是在公办教育"独霸舞台"的背景下起步的，原有政策体系面向的对象主要是公办教育，民办教育发展制度本身供给不足，已经出台的政策也落实不到位。2016 年修订的《民办教育促进法》颁布以后，实行营利性、非营利性民办学校分类管理，亟须梳理和重建制度体系，包括完善已有政策、出台新政策、调整和统筹一些相互冲突的政策等。在未来的可持续发展阶段，民办教育政策的完善和落实仍是重点工作。

六　全球私立教育举办结构对我国的启示

教育体制的公立、私立结构反映了社会对教育事业的参与程度，体现了政府对私立教育的认识和利用市场配置教育资源的能力。事实证明，发展私立教育，有利于增加教育资源的供给，缓解政府教育财政的压力；有利于服务社会对教育的选择，满足教育多样化需求；有利于激活教育活力，提升教育质量。我国教育改革的目标是形成以政府办学为主体、全社会积极参与，公办教育和民办教育共同发展的新格局。针对我国办学体制结构存在的问题，结合各国的发展经验，笔者就改善我国民办学校的举办结构提出以下建议。

（一）转变观念，不断深化对发展民办教育意义的认识

民办教育是国家教育事业的重要组成部分，民办学校是中国共产党领导下的教育组织形式，公办教育和民办教育共同发展的格局是我国教育体制改革长期坚持的发展目标。教育体制改革和发展的成果来之不易，必须加以巩固和发展。因此，必须转变观念，不断深化对发展民办教育的认识。当前我国民办教育已经有了一定的发展规模，办学质量也在逐渐提升，只有抓住机遇、明确发展重点、不断完善举办结构、解决好发展的深层次问题，才能使民办教育实现可持续发展，提高社会力量办学的效率和效益，服务全面建设小康和教育强国的伟大目标。

（二）加强引导，科学规划民办教育的发展空间和结构

民办教育发展的实践证明，根据我国基本国情、社会需求以及各省（区、市）教育发展的进程，加强国家规划和实施计划的指导，对于均衡民办教育发展、完善民办教育发展结构具有重大意义。我国幅员辽阔，各地民办教育发展结构不一致，这是多方面原因造成的。对此，既要加强国家宏观规划，也要顾及各地实际，实事求是、因地制宜、有所作为。在以政府为主体的纯公共领域，例如义务教育学段，民办教育占比过高可能会弱化政府的责任，应坚持以公办为主体、民办为补充的基本格局；而在一些市场化程度较高的领域，如高等教育，公办学校占比过高可能会加剧财政负担、制约社会投入，应适当放开，便于社会力量参与。因此，要坚持发挥政府财政在教育领域的主导作用，并从世界各国长期以来形成的教育举办结构中探寻规律、借鉴经验，明确民办教育的发展方向和重点。

（三）分类指导，引导公办、民办学校的科学定位

公私并举，准确定位，各尽其责，既能提高资源效益，又能避免资源浪

费和无序竞争，使资源利用效率最大化，更好地服务经济社会的发展，满足民众对高质量、个性化教育的需求。从国外经验看，公立学校的功能定位主要是"示范、均衡、兜底"，为整个社会提供基础的、普遍的教育，同时树立教育质量标杆，促进城乡之间、地区之间标准的执行和质量的均衡，保障整个社会的教育公平；私立学校的主要功能定位则是"特色、个性、选择"，它面向市场办学，以特色化的服务满足民众对教育的个性化和多样化需求。因此，我国公办、民办教育应合理分工、相互促进、共同提高，以满足社会各方面的需求。

（四）敢于突破，落实落细民办教育发展的扶持政策

政策是支撑民办教育发展的重要动力，也是完善民办教育举办结构的重要手段。要深入贯彻十九大精神，落实《民办教育促进法》等相关法律，以实施分类管理为突破口，继续完善民办教育政策。教育是国家重要的民生工程，发展教育应该主要依靠政府；同时，公共财政应该体现公共性，财政性教育经费应该为全社会教育事业发展服务，而不仅仅服务于公办教育。适当安排部分经费用于解决当下民办教育发展的问题，运用财政杠杆引导民办教育健康发展，是完善教育结构的重要路径。要注意加强协调、统筹兼顾、实事求是、突出重点，用政策引导和完善民办教育举办结构，促进民办教育协调发展。

（五）面向未来，努力营造教育市场竞争的良好环境

新时代发展民办（私立）教育的重要价值之一是开展市场竞争，激发内部活力，推进教育改革，提升教育的效率和质量。公办、民办教育的适度竞争，有利于提高全社会的教育质量，营造和优化教育发展的良好生态，更好地满足人民群众的教育需求。随着民办教育的发展，教育资源总量不断增加，市场供不应求的状态显著缓和。民办教育的发展依赖市场机制的培育，且不同民办学校在收入来源、办学定位和功能作用等方面具有较大差异。但是在当下的市场竞争中，民办教育处于被动和弱势地位。因此，要"清理并纠正对民办学校的各类歧视政策"①，完善促进民办教育发展的优惠政策。

①　国务院.国家中长期教育改革和发展规划纲要（2010—2020年）［EB/OL］.（2010-07-29）教育部网站.http://www.moe.gov.cn/jyb_xwfb/s6052/moe_838/201008/t20100802_93704.html.

2016 年修订的《民办教育促进法》要求实行分类管理，尤其需要完善制度环境，因此，要继续推进教育改革，完善治理机制，提升治理能力，发挥体制机制优势，推动竞争，提高质量。

七 结 语

发展民办教育是国家发展教育的长远战略，关注民办教育发展态势、改善和优化民办教育发展结构，是民办教育可持续发展的重要前提。教育属于上层建筑，教育的管理是国家治理体系的重要组成部分。同时，教育也是准公共事业，只有运用市场和政府两只手，既有政府指导又发挥市场优势，既有国家支持又有市场参与，教育事业才能蓬勃发展、提升质量，更好地满足人民对美好生活的向往，在社会主义现代化建设进程中作出自身的贡献。

（2021 年第 1 期）

基金会举办民办高校的可行性研究

徐绪卿　李　虔

（浙江树人大学　国家教育行政学院）

摘　要： 基金会大学是国外私立大学发展的一种模式，也是近几年来国家和地方政府所鼓励和倡导的。由于相关的研究和成果不多，可供政府决策和办学实践的参考资料十分稀少，在实践中基金会大学和大学基金会概念经常混淆不清，有可能误导社会的认知。作者认为：由于资金需求巨大、举办者难以割舍学校举办权和治理权、运作规范监管严苛以及政策供给不足等主客观因素的影响，未来一个时期基金会大学会在我国有所发展但难以成为民办高校办学的主要模式。

关键词： 基金会大学；大学基金会；民办高校；举办权

近几年来，随着国家办学体制的不断深化和对民办学校分类管理的持续推进，基金会办学成为我国政府管理部门关注的一个方向。《中华人民共和国民办教育促进法实施条例》（下称《实施条例》）明确提出，"国家鼓励以捐资、设立基金会等方式依法举办民办学校"，从国家制度层面上确定了基金会办学的地位。《中国教育现代化 2035》提出"鼓励设立基金会依法举办民办学校"，意味着基金会办学已经从理论走向实践，广州①、广西②等地出台具体措施鼓励基金会办学方式的落地发展。那么，基金会办学究竟是怎样一种办学模式？与其他社会力量办学相比，基金会办学有什么特征和优势？中国民办高校中能够在多大程度上实践和推广基金会办学模式？政府对

---

① 2021 年 9 月 16 日广州市教育局、广州市民政局印发的《关于促进我市教育基金会发展的实施意见》提出，"探索教育基金会办学模式"。

② 2021 年 10 月 22 日《广西教育事业发展"十四五"规划》明确提出，"鼓励基金会办学模式"。

基金会办大学表示出浓厚的兴趣，部分民办院校也跃跃欲试，但是目前相关问题的研究不多，成果稀少，政府决策和办学实践都急需相关理论的阐释和指导。本文围绕基金会办学的基础问题展开分析，供同行讨论，也力图为政府决策和办学实践提供参考。

一 概念梳理：基金会大学与大学基金会

（一）基金会

根据《国际基金会指南》，基金会是一个非政府、非营利的组织，有自己的资金，由董事会或者其受托人管理，用以支持慈善、教育、宗教等社会公益事业。[①] 我国 2004 年颁发的《基金会管理条例》提出，基金会是指利用自然人、法人或者其他组织捐赠的财产，以从事公益事业为目的，按照本条例的规定成立的非营利性法人。我国《民法典》将法人类型区分为营利法人和非营利法人，基金会属于非营利法人，以公益目的或者其他非营利目的成立，不向出资人、设立人或者会员分配所取得利润。一般认为，基金会是向社会筹集和管理资金以兴办、维持或资助某项福利事业发展的专门机构，其基本特征是它所筹集的资金（包括物质）都是捐赠的，它所资助的各类项目都是非营利的。

（二）大学基金会

基金会服务的对象是社会方方面面的公益性领域和活动，教育是重要的公益事业，应然成为基金会关注和服务的重要领域。现代大学与社会关系密切，并拥有丰富的校友资源，天然就有汇集社会资金的优势，也是基金会高度参与与服务的领域。对于大学基金会，有的研究将其历史追溯到公元前387年由柏拉图在古希腊雅典所建立的"柏拉图学院"。柏拉图后来将学院连同一片肥沃的土地作为遗赠留给其侄子，并规定所有这一切都要用于其门徒的利益。有的学者将此作为基金会大学的萌芽。[②] 而最早具有实质性意义的大学基金会产生于 16 世纪的英国，正式发展于 19 世纪末的美国（主要是

---

① H. V. 霍德森：《国际基金会指南》，复旦大学出版社 1990 年版，第 1 页。

② 张晓冬：《基金会法律问题研究》，博士学位论文，武汉大学，2013 年，第 1 页。

1890 年耶鲁大学校友基金会创建和 1925 年哈佛大学基金会注册成立），此后大学基金会在全球迅速发展，成为公共教育、医疗卫生、环境保护、公众倡导乃至国际关系、全球贫困等社会领域募集和管理资金、改善治理结构的重要方式。[①]

（三）基金会大学与大学基金会

在当下的高等教育研究和实践中，"基金会大学"（由基金会举办的大学）和"大学基金会"常被联系在一起。顾名思义，前者是指大学，是由基金会举办的大学，后者是指基金会，由大学注册成立的基金会。面上看两者应该不会有歧义。但是，两者中的"基金会"经常被混淆互用是一种普遍的现象。要想明确何为基金会办学，需要厘清其与易混用概念的区别，尤其是两个"基金会"的字同义异，需要仔细辨析。

第一，两者在建校中的作用不同。在基金会大学中，基金会是大学创建的发起人和举办者，是大学建设和运行资金的主要筹集者。大学规模比较大，因此资金规模也往往较大。对于新建的院校，先有基金会，后有大学，是基金会大学创办的基本程式特征。而大学基金会一般来说创建于大学建立以后，虽然也是独立的法人，却仍是大学的附属机构。与"基金会大学"中的基金会相比，大学基金会不负责举办大学，只是承担大学办学资金补充的角色而不是主要来源，因此资金规模一般较小，在建校或学校运行中起着无关大局的作用。

当然，在实际操作中，也有学校创建以后转制为基金会大学的，但是这与转制前大学是否建有基金会无关。这一般是指两种情况，一种是主动型转入，学校举办者转变办学体制，主动放弃学校产权和举办权，发起组建基金会，并由基金会接替举办者权责；另一种是被动型转入，学校原举办者无继承者，也不愿意指定后续接替人，放弃学校举办身份，发起组建基金会，将学校资产划归基金会所有，由基金会行使举办者职责。无论何种模式转入，学校成为基金会大学以后，原举办者可以作为基金会发起人，但不再具有大学举办者的身份、权益和责任。

第二，两者在参与学校运行治理中的地位不同。在基金会大学中，没有基金会就没有大学，基金会是大学的运行和发展的必要且充分条件。但是，

---

① 邹哲慧：《中美高校教育基金会比较研究》，硕士学位论文，广西大学，2012 年，第 56 页。

大学基金会是大学的一个衍生物，对于大学运行来说不是必需的充分的，大量没有基金会的大学照样存在。在基金会大学的运行中，基金会起着源源不断向大学提供资金的功能，不仅如此，基金会作为大学举办者，还承担大学治理的重要角色。比如，负责制定或修改学校章程；主导学校治理框架构建，决定学校董事会人数及人员构成；依照章程推举学校董事会成员；监督学校依约使用举办者投入的财产；了解学校管理运行情况和财务状况；提出举办者的变更的方案；参与学校解散清理等等。这些事关学校决策的高层运作，是基金会大学赋予基金会的天然权力。但是大学基金会却难以企及。由于不具有举办者的身份，大学基金会不是大学治理的主体，不会主导学校治理构建。由此可见，两个"基金会"在大学运行中的地位和作用也是完全不一样的。

第三，两者产生和运行的环境也不尽相同。两者中的"基金会"有着非常相同的属性，即都是独立的非营利性法人组织，都需要经过民政部门的审批才能注册成立；都具有筹集资金的职能，是社会资金进入大学的重要渠道；有特定的募集对象和范围，都属于面向特别对象的非公募基金；所筹集的资金主要用于大学的建设与运行，都有特定的资金去向和用途。尽管如此，两个基金会的许多职能表面看都相同，但是基金会大学的基金会只存在于非营利性大学中。换句话说，基金会大学都是非营利性大学。而大学基金会在营利性大学和非营利性大学中都可以存在。

基金会办大学是社会资金办学的一种类型。根据相关法律法规的界定，基金会大学经费和运行的经费主要来自基金会大学筹集的非政府组织和社会法人捐资，因而理当属于民办体制办学。简单地说，基金会大学应当属于民办大学。这一点有别于德国公法基金会和日本国立大学法人，这两者办学资金渠道虽有拓展，增强了大学办学的独立性和自主性，大学治理有所改革，但办学经费主要来源于政府的财政预算没有变，大学的独立性和自主性发挥有限；基金会筹集的资金只是办学资金的拓展和补充，从学校产权分析这些大学仍应属于公立高校。而大学基金会更不限于大学的举办主体，公立大学、教会大学、私立（民办）大学都可以有大学基金会。从我国当下大学基金会来看，绝大多数存在于公立大学中，而民办大学建立大学基金会的较少。另外，根据国际惯例和我国《基金会管理条例》，企业也可以成立基金会。企业以营利为目标，但企业还兼具社会责任，成立基金会来开展公益活动是企业履行社会责任、实现企业的公益使命的重要途径之一。营利性大学与企业类同，也可以组织基金会，承担营利性大学所承担或自生的社会责任和公益使命。但是，无论哪一种社会主体举办，基金会都必须具有非营利性质，从事章程规定的公益事业支出。就这一点而言，基金会大学和大学基金会中的"基金会"，毫无例外必须遵循。

第四，两者筹资的对象不同。两者都属于非公募基金，募集资金的渠道都是开放的，都有特定的募资方向。相对而言，基金会大学的基金会筹资对象更加开放，面向更加宽泛的社会公益资金，尤其是面对社会一些大企业、大慈善家，甚至可以有一部分来自政府财政的资金，筹集的资金更加庞大。而大学基金会筹资更多的是面向本校校友或校友企业的资金，或者是合作企业的资金，政府财政经费一般不会进入。由于筹资面窄，参与对象较少，筹资的多少取决于学校办学的历史、办学的层次和校友的作为。由此不难理解，国家重点建设项目（"985 工程""211 工程"）院校和一些办学历史较长的大学，基金会筹资都很不错，而一些地方院校和民办院校所属的基金会筹资很少，基金会在学校发展中的作用微不足道，处于可有可无、有名无实的状态，由于筹资量少或时有中断，部分大学基金会甚至难以长期存续。

二　把握重点：基金会大学的主要特征

基金会大学必须符合大学的基本规范，它的主要工作是立德树人，开展人才培养、科学研究、社会服务和文化传承，它具有大学普遍的共性、职能和办学目标。同时，它还应该符合基金会的服务宗旨和服务对象的基本要求，符合政府对基金会办学的基本规范。

简单归纳，基金会大学有五个方面的特征：

（一）教育属性

基金会大学首先是大学，区别于其他大学的是学校的举办体制。它的主要任务是育人，同样要服从、服务于为国家培养人才的导向。从这个角度看，基金会和大学之间具有相同的使命与目标，都是为了培养社会主义事业的可靠接班人和社会主义现代化建设的合格建设者。基金会与大学之间合理分工、各有侧重：基金会负责筹集大学建设和运行所需要的主要资金，为大学的发展提供资金支持；大学根据基金会的章程，合理预算和使用资金，不断提升教育质量，实现基金会章程约定的办学目标。基金会与大学之间因共同的使命和目标构成高等教育共同体，相互促进，相得益彰。基金会在与大学本身的使命和功能相适应、相匹配、相契合的过程中，履行其公益性角色与作用，其法人行为以服务于大学发展需求为本，是大学经费的主要来源。同时，大学的办学质量和信誉为基金会筹资提供了良好的支持，大学校友群体和与学校相关联的产教融合企业成为基金会接受捐赠的重要对象及渠道，基金会筹资能力与大学的历史声誉、办学水平、社会影响密切相关。无论是校友捐赠者还是其他社会捐赠人的捐赠意愿、公益价值及其捐赠资金使用，最终都是在推动大学事业的发展中实现的。基金会与大学在高等教育这个领域得到了完美的结合，教育属性得到了充分彰显，从而成为高等教育领域的新秀。

（二）非营利性

基金会大学的第一个特征也是本质特征就是非营利性。主要体现在四个方面：一是基金会大学首先是非营利性大学，基金会所筹集的是资金而不是资本，是捐赠而不是投资，在这里，资金投入学校都是无偿的，不求任何回报的。基金会的捐赠人和管理者不得从学校建设和运作中获得任何利益。二是根据国际惯例和国内政策，在建立有效规避较高风险与较高回报的自我控制机制的情况下，基金会所持有的资金在确保安全的基础上是可以投资获得收益的，但是其获得的收益不能用于基金会注册以外的业务。大学的办学积余也只能用于学校的再投入，不能分红。三是非营利的财产保全机制，要求基金会大学不得以捐赠以外的其他方式变更学校财产及产权结构，也不得擅自改变学校治理结构，不能以出资多少来决定治理的权限。四是通过基金会举办大学的模式，天然的将基金会管理体制叠加于大学举办者的责任之上，作为大学的举办者，必须在遵从原有《民办教育促进法》及其实施条例所构建的法律规则体系之外，还必须遵守基金会的管理规范，从而从制度上确保基金会大学的非营利性。

（三）公益性

基金会大学的公益性具有特定的内涵，基金会大学的公益性集中体现在三个"符合"：一是基金会大学是大学的一种举办模式，作为大学，它首先必须符合高等教育规律，服务人的发展，为社会培养优秀人才，让教育者在接受教育中受益，从而坚持教育固有的公益性。二是基金会大学的章程还必须符合基金会的要求，有明确的公益宗旨，教育捐赠是一种公益事业，捐赠必须是自愿和无偿的，符合公益目的，任何捐赠者不能从其基金的捐赠中获取利益。作为基金会举办的大学，其性质也应与基金会一致，换句话说，基金会大学都应该是非营利性大学；三是基金会提供给大学的经费，其用途必须符合公益性质，学校不能用作其他营利性用途。根据国际惯例和国家规定，基金会可以合法投资营利，但是所获得的利润必须用于章程规定的公益项目。根据我国现有政策，大学接受基金会的资金，不能直接用于营利性活动。基金会大学所筹集的资金，主要用于约定的大学建设项目，资助教师的教学、科研，自主学生的学业，通过各种项目和活动使特定群体和整个社会受益。从中也不难看出，基金会大学的公益性首先是由基金会的性质和教育本身的性质决定的，是天然具备的。

（四）非政府性

基金会大学无疑是非公立大学。有学者提出"政府投入为主的公办高校也可以采取基金会办学方式"[①]，这是不准确的，是大学基金会与基金会大学混淆的典型观点。政府可以做慈善活动，当然也可以资助教育，但不应该是基金会大学的投入主体，否则就应该叫作"公办"大学。公办大学可以组织对社会筹集资金的大学基金会，筹集社会资金，处理大学捐赠资金及管理等事宜，但是这一资金是辅助性的，不可能是主要。基金会大学与公办大学在政府性方面形成鲜明对照。主要表现在三个方面：一是经费来源不同，基金会大学的办学经费主要由基金会筹集，公办大学的办学经费主要由财政提供。德国的公法基金会大学和日本的国立大学法人，主要经费不是来自基金会而是来自政府财政，因此都不是严格意义上的基金会大学；二是决策自主权不同，基金会大学是拥有学校产权、具有独立身份、可以自主决策的独立法人，而公立高校在决策体制上完全服从于政府的安排；三是治理主体不同，在治理结构上基金会大学是自我搭建治理框架、实行民主治理、公开透明的现代社会组织；公办高校则完全接受政府统一安排的治理以及相关结构。

---

① 光明时评：《基金会举办的公办大学办学模式值得期待》，光明网 https：//www.sohu.com/a/509161586_ 120099885。

（五）独立性

基金会办学与一般非营利办学的重要区别在于独立性。由于历史和制度的原因，我国民办高校多为个人举办和企业举办，办学绩效与个人和企业利益关系密切挂钩。按照《民法典》和新《民办教育促进法》精神，非营利性大学作为非营利法人应该是捐助性质的（尽管存有较大争议），但现实中非营利性民办高校举办者也实际享有举办者的办学选择权、举办者变更权、章程制定权、首届理事推选权等高度自主的权力，举办者对学校运行的控制权成为难以达成办学规范的主要障碍，也使得非营利大学中大量存在事实上的营利行为。而基金会大学的基金会资产不属于任何个人，不与任何个人和组织的利益挂钩。甚至基金会和学校都是独立的非营利法人单位，基金会具备"捐助法人的资格"，而学校具备"事业法人的资格"，二者不存在从属关系，与捐资者也不存在从属关系。基金会只是大学的治理主体之一，不能替代学校董事会，并且实行严格的利益回避，对所有权和经营权进行切割分离，这就从根本上切断了家校不分、企校一体的办学利益关联，使学校真正成为独立办学、自主办学的主体。正因为这一优势，基金会办学能得到社会的赞同和政府的青睐。

三　多方探索：基金会举办民办高校的条件逐渐形成

大学基金会的发展为基金会大学的产生和发展做了有益的探索和经验积累。我国大学基金会的探索由来已久。1986 年，霍英东、马万祺等发起创立暨南大学基金会，1990 年延安教科文基金会创建，1994 年，清华大学教育基金会、浙江大学竺可桢教育基金会（浙江大学教育基金会的前身）正式成立。2007 年以来，随着高等教育的改革深化和快速发展，大学基金会进入一个快速增长期。经过近 30 年的发展，初步形成了与所在高校办学层次相对应的，特色鲜明、差异化特征明显的高校基金会体系。据民政部统计，截至 2020 年底，全国共有 572 家高校基金会，资产规模合计近 400 亿元。高校基金会数量占基金会总数不足 10%，但资产规模占比超 25%，[1] 足

---

①　数据根据网络整理。

以说明大学基金会的重要地位和积极作用。

　　笔者在互联网上搜索近两年大学基金会的数据,很遗憾没有查到,但是由明善道发起并编写的《2022 年中国高校基金会大额捐赠观察报告》提到,2021 年国内高校基金会接收了 254 笔金额大于等于 1000 万元人民币的大额捐赠,大额捐赠笔数较 2020 年增加 41%,并刷新 2015 年以来的最高值,其中,188 笔为新发起的大额捐赠项目,亦为 7 年来新高,大额捐赠到账总额达 86.04 亿元,保持稳健增长态势。2021 年 3 月,中公教育集团董事长李永新向北京大学捐赠了 10 亿元,成为该建校以来最大一笔个人捐赠,也是最大一笔校友捐赠;同年 8 月,泰康保险集团创始人陈东升向母校武汉大学捐赠 10 亿元,成为该校校史上受赠数额最大的一笔,也是我国大学医学、生命科学学科领域数额最大的捐赠之一[①]。

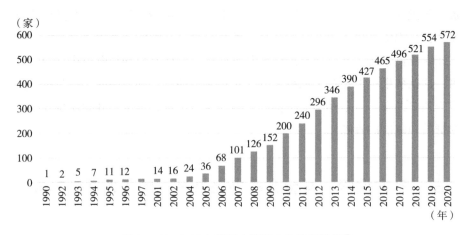

（家）

图 1　1990 年以来我国大学基金会数据统计[②]

　　民办高校建立大学基金会可以追溯到 20 世纪末。1999 年 3 月浙江树人学院（王宽诚）基金会在杭州注册成立。[③] 据中国社会组织公共服务平台网数据统计,2020 年我国有 609 所内地普通高校在民政部门注册教育基金会,其中民办高校 115 所。[④]。武汉学院以 25.74 亿元的社会捐赠总额,位居我国

　　① 明善道:《2022 中国高校基金会大额捐赠观察报告在京成功发布》,2023-05-15,中国网 http://www.szjj.china.cn/2023-5/15/content_42368452.html.

　　② 数据根据网络整理。

　　③ 浙江树人学院网站。

　　④ 吕宜之:《非营利性民办高校基金会办学模式探究》,《江苏高教》2020 年第 9 期。

大学社会捐赠排名榜第 9 位①。大学基金会的发展、民办高校基金会的探索和尝试，为我国基金会大学的举办探索奠定了基础。

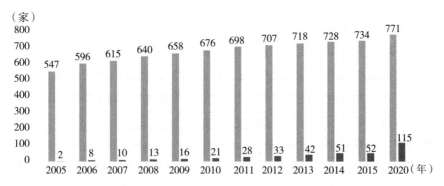

图 2　2005—2020 民办高校基金会增长情况②

与此同时，对非营利大学的一系列引导和规范制度也在不断地建设中，基金会举办大学的环境逐步形成。2010 年《国家中长期教育改革和发展规划纲要》（2010—2020 年）提出"积极探索营利性和非营利性民办学校分类管理"，"积极发挥行业协会、专业学会、基金会等各类社会组织在教育公共治理中的作用"。2016 年 11 月，《民办教育促进法》修正案获得通过，我国民办教育正式进入营利性与非营利性分类管理时代。基金会大学作为非营利民办大学的一种举办模式引发社会关注、讨论和研究。2021 年 4 月7 日《民办教育促进法实施条例》修正案正式颁布，明确提出，"国家鼓励以捐资、设立基金会等方式依法举办民办学校"，至此基金会大学办学的基本条件逐渐成熟。2017 年，杭州西湖教育基金会申报获批成立，并宣布将筹建西湖大学，从而成为我国第一所真正意义上的基金会大学。目前创办基金会大学和转为基金会大学的信息时有出现。但是对于基金会大学办学的基本要件和基本特征，还缺乏充分的讨论，许多研究成果还很初步，缺乏实质性的实务指导性的成果。

西湖大学的筹办和创建为我国基金会举办大学做了有益的探索和尝试，树立了典型标杆。结合杭州市西湖教育基金会章程和西湖大学章程，本文认为基金会办大学的要件有四：

①　杨丽苹、罗茜：《武汉学院获社会捐赠总额达 25.7 亿元》，2021 – 11 – 22，武汉学院网 ht-tp：//xb.whxy.edu.cn/1097/1550.htm。

②　根据网络数据整理。

第一，基金会是建校的基础。根据西湖大学公开信息，2015 年 3 月 11 日，施一公等七位倡议人正式向国家提交《关于试点创建新型民办研究性大学的建议》。2015 年 6 月 25 日，倡议人与杭州市政府签署《筹建西湖大学战略合作框架协议》。2015 年 7 月，杭州市西湖教育基金会注册获批正式成立，作为西湖大学举办方和捐赠基金筹资主体。2015 年 12 月 1 日，西湖高等研究院在杭州注册成立，成为西湖大学前身及筹建依托主体。2018 年 2 月 5 日，浙江省人民政府副省长成岳冲到西湖大学调研筹建工作。2018 年 4 月 1 日，教育部正式批复浙江省人民政府，同意设立西湖大学。从建校大事件中，不难看出"先有基金会、后有大学"的基本程式。

第二，基金会是建校和运行资金的筹资主体。西湖大学章程规定了基金会的主要任务是"举办西湖大学"，"专注与资助大学发展捐赠者"。章程还明确了基金会的筹资路径、财产使用方向、公益活动业务范围。西湖教育基金会募集到社会各界近万名捐赠人的协议捐赠，满足学校的运行和发展的需要。

第三，基金会是大学治理结构的主责。由基金会举办的大学，理应由基金会代行举办者职责。基金会在学校建校过程中，承担筹集资金、建校申报、构建学校治理框架等责任。西湖大学章程关于董事会、监事会、章程修订的相关规定，确立了基金会在大学中的地位和治理责任，使得大学权力界限清晰，决策高度自主，办学更加科学，决策更加独立。显而易见，大学基金会是不具备承担这些职责条件的。

第四，基金会是非营利性的公益组织。杭州市西湖教育基金会和西湖大学章程对从基金会筹集资金的性质（捐赠）和筹集对象，到资金支付的对象和性质，再到基金会注销后的剩余资金处理做了明确规定，保证了基金会的非营利性。对于基金会大学的非营利性，基金会保留了对所资助经费进行检查的权力和机制。西湖大学的成功设立，为我国基金会举办大学的发展做了有益的探索和创新。

四　国情所致：基金会大学难成我国民办高校办学的主流模式

西湖大学的创办，为我国基金会办大学提供了一个典型案例。此后，由河仁慈善基金会举办的福耀科技大学、由虞仁荣教育基金会举办的宁波东方理工大学都得到了政府的大力支持，成为我国基金会办学模式的探索者和实践者。基金会办学能够克服目前非营利性民办高校办学中的一些痼疾，是发展民办高等教育的有益探索。基金会作为举办者参与大学治理，是通过健全的大学管理结构发挥作用的。根据有关规定，基金会和学校不能是同一个法人，这就从制度上杜绝了关联交易和家族化管理，有利于民办高校建立现代大学制度；基金会大学的所有办学收入全部用于办学，不能用于分红，这就保证了民办高校办学的公益性；基金会的公益性打消了出资者对捐赠钱物用途去向的顾虑，能够鼓励和促进社会对高等教育的投入。从全球视野看，基金会大学早有多元化的探索，目前全球已有百余所基金会大学。① 如，20 世纪 90 年代西班牙、瑞典等欧洲国家成立了多所基金会大学，芬兰 2007 年开始改制多所大学为基金会办学模式。土耳其法律规定，本国举办的私立大学只能是"非营利性基金会大学"②。联合国教科文组织发表的《2000—2015年全民教育全球监测报告》认为，基金会大学已经成为私立高校尤其是非营利性私立大学发展的一种重要模式。③

　　鉴于以上情况，学界对于基金会办学的研究开始发"热"，但总体来看比较粗浅，结论有失偏颇。如，有观点提出，"如果说规模发展是私立高校发展的'第二浪潮'，那么聚焦质量保障的内涵发展就是私立高校发展的'第三浪潮'，基金会办大学是第三浪潮的重要推手"④。有观点认为可以借助基金会办学，实现民办教育"第二次出发"⑤。还有观点进一步提出，基金会办学使民办高校实现"逆袭"、建设世界一流民办大学成为可能⑥。甚至还有的学者认为，"政府投入为主的公办高校也可以采取基金会办

---

①　郑淑超、周海涛：《基金会办大学：非营利性民办高校办学模式的创新》，《高等教育研究》2022 年第 2 期。

②　李虔、张良：《亚洲一流私立大学发展的主要特征与经验启示》，《国家教育行政学院学报》2021 年第 2 期。

③　郑淑超、周海涛：《基金会办大学：非营利性民办高校办学模式的创新》，《高等教育研究》2022 年第 2 期。

④　郑淑超、周海涛：《基金会办大学：非营利性民办高校办学模式的创新》，《高等教育研究》2022 年第 2 期。

⑤　秦和：《基金会办学：民办教育"第二次出发"》，《光明日报》2020 年 01 月 14 日第 14 版。

⑥　耿景海：《基金会办学使建设世界一流民办学校成为可能》，《中国教育报》2021 年 06 月 04 日第 2 版。

学方式"①。但是笔者研究得出的结论与上述观点有些许差异。从综合因素分析，现阶段我国基金会办学尚处于探索阶段，难以成为民办高校办学的主流。这主要基于以下四个方面的原因。

第一，基金会筹资建大学难度较大。如果采用基金会办学，需要筹集到巨额的资金。根据我国目前高校建设的实际情况，按照万人规模（2020年我国本科院校校均规模已达11982人，其中，本科院校15749人，高职（专科）院校8723人②投入计算，新建一所民办本科院校估计将需要20亿元人民币以上，如果举办高水平研究型大学，投入可能还要高。西湖大学施一公校长曾经预算筹资200亿元，以满足学校建设和运行的需要③。筹建中的宁波东方理工大学，计划筹资460亿元④。如此巨大款项的筹集，一般个人和企业难以承受。并且作为基金会大学，基金会还需要源源不断的筹资，为大学运行和发展提供巨额资金。基金会如何获得持续稳定的捐资，是基金会举办大学的一个关键。从已有信息来看，西湖大学、福耀科技大学和东方理工大学等，其基金会筹资大多得到有实力的地方财政支持（配套）。西湖大学的筹建，得到浙江省和杭州市政府的大力支持。有消息称，东方理工大学的筹建方案中，宁波市政府将出资160亿元。⑤ 政府财力有限，如果进行量大面广的基金会办学建设，获得政府巨额资助可能性不大。从我国民间的资金实力和捐赠文化来看，基金会要筹集巨额资金举办大学也是非常艰难的。我国大学校友捐赠率并不高，平均不足5%⑥，相较国外先进同行还有较大差距。

第二，举办者难以割舍学校举办权和治理权。如果将现有的非营利性大学转制为基金会大学，从条件上说可能会比较容易。至少可以省去巨额建校资金。我国民办高校发展初期，包括2004年《民办教育促进法》实施以前发展起来的民办高校，很多学校并没有实质性的资金投入，但是抓住了高等教育大发展的良机，依靠办学积余滚动发展，有的院校资产已达几十亿甚至近百亿元，并且长期实行非营利性办学。如果转制为基金会大学，将大大减

---

① 熊丙奇：《光明时评：基金会举办的公办大学办学模式值得期待》，光明网（gmw.cn）。

② 教育部：《2020年全国教育事业发展统计公报》，中国政府网：www.gov.cn。

③ 《清华副校长施一公：斥资200亿筹建西湖大学，称5年超越清华》，搜狐网（sohu.com）。

④ 《投资460亿！一所高水平新大学，来了!》，澎湃网（thepaper.cn）。

⑤ 《投资460亿！一所高水平新大学，来了!》，澎湃网（thepaper.cn）。

⑥ 《大学的钱从哪里来，又往哪里去?》，2023－04－26，中国慈善家网站 https：//baijiahao. baidu.com/s? id=1764220626649274296&wfr=spider&for=pc。

少基金会筹资的压力。并且由于发展模式和举办者自身的各种原因，导致部分民办高校出现"无举办者"的状况，将它们直接转制为基金会大学是可能且可行的。但是，基金会大学严苛的治理结构和回避规制，要求已有捐赠者、举办者无条件出让和放弃已有学校的办学权和治理权。《基金会管理条例》第 23 条规定："基金会的法定代表人，不得同时担任其他组织的法定代表人。""基金会理事遇有个人利益与基金会利益关联时，不得参与相关事宜的决策；基金会理事、监事及其近亲属不得与其所在的基金会有任何交易行为。监事和未在基金会担任专职工作的理事不得从基金会获取报酬。"这些利益分离、分割的规定，对现阶段大多数民办高校举办者来说，还是难以割舍和接受的，更难以真正做到。

第三，现有基金会办学政策还需完善。我国多元化办学的制度体系并不完备，观察国内一些大学的建校历史，中外合作大学大多是领导拍板创建，而西湖大学、福耀科技大学和东方理工大学的创办都得到政府部门的大力支持，尤其是资金得到地方财政的巨额配套。但是，对于大多数高校而言，大学基金会的筹资都相当困难，缺乏捐赠资源，缺乏激励措施，即使有零星捐赠，手续也比较繁杂。没有建立基金会的高校，接受捐赠更加困难。目前对于基金会举办大学，国家还没有专门的政策，却非一些具体的支持措施，举办者担心相关政策不明朗，办学逾期不好确定，现有政策还难以激励社会举办基金会大学的积极性。很多人对基金会办学一知半解或不了解，尤其是一些举办者从侧面了解到基金会办学将放弃举办权和治理权的要求时，存在顾虑需要权衡利弊得失。需要说明的是，目前非营利性民办大学的办学规范还不能完全适应和符合基金会大学的相关政策。相对来说，基金会办学的要求将严格严苛得多。

第四，基金会举办大学仍难推广。尽管各国政府和联合国教科文组织都在提倡基金会大学的举办，但是从当下世界高等教育发展的实践来看，基金会大学的发展还难成气候，发展缓慢。一方面，基金会大学需要基金会源源不断地筹集资金，这本身不是一件易事。以美国为例，绝大部分社会捐赠资金都集中在少数高水平私立大学，近 20 年私立大学捐赠经费大致占年均总经费的 12%—15%[1]。世界范围内基金会大学只有百余所，真正意义上的基

---

[1]　徐绪卿、胡建伟：《美国私立大学发展：认识误区及其启示》，《浙江树人大学学报》2020年第 6 期。

金会大学仍十分稀少。其次，基金会是完全意义上的非营利组织，信息要求相当透明，非一般举办者和高校所能接受。再次，基金会运作规范、管理严苛，对资金收入和使用每年均需审计和年检。我国《基金会管理条例》明确，公募基金会每年用于章程规定的公益事业支出不得少于上年总收入的70%，非公募基金会每年用于从事章程规定的公益性支出，不得低于上一年基金余额的8%。高校基金会属于非公募资金，部分大学管理力量薄弱，重受捐、轻使用、疏管理，每年都有一些大学基金会因年检通不过而停办。

五　结语

基金会大学是非营利性民办高校办学模式的一种创新，也是优化非营利民办高校办学的一条途径，但在当下各种因素限制下，基金会大学不可能得到大规模的推广，更不可能成为主流的模式。一方面，随着体制改革的深化、经济社会的发展，加上民办高校举办者自身的原因和相关政策的引导与鼓励，今后国内出现一批高起点、高层次的基金会大学是必然趋势。另一方面，民办高校的发展既取决于市场需求，也取决于政府的引导和规范，还取决于广大举办者的理解、认可和自觉行动。在政策缺乏刚性的背景下，举办者的认知和参与尤为重要。当前和今后一个时期，受许多主客观因素的影响，特别是非营利性民办高校的优惠政策尚未明晰前，对于新近举办的民办高校而言，基金会办学还不是举办者的首选。对于规制非营利性办学，也有许多历史问题尚难厘清，"一'基'就灵"的现象短期内不可能在国内出现。总而言之，今后一段时期我国基金会大学会有所发展，甚至有少量研究型的高层次民办高校出现，但不会成为民办高校举办的主流模式。

（2023 年第 5 期）

微观和内部治理

民办高校必须加快专职教师队伍建设①

摘　要：本文从分析整个民办高校教师队伍的构成入手，着重研究了新形势下民办高校建立专业教师队伍的重要性和紧迫性，并提出了加快民办高校专职教师队伍建设的基本思路。

关键词：民办高校；专职教师；队伍建设

教师是学校教学工作的承担者，是教学质量的主要因素。邓小平同志曾经指出，"一个学校能不能为社会主义建设培养合格人才，培养德智体全面发展、有社会主义觉悟的有文化的劳动者，关键在教师"。"振兴民族的希望在教育，振兴教育的希望在教师"，可见教师在教育中的地位非同一般。当前高等教育事业快速发展、高等教育逐步由卖方市场向买方市场转化，教育质量已经成为高校竞争的主要内容。对于民办高校来说，质量更是学校生存和发展的生命线。而提高教学质量的关键，是建设一支高质量的教师队伍。笔者从民办学校的实际情况出发，就当前民办高校专职教师队伍建设的问题，谈几点粗浅的认识，与同行商榷。

一　外聘教师为主，退休教师居多的教师队伍现状及形成原因

由于民办高校起步迟，又是社会投资，不可能像公办学校一样，一开始就建立完备的专职教师队伍。因此，就绝大多数民办高校来说，都普遍采用

①　课题来源：本文是本人主持的浙江省哲学社会科学规划课题"浙江省民办高等教育可持续发展研究"（编号 N02JY5）阶段成果。

了从社会上聘请教师的办法，而主要对象是公办高校的退休教师。随着学校的发展、规模的扩大和专业增多，教师需求增加，退休教师不够用了，也聘用一部分公办学校在职教师参与民办高校的教学工作。后来，一些在读的硕士研究生、博士研究生也出现在民办高校的讲台上。综观整个民办高校教师队伍的构成，公办高校的退休教师、兼职教师和在读或待分配研究生，是当前民办高校教师队伍的主要组成部分。其中，退休教师是这支队伍的主体。据笔者了解，退休教师大致占到民办高校教师总数的 75% 以上，在一些大城市的民办高校，甚至达到 90% 以上。这还不包括学历文凭考试性质的专修学院，在这些学校，就浙江省的情况来说，几乎可以说百分之百是退休教师。另据民办高教委"百所民办高校"的调查，在 103 所民办高校中，90所学校有专职教师，其中，专职教师少于 20 人的民办高校 35 所，专职教师人数为 20—40 人的 24 所，即 2/3 院校专职教师人数不超过 40 人，再加上12.6% 院校（13 所）无专职教师（没有填写），也就是说，有近 80% 的民办高校没有专职教师或专职教师人数较少。这个情况与笔者了解的基本相符。

民办高校的教师队伍建设走"借用"社会力量之路，有其深刻的历史原因。民办高校的开办，首先是补充高教资源不足的需要。经济建设需要高校培养更多的高级人才，人民群众渴望接受更高的教育，大批高校退休教师热切希望继续为培养人才做贡献，一些有远见的教育事业热心人士有意投资高等教育，使得民办高校应运而生。民办高校本身是运用新的机制利用社会资源办学的产物。在民办高校创办初期，由于长期以来人们在计划经济环境下形成的对民办、民营的片面认识，人们不太愿意到民办高校专职任教；人事制度改革的滞后阻碍着民办高校专职教师队伍的建立；社会上又存在着不小的可用的退休教师队伍。这些原因使得民办高校不需要建立专职教师队伍仍然能够组织教学工作，是形成民办高校教师队伍现状的主要原因。民办高校发展初期社会高等教育的主要矛盾是资源不足、供求失调的矛盾。在上学机会极其稀缺的状况下，学生只要跨过高考这个"独木桥"就十二万分满足，办学条件差一些，加上收费又不高，不太会引起学生及家长的计较，当时"三无"（无校舍、无经费、无教师）的民办高校为数不少。民办高校最紧缺最难解决的教师队伍，是以运行新机制、充分利用社会"闲置"的退休教师来解决的。大批公办退休教师的加入，解决了民办高校的师资矛盾，对起步中的民办高等教育是一个巨大的支持，满足了发展高等教育的需要，增强了民办高校的社会信赖度，同时也是办学体制上的大胆创新。这些教师具有丰富的教学经验和兢兢业业、乐于奉献的崇高师德，为新时期高教事业的发展做出了贡献，他们是改革开放以来民办高教事业的奠基人，在民办高教的发展史上功不可没，书写了光辉的篇章。

二　面向新的情况，立足办出特色，民办高校必须加快建立自己的专职教师队伍

这个命题的提出，是有其客观的依据的。

第一，经过几年的努力，高等教育的规模已经有了较大的发展，师资紧张已成为普遍的现象。把教师的基本队伍建立在自己没有调配主动权的基础上，教学工作难以为继。近几年，国家加快了高等教育发展的步伐，特别是1999年以来，党中央、国务院基于进一步实施科教兴国战略，加快提高全民族的整体素质，尽快培养大批的适应现代化建设需要的高素质人才的需要，果断地做出了高校扩招的重大决策。当年实际招生近160万人，比上年增加47%，成为新中国成立以来普通高校发展最快的一年。2000年，作为这一政策的延续，高校扩大招生又创新纪录，全国实际招生达220万人。浙江省1996年至2000年历年高校招生数比较见表1①。2001年，有关部门决定，招生量进一步扩大到270万人。高校扩招，办学规模的扩大，造成了师资队伍严重不足。表2列出了我国部分省市普通本科院校1995年与1999年的生师比情况②。"1998年，我国的师生比已达到1：11.6，与国际相比已属较高的水平。师资已经处于紧张状态，结构性的短缺更加明显。"③《2000年全国教育事业统计主要指标及简析》一文提供的材料也表明，我国高等学校生师比已达到16.3：1④。不管怎么说，教师的严重不足已是事实。教育部高教司钟秉林司长谈到扩招后的主要问题时曾指出："由于招生规模的扩大，许多学校已经出现了程度不同的教师紧缺现象，特别是公共外语、高等数学、大学物理等基础课教师紧缺。有的学校公共英语课教学，甚至出现

---

① 《教育发展研究》2001年第2期。
② 《教育发展研究》2000年第10期。
③ 《襄樊学院学报》2000年第3期。
④ 《2000年全国教育事业统计主要指标及简析》，《教育发展研究》2001年第3期，第5—11页。

了一个教学班 200 人同时上大课的情况。"① 经过几年的扩招，公办高校的师资也很紧张，有的公办高校也开始返聘退休教师，采取一些政策，吸引或限制退休不久的教师外聘。规模日益扩大，教师日益难聘，在职教师不用说，就是退休教师资源也不富余，质量高的教师更难聘，问题是这种情况目前还在急速蔓延。民办高校应该认识到加快建立自己的专职教师队伍的重要性。

表 1　　　　　　　　　　浙江省高校近几年招生数情况

	1996 年	1997 年	1998 年	1999 年	2000 年
报名数	97745	110504	125390	131336	151111
招生数	30541	43955	47649	64698	95657
在校生数	96480	102302	113543	151318	200200
高考录取率	31.2	30.0	35.0	48.0	63.0

表 2　　　　　　1995 年和 1999 年部分省市普通本科院校生师比情况

地区	1995 年	1999 年	地区	1995 年	1999 年
湖南	7.81	10.83	上海	7.11	10.05
天津	6.66	9.91	江苏	7.48	11.69
河北	8.44	.9.82	浙江	8.00	11.1
山西	7.43	10.17	福建	8.21	11.85
辽宁	7.99	10.38	江西	8.55	11.81
黑龙江	7.07	10.56	山东	8.24	10.68
河南	7.82	11.25	广东	8.86	11.61

　　第二，由于高校的大幅扩招，逐步形成高等教育大众化的趋势，对建设职业化的民办高校教师队伍提出了要求。在民办高校创建的"初级阶段"，由于当时高等教育资源的匮乏，民办高校与公办高校生源的文化基础相差不是很大，加上民办高校管理上的严谨和学生迫切的求学心理，民办高校学生的学业状况与一般公办高校比较接近，学风上更具特色，公办学校的退休教师对民办高校学生的学习总体上也感到满意，教学困难不大，总体上是适应

---

① 《抓教育质量要有新思路新举措——访教育部高等教育司司长钟秉林》，《中国高等教育》2001 年第 1 期。

的。几乎所有的民办高校都曾经将此作为向社会表明本校教育质量不低的佐证，一些民办高校的毕业生也确实受到社会的欢迎。然而，时至今日，情况已经发生了很大的变化，由于各方面的原因，就生源的文化基础而言，民办高校与公办学校之间差距总体呈现拉大的趋势。教学的对象变化了，公办高校的退休教师原有用于公办高校的教学方案失灵了，原来在教学方面所积累的"经验"不够用了，有的教师知识结构也显老化，观念上也慢慢呈现出与现实脱节的状况。有的教师甚至对民办高校的学生表现出不满意的情绪，经常可以听到教师反映学生"学风太差""素质太低"的牢骚话，一些在民办高校兼职的公办学校教师也经常抱怨学生基础太差，"不好教"，同时也不屑花费精力去研究学生、研究教学。而学生也反映教师上课进度太快，"教学水平低下"等。由于"教""学"互不配套，难配合，甚至产生厌教、厌学情绪，教学效果每况愈下，提高教育质量难度很大，使学校领导伤透脑筋。如何研究学生，适应学生，因"才"施教，成为这些教师头疼的问题。这也是当前民办高校领导最棘手的问题之一。事实说明，民办高校如果没有专职教师队伍，没有对民办高校教学对象、教学环境、教学规律进行透彻的了解、研究和把握，要办出质量、办出特色是十分困难的。

第三，没有专职教师队伍，专业建设难以落实，课程教学规范建立不起来，教学质量难以提高。由于高等教育的发展，高等教育逐步由卖方市场逐步向买方市场转变，人民群众不仅要求接受更高的教育，同时也期望接受更好的教育。不仅满足于今天在大学读书，更关心在大学的三四年时间能学到什么东西，今后能否顺利就业和找到工作。这就要求民办高校树立新的人才观，质量观，办出质量，办出特色。现在，大多数民办高校的主要收入是学生的学费，与民办高校举办初期相比，学生的学费已属较高水平。在整个社会特别是广大农村并不富裕的条件下，培养一个民办高校的学生家庭将花费相当大的投入，而就业是家长的全部希望所在。民办高校只有深化改革，办出特色，培养出高质量有特色的毕业生，才能在市场中站稳脚跟，赢得社会的认可。有为才能有位，有为必须人为，所有这一切，光靠一支外聘的教师队伍是难以达到这一要求的，关键是要拥有一支高素质高质量有特色的专职教师队伍。

第四，建立自身专职的教师队伍，是民办高校搞好管理、提高管理水平和管理效益的需要。很多民办高校的质量提不高，效益上不去，很大程度上与教师队伍的建设有关。由于大量教师主要靠外聘，有时出现了叫不应、管理到不了位的实际情况，教学的不定因素太多，教学秩序受到冲击，常规教学的考核困难很多，教学管理难度很大。教学改革就更难寄予希望，民办高校也不可能获得较快发展。浙江树人大学自 1984 年创建后，任课教师主要从社会聘用，1997 年以前专业数一直增长缓慢，在校生 1000 人左右。近年来，逐步引进专职教师，特别是 2000 年省政府决定与毗邻的几所重点中专联合后，专职教师增加到 260 余人，专业数也一下增加到 30 余个，专业面覆盖文、理、工、经济、管理及艺术等学科，各种层次的在校生达 9000 余人，在国内民办高校中的影响进一步扩大。这也充分说明专职教师队伍对于学校发展的重要意义。

第五，人们观念的改变，人事制度的改革，政策环境的宽松，使民办高校建立专职的教师队伍成为可能。在民办高校发展初期，由于人们的偏见，愿意到民办高校工作的人不多。同时，政策环境也不宽松，民办高校在评定职称等待遇方面也没有明显的政策可依。经过多年的运作，民办高校为社会所接受，人们的观念也发生了变化，越来越多的人愿意到民办高校从事教学工作，一些民办高校还以较优厚的待遇引进人才，对社会人才有一定的吸引力。政府因势利导，在人才流动、档案管理、职称评定、货币化分房、医疗与养老制度改革等方面出台了许多相应的政策，尽力减少民办高校教师与公办高校教师之间的差距，为民办高校专职教师队伍的建设提供了必要的政策支持。2000 年国家又出台了教师资格制度，进一步拓宽教师选拔渠道，随着制度的实施，教师的身份逐步向"社会人"转变。近年来，由于多方面的原因，民办高校正在成为就业的新的热点。民办高校建立自身教师队伍的条件已经基本成熟。

三　建立民办高校教师队伍的基本思路

建立民办高校自身的教师队伍是十分必要的，这一点已经成为越来越多的民办高校领导的共识。显然，民办高校教师队伍的建设不能照搬公办高校的思路，应该有自己的特点。

1. 结构上专、兼职结合，比例应因学校实际情况和所处区域位置不同而异。建立自身的专职教师队伍，不是说不再外聘教师。一方面，民办高校利用外聘教师，既是教学任务的需要，也是民办高校特色的体现，还可能增加社会认可程度。另一方面，外聘教师在教学经验上的作用也是不容忽视的。因此，在建设教师队伍的过程中，仍然应该关注外聘教师的作用，做好外聘教师的聘用工作。同时，还应根据学校的实际情况和条件，来规划本校教师队伍的结构，建设学校专职教师队伍。专职教师到底占多大比例为宜，各校应根据学校自身情况而定，不宜一刀切，工科院校与文科院校不同，公共基础和专业课程也不一样，区域位置也是一个重要因素。一些民办高校处在高校较为集中的大城市，聘任教师较容易些，专职教师相对可以少一些，人员到位可以慢一些，一般可以对半，即外聘与专职各占一半。而在一些中小城市，由于教师资源较少，比例相应地应大一些，专职教师应占到80%以上。这样在教学上就可以保证基本的平衡，满足教学的需要。

2. 加大力度，采取切实有效的措施，引进和外聘相结合，建设民办高校的专职教师队伍。如前所述，高素质的教师队伍是办好学校、提高教育质量的关键。当前尤其要破除框框，冲破原有计划经济条件下的平均主义观念，舍得花本钱，超常规地引进高学历、高素质的师资，加快专职教师队伍的建设。不可否认，目前民办高校引进教师特别是引进高档次的教师，仍有一定的制约因素，不采取特事特办很难见效。实际上，已有一些民办高校在这样操作。浙江万里学院在引进教师中明确教师的年薪、住房、工作量、考核、奖励和科研经费配套等，领导亲自主持和参与人才引进工作，一年就引进教师百余人，收到了较好的效果。在引进方面，关键是做到心要诚、责要明、惠要实。只有这样，才能增加政策、待遇对人才的吸引力和凝聚力，加快专职教师队伍建设的步伐。

3. 专职教师应在教学科研方面起骨干作用。结构比例的考虑主要是就稳定秩序、满足使用来说的。实际上，在使用的过程中，是有侧重的。由于管理上的方便和易于到位，更由于民办高校专职教师少而精的特点，专职教师更应发挥骨干作用，在专业建设、课程建设、教学研究、教学改革和学风建设等方面，承担更多更重更主要的任务，使得深化教学改革和提高教学质量落到实处，并且通过对本校教学工作的实践、总结、分析和潜心钻研，探索民办高校教学工作的规律性，制定适合于自身的教学方案，逐步形成自己独特的教学风格和教学特色。民办高校师资人员的引进，首先应把拟建成本校有特色或优势的专业所需教师作为重点。同时，在新引进的人员中应适当地提高对学历和职称的要求，特别注意引进具有硕士、博士学位、能够挑起教学和科研重担的中青年高级人才，或者是经过教学和科研的实践具有较高教学科研能力的学科带头人和专业负责人，真正成为学校教学和科研工作的顶梁柱。

4. 常抓不懈，搞好专职教师队伍的作风建设。首先，每一个教师都要明确，民办高校是国家整个高等教育事业的重要组成部分，在民办高校任教就性质来讲与在公办高校没有什么差别，都是为社会培养现代化的建设人才，同样是光荣的，以此来激励他们的工作热情，树立起严谨求实、爱岗敬业的良好师德风范。其次，与公办高校相比，民办高校有其特殊性，作为民办高校的教师，在工作中需要花费更多的心血，用特殊的思维、思路和方法。既要遵循教育的基本规律，也要有一手处理特殊问题的能力。到民办高校任教，应该有这个思想准备。再次，专职教师与外聘教师相比，责任更重，要求更高，工作应该更主动些，在学校教学、科研工作中做好示范，为校风、学风建设多承担责任。最后，民办高校专职教师要虚心肯学，特别是要充分利用外聘教师中优秀教学成果和丰富的教学经验。现在许多民办高校的教师都是来自高校的毕业生，他们年纪轻、肯钻研、观念新、有闯劲，不足的是对教育的规律学得不够，理解不深，缺乏教学实践的锻炼，而外聘教师正可以提供这方面的经验。民办高校要抓住这个机会，让专职教师拜外聘教师为师，跟班听课，虚心求教，不断充实、提高自己。通过努力，使全校专职与外聘的教师队伍有机组合，相辅相成，共同为搞好教学工作作贡献。学校也要注重专职教师的进修提高，营造浓郁活跃的学术氛围，和谐的人际关系，改善他们的工作条件和生活待遇，激励他们脱颖而出，为他们的成长创造有利的环境，使之成为学校稳定教学秩序、提高教学质量、凸现办学特色、创立学校品牌的中坚力量。

（2001 年第 1 期）

民办高校抢抓机遇搞好规划的若干思考[①]

摘　要：抓住机遇加快发展，是党的十六大的重要精神。本文从我国民办高等教育发展的实际出发，分析民办高校抓住机遇加快发展的有利条件和重要意义，就民办高等学校如何搞好发展规划问题，提出了见解。

关键词：发展机遇；发展规划；民办高校；民办高等教育

一

党的十六大报告指出，综观全局，21 世纪头二十年，对我国来说是一个必须紧紧抓住并且可以大有作为的重要战略机遇期。根据这一精神和民办高校的办学实际，笔者认为，抓住当前发展的有利机遇，认真做好民办高校发展规划，正确定位，确立科学的发展战略，是民办高校健康有序持久发展的关键所在。

21 世纪的头二十年，我国将全面建设小康社会。而作为教育特别是高等教育的持续发展，既是实现这一目标的重要内容，同时又是全面建设小康社会必不可少的重要基础；既对高等教育提出了更高的要求，同时也对高等教育的发展提供了新的机遇和空间。对于民办高校，更是一个重要的发展时期。20 世纪国家改革开放伟大决策的实施，思想观念的转变，国民经济的快速发展，人民群众生活水平的大幅提高，为民办高等教育奠定了发展的基础。国家积极发展高等教育政策的实施，高等教育大众化进程的加快，

① 基金项目：本文是本人主持的教育部"全国教育事业十一五规划"前期研究招标课题（编号 11538）部分成果。

"形成以政府办学为主体，公办学校与民办学校共同发展的格局"目标模式的提出，为民办高等教育的发展提供了更为有利的机遇和宽阔的空间。民办高等教育是我国高等教育重要的组成部分已成为广泛的共识。WTO 的加入，教育国际化步伐的加快，民办高校的发展环境将更为公平，更为宽松。《民办教育促进法》的颁布，使民办高校从法律上取得应有的地位，大大激发了社会对民办高等教育投入的热情。经过各界的努力，民办高校在办出特色和提高质量方面进行了大胆的探索，积累了初步的经验。所有这一些都为新世纪民办高校的发展提供了很好的机遇。

从高等教育发展的实际来看，民办高校已经具备了进一步发展的条件和基础。据有关部门统计，到 2002 年底，经各级教育行政部门批准的各类民办高等教育机构有 1335 所，注册在校生 172 万多人。其中经批准有学历文凭颁发资格的民办高校有 133 所（到 2003 年 6 月 30 日止，已有 167 所），在校生 31.98 万人，其他类型（学历文凭助考机构等）有 1202 所，在校生 140.35 万人[①]。另外还有劳动部门审批的部分民办高级技工学院和近年来出现的民办性质的独立学院以及采用民办机制和体制运作的高职学院未统计在内。据有关部门提供的资料，民办高等教育机构已经占到我国高中后教育机构总数的 40%。这是一个了不起的成绩。从办学条件来看，2001 年有关部门曾对 24 个省市的民办高校进行调查，情况喜人。调查数据表明，大约有200 多所民办高校和民办高等教育机构的办学条件达到或接近教育部 1993 年颁发的《民办高等学校设置暂行规定》的要求，这些民办高校的生均面积已经达到 12.5 平方米，专业设置平均达到 6.2 个，校均规模达到 1300 多人；1993 年教育部颁发的《民办高校设置暂行规定》明确规定，民办高校的设置条件为：生均面积 10—16 平方米，专业 3 个以上，规模 500 人以上。这说明在 1000 多所学校里，有 200 多所条件是比较好的，基本达到民办高校的设置要求[②]。从办学层次上，2001 年教育部批准黄河科技学院升格为本科学院，2002 年又批准上海杉达学院和南京三江学院升格，2003 年 3 月，教育部批准浙江树人大学等 5 所民办高校升格。加上原来的仰恩大学，我国已经有了 9 所民办本科大学。这一切既说明民办高等教育的办学质量逐步得到政府管理部门的肯定，得到社会的欢迎和认可，也预示着民办高等教育广

---

① 《我国民办教育迅速发展》，《中国教育报》2004-3-26（5）。

② 瞿建东：《民办教育改革与发展中的几个问题》，《浙江树人大学学报》2002 年第 1 期，第 1—8 页。

阔的发展前景。

民办高等教育与公办高等教育一样，是我国高等教育体系中的一部分，人才培养同样面向社会主义现代化建设。民办高校的成长和发展，改变了我国高等教育投资体制长期以来单一的由国家财政独家承担的局面，拓宽了高等教育资金的渠道，减轻了国家负担，增加了高等教育的投入，兴办了新的高等学校，扩大了我国高等教育的紧缺资源，缓解了我国高等教育供求关系严重失衡的矛盾，增加了学生读大学的机会，增加了我国高等教育的规格和品种，适应了人民群众对接受高等教育的愿望，为社会培养了大批经济建设和社会发展需要的人才，推出了新的办学机制，推动了高等教育的改革和发展。民办高等教育正在成为我国高等教育的重要组成部分，在我国社会主义现代化建设事业中发挥重要的作用。特别是一部分具有学历文凭颁发资格的全日制民办普通高校，近几年来上规模、求质量、树品牌，在社会上享有较高信誉，赢得了社会的认可，走向持续发展。一部分民办高校经国家教育部批准具有大学本科文凭颁发资格，大大鼓舞了社会投资民办高等教育的热情，增强了办好民办高校的信心。民办高教已经成为我国高等教育大众化的重要力量，在 21 世纪高等教育发展中将发挥更为重要的力量。

二

进入 21 世纪的民办高等教育，面临着超常规发展的大好机遇。学习贯彻十六大精神，抓住机遇，当前很重要的工作就是要做好民办高校的发展规划。第三次全国教育工作会议以来，我国民办高等教育总体发展速度稳健，事业发展遇上了前所未有的好时机。但是，民办高校的各种类型以及在各个地区的发展很不平衡，面临着许多新问题，制约了民办高等教育事业的发展。历史不长、实力薄弱、层次较低、目标不明、定位不准，使得民办高校发展时常呈现无序的状态。由于缺乏发展规划的指导，对到底要"办一所什么样的大学、如何办大学"心中无底。有的学校办了十多年，仍然靠租借闲置厂房作校舍，"上无片瓦、下无寸地"的处境毫无改变。有的学校教师队伍建设无目标，专职教师队伍建设进展缓慢，教学秩序难以稳定，办学质量难以提高，也损害了民办高校的声誉。有的学校发展无目标，对到底发展到多少规模心中无数，在招生工作中随意性大，没有计划、资源概念，过多注重经济效益，有多少考生招多少学生，使得学校资源严重短缺，供需矛盾突出，管理手段跟不上，事故隐患频发。有的学校对设置多少专业、设置什么专业、学科建设怎么搞等问题不做研究，一味模仿公办高校，这样自然难以办出特色。有的民办高校在校园建设中贪大求全、搞形象工程、好争"第一"。对校园到底建多大、建哪些设施、估计投资多少，缺少科学规划。有的学校大搞基本建设，基建规模大幅扩张，资金入不敷出就钻国家信贷的空子大量贷款，在学校快速发展的同时，办学风险也在急剧上升。有的学校缺乏明确定位和发展目标，全日制普通教育刚刚举办，连毕业生都还没有，却大肆空喊"建设'东方哈佛''清华第二'"，热衷于花大钱参与商业性的全国"最大""最早"等没有实质内容的评比，在广告和包装方面不惜血本，但在摸索培养模式、提高培养质量和培育办学特色方面却投入不够，动作不多，使得社会上对民办高校的办学行为产生怀疑。这些状况，阻碍了民办高校的健康发展。近年来，我国高等教育发展快速，创造了世界高等教育发展史上的奇迹。相比之下，民办高等教育却发展不快，虽然有关部门一再呼吁发展民办高等教育，特别是发展民办高等普通教育，但是，前几年民办高等教育的在校生从最高时期 1999 年的 148.8 万人下降到 2001 年的 128.1 万人，呈萎缩趋势，与整个高等教育的蓬勃发展相比形成强烈的反差。个中原因虽然不能简单划一，但是缺乏规划、无序发展、起点不高、定位不准是主要原因。

综上分析，可见民办高校规划工作的重要性。与公办高校一样，民办高校的特殊性使得规划工作成为更重要更紧迫的任务。我国的民办高校与公办高校相比，办学实力仍然相去甚远。由于 WTO 的加入，国外高校将抢占我国高等教育市场，声势浩大的国际高等教育展也或多或少地说明一些问题。制订切合实际的发展规划，是我国与国外大学竞争的首要条件。大学不能准确地设计自己的发展目标与选择合适的发展方向，脚踏西瓜皮式的办学模式肯定难以与外国实力强大的高校逐鹿。在高等教育市场竞争越来越激烈的形势下，把握优势，扬长避短，准确的定位与发展道路选择将使学校发展如鱼得水、大展身手。民办高校发展正处于极好的机遇，如何设计自己的未来也成了决定学校生存和发展的重大课题。《高等教育法》的逐步实施从法律上有效地保证了大学的办学自主权，但办学自主权的运用有待于民办高校自身主动性、创造性的发挥，学会制订发展规划是必要的环节。从办学者与举办者的关系来看，民办高校如果拿不出适合实际的发展规划，就不能吸引投资者的资金，也就难以得到社会投资，对学校发展可能产生不利的影响。正因如此，许多领导强调当前高校制定好发展规划的重要性。在党的十六大精神鼓舞下，许多民办高校都在重新调整发展目标，规划学校长远发展的美好未来。

相对而言，民办高校在制定发展规划方面有许多有利条件。由于政府部门对民办高校办学的管理相对宽松，民办高校在制定规划时有更多的自主权。由于经费自筹，在制定规划时对发展目标的确定和办学模式的定位可以做到更切合实际，较少受到相关因素的影响，操作更具可行性，能够发挥"引院校之舟在前进道路上顺利地通过各种变化多端的环境"的作用。

三

当前制定民办高校发展规划的条件已经成熟。国家有关教育和高等教育"十五"计划和 2010 年发展规划已经出台，各省市的社会经济发展计划和规划也陆续颁布，绝大多数省市出台了高等教育发展纲要。如，浙江省已经出台了《浙江省教育事业发展十五计划》《浙江省高等教育发展纲要》，这些文件成为该省民办高校制定发展规划的重要依据。近年来，许多公办高校也已制定了本校的发展规划，可为民办高校制定发展规划提供借鉴。民办高校应该抓住有利时机，积极行动，切实制定好本校的发展规划。要在认真调查研究的基础上，反复论证，按照一次规划、分步实施的原则，一步一个脚印，办出质量，办出特色，积蓄力量，持续发展。

对于民办高校制定规划问题，各校所处的环境不同，自身的条件不一，难以简单划一。在此，根据笔者所在学校制定规划的情况，谈几点体会，供同行商榷。

1. 领导要重视。考察一些发展不快的民办高校，发现有的学校在学校办学目标等重大问题上，举办者与办学者在认识上存在较大分歧。学校将往哪个方向发展，办一所什么样的大学，采取什么举措，认识并不统一。制定发展规划，说到底就是要解决好"办一所什么样的大学""如何办大学"的问题，这自然关系到学校的长远发展目标和发展战略，民办高校的举办者和办学者都必须高度重视。在事关学校发展的一些重大问题上，特别是对于学校发展的目标和战略，学校举办者和办学者的认识应该高度统一，如能发动教职员工参加讨论甚至听取一些校外有关人士的意见建议，效果更佳。通过制定发展规划的过程，进一步增强学校的凝聚力和向心力，求同存异，加强团结，奠定实施发展规划的思想基础。

2. 思想要创新。民办高校势单力薄的状况在短期内难以改变；民办高校在"夹缝"里生存的局面，现阶段仍不可能扭转。在当今时代背景下发展民办高等教育，肯定会遇到许多意想不到的问题和困难。不容置疑，民办高校在我国已经有了近二十年的历史，私立教育更是源远流长，现代私立高等教育在国外已经有了几百年的历史，这一切都为当今民办高等教育的发展提供了经验和借鉴。但是，时代已经发生了深刻的变化，当今的民办高校绝不是过去的、国外的私立高校所能涵盖的。从精英教育时代向大众化时代转变，民办高等教育也必须与时俱进。加入WTO后的高等教育，意味着高等教育国际化的步伐进一步加快，民办高校既要面临国内高校的竞争，同时也要接受国际高等教育的挑战。所有这一些都要求民办高校具备创新的思想、超前的意识，不仅要更新不适应国家和社会发展要求的观念，树立正确的人才观，还要更新不符合受教育者成长发展规律的观念，树立正确的成才观。这些都必须体现在学校的发展规划中。

3. 关系要理顺。要透彻研究本地区经济发展和高等教育发展的区域状况，研究区域高等教育发展规划。民办高校如想获得快速发展，其发展规划必须充分反映国家、地方和学校自身的利益与要求，要能够与国家和地方的教育发展指导思想相吻合，相对避开公办高校办学优势的方面，充分利用地方政府发展民办高等教育的政策，抓住"巩固成果，深化改革，提高质量，争取高等教育的跨越式发展"的大好机遇，从区域高等教育发展的大背景下寻找适合自身发展的有利空间，加快发展壮大自身实力。有人提出加入WTO后高等教育国际化、全球化的步子加快，民办高校不必拘泥于本区域的发展。笔者认为，从目前民办高校的实际出发，参与高等教育国际化还有一定的难度。从一定的意义上说，立足地方，紧密结合社会需求，坚持"以服务求支持，以贡献求发展"的发展原则，对民办高校来说更为重要，更为务实。

4. 目标要适中。要从民办高校自身的实际情况出发，探究适合民办高校持久健康发展的空间，要特别体现前瞻性和可操作性原则，科学地确定自身的发展目标，正确定位，扬长避短，办出特色。定位太高，可想而不可及；定位太低，错失良机，目标失去应有的意义。科学的目标是，充分运用环境资源和高效率的机制，经过全体成员的发奋努力，在现有的或可能的条件下能够付诸实施，取得较快的发展。办教育是一件复杂而艰难的事业，举办民办高校更为艰辛。一所高校的声誉不是一蹴而就的，需要有较长时期的积淀过程，来不得任何的"假、大、空"行为。民办高校财力有限，更加需要统筹规划，统一布局，使有限的资金用在最需要的地方，既要加快建设，又要量力而行。即使贷款，也还是要考虑到还贷能力，盲目贪大求全对民办高校的发展并无益处。当前，民办高校应力戒浮躁作风，坚定地把应用型、复合型和实用型人才作为培养目标。从现实的条件出发，创办"国内一流的民办高校"，更适合我国民办高校的发展实际。

5. 措施要到位。规划的根本目的是引导学校的办学行为，指导学校更好更快地发展。规划制定得再好，难以实施或实施得不好，也就失去了应有的作用。当前，专职教师队伍建设既是民办高校发展的急需，也是持久健康发展的基础，要花大力气、花大钱抓实抓好。由于近几年连续扩招，公办高校的师资已经呈现十分紧张的状况，有的甚至被有关部门挂"红牌"，民办高校完全依靠聘请公办高校兼职教师和退休教师的状况难以再持续下去了。从稳定教学秩序、提高教育质量、创建学校品牌的大局出发，民办高校必须加快专职教师队伍的建设。要采取各种有力措施和优惠条件，大胆引进人才特别是高学历、高职称人才，充实教师队伍，满足教学需要，同时为学校发展上规模、上档次、创品牌打下良好的基础。教学工作仍然是民办高校工作的主体，要针对民办高校的实际，探索素质教育新途径，尝试民办高校人才培养新模式，创出民办高校办学特色，走出民办高校教学工作新路子。

（2004 年第 1 期）

积极开展科研工作，提高民办高校整体办学水平

摘　要：本文介绍了我国首批经国家批准的民办普通高校之一——浙江树人大学开展科研工作的情况，总结了主要经验，论述了民办高校开展科研工作的重要意义，并就民办普通高校开展科研工作提出了建议。

关键词：民办高校；科研工作；经验；启示；建议

一　树人大学科研工作的现状

浙江树人大学，1984 年经省政府批准开始筹建，1985 年秋开始正式招收全日制统招生，1994 年被教育部批准为首批具有独立颁发大专学历文凭资格的民办高校。从无校园、无教师、无经费的"三无"起步，经过 20 年的艰苦努力和高等教育实践，特别是第三次全国教育工作会议以后，树人大学抓住高校扩招、高等教育大众化和国家积极发展民办高等教育的大好时机，紧密结合浙江实际，遵循高等教育发展规律，充分发挥民办机制的优势，快速发展壮大了自己，赢得了社会的肯定。2003 年 3 月，浙江树人大学经教育部批准升格为本科院校，成为全国仅有的 9 所民办本科院校之一。在学校快速发展的同时，学校领导高瞻远瞩，及时地启动了科研工作。2001年上半年，学校董事会提出启动科研工作的要求，并把科研工作放到"提升办学层次，促进学校发展，在民办高校中创出特色"的重要位置。学校正式成立了科研处，开始建立科研工作的管理机制，沟通相关部门之间的关系。升格本科院校后，学校召开了首次科研工作会议，制定了科研工作规划，出台了鼓励教师搞科研的一系列制度和规定；会后，学校又出台和实施

了教师科研工作量考核的有关刚性规定，运用政策杠杆调动教职员工参与科研工作的积极性。在一系列措施的牵动下，短短几年时间，学校科研工作从无到有，艰难起步，逐渐有了起色。从 2001 年开始至今 3 年时间，全校共承接各类课题 200 多个，其中省厅级以上课题 52 个，另外还有一批教学改革课题和横向应用性课题，总经费在 500 万元以上。一批质量较高的课题已经完成并通过鉴定，教师和研究人员在各类核心学术期刊上发表的论文有 800 余篇，其中，在国内一、二级学术期刊上发表的论文有 200 余篇。教师们编写的国家通用教材和重点教材 100 多部。通过科研工作，逐步营造了学校的学术氛围，调动了教师从事科研工作的积极性，促进了教师教学水平和管理水平的提高，全面提升了学校的办学水平。仅 2004 年，全校就获得浙江省哲学社会科学研究课题 3 项，浙江省科技基金重点项目和教育部招标课题各 1 项，浙江省 21 世纪重大教学改革项目招标课题 1 项；通过省级鉴定的课题 5 项。叶宏明教授荣获浙江省首次（2003 年）科学技术重大贡献奖和 2003 年浙江省科学技术一等奖，成为全省少数获此殊荣的专家之一。

二　树人大学科研工作的基本经验

1. 学校领导高度重视科研工作。秉承崇德重智、树人为本的办学宗旨，围绕怎样树人、树什么样的人的问题，近几年来，树大的领导高度重视科研工作。校长朱玉教授长期在高校担任主要领导职务，他认为"我们学校当然定位在教学为主的类型，但是作为本科院校，科研是一项基本职能，只有把科研这项职能承担起来，才能促进其他职能的开展"。针对一些人存在的"民办高校是教学型高校，教学任务重，科研工作开展困难，强调科研工作会分散教师精力，不利于教学质量的提高"的片面认识，董事长陈文绍指出："科研工作和教学工作是相辅相成的，没有科研，教学工作是难以搞好的，我们不应该割裂科研和教学的关系。民办高校是教学型高校，但是教学型高校不是不要科研工作的高校，要提高教学质量和教学水平，就必须依靠科研。"学校领导班子多次研究科研工作，强调科研工作在学校发展中的地位和作用，要求全体教师做好规划、选准方向，积极开展科研工作。与此同时，学校领导以身作则，带头搞科研。

2. 健全相关机构，加快科研基地建设。管理工作和基地建设是科研工作的基础。为了指导科研工作的开展，树人大学成立了校学术委员会，谋划、决策学校科研工作的重大问题。学校成立了科研处，承担信息收集、政策制定、项目管理和服务工作。根据学科现状和办学特色，学校成立了民办高等教育研究所、国际经济贸易研究所、园林建筑设计研究所、软件研发中心、茶文化研究发展中心、陶瓷研究所、民营中小企业研究所、东亚文化研究所和轻工研究所 9 个研究机构，把教师的科研工作纳入学科和专业建设之中，使之更好地与学校的教学工作相结合，与社会经济和社会发展的实际需要相结合。

学报是展示学校科研成果的窗口，也是培育教师科研能力的重要园地。《浙江树人大学学报》于 2001 年经国家新闻出版署批准出版后，聘请了高水平的编辑，注重质量和特色，努力为本校教师和民办高校研究人员服务，在民办高校的学报中初露头角。2002 年度学报被人大复印报刊资料等权威学术期刊的转载量，在全国综合性大学学报中排名第 69 位，2003 年排名第 61 位。2003 年 5 月，学报荣获首届《中国学术期刊（光盘版）检索与评价数据规范》执行优秀期刊奖，同年起，经有关部门同意，《浙江树人大学学报》由邮局统一发行，成为全国唯一的一份通过邮局发行的民办高校学报。

3. 加快团队建设，整合科研工作的力量。民办高校大多数都是从外聘高校教师起步的，树人大学也不例外。而仅仅依靠外聘教师开展科研工作，困难很大并且难以持久。在学校建立后相当长的时间里，由于地域位置的优势和兼职教师资源的富裕，树人大学一直没有专职教师。2000 年，面对高校扩招带来的师资日趋紧张的局面，面对高校大众化带来的学生生源和培养目标的变化，面对知识经济带来的科技发展日新月异的新形势，学校清醒地认识到加快建设一支专职教师队伍的重要性和紧迫性。

本着服务教学和科研工作的基本要求，树人大学逐步建立了专职教师队伍。近 4 年来，学校采取积极有效的措施，聘任 17 位博士生导师、教授担任学院院长或科研负责人。同时推行管理学院的二级导师制，充分发挥资深专家对科研工作的传帮带作用，以特聘专家为指导老师，对年轻教师进行手把手的帮教。学校还引进高学历、高层次的科研教学骨干，充实教师队伍。目前，学校引进的 10 名博士都已经成为学科带头人和科研工作的骨干。学校大力扶持青年骨干从事科研工作，制定了一整套扶持培养青年骨干教师的政策。2003 年，学校共评选出 15 位校中青年学科带头人、26 位校优秀青年骨干教师。他们在教学和科研工作中发挥了"领头雁"的作用。

　4. 根据实际情况，正确选定科研方向。民办高校的科研工作应该研究什么，怎样开展科研工作？相对于公办高校，民办高校的科研能力还是非常薄弱的，与老牌的大学更是无可比拟。民办高校在科研工作中，应该与在教学上的策略一样，正确定位，发挥优势，扬长避短，重点突破，坚持有所为有所不为。树人大学的重要经验之一，就是从自身实际情况出发，正确选定科研的方向和内容，突出研究重点。根据学校的实际，选择以下三个方面作为科研的突破口，加以重点扶植。

　一是面向区域经济发展需要的应用技术的开发和推广。树大结合区域经济需要，结合专业建设，把一些有特色的专用技术、实用技术推广到一些企业、特别是中小型企业中去，这既为企业提供科技服务，同时也取得了一定的科研资金。例如，信息科技学院软件研发中心开发的"中专生就业管理系统软件"是应浙江省人事厅的急需而开发的，它大大提高了市场化运作条件下毕业生就业管理工作的效率，得到广大用户的青睐和好评；人文学院茶文化研究与发展中心的"遂昌县茶文化应用开发"项目，把学校办学特色与当地经济建设紧密结合起来，把茶文化应用于效益农业开发，大大提高了当地茶叶产业的效益，丰富了茶文化底蕴，他们研究、策划的遂昌"龙谷丽人"茶叶品牌，获第四届中国国际茶文化博览会金奖，既扩大了社会影响，又收到了良好的经济效益和社会效益；陶瓷研究所所长叶宏明教授主持的"纳米氧化铝改性官哥窑青瓷及其抗胎裂研究"被评定为"国际领先"，并荣获浙江省政府科学技术一等奖；浙江是经贸大省，服务贸易的研究相对滞后，而国际经贸研究所具有这方面的研究基础，因此选定这一方向，既发挥自身的研究优势，又是教学工作和专业建设所必须，更具实际意义。经过3年的努力，国际经贸学科现在已经成为省级重点学科。

　二是面向人才培养的教学研究。面临高等教育大众化的新形势，面临素质教育的实施，面对新技术新工艺的发展，教学改革的紧迫性日益凸现。民办高校要办出特色，必须通过教育培养，使原先文化素质相对较低的学生能真正成长为合格的大学毕业生，而要实现这一目标，关键是要切实搞好教学改革。因此，近几年，围绕提高人才培养质量和课堂教学效果，在这一方面做了许多有益的探索，取得了一定的成效。如，外语教学和计算机基础教学质量在学校规模扩大以后曾一度出现了下滑的趋势，经过研究改革，教学效果明显好转，2004年上半年全校计算机统考成绩名列全省高校前列，公共外语的教学质量亦稳步提高。此外，在新专业设置和老专业改造、课程建设和改革、教学方法和手段等方面，也做了大量的研究工作，取得了明显的效果。教学研究不仅锻炼了教师的科研能力，而且直接为教学服务，它对提高教学质量，办出民办高校特色具有重要的意义。

三是民办高等教育研究。民办高等教育办学历史不长，中国民办高校又处于公办高校占绝对优势的环境之中，因此如何发挥民办高校的机制优势，在公办高校的夹缝中寻求民办高校的生存和发展空间，这是每一个民办高教工作者面临的重大课题。树人大学校长朱玉教授认为，民办高校必须坚持高举民办旗帜，走回头路是没有出路的。同时，他认为"坚持民办性质，高举民办旗帜，就是坚持改革创新"。为了生存和发展，民办高校的实际工作者应该抓住有利时机和条件，面向实际，努力探索，研究民办高教的发展规律，为民办高等教育事业健康持续发展做出努力。在浙江树人大学，最早建立的研究机构就是民办高等教育研究所，校长亲自兼任所长，带头开展研究。他相继发表了《树人大学的办学模式》等多篇研究文章，鼓舞和启发了全校教师参与科研工作的热情。学校还建立了以兼职为主、专职为辅的研究队伍，积极开展对民办高等教育的研究。3 年来每年至少有一项民办高等教育研究课题在省级以上级别立项，各类课题有 20 多个，研究经费达到 50 多万元。"研究自我、自我研究，研究中工作、工作中研究"逐步在全校蔚然成风，取得了显著的成果，从而推动了学校的教学工作，并引起有关方面的关注。在教育部公开招标的"十一五"规划前期课题中，民办高等教育研究所"'十一五'期间中国民办高等教育发展对策"课题成为唯一中标的民办高校课题。"民办高校人才培养模式改革研究"项目经评选，在省政府新世纪重大教改项目招标中获得成功，极大地鼓舞了全校教工开展民办高等教育研究的热情和信心。

通过学报展示学校的科研成果和引导课题研究的方向，也是树大科研的一大特色。公开发行的《浙江树人大学学报》专设"民办高等教育"专栏，为本校教工的科研提供阵地，为全国民办高等教育研究提供窗口，引起学术界的关注，已经成为全国民办高等教育研究的特色栏目。

5. 积极开展学术交流，不断浓郁学术氛围。3 年来，广大师生开展科研工作的积极性有了显著提高，科研意识有了明显增强，学校科研氛围日渐浓厚。学校先后邀请了美国加州大学金兰教授、美国肯塔基大学 Hildreth 博士、芬兰坦佩雷大学林卡博士、中国工程院院士金鉴明教授等多位国内外专家学者来校做学术报告，介绍学科前沿问题和发展态势，浓厚了学术氛围。

学校还评选出重点学科，经常举办学科学术研讨会，深入研究学科发展和专业建设的问题。同时，每年举办学生科技创业节，鼓励和引导学生积极参加科研工作，培养学生的科研能力。

积极开展科研工作，带动了学校的教学和管理。科研推动了学校的改革，提高了工作的主动性、科学性和预见性，促进了管理水平的提高。在2004年上半年省教育厅组织的本科院校教学工作水平评估工作中，树人大学的教学工作得到专家的一致肯定和好评。树人大学被批准为民办本科大学只有一年时间，能获得这样的成绩，确实是很不容易的，这与学校积极开展科研工作是分不开的。

三　对民办普通高校开展科研工作的几点认识

通过以上分析，我们可以看到树人大学科研工作的可喜进展。但是，对于要不要搞科研的问题，在民办高校以及社会上有些人中间，认识是不尽一致的。

改革开放以来，特别是近几年来，我国民办高校发展较快。截至2004年6月底，全国经批准设置的具有独立颁发大专以上学历文凭的民办普通高校有214所，约占全国高校总数的12.5%，在校生81万人，约为高校在校生总数的8%。以上数字不包括独立学院和转制高校。应该说，这几年每年新建40所左右民办高校，这个进展还是比较快的。但是，民办普通高校的整体办学能力和水平还是不容乐观的，特别是在科研工作方面，民办高校与公办高校之间的差距更大。

科研工作是现代大学办学职能的集中体现。从某种角度上看，随着经济的发展，科技和社会的进步，高校的科研职能更加重要。科研已经成为一个高校是否完善和质量优劣的重要标志。国内外对高校的评价指标中，科研能力是一个重要因素，占很大的权重。民办高等教育属于高等教育，自然就应有科研的任务。虽然目前来看，绝大多数民办高校属于教学型的高校，但是教学型的高校是就此类学校主要的工作重点来说的，而不是说就不要开展科研工作了，更不能把它作为放弃科研工作的理由。其实，科研工作搞不上去，高校的服务功能也得不到充分的展现。现在，许多民办高校都提出了"创一流业绩，办一流高校"的目标，如果没有科研，要实现这个目标是根本不可能的。从民办高等教育面临的竞争和挑战来看，也必须把科研工作抓起来。

搞好科研工作是民办高校搞好人才培养的需要。事实证明，科研工作是提高教师教学水平的重要途径。不搞科研，单边的抓教学工作，会使教学工作与快速发展的科技脱节，教师的科技水平和教学水平难以提高，教学工作也不可能搞好，教学质量难以保证，也就无法培养全面发展的高素质人才。有的民办高校领导认为，我的学校从重点大学聘请教师，我的学生等于享受了与重点大学一样的师资，不愁教学质量上不去。从重点高校聘请教师当然是一方面，却不能保证一定能收到好的教学效果。原因在于，民办高校教学的对象和培养的目标与重点大学是不一样的。在重点大学，教师讲课说一道三，学生举一反三。在民办高校，有的内容教师说三遍，学生还不一定理解。学生的文化基础和理解能力差异是客观存在的。教育理论的研究和实践已经证明，研究教育对象、因材施教是非常重要的。许多外聘教师在重点大学能搞好教学，在民办高校却不一定能搞好。在一些民办高校中，师生之间互怨情绪严重，教师怪学生不好好学，学生怪教师教得不好、听不懂。为什么会这样？原因在于教学对象与培养目标的不一致。民办高校要搞好教学工作，教师必须研究学生，研究和制定适合民办高校培养目标和生源实际的教学方案。为此，必须开展科研工作。

搞好科研工作，是民办高校迎接挑战、适应市场竞争的需要。近几年，教育体制改革深入发展，公办高校的市场意识和竞争意识大大增强，创新能力和科研水平快速提高，高校扩招和大学城的兴建，特别是大批公办高校独立学院的产生和合法化，更给民办高校带来巨大的挑战和压力。民办高校如不奋起直追，就只能导致与公办高校办学水平的距离越拉越大。所以，民办高校只有搞好科研，才能参与和适应教育行业日益激烈的竞争，才能不断提高教学和管理水平，逐步缩短与公办高校的差距，才能在高等教育市场中巩固和占据自己应有的位置。

科研工作的薄弱，制约了民办高校上水平、上层次。应看到，近几年来，随着大众化高等教育的深入，高等教育资源逐步丰富，竞争越来越激烈。要实施公办学校为主体、民办高校和公办高校共同发展的新格局，就民办高校来说，必须改变长期单边搞教学的局面。如果没有科研工作，民办高校的职能就得不到完善和发挥，就只能永远停留在"补充"的地位上！

四 民办高校开展科研工作的几点建议

民办高校开展科研工作，既有不利因素，又有自身的优势，近年来也出现了一些做得较好的民办高校。但从总体来看，目前民办高校的科研工作正处于起步阶段，队伍不强，力量薄弱，资金不够，成果不多。搞好民办高校科研工作，有几个问题值得注意。

1. 加强民办高校的科研工作，必须努力提高民办高校领导对科研工作的认识。从目前的情况来看，相当多的民办高校的没有将科研工作列入学校规划，究其原因，这些民办高校的领导对科研工作没有足够的重视。近年来，许多民办高校办学规模快速增长，教师教学工作量相当饱满，而一些领导对科研工作感到"心有余而力不足"，担心教师搞科研影响日常教学工作。一些民办高校的举办者对办学的功利性考虑较多，认为科研是公办高校特别是公办重点高校的事情，民办高校教师只要搞好教学工作就可以了。这些状况有一个共同点，就是割裂民办高校科研和教学的关系并使之对立，实际上体现了急功近利的特点，因此是不可取的。从树人大学和科研工作搞得比较好的几所民办高校来看，领导的重视和举办者的支持是民办高校能否开展和搞好科研工作的关键性因素。

2. 加强民办高校科研工作，必须加快民办高校专职教师队伍建设。与教学工作一样，搞科研也是实实在在的工作，需要团队的力量。客观地说，有的民办高校领导也不是不想搞科研，而是由于民办高校搞科研确实有许多不利因素，其中专职教师人数少、科研骨干少、高层次人才少是重要原因。根据树人大学的经验，基于高等教育快速发展、社会闲置教师资源（包括退休教师资源）的日趋紧缺，也基于稳定教学秩序、提高教学质量和开展科研工作的实际需要，民办高校必须加快专职教师队伍的建设。在队伍建设中，应该从实际出发，注意引进科研骨干和学科带头人，建立合理的团队结构，充分兼顾教学和科研的双重需要，使专职教师能在学校科研工作中发挥积极作用。

在科研工作中，还要注意发挥管理人员的积极性。民办高校的许多管理人员原来是公办高校的学术骨干，学校工作环境的改变能使他们对科研产生较强的愿望和兴趣。充分发挥这部分人的科研积极性，具有科研工作易起步、便管理、见效快的特点。因此，民办高校对于教师和管理人员科研能力的培养要高度重视，学校可以给教师和管理人员定科研任务，压科研担子，可以组织教师和管理人员申报各类科研课题，支持他们参加各类学术会议，还可聘请专家学者给教师和管理人员做理论讲座和科研报告，有计划地培养他们的科研能力，从而提高他们的科研水平和工作水平。

3. 加强民办高校科研工作，必须建立民办高校科研工作的运行机制。民办高校的运行机制是民办高校的特色和生命，科研工作在这方面也应该有所体现。民办高校专职教师少，选聘应特别慎重。一方面，引进和调配的专职教师，特别是花费高代价引进的高学历、高职称的教师，应注意考察其科研能力，以便为学校科研工作创造条件，充分发挥专职教师在教学、科研工作中的骨干作用。另一方面，在目前情况下，民办高校有许多外聘老教师，这是民办高校科研工作的可贵资源。应该抓住机会，充分利用和发挥他们在科研工作中的传、帮、带作用，注意发掘他们丰富的科研工作经验和较高的科研工作能力，在搞好教学工作的同时为新教师开展科研工作做好指导。在科研条件方面，民办高校也要积极引进市场机制，充分利用社会资源为我所用，以节约和减少一些不必要的开支。

4. 制定强有力的政策，鼓励和引导教师积极投入科研工作。政策的作用，一是"逼"，即针对教师的实际，对教师搞科研提出一些刚性的要求，"逼"教师搞科研；二是"引"，即运用优惠的利益机制，如职称、晋级、分配等方面适当地向科研倾斜，以调动教师搞科研的热情；三是环境创造，即为教师搞科研创造良好的环境，包括时间、空间、经费等，使教师愿意在科研上投入精力。浙江树人大学近年来先后出台了科研管理的若干文件，对科研工作推动较大，科研工作取得重要进展，全校科研气氛已经初步形成。

五 结 语

我国的民办高校是在艰苦的环境中发展壮大起来的，民办高校的教学质量也是在克服种种困难的条件下逐步提高并取得社会信誉的。笔者认为，只要上下统一认识，高度重视，明确目标，努力攻关，民办高校的科研工作就一定能做得更加出色。也只有这样，民办高校才能真正成为公办高校的强有力的竞争对手，一流的办学目标才能真正实现。

（2004 年第 6 期）

积极发展工科教育，拓宽民办高校发展空间[①]

摘　要：回顾我国民办高校科类结构的发展，分析其设置特点及其形成原因，针对当前实际情况，论述了民办高校发展理工科专业、特别是工科专业，拓展发展空间的重要意义，讨论民办高校科类结构转型的背景、问题与挑战，并就民办高校如何发展理工科专业以进一步拓宽办学空间提出了建议与对策。

关键词：民办高校；科类结构；工科专业；发展空间

在"十五"期间，我国民办高等教育得到快速发展。据有关部门公布的资料显示，截至 2005 年 3 月，我国已有民办普通高校 228 所，比 2004 年初的 173 所增加 55 所，占全国 1683 所普通高校的 13.6%。民办普通高校在校生 139.63 万人，比上年的 81.3 万人增加了 58.33 万人，占全国普通高校 1333.5 万在校生的 10.5%（上述数字没有包括独立学院）[②]。民办高校机构数和在校生数在整个国家高教系统中的比例均超过了 10%，这是民办高等教育发展的重大突破。从类型上分析，民办高校在金融贸易、计算机信息工程、管理财会、涉外语言等领域培养了各种规格的实用型人才，较好地满足了我国地方经济对于人才的需求和学生接受高等教育的需求。许多民办高校"以质量求生存，以特色求发展"，培养出了一大批高质量的毕业生，受到用人单位的高度评价，赢得了良好的社会声誉，社会认可度得到很大的提高，走上持续发展的道路。

随着社会政治、经济、文化的发展与转型，民办高等教育开始步入了历

---

①　课题来源：本文是本人主持的浙江省哲学社会科学规划课题"浙江省民办高等教育可持续发展研究"（编号 N02JY5）阶段成果。

②　据新华网相关报道资料整理而得。

史的转型期。进一步明确民办高校人才培养的规格，改革和调整现有的学科和专业结构，是民办高校拓宽发展空间、适应社会政治经济文化等多层面转型的需要。因此，进一步转变民办高等教育发展模式，不仅要从人才培养层次结构上入手，而且要着重从现有的民办高校的科类结构改革入手，分析科类结构形成的历史原因、存在问题以及解决措施，进一步拓宽自身的发展道路。这是当前中国民办高等教育面临的一个重要而崭新的课题。

一　民办高校科类结构的发展及其形成原因

1. 民办高校的整个发展过程中，其科类专业结构凸出以下两个重要的现象。第一，实用性专业占优势，纯学科性专业较少。自主就业的实施，使就业前景好或就业后工资水平较高的专业受到学生与家长的青睐。许多民办高校为了招生，很大程度上迎合了这一需求。从市场角度分析，民办高校在专业设置上迎合学生与家长的需求，是市场规则作用的结果。在发展初期，诸如涉外语言、财经贸易、工商企业管理和房产营销等专业备受欢迎，几乎每个民办高校都设置了上述相关的专业，而一些纯理学或当时相对受到冷落的工学专业则少人问津。这一情况满足了社会需求，但由于缺乏宏观控制，公、民办高校一哄而上，导致了热门专业的重复设置，使某些专业的人才短时间内出现供给过剩的状况，如金融与会计专业等。第二，在民办高校发展初期，专业科类结构主要以人文、社科和经管类等应用性专业为主，以培养相应的社会急需的专业人才，并且这一状况一直延续至今。

按照工科与人文社科两大类专业划分的标准，对我国目前仅有的 9 所民办本科院校专业的结构状况做如下统计（见表 1）。

表 1　　　　　　中国 9 所本科民办院校专业结构的统计①

学校名称	工科类专业	人文社科类专业	总计	工科比例/%	人文社科比例/%
黑龙江东方学院	2	12	14	14.29	85.71
黄河科技学院	6	11	17	35.29	64.71
吉林华桥外国语学院	0	9	9	0.00	100.00

---

① 根据相关民办高校网站公布的数据整理。

续表

学校名称	工科类专业	人文社科类专业	总计	工科比例/%	人文社科比例/%
三江学院	3	8	11	27.27	72.73
上海杉达学院	4	11	15	26.67	73.33
西安培华学院	6	12	18	33.33	66.67
仰恩大学	3	9	12	25.00	75.00
浙江树人大学	5	5	10	50.00	50.00
北京城市学院	5	7	12	41.67	58.33
总计	34	84	118	28.81	71.19

这9所民办本科院校是我国民办高等教育发展的典型代表，其中的本科专业是各民办高校专业中办学历史较早、力量较强、经教育部审批备案可招收本科学生的专业，很大程度上反映了我国民办高校科类结构的现状。从表1的统计可以看出，这些学校本科专业共有118个，其中人文社科类专业有84个，占71.19%，工科类专业共有34个，占28.81%。其中浙江树人大学的工科类专业比例最高，为50%，而吉林华桥外国语学院是一所语言性的单科性学院，从其校名可以判断其专业建设的定位，它没有设置工科类专业。然而，各校的人文社科类专业的比例却比较高，一般都在60%—80%之间（不包括吉林华桥外国语学院），黑龙江东方学院人文社科类专业的比例最高，达到85.71%。这一数据反映了我国最早一批民办高校办学初期学科专业结构的状况，也反映了我国民办高校学科专业建设中还未改变人文社科类专业占绝对优势的不平衡状况。

同时，根据对我国20所民办高校专业设置的统计，排在前20位的专业中，人文、社科、经管类的专业占了14个，工科类专业占了5个，医学类专业占了1个，其比例分别为70%，25%和5%，其中排在最前面的5个专业均为人文、社科和经管类专业，分别为财会（17）、英语（17）、工艺美术（14）、法律（13）以及工商企业管理（13）[①]。

总体来看，我国民办高校的学科专业发展具有三个基本的特征：第一，科类结构不平衡，人文社科类专业偏多，理工类专业较少；第二，发展"短、平、快"的热门学科专业多，有利于民办高校本身降低办学成本与持

---

① 专业后面的数字为设有该专业的民办高校数。[EB/OL].（2005-01-05）中国教育在线——高考专栏. http://www.cer.net.

续发展；第三，由于各校均发展热门专业，在民办高校中热门专业重复设置现象比较严重。

2. 民办高校科类结构形成的主要原因。中国民办高校科类结构的形成有其特定的历史原因，它适应了当时我国社会经济发展的状况，也适应了民办高等教育发展初期的实际情况。首先是市场意识的体现。产业结构是制约高校学科专业建设与发展的一个重要的外部因素。民办高校发展的初期正值我国第三产业兴起，市场对该产业的人才需求旺盛，高等学校中与第三产业相关的专业成为热门专业，备受家长与学生的青睐，而这些专业大多为经济管理等文科类专业。民办高校及时瞄准市场，找准切入口，充分发挥市场机制的功能，积极发展第三产业所需求的专业，培养相应的人才，体现了民办高校机制灵活的特征和贴近社会需求办学的市场意识。

第一，参与竞争的需要。民办高校办学初期，受办学实力限制与公办高校挤压的影响，民办高校必然避开公办高校实力较强的传统专业。当时公办高校中与第三产业相关的专业设置较少，而且受国家计划管理和经费投入的影响，专业转换难度较大。民办高校设置此类专业，能够避开公办高校的办学优势，占据市场。从浙江树人大学等民办高校的专业设置来看，许多专业都是区域内高校首次设置的专业，浙江省早期的外贸机构业务人员中来自树人大学的毕业生几乎近半。

第二，发展实力的制约。民办高校发展初期办学条件相对较差，社会认同度较低，资金严重缺乏，绝大多数学校处于滚动发展的状态。民办高校的发展必须考虑到举办学科专业的办学成本，促进自身的可持续发展。在高等教育的各类学科专业范围内，文科类学科专业的办学成本相对较低，不需要建太多的实验室，适合民办高校发展初期投入少、成本低的要求，有利于学校的资金积累和滚动发展。

第三，师资方面的因素。民办高校办学初期，主要聘用公办高校的兼职教师。在教师的聘用和管理上，与工科类的教师相比，人文社科类专业的教师在时间上更灵活，很少受到实验、现场教学等因素的制约，管理相对比较方便。因此，民办高校很好地利用了这一资源空间，通过特聘、专聘、返聘等形式，聘用了大量从公办高校退休的人文社科专业的教授、专家，也通过聘用公办高校在职的人文社科类专业的教师，解决了起步阶段教师队伍不足的困难。

第四，实利主义与实用主义思想的影响。招生是民办高校生存的第一要素。许多民办高校为了招生，迎合家长与学生追求，采取实利主义或者实用主义的价值取向。在人文社科类的专业中，财经类专业非常热门，工商企业管理、国际贸易、金融、外语等专业是实现学生与家长经济追求的最热专业平台；在工科类专业中，主要是与计算机、电子信息相关的专业非常"热"。实用、实惠、能挣钱成为家长鼓励子女选择这些专业的根本驱动；好招生、好就业、市场需求旺盛则是学校开办这些专业的主要原因。

二　科类结构转型是民办高校发展的新趋势

1. 从产业结构的变化和人才需求看专业的发展。首先，随着知识经济的进一步渗透，产业结构不断地调整与升级，社会发展中行业经济对于人才的需求有了新的变化。传统工业技术产业的复苏与发展对人才提出新的需求，以制造业为代表的工业发展加快，国外许多制造业迁移至我国，在经济发展中占据较大的份额，一些地区纷纷加大制造业发展的力度，如杭州、苏州、南京等。制造业的复苏和兴起，对人才的培养提出了大量的需求。

其次，新技术、新工艺、新材料的发展，对工科技术人员提出了新的需求。随着科学技术水平的不断提高及应用范围的不断拓宽，传统产业结构不断得到调整与升级，如传统产业中的机械行业、材料行业、能源交通行业等不仅对行业专业人才需求旺盛，而且对与生产相关的信息、工程管理等专业人才也有很大的需求。据中国教育网报道，未来的十大热门行业分别为：电子信息类、生物技术类、现代医药类、汽车类、物流类、新材料类、环境能源类、管理类、法律类与营销类，其中工科类相关专业占了60%左右。这预示着未来产业结构调整的方向，也预示着行业经济对工科专业人才的需求。

最后，从人才市场的需求来看，由于几年来的发展，一些文科专业重复设置和过多人才的培养，许多文科专业毕业生基本饱和，此类专业的毕业生就业越来越困难。国家教育行政部门曾专门下文限制部分专业招生，其中绝大多数是文科专业；各省（区、市）教育部门公布的限制设置招生专业，主要也是文科专业。与此同时，一些应用类工科技术专业的毕业生出现了供不应求的状况，就业市场需求旺盛。这虽然很大程度上受产业结构调整的影响，但是，就业市场信息对于民办高校生存发展及其学生就业是一个更为直接的信号。在广东，工科毕业生继续走俏，就业率仍高居各专业类别榜首，保持就业强势。其中就业率较高的专业有：计算机、通信、电子、广告、土建、自动化、机械、机电、环境工程、国际贸易、金融、企业管理等。

2. 从民办高校内部看加快调整专业结构、发展工科专业的必要性。首先，知识经济的发展和高等教育大众化的深入，对人才培养提出了更高的要求。通识教育、文理渗透、综合素质培养已成为高校人才培养的新课题。从专业设置的定位来看，民办高校主要以培养应用型人才、复合型人才为目标，学科专业之间需要交叉渗透。例如，现在的贸易类专业不仅要传授贸易理论知识与技巧，而且要使学生了解贸易产品的行业知识，如加工业、制造业、机械材料业等。因此，民办高校的人才培养不仅需要适应外部社会经济与市场的需求，也需要专业科类之间的相互渗透，形成一个相对平衡的科类结构。事实说明，适当地发展工科类专业，有利于改善人才培养的知识结构，从而提高人才培养的整体质量。

其次，民办高校要发展规模，也必须发展工科专业。规模是民办高校发展的重要因素，没有规模就不会有效益。近年来民办高校规模发展较快，2000 年全国民办高校校均在校生仅 1000 多人，2004 年已经发展到校均 6124 人。规模的发展需要有一定数量的专业支撑，向工科发展，可以拓宽专业的设置思路，从而拓宽整个学校的发展思路。

最后，民办高校竞争实力的增强，具备了逐步发展工科教育的条件。民办高校办学初期，办学经费困难，条件相对较差。全国仅有的 9 所民办本科高校中，除福建仰恩大学属于外资投入外，其余全部都是依靠学费结余滚动发展起来的，经费非常紧张，办学相当艰难。随着经济的发展和高等教育市场化的影响，部分起步较早的民办高校较好地完成了资本的原始积累。后续发展的民办高校则通过资本运作甚至负债经营的方式办学，加快办学硬件建设，实验设备的投入也大幅增加。同时从 9 所民办本科高校的实际情况来看，民办高校专职教师队伍建设的步子加快，已经克服了以往完全依靠外聘教师的状况，专职教师的比例逐年上升，满足了教学和管理的需要。专职教师队伍的建设为稳定地开展工科教育提供了保证。

三　民办高校发展工科教育的对策

第一，加大专业设置的自主权。民办高校要面向市场需求，及时了解市场信息来调整自身的学科专业结构，理应在专业结构调整方面具有相当大的自主权。然而，民办高校专业设置过程中，必须经过主管部门的层层审批，教育行政部门往往用管理公办高校的传统模式来要求民办高校，致使民办高校在专业设置自主权方面受到限制。因此，有关部门应该从战略的高度来认识民办高校发展工科教育的重大意义，给予民办高校在工科专业设置方面更多的自主权，充分发挥民办高校弹性灵活的市场机制。同时，政府要对民办高校工科类专业的建设与发展进行相应的重点扶持，推进民办高校工科类专业的发展强大，这一方面可以帮助政府扩大招生，另一方面有利于拓宽民办高校发展空间。

第二，准确的目标与定位。我国民办高校以面向地方经济与文化发展、适应市场人才需求为主要目标，培养各行各业的人才，因此，发展工科教育必须充分考虑到地方经济对于工科专业人才的需求，了解区域经济资源的布局与类型，充分考虑地方经济的发展方向，以确保学科专业的生命周期。民办高校的发展历史、区域环境、发展道路等各不相同，其不同的定位、学校类型与层次也决定了发展工科教育模式的多样化。总体上，民办高校要将学校现有的学科专业建设与工科专业建设结合起来并进一步拓展，形成"以学校定位为中心、区域经济与市场需求为导向、现有工科类学科专业为基础"的工科教育发展原则，寻找适合自身发展的工科教育发展道路，建设具有特色的工科类学科专业，为区域经济的发展服务，谋得自身更大的发展空间。

第三，加大工科学科专业建设的经费投入。发展工科教育往往需要实验室、实验教学设备与仪器等的大量资金投入，并且，工科类学科专业的建设周期相对较长，从经济学"成本—收益"的角度分析，短期内收益率不高。但是，民办高校的管理者要转变观念，要看到民办高等教育不平衡的科类结构现状，看到工科教育在民办高等教育中的潜力，积极采取多种投入方式（如银行借贷、资本运作等），扶持有前景的、与地方经济相适应的工科类学科专业的发展，改变民办高校薄弱的工科教育现状。

第四，根据工科类学科专业师资队伍比较薄弱的现状，民办高校要从四个方面加强建设：一是根据工科类学科专业的建设需求，积极引进学科专业带头人；二是加强本校工科类专业教师的培养与进修；三是聘请其他大学、企业的专家、教授对学校工科类学科专业的建设进行指导；四是外聘一些工科类学科专业的教师到校任教，加强教学力量。从师资管理角度上，学校要形成"以人为本"的竞争激励机制，对工科类学科专业的发展要有倾斜，在薪酬、职称、学科带头人与骨干教师评审等方面要有自由宽松的竞争环境，对在教学、科研与学科建设方面有成果的个人与单位要进行表彰奖励。

第五，转变管理观念，以"产学研"合作为纽带，加强校企合作。一方面，学校领导必须转变观念，发挥民办高校弹性灵活的内部管理体制，转变部门职能，推进并理顺二级管理关系，扩大二级学院（系所）的办学与管理自主权限，以利于工科类学科专业在市场机制的推动下自主发展；另一方面，有关的学院（系所）要发挥自身的能动性，积极开展教学、学术研究与社会实践服务活动，以"产学研"为纽带，加强与企业公司的联合，加强横向的科研项目产品应用、人才培养、基地建设、创业与发展、服务项目等方面的合作，以多样化的合作形式推进工科类学科专业的发展。

总之，在当前的社会经济与就业市场的需求背景下，民办高校应该平衡内部人文社科与工科教育的科类结构，克服体制、资金投入、师资队伍等方面的障碍，转变管理观念，加强制度创新，实施相应的组织变革，积极发展工科教育，为民办高校进一步做强做大拓展更宽阔的空间。

（2005 年第 3 期）

民办高校开展学位与研究生教育试点的若干问题研究[①]

摘　要：我国在实施高等教育大众化进程中应借鉴国外的经验，积极而稳妥地在民办高校开展学位与研究生教育的试点工作，培育学位与研究生教育的新资源，拓宽发展学位与研究生教育的途径，提升民办高校的办学层次，加快学位与研究生的人才培养，为全面建设小康社会提供更多的高层次人力资源。文章论证民办高校开展学位与研究生教育试点工作的可能性、可行性，并对试点工作中的一些问题进行初步的探讨。

关键词：民办高校；提升层次；加快发展；学位与研究生教育；试点

2005 年 3 月，教育部发文批准 15 所民办高校升格本科院校，加上已有的 9 所，我国民办本科院校已经达到 24 所。至 2005 年 3 月，我国已有民办普通高校 226 所，其中本科院校占 10.5%，这是民办高等教育恢复办学后的重大进展，表明我国高等教育的发展方式将发生重大的转变。教育部副部长张保庆曾指出：今后高等教育的增量部分将主要靠民办高等教育来实现，政府对此寄予很大希望。可以预见，我国高等教育将逐步从单纯的规模发展向规模和质量并举转变，从以公办高校为主向以民办高校为主要增长点、公办与民办高校共同发展的格局转变。

随着民办高等教育规模的发展，民办高校对提升办学层次的呼声越来越强烈。高等教育大众化的不断深入，也对民办高校提升办学层次提出了要

① 课题来源：本文是本人主持的浙江省科技软科学重点课题"民营机制下浙江省高教质量保障体系研究"（编号 2003C35008）部分成果。

求。当前主要的呼声是要求加快发展民办高校升格本科的步伐、扩大民办高校的办学空间问题。民办高校举办研究生教育的问题，从目前来看似乎还不是那么迫切，但是，随着高等教育的发展和民办高校办学实力的增强，民办高校举办研究生教育是我国高等教育发展的必然趋势。因此，本文仅讨论民办高校开展学位与研究生教育的试点工作问题。

一

在中世纪现代大学基础上所衍生出来的学位与研究生教育已有数百年的历史，我国也已经开展了近百年。学位与研究生教育，是高等教育的最高层次，是培养高层次专门人才的主渠道。以《中国现代科学家传记》中记录的 676 位成就卓著、国内顶级科学家作为样本群进行分析，676 位中国现代科学家中，取得博士和硕士学位的共有 482 位[1]，占总人数的 70% 以上（见表 1）。这说明，学位和研究生教育在高层次人才培养中的重要作用。正因为此，20 世纪 90 年代以来国际高等教育的层次结构大多以学士及以上学位为主。有统计分析结果显示，美国、挪威、丹麦、以色列、捷克等国，虽然学士层次占在校学生的比例在 50% 以下，但是学士及其以上层次的已经占了在校学生总数的 59%—90%[2]。

表1 676 位现代科学家的学历层次分布

学历	专科以下	学士	硕士	博士	总数
人数/位	33	161	95	387	676
比例/%	4.9	23.8	14.1	57.3	100

发展学位与研究生教育，已经成为应对日益激烈的国际竞争的重要发展战略。当今世界，知识经济日新月异，科技进步突飞猛进，以经济为基础、科技为先导的综合国力竞争日益激烈，这种竞争的核心说到底是人才竞争。人才资源的开发，已成为各国经济和社会发展的战略制高点。我国虽然是一个人力资源大国，但还不是人才资源强国。我国每百万人口中科学家和工程

---

① 卢嘉锡：《中国现代科学家传记（1—6 册）》，科学出版社 1992 年版。

② 陈中原：《教育结构缺陷影响教育大众化进程》，《科技文萃》2000 年第 4 期。

师的数量只相当于美国的 1/9，日本的 1/10，韩国的 1/4。20 世纪 90 年代初期，美国每千人中的研究生人数为 7.6 人，英国为 3.3 人，而我国直到 2000 年也才只有 0.7 人①。仅有 4800 万人口的韩国，每年的研究生录取总量超过 10 万人，2002 年研究生在校人数达到 26.2867 万人，同期我国研究生在校生为 50.1 万人，我国人口是韩国的近 30 倍，但研究生在校生规模不到韩国的 2 倍（韩国研究生的学制比我国要短），足以说明差距之大。

发展学位与研究生教育，是全面建设小康社会、开创中国特色社会主义事业新局面的需要。21 世纪头二十年，我国将集中力量全面建设小康社会，这是一项惠及十几亿人口，集政治、经济、文化、社会、生态和人的全面发展为一体的系统工程，任务艰巨而复杂，夯实人才基础，是最基本、最紧迫的工作。发展学位与研究生教育，既是全面建设小康社会的重要内容，又是全面建设小康社会的重要保证。发展学位和研究生教育，增加高层次人才培养总量，为小康社会的建设提供高层次的建设人才，是高等学校应当担负的神圣使命。

发展学位与研究生教育，是保证高等教育协调健康发展的需要。经过几年的努力，我国高等教育大众化已经取得了重要进展。1999 年，国家实施高校大扩招，短短 5 年时间，高校招生数从 1999 年的 284.2 万人增加到 2004 年的 447.3 万人，在校生从 413.42 万人增加到 1333.5 万人，宽口径高等教育在校生已经超过 2000 万人，高等教育毛入学率从 1999 年的 9.1% 提高到 2004 年的 19%。我国已经拥有世界上最大的高等教育规模，但是我国高等教育的大众化还是初步的，高等教育的质量和档次还不高，人才培养的层次结构还不够合理。从学位方面来说，目前，美国和英国授予学士学位与硕士学位的比例为 2.8∶1 和 1.9∶1，而我国 2002 年、2003 年、2004 年的研究生招生人数分别为 20.26 万、26.89 万和 32.6 万②，本科与硕士研究生招生数之比分别为 8.1∶1、6.76∶1 和 6.41∶1，并且相对来说，获得硕士学位的比例要比获得学士学位的比例高得多。虽然本科生与研究生招生之比逐年下降，但可以看出与国际高等教育发展相比仍有较大差距。

高等教育经济和明瑟函数的理论研究表明，个人接受教育的年份、层次

---

① 路甬祥. 认真落实人才强国战略　加速培养高素质人才［EB/OL］. 中国科学院网［2005-02-12］. http://www.cas.cn.

② 许为民、张健、林连伟等:《优化结构　实现研究生教育跨越式发展》,《中国高等教育》2004 年第 24 期, 第 27—29 页。

与个人收益成正比，2003 年不同学历层次毕业生的起薪：专科毕业生为
1307.4 元，本科毕业生为 1501.7 元，硕士、博士分别为 2995.9 元和
2983.9 元①。在电信行业，不同学历的年薪水平为：大专以下 24362 元，大
专 27581 元，本科 45415 元，硕士（不包括 MBA）73745 元，博士 91165
元②。这说明接受高层次人才教育对个人发展有着非常重要的作用，据此引
起考生对接受研究生教育的兴趣和热情是完全可以理解的。需求和供给的巨
大反差导致"考研热"居高不下。近几年的研究生招生人数虽然每年都有
较大的增加，但录取比例实际上连年下降。

在我国高等教育大众化的背景下，利用社会力量扩大研究生培养的资
源，开辟研究生教育和学位工作的新空间，是落实人才强国战略，全面实现
小康的重要环节。民办高校开展学位和研究生教育有其特定的意义。首先，
有利于增加学位和研究生教育资源供给总量，弥补公办高校学位和研究生教
育资源的不足，克服目前在一些高校一个硕士生导师带一群学生的"放羊"
状况，从而扩大研究生教育的规模，提高学位和研究生教育的质量。其次，
可以提升民办高校的办学层次，使我国民办高校逐步进入国家高等教育系统
的中心，进一步确立民办高校的发展地位。民办高校数量的大幅增加，阵容
的不断壮大，必然促使有实力的学校产生提升办学层次的要求和目标。适当
地在民办高校中举办研究生教育，可以鼓舞民办高校的办学热忱，提高社会
对民办高校的认可度，增加社会对民办高校的投资，从而促进民办高校的快
速发展。没有层次上的协调发展，也难以形成协调的共同发展格局。再次，
可以服务于民办高校师资队伍的建设。当前我国民办高校提升办学水平的关
键在于师资队伍建设，近几年许多高校都加快了专职教师队伍的建设，但是
限于目前的体制障碍，民办高校教师的引进、培养和提高遇到了一些困难。
在夹缝中求生存、谋发展的民办高校，多年来在贴近社会经济发展需要办
学、探索新的学科（专业）人才培养方面做了大量工作，许多学科成为人
无我有的独创专业，这些专业的人才质量提升遇到了师资水平的制约。举办
研究生教育，也是解决民办高校师资培养的一个有效途径。最后，可以促进
我国学位和研究生教育培养体制的改革，增加我国学位和研究生教育培养的
活力，促进培养水平和培养效益的提高，同时增加学位和研究生教育的办学

① 周甲禄、田建军：《"考研热"折射教育结构严重失衡》，《半月谈》2005 年第 7 期，第
15 页。

② 课题组：《高校毕业生就业现状》，《中国教育报》2003-10-08（8）。

经费。我国教育经费紧张，单一依靠政府财政举办研究生教育的投资体制，事实说明是难以支撑的。

二

民办高校举办学位和研究生教育，从现实的情况来看也是可行的。

经过 20 多年的发展，民办高校在数量增加、办学质量逐渐提高的同时，已经有一批办学理念先进、办学条件较佳、资金实力雄厚、办学质量良好、社会信誉较高、学科特色明显、发展前景广阔的优秀民办高校，开始展露学校的风采和高层次的办学目标。有的院校已经有意识地在队伍建设、学科发展和科研工作方面做出规划，如浙江树人大学 2004 年获得近 20 项省级以上级别的纵向立项课题，并获得省科学技术一等奖和省科技重大贡献奖各一项，成为获此殊荣的少数高校之一。据了解，也有的院校已经尝试与公办高校或国外高校联合开展培养研究生工作，逐步积累人才培养的经验。笔者以为，只要合理安排，正确引导，加强管理，民办高校举办学位和研究生教育是完全可行的。

在多年的发展进程中，我国民办高校立足市场办学，逐步积累了经验，许多民办高校特色明显，已经形成了自身的学科特色，在当地甚至国内外都有一定的影响。重视市场需求、重视面向一线人才培养，民办高校中许多学科（专业）的开设和应用型专业人才的培养模式，比公办高校要早得多。如，浙江树人大学的国际贸易专业至今已经有 18 届毕业生，在省内人才市场具有较大的影响；茶文化专业属全国高校首创，在韩国、日本等亚洲国家都有影响，教师应邀赴国外讲学、参加相关研讨会，该专业的学生受邀为纪念联合国第四次世界妇女大会召开 10 周年暨中国妇女 10 年发展成就展浙江展区做茶艺表演。在这样一些学科领域，民办高校的办学起步较早、起点不低，办学水平与同类公办高校差距不大。民办高校举办学位和研究生教育，有利于学科的发展和建设思路的拓宽。

从研究生教育的发展趋势来看，高等教育的大众化和多样化，必然促进研究生教育培养模式和类型的多样化。高校扩大招生以前，我国的研究生培养主要是普通硕士，以培养教学和科研人才为主，授予学位的类型主要是学术型学位。学术型学位有学科专业目录对其进行指导。目前，我国学术型学位按招生学科门类分为哲学、经济学、法学、教育学、文学、历史学、理学、工学、农学、医学、军事学、管理学 12 大类，下面再分为 88 个一级学科，下面再细分为 300 多个二级学科，同时还有招生单位自行设立的 760 多个二级学科。近几年来，根据高等教育发展的实际情况和社会对人才的多样化需求，我国逐步开展了专业硕士培养工作。专业硕士是我国研究生教育的一种形式。根据国务院学位委员会的定位，专业学位为具有职业背景的学位，培养特定职业高层次专门人才。目前我国有 16 种，如工程硕士、MBA等。由于两类硕士培养的目标不同，在入学招生条件、培养方式和学位授予形式上也存在差异。从国外研究生教育的状况来看，专业学位比学术型学位培养要多得多。相比之下，我国专业学位量太少，究其原因主要是我国原来的本科教育基本上是以学术科研型为主，缺乏专业硕士培养的环境。而应用型人才培养恰恰是民办高校的强项，在民办高校举办研究生教育，可以适当侧重专业硕士培养，增加专业硕士培养的数量，拓宽人才培养的思路和途径，逐步改善研究生培养的结构，增强研究生培养的活力，从而推进研究生教育的多样化。

民办高校学位和研究生教育也是世界高等教育发展的重要经验之一。在实施高等教育大众化的进程中，许多国家的公、私立高校在办学层次上并驾齐驱，在世界一流大学的阵容中，不乏私立大学的地位和作用。在美国排名前列的高校中，私立大学居多，哈佛大学、斯坦福大学等都是美国著名的私立大学。2001 年韩国具有研究生院 945 所，其中私立研究生院占研究生院总数的 83%，另有独立建制的私立研究生院 18 所。2002 年私立研究生院在校生 182282 人，占全国研究生在校生数的 69.34%。日本 1997 年建有研究生院的大学 440 所，其中私立大学的研究生院 285 所，占总数的 64.77%[①]。这些国家在发挥私立大学在推进高等教育大众化进程中作用的同时，注意发挥私立大学在精英教育中的作用，取得了良好的效果。在建设一流大学的进程中，许多在世界高校排名居前的私立大学给我们树立了成功的典范。完全有理由相信，我国民办高校也一定能够举办学位和研究生教育，为中华民族伟大复兴做出应有的贡献。

---

① 课题组：《建设研究生教育强国的战略研究》，《中国高等教育评估》2005 年第 1 期。

三

举办学位与研究生教育，需要较完备的办学条件和更高的办学水平。从民办高校当前实际情况来看，还有一定的距离。但是，我国高等教育发展的现实和发展趋势，决定了我们必须提前准备，尽快在少量民办高校中积极开展学位与研究生教育试点工作。民办高校必须抓住机遇，加快建设，改善管理，培育要素，在准备过程中狠下功夫。作为新兴的高等教育增长力量，政府应该热心指导，积极扶持，加强管理，采取一些超常规的优惠政策，促进民办高校学位和研究生教育试点工作的开展。

第一，要加强规划。教育部门要根据地区经济和社会发展的需要以及学位和研究生教育的总体布局，合理规划本地区民办高校学位和研究生教育工作，避免工作的盲目性，提高试点工作的成功率。要选择一些办学水平较高、社会声誉较好、办学实力较强、学科特色明显的民办高校作为对象，认真研究试点工作的可能性和可行性。科学设计，严格把关、谨慎操作，注意保护他们的积极性，并及时加以指导、帮助制定好学校发展的目标和步骤。

第二，要注意引导。目前我国还没有民办高校获得教育部批准举办学位与研究生教育的先例。如果开展试点，面不宜太宽。总体而言，就绝大多数民办高校来说，当前和今后一段相当长的时期，主要目标还是立足于办好社会需求量大、满足多样化需要的高等职业技术教育，一部分办学条件较好的民办本科院校可以有条件地开展举办学位和研究生教育的试点工作。要采取措施稳定民办高校的办学，鼓励他们立足于自身优势举办同类型、同层次的一流学校。民办高校也应认清形势，正确定位，量力而行，切忌盲目攀高，应该有所为有所不为，根据自身的资源和办学实力，科学地选择发展的目标。

第三，加强师资队伍建设。教师是保证教学质量、培养合格人才的根本。民办高校举办学位和研究生教育，关键还是师资队伍的建设。我国民办高校的教学任务大多依靠聘任公办高校闲置教师或退休教师未完成，这在一定程度上保证了教学质量，同时降低了办学成本。近几年来，许多优秀的民办高校抓住当前招聘高层次教师的有利时机，加快高层次教师队伍建设。在较早获准升格本科的民办高校中，多数学校的师资中副高职称以上教师达

40%以上，有些学校具有博士、硕士学位的教师也有了一定的比例，学科建设取得了初步的进展。当然，民办高校专职教师队伍建设有一个过程，在开展学位和研究生教育的试点中，导师队伍的建设应该超前考虑。民办高校应抓住当前有利时机，适当引进一些相关学科的高层次、高学历教师，加快高水平的导师队伍的建设，以保证人才培养的质量。同时建议聘用一部分公办高校接近退休年龄的教授、硕导，发挥他们的示范和帮带作用。希望政府部门允许一部分在本学科领域中有一定影响的超龄老教授经批准在民办高校继续招收硕士研究生。通过努力，逐步走出民办高校开展学位和研究生培养的路子。

第四，加强学科建设和科研工作。我国民办高校起步较晚，24所民办本科高校基本上都是近几年升格的，科研工作薄弱，学科建设滞后，要承担学位与研究生教育，亟须改变目前的状态。一是学校领导要强化科研和学科建设的意识，转变观念，把科研和学科建设列入学校重要工作，对学校的办学功能逐步做出调整。二是要夯实基础，逐步建立科研工作的刚性要求和考核指标，引导教师走教学、科研并举的发展道路，逐步积累经验，积极开展科研活动，培育学位与研究生教育的要素。三是要选准目标，重点突破，注意发挥自身优势。在我国早期的民办高校中，部分学校已经具有自身的学科优势和特色，有的已经进入省级重点学科的行列，如，浙江树人大学的国际贸易学科，2004年被评为浙江省重点学科，在国内有一定的影响。要选择有自身优势、符合人才培养规律、适应社会需求的学科重点建设，占领学科的制高点。五是要切实抓好本科教育，培植学位与研究生教育的肥沃土壤。本科教育是学位与研究生教育的基础，就一所民办高校而言，开展学位与研究生教育试点工作只能在少量的学科展开，学校工作的主体仍然是本科教育，这是学校人才培养工作的立足点，切不可本末倒置，忽视了本科段教育。成功的学位与研究生教育应该是促进本科教学质量和办学水平的提高，这应该成为衡量试点工作成败得失的重要依据。

第五，加大资金投入。举办学位和研究生教育的条件要求很高，需要加大投入力度，完善办学的设施。要统筹安排学校财力，注意轻重缓急，在确保学校教学工作的基础上，优先安排科研和学科建设的经费，加快教学和科研设施的建设，满足学科建设的需要。教育部门规定的办学条件，反映了人才培养的一般规律，通过努力应争取达标。对一时还不能达到的要制定严密的计划，分步实施。学位与研究生教育对科研设施的要求很高，对此学校要有足够的准备，兵马未到，粮草先行。只有基本条件达到了要求，才能创设人才培养的基本环境，人才培养的质量才有保证。

（2005 年第 5 期）

浙江树人大学办学特色建设的实践与思考

摘　要：特色建设对于高校发展具有重大的意义。回顾浙江树人大学办学特色建设的艰苦历程，当前特色建设已初具雏形，为学校的发展做出了重要贡献。面对高等教育新的发展形势，浙江树人大学未来的发展，应该把"特色鲜明"作为重要的发展战略，重点抓好抓实规划建设方案、梳理原有特色、扎实建设特色、宣传认同特色及实践发展特色等主要工作。

关键词：民办高等教育；民办高校；浙江树人大学；院校研究；特色建设

一　办学特色的概念

什么是大学的办学特色？对于这个问题，不同的研究者有不同的定义。教育部办公厅在《普通高等学校本科教学工作水平评估方案（试行）》（教高厅〔2004〕21号）中指出：特色是指"在长期办学过程中积淀形成的本校特有的、优于其他学校的独特优质风貌。它在学校改革和发展当中，特别是在优化人才培养过程、提高教育质量当中，起着非常重要的作用，始终潜移默化地影响着学校的改革和发展，是外界认识学校的一个重要方面。特色应当对优化人才培养过程，提高教学质量作用大、效果显著。特色有一定的稳定性，并应在社会上有一定的影响，得到公认"。这里讲的虽然主要是教学工作的特色，或者说是人才培养工作的特色，但是其主要精神同样适合于办学特色。2002年中外大学校长论坛课题组认为：特色，指的是格外突出的风格或特点，大学的办学特色是指一所大学在其发展历程中形成的比较持久的、稳定的发展方式和被社会公认的、独特的、优良的办学特征。这种特点和风格在一定的时期或范围内形成了其他大学难以企及的比较优势，并以此确定了学校的地位和影响①。

二　民办高校特色建设的紧迫性

高等学校办学特色建设具有重要的意义。

第一，它是学习实践科学发展观的具体行动。科学发展观是关于发展的理论，学习实践科学发展观，最关键的是要解决什么是发展、怎么发展的问题。落实在高等教育发展观上，就是要坚持质量优先、特色鲜明。2008 年 9 月 19 日胡锦涛主席在《努力把贯彻落实科学发展观提高到新水平》中指出：要自觉用科学发展观来指导工作，因地制宜，因时制宜，善于统筹，善于协调，努力把对科学发展观的认识成果转化为促进发展的科学思路，转化为促进全面、协调、可持续发展的体制机制，转化为领导改革开放和现代化建设的实际能力。2009 年 1 月 4 日，温家宝总理在科技领导小组会上发表的题为《百年大计教育为本》的重要讲话中，针对高等教育改革和发展的问题指出，高校办得好坏不在规模大小，关键是要办出特色，形成自己的办学理念和风格。

第二，这是高等教育大众化深入发展的必然趋势。高等教育大众化的时代已经到来，高校在校生数和在学生数都有了大幅度的提高（见图1），在这种形势下，必须考虑高等教育的整体战略问题，发展高等教育的多元化结构与多层次、多类型定位，使不同的大学承担起不同的功能，扮演好自己的角色。在高等教育大众化、多样化发展的背景下，要顺应社会对人才多样化需求的需要，高等教育就必须克服趋同性，加快特色的建设和培育。不同类型的学校，"有所为，有所不为"，按不同的培养目标与规格，设置不同类型的课程，采用不同的培养方式与方法，来满足个人和社会对高等教育的需求。

第三，办学特色已经成为高校参与市场竞争的主要内容。高等教育竞争态势已经形成，以质量为核心、特色为内容、生源为对象的大学之间的竞争

---

①　《大学办学特色的形成发展战略》，《高教参考》2003 年第 3 期。

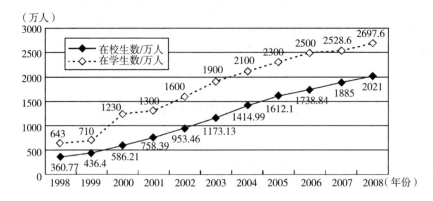

图 1 高等教育大众化深入发展

将更加激烈，办学特色越来越成为高校竞争取胜的法宝，成为高校确立社会
地位、扩大社会影响力的基础，也是高校是否具有可持续发展核心竞争力的
标志，是一所大学的比较优势和核心价值。有特色就有发展，有特色就有
实力。

第四，办学特色是高校评估的规定内容。教育部在颁布的《普通高等
学校本科教学工作水平评估方案》的评估指标体系中，将特色项目与七个
一级指标单列，充分体现了水平评估对特色项目的高度重视和科学引导。方
案明确规定，评估结论为优秀的学校必须"特色鲜明"，良好的学校必须有
特色项目，使评估成为高校总结办学特色、重视办学特色建设、加快特色培
育的重要推动力。就全国而言，大学只有走特色化发展之路，才能形成大学
间相互协作共生的良性发展局面。如果每一所高校都办出自己的特色，那么
我国高等教育的整体就能呈现群芳争艳、色彩斑斓的景象，形成中国特色的
高等教育体系，这是我国由高等教育大国向高等教育强国转变的重要
前提①。

第五，办出特色是民办高校增强核心竞争力、适应外部激烈竞争的需
要。我国的民办高校从 20 世纪 80 年代初至今，经历了一个重建和发展的过
程。在民办高校中出现了一批教学质量获得认可、在校生人数超过万人的大
型学校，部分学校被教育部批准为普通本科高等学校。然而，民办高校面临
的竞争日益激烈。随着高中毕业人数的回落，生源将会进一步萎缩（见图

① 教育部高等教育教学评估中心：《高等学校办学特色纵横谈》，《中国大学教学》2006 年第
9 期，第 13—19 页。

2）。民办高校由于处在竞争的弱势地位，面对日益激烈的外部竞争，若要得以生存并持续发展，只能从特色建设上下功夫。

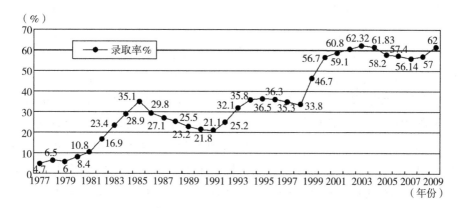

图2　1977年以来我国高考录取率

三　浙江树人大学办学特色建设历程回顾

　　浙江树人大学（以下简称树大）的办学之路就是走特色发展之路。树大创办于改革开放初期，在国家严密的计划经济体制和大一统的高等教育发展背景下，树大选择了特色化发展的路子。早在1986年，学校董事会就提出要办出特色的要求。1999年8月31日，浙江省省长柴松岳来学校考察调研。柴省长对树大的办学特色作了高度概括："树大的办学方针和思想是很好的，尤其经过15年的办学历程，我看有以下几个好的特点：一是树大的体制好；二是机制灵活；三是人员精、效率高；四是专业新，能根据市场需要设置专业，做到培养和需求相结合，办得有特色。"办学25年来，学校正是充分发挥民办体制的优势，坚持体制、机制创新，积极探索新形势下高等教育的改革和发展模式，坚定地走特色办学之路而取得成功的。

　　2000年新树大成立之后，特色建设为学校升本做出了贡献。学校面对高等教育大众化的客观要求，适时提出了"上规模、上层次、上水平、争一流"的奋斗目标，并将办学特色的建设逐步调整到以提高办学层次和办学水平上来，通过引导教师转变思想观念、提高教师学历及职称等举措，以适应高等教育的要求。经过三年的转型，学校积淀了较好的高等教育经验，并形成了初步的办学特色，为实现升本奠定了坚实的基础。

2003 年升本后，学校更加重视办学特色的探索、培育、总结和升华，一手抓质量，一手抓特色。在建设合格本科院校的进程中，学校坚持探索特色办学之路。2003 年暑期，学校召开了中层干部研讨会，专题探讨升本以后学校的发展问题，并针对在校学生规模上万的实际情况，适时将"创特色"作为学校发展的目标，以特色建设服务合格本科建设。在学校制定的第二个四年发展规划中，也对学校的定位、办学的指导思想、发展目标等作了明确规定。在建校 20 周年时，学校总结了五个方面的办学理念和特色。

2005 年 8 月 15 日，学校暑期中层干部研讨会专题讨论创特色问题。围绕"创特色、争一流"的办学目标，校长朱玉教授代表学校班子作了"勇创特色，加快建设合格本科院校"的主题报告，提出"创特色是我们长期追求的目标"，同时认为，"创特色是建设合格本科院校的需要，也是学校健康、持续发展的需要"。2006 年，学校明确工作任务是"实现转型，勇创特色"。为此，学校印发了《关于大力推进创特色工作的指导意见》。意见明确指出，"深入开展'创特色'工作，不仅是贯彻全国科学技术大会精神、增强高校自主创新能力、主动适应社会经济和高等教育发展潮流的客观要求，也是落实学校办学指导思想，实现办学目标，进一步提升竞争力，促进可持续发展的重要举措"。

创特色成为学校第三个四年发展规划的重要内容。2008 年 5 月，学校下发了"关于在全校范围内开展创新、创特色总结表彰活动的通知"，通知对活动的指导原则、具体安排、组织等事项作出了明确的规定。2008 年暑假，学校中层干部研讨会再次就办学特色问题进行了专题研讨。在研讨会上，董事长梁平波指出，"特色"是与"创新"紧密联系在一起的。没有创新，就形成不了特色。校长朱玉教授则认真回顾总结了建校以来尤其是新树大成立以来的工作，他认为学校在质量工程、重点学科、队伍建设、专业设置、学生公寓等 10 个方面已呈现出了一些特色，并认为要在"高级应用型人才培养、办学体制与机制、师资队伍建设、校园文化创建" 4 个方面继续努力。2008 年下半年，学校开展创特色专项工作评比表彰活动。在该活动中，全校 23 个单位共递交了 55 个特色项目，经过专家评选、现场展示、群众评议，最后"校企合作市场营销人才定制化培养模式""日语专业'2+1'复合型人才培养特色"等 12 个项目分获创特色活动一、二、三等奖，"实施重点学科建设目标责任制的探索""在计算机基础教学中大胆创新、走创新之路"等 8 个项目为优胜奖。

经过连续多年的特色问题大讨论，全校师生对培育特色问题逐渐取得了共识。2008 年 8 月，学校正式制定了《第三个四年发展规划》，指出"坚持改革创新，加强办学内涵建设，深化人才培养模式改革，加快学科和专业建设，进一步夯实建设优良本科院校的基础，把学校建设成一所办学特色鲜明、办学质量优良的一流民办本科高校"是学校今后四年的总体发展目标。至此，学校已将培育办学特色提升到发展战略的高度。

特色建设成为学校学习实践科学发展观的重要载体。结合开展学习实践科学发展观活动，学校提出以"特色鲜明谋发展，质量优良争一流"为实践载体，把特色鲜明作为学校谋发展的一个重要方面，以科学发展观为指导来大力培育特色，以特色建设来服务学校的科学发展。朱玉校长在学习实践科学发展观活动辅导报告中明确提出要加强学校的内涵建设，大力增强学校的竞争力，把学校办成一流的民办大学。学校必须以形成特色鲜明为己任，特色是学校的竞争力，是学校的品牌。2009 年以来，学校为深入开展学习实践科学发展观活动，深入开展特色培育工作，开展了一系列办学特色调研活动。4 月份至今，先后举办各类调研座谈会 5 次，累计参与人数 120 多人次。

四　浙江树人大学办学特色已具雏形

根据学校第三个四年发展规划确定的重要指标和工作内容，根据学校2009 年工作的总体思路"努力学习、认真总结、培育特色、以建迎评"，在广泛听取广大师生员工意见的基础上，学校领导班子将学校办学特色总结为六个方面。

1. 以"树人模式"为主线的树大民办体制与机制特色。创建树大本身就构成了特色。学校 25 年来始终坚持民办性，也积聚了不少经验。而形成的树大民办性具有自身的一些特点，树大是一种民办模式，而这种模式有其自身的许多长处。浙江省政府在新树大成立的批文里明确指出："新的浙江树人大学民办的机制不变。"坚持民办性是学校办学必须坚持的一个重要思想，而且是体制和机制的优势所在。

2. 以现代服务业和民办高等教育为重点的树大学科建设特色。学校的学科建设在民办高校中起步早、进展快，特别是国际经济贸易与高等教育学两个学科，在科学研究、人才培养、团队建设、服务社会诸方面成效显著，已经成为省内外有一定影响的重点学科，并被批准为浙江省重点学科（A）。学校的学科建设应该以这两个学科为引领，增强重点学科的辐射能力，认真总结经验，扬长避短，差异发展，积聚力量，重点突破，形成有自身特色的学科体系，服务学校的可持续发展。

3. 以高级应用型为目标定位的树大人才培养模式特色。树大人才培养模式强调专业设置的应用性、培养人才的应用性，从发展早期就抢占了不少"人无我有"专业的先发优势。而学校升格为本科院校后积极探索人才培养模式改革，2005年上半年，树大在全国最早提出高级应用型人才的目标定位，事实证明，这个定位是准确的，是符合学校实际情况的，也是符合科学发展观要求的。近年来，树大在人才培养目标的设计上，在实施人才培养的过程中也积累了不少经验。学校有了两个优先，"定位在高级应用型人才优先，全面实施教学质量工程优先"。现在决不能仅仅满足于优先，而要深入探讨与形成"高级应用型人才独特的培养模式"。下一步，学校要进一步明晰高级应用型人才的目标，在"知识、能力、素质"的协调发展上形成人才的鲜明特征。

4. 以专兼结合、结构合理、素质优良为要求的树大师资队伍特色。教师队伍的结构、成长环境和方式，是民办高校教师队伍的内涵所在。对专职教师建设要寻找适应学校实际情况的路子，坚持不懈地把师资队伍建设摆在学校第一工程的位置，坚持不懈地加强百名骨干师资队伍的建设，加强学科带头人的培养和教师队伍结构的调整及优化，重视教师知识结构、教学能力与研究开发能力的独特性，尤其要把教师对学生充满爱作为一项基本的共同要求，在树大形成一个"尊师爱生"的良好风尚，形成教学相长的良好局面。

5. 以东亚地区为重点的树大对外交流与合作特色。树大成立之初就开始了与日本之间的合作与交流，在民办高校中树大是最早开展对外合作与交流的。新树大成立以来，除进一步加大、加快与日本的交流外，学校开始加强了与韩国、我国台湾地区和香港地区的交流与合作，已经形成了较好的基础和影响。

6. 以"崇德重智、树人为本"为核心的树大校园文化建设特色。新树大成立以来，学校不断明晰办学理念、办学精神、校园建设、校园美化、校园和谐，积淀办学经验，校园文化的内容不断丰富与深化，逐渐形成了一定的文化力，成为育人的宝贵财富与重要力量。

五　浙江树人大学今后办学特色建设的主要工作

特色就是高校工作的标新立异，是创造的结果，特色的内容具有原创性。高校办学特色的建设是一个长期探索、逐步积累的过程，往往需要很多年，甚至几代人的共同努力。只有在正确办学思想的指导下，经过全体教职员工的共同努力，不懈追求，长期积累，才能逐步完善。我们不能简单地把差异理解为特色，如果认为一所学校只要与众不同就形成了特色，那么，按照哲学家所说的"世界上没有两片相同的树叶"，任何学校无须创造，本身就存在特色，也就没有必要对特色作专门的讨论。

办学特色建设已经成为高校内涵发展的重要内容。许多高校多年来都在努力倡导特色建设，积累了丰富的经验。归纳起来，他们创建特色的主要经验是：

思想是先导。办学思想是对办学的目标设计、价值追求、角色定位等问题的理性思考。这些思想对形成办学特色具有重要的选择与定向、激励与调控等作用。

调研是基础。首先，要进行系统的调查分析。其次，在实事求是、一切从实际出发原则的指引下，认真调查和分析人才需求的态势；最后，学校、相关专业与相关学科发展的趋势；纵横比较找出学校自身的优势，筛选特色项目进行重点培育。

研究是支撑。在特色建设的前期，理论研究的目的是探寻建设办学特色的理论依据，进行必要性和可行性论证。在特色建设的过程中，理论研究的任务是总结经验、升华理论、发现问题、剖析原因、研究对策。许多成功的经验证明，理论研究在特色建设中具有不可替代的作用。

教师是主体。教师是办学的主体，也是创建办学特色的主体。在建设办学特色中，教师不仅是科学文化知识的传播者，也是学校办学风格的传承者。

建设是关键。特色不能靠口号，不能靠自我成长，创建特色关键是要落实在学校建设的议事日程上，依靠不断实践、不断充实、不断丰富和积淀逐步形成。

学生是根本。学生是学校的产品。衡量学校是否有特色，归根到底要看培养出的学生是否有特色。这种特色应该体现为独特性、自主性、创造性与和谐性的统一。"独特性"即具有独特的个性类型、独特的人格价值、独特的思维方式与独特的活动方式。"自主性"即具有强烈的自主意识、正确的自我设计、很强的自我实现与自我调控的能力。"创造性"即具有思维角度的新颖性、思维对象的开放性与行为结果的超常性。"和谐性"即德、智、体等方面得到和谐发展。学校如果培养不出有特色的学生，办学特色的建设便失去了应有的意义。

近几年来，一方面，学校高度重视特色建设，为此做了许多努力；另一方面，由于合格本科建设，许多办学理念的"趋同"导致特色建设弱化，在"以建迎评"工作中，由于过多的刚性及统一化的评价标准导致办学特色建设面临丢弃的危机。总之，种种原因造成学校特色建设收效甚微，进展不大。为吸取教训，扎扎实实推进特色建设，学校采用工作与研究相结合、院校研究介入特色建设的方法，由科研处会同相关部门，拨出一定的专项经费，专门设计了院校研究特色建设的专项招标课题6个，从工作实际出发，密切结合特色创建，开展相关研究，配合和指导特色建设工作。要求学校各分管领导亲自挂帅，相关部门负责人主抓，组织专门团队，设计好课题构架和培育计划，明确年度研究、实施步骤及建设措施，把特色研究与建设设计好、实践好、研究好，从而培育好特色。

1. 规划建设方案。由各个相关部门牵头，组织团队对学校确定的六个特色项目研究和实施方案进行系统规划，具体明确研究目标、研究内容、分年度研究步骤和考核办法等要素，征求意见论证后公示招标。

2. 梳理原有特色。由各相关部门牵头，组织力量，根据研究和工作方案，对六个方面的特色项目，进行主要以纵向为主的梳理、总结和提炼，从办学资源中挖掘，从群众实践中总结，从办学历史与现状中感悟，从办学理念与思路中把握，从办学特色内涵和特征中提炼，认真研究和梳理办学特色。挖掘优质教育资源，研究新问题，构建新思路，探索新亮点，拓展办学特色的内涵，使办学特色注入新的时代特征和校园文化要素。要求撰写出研究报告，夯实特色建设的基础，巩固已经形成和确立的特色。

3. 扎实建设特色。特色建设，贵在落实。学校将采用边探索、边建设、边实践的工作思路，在总体设计的框架下，采用行之有效的方法和路径，加强特色项目建设研究，指导特色建设。同时，根据建设方案和途径，以若干子项目的形式，不断深化和落实特色建设，加大考核力度，务求抓出成效。要充分发挥全体师生员工的积极性、主动性和创造性，在保持原有特色的基础上，不断建设和打造办学特色。

4. 宣传认同特色。在特色项目建设的过程中，进一步加大对特色项目的宣传力度，突出办学特色的重点，显示办学特色的优势，挖掘办学特色的特点，让办学特色真正达到使人眼睛一亮、心里一动、高度认同的效果。用宣传让特色建设深入人心，形成强大的凝聚力，扩大特色的影响和辐射力。

5. 实践发展特色。从办学的发展历程结合学校优良的传统、校训、教风、学风以及文化来提炼办学特色的萌生、成长和成熟的发展过程，体现办学特色的稳定性、优质性和独特性。从学校的办学资源条件、学科专业特点以及学校办学成果和良好的社会影响等发展办学特色，体现办学特色的指导性、标志性和认同性。

从 2009 年下半年开始，学校将结合建校 25 周年和教学评估的要求，从项目研究入手，根据课题设计，由各个相关部门对相关特色项目已有优势进行总结和提炼，掌握特色项目的培育基础，发掘闪光点，确定着力点，积极开展特色建设，努力完成阶段建设目标，为实现特色鲜明的目标奠定坚实的基础。

（2009 年第 6 期）

加强内部管理体制改革研究
促进民办高校规范管理[①]

徐绪卿　王一涛

摘　要：民办高等教育已经成为我国高等教育的重要组成部分。面临日趋严峻的高等教育竞争和人民群众对高等教育需求的结构性变化，民办高校应加强内部管理。学校应该建立和完善法人治理结构，理顺学校中董事会、校长和监督机构之间的关系。同时，民办高校投资者应该坚持公益性办学的基本方向，以人为本，提高人才培养质量，唯有如此，才能在激烈的竞争中不迷失方向，赢得社会的认可。

关键词：民办高等教育；民办高校；内部管理；科学发展；可持续发展

一　研究的缘起

近年来，我国的民办高等教育随着大众化的深入，得以迅速发展。截至2008年底，我国已有民办普通高校318所，在校生182.87万人，其中本科生26.9714万人，专科生155.892万人。根据教育部8号令和26号令，独立学院今后应该从母体高校中脱离出来，成立"独立"的民办院校。截至2008年底，我国有独立学院322所，在校生218.4377万人，其中本科生196.3143万人，专科22.1234万人。如果把"纯粹民办高校"与独立学院两者加起来，全国已有民办高校640所，在校生401.3万人。除此之外，我

---

①　课题来源：本人主持的教育部人文社科规划课题"民办高校内部管理体制改革与创新研究"（编号10YJA880156）阶段成果。

国还有民办高等教育机构 866 家，在校注册生数达到 87.34 万人。从总量来看，民办高校的数量已经占全国普通高校总数 2263 所的 26.8%，在校生占全国普通高校总数 2021.0249 万的 19.9%。据了解，全国共有 10 个省份的民办高校在校生超过当地普通高校在校生总数的 20%（见表 1），比例最高的浙江省已经达到 33% 左右①。可见，民办高等教育已经成为我国高等教育的重要组成部分。

表 1　　2008 年全国民办高校在校生人数较高的 10 个省份

省份	在校生数/万人	占本地普通高校在校生比例/%	其中独立学院在校生/万人
浙江	26.65	32.74	16.98
海南	3.50	27.72	1.25
湖北	31.24	26.36	24.46
广东	31.87	26.20	16.03
福建	14.03	24.93	5.95
陕西	20.86	24.84	6.13
江苏	38.33	24.38	19.34
河北	23.43	23.43	16.44
云南	7.76	22.32	4.59
江西	16.22	21.23	8.80

注：根据相关资料由作者整理。

　　民办高校在为国家高等教育发展做出重要贡献的同时，也在不断完善自身的建设。在国家高等教育发展环境和政策转移到提升质量和内涵，竞争内容从规模扩张转移到质量和特色的宏观背景下，民办高校应如何加强管理、改革管理模式、提高管理水平和效益，已成为民办高校当前和今后一段时间可持续发展的重要命题，也是民办高等教育研究工作者应予以关注的重要课题。

二　研究民办高校内部管理体制改革的意义

　　民办高校是我国高等教育体制改革的"先行者""探路者"，民办高校

---

① 根据《中国教育统计年鉴》以及各地的教育统计资料整理而来。

管理体制的改革可以为我国高等教育体制改革积累宝贵的经验。研究民办高校管理体制改革，既是重大的理论问题，又是重大的现实问题，对推进我国民办高等教育理论研究和促进民办高校可持续发展，都具有重要的意义。

1. 研究民办高校内部管理体制改革是促进民办高校可持续发展的需要。近十年来，我国民办高等教育的快速发展主要体现在规模扩张上。规模扩张对于民办高校树立形象、扩大影响、占领市场、积累资金和办学经验，无疑都是非常重要的。但是，从长远发展来说，民办高校的发展不能仅仅依靠规模的扩张，更多需要通过内涵建设来实现，从数量走向质量，从规模走向内涵，这是民办高等教育可持续发展的必然要求。

我国民办高等教育发展十几年来，存在着一个非常突出的问题，就是至今尚未形成较为完善有效的管理体制。我国民办高校产权和办学主体较为复杂，董事会、理事会等决策机构的建立，举办者与办学者之间的关系，决策机构与执行机构的责权划分等，都缺乏明确的法律指导。同时，各地民办高校对管理体制改革所进行的探索不多、深度不够，可以供民办高校学习借鉴的对象还不多。管理体制改革的落后阻碍了我国民办高校的可持续发展。从民办高等教育的发展规模上看，数量年年增长，成绩欣欣向荣；从民办高等教育的发展过程来看，存在困难多、后劲乏、风险增的状况。笔者认为，民办高校的管理体制是民办高校内部管理问题的核心，在高等教育进入内涵建设、提升质量的宏观背景下，我国民办高校必须进一步贯彻落实科学发展观，依法办学、规范管理。研究探索民办高校管理体制改革，建立健全管理体制，理顺关系，分清职责，促进内部和谐和可持续发展，对于重塑民办高校的办学形象和品牌，增强民办高校的核心竞争力，鼓励和引导社会对高等教育的投入，具有十分重要的意义。

2. 研究民办高校内部管理体制改革是落实高等教育发展目标和任务的需要。当今世界，知识经济初露端倪，人才已经成为国家经济社会发展和国际竞争的重要因素。为此，国家提出了科教兴国、人才强国、建设人力资源强国等战略目标。高等教育是人才培养的摇篮，是实施科教兴国的主阵地，责无旁贷地处于人才强国战略的中心，在实施人才强国战略中发挥着先导性、全局性甚至是决定性的作用。可以说，没有高度发达的高等教育，就不可能在国际竞争中赢得有利地位。我国民办高校在高等教育体系中已占重要地位，已经成为高等教育的重要组成部分，在承担培养现代化事业建设者和社会主义事业接班人的宏伟事业中担负重要的使命和责任。建设高等教育强国的进程不可能也不应该没有民办高校的参与。开展民办高校内部管理体制问题研究，就是为了更好地解决民办高校发展中的关键问题，深化教学改革，集中精力搞好人才培养，改变我国民办高校与公办高校之间落差悬殊的格局，这对于提高我国整个高等教育体系的质量，发挥资源效益，保证人才培养的质量和水平，服务国家经济和社会的发展，都具有重要意义。

3. 研究民办高校内部管理体制改革是推进我国高校管理体制改革的需要。众所周知，随着我国高等教育的发展，高等教育体制改革也取得了较好的进展，并且逐步深化，为高等教育的健康可持续发展提供了保证。原有高校办学的弊端，集中表现为一切都由国家包下来、一切都由政府统起来的一种封闭半封闭的办学体制。新时期高等教育体制改革，包括办学体制、管理体制、招生就业体制、经费筹措体制、校内管理体制的改革，这五大体制改革对于我国高等教育的大发展起到了积极的推动作用。周远清指出，"五大体制的改革，改变了我国大学按科类设置的状况，使一部分学校的科类更加综合，为我国高等学校培养高水平、高素质的人才，为出高水平的科研成果打下了基础。实行办学体制改革，使我们发展了民办高等教育。实行管理体制改革，使我们的高等学校加大了办学自主权，各地市基本上实现了建有一所高等学校的目标，大大增强高等教育为地方和区域经济、为社会主义市场经济服务的能力；也使我们基本结束了行业办学的局面，使所有的大学都面向地方、面向区域、面向社会办学。实行经费筹措体制改革，使我们实现了多种渠道即'财、税、费、产、社、基'多渠道筹措资金，特别是经过多年的努力，实现了大学生缴费上学，大大改善了学校的办学条件和增加了学校的办学容量。实行招生就业体制改革，使我们实现了面向社会双向选择的就业体制，招生的改革也进行了多种探索。实行学校内部管理体制改革和后勤社会化改革，使学校各类人员的积极性有了提高，高等教育健康可持续发展有了保障。总之，体制改革使我们的高等教育适应了社会主义市场经济，为规模的发展和质量效益的提高打下了基础、创造了条件。"①

需要指出的是，至今为止，高等教育体制改革比较多的是在宏观层面进行的，而处于微观层面的高等学校管理体制改革，则由于许多主客观原因难以深入。积极尝试和探索民办高校内部管理体制改革，不仅会为民办高校自身的管理体制改革提供理论支撑，同时也将为全国高校管理体制改革提供探

---

① 周远清：《把高等教育科学研究做强》，《浙江树人大学学报》2008 年第 2 期，第 1—3 页。

索和实践的机会，从而促进我国高校内部管理体制和机制的改革，提高我国高校的办学效率和效益。

三　民办高校内部管理体制改革的关键问题

经济学家刘易斯在谈到经济增长的阻碍因素时谈到，在某个地方和某个时候，某一阻碍增长的因素可能比其他因素更为突出，也就是说这个缺陷在这一时点上是最突出的，或者说从这点出发比从其他点开始要容易，在寻找解决途径的时候，也要从最突出的因素着手①。在进行民办高校管理体制改革时，也要寻找民办高校发展的最大障碍。当前我国民办高校内部管理体制改革，首先要解决好如下五方面的问题。

1. 民办高校的产权问题。邬大光认为，我国 80% 的民办高校都是"投资"设立的，这是现阶段我国民办高等教育的基本特征②。由于调查所选择样本的偏差，"80%的民办高校是投资型"的结论不一定完全符合我国民办高等教育的实际情况，但是对民办高校的产权并取得利益回报，代表了相当一部分民办高校投资者的办学期望。

产权制度是民办高校内部管理体制架构的基础，产权制度的基本要求是要在产权的公益性和营利性（激励性）之间保持恰当的平衡。一方面，教育不同于经济，民办高校不同于企业，对民办高校的投资也不能像对企业投资一样以利润最大化为目的。自古以来教育都是培养人、造就人的崇高事业，公益性是教育的固有特性，投入教育的资金的性质完全用资本的概念是难以涵盖的。对产权的过分激励有可能会助长民办高校的营利性。另一方面，鉴于当前是我国经济发展的特殊阶段，国家鼓励社会对民办高校的投资，并允许在办学结余中适当地取得合理回报。我们也要划清投资与捐赠的区别，不能以民办高校的公益性来损害投资者的法律权益，公益性不等于福利性。适当地保护民办高校创办者或投资者的收益权、控制权等各项产权权利，对于激发创办者或投资者的积极性，吸引更多社会资金进入民办高等教育领域，也具有重要的作用，这是民办高校产权制度对营利性（激励

---

① 阿瑟·刘易斯：《经济增长理论》，周师铭等译，商务印书馆 1999 年版，第 18 页。

② 邬大光：《投资办学：我国民办教育的本质特征》，《浙江树人大学学报》2006 年第 6 期，第 1—4 页。

性）的要求。从国家发展的长远利益出发，既不能用完全意义上的社会资本的概念来定性社会力量对高等教育的投入，放松对社会资本投资高等教育营利性的限制，任其高"回报"、高"营利"，同时也不能过分地将公益性视作福利性，抹杀民办高等教育与公办高等教育的区别而阻碍社会资本对高等教育的投入。民办高等教育是公益性和资本趋利性的统一体。如何既能保持民办高校产权的公益性，又能关照到民办高校产权的营利性，是今后民办高等教育研究的重点问题之一。

2. 民办高校的决策机构问题。决策机构问题是民办高校内部管理体制的基本问题之一。《民办教育促进法》第十九条规定：民办学校应当设立学校理事会、董事会或者其他形式的决策机构。根据这一规定，董事会（理事会）是民办高校的决策机构。鉴于董事会（理事会）在民办高校内部管理中的重要地位，《民办教育促进法》及其实施条例用了大量篇幅对董事会（理事会）进行了规定。

《民办教育促进法》第二十条规定：学校理事会或者董事会由举办者或者其代表、校长、教职工代表等人员组成。其中三分之一以上的理事或者董事应当具有五年以上的教育教学经验。学校理事会或者董事会由五人以上组成，设理事长或者董事长一人。理事长、理事或者董事长、董事名单报审批机关备案。第二十一条规定，学校理事会或者董事会行使下列职权：（一）聘任和解聘校长；　（二）修改学校章程和制定学校的规章制度；（三）制定发展规划，批准年度工作计划；（四）筹集办学经费，审核预算、决算；（五）决定教职工的编制定额和工资标准；　（六）决定学校的分立、合并、终止；（七）决定其他重大事项。其他形式决策机构的职权参照本条规定执行。

《民办教育促进法实施条例》第九条规定，民办学校的举办者应当依照民办教育促进法和本条例的规定制定学校章程，推选民办学校的首届理事会、董事会或者其他形式决策机构的组成人员。民办学校的举办者参加学校理事会、董事会或者其他形式决策机构的，应当依据学校章程规定的权限与程序，参与学校的办学和管理活动。第十六条规定，"学校理事会、董事会或者其他形式决策机构的人员构成不符合法定要求，或者学校校长、教师、财会人员不具备法定资格，经告知仍不改正的"，审批机关不予批准。

这些规定虽然比较全面，但大都是原则性的规定，可供操作的内容比较少，这就导致这些规定很难在实际操作中实施。据笔者调查，许多民办高校决策机构不健全，有的有董事长没有董事，或者董事就是夫妻两人；有的看似健全，实为虚设，一年开一次会，董事会没有真正的决策权力；有的民办高校不仅没有董事会，连实际的负责人都难以找到。这样的民办高校是难以提高办学质量的。

3. 民办高校校长和执行机构问题。以校长为代表的民办高校执行机构，是民办高校的"办学者"，肩负着培养社会主义接班人和社会主义现代化事业建设者的重任。虽然投资者的资金对于办学具有一定的制约作用，但是办学者的办学理念和责任感会对办学的方向和目标产生直接的影响。《民办教育促进法》第二十四条规定：民办学校校长负责学校的教育教学和行政管理工作，行使下列职权：（一）执行学校理事会、董事会或者其他形式决策机构的决定；（二）实施发展规划，拟订年度工作计划、财务预算和学校规章制度；（三）聘任和解聘学校工作人员，实施奖惩；（四）组织教育教学、科学研究活动，保证教育教学质量；　（五）负责学校日常管理工作；（六）学校理事会、董事会或者其他形式决策机构的其他授权。很显然，民办高校校长的角色是双重的，相对于董事会来说，他受董事会的委托管理学校，是董事会决策的执行者；相对于学校内部管理来说，他又是内部具体事务的决策者。这也正是民办高校"董事会领导下的校长负责制"的内涵，校长在董事会的授权下，独立自主地完成自己在学校治理中的分工。

从民办高校的现实来看，虽然有部分民办高校从自己内部培养起较为年轻的职业化校长，也有民办高校招聘较为年轻的学者担任校长，但是从总体来看，民办高校校长大部分都是从公办高校退休的校领导。从公办高校退休的民办高校校长大都具有丰富的教学和学校管理经验，而且具备兢兢业业、为国植才的责任感和道德素质，可谓"德才兼备"。而且，公办高校的校长都有良好的"社会资源"，他们到民办高校以后，可以利用自己的"社会资源"促进民办高校各项事务的解决。因此，这样的校长队伍对于提高民办高校管理水平，进而提高民办高校的育人质量和社会认可度，都起到了重要的作用。

但是，从公办高校选聘的校长也有不足之处。一是有些民办高校校长到任后，观念难以转变，办学凭借经验，结果事倍功半、效果不佳。民办高校的生源和公办高校的生源存在重大差别，民办高校的教师和公办高校的教师也有区别，民办高校的管理体制与公办高校的管理体制更是不同，因此，单纯利用公办高校的治校经验很难管理好民办高校。二是有些校长对民办高等教育的认可度不高，关心程度不够，对民办高校一味地抱怨，对民办高等教育和民办高校缺乏感情。三是有些校长缺乏办学主见，放弃办学原则，忘却教书育人的基本准则，将经济利益放在首位，忽视了教育的奉献性，把校长工作看作单纯的职业，雇用观念较重，将民办高校看作是"养老""创收"的地方。四是有些民办高校校长年龄偏高，虽工作勤恳，但观念陈旧，不思变革，创业不足，守业有余，使学校的发展缺乏应有的闯劲和活力。有些学校的校长甚至身体素质欠佳，难以适应大学校长这一需要较强体力和精力的岗位要求。

因此，以《民办教育促进法》和实施条例以及相关法规为依据，研究和探索民办高校校长的选拔、任用、培训、发展制度，逐步建立民办高校校长专业化成长的环境，是研究民办高校内部管理的重要内容。教育部对民办高校校长任职专门作了规定，各省份也根据本省内民办高校发展的实际情况，对民办高校校长的任用和管理进行了积极尝试，使校长的管理工作有章可循。但是这些规定对于民办高校的发展会产生怎样的积极作用，在实施中会产生哪些问题，是否值得在全国其他地区推广，还有待于继续跟踪观察和研究。

4. 民办高校监督机构问题。对民办高校的监督机构及机制的研究，从目前来说几乎处于空白状态。监督机制是实现民办高校法人治理分权与制衡的有力保证，也是完善民办高校法人治理结构最为迫切而又十分必要的方面。从当前来看，我国民办高校的监督机构不健全，监督机制未建立，力量十分薄弱。在我国，民办高校得到的捐款量较少，捐款人的监督力量很有限。家长或学生虽然承担了教育成本，可以对学校进行监督，但这些监督没有明确的法律授权，再加上学校组织绩效评估的困难，家长力量又较分散所以难以形成制度性力量。社区、校友和媒体的力量更是微乎其微，难以起到监督作用。监督机构的缺乏，导致学校利益相关人的利益得不到保障。为此，建立健全监事会这一组织结构，提高监事会的地位，明晰监事会的监督职权范围，保障其独立行使监督职权和增进监督实效，应该成为健全民办高校内部管理体制的重要内容。

针对一些地方政府对民办高校疏于管理，使部分民办高校存在办学行为不规范、内部管理体制不健全、法人财产不落实以及行业自律、社会监督薄弱等突出问题，国家有关部门出台政策，要求加快建立对民办高校的督导制度，由省级教育行政部门向民办高校委派督导专员。督导专员依法监督民办高校贯彻执行有关法律、法规、政策的情况，监督、引导学校的办学方向、办学行为和办学质量，参加学校发展规划、人事安排、财产管理、基本建设、招生、收退费等重大事项的研究讨论，向委派机构报告学校办学情况、提出意见建议，同时承担有关党政部门规定的其他职责。这一重要举措将加强政府督导管理和引导民办高校健全内部管理体制有机地结合起来，对于加快构建政府依法管理、民办高校依法办学、行业自律和社会监督相结合的管理格局，促进民办高校又好又快发展，具有十分重要的意义。

政府向民办高校派驻督导专员已有三年左右的时间，在实践中，这一制度尚需要继续完善，存在着继续探索的空间。比如，督导专员的督导如何与直接的行政干预相区别？督导专员如何才能做到参与民办高校重大事项的研究讨论，且主要是起监督、引导和保障作用，而不是办学事务的直接决策者？督导专员不能越俎代庖，"越位"操纵民办高校内部事务，更不能凌驾于学校之上，干扰学校的自主权。另外，督导专员如何尽好"督""导"职责，保证民办高校的办学方向，保证利益相关人的利益，落实法人财产，严防学校办学风险等问题，都需要在理论研究和实践层面继续探索和提炼。

5. 民办高校内部管理制度。董事会、以校长为首的执行机构、监督机构是民办高校内部管理的三大基本组织架构。除了要完善这三大基本组织架构的内部结构和运行机制之外，民办高校也要完善内部管理的其他方面。如果将这三大机构看作是民办高校内部组织结构的"骨架"，则其他方面的管理制度则可以被看作是民办高校内部组织结构的"血肉"，是民办高校依法办学、实现发展目标的重要保证。建立健全合法的、规范的、系统的、科学的民办高校内部管理制度，对于保障学校正常教学秩序，提高办学效率和效益，完成各项教学、科研任务和发展目标，都有着重要意义。

民办高校与公办高校在内部管理制度上有许多共同点，公办高校的内部管理制度可供民办高校学习和借鉴。但是，由于办学体制的不同，民办高校的内部管理体制具有自身的一些特点。比如，由于存在大量的外聘教师，民办高校的教师管理制度必然区别于公办高校。又比如，为了体现"机构精简、人员精练"的原则，民办高校的许多管理流程必须简化。还有，由于学生的学习基础相对较低、学习自觉性较差，同时又是自费接受教育，学校在进行学生管理和教学管理时必须考虑到这些特点。民办高校的教师待遇和福利等各方面均不如公办高校，保护他们的权益，提高他们的待遇，也是民办高校需要重点关注的因素。

相比于公办高校，民办高校具有管理体制和运行机制自主灵活、市场意识强、市场敏感度高、历史包袱少等特点和优势，民办高校应该利用自身优势，抓住机遇，积极进行内部管理制度创新。目前很多民办高校已经在内部管理制度建设方面进行了尝试，并且得到了地方教育行政部门的大力支持和指导。我们因研究工作的需要，到过许多优秀的民办高校考察，发现很多民办高校在内部管理制度改革上积累了很多宝贵的经验。比如，黑龙江省大部分民办高校按照《劳动合同法》的有关规定，规范了与教职工的聘任行为，教职工的合法权益得到了有效保护，而且该省大部分民办高校也建立了教师、学生申诉机制，畅通了校内救济途径。这些做法值得其他地区的民办高校借鉴。除了要勇于创新、敢于实践外，民办高校也应该以开放的胸怀相互学习，相互借鉴，取长补短，学习先进民办高校在内部管理制度方面所进行的创新，只有打破封闭办学的局面，我国民办高校才能够实现共同发展，共同繁荣，共同为建设高等教育大国和高等教育强国贡献更多的力量。

（2010 年第 1 期）

论我国高水平民办高校建设及其特征

摘　要：《国家中长期教育改革和发展规划纲要（2010—2020
年）》颁布以后，许多地方都召开了"高水平民办高校建设"的相关
研讨会。高水平是一个动态的、阶段的、区域的概念。民办高校的发展
水平，与它产生的历史背景和发展阶段密切相关，与一定区域的社会文
化传统密切相关，与国家制度的顶层设计密切相关。建设高水平民办高
校，也应从我国民办高校所处的基本国情、办学内涵和发展目标出发，
从我国的国家制度和文化传统出发，体现自身特色。

关键词：民办高等教育；民办高校；高水平民办高校

2010 年 7 月 29 日颁布实施的《国家中长期教育改革和发展规划纲要
（2010—2020 年）》提出了"办好一批高水平民办学校"的工作目标和定
位，这是在国家层面文件中第一次提出"高水平民办学校"的建设问题。
此后，教育部在《关于鼓励和引导民间资金进入教育领域　促进民办教育
健康发展的实施意见》（教发〔2012〕10 号）中也明确提出，要"积极支
持有特色、高水平、高质量民办高校的发展"。教育部颁发的《全面提高高
等教育质量的若干意见》（教高〔2012〕4 号）还明确提出，要"加强民办
高校内涵建设，办好一批高水平民办高校"。这一系列文件和政策都说明，
"高水平民办高校建设"已列入国家高等教育发展的目标之一，至少体现了
国家对民办高校发展的新期望和新要求。以下内容希望对具有中国特色的高
水平民办高校问题进行探讨，以求教方家。

一　高水平民办高校建设的动因

笔者认为，当前开展对高水平民办高校建设相关问题的研究，既是对国

家政策的积极回应，也是如下三个原因的深刻体现。

第一，我国民办高校的发展现状已成为"高水平民办高校"建设的强大驱动力。截至 2011 年底，我国已有经批准独立设置的民办普通高校 389 所，民办性质的独立学院 309 所，两者之和为 698 所，约占全国 2409 所普通高校总数的 29%；从在校生来看，同期全国民办普通高校在校生为 505.07 万人，约占全国 2308.51 万普通高校在校生的 25.5%；另外还有民办的非学历高等教育机构 830 所，各类注册学生 88.14 万人①。全国已有 10 多个省份民办高校在校生数量占比超过 20%，占比最高的浙江省已经连续 4 年超过 30%。可见，民办高等教育已经成为国家高等教育发展新的增长点，成为国家高等教育体系的重要组成部分。民办高等教育在促进高等教育大众化、多样化和选择性方面，承担了重要角色，发挥了积极作用，作出了巨大贡献。然而，民办高等教育数量的快速增加，不能完全说明其发展地位的稳固。尽管我国民办高校的规模比例已经接近美国私立大学的比例当量，但是办学历史短、师资队伍弱和办学层次低的现状仍无根本性的改变。在高考生源萎缩、高等教育资源供求缓和并逐渐宽裕的条件下，民办高校面临着生存危机。近年来，民办高校招生不满、报到率低的新闻不绝于耳，甚至有专家预言："随着出生人口基数的下降，特别是随着 18 岁到 22 岁大学适龄青年数量的减少，某些高校，特别是某些民办学校和独立学院离破产可能不遥远了。"② 招不到学生，就收不到保证学校运转的足够学费。没有资金的支撑，学校的各项发展就会受到约束，势必使来年的招生雪上加霜。如此恶性循环，将对发展中的民办高校的生存和发展带来严峻的威胁。除了加快内涵建设，提高办学质量，民办高校别无他路可走。

第二，民办高校难以享受国家高等教育强校建设的相关政策，会拉大公办高校与民办高校之间的差距。一方面，专门针对民办高校发展的政策十分稀缺，另一方面，民办高校又难以享受到已经出台的高等教育政策。当今世界高等教育的重要经验之一就是以重点建设带动整体发展，因此，我国先后出台了"985""211""示范性高等职业技术学校"等强校工程。尽管相关政府部门在这些项目的政策指导和实施过程中并没有把民办高校排除在外，从表面上看没有歧视，但由于采用与公办高校相同的申报和评审标准，对目

---

① 教育部.2011 年全国教育事业发展统计公报［EB/OL］.（2012-08-30）教育部网站. http://www.moe.gov.cn/srcsite/A03/s180/moe_633/201208/t20120830_141305.html.

② 顾海良：《未来十年某些高校将面临破产危机》，《中国青年报》2010-03-24。

前尚处于初级发展阶段和内部运行体制与现有国家教育体制差异较大的民办高校而言，在竞标中处于极为不利的地位。在貌似"公平"的竞争背后，隐藏着事实上的不公平，广大民办高校被游离在建设高等教育强国的"强校工程"之外。诚然，当下民办高校还不能加入"211""985"工程，但在国家投资数百亿建设的200余所国家示范性高职院校中，也难以见到民办高职院校的身影，而民办高职院校占全国高职学院总数的三分之一还多。此外，还有其他众多的教学质量工程，尽管从文件内容上看特意标明包括民办高校，但由于客观情况和评审条件的限制，民办高校能参与的项目实际上并不多。事实上，民办高校还不能沐浴到国家各项政策的阳光。

第三，高水平民办高校建设已成为民办高校推进示范建设、带动整体提高的重要抓手。学术界早在多年前就开展了"高水平民办高校建设"的相关研究。2007年，浙江树人大学在全国教科规划教育部重点课题"民办高校可持续发展"的研究报告中，专门提出了加快国家级民办高校示范校建设的相关建议。2009年，浙江树人大学连同西安外事学院和江西蓝天学院（现改名为江西科技学院）共同发起召开"优质民办高校建设专题研讨会"，邀请中国高等教育学会会长周远清等领导和专家参加会议，共同探讨如何提高民办高校的办学质量问题。研讨会结束后整理的资料专门报送教育部主要领导，并通过人大提案转交，引起了教育部领导的高度重视并得到回复，其中"加强高水平民办高校建设"的内容已列入相关部委的工作计划。2010年4月，"高水平民办高校建设"成为在浙江树人大学召开的"第四届中外民办高等教育发展论坛"的重要议题。《国家中长期教育改革和发展规划纲要（2010—2020年）》颁布后，各地在学习贯彻纲要的过程中都在推进高水平民办高校建设，先后召开的相关会议有：全国（部分）"民办高校坚持公益，推进高水平民办高校建设"会议、无锡市人民政府举办的"高水平民办高校建设论坛"以及重庆市"高水平民办高校高峰论坛"等。从中可以看出，这些会议不是民办高校的自娱自乐，其本身已包含了政府的鼓励和支持。可见，高水平民办高校建设已经在政府、民办高校和学术界达成共识，形成合力。

二　中国大陆高水平民办高校的基本特征

研究世界各国和地区民办（私立）高等教育的发展史，不难得出这样的结论：民办（私立）高校的办学水平与它所处的历史条件和发展阶段密切相关，与一定社会、地区的国情和文化传统密切相关，与国家发展民办（私立）高等教育制度的顶层设计密切相关。笔者认为，建设高水平民办大学，也应从我国民办高校所处的办学阶段和发展目标出发，从基本的国情和文化传统出发，从国家教育制度设计的基本要求出发。一句话，高水平民办高校的建设应体现中国国情和中国特色。世界上私立大学最发达的要数美国、日本和韩国以及我国的台湾地区。美国私立大学起步早于建国，在相当一个时期这个国家没有公立大学，私立大学牢牢占据高等教育的核心位置和高端水平。现在，尽管美国私立大学的规模只约占全国高等教育在校生数的四分之一，但其地位并没有受到动摇。美国是一个自由竞争的国家，坚持"竞争出活力、竞争出精品"的价值观。一流私立大学的建设确保了美国私立大学在国家高等教育体系中的地位，同时也在促进高等教育整体水平的提高中发挥了重要作用。日本、韩国和我国台湾地区的私立大学，大都是在第二次世界大战以后才得以繁荣发展的。尽管这些国家和地区当时公立大学的实力很强，但是在制度设置上坚持"限制公立、公退民进"的策略。由此，私立大学得到长足发展，私立大学的学校数和在校生数均占近80%，在水平和层次上也出现了一批与公立高等教育相媲美和竞争的私立大学，孕育了一批跻身世界一流大学行列的私立大学。日本、韩国和我国台湾地区一直坚持高等教育的公益性，举办私立大学需要注册为非营利性的财团法人，将学校与企业分离开来，从而保证学校的公益性。而我国民办高校则是在公办高校"一统天下"的夹缝中成长起来的，既无先天优势，也缺乏大财团的资金支持，更缺乏完善的制度环境。虽然当前也占有四分之一的市场份额，但存在办学历史短、办学层次低、社会投入少、财政无补助、规模和条件不相匹配、队伍建设滞后以及管理老化等问题。因此，"高水平民办高校"建设必须考虑到我国民办高校的发展实际。

根据我国的基本国情和文化传统，结合国际私立大学的发展，笔者认为，我国高水平民办高校应该具有以下六个特征。

1. 坚持办学的非营利性，有良好的学校形象。之所以没有提公益性而提出非营利性，是因为当下公益性在教育领域被滥用，理论上有一些混乱。民办高校的非营利性不仅仅包括公益性，而且意味着任何人不能占有学校资源，也不能以某一特定的群体或家族世袭控制学校，更不能按照资产结构分配办学盈余，所有的办学收入和积累都将被用于学校办学。笔者认为，尽管当今世界的教育已经发生了很大的变化，许多国家也允许甚至鼓励营利性大学的存在，但考察古今中外所有的私立大学，办得成功和获得社会青睐的无一例外都是非营利性的。"非营利性"实际上已成为优秀私立大学发展的经验和规律之一。结合我国当下教育价值观和社会心理等实际情况，"非营利性"也应成为高水平民办高校的基本特征。

2. 教育质量得到社会公认，有较高的认可度。高水平民办高校首先具有教学水平的"高质量"，能因人才培养质量优良而得到社会的公认。相较一般的民办院校，高水平民办高校的办学条件较好，设施比较完善，管理也比较规范，教学质量总体来说能得到保障。考察这一指标主要有就业率和生源充裕率两个方面。办学质量高，社会信誉好，毕业生就业率就高，学校品牌效应明显，考生报考也会更加踊跃，"进出"顺畅，从而形成良性循环，使学校的可持续发展更有保证。

3. 专业学科优势突显，有较强的竞争力。民办高校的生命力在于创新和特色，而创新和特色的彰显着重体现在学科和专业方面。在高等教育大众化不断深入的背景下，社会高等教育资源逐年丰裕，供求关系不断缓和。这样一来，高校之间的竞争将越来越激烈。如果没有特色鲜明的专业和学科，民办高校就不会有发展的优势。从笔者参加的教育部新建本科院校教学工作合格评估情况来看，当前民办高校一项很重要的工作就是抓住机遇，开展科研，提高学科建设水平。深化教学改革，因材施教，推进人才培养模式改革，提高人才培养的应用性和适切性。高水平民办高校的"高水平"，主要应体现在学科建设和专业特色的"高水平"上。政府已经强调，"对民办教育支持发展的基本导向是支持特色发展、高质量发展、规范发展"①。因此，高水平民办高校应有一批优势突显的专业学科，由此创建学校的品牌。

4. 人才工程建设成效显著，有实现可持续发展的潜力。队伍建设是高校的一项基础工作，也是高水平民办高校建设的重要抓手。随着规模的扩大和高校师资的紧缺，广大民办高校都开始重视专职教师队伍的建设，教师数量有了较快增长，有的甚至引进了部分高层次人才。不过从相关研究数据来看，数量不足、结构不佳仍是民办高校师资队伍的现状。数量上的严重不足

---

① 鲁昕：《全面落实教育规划纲要，进一步促进民办教育发展》，《湖南民办教育》2011年第6期，第5—7页。

和结构上的"青黄不接",始终制约着民办高校教学质量的提升和教学改革的开展。换句话说,增加数量和优化结构仍然是民办高校教师队伍建设重要的紧迫任务。民办高校必须根据学校自身的发展定位、所处的区域经济和社会需求以及学校自身的学科、专业的优势,科学合理地确定专职及兼职教师的比例和学校各类教师的比例,制定规划和有效措施,加快自身专职教师队伍建设,大力引进高学历、高职称人才,加快改善和优化教师队伍结构,保证教学秩序的稳定和质量的持续提高,为"高水平"办校奠定良好的人才基础。

5. 校园文化特色彰显,有风清气正的教风与学风。高校是文化的摇篮,每所高校都有自己的文化,没有文化的大学是没有灵魂的。民办高校有着独特的办学体制和成长土壤,也营造了与之相应的独特的校园文化。民办高校由民间举办,其成长多得益于市场规律的运用和大量企业管理理论与方法的引入,但民办高校归根到底是大学,企业管理不能代替学校管理,市场经济不能代替校园教学。过浓的企业文化色彩将凸现学校的功利行为,挤压大学精神的发展。开展高水平民办高校建设,必须正确认识和处理校园文化与企业文化之间的关系,根据育人规律办学,凝练办学理念,培育和营造学校精神,逐渐形成适合自身发展的校园文化。

6. 法人治理结构完善,有和谐稳定的内部环境。内部法人治理结构是民办高校建设的基本条件,责权清晰、高效和谐、沟通顺畅的治理结构是高水平民办高校的重要特征。市场的管理体制和灵活的运行机制是民办高校的核心优势,但也要科学合理地区分民办高校法人与企业法人治理结构的差别,注意法人治理结构的适用性和创新性,切实做到遵循高校育人的规律,努力避免大学管理中的企业化和商业化。

三　高水平民办高校建设中的"三个坚持"

在我国,高水平民办高校建设已被提上政府的议事日程,很多民办高校也认识到这是一个难得的发展机遇。针对当前建设中的问题,笔者提出以下三点看法,与同行商榷。

1. 坚持高水平民办高校建设中的政府主导立场。为使项目建设具有较高的权威性,更好地发挥强校的带动和辐射作用,与其他强校建设工程中政府起着主导作用一样，高水平民办高校建设工程也应该由政府牵头组织，由国家教育行政部门统筹、协调。建议教育部出台"高水平民办高校示范校建设工程"，从国家层面设计相关建设方案，并从民办高校发展的实际出发，给予特殊的政策支持。首先，尽快制订和出台专门的建设文件，制订专门的选拔标准和选拔机制，在全国确定一批专业的专家队伍，经过各地申报、推荐和评审，将一批办学质量较好、办学信誉较高、办学条件完善、办学形象较佳的民办高校列为高水平民办高校示范校（与国家示范性高职院校相当），给予专门的政策支持。尽管当下高水平民办高校建设呼声高涨，但似乎是民办高校的"一厢情愿"，政府方面的操作性文件至今也没有见到，多少令人产生失落感。其次，加大政策投入支持，加快提高示范民办高校的整体办学水平。应在文件中明确要求，各级政府切实落实公共财政支持民办高校发展的政策，加快建立民办高校发展专项资金，以社会筹集和民办高校自身投入为主、政府予以适当补贴的方式，以项目为抓手，加大纳入建设民办高校的基本建设和教学基础设施的建设力度，加快这些学校基础条件的改善，使之达到同类学校的较好水平。再次，落实各项措施，给予各试点民办高校必要的办学自主权。要尽快提高试点学校的办学质量，应落实政策，给予试点学校更多的办学自主权，如当前民办高校中反应普遍较为强烈的招生自主权和专业设置权等。最后，要注意不断总结经验，扩大高水平民办高校建设经验的辐射功效，从而带动和推进全国民办高校的优质资源建设，提升民办高校的整体办学水平。

2. 坚持高水平民办高校建设中的学校主体地位。建设高水平民办高校，首先是民办高校自身的事情，民办高校自身要有积极性。要通过建设，凝聚共识，克服功利性、营利性等短期行为，切实做到把主要财力和精力集中到加强学校内涵建设与提高人才培养质量上来。笔者认为，作为主体的民办高校，主要应抓好三个方面的工作。一是积极推进教学改革。民办高校归根到底是改革的产物，没有改革就不可能有民办高校的发展，改革始终是强大的驱动力。在高水平民办高校建设中，要大力倡导和鼓励改革，特别是在积极探索民办高校创新人才培养模式方面走出新路，创建特色，不断提升人才培养质量，进一步提高毕业生就业的核心竞争力，改进和完善评价标准，切实提高毕业生的就业率，不断提高就业的质量。二是加强学校的专业和学科建设。这是高水平民办高校建设的重点。在试点民办高校中选取一批理念先进、特色鲜明、就业率高的学科和专业进行重点支持，搭建改革和发展的平台，帮助提高专业培养质量，满足区域经济和社会发展对人才的需求。大力支持试点民办高校根据自身的办学条件和对社会需求的判断预测，培育、开发自己的重点和特色专业，服务地方产业升级和转型。三是积极启动科研工作。科研不仅是高校社会服务的一个职能，而且是学校学术发展的原动力。没有科研，学校就没有学术意识和氛围，没有知识的更新和创造，人才培养也搞不好。一句话，没有科研的大学就难以成为真正的大学。从现有新建本科院校评估的状况来看，科研的不足既制约了人才培养质量的提升，也阻碍了教师队伍的成长和教学水平的提高。因此，应从国家层面引导试点民办高校积极开展和参与科研工作，鼓励科研服务教学，提高教学水平和教学质量，同时增强对经济社会发展的服务职能和服务能力。要借助于"高水平民办高校建设"这个抓手，推动和促进全国民办高校的科研工作，从而带动民办高校总体科研水平的提高。

3. 坚持理论研究的"主创"作用。建设高水平民办高校是一项开创性的工作。它既不能照搬国家原有的强校工程模式，也不能简单地拨款了事，需要认真规划、精心设计、大胆改革、勇于创新。在这个过程中，理论研究显得格外重要。示范学校的选拔和遴选、学校建设目标的确定、绩效考核和评估的办法等，都需要认真研究和探索。"正确的理论研究成果，是决策科学化、管理民主化的重要依据，是教育事业发展的巨大推动力。研究要产生更大的作用，必须更多地接近高等教育实践第一线，发现、研究实践中的真实问题，用理论的说服力，推动人们对高等教育规律的认识，为决策提供依据，为教育实践提供理论和方法上的指导。只有深深扎根在实践的土壤中，高等教育研究才能集聚民间智慧，促进高等教育的发展。"[①] 面对民办高等教育发展新的机遇、新的任务和新的挑战，理论研究者应该解放思想，与时俱进，积极开拓，掌握主动，自觉地将高水平民办高校建设研究作为新的任务，明确使命，务求突破，主动承担历史责任。同时，要善于把理论研究与民办高等教育的实践紧密联系起来，将研究的主题和精力向现实问题聚焦，加快推出一批优秀的研究成果，为高水平民办高校建设工程提供强有力的理论支撑。而这正是民办高等教育理论工作者新的责任和使命。只有从理论与实践的结合上推进和提升高水平民办高校建设的成果，才能使高水平民办高校建设工程有较为发达的根

---

① 潘懋元：《民力民智推进高教事业大发展》，《中国教育报》2008-06-02（6）。

基，发挥应有的示范和辐射作用。

（2013 年第 1 期）

　　注：本文根据作者 2012 年 9 月在西安外事学院举办的"中外大学校长论坛"上的演讲整理。

鼓励和支持民办高校健康发展的落脚点：优化顶层设计①

徐绪卿　　周朝成

摘　要：当下民办高等教育发展面临着严峻的困难，优化顶层设计、加快政策转型，已成为民办高校突破新一轮发展的重要瓶颈。当前，民办高等教育政策顶层设计需要解决的基本问题有：民办高校的"合法性"问题、民办高校发展的价值问题、民办高校发展的性质问题、民办高等教育未来发展的空间问题以及民办高等教育发展的路径问题。在进行民办高等教育政策的顶层设计时，要科学论证、设定发展目标；实事求是、确定发展方向；统筹协调、着眼发展全局；突出重点、扫除发展障碍；研究路径、落实顶层设计。

关键词：民办高等教育；民办高校；顶层设计；政策转型

在中共中央关于"十二五"规划的建议中，提出要"以更大决心和勇气全面推进各领域改革，更加重视改革顶层设计和总体规划，明确改革优先顺序和重点任务，深化综合配套改革试验，进一步调动各方面积极性，尊重群众首创精神，大力推进经济体制改革，积极稳妥推进政治体制改革，加快推进文化体制、社会体制改革，在重要领域和关键环节取得突破性进展"②。可见，顶层设计已经成为国家工作的重要指导原则。

---

① 课题来源：本人主持的教育部人文社科规划课题"我国民办高校治理及机制创新研究"（15YJA880084）阶段成果。

② 中国国民经济和社会发展第十二个五年规划纲要［EB/OL］．国家发展和改革委员会网站（2013-08-10）.http://ghs.ndrc.gov.cn/ghwb/gjwngh/P020110919590835399263.pdf.

一 顶层设计的含义

何为顶层设计？顶层设计的英文为 Top down Design，原是来自西方国家自然科学或大型工程技术领域的一种设计理念，意指在工程设计中统筹考虑项目各层次和各要素，追根溯源，统揽全局，在最高层次上寻求问题的解决之道。顶层设计有三大特征：一是顶层决定性。顶层设计是自高端向低端展开的设计方法，核心理念与目标都源自顶层，因此顶层决定底层，高端决定低端。二是整体关联性。顶层设计强调设计对象内部要素之间围绕核心理念和顶层目标所形成的关联、匹配与有机衔接。三是实际可操作性。顶层设计表述简洁明确，具备实践可行性，因此其成果应是可实施、可操作的。本文所说的顶层设计，其意义有所延伸，是指对于一个大事业、大项目的开展，能站在一个战略的制高点，从最高层开始，明晰目标、优选内容、确定路径，加强宏观指导，使所有的层次和子系统都能围绕总目标，产生预期的整体效应和效益，从而实现稳定、健康和可持续发展。

近年来，顶层设计开始进入高等教育理论领域，在高等教育决策与政策、高校人才培养和战略规划等方面得到了广泛运用。在"优先发展、育人为本、改革创新、促进公平、提高质量"的 20 字方针统领下，《国家中长期教育改革和发展规划纲要（2010—2020 年）》（以下简称《教育规划纲要》）对我国教育事业的总体战略、发展任务、体制改革和保障措施等四个方面进行了通盘考虑，形成了涵盖教育改革发展各个环节的战略体系，这是从国家层面对我国教育事业进行顶层设计的典型案例。由此可见，教育领域的顶层设计，实际上就是从教育的国家利益和国家意志出发，对教育发展的总体目标、总体性质、各个层次、各个要素进行统筹设计，提出要求，落实方案，通过各地区、部门、单位的理念一致、功能协调、结构统一和资源共享，实现教育改革和发展的目标。

刘延东在"贯彻落实全国教育工作会议和教育规划纲要座谈会"上曾强调指出，贯彻落实《教育规划纲要》任务繁重复杂，必须加强顶层设计，全面规划部署，分步有序推进[①]。她在"2011 年全国教育工作会议"上的

---

① 刘奕湛、刘延东. 抓好全国教育工作会议和教育规划纲要学习贯彻 [EB/OL]. 2010-07-16，新华网 http://news.xinhuanet.com/politics/2010-07/16/c_111963319.htm.

讲话中强调要"科学谋划，注重整体设计"，指出"每项改革和发展任务都是一项系统工程，必须整体谋划和前瞻布局，这样才能事半功倍、少走弯路。'十二五规划'是今后五年国家经济社会发展的顶层设计，《教育规划纲要》是未来十年教育改革发展的顶层设计，在编制出台教育事业'十二五规划'和分地区、分领域规划时，要按照这两个规划的要求，把十年改革发展目标任务按时间节点规划好，形成清晰的工作指南。"① 因此，在今后的教育事业发展中，政府必须加强顶层设计，统筹规划，保证各项工作的健康发展和目标的实现。

二　民办高校面临的危机与顶层设计缺失

我国民办高校已经进入一个新的发展时期。改革开放以来，我国民办高校从无到有，从少到多，从小到大，已经具有一定的规模。从学校总数来看，截至 2012 年底，民办普通高校总数已达 706 所（含独立学院），占全国普通高校的 29% 还多，可谓"三分天下有其一"。从在校生规模来看，2012 年全国民办高校在校生已经达到 533.18 万人，约占全国普通高校在校生 2391.32 万人的 22.3%。从办学层次来看，民办本科院校逐渐增多，民办本科院校在校生 341.23 万人，约占全国本科在校生 1427 万人的 23.9%；全国已有 5 所民办本科院校获得国家特殊需求研究生培养试点，硕士研究生在校生 155 人②。更可喜的是，一批民办高校抓住《教育规划纲要》实施的大好机遇，提出建设"高水平民办高校"的目标，并已跻身一些国家级质量工程项目，"重品牌、实内涵、抓质量、创特色"已成为部分民办高校的自觉行为。从以上数据可以看出，民办高等教育已经成为国家高等教育体系中新的增长点，成为国家高等教育的重要组成部分，在推进高等教育大众化、多样化和选择性方面，担当了重要角色，发挥了积极作用，作出了巨大贡献。然而，我们也要清醒地认识到，我国民办高校还面临着严峻的挑战，繁荣发展的背后掩盖着深层危机。

---

① 刘延东：《坚持改革创新，狠抓工作落实，努力开创教育事业科学发展新局面》，《中国教育报》2011-02-24。

② 教育部. 2012 年全国教育事业发展统计公报［EB/OL］. 2013-08-19.教育网 http://www.edu.cn/xin_wen_dong_tai_890/20130819/t20130819_1002653_1.shtml.

（一）民办高校面临生存危机

一方面，我国民办高校办学历史短，根基不牢，虽然在规模上有了一定的发展，但至今还未产生与公办名校相比肩的民办名校，难以产生品牌效应；同时，社会对民办高校的认可和接受程度还较低，时常因个别民办高校的不端办学行为影响到民办高校的整体形象。民办高校的发展现状与国家提出的公、民办高等教育共同发展的要求相距甚远，不仅原有的发展成果难以巩固，而且在一些地区已经出现了规模下滑和比例萎缩的趋势。另一方面，在民办高校还没有完全发展成熟时，又遭遇快速实现高等教育大众化甚至普及化政策的影响，许多民办高校刚有一些积累便被再次推到风口浪尖上经受严峻考验。高等教育大众化的不断深入，促使社会对高等教育的需求从机会需求转向质量需求。这种质量需求可能会给民办高校粗放式发展模式带来挑战，压缩民办高校的发展空间①。近年来高等教育适龄人口大幅萎缩，高考生源急剧减少，不少民办高校开始出现招生困境。面对中国公办大学十年来的急速扩招和人口出生率的持续下降，民办高校倍感招生萎缩的巨大压力，中国民办高校在国家人口结构变化和教育事业发展的过程中最先感受到寒意②。有学者甚至断言，在不远的将来，"随着出生人口基数的下降，特别是随着18到22岁适龄大学生青年数量的减少，某些高校，特别是某些民办高校和独立学院离破产可能不遥远了"③。这种"先天不足""长不逢时"导致民办高校的发展面临深层危机④。

（二）制度安排导致的不公平危机

近年来，国家加大教育投入，设计了很多竞争性项目，在表面看似"公平"的评审制度安排中，隐含着对民办高校的歧视和不公，使民办高校很难享受到政策优惠。一方面，政府财政性经费进入民办高校的途径没有理

---

① 张应强：《高等教育改革与我国民办高校的可持续发展》，《大学教育科学》2006年第6期，第17—21页。

② 顾昊、王经国、顾烨. 民办高校破产危机吹响教育改革号角 [EB/OL]. 2010-04-01, http://news.xinhuanet.com/politics/2010-04/01/c_1212966.htm.

③ 顾海良：《未来十年某些高校破产》，《中国青年报》2010-03-25（教育·科学版）。

④ 张应强：《体制创新与建设高水平民办大学》，《高等教育研究》2002年第4期，第28—31页。

顺，另一方面，评审条件的限制实际上将民办高校排除在外。在全国和各省市设置的众多重点学科、重点专业、重点基地和重大专项等项目中，民办高校所占比例极低；在国家级的重点专业、重点实验室和重点实习实践基地，动辄数亿、数十亿的国家财政投入中，占普通高校三分之一的民办高校，所占比例少得可怜，有的项目根本就没有民办高校的份额。这种现象表明，若任其发展，民办高校与公办高校的质量差距将进一步拉大，在原有政策优势逐渐弱化的趋势下，民办高校的发展环境将越来越严峻。

（三）顶层设计的缺失是关键原因

民办高校的成长之路，主要是依靠自身的努力。转变观念、苦练内功，提高质量、突显特色，加强内涵建设，发挥体制优势，加强内部管理等，都是民办高校健康发展的重要路径。但是，从系统发展的视角看，民办高校的发展危机与政策及制度环境的不完善、不系统有关，也就是说顶层设计的缺失是关键原因。

1. 我国民办高等教育政策缺乏一致性。一方面，国家顺应国际潮流，倡导发展民办高等教育，希望民办高等教育在未来的高等教育改革和发展中担当重任。另一方面，民办高等教育发展可供操作的政策却非常稀缺。例如，教育部第 25 号令《民办高等学校办学管理若干规定》指出，"民办高校的资产必须于批准设立之日起 1 年内过户到学校名下。本规定下发前资产未过户到学校名下的，自本规定下发之日起 1 年内完成过户工作。"这对于当时许多民办高校发展而言是难以做到的，甚至部分民办高校至今仍未实现资产过户。这其中虽然有很多利益因素，但恰恰反映出该政策缺乏现实基础、操作性差等问题。又如 2004 年教育部门突然叫停学历文凭考试，影响了许多民办高校的生源，导致很多民办高校改变运行管理模式，带来了较大的政策冲突。政府政策的不连续性，使民办高校意见很大，矛盾也很激烈。由于缺乏国家层面制度的系统设计，教育、工商、财税、人事和劳资等部门各自都有自己的政策，相互之间也各有矛盾，使国家给予民办高校的政策优惠难以落实，各种政策之间出现矛盾甚至冲突，部门之间扯皮推诿的情况难以改变。

2. 民办高等教育政策执行状况差。由于民办高校国家层面的制度架构还没有完全建立，致使一些已经出台的政策也难以落实，久悬不决。例如，《教育规划纲要》提出要落实公共财政的资助政策，这对经费匮乏的民办高校来说当然是重大利好消息。但是两年多时间过去了，这一政策始终不见下文。又如民办高校发展的性质问题，一方面文件规定是公益性质，另一方面又提出要分类管理，事实上是默许和承认了营利性学校的存在。再如教育部第 26 号令明确规定独立学院要做到 8 个独立，但时至今日，期限已过，真正"独立"的院校又有多少？民办高校的管理体制问题、政策体系问题、财政支持问题等，几乎找不到任何一个文件做过系统阐述。虽然也有省市出台了一些地方性的支持政策，甚至是一些所谓的"试点地区"，但由于缺乏国家层面的制度支持和依据，往往有始无终，难以持续。

3. 民办高等教育急需政策的全面性、系统性、完整性。这一政策诉求，有待于国家相关部门的通力合作和高度协调，否则都只是一纸空文。民办高校发展中的教师队伍建设"编制"问题、"法人属性"问题、公共财政支持问题、税收问题等，都由国家人力资源、民政、财政等部门分别掌控，教育部门无力解决。但是这些问题不解决，民办高校的发展环境就难以得到根本的改善，并将导致民办高校失去发展的方向，失去发展的活力和能量。此外，"头疼医头、脚疼医脚"的应急政策，不但时限性差，而且也缺乏普适性。我国民办高等教育的发展已经到了国家明确顶层设计的时间点，民办高校的健康发展急需一个自上而下的全面、系统、完整的顶层设计。现在再不能靠"摸着石头过河"，"水深了"已经摸不着"石头"，这就需要顶层设计①。

三　顶层设计需要解决的基本问题

民办高等教育政策国家层面的顶层设计，指的是国家层面民办高等教育发展的基本政策与基本制度。这一制度必须基于我国民办高等教育的历史背景和发展阶段、文化传统和国家意志，必须与我国的教育制度改革方向一致。从欧美等高等教育最先发达的国家和地区来看，私立大学往往都具有先发优势。中世纪欧洲大学可以说毫无例外都是私立的，随着国家主义的发展，才慢慢有了公立或者国立大学的出现。美国许多优秀的私立大学建校早于建国，经过漫长的发展已经确立了自身的地位。欧美高等教育发展的进程

---

① 黄颖川、周强、厉以宁. "水深了"已经摸不着"石头"了［EB/OL］凤凰网 http://finance.ifeng.com/news/special/2012lianghui/20120312/5736106.shtml.

是"民退公进"，而在这个过程中政府通过漫长而艰苦的过程才取得主动权。而我国民办高校是在公办高校高度发达的基础上起步的，是在法律和政策的夹缝中生存的，高等教育的发展进程在某种程度上可以理解为"公退民进"，高等教育资源几乎为国家所掌控。这种截然不同的发展模式，凸显出国家层面顶层设计的重要性和急迫性。

笔者认为，顶层设计这一概念在我国民办高等教育目前的现实语境中，至少要有以下四个方面的内涵：一是要解决好民办高校的合法性问题；二是要明确民办高校发展的价值问题；三是要明确民办高校发展的性质问题；四是要解决好民办高等教育未来发展的空间问题。

（一）民办高校发展的合法性

所谓民办高校发展的合法性问题，就是国家是否允许民办高校存在和发展的问题。换句话说，就是国家允许不允许举办民办高校的问题。这是民办高等教育发展国家制度设计中必须首先解决的问题。在中国现代大学的发展进程中，公、私立大学一开始就是双轨发展的，私立大学在国家现代高等教育体系中具有很大的影响力。1949 年以后，由于国家政治制度、经济制度的变迁，私立大学渐渐失去了生存空间，消失于高等教育舞台。改革开放以后，鉴于国家经济体制改革和社会发展对人才的巨大需求，国家开启了发展民办高等教育的禁闸，并通过《宪法》《民办教育促进法》、国务院文件和教育部令等法律法规，初步解决了民办高校的合法性问题，从而为民办高校的建校、发展以及其他政策的制定提供了依据。当然，从长远来看，民办高校发展的合法性尚未完全解决，还需作进一步努力。显然，国家层面的法律法规在解决民办高校合法性问题上仍然肩负着主要责任。

（二）民办高校发展的价值

民办高校发展的价值问题，说到底就是国家为什么要允许举办民办高校。《民办教育促进法》规定，民办教育是国家整个教育的组成部分。国务院办公厅〔2006〕101 号文件中提出，"近年来，我国民办高校发展迅速并取得很大成绩，成为高等教育事业的重要组成部分。这对于满足人民群众接受高等教育的多样化需求，为国家培养各类适用人才，以及深化高等教育办学体制改革，具有重要的积极作用。"民办高等教育 30 多年来的发展，已经为支撑和完善我国的教育格局作出了不可磨灭的贡献。实践已经证明并将持续证明，民办高等教育是我国整个高等教育事业的重要组成部分。民办高校的崛起和发展，其根本价值在于创新：第一，创新高等教育融资方式。通过举办民办高校，拓宽了高等教育资金来源的渠道，改变了我国高等教育投资长期以来由国家财政独家承担的局面，减轻了国家财政负担，增加了高等教育的投入和资源供给，缓解了高等教育供求关系严重失衡的矛盾。第二，创新人才培养模式。一方面，举办民办高校增加了高等学校的数量，丰富了我国高等教育的规格和品种，在一定程度上缓解了现代化建设的多样化需求与现有高等教育规模有限的矛盾；另一方面，由于民办高校人才培养模式的改革，增加了高等教育供给方式的选择性和灵活性，提供了人民群众读大学、选择大学的机会，培养了大量适应社会经济发展需要的应用型人才，满足了经济建设和社会发展对人才的需要。第三，创新办学体制。举办民办高校激活了高等教育的竞争，增强了高等教育的活力，促进了高等教育的改革和发展。在高校体制改革中，民办高校起到了良好的试验田作用，为高等教育体制改革积累和提供了丰富的经验。因此，举办民办高校的长远价值，在于国家教育制度改革和创新的需要，国家应科学规划民办高校的发展空间，设计有利于促进民办高等教育健康、稳定和可持续发展的政策和制度。

（三）民办高校发展的性质

这里提出的民办高校发展的性质，主要还是指民办高校主体的性质是公益性、营利性还是混合型的。发展何种性质的民办高校，实施何种制度，应从本国的国情、传统和国家制度出发。一方面是法律法规本身的矛盾。现有法律规定"教育事业是公益性事业，民办教育是公益性事业"，但是 2010年前后的相关文件却又倡导"分类管理"，即根据民办高校办学的性质——公益性、营利性，给予相应的政策支持和管理。这实际上也就默许了营利性民办高校存在的事实，与现有的法律法规相矛盾。另一方面是民办高校发展的现实。一些研究认为："投资办学是中国民办高等教育的本质特征。"既然是投资，就有取得"回报"的驱动和追求。这就折射出国家制度与实际之间的巨大差异。捐资办学与投资办学的差异，将导致不同的教育制度安排和学校制度安排，甚至于将导致不同的政策框架和发展模式[①]。由于顶层设

---

① 邬大光：《投资办学：我国民办教育的本质特征》，《浙江树人大学学报》2006 年第 6 期，第 1—4 页。

计不明确，政策跟着实践滑，造成法律法规严重空壳化，制约了许多实际政策的制定，甚至阻碍了国家已经出台的政策的落实。

（四）民办高等教育未来发展的空间

关于私立高等教育的模式和作用，目前比较流行的主要有两种划分标准。其中一种是耶鲁大学 Roger L. Geiger 教授依据私立高等教育招生数与整个高等教育招生数的比例，将其划分为大众型（私立比例为 70% 左右）、平行型（或者称作双轨型，私立比例为 50% 左右）和边缘型（私立比例很小）三种模式。我国未来高等教育发展格局如何，也需要国家设定民办高等教育在高等教育体系中的发展空间。《教育规划纲要》指出"未来发展空间主要留给民办高校"，但是实际工作中往往挤压和紧缩民办高校的招生指标。不仅如此，有关部门多年来还一直安排民办高校的"西部计划"，因为东部沿海的民办高校由于成本高、收费高，西部考生由于经济条件所限，报到率极低，导致国家计划的执行效率大打折扣。因此，国家层面必须统筹协调，采取相应的政策来鼓励、限制和引导，发挥民办高等教育应有的作用和效率。

四　关于顶层设计的思考

我国民办高等教育发展的顶层设计，是国家发展民办高等教育的总体制度安排，也是国家和地区制定民办高等教育发展政策的基本依据，其引导和规制着民办高等教育发展的方向。民办高等教育发展的顶层设计是一项巨大而复杂的系统工程，涉及方方面面的工作，尤其需要注意以下五个方面的问题。

（一）科学论证，设定发展目标

发展目标是顶层设计的核心内容，它将规范和制约着民办高校的发展性质、发展价值和发展空间，因此，确定目标非常重要，应该引起领导层的高度重视。尽管顶层设计的字面含义是自高端开始的总体构想，但并不意味着将一切问题推给顶层去设计。顶层设计不是闭门造车，不是"拍脑袋"拍出来的，而必须要自上而下的权力推进和制度驱动，让各个利益相关方都参与进来，应该是一个充分吸纳公众参与、尊重民意、集中民智的民主过程。在民办高等教育发展的顶层设计中，要高度发挥"民办"的作用，集中举办者、管理者、所涉部门和社会各界方方面面的智慧，经过周密且详细的论证，理顺各方面关系，凝聚各方面力量。然而现实中，有关民办高等教育的许多政策往往没有得到大部分民办高校的认同和响应，甚至激化了政府管理部门与民办高校之间的矛盾，其根本原因在于调查研究不足，政策制定不透明，基层参与度不高。事实上，没有社会参与的顶层设计本身就不可能科学。因此，要以长期战略思维，全面、系统、综合地确定我国民办高校发展的价值、性质、空间和目标任务，明晰其发展思路、进程和路径。

（二）实事求是，确定发展方向

如果说目标注重"量的概念"，那么，方向则就是落实目标的具体路径。这里的方向主要是指要举办什么样的民办高等教育，是公益性的，还是营利性的，还是两者混合型的？如果是两者混合的，那么具体比例如何规制？民办高校发展的性质，在某种程度上决定着顶层设计的基本框架、实施路径、行动措施和发展路径，因而必须根据我国民办高等教育的历史背景和发展阶段、文化传统和国家意志，坚持与我国的教育制度改革方向一致的原则。顶层设计意味着政府要在未来的民办高等教育发展中真正担负起"舵手"的角色，当好民办高等教育发展的"总设计师"。在整个社会贯彻落实科学发展观、加快发展转型的背景下，高等教育应将主要精力集中到全面提高人才培养的质量上来。在整个高等教育转变发展方向、加强内涵建设、提高服务能力的背景下，我国民办高校也不能置身事外，不能沿着规模扩张、粗放发展的老路一意孤行；而政府有责任作出决策，引导民办高校及时抓住机遇，果断转变方向，不断增强核心竞争力。

（三）统筹协调，着眼发展全局

顶层设计不同于改革开放初期自下而上的"摸着石头过河"，也不是各显神通式的"单兵独进"，而是自上而下的"系统谋划"，因此，必须统筹安排，全面协调，着眼于总体目标和总体布局。顶层设计强调的是一项工程"整体理念"的具体化，就是说，要完成一项大工程，就要以理念一致、功能协调、结构统一、资源共享及部件标准化等系统论的方法，从全局视角出发，对项目的各个层次、要素进行统筹考虑。民办高等教育的顶层设计，涉及国家许多部门、许多工作之间的协调。民政工商、税务公安、人力资源、编制财政等政策，都需要统一，即顶层设计的关键环节是制度层面的平衡。顶层设计的总特点是具有"设计的前瞻性""整体的明确性""具体的操作性"，既要考虑理念的先进性，也要关注可行性，以便于"按图施工"，避免部门之间各自为政，造成"工程"实施过程的混乱无序。为顺利实施顶层设计，需要建立专门的设计机构。从民办高等教育30多年的实践来看，成立由中央政府直接领导的民办高等教育政策领导协调机构，有利于从全局把握发展进程，以便强化决策机制，做好总体部署，对所涉及的各方面政策进行具体实施、统一协调，使决策机制更加统一有力。

（四）突出重点，扫除发展障碍

顶层设计要在重点领域和关键环节有所突破，除了要在蓝图设计、制度平衡、政策协调性和战略性调整等方面取得实质性突破以外，一个基本的改革着力点就是要从根本上消除歧视政策的影响，破除制约发展的体制机制性障碍和解决社会的深层次矛盾。换句话说，就是要解决制约民办高等教育发展的"短板"问题，促进民办高等教育的健康和可持续发展。《教育规划纲要》中指出，要"依法落实民办学校、学生、教师与公办学校、学生、教师平等的法律地位，保障民办学校办学自主权。清理并纠正对民办学校的各类歧视政策。制定完善促进民办教育发展的优惠政策。对具备学士、硕士和博士学位授予单位条件的民办学校，按规定程序予以审批。建立完善民办学校教师社会保险制度。"这些问题既是制约民办高等教育健康发展的"短板"问题，又是制定民办高等教育发展政策的重点问题，是需要着力扫除的障碍。尽管《教育规划纲要》已经出台了三年之久，仍然缺乏系统解决这些问题的具体实施政策。在实际的管理过程中，对于一些发展优惠政策，公办高校与民办高校之间享受着不同的政策待遇；而对于一些需要根据公、民办高校发展实际区别对待的情况，管理部门则选择了同样的入门标准。从根本上讲，这就是一种政策性歧视和政策性不公。在当下民办高校的发展中，对于产权制度、分类管理、发展空间、财政资助和办学自主权等方面反映突出、久悬未决的问题，顶层设计应该理顺关系，明确方向，重点突破，推进各项政策的落实，从根本上扫除发展障碍，创设民办高等教育发展的良好环境，发挥民办高等教育在整个高等教育事业发展中的积极作用。

（五）研究路径，落实顶层设计

在明确了目标与方向之后，下一步的工作就是要围绕重点问题，通过多方统筹协调，提出实施计划、落实任务的基本路径，将顶层设计落到实处。顶层设计的最终目的在于落实，再好的设计没有落实的路径都会成为空中楼阁。纵观我国民办高等教育发展的基本历程，存在着政策落实不到位、问题解决不彻底以及出现历史遗留问题的现象，但转换一个角度分析，实际上是存在着缺乏政策路径以及顶层政策没有落实到位的现象。例如，《民办教育促进法》和一些政策制定之所以没有办法实施，关键在于没有考虑好实施的路径。

在《民办教育促进法》中明确规定，"民办学校在扣除办学成本、预留发展基金以及按照国家有关规定提取其他的必需的费用后，出资人可以从办学结余中取得合理回报。取得合理回报的具体办法由国务院规定。"《民办教育促进法》已经颁布实施十年了，但"国务院规定"一直没有出台，"合理回报"的法律规定也就成了一纸空文。这已成为理论界一直讨论和关注的问题，也导致一些民办高校在实际办学过程中以"合理回报"为借口，产生经费管理不规范甚至违纪违法的现象。类似情况在民办高等教育发展政策、规定和实施中并不少见，制定顶层设计政策时应该对实施路径及对策进行通盘考虑与优化。因此，在顶层设计中，必须高度重视实施路径，分析相关要素，制定实施政策、细则甚至方案，确保顶层设计得到全面落实。

（2013 年第 6 期）

论教学服务型大学的合法性和发展逻辑①

摘　要：教学服务型大学是大众化背景下大学发展的一种类型，是大学多样化发展中新建本科院校发展的新定位，是大学职能发展的必然。教学服务型大学的提出，集聚了"服务科学"研究领域的最新成果，同时也具备广泛的合法性。从大学发展演变的历程中可以看出，这一分类和定位也符合大学自身发展的逻辑。

关键词：民办高等教育；教学服务型大学；合法性；发展逻辑；大学职能；大学分类

高等教育大众化推进了高等教育多样化。在多样化语境中，不同的大学具有不同的办学理念、办学动机、培养目标和运行机制。大学分类为多样化提供了界限相对清晰的类别标准和依据，便于政府管理和资源配置，并为大学的定位和运行提供了指导。教学服务型大学是现代大学发展分类的产物，是指在遵循高等教育基本规律和基本规范的基础上，以服务理念运行、管理的现代大学②。经过诸多学者的深入思考，反复斟酌，吸收并借鉴其他学科的研究成果，使这一概念越来越清晰。笔者在 2010 年以来撰写的多篇论文中，也曾多次阐述过这一概念。由于统领学校发展的多元化理念，形成了教学服务型大学不同于其他类别大学的资源配置、运行管理、组织架构、对外关系和校园文化。具体而言，教学服务型大学有六个特征：教育价值人本性、办学理念服务性、大学职能教学性、人才培养应用性、学校系统开放性以及管理流程优化性。

---

①　课题来源：本人主持的浙江省哲学社会科学后期补助课题"教学服务型大学研究"（编号2012QRGH020M）课题成果。

②　徐绪卿：《浅论教学服务型大学的若干问题：兼论地方院校和民办高校的发展定位》，《教育研究》2012 年第 2 期，第 84—88 页。

自 2010 年部分高校提出教学服务型大学的办学定位以来，学界和业界花费了大量精力来深化研究。伴随着教学服务型大学研究的深入，各种意见也接踵而至，疑问者有之，质问者有之，动摇者有之。笔者针对当前教学服务型大学的相关问题，阐述几点研究体会，供大家商榷。

一　教学服务型大学的概念

本文开头已陈述了教学服务型大学的基本概念，但是具体如何廓清和界定这一概念，也要找到相关依据。概念界定不清晰，就会动摇教学服务型大学存在的价值和必要性。对教学服务型大学概念界定的难点在于廓清它与当下流行的教学型大学和服务型大学的区别。

笔者认为，教学服务型大学与教学型大学相似，都具有以教学工作为主要任务的特征，但两者又具有显著差别，尤其体现在两者的办学指导理念上。教学型大学主要依据传统本科院校的办学思想，主要职能是传播知识和为少数关键职业提供训练。教学服务型大学以服务理念为指导，依据"服务对象"来布局学校的学科专业，面向"对象"来设计知识结构和教学运作流程。突出"服务"的意识和职能，变被动适应为主动服务，体现的是办学主体和实现方式的根本转变，使适应和应用落到实处，更加体现人才培养的服务导向。这种服务战略对大学的要求更高，它要求大学以社会为中心而不是以学校为中心，考虑教学、研究和服务职能的发挥。由于办学指导理念的差异，教学服务型大学需在教育内容、教学方式、教学观念，科学研究的内容、研究方法，社会服务的范围、模式及制度创新方面，作出新的顶层设计和制度安排。

教学服务型大学与服务型大学在服务的内容上有较大差异。20 世纪七八十年代，国外也提出过"服务型大学"的概念，21 世纪初开始引入我国。挪威奥斯陆大学教育研究中心比较与国际教育部阿瑞德·特捷德维尔教授提出的"服务型大学"，其主要特征是："对其学术劳动力的管理是通过与外部客户在购买研究、教学或咨询服务时所达成的合同来控制，依赖于它所得到的合同以及它在市场上的持续竞争力。与传统的大学相比，服务型大学主要提供以职业为导向的持续一周到四个月的短期课程，这些课程主要为满足客户或劳动力市场的需求而定制。服务型大学拥有大量的临时性雇员，其最

重要特征在于以市场为导向，生产在知识市场里有竞争力的产品。"① 不难
看出，教学服务型大学和服务型大学均强调"服务"，但两者还是有明显差
别。"服务型大学"强调"服务"，其服务的内容主要偏重于科技开发和实
用技术培训，适合于科研能力较强的研究型大学、研究教学型大学；教学服
务型大学强调的"服务"，主要是通过教学即人才培养的途径实现的，因此
更适合于科研学科建设相对较弱、研究生教育还没有或者刚刚开展的新建本
科院校甚至一部分教学研究型大学。通过强调教学的中心地位，强调服务意
识，增强这一类大学人才培养的适切性和针对性，促使应用型人才培养的各
项措施落到实处。教学服务型大学强调的是教学的服务，把教学工作和人才
培养作为主要的服务内容。当然就大学来讲，在人才、信息和科技等方面都
可以为社会提供服务，但是教学服务型大学服务的主要内容和路径是教学和
人才培养。

　　1998 年，美国教育家伯顿·克拉克在其著作《建立创业型大学：组织
上的转型途径》一书中，根据 20 世纪中后期以来欧洲一些大学的发展特
征，提出了"创业型大学（Entrepreneurial University）"的概念。几乎在同
一时间，纽约大学社会学教授亨利·埃兹库维茨也根据美国大学的发展史给
出了"创业型大学"的定义。他认为，判断一所大学是不是创业型大学要
根据其使命，创业型大学的使命除了教学、研究外，还要服务于区域经济和
社会的发展。从这一定义来看，创业型大学与教学服务型大学也具有相同的
"服务"使命。但是，"创业型大学的形成需要以下五个关键要素：团体研
究的组织；具有商业潜力的基于研究的创造物；开发出能够以受保护的知识
产权形式将研究成果转移到大学以外的组织机制；大学拥有组建企业的能
力；学术和商业因素整合入新的方式，如大学—产业研究中心等。"② 可以
想见，创业型大学必须具备较强的科技开发、成果转化的能力，有关研究也
认为"创业型大学是在研究型大学的基础上发展起来的，学术研究能力是
其必不可少的要素"③。由此可见，创业型大学说到底就是大学科技研究与
创业一体化的办学模式。从这一点上说，创业型大学与国外的服务型大学有
许多相似之处，从某种程度上可以说，创业型大学就是高水平的服务型大

　　① 余承海、程晋宽：《西方服务型大学的发展模式与展望》，《江苏高教》2009 年第 6 期，第
147—149 页。

　　② 卢胜：《创业型大学及创业生态系统初探》，《当代经济》2009 年第 3 期，第 118—120 页。

　　③ 卢胜：《创业型大学及创业生态系统初探》，《当代经济》2009 年第 3 期，第 118—120 页。

学。从国外已有的创业型大学来看，也主要是研究型大学或者是研究教学型大学向创业型大学转型。而教学服务型大学科技开发和成果转化能力都还较弱，难以承担创业型大学的使命。

综上所述，教学服务型大学的"服务"构成了与"教学型大学"的区别；教学服务型大学的"教学服务"内涵与"服务型大学"、创业型大学形成界限，由此确立了教学服务型大学在大学类别之林中的地位。

二　教学服务型大学的合法性

合法性是任何一个社会组织赖以存在的基础。与其他大学分类一样，教学服务型大学是现代大学的重要类型，它仍然是大学——承担高等教育的专门机构，当然能得到国家高等教育相关法律的支持。因此，本文所探讨的合法性，只是教学服务型大学作为一种新的大学分类，其所具备的其他层面上的合法性，或者说是科学性。借鉴高丙中对社会团体合法性类型的划分，可以从社会层面、政治层面和行政层面分析教学服务型大学的合法性问题①。其中，社会层面的合法性指教学服务型大学取得社会的认可；政治层面的合法性则是一种实质合法性，涉及教学服务型大学内在的方面，如办学的宗旨必须贯彻党的教育方针、教育教学活动符合某种政治规范（即政治上正确），从而被判定是可以接受的；行政层面的合法性指将教学服务型大学的教育教学活动纳入行政组织监督管理的范围和程序，得到行政组织的认可和保护。以上三种层面的合法性对教学服务型大学的建设来说缺一不可。

（一）社会层面的合法性

一种新的高等教育类型、机构存在的必要性、合法性，主要看其是否与一定的社会经济、科学技术发展需要相契合并有利于推进社会经济的发展②。由于高等教育的发展和大众化的深化，推进了大学职能和服务面向的分化，注重服务意识、服务实践和服务贡献，已成为许多大学越来越主

---

① 高丙中：《社会团体的合法性问题》，《中国社会科学》2000 年第 2 期，第 100—109 页。

② 刘献君：《经济社会发展转型与教学服务型大学建设》，《高等教育研究》2013 年第 8 期，第 1—9 页。

动的办学行为。对于部分地方院校和新建本科院校来说，如何确立人才培养的社会需求导向，改革人才培养模式，落实应用型人才培养的各项措施，已成为许多高校的自觉行动。许多高校已经在面向"客户"办学方面迈出了可喜的步伐。从近几年大学的办学经费组成来看，由国家和政府直接下拨的事业"纵向经费"在一定程度上已经只是高校总体经费预算中的一部分，比例呈明显下降趋势。来自其他方面的"横向经费"和自筹部分在总经费中占有越来越大的份额。政府许多"纵向经费"的下拨方式也发生了一定的变化，由过去的计划分配方式转变为现在更多的"项目方式"。许多大学在专业和学科建构中，强调社会需求的"适切性"，重视各种"客户"的不同需要及变化，体现了高等教育服务对象方面的转型。尤其是大量带有浓厚地方色彩的新建本科院校，更是竭尽全力走"以服务增贡献、以贡献争支持"的发展路子，为地方经济和社会发展培养人才，得到了社会的认可。

（二）政治层面的合法性

教学服务型大学首先是国家大学系统的一部分，它的所有活动必须符合国家法律法规。教学服务型大学的办学宗旨仍然是办人民满意的高等教育，必须保证社会主义办学方向，其人才培养应当符合党和国家的教育方针，教学工作应当贯彻执行党和国家的各项方针政策，坚持德育为先，用社会主义核心价值教育引导学生，教书育人，尊重育人规律，遵守办学规范，不断提高人才培养质量，培养社会主义事业可靠的接班人和现代化建设合格的建设者，为全面建成小康社会服务，为和谐社会建设和社会主义现代化建设服务。

（三）行政层面的合法性

随着高等教育的发展，党和国家对高等教育提出了新的要求，在明确加强内涵建设，提高教育质量、突显办学特色的同时，要求大学深化改革，鼓励大学走出校门、服务社会，并把服务置于大学发展的重要地位。

党和国家高度重视大学服务职能和优势的发挥。胡锦涛在清华大学建校100周年大会上的讲话指出："全面提高高等教育质量，是高等教育的生命线，必须始终贯穿高等学校人才培养、科学研究、社会服务、文化传承创新各项工作之中。""必须大力服务经济社会发展。要紧紧围绕科学发展这个主题、加快转变经济发展方式这条主线，不断增强服务经济社会发展能力。"①温家宝在同济大学建校100周年的视察讲话中提出，要树立为社会服务的办学理念，把学校的命运、每一位老师和同学的命运同国家与民族的命运紧紧联系在一起。开放办学，勤俭办学，办出特色，培养全面发展的人才②。习近平就任上海市委书记时，就要求高校全面贯彻落实科学发展观，充分发挥知识密集和智力优势作用，主动服务于国家和上海经济社会各个领域，服务于科教兴国和科教兴市战略，在服务中谋发展，在贡献中求辉煌，为上海加快推进"四个率先"、加快建设"四个中心"和现代化国际大都市提供强大的智力支持③。国务院副总理刘延东认为，大学应该始终以服务社会为方向。我国正在推动大学增强服务社会的功能，使学科建设、专业设置、人才结构、民众需求与社会需求更加契合，构建与科研院所、行业企业相互开放、紧密合作的格局，让创新的成果更好、更多地回馈社会，造福人类。她提出，高水平大学的价值不仅体现在学术的前沿性上，也同样体现在服务社会、推动解决重大问题上。只有敏锐地把握时代的脉搏，主动深刻地融入社会、引领社会，大学才能拓展自身发展的空间，赢得社会的崇高威望。大学还应该成为区域经济社会发展的助推器，立足区域产业行业发展特点，突出学科与专业特色，增强服务能力。大学还应该成为学习型社会的建设者，开放教育资源，帮助提升从业人员的知识、能力和技能水平，提高公众的科学素质和人文素质。大学还应该成为高端智囊团和思想库，关注人类的未来、国家和民族的未来，为解决全球性的重大问题和本国的经济社会发展中的难点问题提出建设性意见④。

《国家中长期教育改革和发展规划纲要（2010—2020年）》第二十一条明确提出，要"增强社会服务能力。高校要牢固树立主动为社会服务的意识，全方位开展服务。推进产学研用结合，加快科技成果转化；开展科学普及工作，提高公众科学素质和人文素质；积极推进文化传播，弘扬优秀传

---

① 胡锦涛在清华大学建校100周年大会上的讲话 [EB/OL]. 2011-04-24. 中国政府网 http://www.gov.cn/ldhd/2011-04/24/content_1851436.htm.

② 温家宝在纪念同济大学100周年时对学校的祝愿 [N].《中国教育报》，2007-06-27（1）.

③ 习近平. 大学是城市振兴发展的强大支撑 [EB/OL]. 2007-05-10.新华网 http://www.xinhuanet.com/chinanews/2007-05/10/content_9984522.htm.

④ 刘延东. 中国正推动大学增强服务功能 让创新成果回馈社会 [EB/OL]. 2011-04-23. 新华网 http://news.xinhuanet.com/video/2011-04/23/c_121338912.htm.

统文化，发展先进文化；积极参与决策咨询，充分发挥智囊团、思想库作用。鼓励师生开展志愿服务。"教育部《关于全面提高高等教育质量的若干意见》第十六条也提出，要"增强高校社会服务能力。主动服务经济发展方式转变和产业转型升级，加快高校科技成果转化和产业化，加强高校技术转移中心建设，形成比较完善的技术转移体系。"

党和国家领导对大学服务提出的要求，体现了国家层面对大学职能和发展趋势的新动向和新把握。大量密集的"服务"理念和要求的提出，必然需要一批相关大学为载体，直接呼应和落实国家对大学的"服务"要求。由此，教学服务型大学的行政合法性也是显而易见的。

三　教学服务型大学发展的内在逻辑

高等学校主要是基于对高等教育职能的相对侧重来进行分类的①。高等教育职能的分化与高校的分层分类发展是互为因果的关系。高等学校职能的历史演变过程伴随着高等学校的不断分化而呈现出类型的多样化，这种类型的多样化是由高等教育职能的分化发展所引起的。在一定意义上说，高校的分类与高校职能的分化是同一问题的两个方面②。因此，分析教学服务型大学发展的内在逻辑，应该首先以大学职能的演变作为切入口。

（一）符合大学职能的演变趋势

细心研究大学发展史，可以得出一个结论：中世纪大学就具有包括教学、科研和社会服务在内的各种功能，这是确定无疑的。中世纪的教会大学，其职能主要是培养神职人员和服务宗教事业的人才，但其中也有许多宗教知识的讨论和研究。如果教会大学有科研的说法还比较勉强的话，那么许多世俗大学本身就是由于研究的原因和基于服务的目的建立起来的。从研究来看，博洛尼亚大学主要是为了罗马法的研究和运用，服务于自由城市兴起和政府管理对法律人才的需要而创建的，法学学科成为博洛尼亚大学最强的学科。巴黎大学也有许多神学祭奠和礼仪的研究与探讨，最早设置的学科是

①　Bowen H R.Investment in Learning［M］. Newyork：Jossey Bass Publishers，1977：8.

②　戚业国、杜瑛：《试探我国高等学校分类思路及方法》，《教育发展研究》2005 年第 23 期，第 61—64 页。

神学，服务教会成为巴黎大学的主要职责。因此也可以这样说，即大学的三大功能，在大学建立之初就具备了，只不过发扬光大的阶段和程度有所不同。人们都说人才培养是大学的第一职能，笔者认为这里的"第一"是针对重要特征而言的，而不应该指产生的次序。所有的大学都必须有人才培养，教学是大学与其他机构最重要的区别，否则就不能成为大学。然而中世纪大学确实只有传授知识的职能，这一方面是社会的需求，中世纪社会没有要求大学具有科研的职能，教授只需讲授课程；另一方面，在教权、王权的争斗和城市兴起的进程中，社会对大学培养人的职能更加注重，使得大学的教学功能得以大力发展。到了18世纪，自然科学发展和工业革命兴起，大学开始利用人才聚集高地的优势介入科学研究。洪堡开创了大学必须具有科研职能的制度，成为"现代大学之父"，但是远离社会的"象牙塔"里的庭院式科研，难以满足社会对大学的期望，难以满足国家对大学的要求。美国的赠地大学运动和威斯康星大学的实践，使得大学的服务功能逐渐得以张扬和开发，经过探索和积累后，大学的社会服务功能逐渐上升为社会职能，大学开始直接服务于经济和社会发展。在大学不同的发展阶段，功能逐一上升为职能，不断满足着社会对大学的需求。从大学最基本的职能"人才培养"开始，慢慢地发展科学研究和服务职能，大学职能逐一得到培育、开发和优先拓展，为大学定位发展提供了不同的组合和选择。教学是基本职能，科研是重要职能，社会服务是必要职能[1]。各类高等学校的职能都是育人为本，教学、科研、社会服务协调发展，区别在于科研和社会服务所占的比重不同[2]。大学之间办学职能的不同侧重，形成了大学之间不同的定位。围绕人才培养这个中心，研究型大学、研究教学型大学、教学研究型大学、教学服务型大学和教学型大学，同样都是大学多样化定位的不同选择。西方服务型大学本质上就是研究服务型大学。笔者有理由相信，研究服务型、教学服务型大学的出现也是大学发展的必然产物。

（二）符合大学转型的发展趋势

这里再从大学发展转型的视角来对教学服务型大学发展的必然性作一番

---

① 潘懋元：《新编高等教育学》，北京师范大学出版社2009年版，第42页。

② 周济. 解放思想　开拓创新　推动高校科技创新工作蓬勃发展——在高等学校加强科技创新工作座谈会闭幕式上的讲话. 2013-10-28. 中国教育在线网 http://www.eol.cn/20021021/3070477_6.shtml.

思考。在高等教育大众化、多样化不断深入的背景下，为赢得竞争，大学在不断提高教育质量的同时，必须加以转型，积极进行自我规划，不断调整自身定位，增强服务意识，提升服务能力，在服务中作贡献，在服务中寻机遇，在服务中求发展。清华大学谢维和教授在国内最早提出了大学转型的"服务"方向，他认为，高等教育转型发展，首先"客户"意识应该成为高等教育和高校办学的价值取向。"从高等学校的角度看，必须淡化和改变过去'隶属'的观念，不是仅仅把自己看成是某个部委的学校，而是在坚持社会主义办学方向的基础上，把自己看成是为'客户'服务的机构。这里的'客户'包括政府、学生、企业、各种社会机构和团体、地方部门，以及所有需要从高等教育中获得服务的组织和公民。由此形成一种非常广泛的社会依托和支持系统，在资源配置和经费来源上形成一种多元化的结构特征。这样，才能缓解和逐步改变高等教育经费紧张的局面，使高校的发展获得良好的资源基础。"[1] 其次，高等教育改革和发展的本位应该从学科转向市场。应该更多地根据市场的需要进行高校的配置，或者说，按照人才市场或劳动力市场的要求和变化整合高校的各种资源。最后，市场需求已经成为大学发展的重要指向。了解市场、掌握市场、服务市场，应该成为大学获取社会资源的重要路径。

(三) 符合大学发展的实践需要

大学从中世纪走来已越千年。随着社会的发展和社会对大学需求的深化，不断强化自身的职能，最终形成人才培养、科学研究和社会服务的职能。然而，在大学教育实践中，学校往往以被动的"适应"，"追赶"社会的需求，而社会需求是处在千变万化之中的，因而这种"被动适应"往往难以达到理想的效果。在高等教育大众化、多样化背景下形成的高等教育市场，是一个完全不同于以往的买方市场，人民群众逐渐掌握了接受高等教育的选择权。在这种情形下，我国许多大学仍然存在严重的"两个不适应"问题——不适应国家对人才培养的要求，不适应经济社会发展的要求。大学只有"脱下袈裟""放下架子"，确立服务意识，主动走进社会，服务社会，积极推进以社会需求为导向的人才培养模式改革，努力满足社会对人才、对

---

[1]　谢维和：《当前中国高等教育的转型及其主要取向》，《中国高等教育》2001年第6期，第4—8页。

大学的时代要求，才能从社会获得丰富的资源和足够的营养，才能在激烈的竞争中立于不败之地。换句话说，大学已经进入"服务"的时代。

大学的科研、教学和社会服务职能是统一的。通过科技成果转化和技术开发应用，促进生产力发展，是大学社会服务的一种形式。不过，这不是大学服务社会的唯一内容。通过教学培养品德高尚、素质全面、具有独立思考能力和批判能力的人才，也可以促进生产力的发展，净化社会风气，推动社会进步①。其实，教学工作和人才培养本身就是大学社会服务的重要形式，也是其他社会服务项目得以展开的基础，是大学最重要的职能。当年威斯康星大学就提出，大学的基本任务是把学生培养成有知识、能工作的公民；进行科学研究，发展新知识、新文化、新科技；传播知识给广大民众，并帮助解决社会生活中的各种问题。可见，把学生培养成有知识、能工作的公民也是大学的职能内容。因此，特别是对于大多数新建本科院校来说，服务社会并不一定要"弃长取短""舍近求远"，花尽精力、财力在教学之外去寻找所谓的"社会服务项目"，立足人才培养，做好教学工作，输送合格人才，服务人力资源素质提升，也是社会需要和欢迎的服务项目，而且是更重要、最主要的服务项目。

（四）集成"服务"研究的最新成果

随着经济的发展和理论的深化，近几年来对"服务"相关的理论研究不断取得新的成果，并在社会发展中发挥了重要作用，为教学服务型大学的提出孕育了社会环境。"教育服务"研究认为，教育是一种服务，是一种有别于服务性企业的服务的服务②。"教育服务"最初是从企业全面质量管理中引入学校管理的一个概念。以"消费者为中心""质量的持续提高"为核心观念的全面质量管理思想，强调尊重消费者的利益和要求，并置消费者于整个管理体系中最重要的位置。显然，在教育服务理论中，服务对象的需求是教育活动的出发点和归宿。这里的服务包括了国家、社会和学生各个层面的综合需求。教育经济理论研究也认为，教育是一种"服务"，而学生和社会则是学校教育最主要的"服务对象"，学校的各项工作就构成了一种服务

---

① 李曙明：《高等院校应大力增强社会服务功能》，《光明日报》2011-10-09（7）。

② 王旭东．树立教育服务理念［EB/OL］．2013-10-21．http://www.shgczx.com/zixun/200903jyfw.htm.

链，最终通过教师的教学和科研将一种优质的教育服务提供给学生和社会①。服务科学（Service Science）是在信息技术和现代管理理论高度发展的背景下，融合计算机科学、运筹学、经济学、产业工程、商务战略、管理科学、社会和认知科学以及法律等诸多学科，研究发展以服务为主导的经济活动所需的理论和技术的一门新兴学科②。其精华主要是以服务对象为中心，从服务对象的需求出发，设计产品内涵和管理流程，最大限度地提高服务的质量和管理的效率。在服务科学的相关研究中，经常可以见到的是"基于对象……"或"面向对象……"之类的词语。服务经济研究认为，世界已经进入"服务"经济时代。当今社会各个产业结构之间不仅"你中有我、我中有你"，而且更直接地体现为它们都是以服务为载体、以服务为手段、以服务为依托、以服务为目标，按照服务的标准来经营所有的产业，确定和规划自己的行动，"服务"越来越成为企业成功的力量之源与可靠保证。还有专家提出，21世纪是高扬"服务"旗帜的世纪，要根据这个时代精神来重新设计教育理念。当下人类已经进入服务型社会，所有部门或行业，所有生产和消费的运行、管理与经营等，均以服务为理念、以服务为手段、以服务为形式、以服务为目的，方能取得成功③。服务贯穿于整个社会的运行之中，成为人们的行为准则和在竞争取胜中的主要法宝。谁能提供服务、谁能提供具有较高质量或较有特色的服务，谁就能得到社会的认同，获得发展的机遇、资源和环境。

将"教育服务""服务科学""服务经济"等理论研究最新成果引入高校办学分类和定位，有利于推进高校办学思想的改革和创新，进而为解决长期以来高校办学的"两个不适应"问题创造条件，全面落实应用型人才培养的各项措施。在遵循高等教育基本规律和规范的同时，转变办学思想，加快从单纯的教学组织向社会转型中的服务组织转变的步伐，以服务社会需求为宗旨，在人才培养、资源配置、管理职能等各个环节全面贯穿"服务"的理念，凸显人才培养改革、学科建设和科学研究的需求指向，优化内部组织及管理流程，进一步增强人才培养工作的针对性、服务性、应用性和适切性。在"服务"的过程中提高教学质量，建立自身的形象和品牌，获得较

---

① 教育是一种服务 [EB/OL]. 2006-03-23. http://www.edn.cn/zong_he_news_465/20060323/t20060323_19553.shtml.

② 张润彤、朱晓敏：《服务科学概论》，清华大学出版社2011年版，第9页。

③ 孙希有：《服务型社会的来临》，中国社会科学出版社2010年版，第2页。

高的效率和效益，从而实现学校的跨越性发展。这正是"教学服务型大学"的主要价值和深刻内涵之所在①。

　　大学能否顺利发展取决于它所处的社会历史环境的制约。大学地位的确立以及大学职能的发挥取决于它面对社会需要能否及时作出应对、能否有效利用社会所能提供各种支持和资源②。更好地服务社会、服务广大求学者的需要，已经成为大学存在和发展的价值所在，成为大学自身发展的不竭动力，成为大学获取社会资源和支持的保证。斯坦福大学校长约翰·亨尼曾经说过，"人们都说没有斯坦福就没有硅谷，我还要加一句话，没有硅谷就没有一流水平的斯坦福大学。斯坦福在硅谷最大的好处是我们知道企业在干什么，判断企业会遇到什么问题，我们提前替他们去做。科技园帮助大学更好地履行教学科研的职责。第二个好处是从产业界找精英来大学教书，让我们的学生更了解世界和社会，以及未来他们工作的环境……大学和企业双方都欣赏彼此发挥的作用。"③ 笔者坚信，随着教学服务型大学自身建设的不断推进，其价值将进一步得以彰显，其服务社会、引领社会的大学功能将真正得以体现。

（2014 年第 1 期）

---

① 徐绪卿、周朝成：《教学服务型大学——高校办学定位的新选择》，《中国高教研究》2011年第10期，第63—66页。

② 张磊：《欧洲中世纪大学》，商务印书馆2010年版，第4页。

③ 杨晨光：《服务社会，大学创新的意义所在》，《中国教育报》2006-07-18（1）。

民办高校的特色和未来展望

——以浙江树人大学为例

今年是浙江树人大学建校 30 周年。30 年来，在上级领导的关怀和支持下，全体树大人秉承"崇德重智、树人为本"的校训，团结一致，艰苦创业，勇于创新，充分发挥民办体制机制优势，积极探索新形势下高等教育改革和发展模式，初步走出了一条具有自身特色的民办高校发展之路。学校现有在校生 15000 余人，另有继续教育注册学生 3000 余人，专任教职工 800 余人。学校设有管理学院、城建学院等 10 个二级学院，开设有土木工程、艺术设计等 37 个本科专业，涵盖经济学、管理学、文学、工学、法学与艺术学等 6 个学科门类。其中，国际经济与贸易为国家特色专业，环境工程等 4 个专业为浙江省重点专业。另建有人文社科实验中心、超微量研究中心等 11 个实验室（中心），教学、科研仪器设备总值近 1.5 亿元。学校图书馆藏书 150 万册，另有电子图书 60 余万种。近年来，学校在人才培养、科学研究以及社会服务等各方面均取得了显著成绩。

30 年间，浙江树人大学的发展经历了两大进程。1984 年到 1999 年，主要是解决学校的合法性和生存问题。建校之初，学校无校园、无教师、无经费。凭借老一辈创业者无私的奉献和各界的大力支持，学校从无到有，从"地方粮票"到"国家批准"，从租借场地到拥有自己的校园，一步一个脚印，深深地印在国家改革开放的征途上。但由于体制障碍和实际困难，学校办学还是遇到了许多难以逾越的矛盾和问题，直至 1999 年，全校在校生还只有 1766 人，其中与浙江省电子工业学校联合举办的高职学生有近 300 人。学校校园小、规模小、经费少、教师少，人才培养虽有一些创新，但总体来看还是精英化的模式。2000 年，借助高等教育大发展的东风，在浙江省人民政府的支持和统筹下，学校与周边的 4 所公办学校联合办学，迅速扩大了校园和办学资源，办学规模开始快速扩大。2003 年，学校顺利升本，成为全国最早升本的 9 所民办本科院校之一。从 2005 年开始，学校实施质量工程，控制办学规模，加强师资队伍建设和基本建设，注重教学设计和人才培养模式改革，做强做实高级应用型人才培养，提高人才培养质量，积极开展科研和学科建设，提高教师教学水平和服务社会能力。办学至今，学校办学内涵得到了丰富和加强，在全国新建本科院校和民办高校中形成了自身的地位，具有较大的影响力。

30 年的实践，使浙江树人大学基本形成了自身的六大特色。

1. 公益办校。学校由浙江省政协主办，浙江省教育厅主管，实行董事会领导下的校长负责制。董事会历任董事长均由浙江省政协主要领导担任，董事会成员由浙江省级相关部门负责人、校友、企业代表、学校部分领导和高等教育专家组成。学校资产属法人资产，不为任何个人所有，没有股东。董事会成员也非学校资产的占有者，不收取报酬，不存在参与分红，也不能拥有世袭的权利。学校所有收入和资源将全部投入教学、科研和发展。董事会主要负责制定学校办学的大政方针，为学校改革和发展出谋划策，并致力于为学校发展创建良好的外部环境。员工是学校的主人，是办学的主体，通过建立完善的教职工代表大会制度，集中全体员工智慧共同尽力于学校建设。特殊的举办结构决定了特殊的领导体制，它能够保证学校正确的办学方向和坚持办学的公益性原则，生均经费能满足办学需求。近年来，学校通过收费、接受政府补贴和服务社会创收，已全部还清了校园改造的贷款，较好地支撑了学校的发展。

2. 质量立校。质量既是大学永恒的追求，也是浙江树人大学办学的光荣传统。学校在建校之初就确定了质量立校的发展战略，升本以后更是将"崇德重智、树人为本"确定为校训，坚持立德树人、德育领先，一切服务于育人。学校始终视教学质量为办学的生命线，历届领导都将教学质量置于学校发展的重要位置，下大力气抓好抓实。升本以后，学校花费两年时间实现了升格转型。2005 年确定"高级应用型人才"培养定位；2006 年全面启动"教学质量工程"；2009 年实施"课程改革三年行动计划"；2010 年开展"优秀课堂"创建活动；2011 年实施"千人业师"计划；2013 年以后深化高级应用型人才培养改革，专业建设更加面向地方建设和人才需求，将校企融合、课程改造和实践基地建设作为重点加强建设，"红石梁班""盛全班"以及"东忠班"等企业订单培养实体班、虚拟班快速发展，为企业和社会直接培养一线技术和管理人才。学校举办了"家扬书院"，为新时期大众化条件下培养"卓越"人才探索路子。多年来，通过狠抓课堂教学、强化实践基地建设、大力推进教学改革，学校的教学质量得到了稳步提升，"高级应用型人才"的培养模式初步形成，人才培养质量得到社会认可。近几年，学校文理科本科录取分数均超出省控线 20 分以上，新生报到率保持在 96%以上。至今，学校已为社会输送了 6 万余名各类建设人才。

3. 师资兴校。学校高度重视师资队伍建设，结合自身实际，确立了"培养、引进、聘任、调整"的建设方针，把立足自身培养作为师资队伍建设的着力点，使一大批中青年教师快速成长，师资队伍结构明显优化，师资队伍水平显著提高。2004 年，学校自己培养的第一位教授产生之后，晋升高级职称的教师逐年增多，至今已有 49 位本校教师晋升正高职称，145 位教师晋升副高职称。高级职称教师人数的增加，为本科教学质量的提高奠定了坚实基础。学校现有专任教师 586 人；专任教师中具有博士学位和博士在读的 100 余人，占教师总人数的 17%，硕士及以上学位的教师占 75%，超过全国地方院校 69.5% 的平均数，接近浙江本科高校 78% 的平均数。教书育人蔚然成风，教师中有全国杰出专业技术人才、国家级有突出贡献中青年专家、全国优秀教师各 1 人，浙江省教学名师 1 人，浙江省优秀教师 2 人，浙江省中青年学科带头人 7 人，浙江省"之江青年学者" 2 人，浙江省教坛新秀 4 人，浙江省中青年学科带头人培养对象 3 人，浙江省"151 人才工程"培养人才 30 人，并先后有 50 名教师获得学校广大学生评选的"我心目中的好教师"光荣称号。

4. 科研强校。学校高度重视科研工作，通过整合团队，加大投入，使科研工作取得了喜人的成绩。据统计，升本以来学校共获得省部级及以上课题近 200 项，发表论文 4000 余篇，其中在一级学术期刊上发表 400 余篇；2010 年科研经费突破了 1000 万元，2013 年学校获得了 4 项国家自然基金面上项目和国家社科基金项目，科研经费达到了 2200 多万元。学校建有 26 个研究院所（中心），有 7 个省级重点学科，建有省创新团队和省级哲学社会科学研究基地各 1 个。先后获得了教育部人文社科优秀成果奖、省科技重大贡献奖、省科学技术进步一等奖、省哲学社会科学优秀成果一等奖、省高校优秀教学成果奖等诸多重大科研奖项。《浙江树人大学学报》为我国现有 4 份有刊号的民办高校学报之一，2011 年"民办高等教育"栏目成为教育部高校哲学社会科学名栏，这是浙江省高校学报最早进入教育部名栏的栏目，也是全国民办高校学报中唯一进入教育部名栏的栏目。据全国多个大学排行榜提供的数据，我校科研工作所取得的成绩在民办高校中遥遥领先。学校坚持将科研服务教学、科研反哺教学的导向，坚持根据专业发展需要和学校发展需要积极开展科研活动，不断提高人才培养质量和水平。学校还承担了浙江省家政人才培养培训联盟、世界茶联合会和中国民办教育协会学术研究中心等多个学术机构的联络工作，扩大了为社会服务的能力。科研和学科建设水平的提高，为提高教学质量、提高教师水平提供了有力的支撑。

5. 服务特校。学校提出并确定"教学服务型大学"的发展定位。秉承服务理念，以服务统领学校工作，贯穿于学校的教学、科研、管理和文化，着力建设教学服务型大学，以服务求贡献，以服务求支持，形成自己独特的风格和特色。学校提出的教学服务型大学，指的是"在遵循高等教育规律和规范的基础上，以现代服务理念配置办学资源和运行、管理的现代大学"。确定和实施建设教学服务型大学的目的是突破传统上大学定位的框架，突出服务理念对大学组织制度设计的引领与驱动，凸显基于服务对象的教学导向，进而更好地落实高级应用型人才培养的各项措施，把大学发展的重心与动力转到以需求为导向，提高人才培养的针对性、适切性和现实性上来。这就要求学校切实转变办学理念，主动贴近社会需求，高度关注人才培养质量，切实落实以教学为中心、以育人为根本的任务。通过服务理念的实施、服务功能的发挥和服务流程的改进，实现学校教育与社会经济的有机联动、互融互通，增强教育与区域经济社会发展的适应性和契合度，在市场需求中发现并找到自身的发展空间和机遇。

6. 开放活校。国际化是当下高等教育的基本特征。明晰国际高等教育发展趋势，吸取高等教育发达国家和优秀大学的发展经验，转变观念，开放办学，是高等教育国际化的基本要求。浙江树人大学坚持开放办学的基本思路，加强与世界各国大学之间的交流与合作，提高大学人才培养的国际水平。目前，学校已与美国、英国、加拿大、德国、日本、韩国、澳大利亚等国家和中国香港、台湾等地区的47所高校签订了合作交流协议。学校每年聘请十余名外籍教师来校任教；每年选派教师、学生赴国（境）外研修或进行国际学术交流。2013年，学校共招收了来自韩国、约旦、乌克兰、尼日尔和肯尼亚等11个国家的30余名留学生来校学习。学校通过开放办学，加强交流，学习吸收国内外大学发展的先进经验，引入优秀的办学理念和人才培养模式，培养适应21世纪需要的国际化人才。

站在办学30年新的起点上，我们感到既信心百倍，又任重道远。在党的十八届三中全会确定的高等教育改革路线指引下，根据学校中长期发展规划，学校正在开启新一轮的创业和发展。现在，800亩新校园已经获批即将开始建设，一个现代化的新校园不久将交付使用，从而为学校新一轮的改革和发展奠定基础。围绕学校发展的目标，我们要加快制度的设计和完善，加快构建教学服务型大学的基本框架，坚持德育领先、立德树人，进一步落实以市场为依托、以学生为中心的理念，不断深化教学改革，注重学校内涵建设，更加贴近社会需求和个性选择，努力提高人才培养质量。科研和学科建设沿着服务社会、服务教学、反哺教学的方向升级，注重科研的特色和服务品质，做精、做细、做实、做强部分学科，凸显培养特色和优势，争取在全国具有一定的影响力，在不久的时间内开展研究生教育。要努力发挥体制机制优势，不断完善管理制度，积极探索二级管理机制，落实教书育人责任，提高管理效率和效益。通过全体树大人的不懈努力，争取在建校40周年时，把浙江树人大学建设成为一所制度完善、质量优良、特色彰显、声誉上乘的民办大学，为国家现代化建设作出应有的贡献。

（2014年第5期）

树人之路　一路前行

编者按：2014 年 11 月 8 日，浙江树人大学隆重举行建校三十周年的华诞盛典。学校创始人、终身名誉校长王家扬先生，浙江省政协副主席、学校董事长陈加元先生，中国民办教育协会会长王佐书先生，教育部原副部长周远清先生，我国高等教育学创始人潘懋元先生，各级老领导陈文韶、盛昌黎、薛艳庄、陈昭典、陈子元、杨士林、黄书孟等，浙江省委教育工委副书记、副厅长、学校董事汪晓村，浙江省政协副秘书长、学校副董事长王喜法，浙江省科技厅副厅长、学校董事曹新安，白俄罗斯共和国驻上海领事馆总领事瓦列里·马采利，境外友好院校代表白俄罗斯科学院院士、白俄罗斯国立大学副校长阿列克·伊娃斯凯维奇，日本活水学院院长奥野政元，韩国教员大学副校长赵一英，韩国世翰大学副校长宋泰征，台湾正修科技大学副校长郑舜仁，台湾铭传大学副校长王金龙等嘉宾，以及省内外兄弟院校领导、学校老领导、离退休教职工、外籍教师、海外留学生、校友代表、师生代表等共三千余人出席了庆祝大会。校长徐绪卿先生在庆祝大会上全面回顾了建校三十年来的办学历程，用四个"始终"道出了学校办学的基本理念与实践经验，用六个"举措"展望了学校未来教学服务型大学建设的方向。以下是徐绪卿校长在庆典大会上的讲话内容以及嘉宾的发言概要，本刊以特稿形式刊发，以飨读者。

关键词：民办高等教育；民办高校；浙江树人大学；建校三十周年

1984 年，改革开放的春风吹拂中华大地，以时任浙江省政协主席王家扬先生为代表的一批老领导、老教育家，为了心中的教育强国梦，急国家之所急，急人才之所急，亲手发起建立了浙江树人大学。学校创立之初，没有经费，没有校舍，没有教师，办学极其艰难。创办者们几改校名、几迁校址、几募人才，始终未改兴学育人之心。为解决办学用地，老领导们踏遍了杭州城郊；为筹措办学经费，老教育家们走企业、访港台，四处筹钱，甚至自掏腰包、倾其所有；为聘请高水平教师，办学者们奔忙于杭城的各大院校，把当时浙大、杭大等兄弟院校的一批名教授请进了课堂……正是这种为国植贤的担当、百折不挠的意志、树人为本的情怀，支撑着一所"三无"民办高校，以顽强的品质深深扎根在浙江这片改革的土壤，焕发出勃勃生机。

三十年来，一代又一代的树大人秉承"崇德重智、树人为本"的办学理念，发扬"艰苦创业、务实创新、敬业奉献"的树大精神，敢想敢干，敢拼敢闯，一步一个脚印，实现了一次又一次的跨越：1984 年，学校获浙江省人民政府批准创建，次年开始招收全日制普通高等教育学生；1993 年，通过国家教委高校设置委员会评审，成为全国最早获得国家批准建立的四所民办普通高校之一；2000 年，根据时任浙江省委书记张德江同志的批示，浙江省政府统筹协调，学校与原浙江省电子工业学校、浙江省轻工业学校、浙江省对外经济贸易学校联合办学，组建新的浙江树人大学，2001 年原浙江勘察工程学校并入；2002 年，学校购入了原浙江广播专科学校舟山东路 140 亩校园；2003 年学校升格为本科院校，成为我国最早获批的九所民办本科高校之一；2004 年，时任浙江省委书记的习近平同志来校视察，对学校的发展提出了明确的要求；2007 年通过了学士学位授予权评估；2011 年，通过教育部本科教学工作合格评估；2014 年，浙江省政府批准学校设立新校区，总投资近十六亿元的现代化新校园开始兴建。

三十年来，在浙江省委省政府和社会各界的关心支持下，在浙江省政协、省教育厅的直接领导下，学校适应高等教育精英化、大众化、普及化、多样化的需求，坚持立德树人，德育为先，因材施教，培养德智体全面发展的社会主义现代化建设新人，三十年来学校已培养了 70061 名经济社会发展急需的人才。

学校确立质量立校战略，始终把办学质量视为生命线，把人才培养作为中心任务，办学特色初步显现，办学质量得到社会广泛认可，学校生源丰裕，毕业生就业顺畅，一次就业率一直保持在 95% 以上；学校确立了人才兴校战略，高度重视师资队伍建设的"一号工程"，培养和提高师资水平，努力建设乐教、能教、善教、具有良好职业道德的教师队伍，升入本科院校十年来培养了近 50 名教授，250 余名副教授；博士和在读博士已达 100 余人，其中有两名教授获得全国优秀教师的荣誉称号。

学校确立科研强校战略，坚持科研反哺教学。学校目前拥有省哲学社会科学重点研究基地一个，省重点创新团队一个，省重点学科七个，研究机构近三十个。学校升本以来，科研经费收入累计超亿元，年科研经费正朝着3000万元的目标迈进；《浙江树人大学学报》已经成为全国高校百强学报，"民办高等教育"栏目亦已成为教育部高校哲学社会科学名栏；学校获得省部级以上政府奖励十余项；科研竞争力位居全国600余所民办高校前列，为提高教学质量提供了有力支撑。

学校确立服务特校战略，坚持以服务经济和社会发展为己任，把高级应用型人才作为自身的培养定位，探索新形势下人才培养的模式和机制，培育具有"服务"特色的专业和学科。我校国际贸易专业已成为国家特色专业，四个专业被评为省级重点专业，钢结构专业毕业生享誉行业，东忠实习基地成为国家级大学生实习实训基地，"红石梁班""盛全班"等直接面向企业培养的定制班已达三十余个。

学校确立开放活校战略，坚持"引进来"与"走出去"并重的国际合作战略，积极开展多层次、宽领域的对外交流与合作，并通过举办、承办或参加国际学术会议，引进国外智力，拓宽教师国际化视野，提高学校国际化水平。

学校确立凝心聚力战略，增加师生员工对民办体制的认可度和归属感。发挥体制机制优势，主要依靠社会力量解决办学经费，三十年来为政府节省办学资金数十亿元。

经过多方努力和坚持，学校已发展成为一所拥有在校生19000余人（其中继续教育学生3000余人），涵盖经济、管理、文学、工学、法学和艺术学等多学科协调发展的大学。学校目前设有10个二级学院，37个本科专业。教学、科研仪器设备总值1.5亿元，纸质图书150万册。校园面积1300余亩，其中800多亩的新校区正在建设之中。尤其让树大人引以为傲的是，树大学子为浙江乃至我国经济和社会发展作出了自己的贡献。他们当中有成就浙江资本市场滨江模式、位居2013福布斯富豪榜中国大陆第21位的浙江大华技术股份有限公司董事长傅利泉，有浙江双环传动机械股份有限公司董事长吴长鸿和杭州微光电子股份有限公司董事长何平，有叱咤文坛、创造畅销小说销售神话《盗墓笔记》的作者南派三叔徐磊，有新生代著名剧作家、文学评论家骆烨，有浙江卫视著名主持人陈欢，更有一大批在平凡工作岗位上默默奉献、辛勤工作的树人学子，带着母校的精神与期许，活跃在经济、社会建设的各行各业。他们用自己的青春、梦想、成就、责任与担当，生动诠释了浙江树人大学这所年轻的民办本科院校的教育梦想与民族担当，共同为维护和树立浙江树人大学的形象和品牌作出贡献，广大校友创业创新、守志笃行的精神与意志，成为浙江树人大学发展的不竭动力和重要资源。

忆往昔，我们感慨万千；看今朝，我们信心满怀。走上而立之年的浙江树人大学，已经初步探索出一条独具特色的民办高校育人之路，成为全国民办高校的一面旗帜。

始终坚持社会主义办学方向、坚守公益性办学的初衷。任何人不占有学校资产，不世袭学校职位，办学收入全部用于教书育人，这已经成为师生共同的信仰与追求，成为学校的立志之本。

始终秉承"崇德重智、树人为本"的办学理念，完全契合党和国家"立德树人"的根本要求。德育领先，全面育人，办人民满意的教育，已经成为树大人共同的核心价值观，成为学校的立人之本。

始终坚持以质量为学校的生命线，以育人为第一要务，不断加强思想政治教育，推进教育教学改革，加强师资队伍、科研队伍、管理队伍和服务队伍建设，已成为每个树大人的责任与担当，成为学校的立校之本。

始终坚持民办的体制机制，不断完善董事会领导下的校长负责制，加强党的建设和民主办学，事业同干、成果共享的利益共同体架构，已经深深烙印在树大的办学特色中，成为学校的立业之本。

通过三十年改革创新、探索积淀的浙江树人大学，已初步形成了颇具特色的大学精神、大学理念与大学文化，全校教职工面对未来的机遇与挑战，充满信心、充满干劲、充满希望！

成绩只属于过去，未来还需要努力开创。在学校的中长期发展规划中，学校设定了新的更高的奋斗目标，那就是"把学校建成一所综合实力在全国民办高校中处于一流、部分学科和研究领域在全国高校中有重要影响、质量优良和特色鲜明的教学服务型大学"。

我们要全面深化教学服务型大学的制度建设，紧紧围绕以教学工作为中心，以人才培养为根本任务，以服务社会为宗旨，突出人才培养的针对性、适切性和应用性，在资源配置、人才培养、科学研究、队伍建设和学校管理等各个方面，全面贯彻服务国家、服务师生、服务社会的要求，强化服务理念，凸现服务特色，提升办学质量，创新管理模式，开拓学校发展的新局面。

我们要全力提高应用型人才培养质量。继续实施"教学质量工程""千人业师工程"、创建"优秀课堂"等举措，不断深化教育教学和培养模式改革，使高级应用型人才培养落到实处。

我们要大力加强师资队伍建设。通过进一步深入实施"教授培养工程"、鼓励青年教师攻读博士学位等措施，不断提高教师的教学水平和综合素质，为人才培养提供核心保障。

我们要积极争取开展研究生教育。采取切实有效的措施，集聚优质资源，进一步推进改革和发展，提高学科建设水平，使5个左右的学科能率先达到硕士学位点申报的条件要求，争取尽早取得硕士研究生教育资格。

我们要强化与国际接轨的开放办学。进一步加强与企事业单位的合作，推进应用型人才的培养；加强与境外高校和科研院所的合作，通过教师互派、学生互换、学分互认和学位互授联授等举措，提高学校国际化办学水平。

我们要着力规划建设好新校区。办学空间不足一直是困扰学校发展的瓶颈。新树大成立以来，学校历届董事会、党政领导班子一直致力于拓展办学空间。在反复比较、科学论证的基础上，学校决定与绍兴柯桥区政府合作，在杨汛桥建设占地800亩的新校区，获得了浙江省政府的批准。一周前的11月1日，我们在杨汛桥举行了新校区的奠基仪式，为学校下一个三十年的发展奠定了坚实的基础。

三十载栉风沐雨，三十年锐意改革，三十年梦想与荣耀。三十而立，标志着浙江树人大学的发展将翻开更加灿烂辉煌的篇章。学校将以三十周年校庆为契机，"发现新机遇、确立新标杆、激发新动力、重塑新优势"，为创建高水平民办大学而共同努力！

树人之路，一路前行！

（2014 年第 6 期）

大学治理与民办高校的着力点[①]

摘　要：大学治理是一个古老而又新鲜的话题，直至今天，大学治理仍是一门学问。文章回顾大学治理的演进过程，分析现代大学从"管理"走向"治理"的背景和原因，就我国民办高校治理的内涵和路径提出建议：加快民办高校治理国家制度的总体设计，明确利益相关者的责任和权利，制定民办高校的各项发展政策，切实解决民办高校的办学自主权，完善民办高校的内部治理结构。

关键词：民办高等教育；民办高校；大学治理；民办高校治理；治理发展

"全面深化改革的总目标是完善和发展中国特色社会主义制度，推进国家治理体系和治理能力现代化"，这是十八届三中全会提出的新任务，预示着今后一个阶段"治理体系""治理能力现代化"的建设，将在我国各项事业的管理中得到进一步的关注和加强，也将为新形势下高等教育和高等学校的管理改革明晰新的目标、指明新的方向。

一　大学治理的起源和发展

大学始于中世纪的欧洲，从初创阶段起就开始产生治理问题，包括谁是治理的主体、谁来主导治理以及如何治理等。当时欧洲大学治理存在两种模式：博洛尼亚大学的"学生大学"和巴黎大学的"先生大学"。

①　课题来源：本人主持的教育部人文社科规划课题"我国民办高校治理及机制创新研究"（15YJA880084）阶段成果。

博洛尼亚大学之所以被称为"学生大学"，主要缘于求学者地域上的跨国化、群体的成人化和家庭背景的贵族化。博洛尼亚大学的学生来自欧洲各国，大多是成年人，家庭富裕，甚至权势显赫，他们既有自我管理的愿望，也有组织管理的能力。而教授群体的不确定性、非宗教性和收入来源的单一性，也是造就"学生大学"治理模式的另一个原因。中世纪大学初创时期，正是欧洲大陆的"黑暗时期"，封建割据、皇权不强。教授作为知识职业者，自由往来于地中海沿岸各国之间，他们不属于任何教派，也就得不到教会的薪俸，学生的学费是教授谋生的主要途径，甚至是唯一的来源。所谓"学生大学"，就是由学生管理校务的大学。在这样的大学中，教授的选聘和酬金、课程的选择、教学效果的评定、教学目标的确定、学生缴纳学费的数额、学期的时限和课时的数量，都由学生主管决定。欧洲南部早期的大学，如意大利、西班牙、法国（巴黎除外）等地的大学多属此种类型[1]。

对于"学生大学"的治理，威尔·杜兰有一段经典的阐述："在博洛尼亚，（学生）可对不满意的教授抵制，甚至结束其教书生涯；有很多案例得知教授的薪水由学生所付，而被迫宣誓服从大学的'校长'（rectors）——学生团体的领袖……学生协会决定规则限制教师，何时应开始讲课，何时应下课，以及若违规需要受到何种处罚……同时还决定教科书上哪些部分授几堂课……学生委员会被指定考察每位教师的行为，向'校长'报告其犯规和过失……教授不是雇主，而是自由席位的演讲者。"[2]

中世纪大学的另一种治理模式是"先生大学"，也称"教师大学"，以巴黎大学为典型。与博洛尼亚大学不同，巴黎大学发源于教会学校，神父和牧师可以从教会中取得薪俸，不会依赖于学费。教授和培训信徒已经形成体制，并且巴黎大学的许多求学者来自穷人家庭，地位相对较低。教会学校在成为大学后，教授自然成为学校事务的决策主导者，称为"先生大学"。"先生大学"本义即以教师为主导治理的大学。教师具有管理大学的权力，例如，由教师推举的负责人按照一定的学术标准制定教学大纲，负责招收学生以及对学生的学习进行考核等。当然，教师也有权推选校长和参与大学的各项事务。欧洲北部如英格兰、德国、瑞典、苏格兰和丹麦等地的大学，多

属此种类型①。

需要指出的是，所谓"学生大学""先生大学"，其治理主体在大学治理中的主导地位也是相对的。学校事务特别是教学的相关事务和教师待遇，在实践中都需要经过双方谈判并协商一致，甚至需要双方多次辩论和争斗，有时需要教皇或世俗政权出面调停才能达成共识。大学的许可证——敕令在这时就发挥了积极作用。但非常明确的是：中世纪大学享有高度自治，甚至拥有司法自治权，因此，大学治理只事关"学生""先生"，是大学的内部事务，外界包括政府都无权参与和过问大学治理。这在大学产生和发展的漫长时期内一直如此。

15 世纪至 17 世纪，地理大发现和远航探险的成功，大大推动了欧洲经济的繁荣，宗教改革和人文主义运动进一步解放了人们的思想。随着经济和社会的发展，政治结构也开始发生变化，世俗政权逐步取得主导地位，国家主义逐渐抬头，在争夺社会治理权的同时，也开始争夺大学的治理权。高等教育开始体现民族国家的特性和地域性，并逐步成为国家发展的重要利器。

巴黎大学本身在很长时间内就同教皇和国王都有特殊关系。17 世纪宰相黎世留出任校长，使巴黎大学有了飞速的发展，奠定了它的国际威望。1798 年法国大革命爆发，拿破仑实行教育改革，提出教育改革必须遵循"忠于皇帝""忠于帝国政策""遵守天主教戒规"三大原则，并以"帝国大学"的名义对所有大学实行中央集权式的管辖。

英国的牛津大学、剑桥大学原本属于教会，不受世俗政权管辖，但在 16 世纪 30 年代，亨利八世发动宗教改革，取代教皇成为最高首脑，统辖权延伸至原归教会管辖的领域，两所大学也逐渐被纳入国王管辖。经过数十年的演变，他们渐渐被推向了服从国家管理、为现实政治和宗教服务的道路。

政府全面介入大学治理，并将治理权逐渐转变为管理权，应该是在公立（国立）大学产生以后。大学由政府投资举办，自然听命于政府的管理，从领导任命、机构设置，到资源待遇、教师资格，一直到内部管理、教学内容和学位授予，政府都理所当然地充当着领导角色。世界上最早的公立（国立）大学诞生在德国：哈勒大学建于 1694 年，哥廷根大学建于 1737 年。他们都是世界上最早由政府出资建立的公立（国立）大学。美国于 1636 年建

---

① 溥林：《中世纪的大学及其成就》，《锦州师范学院学报：哲学社会科学版》2003 年第 3 期，第 55 页。

立了第一所私立大学——哈佛大学，直至 1819 年达特茅斯案发生以后，才由第三任总统托马斯·杰斐逊创建首所州立大学——弗吉尼亚大学。在大学发展史上，私立大学的历史比公立（国立）大学要早 600 多年，大学的历史首先是私立大学的历史，是一个大学自治的历史。

在公立（国立）大学产生之前，大学治理主要是大学内部事务。扭转这一态势的主要手段是政府经费划拨。一些国家通过实施财政拨款制度，逐步取得对大学的治理权。美国大学从哈佛大学的双轨制到耶鲁大学的单轨制，逐步建立了大学章程和董事会制度；州立大学则借鉴了私立大学的治理方式。尽管世界各国大学治理模式不尽相同，但是共同之处在于根据大学、市场和政府之间的关系来确定大学治理。

大学因其自身发展与国家的关系，产生了两种治理模式：大学先发国家——"大学强政府弱"，管理模式大多沿用或改良原有私立大学的治理模式，如美国和欧洲一些国家；大学后发国家——"大学弱政府强"，政府主导大学管理，由政府统一规划发展准入、发展空间、发展领域和集权治理的方式。特别是在集权国家，私立大学治理权大多是被政府包揽，生死存亡均决定于政府的政策，即使有所改善，也是以国退民补的方式有限退让，生存和发展权始终掌握在政府手中。

我国现代大学起步较晚，现有大学管理模式基本上是政府主导的"单向"管理。长期以来，政府通过各级教育行政部门，实施从上而下、一元单向和带有严格强制性的管理。高等教育始终是在政府的直接掌控之下，大学被称作"学府"，成为政府的直属单位，大学领导等同于有较高行政级别的"官员"，国家按照政府管理的要求和方式来领导、管理大学，依据管理"官员"的方式来管理大学的干部①。在这种体制下，大学既少有自主权，更无自治权，当然也不需要有自己的责任，一切按部就班，听命上级行事。事实证明，这种体制不能适应现代大学的发展，难以培养出创新型人才，也难以满足社会需求。

---

① 徐绪卿：《治理背景下我国民办高等教育管理的转型》，《中国高教研究》2014 年第 8 期，第 18 页。

二 当今大学治理的背景

斗转星移，时过境迁。大学走到今天，再也不能在自己的象牙塔中自娱自乐，也不能延续精英化时代的组织体制架构，更不可能固守自身的治理模式。在"从管理向治理转变，推进国家治理体系和治理能力的现代化"的大背景下，高等教育管理领域的改革也应不断深化，从单向的"管理"向多元的"治理"转变，以教育治理方式创新引领教育发展方式创新，使大学更好地适应社会发展，服务于经济和社会发展的大局。

就我国高等教育而言，随着教育系统中行为主体多元化、利益主体多样化和教育结构复杂化的逐步显现，政府与民众、社会、企业、学校之间的关系也开始发生质的变化，并逐渐趋向于平等、双向、互动、协同的关系。政府的管理首先要转变职能，实施管办评分离，由管理为主向服务为先转变，推动中国特色现代高等教育治理体系的构建和治理能力的现代化。

从我国高等教育发展的实践和发展趋势来看，转变管理模式，提高管理效度，构架学校、政府、社会、高等教育出资者和消费者的新型相关利益关系，努力调动各利益相关者在大学改革和发展中的积极性，进一步提高大学发展的效益，构建和谐的大学发展环境，满足高等教育大众化、普及化、多元化和多样化的发展需求，推进高校的内涵建设，具有深远而重大的意义。

第一，高等教育规模实现了跨越式发展，大学再也不是象牙塔中的大学。高等教育已经进入大众化时代，在校生和毕业生大幅增加，大学与社会各层面形成了越来越广泛、越来越密切的联系，社会各界对高等教育的关注度急剧升温，大学的改革和发展问题往往成为社会关注的"热点"。

第二，高等教育大众化和多样化不断深入。伴随全社会高等教育资源的不断增加和高等教育供求关系的逐步缓解，民众接受高等教育的自主性和选择性需求显著增强，并逐渐呈现出求学类型多样、求学目的多元、教育消费诉求分化的新态势。社会各界与大学的联系越来越紧密，并持续高度关注高等教育的改革走向和发展趋势。

第三，高等教育举办主体发生了变化。特别是民办高校迅速崛起，占整个高校总数的比例快速提高，并成为高等教育发展的强劲增长点，大学已经由原来清一色的国立为主向"公办、民办高校共同发展"的格局转变，高等教育投入方式和举办类型也呈现出多样化的态势。由于实施缴费上学，受教育者客观上兼有高等教育投资者和消费者的身份，他们渴望在接受教育的过程中实现个体价值，选择性和自主性显著增大，渴望选择与自己发展目标和规划"适合"的教育，也更加关注教育的效率和效益，维权意识、民主诉求意识正在增强。不同的教育投资目的和价值观，挑战着传统的治理模式。

第四，高等教育的国际化步伐加快。跨国界、无国别的高等教育市场竞争，需要"与国际接轨"的共同的大学治理法则。国际高等教育产业发展和留学生流向，在一定程度上体现了这一规律。

第五，大学比以往任何时候都需要办学自主权。大学改革的不断深化和高等教育竞争的加剧，更需要大学自身的"个性""特色"，以准确定位市场，占据有利的竞争位置来获取市场份额。

第六，高等教育需适应社会潮流。在整个社会倡导"治理"理念、"推进国家治理体系和治理能力现代化"的背景下，高等教育作为社会机构的重要组成部分，显然也不能例外。

特别需要强调的是，由于独特的发展条件、发展阶段和发展环境，我国民办高校的组织复杂化、水平差异化、结构多样化、权益多样化和诉求多元化等问题更加凸出，实施治理的需求更加迫切。经过 30 多年的改革开放，顺应人力资源强国建设的国家战略，我国民办高等教育崛起并迅速成长，成为国家高等教育的重要组成部分。截至 2014 年初，我国民办高校数量已经占据全国普通高校数量的 30% 左右，在校生数量占 23% 左右，这一比例已达到或超过美国私立大学的相关比例①。但是我国民办高校后续发展堪忧，体现在办学层次低、政策红利少和生源下滑快等方面。我国民办高校主要由社会出资举办，政策成为民办高校最希望获得的改革红利。而当下民办高等教育相关的管理法规不完善，相关部门和管理人员在制定规划和下发文件中无视民办高校群体的存在，忽视广大高等教育尤其是民办高等教育消费者的选择权，漠视广大投资者和举办者的办学自主权。事实说明，改善治理已经成为我国民办高校可持续发展的当务之急和推动力。

---

① 徐绪卿、王一涛. 民办高等教育政策转型思路 ［EB/OL］.（2014-05-01）.杂志网 http://www.zhazhi.com/lunwen/jy/gdjy/64435.html.

三　中国民办高校的治理

根据我国民办高校发展的阶段性和独特环境，笔者认为，当前民办高校的"治理"应重点把握以下五个方面。

第一，国家制度的总体设计是民办高校治理的法理基础。由于民办高校发展的国家制度，即国家层面民办高等教育发展的基本政策与基本制度零散、不系统，缺乏顶层设计，已经成为民办高校进一步发展的重要障碍。"国家制度总体设计"应该包含以下四个方面的内涵：一是要从国家战略的高度，解决好民办高校的"合法性"，把发展民办高等教育纳入我国科教兴国战略、人才强国战略和建设创新型国家的体系之中；二是要把民办高校发展的价值列入国家高等教育发展的价值框架，尤其是要重视高等教育发展的生态，重视民办高校在激活高等教育内部竞争、创新人才培养模式、深化高等教育改革方面的积极作用；三是要明确国家导向（营利性与非营利性），加快相关制度的设计，引导民办高校健康发展；四是要解决好未来的发展空间问题，从制度上保证公办、民办高校的长期共存和协同发展，共同为国家经济建设和社会发展培养人才。

第二，明确利益相关者的责任和权利。政府、学校出资者、学校经营（办学）者、学生及家长、教职工等各利益相关者的关系和治理地位都应予以明确，并得到尊重和落实。在教育资源仍由政府集中掌握的体制下，管理部门尤其要敢于突破，既要尊重投资者的管理权，尊重办学者的自主权和教育消费者的选择权，也要坚持国家基本教育制度的方向，调动各方的积极性。当前特别要从我国民办高校发展的阶段性和特殊性出发，在全社会尊重和支持投资办学、给予投资者应有的褒奖和权利等方面，营造社会资金注入高等教育的良好环境。要根据高等教育大众化的现实，切实解决好消费者的教育选择权问题，满足多样化、个性化的人才培养需求。

第三，制定民办高校的各项发展政策。国家政策始终是民办高校发展的重要导向和动力。当前国家政策的制定，首先是要清理歧视性政策，给予民办高校应有的公平发展环境。对于一些看似公平、实则隐含着不公平的文件，也应加以纠正。如当下一些鼓励优质资源发展的优惠政策，虽然公办高校与民办高校都有"资格"参加，表面上看很"公平"，但是由于起点不

一、存量资源差距大，实际上民办高校很少能有享受到政策的机会。另外，对于当下民办高校产权制度、办学自主权、公共财政资助和发展空间等方面的问题，社会反映强烈，但是久悬未决，在治理中应首先予以重点突破，以确保政策的导向和稳定性。

第四，解决民办高校的办学自主权问题。民办高校独特的投资体制和依托市场的办学机制，决定了民办高校在办学中需要更多的自主权。当前尤其应该下大力气，解决好以下四个方面的办学自主权问题：一是专业设置权和选择权。民办高校属于应用型高校，专业设置和课程设计应该面向职场，为学生提供多样化、个性化的选择。政府也有责任为民办高校专业向应用性改造创造条件。二是招生自主权。由于近年来生源总数下滑，民办高校的招生自主权显得越来越重要。在国家整体政策的指导下，应允许民办高校自主确定招生地区、招生结构和招生计划。三是收费定价权。对于民办高校收费，许多部门也出台了一些文件，但有的地区物价部门对该文件的执行带有较大的随意性，使得政策空洞化，因此这一问题仍有待推进。四是内部机构设置权。《民办教育促进法实施条例》第二十一条规定，"民办学校内部组织机构的设置方案由校长提出，报理事会、董事会或者其他形式决策机构批准"。但据笔者调查，近年来民办高校内部管理机构增设较快，行政人员大幅度增长。民办高校所增设的一些机构往往是上级管理部门提出的刚性要求。这种不切合民办高校现实的强制要求，在一定程度上消耗了民办高校的体制机制优势，不利于民办高校的自主发展。

第五，完善民办高校内部治理结构。内部治理是大学治理的重要方面。事实说明，内部管理体制和运行机制是民办高校体制优势的重要载体，运用得好，可以弥补目前民办高校发展中的一些弱势，因此值得高度重视，大胆实践。另外，建立和健全内部法人治理结构，也需要政府的规划和规制。如董事会制度的建立和健全、董事成员的组成要约、校长和教职工的权益保护等等，这些问题均需要政府出面规制和引导。政府相关部门要尊重和保证民办高校投资者的举办权和管理权，尊重和规范民办高校办学的自主权，尊重和维护高等教育消费者应有的选择权，并帮助和督促民办高校逐步建设现代大学制度，促进学校的长治久安、和谐发展。

（2015 年第 5 期）

新常态下民办高校发展的若干思考①

摘　要：经济新常态必然成为高等教育发展的新逻辑，引领高等教育发展的新趋势。与经济发展相适应，高等教育经过规模扩张和深化改革，也开始呈现自身发展的新常态和新特征。文章归纳高等教育新常态的特征，剖析新常态下民办高校发展的矛盾与挑战，论述新常态下民办高校发展的五大着力点。

关键词：民办高等教育；经济新常态；高等教育发展新常态；民办高校可持续发展

所谓常态，就是事物的正常状态；新常态，就是经过一段时间发展演变后出现的一种新的稳定的状态。2014年5月，习近平在考察河南的行程中第一次提及"新常态"的概念。他指出："中国发展仍处于重要战略机遇期，我们要增强信心，从当前中国经济发展的阶段性特征出发，适应新常态，保持战略上的平常心态。"② 2014年11月9日，习近平在亚太经合组织（APEC）工商领导人峰会上，发表了《谋求持久发展 共筑亚太梦想》的主旨演讲，向包括130多家跨国公司领导人在内的世界工商领袖们系统地阐述了什么是经济新常态、新常态的新机遇、怎么适应新常态等关键点③。在后续的一系列讲话中，形成了较为系统全面的习近平"新常态论"，其主要特

① 基金项目：本人主持的国家社科基金教育部重点课题"民办院校办学体制与发展政策研究"（编号 AFA150012）阶段性成果。

② 习近平经济新常态论述贯穿五中全会　提领十三五［EB/OL］．（2015-10-26）.新浪网 http://news.sina.com.cn/c/sz/2015-10-26-doc-ifxizwsf8857597.shtml.

③ 习近平：《谋求持久发展　共筑亚太梦想——在亚太经合组织工商领导人峰会开幕式上的演讲》，《光明日报》2014-11-10（2）。

征是：经济增长的速度正从高速增长转向中高速增长；经济发展的方式正从规模速度型粗放增长转向质量效率型集约增长；经济发展的结构正从增量扩能为主转向调整存量、做优增量并举的深度调整；经济发展的动力正从要素驱动、投资驱动转向创新驱动。这些论述概括起来，就是"速度变化、结构优化、动力转化"。"新常态论"高度概括了我国当下经济发展状况和未来一个时期经济发展的趋势，奠定了我国经济和各项事业发展的背景条件，已经成为现阶段我国经济和各项社会事业发展的指导。

一 高等教育新常态的逻辑和特征

经济新常态必然成为高等教育发展的新逻辑，必然引领高等教育发展的新趋势。经济发展的"速度变化、结构优化、动力转化"，必然需要高等教育与之配套。经济结构调整和产业结构优化，必然引发人才市场中人才的"类""层"供求关系的变化，从而推动高等教育学科专业结构的调整，或者影响人才培养的层次。因此，中央领导高度重视新常态高等教育的改革和发展。习近平总书记特别强调，要更注重加强教育和提升人力资本素质，更注重科技进步和全面创新。李克强总理也着重指出，没有高素质的人才资源，实现转型升级、全面建成小康社会就缺乏根基。刘延东副总理明确提出，认识新常态、适应新常态、引领新常态，是当前和今后一个时期经济发展的主旋律，也是教育工作的大逻辑①。同时，与经济发展相适应，高等教育经过规模扩张和深化改革，也开始呈现自身发展的新常态和新特征。从20世纪末高校大扩招开始，我国高等教育规模经历了跨越式发展，高等教育大众化进程不断深化，为改革开放和各项事业发展提供了强有力的人才支撑。截至2014年底，全国共有2529所普通高校，各种形式的高等教育在学总规模达到3559万人，高等教育毛入学率达到37.5%。② 高校的办学条件和服务能力显著增强。但是，我国高等教育人才培养质量、品种、类型与经济社会发展的不相适应性日益突出，制约高等教育发展和人才培养的深层次矛盾逐渐显现，发展理念不够成熟、发展机制不够完善、发展方式不够科

---

① 杜玉波：《把握新常态下的高教发展》，《光明日报》2015-03-02（2）。
② 《我国高教在校生规模居世界第一》，《今晨6点》2015-12-06（a13）。

学、发展效益不够相称，制约着我国高等教育办学质量和效率的提高。事实表明，高等教育发展也必须站在战略和全局的高度，借鉴经济新常态的分析方法、启示和理论，加快转变思想观念，主动适应和服务经济社会发展新常态和新要求，构建高等教育发展新常态的平台，创新高等教育新的发展模式和方式，推动我国高等教育在新常态下获得更高水平、更高质量和更可持续的发展。

根据学界的研究和归纳，当前高等教育新常态有如下五个基本特征。一是从发展的环境看，随着国家经济结构调整和产业转型升级进程的加快，人才市场的供需关系正由高校为主导的供给驱动变为行业、企业为主导的需求驱动。处理人才供求关系的主动权已经从高校的供应侧转到企业的需求侧。二是从发展的定位看，随着国家创新驱动战略的实施和展开，全社会对先进科技和高素质人才需求日益增加，高等教育的角色定位正在从过去的支持服务逐步转向服务和引领同步。三是从发展的方式看，随着高等教育大众化的不断推进，高等教育资源紧张的状况已经大为缓解，取而代之的是不断增长的对优质高等教育的需求，以规模扩张为特征的高等教育外延发展方式必然被以质量提升为核心的内涵式发展所替代。四是从发展的动力看，改革红利已经成为高等教育发展的最主要的动力源，并且过去小规模的修修补补的改革已经不能适应新常态的发展变化。五是从发展的内容来看，贴近经济发展新常态的人才培养模式已经成为改革的关键，而内部治理成为新常态下各项改革的重要保障。这些特征为新时期高等教育的发展奠定了基础，应该成为高校制定发展规划、谋划学校改革和发展的基本依据。

二　新常态下民办高校发展的矛盾与挑战

民办高校抓住高等教育大发展的机遇，迅速崛起、不断壮大，已成为推进我国高等教育大众化的重要力量。截至 2014 年底，我国共有民办高校728 所（含独立学院 283 所），占全国普通高校的 28.8%；招生 172.96 万人，占全国普通高校招生总数的 24%；在校生 587.15 万人，占普通高校在校生总数的 23%。民办高校在校生占比已与美国私立大学在校生占比相当。另外，民办高校还有自考助学班学生、预科生、进修及培训学生共计 31.73万人；民办的其他高等教育机构 799 所，各类注册学生达 88.30 万人；其他民办培训机构 2 万所，有 867.94 万人次接受了培训①。

可见，我国民办高校已经成为高等教育发展新的增长点，为国家经济和社会发展作出了贡献，也奠定了国家发展民办高校的战略基础。民办高校能在发展时间不长、政府公共财政少有投入的情况下取得如此骄人的成绩，实属不易。同时，民办高校在丰富人才培养类型、创新人才培养模式、激活高等教育内部竞争、提高办学效率和效益方面，充当了高等教育改革先锋角色，越来越受到政府的肯定和社会的认可，在推进高等教育改革、服务全面建成小康社会的进程中发挥了积极作用。

但是，新常态下民办高校的发展，也出现了许多矛盾和挑战。

首先，从民办高校发展的历史看，积淀不足。世界上最早出现的大学是私立大学，高等教育先发国家私立大学的发展历史比公立大学长久。学界普遍认为，最早的私立大学产生于中世纪的欧洲，而最早的公立大学则出现在 18 世纪初，两者相差 700 余年。在美国，私立大学诞生甚至早于建国，"先有哈佛，后有美国"就是真实的写照。私立大学在公立大学产生以前就占有牢固的地位。我国是高等教育后发国家，历史上私立大学发展虽有建树但总体难与公立大学相抗衡，发展历史不长、产生不久又被人为中断。改革开放以后发展起来的民办高校，与 1949 年前的私立大学无直接的历史关联和连续性，基本属于另起炉灶。民办高校积淀不足、根基不深，在整个高等教育群体中处于弱势，使得在新常态下的民办高校具有先天的不足。

其次，从民办高校发展的现状看，基础薄弱。我国民办高校的崛起得益于国家实施高等教育大众化的重大决策，属于典型的"需求带动"。"暴发性"的增长与制度缺失、投资缺失、队伍缺失和准备不足等形成巨大反差，使得民办高校发展呈现"大跃进态势"，而办学的顶层设计、内部体制和投入准备都处于"饥饿"状态。我国民办高校是在国家经济尚不发达的背景下发展起来的，缺乏大财团、大资金的投入，政府资助制度尚未建立，绝大部分民办高校的投资来自学费结余。而国家对民办高校的办学条件要求又十分严格，这就使得大部分民办高校的早期投资主要用于硬件建设，而平台建设、质量保障和特色培育等内涵建设尚待完善。新常态下整个高等教育体系都将发展重点转向内涵建设，相对而言，民办高校的内涵建设任务更重、更

---

① 2014 年全国教育事业发展统计公报 ［EB/OL］.（2015-07-30）.教育部网站 http://www.moe.edu.cn/srcsite/A03/s180/moe_633/201508/t20150811_199589.html.

艰巨。

最后，从民办高校发展的环境看，挑战严峻。新常态下，民办高校面临更为严峻的挑战：一是生源下滑挑战。随着少子化带来的影响，高等教育适龄人口数量急剧萎缩，部分民办高校报到率大幅度降低，生存面临考验。二是培养模式挑战。新常态下经济和社会发展开始转型，对人才培养提出了新的要求，而民办高校传统的培养模式难以适应，亟须进行改革。三是经费短缺挑战。新常态下经济增长速度放缓，办学转型助推办学成本的提高，但学费增长又受限制，加大了经费筹集的难度。四是队伍稳定挑战。总量不足、层次不高、结构不合理、年轻教师多、成长平台少、评价标准偏以及身份不认同等，造成民办高校教师层次低、成长慢、队伍不稳定，且短期内难以解决。要应对新常态下高等教育的内部竞争，队伍是一个关键因素。五是管理创新挑战。管理本是民办高校的优势所在，但由于整个社会改革的滞后，民办高校内部管理也难以做到单兵独进。制度设计也只是处于探索中，尚未形成适合自身发展的稳定成型的管理体制。当前许多民办高校领导班子建设遇到障碍，包括结构老化、理念难以落实、家族化趋势明显。关系不顺畅、体制不健全、责任不落实，使得民办高校体制机制优势难以得到发挥，管理效率低下，决策科学度和执行力都不理想，从而制约着民办高校的发展。

三　新常态下民办高校发展的着力点

高校就教育的目的、宗旨和任务而言，没有民办、公办之分。民办高校同样培养社会主义建设者和接班人，同样为社会主义现代化服务，也同样经受新常态下各种矛盾和问题的考验。认识新常态、研究新常态、适应新常态、掌握新常态下发展主动权，是民办高校能不能稳定而可持续发展的关键。笔者认为，要适应新常态下的发展，民办高校应在以下五个方面着力。

第一，深刻认识新常态对我国民办高校发展的影响，把握高等教育新常态的基本特征。经济新常态必然成为高等教育发展的新逻辑，引领高等教育发展的新趋势。现代大学的发展，已将自身的命运与经济和社会的发展牢牢地结合在一起。新常态反映的是经济和社会发展的态势，也必然会对高等教育的发展带来影响。高等教育新常态，是经济和社会发展新常态在高等教育领域的反映，体现了在新常态下高等教育发展的新方向和新趋势，反映了高等教育发展适应新常态发展的要求。从经济发展新常态到高等教育发展新常态，教育的外部规律和内部规律都在发挥积极的作用。作为与高等教育市场、人力资本市场紧密相连的民办高校，显然也不能例外。只有切实掌握新常态的特征，探索新常态下高等教育的发展规律，才能更好地理解国家发展的大政方针和社会需求的发展趋势，从而掌握发展的主动权。

第二，切实转变增长方式，加强民办高校的内涵建设。在新常态下，核心竞争力是学校可持续发展的根本因素。民办高校应该抓住新常态发展的良好机遇，转变观念，加快调整专业和学科结构，把发展重点从过去的"拼规模、拼数量"转向在稳定规模的基础上"拼质量、拼内涵"，提高优质高等教育资源的供给能力和水平，实现由"以量谋大"到"以质图强"的战略转变。把发展重点和主要精力集中到学校内涵建设上来，集中到质量提高上来，集中到服务社会能力的提升上来，深化教学改革，探索人才培养模式，坚持应用型人才培养的方向，努力增强民办高校可持续发展的实力。

第三，加快师资队伍建设，增强民办高校发展的实力。教师是学校最重要的办学资源。当下民办高校教师队伍建设有许多体制性的障碍，人才引进难，教学工作重，队伍流失大，使得师资队伍建设成为许多民办高校头疼的问题。当然，随着国家事业单位各项改革的深化，环境也在逐渐好转。比如，事业单位养老制度的改革，将逐渐淡化教师身份的差别；专业技术职务评聘改革，有利于民办高校青年教师的成长；收费制度的改革，增加了民办高校的收入，使其在队伍建设方面有更多的投入，加上公办高校师资数量已饱和，更有利于稳定民办高校的师资队伍。尽管如此，当前民办高校教师队伍建设任务仍很艰巨。高端人才缺乏，教师结构不合理，教学水平有待提高，科研意识有待培育，这些均应引起民办高校的高度重视，采取切实有效的措施加以解决。

第四，深化人才培养模式改革，提升质量，凸显特色。新常态下，高校办学应更加贴近经济和社会的发展，满足社会发展和求学者个性发展需要。民办高校必须在立德树人的宗旨下，牢固树立起市场竞争的意识和优胜劣汰的危机感，主动积极对接企业、行业、产业的需求，优化人才培养结构，坚持需求导向、合理定位，与国家"五位一体"总体布局和"四化同步"发展的新要求等贴紧、靠实，通过拓展服务能力、提升贡献力实现与经济社会的深度融合，在培养"适销对路"的应用型人才上狠下功夫。

第五，理顺利益相关者关系，完善内部治理体制。民办高校是一个利益相关者共同体。要实现稳定健康和可持续发展，必须理顺内部关系，激发各利益相关者的积极性。当前许多民办高校治理不畅、职责不清，表现在董事会、校长、党委会和教代会之间关系不顺，对年轻干部关注度不足等，导致民办高校内部难以形成核心凝聚力。事实表明，内部管理体制和运行机制是民办高校体制机制优势的重要载体，运用得好，可以弥补目前民办高校发展中的一些弱项，因此值得高度重视、大胆实践。民办高校发展到今天，不能再依靠零敲碎打、缝缝补补过日子，应该是到了完善内部管理体制、规范内部管理、向管理体制和运行机制要效益的时候了，必须下决心通过深化体制机制综合改革，理顺内部关系，释放发展活力，调动各方面积极性，从而促进学校的可持续发展。

（2016 年第 1 期）

"供给侧改革"背景下民办高校的发展思路①

　　摘　要：供给侧改革是经济新常态发展的根本要求。在人才市场中，高校处于供给侧地位。高等教育供给侧改革的根本要求是转变方式、优化存量、改善结构、补齐短板、实现可持续发展。在供给侧改革的背景下，民办高校需做好以下工作：转观念、强责任；重市场、强改革；重转型、强内涵；重调整、强特色；重行动、强实效。

　　关键词：民办高等教育；民办高校；经济发展新常态；供给侧改革；高校优化存量；可持续发展

　　自 2015 年 11 月以来，"供给侧"成为经济政策表述中的高频词。11 月 10 日，在中央财经领导小组第十一次会议上，习近平总书记强调：在适度扩大总需求的同时，着力加强供给侧结构性改革，着力提高供给体系质量和效率，增强经济持续增长动力，推动我国社会生产力水平实现整体跃升②。11 月 11 日召开的国务院常务会议，也提出以消费升级促进产业升级，"培育形成新供给新动力扩大内需"③。而在早前公布的十八届五中全会公报中，也有"释放新需求，创造新供给"④ 的措辞。一段时间以来，有关"供给侧"的研究随即兴起，从中国知网的相关统计也可清楚地看出这个趋势（见表 1）。

---

　　① 基金项目：本人主持的国家社科基金教育部重点课题"民办院校办学体制与发展政策研究"（编号 AFA150012）阶段成果。

　　② 结构性改革该如何推进——解读中央财经领导小组第十一次会议 [EB/OL]. 2015-11-10.新华网 http://news.xinhuanet.com/fortune/2015-11/10/c_1117101242.htm.

　　③ 《培育形成新供给新动力扩大内需》，《解放日报》2015-11-12（1）。

　　④ 十八届五中全会公报 [EB/OL]. 2015-10-30.国务院新闻办公室.http://www.scio.gov.cn/zxbd/tt/jd/Document/1453365/1453365.htm.

表 1   2007—2016 年"供给侧"相关论文发表数量一览/篇①

年份	2007	2008	2009	2010	2011	2012	2013	2014	2015	2016
文章数	25	33	46	61	85	59	116	202	556	111

注：数据截至 2016 年 1 月 31 日。

一 "供给侧"的概念

"供给侧"的原名是 Supply-side，也可以说是供给端、供给方等。20 世纪 70 年代发轫于美国的供应学派，是"供给侧"经济研究的先声，在西方经济学文献中，就有"供给学派经济学或供给侧经济学"（Supply-side Economics）思潮的说法。"供给学派"或"供给侧"这个词，是由美国经济学家裘得·万尼斯基在 1975 年提出的。罗伯特·门德尔和阿瑟·拉弗两位也是极力推崇"供应学派"的经济学家。从字面上理解，"供给侧"就是供求关系相对于需求侧的另一侧（方面）。供给与需求作为市场经济主要矛盾的两个方面，在不同时期交替成为矛盾的主要方面。供给学派强调供给侧的作用，主张降低边际税率、强化市场调节、放松政府限制以及减少福利开支等，通过调节供给谋求经济的均衡。供给学派之前的凯恩斯学派，强调通过需求管理来调节经济周期，以积极的财政政策和货币政策来刺激投资与社会需求，弥补私人市场的有效需求不足，从而实现充分就业，特别是在经济不景气时通过加大政府公共支出来保持经济的稳定①。凯恩斯主义的核心是注重需求侧的管理，通过刺激需求达到经济调控的目的，其典型工具是货币政策。尽管凯恩斯主义被一再证明在短期内确实行之有效，但长期来看，一味扩大需求会导致持续通胀，进而导致经济停滞。

与"供给侧"概念紧密相连的是"供给侧改革"，全称是"供给侧的经济结构性改革"。所谓供给侧改革，简单来讲，就是从供给、生产端入手，通过解放生产力、提升竞争力促进经济发展。"供应侧""供给侧结构性改革"近期成为经济改革领域的高频词，也成为最高经济决策机构在宏观调控方面的一个新思路。

---

① 陈爱民：《宏观经济学总供给理论与经济增长：观察与思考》，《经济学动态》2013 年第 9 期，第 111—118 页。

　　长期以来，我国经济的高速增长主要通过改革需求侧加以实现，强调扩大由投资需求、消费需求和净出口增长"三驾马车"构成的总需求。长时期的扩大需求和高速增长，使得经济运行难以为继，下行压力逐渐增大。与此同时，经济下行虽然有周期性的因素，但根本上还是结构性问题。其表面上是由于有效需求不足，实际上是由于有效供给不适应市场需求结构的变化。传统的制造规模很大，扩张很快，但高端制造业的供给严重不足，导致一些行业和产业产能严重过剩，而一些有购买力支撑的消费需求在国内却得不到有效供给。市场需求已经开始发生明显变化，而供给侧没有跟上这种变化。产能过剩与供给不足交织并存，出现一系列不协调、不平衡、不可持续的矛盾和问题。解决"供需错位"的问题不能依靠需求管理政策，要在供给端寻找解决问题的方法。而新常态下，我国经济运行还面临着劳动力供给量减少、劳动要素成本上升、企业自主创新能力不足、产业结构不合理以及资本投资效率下降等问题。因此，结合中国经济发展的现状，中央提出了"供给侧结构性改革"。在这样的背景下，供给侧改革是决策层对当前中国经济开出的一帖新药方，试图从供给生产端入手，通过解放生产力、提升竞争力，促进经济发展。

　　作为全新表述，"供给侧"概念的延伸和发展，表明了宏观经济政策思路的新认知，也指明了今后宏观经济政策的走向和着力点，"供给侧"提供了解读中国经济政策和经济前景的新视角。而回顾"供给侧改革"的理论探索和相关先行经验，对照中国经济的现状，就能更清晰地把握"供给侧改革"的出发点、内在逻辑和推进领域，加深这一改革对中国经济发展的重要意义。着力加强结构性改革，在适度扩大总需求的同时，提高供给体系的质量和效率，提高投资有效性。2015 年 12 月召开的中央经济工作会议强调："推进供给侧结构性改革，是适应和引领经济发展新常态的重大创新，是适应国际金融危机发生后综合国力竞争新形势的主动选择，是适应我国经济发展新常态的必然要求。"① 基于此，《国家十三五规划纲要》强调：在适度扩大总需求的同时，着力加强供给侧结构性改革，着力提高供给体系质量和效率，增强经济持续增长动力②。

　　供给侧结构性改革的核心是放松管制、释放活力和让市场发挥更大作

---

　　① 王军：《推进供给侧结构性改革　培育经济发展新动能——中央经济工作会议精神解读》，《紫光阁》2016 年第 1 期，第 11—13 页。

　　② 思远：《谋局中国经济　供给侧改革将发力》，《资源再生》2015 年第 11 期，第 1 页。

用，从而降低制度性交易成本，提高供给体系的质量和效率，增强投资的有效性。对于如何解决供给侧的矛盾，有关方面比较统一的思路是"去库存、去产能、去杠杆、降成本、补短板"。"去库存"即化解房地产库存；"去产能"就是积极稳妥地化解产能过剩，严格控制增量；"去杠杆"主要是防范与化解金融风险；"降成本"就是帮助企业降低成本，增强企业活力；"补短板"是扩大有效供给①。通过"三去一降一补"，改善供给，增强活力，取得更好、更健康的新发展。可见，今后一段时间，供给侧结构性改革是我国经济改革和发展的主旋律。

二　"供给侧改革"背景下民办高校发展的着力点

高等教育发展与管理的许多理念、方法源于经济发展与管理的理论。供给侧结构性改革理论对于我国高等教育发展也有着重大的现实和指导意义。经济结构的调整和产业的转型升级，必然对人才的数量和类型提出相应的要求，从而为产业发展提供强有力的人才支撑。而高等教育自身特殊的发展阶段和任务，也有必要借助供给侧改革的方法。高等教育结构和国家经济结构、产业结构的不尽吻合，直接引发另外一种后果：一边大学毕业生较难找到适合的岗位，另一边用人单位较难找到合适的人才，这就是结构性矛盾②。

从高等教育发展的宏观形势来看，经过十多年的发展，我国高等教育已经进入了大众化阶段，其标志之一就是高等教育规模已经达到世界第一，高等教育毛入学率超过30%，局部地区超过50%，大众化正在向纵深发展。随着高等教育资源的增加，高等教育供不应求的矛盾得到根本的缓解，制约高等教育发展的主要矛盾从总量转为质量，亟须加强内涵建设。从中观层面分析，高等教育人才培养与地方经济和社会发展的联系度、适切性亟待改善，高校毕业生的就业已经成为全社会高度关注的一个重要问题，高等教育为地方服务的能力尚待加强，人才培养的结构矛盾较为突出，亟须加强结构优化；从高校自身来看，规模扩张基本结束，生源争夺日益激烈，亟须加强

① 《去产能　去库存　去杠杆　降成本　补短板》，《今晚报》2015-12-22（1）。
② 教育部长袁贵仁就"教育改革和发展"答记者问［EB/OL］. 2016-03-10. http://www.china.com.cn/lianghui/news/2016-03/10/content_37990239_2.htm.

特色建设，提高学校综合实力。现在，人才培养和人力资源市场已经到了更加关注供给侧改革的时候了。

高等教育供给侧改革对民办高校来说既是挑战，又是机遇。整体而言，民办高校办学历史短，缺乏经验积淀；体制障碍多，缺乏制度支撑；师资队伍弱，质量认可度低。在日趋严峻的市场竞争中，民办高校处于弱势。但是，民办高校与市场有着天然的联系，运作机制相对灵活，又有国家政策支持，具有实施改革的机制优势，更容易实施供给侧改革。针对民办高校办学实际，当前和今后一段时期，民办高校供给侧改革须做好以下五个方面的工作。

第一，转观念，强责任。一方面，民办高校要切实转变观念，当前尤其是要转变大学的象牙塔观念和大学毕业生是"皇帝女儿不愁嫁"的观念，把学校发展与社会需求密切结合起来，把为经济与社会服务作为自身的职责担当起来，靠做好服务获得更多的社会支持。另一方面，供给侧改革非常需要一种责任意识。在经济发展转向供给侧改革的过程中，高校责无旁贷，应主动担当，有所作为，研究实际问题，掌握经济发展趋势和规律，端正认识，放下架子，把服务经济和社会发展作为学校发展的使命，竭尽全力为社会发展转型提供人才。

第二，重市场，强改革。供给侧改革说到底是一种以市场为导向的改革，"供给什么""如何供给"这些基本问题，必须根据市场需要和发展趋势加以判断。民办高校要充分发挥贴近市场办学的优势，广泛开展市场调研，梳理真实需求，主动调整和优化办学思想、学科专业结构，用市场的需求倒逼办学行为，努力培养适合市场需要的建设人才。供给侧改革需要一种改革意识：原有的修修补补已经不能满足新的发展需求，必须加大改革力度，加快转型速度。改革是高校发展的强大动力，要实施供给侧改革，必须深化改革，形成系统、全面的改革框架，走出新路子、创造新局面。

第三，重转型，强内涵。"鼓励、推动或者引导部分地方高校向应用型转型"，已经成为国家意志。教育部原部长袁贵仁指出："在中国高校的转型发展，实质上是中国高等教育供给侧结构性改革……地方高校是适应我们高等教育这种大众化的需求新设的、新升格的，因此他们要率先转型，从培养理论型人才转到培养技术、技能型人才，来适应当前经济转型的需要，来适应我们地方经济社会发展的需要。"① 因此，转型不是要不要转的问题，而是如何转的问题。现在，粗放式的规模扩张已成历史，不再也不符合新常态发展的主流。民办高校需要厘清思路，果断停止外延式扩张的相关工作，一方面加强基础建设，夯实办学基础，改善办学条件，为提高教育质量创造条件；另一方面稳定招生和办学规模，不断加强内涵建设。民办高校应从实际出发，尤其要在高水平师资队伍建设和深化教学改革方面下功夫。在加强高端师资建设方面，采取优惠措施吸引人才，鼓励现有教师进修，内培与外引并举，形成高质量的教学团队；针对供给侧改革的需要，加快转型，以培养应用型人才为目标，深化人才培养模式改革，从培养内容、培养方式和培养机制等方面进行彻底改革，使应用型人才培养落到实处、生根开花。

第四，重调整，强特色。供给侧改革很重要的一个方面是"供给侧结构"的改革。要适应市场需要，培养"适销对路"的人才，就要重视调整结构。"转型的关键是调整专业设置，因为设置专业，可能有的学校专业贵的设得少，要花钱，包括工科、理科，相对来说文科成本就比较低，这个结构就和国家的经济结构、产业结构不尽匹配，所以转型的首要内容就是要调整专业设置。"② 当然，也有一些专业国家规制严格、门槛过高，造成社会人才奇缺，需要通过供给侧改革，调整思路，顺应市场，优化提高。对于严重供过于求的专业，要下决心调整；而对于一些供不应求的专业，要加快建设步伐，尤其是对于一些国家产业政策倡导的有发展远景的专业，要舍得投入，通过努力，培育适应社会需求的专业体系。

在专业调整的过程中，还要注意培育特色。要在供给侧的众多主体中脱颖而出，就必须勇创特色，突破陈规，形成优势。社会行业是复杂多样的，即使同一个专业，实际工作也会有很多差异，要力求满足需求方的需要。与此同时，人才培养还要注重突出特色，根据服务面向，合理选择课程，确定科学的培养模式，使毕业生能更好地对接生产管理岗位。通过优化结构、办出特色、提高质量，来满足经济社会对高等教育的需求，满足人民群众对教育多样化的需求。

第五，重行动，强实效。供给侧改革需要增强行动意识。当前，供给侧

① 教育部长袁贵仁就"教育改革和发展"答记者问［EB/OL］. 2016－03－10. http://www.china.com.cn/lianghui/news/2016－03/10/content_37990239_2.htm.

② 教育部长袁贵仁就"教育改革和发展"答记者问［EB/OL］. 2016－03－10. http://www.china.com.cn/lianghui/news/2016－03/10/content_37990239_2.htm.

改革已是经济发展的重点，必然对高校人才培养和科研工作提出要求。从人才培养角度说，高校是人才供求的供给侧，供给侧改革应该成为高校的自觉行动。明者因时而变，知者随事而制，强者乘势而进，当前贯彻供给侧改革，需要的是实实在在的行动。面对供给侧改革，民办高校必须增强紧迫感和责任感，顺势而为、主动作为、奋发有为，抓紧制定方案，落实各项有效措施，做出成果、做出质量、做出特色，为经济和社会的供给侧改革作贡献，在供给侧改革中展现民办高校的活力和风采。

（2016 年第 4 期）

行业学院：概念内涵、组织特征与实践路径
——兼论民办本科高校应用型人才培养

徐绪卿　金劲彪　周朝成

摘　要： 在民办本科高校转型过程中，行业学院成为应用型人才培养的重要模式，引发社会关注。行业学院是本科高校与行业（或行业中的骨干企业、典型企业）紧密融合，以行（企）业生产链、产品链、技术链和服务链为对象，共同开展人才培养和科技服务的应用型专业学院。行业学院的兴起主要受经济转型升级、创新驱动和民办高校转型发展三种因素的影响，其组织特征表现为共同构建治理方式、共同制定培养方案、共同组建教学团队、共同推进管理改革、共同打造产学研基地及共同开展项目研发。文章以浙江树人大学行业学院建设的实践为例，提出行业学院建设应注重扎根地方、加强协同、引入标准、推进融合及发挥优势等对策建议。

关键词： 民办高等教育；民办本科高校；发展转型；行业学院；概念内涵；组织特征；实践路径

目前，我国高等教育发展政策呈现两条基本路径：一是建设"双一流"，主要面向高水平的研究型大学；二是推进应用性建设，主要面向地方本科院校。随着我国社会主义市场经济体制的不断完善、科学技术水平的不断提升和产业结构的不断优化，社会服务需求逐步扩大，迫切需要地方本科高校培养大量的高素质应用型人才。《国家中长期教育改革和发展规划纲要（2010—2020年）》提出要"重点扩大应用型、复合型、技能型人才培养规模"，"调动行业企业的积极性，建立健全政府主导、行业指导、企业参与的办学机制，制定促进校企合作办学法规，推进校企合作制度化"。2014年，习近平在全国职业教育工作会议上指出："要树立正确人才观，培育和

践行社会主义核心价值观，着力提高人才培养质量，努力培养数以亿计的高素质劳动者和技术技能人才……坚持产教融合、校企合作、工学结合、知行合一。"国务院出台的《关于加快发展现代职业教育的决定》（国发〔2014〕19 号）指出："引导普通本科高等学校转型发展。采取试点推动、示范引领等方式，引导一批普通本科高等学校向应用技术类型高等学校转型，重点举办本科职业教育……独立学院转设为独立设置高等学校时，鼓励其定位为应用技术类型高等学校。"2015 年，教育部、国家发改委和财政部出台的《关于引导部分地方普通本科高校向应用型转变的指导意见》（教发〔2015〕7 号）明确指出："推动转型发展高校把办学思路真正转到服务地方经济社会发展上来，转到产教融合校企合作上来，转到培养应用型技术技能型人才上来，转到增强学生就业创业能力上来，全面提高学校服务区域经济社会发展和创新驱动发展的能力。"《教育部 2017 年工作要点》进一步指出："深化地方高校转型发展改革，推动实施应用型高校建设项目，继续搭建应用型高校校企合作平台。"

民办本科高校作为我国新建本科高校的重要组成部分，其培养目标主要是应用型人才，绝大多数高校也已经认识到这一培养类型，明确自身的定位，正在努力加快人才培养模式改革。那么，如何推进该类高校的转型发展呢？从诸多改革实践来看，关键是要抓住产教融合、校企合作这一重要突破口，因为以往"校方一头热、企业不主动"的现象常常导致校企合作难落地、成效不明显。校企合作不深入有两个非常关键的因素：一是校企合作双方没有真正形成一个基于互惠共赢之上、服务双方的"利益共同体"，很难建立持久又深入的合作关系；二是缺乏一个结构科学合理的紧密型组织，不能达到制度化、组织化及对"利益共同体"组织固化的状态。基于校企双方攻克这两个难题的努力以及多年积极的实践与探索，行业学院模式横空出世，并很快成为推进地方高校应用型转型的重要途径。

一　行业学院的概念内涵

大学组织主要是按照一定的学科专业等知识体系为基本逻辑架构形成的，但随着现代社会经济、技术与产业的变革，大学组织在适应外部发展的过程中不断地进行组织创新，在基于学术组织的基础上，出现了许多面向社会问题解决与服务功能的混合型组织，包括跨学科组织、公私合作伙伴组织等不同标准类型的组织。学院主要是按照一定的学科或者专业群关系架构的大学内部的二级学术组织，随着大学与社会关系的变化，近年来也出现了一些功能性组织，如创业学院。在与企业不断推进合作的过程中，为了紧贴市场和行业发展，一些地方本科高校对内部机构进行调整，设置了行业学院。由于行业学院在应用型人才培养方面显现出许多新动向、新优势，很快引发了很多高校的兴趣和社会的高度关注。

目前，行业学院的建设与发展还刚刚起步，没有成熟的模式与路径可借鉴，其概念内涵也缺乏学理方面的深入探讨。笔者根据多年的实践与学理逻辑分析，认为行业学院是本科高校与行业（或行业中的骨干企业、典型企业）紧密融合，以行（企）业生产链、产品链、技术链和服务链为对象，共同开展人才培养和科技服务的应用型专业学院。具体而言，主要包含以下四层含义。

1. 行业学院由本科高校与行业（或行业中的骨干企业、典型企业）合作共建。行业学院可以与行业合作，也可以与行业中的某些骨干企业、典型企业合作；所培养的学生具有行业的广泛适应能力，也具有广泛的行业需求，因为学生的技术应用能力是针对行业需求培养的，这确保了毕业生的应岗能力和就业水平。

2. 行业学院是一种本科高校与行（企）业系统全面且紧密融合的合作新模式。校行（企）在人才培养、科研服务等方面全面合作，双方共同投入、开放和共享设备、场地以及人力等资源，按照一定的行（企）业标准与需求，共同培养行（企）业所急需的应用型人才。学校与行（企）业之间的合作是一种紧密融合的合作，双方的结合度不是物理性质的，而是化学甚至是生物性质的，"你中有我，我中有你"。其中，行业学院是校行（企）之间紧密融合的结合点。

3. 行业学院的人才培养具有明确的对象性和针对性。行业学院人才培养明确以行（企）业的生产链、产品链、技术链和服务链为对象，具有明确的行业标准与规格要求，所培养的学生既具有行业标准的技术与服务等应用能力，又具有行业职业文化的素养。因此，行业学院培养的不是泛泛而谈、无的放矢的假应用型人才，而是实实在在符合企业用工需求的真应用型人才。

4. 行业学院是一个以行业产业链为基础、统合相关资源而设置的应用型专业学院。行业学院建设主要以行业产业链、行业典型产品或者生产过程等为基础统合专业资源，打破传统学院以学科知识为基础的专业集群与方向模块布局，从而形成围绕行业、产业的专业集群布局。与传统学术型学院不同，行业学院是一个典型的产业导向的应用型学院。

二　行业学院的组织特征

大学中任何一种组织的创生与再造，均有其特定的内外部影响因素。作为校企紧密合作的组织载体，行业学院的出现既有外部环境变化的因素，也有内在发展需求的因素。第一，经济转型升级是建设行业学院的政府动因。党中央、国务院一直在推进经济转型升级、优化经济结构，这是行业、企业发展的主方向，也给地方高校与行（企）业合作发展创造了新空间。2014年国家提出"建设混合所有制行业学院"的指导意见，2017年教育部要求将搭建应用型高校校企合作平台作为重点工作之一，许多地方政府近年来也出台了一系列促进校企合作的政策。行业学院正是地方本科高校响应国家政策、转型发展的重要形式。第二，创新驱动是建设行业学院的企业动因。企业与高校建立"利益共同体"，形成紧密的合作关系，这是企业创新的重要路径。由于社会分工不同，企业在技术应用和产品开发等方面具有很强的优势，但在基础研究和技术创新等方面存在诸多困难，而高校拥有人才优势，科研能力较强，因此，当企业现有技术手段难以满足市场需求时，通过与高校联合组队、优势互补并共同攻克产业技术难题，可有效缩短研发的时间、降低研发成本，促进产业的技术创新和优化升级。同时，通过人才"定制化"培养、员工培训等形式，可以让企业获得急需的技能型创新人才，从而使企业持续保持创新竞争力。第三，民办高校转型发展是建设行业学院的高校动因。民办本科高校大多定位在"地方性"与"应用型"，校行（企）合作是应用型人才培养的重要途径，行业学院更是校行（企）深度融合的"利益共同体"组织载体。通过改革应用型人才培养体系、将行业标准引入课程体系以及行业实景作为教学场景等举措，行业学院有效地推动了高校的应用性建设。

行业学院是我国民办本科高校应用型建设、改革与发展的必然结果，是新时期产学研合作的新型组织，是对传统大学内部学术型组织的重构与再造。从校企合作互动与产教融合的视角分析，行业学院呈现出以下六个方面的特征。

1. 共同构建治理方式。行业学院是校行（企）双方高度融合的模式，共同治理才能共同建立和共担责任。在实践中，校行（企）双方派遣骨干人员建立共同参与的治理结构，形成共同治理机制，这是行业学院区别于松散校企合作的重要特征。在一般的校企合作中，学校是主角、企业是配角，企业作为合作方，积极性和作用的发挥并不明显，参与度也不高。在行业学院中，行（企）业作为重要的治理方，对学院的发展方向和人才培养等重大发展战略具有重要的发言权、决策权，并兼有建设的责任，直接参与学院的运行管理。在共同治理方式的架构上，民办本科高校具有天然的优势。

2. 共同制定培养方案。行业学院是学校与行（企）业之间紧密融合的教学共同体，既然为行（企）业培养人才，就有必要在人才培养中引入行（企）业标准，紧密结合行（企）业对人才知识、素质和能力的需求，依托学校现有专业（专业群、专业方向），形成凸显行业特色的人才培养模式。在共同制定培养方案过程中，要将行（企）业标准引入课程体系改革，对专业的培养方向、课程模式和具体的行（企）业课程等进行系统调整，形成全新的适应行（企）业标准与需求的人才培养方案。在遵循教育基本规律的基础上，行业学院的人才培养要大力倡导以行（企）业需求为导向，对理论教学和实践教学体系进行大胆改革。

3. 共同组建教学团队。行业学院的发展必须构建校内外结合、专兼职结合的教学团队。一方面，要开展基础理论教育，没有基础理论教育就不可能开展面向应用的专业教育；另一方面，要着眼于应用型人才的培养，将最新的应用技术成果及时、完整地教授给学生。高校教师一般很少长期处于生产一线，不可能时时追踪技术应用的前沿，而行（企）业的科技人员正好具有这方面的优势，宜将企业导师纳入学校专业课程的教学团队。应用型人才培养需将技术应用与课堂教学很好地对接起来，在实习实训、毕业设计等环节，企业导师可以发挥更大的作用。因此，行业学院应建设一支高校教师与业界导师高度融合的教学团队，并让两支队伍的优势在应用型人才的培养中相得益彰，切实提高人才培养的精准性、针对性、适切性和有效性。民办本科高校本就需要聘任兼职教师，行业导师的设置为教师队伍建设找到了新的方向。

4. 共同推进管理改革。行业学院的管理涉及多方面的内容，从实践来看，面向人才培养是当前行业学院建设的中心任务，教学管理改革是重要的工作之一。与传统学院不同，行业学院在培养计划、内容和目标上发生了变化，需要与相关行（企）业团队一起，共同协商教学管理的相关安排，并对教学管理及其流程等进行创新与改造。如在学期制方面，行业学院应在"三学期制"改革的基础上，尝试多学期、多元化的教学，体现学生在学习时空上的灵活性与交叉性，以便于与行（企）业实践需求在时空上进行对接；在学分修习制方面，鼓励行业学院进行相关的课程置换、学分替代改革；在教学组织形式上，可以单独建班，也可以打破专业、学院、层次及人数界限，在全校范围内单独招生或设置班级（或虚拟班）等。

5. 共同打造产学研基地。产学研基地建设是应用型人才培养的重要平台。行业学院建设需要一批具有行业产业典型性的实践基地，既服务于人才培养和教学改革的需求，又服务于应用研究与创新的需求。因此，校行（企）双方应积极探索多元化、多层次和多样式的合作，在共建、共用和共管的基础上，实现产学研基地的共同治理，形成复合、开放和共享的基地长效管理机制，保障学校在实践教学、业师来源、学生就业及教师实践培训等方面的实景场地资源，同时也为行（企）业的人才培养、项目研发提供有力保障。

6. 共同开展项目研发。项目研发包括教学改革项目的研发与科技项目的开发。行业学院整合校行（企）双方力量，共同打造一批校行（企）合作的模块课程、教材，建设资源共享的课程和新型教材；围绕实际应用，发挥技术优势，研发新产品与新工艺，改进管理流程，并带动学生创新创业。同时，以市场需求与行业技术需求为导向，高校发挥人才优势、技术优势和学科优势，与行（企）业骨干一起，围绕生产服务等一线问题，开展技术项目研发与服务咨询，直接服务于行（企）业的技术改造、产品升级和转型发展。目前民办本科高校科研力量相对薄弱，合作项目难寻，而行业学院的建设在某种程度上为民办本科高校教师的科研工作创造了很好的机会和条件。

三 行业学院发展的实践路径

行业学院已经成为民办本科高校转型发展的一个重要模式。目前，一些民办本科高校根据地方产业结构及其自身的专业资源，在校内设置了一批行业学院，如南京理工大学泰州科技学院、浙江树人大学等。从实践效果来看，行业学院已突破校企合作原有的障碍，给传统学院发展模式注入了新的活力，有力地推进了学校的应用型改革。下面以浙江树人大学为例，探索并分析行业学院发展的实践路径。

1. 扎根地方，瞄准地方产业发展需求设置行业学院。2011 年，浙江树人大学确立了"教学服务型大学"的办学定位，致力于开放办学，服务社会、服务地方经济转型升级，要求学科和专业充分对接产业发展需求。2015 年，学校成为浙江省应用型试点示范建设院校，以此为契机，学校积极探索"以行业学院建设为龙头、紧密对接地方产业发展需求"的实践改革。

浙江省"十三五"经济与社会发展规划提出："重点打造信息、环保、健康、旅游、时尚、金融、高端装备制造和文化八大万亿级产业。"新兴产业与主干产业的确定与发展，必然带来对于产业人才、技术以及资金等方面的旺盛需求。浙江树人大学围绕八大万亿级产业布局，寻求并对接地方核心产业、特色产业发展需求，根据学科和专业资源，抓住地方经济产业转型升级与"双创"发展的重要机遇期，主动出击寻找合作，先后与地方行（企）业共同建立了树兰国际护理学院、浙江省养老与家政产业学院、山屿海商学院以及绍兴黄酒学院等 9 个行业学院，涉及八大万亿级产业布局中的 7 个产业。

2. 加强协同，围绕产业需求大力推进学科和专业集聚。行业学院的协同主要包括三个方面：一是学校与行（企）业之间的协同，如治理、运行等，即上述组织特征中所提及的六个"共同"；二是行业学院与传统学院之间的协同，学校内部同时存在着以学科、专业为基础的学术型学院和以产业需求为基础的应用型学院两种组织形态，它们共生共存、互补发展（见表 1）；三是学科与专业之间的协调，即围绕行业产业需求所进行的学科和专业调整、集聚。围绕八大万亿级产业，在每一个行业学院创建的过程中都对学科与专业资源进行不同层面和不同程度的调整，如围绕大健康方向，与树兰（杭州）医院合作成立树兰国际护理学院，并专门调整学院、学科和专业资源，成立健康与社会管理学院，统合护理学、老年服务与管理、社会工作以及公共事业管理等专业，纳入现代服务业专业群之中，形成"行业学院—传统学院—学科专业群"之间的对应衔接关系，形成围绕行业发展方向的学科与专业协同。通过实践探索，学校初步实现了学校与行（企）业、行业学院与传统学院、学科专业群落与行业产业等三个层面对接的协同机制（见图1）。

表1　　　　　　　**浙江树人大学与企业协同共建行业学院关系表**

序号	行业学院名称	主要对接学院	主要合作单位
1	树兰国际护理学院	健康与社会管理学院	树兰（杭州）医院
2	浙江省养老与家政产业学院	健康与社会管理学院	浙江省民政厅
3	山屿海商学院	现代服务业学院	上海山屿海投资集团
4	同花顺金融信息服务学院	现代服务业学院	浙江核新同花顺网络信息股份有限公司
5	绍兴黄酒学院	生物与环境工程学院	会稽山绍兴酒股份有限公司
6	中白科技学院	生物与环境工程学院	白俄罗斯国立大学
7	华为信息与网络技术学院	信息科技学院	华为技术有限公司
8	红石梁学院	管理学院	红石梁集团
9	定格梦想创意学院	艺术学院	杭州定格文化创意有限公司

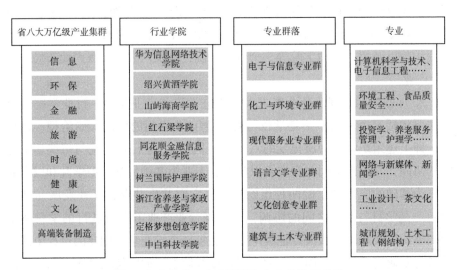

图1　行业产业、专业群落与专业的协同关系

3. 引入标准，面向行业特色需求改造课程培养体系。行业学院培养的人才应当掌握行业标准，符合行业人才标准，因此必须将行业标准引入课程体系和课堂教学，确保学校专业理论知识与行业生产技术实际相对接。各行业学院以行业需求、职业能力需求为导向，着力培养学生的技术技能和创新创业能力，并完善"平台+模块"的课程体系。如养老与家政产业学院发挥自身参与（起草）制定国家、地方家政服务、母婴护理和家庭保洁等标准的优势，将这些标准嵌入课程体系之中；同花顺金融信息服务学院根据行业特点和要求，增设互联网金融数据分析、互联网金融产品销售等课程，并通过校企合作团队实施课程教学。近年来，各行业学院通过紧密的校企合作，结合岗位能力培养设计项目化课程教学方案，开发结合企业生产实际的项目化课程教学资源，将企业的实际项目或培训资源、企业文化、岗位责任意识以及真实的职场环境带入课堂，先后开发了 20 门校企合作课程，初步形成了具有行业特色的课程培养体系。

4. 推进融合，促进校企紧密合作形成科学治理结构。在治理结构上，行业学院实行理事会领导下的院长负责制，由校行（企）双方共建理事会，学院领导班子由校企双方共同委派组建，校方代表成员有校领导、对接学院的领导、学科专业带头人与骨干教师等，企业方代表有企业董事长、总经理、总监以及技术骨干等。同时，双方共同派员组成管理团队，负责行业学院的日常教学运行与人才培养。行业学院院长执行理事会决定并全面负责教育教学和行政管理工作。通过一段时间的运行，行业学院不断完善校行（企）双方的治理结构，初步形成了符合行业学院运行的科学治理机制。

5. 发挥优势，完善行业学院的体制机制建设。民办本科高校面向市场和应用的体制机制，在行业学院建设中具有得天独厚的优势。共同治理本身就是民办本科高校内部治理的要求，在行业学院治理中又得到进一步的发挥。由于与市场有着更加紧密的联系，民办本科高校在与行（企）业共同建设行业学院时具有较好的合作基础。行业学院的建设和行业应用型人才的培养，也将大大提升民办本科高校的自身价值，在服务社会、学生和国家发展战略的过程中不断发展壮大，在行业学院的建设中与行（企）业真正实现融合与双赢。

（2018 年第 1 期）

立法与政策研究

学习贯彻《民办教育促进法》
促进民办教育大发展

摘　要：叙述了《民办教育促进法》的出台背景和重大意义，就如何学习贯彻《民办教育促进法》，提出了见解。

关键词：《民办教育促进法》；颁布；意义；民办教育；持久发展

一

盼望已久的《民办教育促进法》于 2002 年 12 月 28 日终于通过了全国人大常委会的审议，正式颁布了。这是我国民办学校、民办教育工作者的一件大喜事，广大民办学校的师生员工无不感到欢欣鼓舞。

改革开放以来，随着我国社会主义市场经济体制的逐步建立，促进了国民经济的快速发展，社会经济结构从单一的公有制向多样化的所有制格局发展，民间逐步产生和积累了投资教育的热情和能力。特别是 20 世纪 80 年代后期开始，伴随着经济的发展和人民群众生活水平的提高，一些有识之士和立志奉献教育事业的人士，把投资的眼光瞄向教育，民办教育得到快速发展。据有关方面提供的数据，截至 2001 年底，全国经批准的民办教育机构已有 56000 余个，在校生 1000 余万人。其中经各级教育行政部门批准的各类民办高等教育机构有 1391 所，注册在校生 128.1 万人。有学历文凭颁发资格的民办高校已有 89 所（到 2002 年 9 月 1 日止已有 122 所），在校生 15.11 万人，学历文凭机构 436 所，在校生 32 万人，其他类型（学历文凭助考机构）772 所，在校生 81 万余人。2001 年全国普通高校 1224 所，在校生 719 万人，成人高校 719 所，在校生 455 万人，民办高校已经占到我国高中后教育机构总数的 40%。在整个普通高校、成人高校和民办高等学校的在校生中，普通高校、成人高校为 1174 万人，民办高校 128 万余人，约占在校生总数的 10%余。另外还有部分劳动部门审批的民办高级技工学校和近年来出现的为数不少的公办高校民办二级学院以及以学费作为主要开支来源的采用新机制、新模式运作的高职学院未统计在内①。从浙江省的情况来看，2002 年全省民办本、专科招生 3.49 万人，另有民办高职学院招生 2 万余人，民办高校招生数已经占到总招生数的 30%以上，这是一个了不起的成绩。

然而，由于种种原因，我国民办教育在大发展的同时，也面临着许多困难和问题。由于立法的滞后，民办教育的地位和作用还没有得到确立和应有的重视，有关民办教育的法律法规还不健全，完整的管理制度尚待建立，社会认可度不高。政府支持缺乏法律的依据，力度不够，措施不够得力。有些地方，公办学校和民办学校的结构布局不尽合理；少数民办学校办学不甚规范，办学条件亟待改善；一些民办学校产权不清、管理不规范、产权纠纷和劳资纠纷日益突显；有的民办学校教师队伍不够稳定，影响学校教学秩序的稳定和教学质量的提高；一些靠收取教育储备金开办的民办学校，随着银行的几次降息，办学风险增大。由于缺乏法律的保证和引导，民办教育的投资热情受到削弱，投资行为不稳定，民办学校特别是民办高等学校融资困难，财政问题严峻，难以持续发展。从总体上看，民办教育的规模不大，在整个教育事业中所占的比例仍然偏小。民办教育所产生的这些困难和问题，已严重影响和制约了民办教育的进一步发展，引起了全社会的广泛关注，急需立法，通过法律来规范和调整。尽管 1997 年国务院颁布了《社会力量办学条例》，对民办教育一些基本问题进行了规范，但随着形势的变化，民办教育发展中不断出现一些新情况、新问题，《社会力量办学条例》在某些重要方面的规定已不适应快速发展的形势和民办教育发展的实际，社会各界呼吁用法律来规范和促进民办教育的发展，要求尽快出台《民办教育促进法》的呼声日益高涨。

二

《民办教育促进法》的颁布，具有重大的现实意义。

① 根据教育部《2001 年全国教育事业发展统计公报》整理。

1. 从法律的角度，明确了民办教育的性质，确立了民办教育的地位和作用，使民办教育的发展有法可依，有利于推进公办教育为主体、公办学校与民办学校共同发展新格局的形成。《民办教育促进法》指出："民办教育事业属于公益事业，是社会主义教育事业的组成部分。"这个结论，明确地回答了多年来民办教育特别是民办高等教育到底是"过渡性""补充性"的，还是持久性的、必须持续发展的争论，为民办教育的进一步发展奠定了法律基础。民办教育与公办教育一样，在全面建设小康社会、加快推进社会主义现代化的进程中肩负同样光荣而艰巨的使命。

2. 明确了民办教育的基本界定，确定了《民办教育促进法》的调整对象。《民办教育促进法》指出：国家机构以外的社会组织或者个人，利用非国家财政性经费，面向社会举办学校及其他教育机构的活动，适用本法。就是说，符合以上三个条件的学校和教育机构，才是民办教育（学校）。这就从法律上明确了民办教育的基本涵盖。虽然从微观的角度看这个界定还有一些问题，但是从宏观上已经有了一个明确的界定。

3. 明确了民办教育与公办教育、民办学校师生与公办学校师生享有"同等"的法律地位，赋予民办学校师生合法的身份。这一条款为解决目前民办教育发展中许多悬而未决的问题奠定了法律基础，必将极大地鼓舞民办学校教职员工的工作热情，使之积极投身学校各项工作，为教育事业的繁荣和发展做出贡献。

4. 突破了民办教育发展中融资问题的重要障碍，为民办教育解决资金来源提供了法律依据。《民办教育促进法》指出，民办学校在扣除办学成本、预留发展基金以及按照国家有关规定提取其他必需的费用后，出资人可以从办学结余中取得合理回报。《民办教育促进法》对民办学校财产的产权界定、归属问题也做出了明确的规定。"合理回报""产权归属"过去甚至被看作教育法律的"禁区"，成为历次人大审议《民办教育促进法》的重点、难点和焦点。这个问题的突破，将大大激发社会对民办教育的投资热情，确保投资人与管理者专心致志地办好民办学校。

5. 明确了民办学校的办学规范，引导民办教育健康有序持久发展。《民办教育促进法》对民办学校的领导体制、理事会和董事会与校长的分工和职责、民办学校的财务制度、民办学校的办学自主权、民办教育的评估等做出了具体的规定，必将引导民办学校规范办学，促使民办学校加大教育投入，规范管理，提高办学质量和办学水平，从而促进整个民办教育健康、有序、持久的发展。

三

刚刚通过的《民办教育促进法》，确立了民办教育在我国社会主义教育事业中的地位和作用，体现了积极鼓励、大力支持、正确引导、依法管理的方针，规范了民办学校的办学行为，规范了政府的管理行为，保护了民办学校出资人、学校和师生的合法权益。《民办教育促进法》的出台和实施，必将促进民办学校健康有序的发展。我们有理由相信，由于《民办教育促进法》的颁布和实施，我国民办教育必将迎来新的发展热潮。

当前学习贯彻《民办教育促进法》，重点要抓好以下几个问题。

1. 认真学习《民办教育促进法》的法律文本，领会《民办教育促进法》的法律意义。《民办教育促进法》立法的重点是"促进"，其内容涉及面广，需要很好地消化和理解，一知半解可能产生对法律的误解。比如，一些同志谈到，《民办教育促进法》提出，民办学校必须"利用非国家财政性经费"，据此就认为《民办教育促进法》实际上已经将民办学校接受政府财政补助的大门彻底关上，从而得出法律制定过于粗浅的结论。实际上，"利用非国家财政性经费"与"接受政府财政补助"并不矛盾。《民办教育促进法》中明确提出，"县级以上各级人民政府可以设立专项资金，用于资助民办学校的发展，奖励和表彰有突出贡献的集体和个人"。"人民政府委托民办学校承担义务教育任务，应当按照委托协议拨付相应的教育经费"。可以看出，接受政府财政补助是《民办教育促进法》的应有之义，但是，作为办学经费的绝大部分，应该是由社会筹集、来自民间的，这也符合《民办教育促进法》的立法初衷。对于法律条文本身是否把"国有民办""转制学校"等排除在调整范围之外，有待于国务院制定的《实施细则》具体明确。

2. 抓紧出台《民办教育促进法》的配套文件。《民办教育促进法》的颁布，明确了民办教育发展中许多亟待解决的问题，值得充分肯定。但是《民办教育促进法》作为促进法，充分考虑到教育行业的特殊性，充分考虑到各地区经济发展水平和人民群众的支付能力，从鼓励、促进和规范的立法宗旨出发，在统一大的法理原则的基础上，留出了一些操作空间。这些问题，有的需要国务院、教育部来制定实施细则，如《民办教育促进法》明确，民办学校"取得合理回报的具体办法由国务院规定"。有的需要各省市政府根据地区的实际情况制定具体实施办法。如土地征用和划拨、教师的养老保险缴纳和人事档案保管等等，只有与这些"实施细则"和"办法"配套，法律才会变得有血有肉，充实和完善，才能使法律落到实处、条文得到兑现。现在，距离《民办教育促进法》的实施只有8个月的时间，热切盼望有关部门和地方政府抓住时机，抓紧时间，加快工作，出台相应的法规和文件，保证《民办教育促进法》的实施。

3. 认真做好各项工作，为《民办教育促进法》的顺利实施创造宽松的环境。由于历史的原因，我国长期以来都是公办教育一统天下，计划经济体制下长期形成的只信"公"、不信"私"，宁信"公"、不信"私"的对"民办""民营"的偏见顽固地占据人们的头脑。改变这些观念和偏见，既需要社会环境的改善，也需要有一个过程。《民办教育促进法》的颁布和实施，从法律上澄清了社会的一些模糊认识，但仅靠这一点还是不够的。还需要指出的是，在树立地位和形象的过程中，民办学校决不应该是被动的、无为的。民办教育要真正立足于社会，成为我国教育事业不可缺少的重要组成部分，很大程度上要靠民办学校全体同仁的不畏艰难，发奋努力，真正做到有为有位。民办学校应该抓住《民办教育促进法》颁布的大好机遇，认真做好学校发展规划的制定和调整，采取积极有效的措施，加大教育投入，加强教师队伍建设，规范办学行为，提高管理水平，全面提高教育质量，以实际行动，迎接《民办教育促进法》的实施，迎接民办教育大发展的又一个春天。

（2003 年第 1 期）

注：根据本人在教育部召开的"民办教育促进法座谈会"上的发言整理。

"十五"期间民办高等教育的发展与若干政策问题①

摘　要：分析了"十五"期间我国民办高等教育发展的现状和特点，对当前制约民办高等教育几个突出的政策问题，诸如教师的养老保险问题、民办高校的免税收问题进行了探讨。

关键词："十五"期间；民办高等教育；发展现状；发展特点；可持续发展；政策问题

一　"十五"期间中国民办高等教育的发展

"十五"期间，中国民办高等教育得益于国家积极发展高等教育的政策、《民办教育促进法》的颁布与实施，抓住了高校扩招的大好机遇，迅速提高了民办高等教育在高等教育中的比重。表1、表2数据反映了民办高校在"九五""十五"期间的发展轨迹。2000年，全国民办普通高校仅有37所，2005年底已经达到252所，短短五年时间在数量上增加了6倍多。在校生人数达到212.63万人，比2000年增加了30多倍。此外还有其他民办高等教育机构1077所，注册学生109.15万人②。

表1　1994—2005年民办普通高校建校情况及在校生数、校均生数一览表

类别	1994	1995	1996—1997	1998	1999	2000	2001	2002	2003	2004	2005
专科/所	4	2	4	4	14	—	52	44	40	55	24

---

① 课题来源：本人主持的"教育部全国教育事业十一五规划制订前期研究招标课题"办学体制改革研究（编号11538）部分成果。

② 教育部发展规划司：《教育统计报告》2006年第1期。

续表

类别	1994	1995	1996—1997	1998	1999	2000	2001	2002	2003	2004	2005
本科/所	1	—	—	—	—	1**	2	5	0	17	
累计/所	14*	16	21	25	37	37	89	133	173	228	252
在校生/万人	—	1.2	1.6	2.2	4.0	6.8	14.0	32	81	139.75	212.63
校均生数/人	—	772	802	967	1086	1518	1577	2404	4624	***	***

注：本表根据历年教育部公布的数据整理，学校数为当年审批数，学生数为当年合计数；*
1993 年以前，部分省市批准了 10 所民办普通高校，报教育部备案；** 黄河科技学院升格本科，后
面两个数字也是升格数字，总数并不增加；*** 在校生数已经包括独立学院，校均规模未划分。

　　"十五"期间民办高校的快速成长和发展，初步改变了我国高等教育投
资体制长期以来由国家财政独家承担的局面，拓宽了高等教育资金的渠道，
减轻了国家负担，增加了高等教育的投入，兴办了新的高等学校，扩大了高
等教育的资源；缓解了高等教育供求关系严重失衡的矛盾，增加了高中毕业
生上大学的机会，在一定程度上满足了人民群众接受高等教育、选择高等教
育的愿望；增加了高等教育的规格和品种，为社会培养了大批经济建设和社
会发展需要的人才；推出了新的办学机制，推动了高等教育的改革和发展。

表 2　　　　1996 年以来其他民办高等教育机构注册生一览/万人

类别	1996	1997	1998	1999	2000	2001	2002	2003	2004	2005
民办高等教育机构	106.4	119.0	—	118.4	98.2	113.0	140.35	100.4	105.33	109.15
学历文凭考试	5.1	9.4	—	25.8	29.7	32.1	84.17	100.4	105.33	*
其他教育机构	103.3	109.6	—	92.6	68.5	80.9	56.18	*	*	*

注：根据教育部规划发展司等编著的《2002 中国民办教育绿皮书》及有关资料整理；* 无区分
数据。

二　"十五"期间民办高等教育发展主要特点

（一）规模发展的特点

　　首先，机构数增加较快，办学规模大幅增加。以民办普通高校为例，到

2005 年年底止已经达到 252 所，其中"十五"期间的 4 年时间共增加了 215 所，相当于"十五"以前 20 多年总和的 7 倍多，至此，独立设置的民办普通高校已经占到全国普通高校总数 1792 所的 14.1%。

其次，民办高校的在校生数大幅增加。"九五"末期，民办普通高校的在校生仅为 68321 人，而至 2005 年年底已达到 212.63 万人，5 年时间增长了 30 倍多。民办高校的在校生已经占全国普通高校在校生（1561.78 万）的 13.6%[①]，这是相当惊人的进展。

最后，校均规模迅速扩大。从单个民办高校的办学规模来看，"九五"末期民办高校的校均在校生仅 1800 人左右，大大低于当时公办高校校均 4000 多人的办学规模。据 2005 年的统计，独立设置民办高校的校均在校生为 4170 人，独立学院校均在校生 3640 人，尽管与全国平均水平还有一定的差距，但是民办高校大多数是近几年兴建的新校，有这么一个校均规模相当不容易，说明民办普通高校已经初具规模。

（二）结构发展的特点

1. 多样化发展的格局初步形成。从办学形式上分析，民办高校已经初步呈现出多样化的趋势。第一个特征是办学形式的多样化。目前民办高校主要有公有民助模式、民办公助模式、民办民有模式以及校企联合办学模式等。多种形式的发展，表明民办高校的筹资活动已经从单纯的民办、民有走向多渠道、多元化的筹资，这有助于增加社会对高等教育的投入，有利于民办高校增强活力。第二个特征是办学类型的多样化。从形式结构上分析，主要有国家批准的具有独立颁发学历文凭资格的民办普通高等学校、公办普通高校中设置的独立学院、民办高校与公办高校联合办学、学历文凭考试和自学考试助考学校、高等职业双证书教育以及国际合作举办学历教育等[②]。民办高校多类型、多功能的发展，满足了民办高校自身发展的需要和社会对人才类型多样化的需求。

2. 办学层次有所提升，满足了社会发展对人才的需求。"九五"期间，我国仅有民办本科院校 2 所，到 2005 年底，民办本科院校已有 26 所，5 年时间比过去的 20 多年增长了 13 倍，民办高校已经成功地突破了原有的发展

---

① 教育部发展规划司：《教育统计报告》2006 年第 1 期。

② 陈宝瑜：《探析民办高校新格局》，《中国教育报》2002-02-25（4）。

空间。这一动向意义重大，它在一定程度上引导了民办高校今后的发展。而发源于"九五"末期的公办高校独立学院，由于其借助了良好的母体资源，得到了社会的广泛认可。据不完全统计，至 2005 年 12 月，经教育部门复审同意的独立学院共有 295 家，在校生达到近 107.46 万人[①]。独立学院的出现和兴起，改善了民办普通高校的结构，补充了优质高等教育资源的不足，缓解了本科资源不足的矛盾，扭转了"十五"期间因高职学院快速发展而造成的本、专科比例失衡的趋势。

3. 科类结构逐步合理。民办高校发展之初，科类结构主要集中在传统的文科和个别应用性广泛、教学工作相对容易组织、办学成本相对较低的学科领域。而那些基础学科、理工科专业，因投入大、成本高、难管理，民办高校对这些学科涉及较少。随着办学条件的改善和办学实力的增强，"十五"期间民办高校的科类结构得到了拓展和丰富，一些高校瞄准市场，建设新的学科专业，特别是理工科类专业逐步增多。根据对浙江树人大学、黄河科技学院等一些早期发展的民办高校专业设置情况的调查，工科专业已占一半以上。这是"十五"期间民办高等教育发展的一个重要动向。

（三）区域发展的特点

"十五"期间民办高等教育区域发展的特点主要表现在两个方面。

1. 发展的地域进一步拓宽。"九五"期间，民办高等教育发展的地域特点是沿着两个区块发展：传统的高等教育发展中心和高等教育资源相对稀缺的地区。前者因有雄厚的公办高校的闲置师资和管理人才作后盾，如北京、西安等地，后者由于高等教育资源与上学需求的严重反差，市场空间大，如浙江、广东等省。"十五"期间民办高等教育在全国各地全面展开、蓬勃发展。1999 年，全国 37 所民办普通高校分布在 17 个省、市、自治区，绝大多数省、市仅有一所民办高校，许多省、市空白。"十五"期间许多省、市实现了民办高校办学零的突破，至 2005 年底，全国各省（区、市）都建有民办普通高校。

2. 地域经济、政策、文化等方面的差异，初步形成了各自区域内民办高等教育发展的特色。表现之一为"西安现象"，规模大，收费低。陕西民

---

① 教育部发展规划司：《教育统计报告》2006 年第 1 期。

办高校在校生数量占全国民办高校在校生数的 14.2%①。在校生超过 1 万人甚至 2 万人的民办高校占全国十大万人民办大学的 50%。表现之二为"江西现象",服务促发展。江西省民办高校利用本地人力资源丰富的优势和毗邻的广东省对劳动力需求量大的特点,加快人才培养,抓好就业树立形象,在服务中迅速发展壮大,产生了一批规模大、发展快、受欢迎的民办高校。"江西现象"为经济和高教不发达地区发展民办高等教育提供了经验②。表现之三为"浙江现象",高起点办学。浙江省是我国经济比较发达的地区,根据经济建设和产业结构调整对人才的需求以及经济条件相对较好、群众上大学的层次要求相对较高的实际情况,浙江省在规范和促进独立设置的民办高校健康发展的同时,依托公立高等教育的雄厚基础和实力,采取改制院校和创办独立学院的办法,高起点创办民办高校,并不断发展壮大。2005 年,浙江省有民办高校 12 所,独立学院 20 所,民办本、专科院校招生数和在校生数分别占全省高校招生、在校生总人数的 30%以上。表现之四为"北京现象",评估促发展。从 2001 年起,北京市对民办高校进行评估,共评出合格学校 39 所,占民办高校总数的 45.3%。针对塑造首都的形象,利用优质高等教育资源集中的优势,北京市重点关注民办高校办学的信誉和质量,在规模发展的同时着力抓好办学质量和管理,坚持以评估指导办学,促进民办学校健康、持续发展。

（四）质量发展的特点

"十五"期间各校硬件建设加快,适应了规模发展的需要。在一些与教学密切相关的设施建设方面也取得了较快的进展。如图书藏量、多媒体教室、计算机数量都有较大增长。一批高档次的教育教学设施投入使用,校园网络的建设和校园信息化步伐加快,为提高教学质量创造了条件。许多民办学校根据高等教育快速发展、社会闲散师资紧缺、高层次人员就业困难和民办高校吸纳人才环境相对宽松的实际情况,加大了人才引进力度,加快了专职教师队伍建设,稳定教学秩序。许多学校转变增长方式,从单纯的规模扩张向规模与质量并举的发展模式转变,注重学校内涵的丰富和发展,强化教学管理,加强队伍建设,收到了较好的效果。

---

① 李维民:《陕西民办高等教育投资效益分析（一）》,《民办教育研究》2002 年第 2 期。
② 邬大光:《注重市场　办出特色　促进发展》,《浙江树人大学学报》2002 年第 2 期。

同时我们也看到，规模快速扩张仍然是"十五"期间民办高校发展的主要方式。辩证地加以分析，规模快速扩张必然对质量带来一定的冲击。学校扩大首先必须加快硬件建设，势必影响对教学工作的投入。高校的扩招加剧了民办高校对外聘请教师的困难，可选择范围缩小，优秀教师难聘；相当一部分民办高校自身的专职教师队伍还没有建立起来，影响教学质量的稳定和提高。招生规模的扩大，入学门槛降低，生源文化素质下降，给教学和管理带来困难。总体而言，民办高校限于办学的主、客观条件，办学质量呈现两极分化的态势：一部分民办高校办学指导思想正确，定位准，观念新，措施到位，办学质量较高。尤其是已经升格为本科的民办普通高校，其办学取得了良好的信誉，为学校持续发展创造了良好的条件。也有一部分民办高校缺乏办学目标，学校定位不准，功利思想严重，教学投入不足，影响了办学的质量。民办高校中办学质量好的、比较好的和较差的比例大致为 3 : 5 : 2。因此，"十五"期间民办高等教育质量还不很理想，提高办学质量任重道远。

三　我国民办高等教育可持续发展亟须解决的几个政策问题

"十五"期间中国民办高等教育有了快速的发展，但总体而言还处于初创阶段，处于弱势。根据国家发展对人才的需求、人民群众的求学愿望和未来高等教育的发展规划，今后一段时期民办高等教育还将进一步发展。这就不仅要求民办高校总体规模继续增加，而且希望民办高校的办学质量不断提高。正如教育部吴启迪副部长所指出的：继续营造有利于民办高校可持续发展的宽松环境，用制度和政策来保障民办高等教育公平、公正、和谐、可持续健康发展，是政府部门的一项重要工作①。从实际情况来看，今后一段时间，在发展民办高等教育的政策方面，仍需贯彻"放水养鱼"的促进政策，并着重解决好以下几个政策问题。

1. 加强规划，设计好发展的空间，引导民办高等教育的发展方向。今后一段时间高等教育的资源仍显紧缺，规模扩张和外延发展仍会持续。我国财政性教育经费占 GDP 的比例多年来徘徊的 3% 以下和近几年全国普通高校

---

① 李挥：《中国民办高等教育峰会举行》，《中国教育报》2005-05-19（1）。

生均预算内事业费支出与生均预算内公用经费支出连年下降（见表 3、表 4）的现状表明，财政性高等教育经费相当紧张，维持原有高校的运转已经相当困难，今后新建高校的资金主要还是要靠社会投入解决。当前，从中央到地方各行各业都在制定"十一五"规划，面临新的发展机遇，社会上又出现了一些准备投资高等教育的新动向。地方政府若能根据实际情况，做好民办高校发展的规划工作，留有民办高校的发展空间，统筹民办高校和公办高校协调发展，规划、引导、鼓励和规范社会资金有目标地投入举办民办高校，既可增加高等教育的资源，同时也可以避免资源浪费，提高资金使用效益，促进健康发展。

表 3　　　　　　　1993—2004 年国家财政教育经费占 GDP 比例/万元

年份	调整前GDP 总值	调整后GDP 总值	国家财政教育经费	调整前占GDP 比例	调整后占GDP 比例
1993	34634.4	35334	867.76	2.51	2.46
1994	46759.4	48198	1174.74	2.51	2.44
1995	58478.1	60794	1411.52	2.41	2.32
1996	67884.6	71177	1671.70	2.46	2.35
1997	74462.6	78973	1862.54	2.50	2.36
1998	78345.2	84402	2032.45	2.59	2.41
1999	82067	89677	2287.18	2.79	2.55
2000	89468	99215	2562.61	2.87	2.58
2001	97315	109655	3057.01	3.19	2.79
2002	105172	120333	3491.40	3.32	2.90
2003	117390	135823	3850.62	3.28	2.84
2004	136876	159878	4465.86	3.28	2.79

数据来源：（1）1993—2004 年《全国教育经费执行情况统计公告》；（2）1993—2004 年 GDP 经济普查修正数据一览，网易财经 2006-01-09。

表 4　　　　　　1999—2004 年全国普通高校生均预算内事业费支出与

生均预算内公用经费支出情况/元

类别	1999	2000	2001	2002	2003	2004
普通高校生均预算内事业费支出	7201.24	7309.58	6816.23	6177.96	5772.58	5552.50
普通高校生均预算内公用经费支出	2962.37	2921.23	2613.56	2453.47	2352.36	2298.41

数据来源：根据 1999—2004 年《全国教育经费执行情况统计公告》整理。

2. 务求实效，切实解决教师队伍建设的政策性问题。教师是办好学校的主要因素，中国民办高校的发展强大最终要依靠有实力的教师队伍的崛起。建设一支数量足够、素质较高、专兼结合、相对稳定的教师队伍，是民办高校健康、可持续发展的关键。当前制约教师队伍建设的关键，从政策的角度来看，仍然是要落实《民办教育促进法》赋予民办高校教师的合法地位，在养老保险、职称评定、科研评奖、培训提高、合理流动等方面落实相关具体规定，扫除障碍，加快民办高校专职教师队伍的建设和结构优化，促进民办高校的可持续发展。

教师的养老保险问题，是民办高等教育发展中长期以来悬而未决的重大问题。根据有关规定，民办高校是"非企业法人"单位，而我国传统的人事制度只有事业和企业单位之分，非企业法人单位职工的养老保险制度尚无现成的法规可以借鉴，政策的缺失导致民办高校教师的个人养老保险无据可依，只能按照企业的相关政策，从而与公办教师在退休待遇上形成巨大差别，影响民办高校高学历、高层次教师的引进和稳定，影响专职教师队伍的建设，同时也阻碍了公、民办高校之间教师的流动。殷切希望有关部门从高等教育发展的大局出发，摒弃争议，厘清思路，本着公平、公正的原则，全面落实相关政策，为民办高校的长远发展打好基础。

3. 落实办学自主权，鼓励和引导民办高校办出质量，彰显特色。办学自主权是指高等学校针对其面临的任务和特点，为保障办学活动能够依据其自身特点和内部客观规律的要求，充分发挥其功能所必需的自主决策权。由于民办高校投资主体的特殊性，更多地受到市场的影响，因此应该有更多的办学自主权，以适应市场变化，增强学校的活力和竞争力。

根据民办高等教育发展的规律，民办高校的办学自主权主要体现在以下几个方面：对学校内部管理体制的选择权；对教师和其他教育工作者的聘任权；面向社会自主招生、自主设置专业权；校产管理使用权；办学经费使用权；重大事项议事权和行使校内监督权[①]。但从目前来看，教育行政部门在招生计划、招生批次、招生分数、招生区域等方面，基本上还是用计划经济年代的老办法来进行管理；在专业设置、课程安排、教学计划、教学大纲等方面，几乎还是用一个统一的标准来衡量。在教学评估方面，往往不区分学校的性质和类别，公办、民办一刀切。有关部门一方面提倡个性，另一方面

---

① 瞿延东：《依法自主办学如何体现》，《中国教育报》2002-05-27（4）。

又简单地强调统一性，这种自相矛盾的管理使民办高校无所适从。民办高校的办学自主权受到严重损害，办学活力被抑制，难以形成自己的办学特色。在我国，民办高校是高等教育大众化的产物。在大众化的背景下，高校办学呈现多元化的办学格局，高校应该有自身的定位和培养特色，以适应社会对人才的大众化需求。为了稳定高等教育发展的环境，保证人才培养的质量，政府对民办高校办学加以适当的规范是完全必要的。但是，不加区别、千篇一律的评估和"规范"只会导致民办高校千校一面，丧失特色。民办高校的可持续发展，需要进一步细化与政府的关系，具体明确并落实各项办学自主权，增强市场竞争力。当前落实民办高校的办学自主权，反映较多的有学校升格本科、专业设置、自主招生等。特别是在民办高校专业设置、招生的数量、补录和招生区域方面，希望给一些灵活操作的空间，以帮助民办高校贴近市场办学，提高办学效益，更好地服务地方经济和社会发展。

4. 鼓励多渠道筹资，改善办学条件，增强民办高校的办学实力。办学经费是民办高校稳定发展的重要基础。当前许多民办高校不同程度地存在办学经费困难的危机，影响办学条件的改善和教学质量的提高。当前解决民办高校的资金问题，落脚点主要应放在四个方面：一是出台优惠政策，动员和引导社会投资高等教育，鼓励办学者加大对学校的投入；二是切实落实"按成本收费"的政策，在学费（含住宿费）标准制定中应该充分考虑到民办高校的特殊性，不搞公办、民办一刀切；三是出台、贯彻扶持政策，在土地征用、建设配套等方面提供优惠，努力降低民办高校的办学成本；四是加强民办高校的财务管理，增强资金使用的透明度，接受社会监督，保证资金使用的安全。

这里要特别提到民办高校的免税收问题。《民办教育促进法》及其实施条例对民办学校的收费问题有明文规定，但是，在国务院常务会议通过《民办教育促进法实施条例》的同一天，财政部和国家税务总局下发了《关于教育税收政策的通知》（财税〔2004〕39号），该文件规定"对学校经批准收取并纳入财政预算管理的或财政预算外资金专户管理的收费不征收企业所得税"，由于《民办教育促进法》及其实施条例对举办者不要求取得合理回报的民办学校的收费是否纳入财政预算管理的或财政预算外资金专户管理的收费未作明确规定，由此出现了对这些民办学校的收费是否征税的分歧。政策上的模糊导致有的地方税务机关依此为由开始向民办高校征税。我们认为，对出资人不要求取得合理回报的民办高校予以支持，让其享受与公办高校同等税收待遇，这是落实《民办教育促进法》，体现教育公平的重要方面，必须依法管理。有关部门应理顺法律关系，明晰税收政策，切实做到免税，以促进民办高等教育的可持续发展。

民办高等教育的可持续发展，是落实《民办教育促进法》、巩固和发展高等教育改革成果的重要体现，是实施"十一五"规划，全面建设小康社会的重要条件，也是高等教育发展的重要趋势。我们有理由相信，有政府政策的扶持，有社会各界的帮助，有民办高校的努力，我国民办高等教育一定能够由弱变强，在中华民族伟大复兴的进程中发挥应有的贡献。

（2006 年第 2 期）

加快民办教育地方立法　促进
民办教育健康快速发展

摘　要：回顾了《民办教育促进法》颁布以来民办教育的发展形势，分析了民办教育地方立法的重要性，就民办教育地方立法的若干问题提出了建议。

关键词：民办教育；民办教育立法；地方立法

一

2002 年 12 月 28 日，我国第一部发展民办教育的专门法律《民办教育促进法》正式通过全国人大常委会的审议得以颁布，并于该年 9 月 1 日起正式实施。2004 年 3 月，国务院常务会议通过了《民办教育促进法实施条例》，并决定于 2004 年 4 月 1 日起正式实施。至此，民办教育国家层面的立法暂时告一段落。

《民办教育促进法》及其实施条例都明确指出，民办教育"是社会主义教育事业的组成部分"，这就从法律上确立了正在兴起发展中的民办教育的教育地位，为社会举办民办教育和政府部门管理民办教育提供了法的依据；明确了"民办学校教职工在业务培训、职务聘任、教龄和工龄计算、表彰奖励、社会活动等方面依法享有与公办学校教职工同等权利……民办学校的受教育者在升学、就业、社会优待以及参加先进评选等方面享有与同级同类公办学校的受教育者同等权利"，从而确立了民办学校及其师生的法律地位，为民办学校及其师生提供了法律保护。《民办教育促进法》及其实施条例还强调了民办教育的公益性，强调遵循教育规律，明确民办教育的基本属性，确立民办教育的经济地位。总之，《民办教育促进法》及其实施条例的颁布及实施，是我国教育体制改革的重大成果，它结束了我国长时期以来民办教育发展无法可依的局面，从而为民办教育持久稳定和可持续发展提供了法律保障。

自《民办教育促进法》及其实施条例颁布和实施以来，从规模上看，全国民办教育发展仍呈现快速发展势头。2005 年全国各级各类民办学校（机构）共有 8.62 万所，2004 年 7.85 万所，增加 0.77 万所。2005 年学历和非学历教育在校学生 3057.55 万人，其中学历教育学生 2044.84 万人，非学历教育学生 1012.72 万人。除 889.5 万职业培训机构学生以外，学历和非学历教育在校生共 2168.05 万人。2004 年在校生为 1769.36 万人，增加398.69 万人。2005 年民办普通、成人高校有 252 所，2004 年 228 所，增加24 所；2005 年在校生 212.63 万人（含独立学院学生 107.5 万人），2004 年在校生 139.75 万人（含独立学院学生），增加 72.88 万人。民办其他高等教育机构 1077 所，各类注册学生 128.66 万人，其中学历文凭考试学生 20.35万人，其他学生 108.31 万人，2004 年民办其他高等教育机构 1187 所，注册学生 105.33 万人；2005 年较 2004 年教育机构减少了 110 所，注册学生增加了 23.33 万人[1]。

其他类型的民办教育同样在 2005 年获得了发展。与 2004 年相比，2005年民办普通高中增加 222 所，在校生增加 42.05 万人；民办普通初中增加389 所，在校生增加 56.74 万人；民办普通小学增加 195 所，在校生增加60.62 万人；民办幼儿园增加约 6635 所，增加 83.98 万人。所以，从整体来看，2005 年民办教育在规模上是扩大了。以民办普通高等教育为例，发展速度加快，在校生占全国普通高校在校生的比例大幅提高，已经从 2003年的 7.3%左右增长到 2005 年的 13.6%，每年增加 3 个多百分点，成为高等教育发展的主要增长点[2]。

在充分肯定民办教育发展现状的同时，也应该看到民办教育的发展碰到了许多问题和困难。近年来，随着经济的发展和财政的好转，一些地方越公越好的陈旧观念抬头，民办教育"多余论""过渡论"又被捡起，作为限制甚至取消民办教育的理论依据。一些地方的税收部门见钱眼开，开始向民办

---

[1]　徐绪卿：《"十五"期间民办高等教育的发展与若干政策问题》，《浙江树人大学学报》2006年第 2 期，第 1—6 页。

[2]　徐绪卿：《"十五"期间民办高等教育的发展与若干政策问题》，《浙江树人大学学报》2006年第 2 期，第 1—6 页。

学校违规征税，增加了民办学校的负担，影响了民办教育投资者的投入积极性。一些地方在招生方面为民办学校设置障碍，或者实施地方保护主义，造成部分民办学校发生生源危机。民办学校教师队伍的建设遇到难以逾越的政策空白，人才难以引进，办学质量难以提高。民办学校办学的自主权，多年来停留在口头上难以落实，民办教育灵活的办学机制优势得不到发挥，办学特色难以凸现。诸此种种，制约了民办教育的健康、稳定和可持续发展。一方面，民办教育在总量上持续增长，另一方面，也出现了很多民办学校大面积倒闭的复杂情况。种种情况表明，民办教育发展的法律保证仍未落实。根据民办教育发展的实际和《民办教育促进法》及其实施条例的要求，为加快民办教育的发展，确保民办教育投资者的权益得到保障，确保民办学校及其师生享受与公办学校的同等地位，必须落实《民办教育促进法》及其实施条例，加快地方民办教育立法的进程。

二

民办教育的地方立法在我国民办教育立法体系中起着至关重要的作用。

首先，民办教育地方立法是贯彻落实《民办教育促进法》及其实施条例的必然需要。民办教育办学日趋困难的原因，从法律的层面上看，主要是在落实《民办教育促进法》及其实施条例相关法律条文的过程中，不同程度地存在条文细化不够，地方立法步子不快，缺乏可操作性和执行力的问题。通过地方立法使法律条款具体化，使其更具操作性，起到承上启下的作用，从而巩固民办教育国家立法的成果，并使《民办教育促进法》和《民办教育促进法实施条例》规定的大政方针在本行政区域内得到有效实施。

其次，民办教育地方立法，能够充分照顾到区域的特殊情况，具有鲜明的针对性和可操作性。《民办教育促进法》是一部带有宏观性质的法律，考虑到我国幅员辽阔，地区之间经济发展的不平衡，各地发展民办教育的策略和途径不完全一样，《民办教育促进法》在对全国民办教育发展规范做出统一规定的同时，也充分考虑到各地的实际情况，给各地制定地方政策法规留有较大的空间，自主地因地制宜地解决民办教育立法中具有地方特色的问题，而这些就需要通过民办教育地方立法来解决。因此，地方立法本身就是民办教育立法的重要组成部分。

最后，地方民办教育立法能够解决《民办教育促进法》及其实施条例不能解决或暂时不宜解决的问题。由于我国国家层面立法具有周期长，涉及面广的特点，立法和修订都不是一件容易的事。《民办教育促进法》立法过程本身已经充分展现了解决这些问题的复杂性和艰巨性。而地方立法要考虑的问题相对较少，工作量相对减轻，可以相对缩短期限，正可以弥补国家立法的不足。在我国恢复和发展民办教育，是改革开放的重要实践，有许多理念要统一，解决实际问题也要通过探索和总结。地方立法可以为国家立法提供新鲜经验，为国家以后制定全面的民办教育专门法律、法规提供成功经验。

从《民办教育促进法》及其实施条例颁布和实施以来，民办教育地方立法就在各地展开了。2005 年 9 月中旬，全国人大教科文卫委员会、教育部、劳动和社会保障部在西安联合召开了民办教育地方立法研讨会；2006年 4 月下旬在广东信孚教育集团的资助和承办下，21 世纪教育发展研究院与中国经济体制改革研究会等单位在广州市召开了"中国民办教育地方立法研讨会"。2004 年 12 月 2 日陕西省第十届人民代表大会常务委员会第十五次会议通过了《陕西省民办教育促进条例》，成为《民办教育促进法》及其实施条例颁布和实施以来全国最早的地方民办教育立法。同时，民办教育立法在全国许多省（区、市）展开，据了解，已经制定了地方立法的有陕西省，已经制定了政府规章的有上海市、黑龙江省和四川省，政府规章正在制定中的有江苏省、山东省和海南省，另外，全国还有北京、天津等 20 个省（区、市）开展了地方立法调研。2006 年以来还出现了一些省（区、市）后来居上的现象，如浙江省积极开展民办教育地方立法调研，《浙江省民办教育促进条例》正在征求意见中。总之，地方立法正在成为民办教育立法的新动向，成为推动民办教育发展的重要力量。

三

根据国家发展对人才的需求、人民群众的求学愿望和未来教育的发展规划，今后一段时期民办教育还将进一步发展。这不仅要求民办教育总体规模的继续增加，而且需要民办学校办学质量的不断提高。用地方立法来保障和促进民办教育公平、公正、和谐、可持续健康发展，是当前的一项重要工作。从实际情况来看，各地在民办教育立法、制定发展民办教育的地方法规方面，仍要贯彻放水养鱼的"促进"政策，并着重解决好以下几个政策问题。

1. 深化认识，高度重视民办教育的立法工作。考察当前地方立法的进程，全国人大教科文卫委员会副主任委员邢世忠在民办教育地方立法研讨会发言中指出，"在当前民办教育发展的具体实践中，无论在认识上还是在实践中，离真正全面贯彻《民办教育促进法》还有较大的距离"①。笔者认为，从当前民办教育发展的实际情况来看，认识上的问题主要来自各级地方政府。例如有些地方对民办教育还存在一些认识上的偏差，有的人认为民办学校都是为营利而办学，民办教育不是政府投资，没有必要费大劲儿去管，更没有必要用财力去支持。还有的人认为，把公办教育搞好就行了，民办教育起不了多大的作用。甚至有政府官员认为，办好公办教育是政府的责任，而民办学校如果发展得比公办学校好，那是政府的失职。正是由于认识不到位，导致促进民办教育发展的一些政策仍然不明朗，特别是涉及具体的优惠政策更没有落实。从实践的角度看，政府疏于管理，少数民办学校办学思想不端正，借办学的幌子营利优先、误人子弟，偏离了国家发展民办教育的本意，给民办教育的整体形象也造成了不利的影响。因此，政府部门和民办学校对民办教育地方立法的认识都很重要，更由于民办教育地方立法的主动权主要掌握在各级政府中，政府观念的转变和认识上的提高尤为重要。

2. 突出重点，牢牢抓住当前制约民办教育发展的关键问题。民办教育的发展，涉及很多政策性、法规性的问题，世界上许多私立教育发展得较好的国家，其私立教育法本身就是一个较为完整的法律体系。在当前我国民办教育地方立法中，要注意有所为有所不为，有所先为有所后为，区分轻重环节，突出工作重点，解决关键性问题。从另一个角度来看，我国长期以来实施单一的公有制，在教育领域实施单一的公办教育，在民办教育法规建设方面几乎是一片空白，期望在短期内依靠一个法律解决好所有问题是有难度的，也是不现实的，民办教育法规建设本身也有一个过程。只有紧紧围绕改革开放和经济发展的进程，首先解决好关键问题，在事业的发展中逐步建立和完善法律体系，才是地方立法务实的态度。

3. 与时俱进，充分反映本行政区域的实际情况，体现地方的区域特色。

---

① 柯昌万：《如何加快民办教育地方立法进程》，《中国教育报》2005-10-28（7）。

地方立法的生命力在于它的"地方性"，没有区域特色就没有什么作用。地方立法的任务，就是要结合本地区的实际，作出对国家法律补充性和完善性的法理规定，使法的内容进一步细化，增强法律的可行性和可操作性。民办教育地方立法只有密切结合当地的实际，突出地方特色，才能真正发挥地方法规对当地民办教育的引导、规范、保障和促进作用，从而确立民办教育的法律地位，维护民办学校和受教育者的合法权益。地方立法的内容也只有密切结合当地民办教育的实际，突出地方特色，才能真正发挥作用。

4. 双管齐下，促进民办教育健康发展。促进是民办教育立法的主题，但是促进本身就包含着鼓励、引导、规范发展的含义。规范的发展是健康发展的前提，不规范的发展会搅乱发展的秩序，破坏发展的成果。在民办教育地方立法内容的把握方面，需要切实有效的促进措施，引导、鼓励和推动民办教育事业的快速发展，满足整个社会对教育不断增长的需求。同时，也不能忽视政府对民办教育的责任。应该指出，当前民办教育发展总体是健康的，但是也不能说一点问题都没有。特别是一些疏于管理的民办学校，应该说问题还是比较严重的。民办教育地方立法也要注意到这些情况，既要促进，也要规范，以促进为主，双管齐下，要使那些致力于教育事业的办学者得到支持，使规范办学、成效显著的学校得到奖励，同时也要使那些以办学为名捞取非法利益者受到制约，使那些恶意违规、损害学生的学校受到惩罚，营造有序的竞争环境，保证民办教育的健康发展。

5. 依法管理，进一步落实办学自主权，鼓励民办学校走特色发展之路。办学自主权是指学校针对其面临的任务和特点，为保障办学活动能够依据其自身特点和内部客观规律的要求，充分发挥其功能所必需的自主决策权。由于民办学校投资主体的特殊性，民办学校的运作更多地受到市场的影响，因此应有更多的办学自主权，以适应市场变化，增强学校的活力和竞争力。

从高等教育整体看，经过几年的发展，我国高等教育已经有了长足的发展，高等教育在校生达2300万人，毛入学率达21%。随着高等教育大众化进程的加快，高等教育市场竞争日趋激烈。而民办高等教育由于发展历史短（相当多的民办高校建校时间不足10年），缺乏经验的积累和建设的完善，整体来看在竞争中趋于弱势。事实证明，民办高校要赢得竞争，只有靠办出特色、积累实力。简单地过分地强调统一性，会使得民办学校的办学自主权受到严重损害，最终葬送民办高等教育发展的前途。因此，民办教育地方立法应该为民办高校参与竞争提供法律保证，具体明确并落实民办高校各项办学自主权，增强市场竞争力。希望各地在地方立法中能给民办高校一些灵活操作的空间，以帮助民办学校贴近市场办学，发挥民办机制，凸显办学特色，提高办学效益，更好地服务于地方经济和社会发展。

6. 讲求实效，切实解决教师队伍建设的政策性问题。教师是办好学校的主要因素，中国民办教育的发展强大最终要依靠有实力的教师队伍的崛起。建设一支数量足够、素质较高、专兼结合、相对稳定的教师队伍，是民办学校健康、可持续发展的关键。当前制约教师队伍建设的主要障碍，是《民办教育促进法》中规定民办学校为非企业法人机构，而我国人事管理制度中仅有机关、事业和企业单位，还没有针对非企业法人单位的人事制度，由此导致《民办教育促进法》中赋予民办学校教师的各项待遇无法落实。政策的缺失影响民办学校高学历、高层次教师的引进和稳定，影响专职教师队伍的建设，同时也阻碍了公、民办学校之间教师的流动。这一问题多有反映，但到目前为止，依然没有看到在地方立法基础上解决这一问题的系统方案。在此，殷切期望有关部门从民办教育发展的大局出发，摒弃争议，厘清思路，本着公平公正的原则，全面落实相关政策，为民办高校的长远发展打好基础。

（2007 年第 1 期）

注：根据本人在全国人大常委会调研会上的发言整理。

全面落实《纲要》 促进公、民办高等教育和谐发展

摘 要：分析了《教育发展规划纲要》的颁布实施对民办高等教育发展带来的机遇和挑战，指出全面贯彻落实《教育发展规划纲要》对民办高等教育今后的发展有重大影响。为促进我国公、民办高等教育和谐发展，就民办高校如何贯彻落实《教育发展规划纲要》提出了基本思路。

关键词：《教育发展规划纲要》；民办高等教育；教育改革

一 《纲要》为民办高等教育发展提供了机遇

2010 年教育战线最重要的会议，莫过于 7 月 13—14 日中共中央、国务院在北京召开的第四次全国教育工作会议。这是我国自 1999 年 6 月召开第三次全国教育工作会议以来，时隔 11 年召开的教育盛会，也是我国 21 世纪以来召开的第一次全国教育工作会议。此次会议认真总结了我国改革开放以来，特别是 21 世纪以来我国教育改革、开放和发展的经验，更加坚定了"百年大计，教育为本""大力发展教育事业，是全面建设小康社会、加快推进社会主义现代化、实现中华民族伟大复兴的必由之路"的信念和决心。会后颁布的《国家中长期教育改革和发展规划纲要（2010—2020 年）》（以下简称《纲要》），从全面建成小康社会和现代化建设全局的宏伟目标出发，对未来十年我国教育事业发展作出了新的战略决策，进行了全面谋划和前瞻性的部署，宣告了未来十年我国教育改革与发展的战略目标和新的任务，即到 2020 年，基本实现教育现代化，基本形成学习型社会，进入人力资源强国行列。贯彻实施《纲要》，必将促使我国教育事业在新的历史起点

上加快改革和发展的步伐，坚定不移地把教育摆在优先发展的战略地位，切实转变教育发展方式，在人才培养、考试招生、办学方式与管理体制等方面进行大胆创新，更好地适应我国经济社会发展的新要求，为经济社会又好又快发展和社会主义现代化建设提供强大的人才支持和重要的知识贡献；必将进一步营造全社会教育发展的良好环境，落实各项政策措施，完善中国特色社会主义现代教育体系，全面推进教育事业科学发展，显著提高教育现代化水平，使教育发展更加符合时代发展的潮流，更加符合建设中国特色社会主义对国民素质和各类人才的需要，更加符合广大人民群众对教育的殷切期望。

在改革开放进程中成长、在 21 世纪开始得到快速发展的我国民办高等教育学人，对此次会议和《纲要》的颁布实施充满憧憬，期待从国家层面对民办高等教育的发展给予更高的关注和更大力度的支持，进一步营造公、民办高等教育和谐发展的良好环境，推进民办高等教育的可持续发展，在建设小康社会和人力资源强国的进程中做出自己的贡献。《纲要》的颁布，为我国民办高等教育更好、更快的发展提供了机遇和条件。

首先，《纲要》高度肯定了民办教育的发展地位。对民办教育发展地位和作用的认识是随着教育事业改革的深入逐步提升的，特别是民办高等教育的发展环境是随着政府层面认识的提升和相关政策的实施而逐步改善的。与以往的相关文件不同，《纲要》首次提出"民办教育是教育事业发展的重要增长点和促进教育改革的重要力量"，这就在国家教育事业体系的发展中进一步确定了民办教育的发展地位和发展指向，从而将国家层面对民办教育发展的认识提高到了一个新的水平，对一直以来社会上反复出现的民办教育"补充论""过渡论""多余论"也有了一个明确的回应。对发展中的民办教育而言，这也是一个强有力的舆论支持，必将极大地鼓舞广大民办高校的办学热情和信心。

改革开放以来，我国民办高等教育从无到有，从小到大，经过 30 年的艰难发展，已经具备了一定的规模，在推进高等教育大众化、多样化和选择性方面，担当了重要角色。据有关资料显示，截至 2009 年底，我国已有民办普通高校 336 所，在校生 204.77 万人，其中本科生 33.466 万人，专科生 171.3 万人；独立学院 322 所，在校生 241.37 万人，其中本科生 219.01 万人，专科 22.36 万人。两者相加，全国已有民办高校 658 所，在校生 446.14 万人，民办高校的数量已经占全国普通高校总数 2305 所的 28.55%，在校生占全国普通高校总数 2144.657 万人的 20.8%①。据了解，2008 年全国共有 10 个省份的民办高校在校生人数超过当地普通高校在校生总数的 20%。比例最高的浙江省已经达到 33% 左右②。事实说明，民办高等教育已经成为我国高等教育的重要增长点。

其次，《纲要》高度肯定了民办教育在教育体制改革中的作用。过去对民办教育的发展之所以有许多模糊的认识，实际上是对民办教育的作用认识不清。许多研究认为，民办高等教育的举办增加了高等教育的资金来源，节省了财政开支。这个分析没有错。笔者也认为，世界私立高等教育的发展，其起因可能主要是政府财政经费不足。但资金是民办（私立）高校唯一的办学动因吗？如果是这样，那是不是国家富有了，高校资源丰富了，民办高校就不需要了呢？《纲要》就提出，民办教育"是促进教育改革的重要力量"，这个结论从另一个角度充分肯定了民办教育发展的作用。应该说，民办教育是我国改革开放以来教育办学体制改革的成果。原有高校办学的弊端集中表现为一切都由国家包下来，一切都由政府统起来，是一种封闭半封闭的办学体制。新时期高等教育体制的改革，包括办学体制和管理体制、招生就业体制、经费筹措体制和校内管理体制的改革，这五大体制改革对我国高等教育的大发展起到了积极的推动作用。教育部原副部长、中国高等教育学会会长周远清曾经说过："办学体制改革，说到底就是在中国兴办民办高等教育。民办高等教育的兴起，是改革开放后体制改革最重要的一个成果，没有体制改革就没有民办高等教育。"③ 从另一个角度分析，改革开放以来我国高等教育实施的五大体制改革，可以说很多是从民办高校开始试验的。民办高校的成长和发展，是我国高等教育领域推出的新的办学机制，它推动了高等教育的竞争，增强了高等教育的活力，促进了高等教育的改革和发展，提高了高等教育的办学效率。在新时期高等教育体制改革中，民办高校始终走在前列，许多改革的具体举措是民办高校首先提出并实施的，很多政策是在民办高校的试验实践中提炼的，可以说民办高校起到了良好的体制改革试验田的作用，为高等教育体制改革积累和提供了经验。同时，民办高校的参

①　根据相关资料整理。

②　教育部. 教育部发布 2008 年全国教育事业发展统计公报［EB/OL］.（2009-07-21）. 新华网 http://news.xinhuanet.com/edu/2009-07/21/content_11741791_1.htm.

③　周远清：《在高等教育强国的目标下推进各级各类强校建设》，《浙江树人大学学报》2009 年第 2 期，第 1—4 页。

与使高等教育引入了市场因素，激活了高等教育内部的竞争，从而促进和带动了高等教育的人才培养改革。正如温总理指出："民办教育是我国教育的重要组成部分。发展民办教育，是满足人民群众多样化教育需求、增强教育发展活力的必然要求。"①

最后，《纲要》明确了许多发展民办教育的具体措施，必将促进民办高校的进一步发展。《纲要》作为国家层面的一个宏观规划，不可能面面俱到，过于微观。但是，《纲要》仍花了很大篇幅从国家层面论述了发展民办教育的具体措施，其中很大一部分是针对民办高等教育发展的，如"支持民办学校创新体制机制和育人模式，提高质量，办出特色，办好一批高水平民办学校"等，为民办高校的发展指明了努力的方向；而"依法落实民办学校、学生、教师与公办学校、学生、教师平等的法律地位，保障民办学校办学自主权。清理并纠正对民办学校的各类歧视政策。制定完善促进民办教育发展的优惠政策。对具备学士、硕士和博士学位授予单位条件的民办学校，按规定程序予以审批"等这些民办高等教育发展中急需解决的问题，通过《纲要》得以明确，从而从国家层面建立起发展民办高等教育的基本制度框架，抓住了重点，办了实事。据悉，笔者所在的浙江省已经获得国家教育体制改革项目"改善民办教育发展环境实验区"的立项，先期进行制定民办教育发展政策、优化民办教育发展环境的试点工作。有理由相信，《纲要》的贯彻实施，必将理顺我国民办高等教育发展的关系，逐步建立和完善中国特色民办高等教育发展的体制，促进我国民办高等教育又好又快地健康发展，最终"形成以政府办学为主体，全社会积极参与，公办教育和民办教育共同发展的格局"。

二　贯彻落实《纲要》对民办高等教育发展具有重大影响

2010年7月13日温家宝总理在全国教育工作会议上指出："在一个拥有13亿人口的大国，推进教育事业改革和发展是一项长期而艰巨的任务。

---

① 《教育规划纲要》工作小组：《全国教育工作会议文件汇编》，教育科学出版社2010年版，第45页。

《纲要》的制定和实施只是一个新的起点。"① 全面理解和贯彻落实《纲要》，是各级政府、各级各类学校当前和今后一段时间的主要任务。《纲要》的贯彻落实对于民办高校今后的发展既是一个良好的机遇，但也可能是一个挑战。在实际工作中，如何促进民办高等教育和公办高等教育和谐发展，形成共同发展的格局，可能是落实《纲要》的一个难点。如果这个问题处理得不好，政策不配套，措施不落实，可能会对我国民办高等教育今后的发展产生严重的影响。

第一，贯彻落实《纲要》后，公办高校办学资金将明显增加，总体办学条件将大幅度改善。《纲要》提出要切实保证经济社会发展规划，优先安排教育发展，财政资金优先保障教育投入，公共资源优先满足教育和人力资源开发的需要。特别提出到 2012 年要实现教育财政性支出占国内生产总值 4%的目标，从而使 1993 年中共中央、国务院在《中国教育改革和发展纲要》中确定的 4%的目标有了一个确切的实现时间表，表明了党和政府推动教育改革和发展的坚定决心。但在公共财政对民办教育的扶持政策尚未建立和健全的背景下，4%目标的实现也可能进一步拉大公、民办高校之间的条件差距和质量差距。笔者作为教育部普通高校本科教学工作合格评估专家，在参与评估中强烈地感受到了这个差距的存在和影响，因而殷切期望尽快建立公共财政对民办教育的扶持政策。

第二，贯彻落实《纲要》后，公办高校办学体制改革力度将进一步加大。《纲要》提出，要深化公办学校办学体制改革，积极鼓励行业、企业等社会力量参与公办学校办学，扶持薄弱学校发展，扩大优质教育资源，增强办学活力，提高办学效益。各地可从实际出发，开展公办学校联合办学、委托管理等试验，探索多种形式办学，提高办学水平。这一政策的实施将进一步拓宽教育投入资金的渠道，加快学校基本条件建设。但由于公办高校相对来说办学条件好，又有政府支持，社会认可度高，对社会资金的吸纳能力显然较高，会对民办高校吸纳社会资金投入构成强有力的竞争和挑战。我国民办高校办学资金投入不足，学费难以提高，经费匮乏，与公办高校形成强烈反差。贯彻落实这一精神，如果没有其他配套措施，可能会加剧民办高校吸引社会资金投入的困难。

---

① 《教育规划纲要》工作小组：《全国教育工作会议文件汇编》，教育科学出版社 2010 年版，第 51 页。

第三，贯彻落实《纲要》后，公办高校内部管理体制改革力度将进一步加大。《纲要》提出，要进一步"落实和扩大学校办学自主权。要求政府及其部门树立服务意识，改进管理方式，完善监管机制，减少和规范对学校的行政审批事项，依法保障学校充分行使办学自主权和承担相应责任。高等学校按照国家法律法规和宏观政策，自主开展教学活动、科学研究、技术开发和社会服务，自主设置和调整学科、专业，自主制定学校规划并组织实施，自主设置教学、科研、行政管理机构，自主确定内部收入分配，自主管理和使用人才，自主管理和使用学校财产和经费"等措施，对于推进我国教育改革和教育服务现代化建设的步伐，将起到引领作用。虽然从文本来看这些改革措施对民办高校并没有任何的歧视和偏见，但鉴于当前民办高等教育发展和政府管理的实际，落实这些措施存在许多条件限制和政策障碍，使得公办高校的这些改革逐渐走在了民办高校的前面。长此以往，民办高校办学体制和机制的优势将被弱化。

第四，贯彻落实《纲要》后，公办高校教师队伍建设的力度将进一步加大。《纲要》指出，要"建设高素质教师队伍。严格教师资质，提升教师素质，努力造就一支师德高尚、业务精湛、结构合理、充满活力的高素质专业化教师队伍"，要"不断改善教师的工作、学习和生活条件，吸引优秀人才长期从教、终身从教。依法保证教师平均工资水平不低于或者高于国家公务员的平均工资水平，并逐步提高，落实教师绩效工资"。如果民办高校教师待遇的相关政策不配套、不落实，肯定会进一步拉大公办高校与民办高校教师队伍的差距，会对正在成长中的民办高校教师队伍建设提出严峻的挑战。实际上，近几年来，随着高校规模的扩张和公办高校教师待遇的大幅提升，民办高校教师流向公办高校的现象越来越严重，一些民办高校领导甚至抱怨"本校几近成为公办高校教师的培训基地"，这个问题不得不引起各界的高度关注。

第五，贯彻落实《纲要》，要防止若干民办教育发展政策虚化。前文已经指出，《纲要》出台的若干针对性政策措施必将促进我国民办高等教育更好、更快的发展。但这是从文本本身分析得出的结论，在对《纲要》充满信心的同时，也要关注《纲要》的贯彻落实情况。由于一些政策的冲突、原有理念的影响和周边环境的制约，《纲要》中有关民办高校的发展政策也有可能虚化。前几年实施的"国家示范性高职学院建设计划"，从文本来看也没有任何歧视条款，但是在现有的200所国家示范性高职学院中，仅有1

所民办高职学院，许多地区在具体操作中仍存在歧视。如《纲要》中提出"对具备学士、硕士和博士学位授予单位条件的民办学校，按规定程序予以审批"。而根据相关规定，举办硕士学位教育的必备条件之一就是要取得学士学位十年以上。实际上，除个别学院外，我国民办本科院校大多是在2005年后升为本科的，最早的民办高校也只是2000年升为本科的，并且只有1所。从实际操作来看，许多省市2015年以前硕士点建设培育工作数目和名单已经确定并公布。因此，如果这个门槛没有调整，民办高校举办硕士学位教育就成了一句空话，更不要说举办博士学位教育了。

由此可见，贯彻落实《纲要》，首先必须全面系统地学习和理解《纲要》，把握其精神实质，在实际问题的处理中，以科学发展观为指导，从实际出发，实事求是，以全国教育事业"一盘棋"的工作思路，不偏不废，"公、民"兼顾，特别是要考虑到我国民办高等教育的现实情况和长远发展，加大扶持力度。只有这样，才能真正做到全面贯彻落实《纲要》，促进公、民办高等教育的和谐发展，提高教育事业的整体水平。

三 对民办高校贯彻落实《纲要》的建议

分析以上的问题和困难，是为了客观地制定民办教育发展的策略。从《纲要》制定的过程和内容以及全国教育工作会议上中央领导的讲话中，不难体会到政府对民办教育的关注和支持。透过这些文件更可以坚定地认为，发展民办教育是我国教育事业必须长期坚持的战略。在对《纲要》的贯彻落实充满信心的同时，也要站在新的发展起点上，抓住机遇，乘势而上，科学谋划、扬长避短、发展自我、壮大自我。下面从民办高校的角度，对其贯彻落实《纲要》提五点建议。

一是要组织好《纲要》的学习，全面理解和把握《纲要》的精神。对民办高校来说，学习《纲要》不能搞实用主义，仅仅学习与民办教育相关的部分。《纲要》内容丰富，涉及教育事业未来发展的大局，对现实中的许多教育问题做了细致的分析和安排，指明了未来十年教育发展的目标和方向。而民办高等教育的发展离不开整个教育事业的发展。全面学习和领会《纲要》精神，可认清我国高等教育未来的发展方向，不断增强发展的机遇意识、自觉意识和主动意识，逐步明晰学校新的发展目标和方向，牢牢把握学校发展的主动权，根据社会发展需求更好地规划学校未来发展，这些都是民办高校十分重要的基础工作。

二是要科学梳理发展思路，正确定位，明晰方向。我国高等教育正处于一个重要的转折期，随着高等教育大众化的不断深化，高校特别是民办高校可能存在一个功能分化期。在高等教育资源丰富、生源锐减、就业困难等环境下，民办高校必须重新定位，根据自身的实际情况，重新梳理目标、任务和工作思路，调整结构，优化办学内容，扬长避短，明确重点，不断增强自身的办学实力。在民办普通高校的群体中，可能出现办学定位和功能的多元化和差异化，有的升格，有的继续办好高等职业教育，甚至不排除一部分投入不足、条件较差或以教育培训为主的院校及时主动地转型，在激烈的市场竞争中寻找和占领适合自身发展的空间。这种主动的"退出""转型""发展"，实际上具有同样的内涵和意义。

三是要努力提升办学质量，树立学校品牌。《纲要》的贯彻实施，将加快我国高等教育从数量到质量的发展转型，促进高校进一步加快内涵建设，提升人才培养质量更好地服务社会主义现代化建设。一方面，从精英化到大众化，高等教育资源不断得以增加和丰富，市场逐渐主导发展，高等教育从"卖方市场"快速转向"买方市场"。另一方面，多样化的高等教育扩大了人民群众上大学的选择范围，人们对大学的选择趋于理性。"上好大学、品牌大学，接受优质高等教育"将成为选择高等教育的重要内容。当下，民办高校属于高收费教育，人才培养的质量和接受高等教育的支出不匹配，在大众化、多样化和选择性的背景下，这类矛盾将更加突出。只有加快转型，努力提升人才培养质量，创造学校的优质品牌，才能更好地满足人民群众上大学的需求，在未来的发展中巩固自身的地位，实现学校的可持续发展。

四是要实施差异化的办学思路，凸显人才培养的特色。《纲要》指出，要"树立以提高质量为核心的教育发展观，注重教育内涵发展，鼓励学校办出特色、办出水平，出名师，育英才"。从当前和今后一段时期来看，民办高校在整个高等教育市场竞争中仍将处于弱势。办学资金紧缺，办学层次较低，办学条件较差，学费高于公办高校2—3倍，这些都是民办高校在竞争中难以避免的不利因素。从实际情况来看，除少数学校外，整体而言民办高校的办学质量在一段时期内还很难与公办高校竞争。越来越多的民办高校办学者认识到，特色已经成为办学质量的重要组成部分。若要赢得竞争的有利地位，就必须采取差异性的发展策略，凸显办学特色，形成自身优势，实施特色发展，避免与公办高校的正面竞争，扬长避短，以特色取胜。

民办高校的办学特色主要体现在人才培养方面，要在与公办高校的竞争中赢得地位和空间，关键是要培养出有特色的人才。一方面，应从人才培养的计划、教学大纲、课程结构、课程内容和教学方法等方面深化改革，在保证人才培养基本规格的前提下，鼓励不同专业体现各自人才培养的优势和特色，培养具有"基本规格+特色"的创新型高级应用型人才。另一方面，从当前的实际情况来看，民办高校最大的特色——灵活的办学体制和机制尚未得到很好的建立和完善，表现在灵活的用人机制、市场化的运行机制、特色化的办学机制上，这些优势尚未得到有效发挥。因此，如何发挥体制和机制优势，大胆开展制度创新和机制创新，取得竞争的有利条件，也将成为民办高校新一轮发展的重大课题。

五是要尊重高等教育发展规律，依法规范办学。在高等教育资源相对较为丰富的背景下，社会更加关注民办高校的办学行为，必然会使国家加大对民办高校规范办学的监督。尊重高等教育发展规律是优质民办高校的自觉选择。《纲要》提出要"大力推进依法治校"，要求"教育行政部门要切实加强民办教育的统筹、规划和管理工作。积极探索营利性和非营利性民办学校分类管理。规范民办学校法人登记。完善民办学校法人治理结构。民办学校依法设立理事会或董事会，保障校长依法行使职权，逐步推进监事制度。积极发挥民办学校党组织的作用。完善民办高等学校督导专员制度。落实民办学校教职工参与民主管理、民主监督的权利。依法明确民办学校变更、退出机制。切实落实民办学校法人财产权。依法建立民办学校财务、会计和资产管理制度。任何组织和个人不得侵占学校资产、抽逃资金或者挪用办学经费。扩大社会参与民办学校的管理与监督"。这些对民办学校规范办学的基本规定，民办高校应严格贯彻落实。

30多年民办高等教育发展的经验和教训告诉我们，正确处理和科学把握市场规律与尊重高等教育发展规律并不一定矛盾，两者在一定的条件下可以和谐并存，发挥各自的优势和作用。坚持教育的公益性，规范办学，育人为先，把办学质量放在首位，才能得到社会和政府的支持，学校才能获得更好的发展机遇和平台。现在，越来越多的民办高校办学者也已认识到，规范是获得支持的前提，是塑造学校品牌、改善办学环境的必要条件，也是学校可持续发展的长远之计。只有规范办学、规范管理，自主与自律并举，才能赢得社会的信任和认可，学校发展的长远利益才能得到保证。

　　民办高校的发展有待于政府加强统筹和协调，促进公、民办高等教育的和谐发展。《纲要》再次强调了"坚持教育公益性原则，健全政府主导、社会参与、办学主体多元、办学形式多样、充满生机活力的办学体制，形成以政府办学为主体、全社会积极参与、公办教育和民办教育共同发展的格局"的办学体制改革目标模式。"两条腿走路、双轨制发展"是未来高等教育发展的基本体制。在这样的背景下，加强统筹和协调，推进公、民办高校之间的借鉴和交流，促进合作和资源共享，鼓励公办高校支持民办高校，共同提高、和谐发展，应该成为落实《纲要》的重要内容。只有这样，高等教育强国和人力资源强国的目标才能最终实现。

（2011 年第 1 期）

　　注：根据本人在教育部学习贯彻《国家中长期教育改革和发展规划纲要》座谈会上的发言整理。

关于贯彻落实《民办教育促进法修正案》五大热点问题的思考

摘　要：《民办教育促进法修正案》颁布以后，各省（区、市）政府紧锣密鼓地开展了相关实施办法和配套措施的制定工作。由于《修正案》实施工作量大、牵涉面广，许多问题引发争论，其贯彻落实问题成为2017年教育研究界的重要议题。调查发现，过渡期、现有民办学校的补偿奖励、财政扶持、办学自主权以及教师权益保障，是贯彻落实《修正案》的五大关键问题，需要各省（区、市）根据各地的实际情况进行制度创新，充分利用制度红利，促进我国民办教育的健康发展。

关键词：《民办教育促进法修正案》；过渡期；补偿奖励；财政扶持；办学自主权；教师权益保障；制度变迁

2016年11月7日，全国人大常委会经过三次审议，通过并颁布了《民办教育促进法修正案》（以下简称《修正案》），这是我国民办教育发展历史上值得记载的重大事件。《修正案》决定实施民办教育分类管理，明确了营利性和非营利性民办学校的划分标准为举办者能否取得办学收益、办学结余如何处理。营利性民办学校的举办者可以取得办学收益，非营利性民办学校的举办者不得取得办学收益。《修正案》正式认可了民办学校分类管理的合法性。第二章第十九条明确规定："民办学校的举办者可以自主选择设立非营利性或者营利性民办学校。"允许举办营利性民办学校（义务教育阶段除外），突破了我国有史以来教育不可以营利的传统观念，从国家法律高度为社会力量举办营利性民办学校扫清了障碍，开始建立全新的国家民办教育发展制度，因此受到各界的高度关注。

《修正案》是国家层面的制度建设。考虑到我国幅员辽阔、各地发展不平衡的实际，法律在作出普遍规定的同时，还留有各地配套政策制定和实施的空间，以便各地根据实际情况作出调整和安排。全国人大修法以后，笔者先后调查了浙江、贵州、广西、广东、山东、上海、内蒙古、宁夏和陕西等十多个省（区、市），走访了大量各方面的相关代表。调查发现，过渡期、现有民办学校的补偿奖励、财政扶持、办学自主权以及教师权益保障，是贯彻落实《修正案》过程中反映较强烈的五大关键问题，有的问题在相关文件中规定得不清晰，有的问题尚未在举办者、学校、政府及学术界达成统一的认识，均给后续的贯彻落实带来一定的影响，值得关注和探索。

一　关于过渡期的问题

全国人大常委会在《关于修改〈民办教育促进法〉的决定》中明确："本决定自 2017 年 9 月 1 日起实施。"中华人民共和国主席令第五十五号也规定："《全国人民代表大会常务委员会关于修改〈民办教育促进法〉的决定》已由中华人民共和国第十二届全国人民代表大会常务委员会第二十四次会议于 2016 年 11 月 7 日通过，现予公布，自 2017 年 9 月 1 日起施行。"

从 2017 年 9 月 1 日到各个民办学校正式选择营利性或非营利性期间有一个过渡期。过渡期是新旧法律衔接过程中需要留有的过渡阶段，客观上也是一个"政策空窗期"。在过渡期内，民办学校实际上处于"法律真空"状态。《修正案》从 2017 年 9 月 1 日开始实施，但是，由于各方面原因，民办学校尚未作出营利性或非营利性的选择，这是法律所允许的。问题的关键是，在此期间，民办学校应依据哪一部法律开展活动，该享受什么样的政策待遇，具体表现在：第一，根据《修正案》，非营利性民办学校的举办者不得取得办学收益，营利性民办学校的举办者可以取得办学收益，但是民办学校尚未作出非营利性或营利性的选择，那么，民办学校是否可以继续获得合理回报？第二，在过渡期内，民办学校应该享受非营利性民办学校的税收优惠、财政扶持和学生资助等优惠政策还是营利性民办学校的相关政策？有的地方规定，在地方配套政策到位以后，未作出选择的民办学校在过渡期内一律视作非营利性，但这个规定缺乏上位法的支撑，也影响民办学校真正自主自愿的选择。

过渡期的长短实际上还受到三个方面因素的制约。第一，地方配套政策的出台时间。由于各地政府制定配套文件需要足够的时间和相应的流程等，至今还没有一个省（区、市）公布实施方案。地方配套政策不出台，民办学校就无法作出非营利性或营利性的选择，自然就处于"政策空窗期"内。第二，地方配套政策对过渡期的规定。从对各地调研获得的信息看，为了改革的整体推进，不少地区从实际出发，统一设置或按学段分别设置 2—10 年不等的过渡期。如果允许民办学校在 10 年内作出选择，那么民办学校所处的"空窗期"就会更长。第三，民办学校自身的选择。选择营利性或非营利性，对民办学校的举办者和学校的未来发展均是大事：选择非营利性，可以获得更多的财政扶持、更优惠的税收政策，但是可能会失去很多融资机会，而且国家的财务监管将大大加强，再通过"关联交易"等方式获得合理回报的法律成本将大大增加；选择营利性，所享受的优惠政策则要少些，但是可以进行更灵活的资金运作、获得更多的融资机会。这对举办者而言是一种艰难的抉择，在短时间内作出选择确实有困难。因此，即使地方出台政策，民办学校可能还有一段时间的"犹豫期"。

过渡期过长会导致政府无法有效管理民办学校，过渡期过短会导致民办学校匆忙间作出非理性的选择。因此，正确对待过渡期问题要把握好两个原则：第一，各地要根据不同类型、不同层级民办学校发展的实际情况，因地制宜制定规定；第二，对尚未作出选择的民办学校，主要应依据各校的教育质量进行财政资助，通过专项经费而非生均经费的方式对其提供财政资助，而对已经作出选择的非营利性民办学校，则提供以生均经费为主的财政资助更加合适。

二　关于现有民办学校的补偿奖励问题

全国人大常委会在《关于修改〈民办教育促进法〉的决定》中明确：本决定公布前设立的民办学校，选择登记为非营利性民办学校的，根据依照本决定修改后的学校章程继续办学，终止时，民办学校的财产依照本法规定进行清偿后有剩余的，根据出资者的申请，综合考虑在本决定施行前的出资、取得合理回报的情况以及办学效益等因素，给予出资者相应的补偿或者奖励，其余财产继续用于其他非营利性学校办学；选择登记为营利性民办学校的，应当进行财务清算，依法明确财产权属，并缴纳相关税费，重新登记，继续办学。具体办法由省（区、市）制定。

关于补偿奖励问题，也存在需要继续探索的空间。第一，奖励和补偿是针对现有民办学校的，因此，在此规定以后建立的民办学校将不能享受。但是，在 2016 年 11 月 7 日以前筹备、2017 年 9 月 1 日以前获批的民办学校是否符合这一规定，则需要由各地自行作出规定。第二，奖励和补偿只有在学校办学终止后才可以实施，那么可否在学校运行期间、在不影响学校资金稳定性的前提下提前获得补偿或奖励？第三，奖励和补偿的经费是从终止办学清算结余经费中开支的，如果清算以后没有结余，奖励和补偿的经费就没有着落，似乎不符合奖励和补偿的条件，因此不可能实施。第四，对具体的补偿奖励测算方案也存在争议。有的地方认为，补偿数额为累积出资额或累积出资额及其增值部分，应视情况再给予不同额度和形式的奖励。也有的地方认为，应该以依法清偿后的净资产作为核算依据，扣除已经取得的"合理回报"后，按照比例进行补偿奖励。还有人认为，应对民办学校的办学效益和贡献进行补偿奖励。这有一定的道理，但从调查的情况来看，还没有地区这样考虑。

补偿和奖励是激发现有民办学校举办者办学积极性的主要方面，能真正体现国家对举办者以往办学贡献的认可和鼓励，鼓励民办学校选择非营利性办学。对于选择非营利性并继续办学的民办学校，各地应从办学层次、资产规模和原始投入等方面加以考虑，采取不同的奖励政策。比如，对初始投入很少、办学历史较长及目前资产规模较大民办学校的补偿和奖励政策，应区别于初始投入较大、办学历史较短的民办学校，必须遵循"一事一议、一校一策"的原则。对于选择营利性并继续办学的民办学校，则可采取"扣除财政投入和社会捐赠等之后都是举办者"的简单原则，允许民办学校在缴纳土地出让金之后继续办学。由于民办学校建校时往往以"行政划拨"的方式获得土地使用权，现在选择营利性的民办学校一般需要以"出让"的方式获得土地使用权，而"出让"土地的价格与当时"行政划拨"的价格存在很大的价格差，导致民办学校无法承受，也就无法顺利转为营利性民办学校。因此，各地需要根据实际情况，制定转变为营利性民办学校的土地政策。

三　关于财政扶持民办教育的问题

《国家中长期教育改革和发展规划纲要（2010—2020 年）》明确提出：

"健全公共财政对民办教育的扶持政策。政府委托民办学校承担有关教育和培训任务，拨付相应教育经费。县级以上人民政府可以根据本行政区域的具体情况设立专项资金，用于资助民办学校。国家对发展民办教育作出突出贡献的组织、学校和个人给予奖励和表彰。"《国务院关于鼓励社会力量兴办教育　促进民办教育健康发展的若干意见》（以下简称"国务院三十条"）明确指出："国家积极鼓励和大力支持社会力量举办非营利性民办学校。各级人民政府要完善制度政策，在政府补贴、政府购买服务、基金奖励、捐资激励、土地划拨和税费减免等方面对非营利性民办学校给予扶持。各级人民政府可根据经济社会发展需要和公共服务需求，通过政府购买服务及税收优惠等方式对营利性民办学校给予支持……地方各级人民政府应建立健全政府补贴制度，明确补贴的项目、对象、标准、用途。完善政府购买服务的标准和程序，建立绩效评价制度，制定向民办学校购买就读学位、课程教材、科研成果、职业培训和政策咨询等教育服务的具体政策措施。地方各级人民政府可按照国家关于基金会管理的规定设立民办教育发展基金，支持成立相应的基金会，组织开展各类有利于民办教育事业发展的活动。"

　　建立公共财政对民办学校的支持制度，既是体现教育公平、解决民办学校资金不足的重大举措，也是落实《修正案》、实施分类管理的关键。近年来，各地出台了许多好的政策和做法，如设立民办教育专项资金、通过建立购买服务机制（生均经费拨付、市场供需匹配型的购买服务等）、分担办学成本（补助教师工资、社保和培训经费；补助校舍租赁建设费、教学设备购置维修费、融资贷款利息等）和实施各种奖励机制（办学绩效奖励、引资引智奖励、捐资、投资办学奖励）等。这些举措对激励民办学校的办学热情、提高教育质量以及鼓励社会资金的投入，均起到了重要作用。在这方面，陕西、上海和重庆等地的政策创新特别值得借鉴和推广，在全国民办教育政策制定中发挥了引领作用。

　　在实施分类管理后，推进公共财政资助民办学校政策的制定，需要进一步解放思想、大胆创新。事实上，各地在政策制定过程中也是将此作为工作重点，认真论证，以"加大财政投入力度、创新财政扶持方式、明确财政扶持重点、加强财政资金监管"为着力点，完善非营利性民办学校的财政资助体系，提出切实可行的突破性方案。比如，陕西省将在每年 3 亿元民办高校发展专项基金的基础上进一步提高标准；吉林省继续设立"民办高等教育发展专项资金""民办教育发展专项资金"。目前了解到的政策草案有：

湖北省从 2018 年起，省级财政每年单列 1 亿元专项资金，重点支持一批高水平民办学校的发展；河北省从 2018 年起，省级财政每年设立 2 亿元专项资金，重点支持一批高水平非营利性民办学校的发展。估计绝大部分省（区、市）都将建立"民办高等教育发展专项资金""民办教育发展专项资金"，并根据管理权限，分层分级实施，落实支持政策。江苏省明确：本区域内义务教育阶段的民办学校，可依据购买的学位数，按照不低于生均义务教育经费标准（教职工编制标准、工资标准、学校建设标准和学生人均公用经费标准等）给予足额补助；对政府认定的普惠性幼儿园，按公办同类幼儿园学费标准上限收取学费，政府以购买服务的形式补助办学成本的差额部分；在"十三五"期间，省财政对非营利性民办高校的生均经费投入达到公办高校生均拨款的 30%。安徽省提出：对义务教育阶段的民办学校，落实与公办学校同等的生均公用经费补助政策；对非义务教育阶段的民办学校，按照不低于公办学校生均拨款或生均公用经费的 30% 给予补贴。在财政性经费的使用方面，有的地区倾向于宽松的安排，也有的地区设定了一定的条件。辽宁、上海等地提出：财政扶持民办教育发展的资金重点用于鼓励、扶持、促进民办学校的内涵发展和特色创建，民办教育公共服务和信息平台建设，非营利性高水平民办学校的重点项目建设，表彰和奖励为民办教育作出突出贡献的集体、个人，推动民办教育重大改革和发展等。可以相信，随着分类管理的积极推进和不断深化，公共财政支持民办学校尤其是非营利性民办学校的发展将成为新常态，并逐步扩大和增加。

四　关于办学自主权的问题

办学自主权是民办学校面向市场的依据，也是民办教育发展的必要条件。对于民办学校的办学自主权，《修正案》没有过多涉及，但是在"国务院三十条"中明显增加了相关内容，可见随着分类管理的实施和深化，民办学校的办学自主权将权归原主，得到充分的尊重和落实。就目前来看，民办学校的办学自主权主要体现为三个方面的"自主"。

1. 自主设置专业。这一权利主要针对民办高校和中职学校。中职学校大部分已下放县、市举办，相关矛盾不是很突出。高职院校近年来主要由省级政府管理，在专业设置方面大多已实现自主设置，因此难题还是在民办本科院校层面。尽管《高等教育法》第三十三条规定"高等学校依法自主设置和调整学科、专业"，但实际上并未得以实施。"国务院三十条"提出："扩大民办高等学校和中等职业学校专业设置自主权，鼓励学校根据国家战略需求和区域产业发展需要，依法依规设置和调整学科专业。"当前，本科院校设置专业大多需要通过专家论证、条件评估和申报批准三个流程。民办高校面向市场设置专业，往往难以做到"万事俱备，只欠东风"，很多情况下是先组织专业申报、后投入专业建设、再逐步完善办学条件，因此很多专业设置难以获得"备案"。在调研过程中，许多民办高校的领导呼吁主管部门理解民办高校专业设置的难处，掌握面向市场办学的真谛，真正体现自主设置专业。

2. 自主招生。招生自主权是法律赋予民办学校的权利。2004 年出台的《民办教育促进法实施条例》第二十七条明确规定："民办学校享有与同级同类公办学校同等的招生权，可以自主确定招生的范围、标准与方式。县级以上地方人民政府教育行政部门、劳动与社会保障行政部门应当为外地的民办学校在本地招生提供平等待遇，不得实行地区封锁，不得滥收费用。""国务院 30 条"也规定："支持民办学校参与考试招生制度改革。民办高等职业学校可在核定的办学规模内自主确定招生范围和年度招生计划。中等以下层次民办学校按照国家有关规定，在核定的办学规模内与当地公办学校同期面向社会自主招生。各地不得对民办学校跨区域招生设置障碍。"在办学实际中，落实民办学校招生自主权并不简单。一些优质民办学校倾向于扩大招生范围，而一些非品牌学校则希望招生区域保护，民办学校"掐尖"式的招生对整体招生秩序造成冲击，破坏了当地教育生态，还可能加剧学校发展的不平衡，加剧应试教育。在民办学校充分享有招生自主权和地方教育部门维持整体招生秩序的努力之间，可能短期内还难以取得平衡，要完全解决这一问题还需要过渡时间。

3. 自主收费。"国务院三十条"提出："实行分类收费政策。规范民办学校收费。非营利性民办学校收费，通过市场化改革试点，逐步实行市场调节价，具体政策由省级人民政府根据办学成本以及本地公办教育保障程度、民办学校发展情况等因素确定。"在《民办教育促进法》修订前，江苏、福建、山东、湖南、广西、宁夏和陕西等省（区、市）相继放开了民办高校的收费管制。江西、山东、云南和湖南等十多个省（区、市）全面放开民办学校收费，实行自主定价。实施分类管理后，大多数地区对非营利性民办学校的收费办法倾向于放开，由学校自主确定收费标准并向社会公开。一些物价部门担心放开收费标准可能会导致民办学校学费的全面涨价，成为社会不稳定的因素，但从已经实施的地区来看，这一担心完全是多余的。相反，有的民办学校还主动降低了收费标准，因为举办者会更加理性地看待收费，将收费、办学成本和增强学校竞争力等因素加以全盘考虑，使之更加符合市场预期。

一方面，自主办学是民办学校生存的机制优势所在，政府应从民办教育可持续发展的高度，切实落实好民办学校的办学自主权；另一方面，自主办学不是"自由"办学，需要与之相应的条件和行为。自主办学并不意味着政府放手不管，而是管理的方法和路径发生改变。比如，专业自主设置以后的专业建设督查问题、自主招生的校域计划协调问题和收费放开以后的乱收费治理等问题，都需要政府的监管和督查，以维持民办学校发展的良好生态环境，真正做到把好事办好。

五　关于教师权益保障的问题

教师队伍建设是民办学校可持续发展的核心竞争力。民办学校教师队伍建设已引起政府相关部门的关注，在《修正案》中也有体现。近年来，在"全面提高教育质量、办人民满意的教育"方针的指导下，各地在加强民办学校教师队伍建设方面已有不少政策创新和实践。比如：调剂部分公办学校教师到民办学校交流任教，通过制定最低工资指导线、发放长期从教津贴等方式提高民办学校教师工资待遇；通过制定相关政策允许符合条件的民办学校教师参加事业单位养老保险、鼓励民办学校为教师办理补充养老保险，提高民办学校教师在职和退休待遇；完善人事代理制度，落实民办学校教师在职称评审、评奖评优、培训提高和专业发展等方面的同等权益；探索人事制度改革，协调教师在公办学校与民办学校之间流动的人事关系、社会保险、工龄和教龄计算等问题，促进教师的合理流动；加大对民办学校师资建设的扶持力度，对符合条件的民办学校选派公办学校的教师支教或长期任教，核增公办学校教师编制专项用于民办学校或为优质民办学校核定教师事业编制数等。这些举措，对加强当前民办学校教师队伍建设具有积极的意义。

实施分类管理后，教师权益保障政策的重点有以下两个方面。

1. 教师参加事业单位养老保险的问题。由于事业单位和企业单位人员退休后的待遇存在较大差距，民办学校教师要求参与事业单位养老保险、享受事业单位退休待遇的呼声不绝于耳，认为这是落实"公办学校和民办学校教师同等待遇"的集中体现。现有政策享受人员面小且不稳定，在事业单位养老制度出台以后又面临新的问题，因此呼吁能切实落实。调研发现，解决这一问题也有难度。从政府有关部门来看，改革的方向是减少事业编制，他们担心人员大批涌入事业编制养老，会造成养老机构经费支付能力的不足；现实中事业单位养老制度刚刚实施，2014 年以前的事业编制人员视同已缴，而民办学校教师若享受事业单位养老政策，将面临公共财政无力承担巨额"视同缴纳"费用的问题。部分民办学校举办者则顾虑参与事业单位养老保险将增加巨额的经费负担而不愿参与，认为不符合民办学校的体制需求。从目前政策制定过程中了解到，普遍的考虑是为符合条件的非营利性民办学校教师缴纳事业编制养老保险，并对单位缴纳部分给予一定比例的补助。此外，各地对民办学校为教师缴纳年金普遍给予支持。这一政策落地的难点在于目前养老制度的改革，缺乏合理的制度支撑。

2. 教师的培训与提高问题。由于经费不落实、时间没保证和领导不重视，民办学校教师往往得不到培训与提高，甚至连参加学术会议的机会都很少，形成了自身知识更新慢、教学水平难提高的职业发展困境。《民办教育促进法》第三十二条规定："民办学校教职工在业务培训、职务聘任、教龄和工龄计算、表彰奖励、社会活动等方面依法享有与公办学校教职工同等权利。"对于教师参加培训难的问题，各方的认知都比较一致，但是政策尚未落地。多地在制定政策中已经考虑到这一问题的严重性，也在想方设法地推动问题的解决。目前的解决思路是：从教师成长、学校发展和学生受益的角度考虑，应该为教师安排一定的时间和机会参加培训，经费也应由学校和相关部门共同承担。

六 结 语

《修正案》将在很多方面影响我国民办教育的发展，这是一个深刻的制度变迁过程。阎凤桥认为，《修正案》对我国民办高校的内部治理和发展态势所造成的影响只能看作"潜在"的："由于我国法律具有原则性较强而操作性较弱的特点，今后面临着如何以及在多大程度上将分类管理的思想落到实处的挑战。"修法之后民办教育如何发展，存在两种可能性：第一种是后续的配套措施不及时，举办者我行我素，民办教育系统没有发生明显变化；第二种是后续配套及时跟进，国家以较大的行政力量促进民办教育分类管理①。

　　教育制度、经济制度和政治制度的形成原因基本是一致的，都是个体在追求自身利益的过程中经过多方博弈所形成的规则。康永久指出，教育制度"根植于人们自身的教育利益和理性计算，是各种力量相互冲突和妥协的结果"。教育制度的创新"不是在历史发展的客观需要，而是在个人发展的主观欲求的引导下进行的"②。民办教育发展中的主要利益群体包括举办者、校长、管理干部、教师和学生等，这些群体的利益有相互冲突之处，但更多时候是一致的。根据制度变迁的相关理论，利益相关者能否争取到对自身有利的政策，主要依赖于各利益相关者能否开展卓有成效的集体行动③。如果民办教育的各个利益相关者能够高度团结，深刻影响到媒体、学者等政策精英以及政策制定者，让政策制定者明白当前民办教育发展的困难、发展民办教育的重要意义以及今后的政策着力点，就可能使教育政策朝着更有利于民办教育发展的方向快速前进。

　　注：王一涛博士应邀为本文做了修改工作。

（2017 年第 6 期）

　　注：根据本人在教育部学习贯彻《民办教育促进法》新法座谈会上的发言整理。

---

　　① 阎凤桥：《我国民办教育格局会因修法而得到怎样的改变?》，《教育与经济》2016 年第 6 期，第 3—4 页。

　　② 康永久：《教育制度的生成与变革——新制度教育学论纲》，教育科学出版社 2003 年版，第 89 页。

　　③ 曼瑟尔·奥尔森：《集体行动的逻辑》，生活·读书·新知三联书店 1995 年版，第 39 页。

民办高等教育发展政策讨论的五个问题

摘　要：围绕贯彻落实《民办教育促进法》《民办教育促进法实施条例》修订而展开的教育政策研究和讨论，既具有重大的政策行动价值，又具有前瞻性的政策发展价值。文章选取在讨论过程中争议较多的民办高等教育政策导向是"促进"还是"促退"、公办高校能否举办或参与举办民办高校、捐资举办者能否经营高校、民办高校能否上市以及过程性补偿的技术问题是否可行等五个关键问题，在梳理和回顾有关论点的基础上，结合自身的研究和经验提出观点与建议。

关键词：民办高等教育；《民办教育促进法实施条例》；公办高校举办民办高校；捐资举办者经营高校；民办高校上市；过程性补偿

《民办教育促进法实施条例（修订案）（送审稿）》（以下简称《送审稿》）及相关文件修订是 2018 年教育政策讨论的热点。这种讨论既体现了我国教育政策制定流程的规范性，体现了政策制定的民主精神，也使政策制定更符合民办教育的实际。笔者多年从事民办高等教育研究，一直参与相关政策的制定，也高度关注政策制定过程中各种观点和思想的交锋。现将相关讨论梳理成五个问题，以与同行商榷。

一　民办高等教育政策导向是"促进"还是"促退"

2016 年 11 月 7 日，全国人大常委会审议通过新修订的《民办教育促进法（修正案）》（以下简称《修正案》），开启了民办高等教育政策指导的新阶段。改革开放以来，鉴于国家经济社会发展对人才的需求和人民群众接受高等教育的强烈愿望，国家开始允许社会力量举办教育。从现有的政策脉络来看，社会力量举办教育的法律依据在 1982 年的《宪法》中就可以找到，但是如此庞大的民办学校群体仅凭《宪法》中的一句话来管理是远远不够的，民办教育在之后的 20 年中自由生长，处于法律管理的空白地带。其中社会力量举办普通高等教育是 1993 年以后的事，除了社会资本的集聚度不足外，主要还是政策和法律缺乏准备。1992 年，为贯彻落实邓小平南方谈话精神，原国家教委启动了社会力量举办普通高等学校的审批工作，并于次年印发《民办普通高校设置暂行条例》。1993 年 10 月，高校设置专家委员会在长沙开会，接受包括民办高校在内的高校设置申请，通过了浙江树人大学、黄河科技学院、上海杉达学院和四川天一学院 4 所民办普通高校的设置申请。1994 年，又将上年审批未通过的黑龙江东方学院和南京的三江学院纳入审批，学界习惯上将此 6 所高校称作改革开放以来国家批准的"首批民办高校"。之后，民办高等教育的发展突飞猛进（见图 1、图 2）。

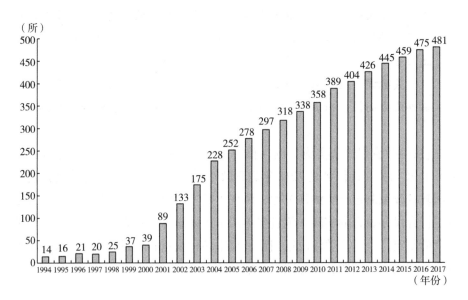

图 1　1994 年以来我国民办高校数量持续增加（不含独立学院）①

在民办高等教育发展过程中，由于政策缺失和制度冲突，支持和规范一直相伴同行。一方面，民办高校属于新生事物，且条件先天不足，需要社会

---

①　根据历年《全国教育事业发展统计公报》整理。

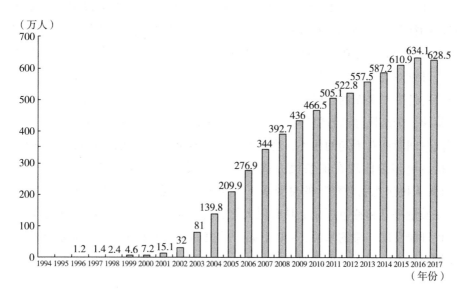

图2　1994年以来我国民办高校在校生持续增长（2004年后含独立学院）①

的理解和支持。在最早获批的6所民办高校中，租赁校园的有3所，另3所虽有校园但占地面积很小，比如浙江树人大学占地面积仅17亩，教学条件相对简陋。另一方面，由于相关政策缺失，民办高校的办学行为往往与现有的制度规范发生冲突，从而影响民办高校的办学质量和社会认可度。

2002年国家颁布《民办教育促进法》，2004年国务院印发《民办教育促进法实施条例》，赋予了民办高等教育合法地位，为相关政策的制定提供了依据，也为民办高等教育的稳定、健康和持续发展提供了强大动力。但法律也提出了"不得以营利为目的"等规定，招致许多反对的声音，甚至有人认为《民办教育促进法》不是"促进"而是"促退"，将大大减缓我国民办教育的发展。有人甚至断言，大量民办教育举办者将退出，许多民办学校将关门。但这些情况并未发生。随着2016年以来《修正案》的出台和《民办教育促进法实施条例》的修订，持有"促退"观点的人又开始"呼喊"了。

现在《修正案》刚刚实施，对实施成效进行评价为时过早，但是笔者充满信心。《民办教育促进法》实施后的15年，民办教育快速发展的现实

---

①　根据历年《全国教育事业发展统计公报》整理。

已经让"促退论"难以立足。从未来政策看，自党的十八大以来，国家积极鼓励社会力量办学，在党的十九大报告中提出"支持和规范社会力量兴办教育"；从国家顶层设计看，支持优先与规范并举的政策总基调没有改变，继续对民办高校的发展提供良好的政策环境，因此有理由相信民办高等教育将迎来一个新的发展机遇。当然，这里需要强调三点：首先，支持仍是主旋律，未来民办高校将得到进一步的发展；其次，支持是优先的，但是在不同时间段面对不同的任务，规范的作用有时也会被突显；最后，今后政策支持将更多地体现在加快民办高校内涵建设、提高人才培养质量上。在"办好人民满意的教育"的总要求下，民办高校规模扩张的空间已很狭小，但在质量提升和特色彰显上具有很大的潜力，而只有提升质量才能促进民办高校健康发展。总的来说，《修正案》的贯彻落实必将进一步促进我国民办高校的稳定、健康和可持续发展。

二　公办高校能否举办和参与举办民办高校

"公办高校能否举办和参与举办民办高校"，这是政策讨论中经常引发争论的问题之一。持支持观点的人认为，公办高校办学信誉较好、优质教育资源集中，举办或参与举办民办高校优势明显，有利于扩大优质教育资源的辐射范围、扶持民办高校的发展和促进优质教育资源的均衡化。尤其是在当下民办高校办学实力较弱的背景下，公办高校的参与将快速提升民办高校的办学质量和管理水平，有助于民办高校获得社会的理解和支持。从民办高校的现状看，相当多的举办者和管理者来自公办高校，这也从另一个侧面提供了佐证。从国际经验来看，印度的公办高校二级学院也为解决大众化高等教育资源供应问题提供了佐证。我国《民办教育促进法》及其实施条例均有允许公办高校举办或参与举办民办高校的相关规定，但学界持反对观点的人居多。许多人认为，公办高校举办或参与举办民办高校，可能会稀释公办高校的优质教育资源，导致公办高校教育质量下滑；还可能造成许多民办高校的"假民办"现象，客观上对一些没有公办高校参与的民办高校构成不公平竞争；实践中，《民办教育促进法》及其实施条例作出的相关规定并没有得到有效执行，致使公办高校举办民办高校的负面影响被放大。因此，持反对观点的人强烈要求禁止公办高校举办或参与举办民办高校。

　　笔者认为，上述观点只是一种惯性思维。从法律层面来看，《民办教育促进法》第二条规定："国家机构以外的社会组织或者个人，利用非国家财政性经费，面向社会举办学校及其他教育机构的活动，适用本法。"公办高校不是政府机构，举办或参与举办民办高校没有法律上的障碍。《民办教育促进法实施条例》第六条也明确："公办学校参与举办民办学校，不得利用国家财政性经费，不得影响公办学校正常的教育教学活动，并应当经主管的教育行政部门或者劳动和社会保障行政部门按照国家规定的条件批准。公办学校参与举办的民办学校应当具有独立的法人资格，具有与公办学校相分离的校园和基本教育教学设施，实行独立的财务会计制度，独立招生，独立颁发学业证书。参与举办民办学校的公办学校依法享有举办者权益，依法履行国有资产的管理义务，防止国有资产流失。实施义务教育的公办学校不得转为民办学校。"《送审稿》第七条明确提出："公办学校不得举办或者参与举办营利性民办学校。公办学校举办或者参与举办非营利性民办学校的，应当经主管部门批准，并不得利用国家财政性经费，不得影响公办学校教学活动，不得以品牌输出方式获得收益。公办学校参与举办的民办学校应当具有法人资格，具有与公办学校相分离的校园、基本教育教学设施和独立的专任教师队伍，实行独立的财务会计制度，独立招生，独立颁发学业证书。参与举办民办学校的公办学校依法享有举办者权益，依法履行国有资产管理义务。实施义务教育的公办学校不得转为民办学校。"可见，无论是《民办教育促进法》还是《民办教育促进法实施条例》，其修订前后都没有排斥公办高校举办或参与举办民办高校。法律上既然允许，它就是合法的，就不会被禁止，也不应当被禁止。实践中，公办高校举办或参与举办民办高校的案例已经很多，如果现在禁止或撤出，中断政策的延续性，也可能会引发严重后果。

　　公办高校举办或参与举办民办高校的优势是客观存在的，但可能带来的问题也是显而易见的。问题的关键是，许多公办高校在举办或参与举办民办高校的过程中，没有很好地履行应尽的法律义务，而且从中收取巨额"管理费用"，造成学校运作困难。另外，有的学校表面是民办，其实是政府的国有平台或国有公司投资的，聘用的又是公办学校的教师。这样一种"假民办"的形式对纯民办学校构成了不公平竞争，因为它既享受了政府的各种资源，又充分利用了民办的灵活机制，发展势头迅猛，对整个教育生态产生了影响，对其他民办高校造成强烈挤压，成为市场不公平的顽疾。这个问题已引起政府的高度关注，相信会在实施条例的修订中得到部分解决。当然，政策的实施有待于各级政府、各相关部门的有效配合，如果都能按照政策设计的路径执行，就离解决问题不远了。

三　捐资举办者能否经营民办高校

"捐资举办者能否经营民办高校"，这是一个对举办者来说非常敏感的问题。由于现有政策配套文件不齐全，有的学者又利用非营利组织的相关规定来套用非营利性民办高校，在民办高校举办者中造成了一定影响，甚至造成一些恐慌。他们认为，从非营利组织的概念和内涵来看，非营利办学相当于捐资办学，举办者将放弃学校产权（所有权），最终可能失去对学校的经营权。从表面上看，这些理解似乎有些道理。我国民办高校多是《民办教育促进法》颁布以后创建的，许多举办者都怀有取得"合理回报"的办学动机，即在办好学校的同时能"挣点小钱"。《修正案》颁布后，实行营利性和非营利性民办高校分类管理，非营利性民办高校不再允许取得"合理回报"。政府将加大对非营利性民办高校的政策扶持力度，引导广大举办者选择举办非营利性民办高校。由此，政策与部分举办者的办学初衷有差异，有的举办者忧心忡忡。

实行分类管理以后，捐资举办者到底能否继续经营学校，答案是肯定的。第一，是否主导经营民办高校是由学校章程规定的。就学校章程而言，非营利性民办高校除举办者不可以分配办学结余和举办者必须经董（理）事会等决策机构审议聘用以外，其余实际上并没有什么差别。《送审稿》第十条规定："举办者依法制定学校章程，负责推选民办学校首届理事会、董事会或者其他形式决策机构的组成人员。举办者可以依据法律法规、学校章程规定的程序和要求参加或者委派代表参加理事会、董事会或者其他形式决策机构，并依据学校章程规定的权限行使相应的决策权、管理权。举办者依据前款规定参与学校的办学和管理的，可以按照学校章程的规定获取薪酬。"可见，从法律本身来看，并没有禁止举办者参与办学和管理的相关规定。从境外非营利性私立大学的办学实践来看，不乏捐资举办者参与办学和管理甚至家族延续办学的案例。日本、韩国的私立高校大多由私人举办，并且不得营利，但举办者经营学校的比比皆是。我国台湾地区的私立高校主要由私人或私人企业举办，属于非营利性私立高校，针对学校治理中的家族化行为，政策也作出了一些规范，比如家族成员在董事会中的占比不能超过1/3，只能有一人担任董事长或校长等，但是也没有排斥举办者行使办学权和经营权。笔者曾 7 次赴台湾地区调研 30 余所私立高校，得出的结论是一致的。美国的斯坦福大学在斯坦福去世后，由其夫人掌管继续办学多年。斯坦福去世后，他的财产被冻结。在这种艰难的情况下，斯坦福夫人并没有停办学校，而是竭尽全力维持学校的运转，直到 6 年后财产冻结被彻底解除。在这期间，斯坦福夫人卖掉股票，将 1100 万美元转给大学董事会，使斯坦福大学顺利度过危机。举办者的家族成员继续办学和经营学校，有利于调动他们的积极性，保持办学的稳定投入。而著名的美国达特茅斯案，最后的结局也是"惠洛克去世后，由其儿子约翰·惠洛克接任校长职务"①。

　　这个问题还需说明两点。第一，捐资举办者大多具有教育情怀，产权并不是他们追求的唯一产品。他们对所举办的学校怀有难以割舍的情感，在政府对非营利性民办高校支持政策尚未落实之前，放弃产权是不甘心、不情愿的。随着政府各项政策的出台和落实，这种情感会逐渐平衡并转化为继续办好学校的动力。第二，实行分类管理以后，"无举办者"的民办高校开始出现。捐资办学实际上有两种模式：一种是出资并举办，捐资者参与办学和经营学校；另一种是举办者只出资不举办，委托他人或组织举办。在我国民办高校发展初期，一些民办高校由老教授或国家公务人员发起举办，所有学校资产属于滚动发展的积累资产，举办者实际上没有或少有直接出资。这些学校在登记中经常遇到举办者"缺席"的问题。有鉴于此，《送审稿》第五条规定："国家机构以外的社会组织或者个人可以单独或者联合举办民办学校。联合举办民办学校的，应当签订联合办学协议，明确合作方式、各方权利义务和争议解决方式等。鼓励社会力量依法设立基金会举办非营利性民办学校。以捐资等方式举办，不设举办者的非营利性民办学校，其办学过程中的举办者权责由捐赠人、发起人或者其代理人履行。"这个规定多少可以消除选择举办非营利性民办高校的举办者对继续举办学校、经营学校的顾虑。

---

　　①　徐绪卿：《我国民办高校治理及机制创新研究》，中国社会科学出版社 2017 年版，第150 页。

四　民办高校能否上市

现在上市的民办学校已经很多。一方面，《修正案》允许举办营利性民办高校，意味着只要在法律规定的框架内都是合理、合法的。另一方面，我国民办高校发展政策正在不断完善中，确实存在可以"钻空子"的地方。

2006年，新东方在美国上市，开辟了中国教育产业在美国上市的先河。随后又有多家教育企业在美国上市。《修正案》颁布后，民办学校上市出现了一些新情况。一是上市的内容不限于非学历教育，一些学历教育高校上市。二是上市地点不在美国，而是在我国香港。三是除少数高校外，大多采用VIE（可变利益实体）构架上市方式。VIE架构在国内被称为"协议控制"，是指境外注册的上市实体与境内的业务运营实体相分离，境外的上市实体通过协议方式控制境内的业务实体。这种方式模糊了上市学校的营利和非营利性质。四是密集上市或扎堆上市，由于未来政策具有不确定性，许多民办高校"抓住机会上市"。据统计，2016年以来在我国香港上市或即将上市的民办高校已达十余家，其中也有民办本科高校。

对于民办高校上市，学界也有争议。持支持观点的人认为，民办高校上市可以募集发展资金，有利于改善办学条件和提高办学质量。国外私立高校上市的数量虽然不多，但也有先例可供借鉴。《修正案》既然允许举办营利性民办学校，那么民办高校上市就是合法的。持反对观点的人认为，普通高等教育不能上市，因为上市意味着对高额利润的追求，不利于民办高校质量的提升和长远的发展。目前，民办高校分类管理尚未到位，上市民办高校的性质模糊不清，一方面政府给予学校扶持和补贴，另一方面财政经费会落入个人腰包。此外，采用VIE架构后，从名义上说学校仍可以是非营利性办学，但很显然，上市公司的利润是从学校获取的。因此，上市公司只会增加学校的办学成本，本身对学校无益。

笔者支持民办高校上市。民办高校经费来源单一，依靠学费居多，条件改善缓慢，师资队伍建设滞后。通过上市，学校能够在短期内募集巨额资金，迅速改善办学条件，为提升教育质量创造条件。笔者走访了几所已上市的民办高校，发现他们的办学条件确实得到了较大改善。但是，笔者也有一些担心。一是民办高校上市募集的经费能否保证大多用于办学？从一些研究中也可以看到，除了一些精英团队的酬金大幅提升外，教师薪酬并没有得到实质性的提高。教师是办好高校的关键，只有把更多的资金用于师资队伍建设，才能使上市真正起到推动民办高校发展的作用。二是上市以后民办高校的性质如何确定，到底是营利性还是非营利性？在性质未明确之前，分类选择就显得有些盲目。如果后续政府政策陆续出台，可能会伤及学校的发展愿景和长远目标，甚至违背举办者投身教育的初衷。三是民办高校上市的政策不明晰，一些规范性政策的出台可能会使准备上市的民办高校夭折，给这部分学校的办学带来风险。比如，《送审稿》公布后，其中一些比较敏感的政策问题导致在香港上市的内地民办教育股集体断崖式下跌（见表 1），尽管此后有些反弹，但还是难以恢复到原位，其风险仍未消除。

表 1　　　　　　　　2018 年 8 月 13 日港股内地教育板块全线下跌①

代码	名称	市值/亿港元	跌幅/%
06068	睿见教育	84.17	39.77
01773	天立教育	41.71	37.38
06169	宇华教育	111.01	36.57
02001	新高教集团	67.26	32.47
01317	枫叶教育（新）	134.47	31.08
02779	中国新华教育	44.88	27.15
01569	民生教育	50.22	24.70
00839	中教控股	200.00	20.80
01765	希望教育	120.00	16.67
01598	21 世纪教育	12.24	14.66
01752	澳洲成峰高教	10.87	11.58
01758	博骏教育	18.24	7.69

至于 VIE 架构所涉及的外资控制内资学校问题，我国商务部于 2015 年下发了《外国投资法（草案征求意见稿）》，其中提到 "未来受外国投资者控制的境内企业或视同外国投资者；而外国投资者受中国投资者控制的，其在中国境内的投资则可视作中国投资者的投资"。未来对于民办高校上市的问题，可能会采用这一政策。

_____

① 根据互联网新闻整理。

五　过程性补偿的技术问题是否可行

奖励和补偿是针对《修正案》颁布以前创建的民办高校选择非营利性办学的一种补救措施。根据全国人大常委会的决议，"本决定公布前设立的民办学校，选择登记为非营利性民办学校的，根据依照本决定修改后的学校章程继续办学，终止时，民办学校的财产依照本法规定进行清偿后有剩余的，根据出资者的申请，综合考虑在本决定施行前的出资、取得合理回报的情况以及办学效益等因素，给予出资者相应的补偿或者奖励，其余财产继续用于其他非营利性学校办学。"通过这一措施，举办非营利性民办高校的出资就成为捐资，举办者彻底放弃学校产权。然而，这一条款并没有得到举办者的肯定和支持。一方面，大部分举办者选择非营利性办学后会继续办学，奖励和补偿的兑现恐怕遥遥无期。在目前政府对于非营利性民办高校扶持政策尚不明朗的情况下，部分举办者选择非营利性办学并不是心甘情愿的。另一方面，政策的不稳定性可能会导致补偿的不确定性。《修正案》颁布以前创建的民办高校在实行分类管理以后，由于奖励和补偿延迟执行，这部分非营利性民办高校的产权作为遗漏问题在短期内难以得到妥善解决。在这方面，当前学界开展的研究已提出了许多好的建议。

从法律角度上说，已经明确的条文是不可能修改的。当前各省（区、市）在出台地方政策时都对补偿和奖励的额度有所规定，但在实现路径上仍缺乏灵活性和务实性。对此，广东、浙江等地曾提出过程性补偿的建议。浙江的一些学者提出，将奖励和补偿从技术线路上改为过程性补偿，即在举办者明确选择非营利性办学后，根据举办者意愿，对学校的财产依法进行清算并提出奖励和补偿的额度。在此基础上，在不影响学校经费运作的前提下，对举办者的奖励和补偿分年度或一次性提取，以彻底解决法律公布前创立的非营利性民办高校的产权问题，便于稳定办学，安抚举办者的情绪①。这一建议虽具有合理性，但因与法律规定有出入未被采用。《送审稿》提出了"法人变更"的新概念，其第十一条规定："非营利性民办学校举办者变

---

① 徐绪卿、王一涛：《民办学校产权制度的确立与明晰——对〈民办教育促进法实施条例〉修订的建议》，《教育经济》2018 年第 3 期，第 9—13 页。

更的，应当签订变更协议，并不得从变更中获得收益；现有民办学校的举办者可以根据其依法享有的合法权益与继任举办者协议约定变更收益，但不得以牟利为目的，不得涉及学校的法人财产。"笔者认为，民办学校法人变更意味着原有举办者办学的中断，可以兑现奖励和补偿，但是这个奖励和补偿除了变更双方协议约定以外，还应有数目上的规定，一般来说不超过奖励和补偿的额度。对于这一点，实际操作中还存在多个问题：一是政策虽然明确通过变更法人可以提前获得奖励和补偿，但会增加学校的办学成本和办学的不确定性；二是法人变更是协议双方的行为，政府一般很少参与甚至不参与，对于奖励和补偿的额度就很难界定。总之，选择非营利性办学的民办高校法人财产权问题仍须继续探索。

六　结　语

我国民办教育政策尚未成型，民办高校的发展政策既需要政府的宏观把握，也需要学界的研究。当前学界提出一些具体的处理办法，能使政策制定更加贴近民办高校的发展实际，更能促进政策的实施到位。修订后的《民办教育促进法实施条例》一旦正式颁布，也会有许多细节问题需进一步研究和解决。相信在国家顶层设计框架的指导下，我国民办高校发展的政策环境一定会越来越好。

（2019 年第 1 期）

注：根据本人撰写提供给省政府的咨政报告整理。

民办高等教育政策滞后的策略及其运用[①]

徐绪卿　　周朝成

摘　要：教育政策的滞后有"无意滞后""有意滞后"两种表现形式。无论哪种形式，教育政策的顶层设计都不能缺位或滞后。民办高等教育分类管理政策演变过程带来的一个启示，就是教育政策策略的运用必须坚持顶层设计先行一步，有所为有所不为。必须从基本国情出发，并广泛听取各利益相关者的意见。

关键词：民办高等教育；教育政策；民办高校；分类管理；策略运用

我国民办高等教育作为改革开放以后办学体制改革的产物，是在公办高等教育发展"铁板一块"的大环境中起步的。在发展初期，有关民办教育的政策处于缺位状态，民办高等教育的发展速度和规模取决于国家政策的开放程度，因此，政策的制定和实施一直受到国家教育政策制定者的高度关注。而各级政府发展和管理民办高等教育，也主要是通过制定和实施相关政策来实现的。民办高等教育发展政策不但体现了国家发展民办高等教育的意志和导向，体现了民办高等教育的阶段特征，而且代表了民办高等教育发展的时代走向，是民办高等教育健康快速发展的保障。

在我国现代高等教育发展历程中，私立大学与公立大学同时起步，并且占有较大份额。1912 年 11 月，政府公布《公立私立专门学校规程》，1913 年 1 月又公布《私立大学规程》，表明私立大学的办学体制得到了法律保障，一度发展较快，并且涌现了一批名校。尽管私立大学时有状况发生，甚

---

①　基金项目：本人主持的国家社科基金教育部重点课题"民办院校办学体制与发展政策研究"（编号 AFA150012）阶段成果。

至有违规被取缔的现象，但是总体来说发展稳定，燕京、复旦、南开、厦大等私立大学名扬海内外，为国家经济和社会发展作出了贡献。新中国成立以来，由于政治和经济体制的复杂原因，我国逐渐形成了公办高校独占舞台的高等教育办学模式，政府管理高校的相关政策也主要是面向公办高校。换句话说，民办高校是在国家政策一片空白的环境中起步发展的，政策的制定和实施对民办高校的发展就显得十分重要，甚至决定了民办高校生存的合法性和发展的方向性。2004 年，国家取消了高等教育学历文凭考试制度，使一度繁荣的全国学历文凭教育机构在短时期内大幅关闭。这里暂且不论其中的是非功过，但该事件是政策决定民办高校生存的典型案例。

一　教育政策的滞后性及其表现

政策具有明确的导向性、针对性、超前性和实践性，但在政策制定和执行的过程中，也存在诸多滞后性，特别是在一个新生事物刚起步或整个社会对改革探索氛围较浓的状态下，对发展环境的无序性较为容忍，容易导致政策暂时缺位。滞后作为教育政策的重要策略，一般表现为两种状态。一种是"无意滞后"。这种滞后往往由于教育政策制定部门受某些因素影响，没有将出现的教育问题上升到政策层面及时予以认定，无意以政策干预的方式加以解决，相关政策处于滞后或缺失状态。另一种是"有意滞后"。即在发现教育问题后，政策制定者由于对问题的性质有些分歧，未形成共识，或者在当时状态下还没有有效的解决对策；又或者问题还未完全暴露，尚需观察和思考，他们以旁观者的姿态，关注问题的继续发展，直至问题充分暴露或形成广泛共识后再制定相关政策。有时教育政策虽然已有明确规定，但是受各种因素影响难以实施和强制执行。尽管政策制定部门会关注问题的发展，甚至下发相关风险预警或告知函件，但是，因缺乏足够的政策理由或认识不统一导致政策迟迟难以到位。这种方式虽然可以让问题充分暴露，但可能耗时较长，并会产生一定的后果，甚至会侵害部分群体的利益。教育本身具有较长的周期性及效果的滞后性等特点，这决定了对于教育问题的观察和理解需要实践的检验，因此教育政策的出台滞后于教育问题的出现是一种常态。教育政策制定过程中的"无意滞后""有意滞后"，对解决教育问题会产生一定的影响，有时会在客观上起到放任问题发展或扩大问题影响度的作用，甚至迁就问题的发展而偏离教育政策的方向。当然，如果能以积极的态度和科学的认识来关注、分析教育政策制定的滞后性，准确认识和把握"无意滞后""有意滞后"产生的负面影响，有针对性地提出预防措施，可能有助于解决教育问题，从而提高教育政策的科学性、民主性和实效性。

二　教育政策的滞后策略：从放任营利到允许合理回报

分类管理是指根据民办高校资金来源和举办诉求的不同，分别采用不同政策进行管理。从表面上看，分类就是将民办高校按照办学的诉求分为营利性和非营利性两大类，是管理的一种方法，但实际上，分类管理是民办（私立）高等教育政策的基础，将成为我国民办高等教育政策发展的主要依据，并伴随民办高等教育的发展而备受关注。是否允许营利，是许多国家私立高校发展模式的政策界限。美国等一些国家允许营利性高等教育的发展，自 2000 年以来，营利性高等教育规模不断扩大，成为全球私立高等教育发展的重要趋势之一，以美国凤凰城大学为代表的营利性高校受到全球学者的高度关注。也有一些国家或地区不允许营利性高等教育的存在，日本、韩国和我国台湾地区私立高校在校生占比达 70%—80%，但是，法律规定私立高校不允许营利。

美国学者丹尼尔·列维将各国私立高等教育的发展类型划分为精英型、宗教型和需求吸纳型。根据这个划分，我国民办高等教育属于需求吸纳型。改革开放以后，无论是经济建设和社会发展的需求，还是人民对接受高等教育的需求，都是已有的办学体制所难以满足的。在这种情况下，国家进行办学体制改革，鼓励社会力量举办高等教育。党的十一届三中全会以后，国内一些有识之士开始了举办民办高校的探索。1982 年修订的《宪法》首先发声，提出"国家鼓励集体经济组织、国家企业事业组织和其他社会力量依照法律规定举办各种教育事业"。尽管只有一行法律条文，但在整个社会引起强烈反响，民办高等教育机构开始在各地涌现。

与世界上大多数私立高校兴起的过程无异，营利性行为作为社会力量办学的一种附属品，始终在我国民办高校发展进程中若隐若现。由于当时高等教育资源有限而生源丰裕，只要获准招生就可以集资办学，鼓舞了一批举办者的办学热情。同时吸引了一批具有"营利"诉求的举办者参与其中，营利问题逐渐显现，有的举办者甚至将办学作为挣钱的主要形式，"违法""违规"行为也不时出现，如1984年教育部在报请国务院"颁发《关于社会力量举办高等教育和中等专业学校试行条例》的请示"中提到，"有的流窜办学，一个人办三所'大学'（捞到学费就跑掉）"①；1986年天津市委市政府信访办公室在《群众反映》上刊登"天津外贸学院薛立亚、张惠敏夫妇以办学为名大捞其钱"的材料②。在其他地区，更有杜绝教育营利行为、防止"学店"行为的呼吁。

与国外私立大学不同，我国民办高校由于民间资金集聚率低，办学投入难以到位，主要依赖学费运作，并利用办学结余实现滚动发展。社会将民办高校办学结余与营利行为混为一谈，因此对学校的营利现象多有争议。而界定和规范民办高校营利性办学行为的国家政策，又在很长一段时间内都没有出台。尽管这一做法有利于防止政策制定的盲目性和随机性、保证最终制定的政策的精准性，但放任了营利性行为。随着营利行为的蔓延，其在社会上的影响日趋扩大，有关部门开始关注民办高校的营利问题。1995年施行的《教育法》第二十五条规定："国家鼓励企业事业组织、社会团体、其他社会组织及公民个人依法举办学校及其他教育机构。任何组织和个人不得以营利为目的举办学校及其他教育机构。"1999年施行的《高等教育法》第二十四条明确规定："设立高等学校，应当符合国家高等教育发展规划，符合国家利益和社会公共利益，不得以营利为目的。"随后，各省（区、市）在制定相关文件时也开始强调这一原则，如广东省1995年发布的《私立高等学校管理办法》规定"私立高等学校不得以营利作为办学宗旨"。在此后出台的相关文件中，针对民办高校日益明显的营利倾向，政府相关部门在制定政策时都会强调"民办教育属于公益性事业""不得以营利为目的"③。在国家允许社会力量办学的十多年后，才有了限制营利性办学的相关文件，可见教育政策大大滞后于教育实践。这主要有两方面的原因：一方面，当时民办学校总量较少，整个民办教育事业尚待发展，出现的问题并不突出，尚未引起社会的普遍关注；另一方面，发展民办教育能有效弥补地方教育资源的不足，政府担心纠正问题可能会影响到改革的稳步推进，因此政策执行打了折扣，对营利性办学行为的限制并不严格。当然，对于个别民办学校严重的

①　林小英：《民办高等教育政策变迁中的策略空间》，北京大学出版社2012年版，第50页。

②　林小英：《民办高等教育政策变迁中的策略空间》，北京大学出版社2012年版，第50页。

③　《民办高等教育研究资料汇编》，浙江树人大学民办高等教育研究院，2016年，第59页。

"违法""违规"行为，教育部门也会出手干预，以免损害整个教育事业的发展，保证其稳定、有序发展。鉴于改革开放的形势和整个社会"摸着石头过河"的实际，政府对发生在个别民办高校的营利问题的处理相对柔和，主要是警示，由此，民办高校的营利行为实际上禁而不止、有增无减。

随着民办高校的发展壮大，其营利性办学行为不断凸显，引起社会各界的高度关注。在国家相关政策制定中，是否允许营利性办学成为一个重要的议题，也成为 2001 年制定《民办教育促进法》的讨论焦点。通过四次审议和讨论，各界认识逐步统一，2002 年颁布的《民办教育促进法》既遵循"教育不得以营利为目的"的法律原则，又顾及办学实践中普遍存在的营利诉求，规定"民办教育事业属于公益性事业，是社会主义教育事业的组成部分"。由于《教育法》等上位法中已经明确教育"不得以营利为目的"，《民办教育促进法》不能明确允许民办高校的营利行为，但考虑到举办者的普遍利益诉求，给出了"民办学校在扣除办学成本、预留发展基金以及按照国家有关规定提取其他的必需的费用后，出资人可以从办学结余中取得合理回报。取得合理回报的具体办法由国务院规定"的相关条文。从研究角度来看，尽管当时的法律排除了营利性民办学校的存在，但是政策滞后所导致的政策转向的趋势已十分明显。虽然有关部门负责人在释法讲话中多次强调"取得合理回报"属于"奖励"性质，但是在举办者看来，这实际上是给民办高校的营利行为"松了绑"，给予营利性办学更多的运行空间。

三　教育政策的主动转向：允许设立营利性民办学校

受各种因素影响，《民办教育促进法》中"合理回报"的相关政策条文始终没有面世，使法律上允许的"合理回报"无法落实，政策再次出现滞后。举办者的营利行为只能以"无法可依""不准自准"的形态蔓延。政策滞后带来了管理中的被动，开始产生一系列复杂问题。法律禁止民办高校的营利性行为，而现实中营利性行为又禁而不止、日益扩大，这种状况引发国家有关部门的关注和研究，如何变滞后为前瞻、变被动为主动，成为政策制定者需要考虑的核心问题。

2010 年，国务院印发的《国家中长期教育改革和发展规划纲要（2010—2020 年）》提出要"健全公共财政对民办教育的扶持政策。县级以上人民政府可以根据本行政区域的具体情况设立专项资金，用于资助民办学校"。鉴于许多部门明确政府导向、规范公共财政流向和使用的要求，同时避免政府对于民办学校的优惠措施流于学校之外，纲要提出要"开展对营利性和非营利性民办学校分类管理试点"。这一政策的意义在于，政策转向逐步确立，国家层面营利性民办学校的存在即将成为现实。过去，对民办高校的财政补助迟迟无法到位，社会希望政府对民办高校的投入更加透明、有效，加上一些举办者不愿担当"不明不白、合理不合法"的回报风险，导致社会对投入举办民办高校的疑虑和担心，制约了民办高等教育的稳定健康发展。可以说，社会各界对营利性和非营利性民办高校分类管理呼声的日益强烈，倒逼教育政策加速转向。2015 年，根据教育部的提议，第十二届全国人大常委会第十八次会议通过了对《教育法》等相关法律的修改，将"不得以营利为目的"等表述从相关法律中删除，从上位法层面为营利性民办学校的存在和实施分类管理清除了法律障碍。2016 年 4 月，中央全面深化改革领导小组第二十三次会议审议通过《民办学校分类登记实施细则》《营利性民办学校监督管理实施细则》。11 月，全国人大常委会通过《民办教育促进法》的修改，明确"民办学校的举办者可以自主选择设立非营利性或者营利性民办学校。但是，不得设立实施义务教育的营利性民办学校"。12 月，围绕《民办教育促进法》新法的实施，有关部门密集下发了一系列文件：中共中央办公厅印发《关于加强民办学校党的建设工作的意见（试行）》，对民办学校党的建设作出新的部署；国务院印发《关于鼓励社会力量兴办教育　促进民办教育健康发展的若干意见》，对贯彻落实新法作出全面部署；教育部等五部委联合下发《关于印发〈民办学校分类登记实施细则〉的通知》；教育部、人社部和工商总局联合印发《营利性民办学校监督管理实施细则》。这些法规及相关政策，连同新修订的《民办教育促进法》，一起构成了分类管理后我国民办高等教育发展政策重构的基本依据，成为保障和规范民办高等教育发展的主要制度体系。至此，教育"不得以营利为目的"的传统观念和国家制度被突破，营利性民办学校正式获得法律地位，民办教育开启了分类管理的新时代。

四　对教育政策制定与实施的思考

当前，民办高校分类管理政策正在推进中，对这项政策的利弊得失进行评估为时尚早，但是，从民办高校分类管理政策滞后的实践中可以得出一些重要启示：一方面，教育政策滞后具有一定的必然性，一定程度的滞后有利于防止政策制定的盲目性和随机性，保证最终制定的政策符合发展实际；另一方面，教育政策如果太过滞后，错过出手的最佳时机，也会影响发展大局。民办教育新法新政在执行和实施过程中，要从之前教育政策滞后的实践中吸取教训，克服政策"过度滞后"可能带来的弊端。

（一）教育政策必须从基本国情出发

教育政策体现国家的教育意志和理念，是国家教育发展的重要导向标和规制工具，因此，教育政策的制定和实施必须从基本国情出发。实际上，关于民办高校分类管理的讨论，一个很重要的缘起就是所谓的美国经验，即美国的私立高校分为营利性私立高校和非营利性私立高校。但是，美国是先拥有了发达的非营利性私立高等教育体系，然后才在20世纪末兴起营利性私立高等教育。美国的经验可以借鉴，但不可以照搬照抄。改革开放初期，我国既没有能捐赠兴办民办高校的富翁，也没有宗教办学的社会环境，因此大多数民办高校从一开始就采用"以学养学"的滚动发展模式，办学结余是学校发展的主要经费来源。部分举办者希望通过办学来培养人才、发展规模、改善办学条件，也希望从办学中满足个人和家庭的基本物质需求，这是可以理解的。可见，获得经济回报的动机是民办高等教育的基本特征之一，嵌入我国改革开放以后的经济和社会背景中。脱离我国的历史和国情，就无法认清民办高等教育发展的基本脉络，也无法制定有效的发展政策。从最早的政策建议到最终的贯彻落实，我国民办教育分类管理政策的制定历经20多年，这个过程可被视为"有意滞后"，以避免政策实施对稳定发展带来的冲击。但若不尽快解决这一社会高度关注的问题，势必会制约民办教育的发展。

（二）教育政策必须坚持顶层设计先行

鼓励社会力量举办高等教育、积极发展民办高校，首先需要国家制度的支持，从顶层设计上引领民办高校的办学方向。在政策滞后的策略中，顶层设计不能缺位、不能滞后。加强顶层设计，也是世界私立高等教育发展的重要经验。世界私立高等教育的发展模式和制度体系尽管受各种因素的影响，但其中的政府政策起到了重要作用，如以英国为代表的欧洲大学完全自治制度和大学拨款制度，印度的公办高校独立学院制度，日本、韩国和我国台湾地区采用的私立高校财团法人举办制度，美国私立高校从哈佛大学的双轨制发展到稳定采用耶鲁大学单轨制的董事会制度等。一些国家或地区举办营利性私立高校的制度也不是一开始就有的，而是在实践中探索、建立和健全起来的。相对而言，我国民办高校办学体制先天不足、制度供应缺乏，失去了发展的大好机遇。对此，陈平原（2015）曾在《中国或已错过发展民办大学最佳时机》[①]一文中给出了非常中肯的结论和呼吁。顶层设计体现着国家的教育意志和教育价值，引导着民办高校的发展方向，必须尽早明确。对于一些重要的问题，应该从国家教育意志上去考量，而不是搞拉锯式的讨论。

（三）教育政策必须条文清晰、所指明确

由于条文不够清晰、所指不甚明确，民办教育政策在实施过程中屡屡受阻，如"不以营利为目的""合理回报"以及当下正在实施的"营利性与非营利性"的概念表述模糊，执行较为混乱；又如教育部《关于鼓励和引导民间资金进入教育领域　促进民办教育健康发展的实施意见》规定"规范民办学校董事会（理事会）成员构成，限定学校举办者代表的比例，校长及学校关键管理岗位实行亲属回避制度"，条文比较笼统，在实际中并没有得到有效实施；再如民办高校监事会的机构建设，也没有严格执行。因此，教育政策必须条文清晰，不能含糊其词。此外，教育政策要与其他政策配套，否则会成为一纸空文。民办教育政策的执行涉及编制、财政、税务、土地及物价等多个部门，与这些部门相比，教育部门往往处于弱势地位。当民办教育政策与其他部门政策不一致时，这些部门往往会用自己的部门文件来否定民办教育政策。比如，"合理回报"是法律允许的，但是与财政、税务等部门的相关政策不一致，导致相关规定成为一纸空文。

（四）教育政策必须广泛听取各利益相关者的意见

很多人认为，教育是公共产品，所以制定教育政策的目的是维护公共利益。现代教育政治学和教育社会学理论倾向于将教育政策的制定过程看作为与教育政策有关联的利益相关者的利益博弈过程。在政策制定过程中，必须提供一个畅通的利益表达平台或渠道，允许利益相关者充分表达和维护自己

---

① 陈平原：《中国或已错过发展民办大学最佳时机》，《文汇报》2015-10-30（6）。

的利益。政策的最终形成和执行，往往取决于利益相关者之间的相互妥协。借用帕累托最优理论，当不以损害一些利益相关者的利益为代价来增进另外一些利益相关者的利益时，就达到了政策最优状态。如果以所谓的公共利益为借口，以损害某些群体的利益为代价来维护其他群体，那么最终通过的政策往往无法有效实施。民办高等教育政策的制定涉及众多利益相关者，其中学生、教师和举办者是核心利益相关者。曾经发生的因民办高校资金链断裂、无法按时发放工资导致的教师罢课事件，应引起教育行政部门的高度重视。当然，也要保护举办者的利益。在很长一段时间内，社会各界对教育营利现象持批判态度，目前的政策对举办者权益的保护力度也不足，导致社会对民办高校的投入持续减少，直接影响民办高校的办学质量。因此，在实施《民办教育促进法》新法、制定营利性与非营利性民办高校发展和管理政策的过程中，既要充分保护师生的利益，也要积极维护举办者的合法权益，使政策的落实具备最大的社会基础。

（2020 年第 1 期）

制度变迁与民办教育的风险治理研究①

徐绪卿　周朝成

摘　要： 制度风险最直观的解释就是指由于制度缺失、制度缺陷和制度变迁而引发的风险。改革开放以来，我国民办高校发展一直处于制度变迁进程中，制度建设为民办高校的健康稳定发展提供了引导和保障，但是制度的频繁变迁也给民办高校的发展带来许多不确定性，导致办学风险时常发生。在民办高校制度建设过程中，必须高度重视办学风险的危害性，加强制度设计，及时回应关切，强化研判预警，优化制度环境，避免制度变迁风险对民办高校发展造成的影响和损害。

关键词： 民办高等教育；制度变迁；民办高校；风险治理

制度的英文为"institutions"，包含有组织、机构、体制等含义，一般是指组织内部要求成员共同遵守的办事规程或行动准则。《牛津英语大词典》中，制度被定义为"由规则调节建立起来的秩序"。国家制度是国家在管辖范围内要求全组织和成员共同遵守的行为规范，一些行业制度更是直接规定了组织和机构中个人行动与团体互动的约束。在旧制度经济学中，制度是作为既定不变的静态环境而存在的，实质上暗含着"所有的现存制度都是合理的、固定不变"的假设，任何制度下运作的事物都不可能涉及制度风险。然而，新制度主义学派在对"制度"的研究分析中突破常规，将其看成是会发生变化、变迁进而影响社会经济发展的内生变量，从而赋予"制度"一种新的生命力。他们认为，制度是动态的、会变迁的。制度之所以发生变迁，要么是现有制度本身有缺陷，要么是制度本身的过渡性质尚待完善或有

① 基金项目：国家社科基金教育学重点课题"新时代民办教育发展战略和治理创新研究"（编号 AKA200017）阶段成果。

更好的新的制度来替代。

制度变迁是指主体为实现预设目标而进行的制度重新安排或制度结构的重新调整。林毅夫（1991）将制度变迁分为诱致性制度变迁和强制性制度变迁两种类型①。诱致性制度变迁是指现行制度安排的变更或替代，又或是新制度安排的创新，是由个人或群体在响应获利机会时自发倡导、组织和实行的，其模式是自下而上的。一种制度实施以后，由于在实施过程中缺乏整体性的认知，制度失去存在的价值，从而引发制度变迁。当已有制度无法适应制度需求时，制度非均衡就会出现，制度变迁就会发生。强制性制度变迁是指通过行政权力和立法手段等外在强制力推行制度、变革制度的一种制度变迁方式。强制性制度变迁的模式是自上而下的，其主体是国家和政府，政府从国家导向出发，根据工作发展的需要，凭借资源优势强制推行相关制度，从而使这种制度变迁推进的力度较强、速度较快。强制性制度变迁的原因是政府认为其自身的利益就等价于社会利益，原有制度损害社会利益，或者损害社会大多数人的利益，又或者不利于政府的统筹管理，而新的制度实施后有利于整体发展，也有利于社会和谐。开展制度变迁中民办高校风险治理的研究，目的在于厘清民办高校制度变迁中的风险发生机理，进而针对民办高校发展实际，提出制度变迁中民办高校风险治理的应对措施，促进制度变迁的顺畅推进，促使民办高校稳定、健康和可持续发展。

一　民办高校的办学风险与风险假设

风险是指某种特定的危险事件（事故或意外事件）发生的可能性与其产生的后果的组合。田德录认为，风险是指在特定时期内，人们对对象系统未来行为的决策及客观条件的不确定性而引起的可能后果与预期目标发生多种负偏离的综合②。可见，风险是由两个因素共同作用组合而成的：一是决策、行动或行为导致危险发生的可能性；二是决策、行动或行为导致危险发生后所产生的后果。研究和控制风险的目标是阻止风险的可能性转化为现实

---

① 林毅夫：《关于制度变迁的经济学理论：诱致性变迁与强制性变迁》，R. H. 科斯、阿尔钦、诺斯：《财产权利和制度变迁（中译本）》，上海三联书店1991年版，第1页。

② 卢彩晨：《危机与转机：从民办高校倒闭看民办高等教育发展》，广东高等教育出版社2009年版，第138页。

性，即阻止可能的风险转化为现实的损失。

制度风险是指制度缺失、制度缺陷和制度变迁而造成的风险，即制度缺失、制度缺陷和制度变迁造成危害的可能性。对不同主体而言，从作用和效果分析，制度可能是正向的，也可能是负面的，并可能触发风险。制度风险可以分为两种类型：一种是因现存制度缺陷而导致的风险，叫制度内在风险；另一种是因制度变迁导致的风险，叫制度变迁风险①。进一步分析可以发现，制度内在风险是制度与生俱来的，例如，实施财政宽松制度可能带来通货膨胀，这种风险具有一定逻辑性，因而容易预判和评估。而制度变迁风险是一种动态风险，是在旧制度即将废除、新制度即将实施的区间发生的，由于对新制度的收益预期还不确定，相关主体可能采取一些有利于自身的行动，从而带来一系列的风险。在这里，风险与制度之间的关系并不应然。例如，实施分类管理政策，由于制度预期的不确定性，民办高校发生兼并、抛售和过户等现象，并引发部分学校的办学风险。值得强调的是，无论是制度内在风险还是制度变迁风险，其引发风险的因素都是客观存在的。

沿用制度变迁的分类，也可将制度变迁风险分为诱致性制度变迁风险和强制性制度变迁风险。诱致性制度变迁风险是诱致性制度变迁导致的风险。诱致性制度变迁的原因在于原有制度缺失或者具有缺陷，不能适应事物的发展，政府顺应部分主体的呼声和要求进行制度变迁。这种制度变迁是在大多数主体可能获利的预期下自下而上开展的，但是新制度的出台和制度变迁开始后，对整体长远发展而言可能未必是最优的结果，长期实施甚至可能违背制度设定的发展方向，或者可能与其他法律和利益相冲突，又或者可能引发其他社会问题。相关主体对制度变迁的预期很不确定，甚至担心制度实施后对自身不利，在制度变迁中采取"钻空子"或违背制度变迁规则行动获利，从而导致风险的发生。强制性制度变迁风险是指政府实施强制性制度变迁引发的风险。由于情况掌握程度和认知的局限，或者对新制度实施的结果预判偏离，政府的选择也有可能出现不符合实际的情况，导致相关主体对新制度的预期很不确定，担心利益受损而采取行动，导致风险的发生。实践中，诱致性制度变迁和强制性制度变迁往往交互出现或先后发生，与此相应，诱致性制度和强制性制度的变迁风险也是相互作用、交叉重叠的。

---

① 王维安、周向军：《制度、制度变迁与金融风险》，《财贸经济》2000 年第 5 期，第 23—27 页。

　　民办高等教育兼具教育属性和经济属性，因此经济学、管理学等学科理论对民办高等教育发展的实践探索和理论研究有着深刻的借鉴意义。发展民办高等教育是我国教育体制改革的大胆创新和重要成果，也是社会主义制度下举办私立大学的重大突破。与欧美国家先有私立大学后有公立（国立）大学的发展道路不同，我国民办高校办学是在公办高校一枝独秀、相关制度一片空白的环境下起步的，其制度供给一直滞后于实践发展。相关制度的建设一方面为民办高校的合法发展、健康发展和稳定发展提供了依据与保障；另一方面，受发展阶段、发展过程的制约，加上发展经验需要探索和积累，制度缺失的风险、制度缺陷的风险和制度变迁的风险也一直伴随着民办高校的发展过程，制约其发展甚至影响到局部地区的社会稳定，使政府、社会和举办者深受困扰。

　　从主体因素分析，民办高校办学风险是利益相关者博弈的综合反映，本质上是各利益相关者为实现自身目标而采取行动的综合结果。从政府角度来说，在社会主义制度下举办民办高校，本身就是教育制度改革的一大创新。长期以来，世界上社会主义国家均无私立大学发展空间，国（公）立大学独占高等教育舞台。改革开放后，我国政府根据国家发展需要，破除"姓社姓资"难题，积极探索在社会主义制度下社会力量举办高等教育的发展路子。当然，用公办高校的办学理念和制度去发展民办高校是不适宜的，需要逐步建立一整套新的制度。在制度探索、建立和变迁的过程中，出现一些办学风险的可能性是客观存在的，政府管理也需要改革和创新。从举办者（组织和个人）角度来说，也有风险存在的根源。对于这一点，学者们有一个共识，即我国民办高校的基本特征是办学动机的投资性。鉴于民办高校独特的发展条件和环境，举办者大都存在投资营利的办学动机。潘懋元等（2012）认为，无论是以较少资金投入还是一次性资金投入举办的民办高校，都属于投资办学。投资办学是改革开放之后我国民办教育的基本特征①。吴华（2017）甚至断言："现有民办学校中90%以上都存在投资动机。"② 邬大光（2007）也认为："投资办学所产生的效应是双重的，它是一把'双刃剑'。当办学成为一种投资行为之后，对民办教育的最大影响就是

---

　　① 潘懋元、邬大光、别敦荣：《我国民办高等教育发展的第三条道路》，《高等教育研究》2012年第4期，第1—8页。

　　② 盛梦露. 新民促法明天实施：对民办教育释放了哪些信号？[EB/OL]. 2017-08-31. http://mt.sohu.com/learning/d20170831/168599053_473325.shtml.

发展的不稳定性，民办学校既可能在短期内得到快速发展，也可能在短期内出现危机。既然是投资办学，就可能有营利行为，有非理性投资，也可能出现'投机办学'，因此也就蕴含了投资风险。"①"投资""营利"的办学动机成为举办者行为引发制度变迁风险的重要根源，这一假设为本文分析民办高校的办学风险提供了依据。

我国民办高等教育的制度建设过程类似"摸着石头过河"，其中很多制度一开始是一些层次不高的文件，甚至是约定俗成的"非正式制度"，这为社会力量举办民办高校提供了良好的机遇和宽松的条件，也为民办高校的健康发展提供了一定的规范。之后，政府加快制度建设，力图为民办高校的发展提供更加优化的政策环境，这使得制度总是处于探索和多变状态，诱致性制度变迁和强制性制度变迁频发，民办高校发展处于一种制度变迁过程中，办学预期处于一种不稳定、不确定的状态中，成为引发民办高校办学风险的重要根源。从制度变迁中寻找"漏洞""空子"的动机和行为，是许多民办高校抓住"发展机遇"的重要手段，也往往因为这些制度的界限不清、政策不定而成为民办高校办学风险发生的重要诱因和爆点。对于一些突变型、跳跃型的制度变迁，考虑到社会需要一个熟悉、接受和适应的过程，政策设定了较长的过渡期。在过渡期内，更可能存在某种谋取利益的时间和空间，从而使一些民办高校举办者铤而走险，给学校的可持续发展带来挑战。事实证明，制度变迁过程也是民办高校风险多发的阶段，值得引起重视和关注。

二 民办高校办学风险的形成机理

在民办高校发展进程中，制度建设始终相伴相随，制度在平衡民办高校办学的社会效益和经济效益中担负重要的责任。鉴于民办高校发展所处经济环境和制度环境的特殊性，制度变迁在平衡这种状态中担当重要职责。而民办高校举办者群体客观存有一种从制度缺失、制度缺陷和制度变迁中逐"利"的动机，这种"利"包括经济的利益，也包括其他有利于自身的各种利益。一旦制度变迁中有营利空间和机会，就可能有人（机构）实施办学逐利行为，想方设法谋利。从实践分析，政策制定者和研究者的一个基本思

---

① 邬大光：《我国民办教育的特殊性与基本特征》，《教育研究》2007 年第 1 期，第 3—8 页。

路是，从博弈论出发，从制度设计的角度提出各种应对措施，以预防各种可能出现的问题。由于民办学校举办者更了解情况、掌握更多信息，他们有更多的手段逃避政策的限制，保证自身的利益。逐利与"不得营利"的矛盾推动着民办高校办学制度的变迁，但由于制度变迁的预期不确定和不稳定，过分逐利超越制度界限或者在制度模糊地带逐利的行为都可能引发办学风险。

尽管道理如此简单，但是在制度更迭和变迁的过程中，由于新旧制度之间存在差异性，每个主体都期望在制度变迁中能保护自身的既得利益，同时在新制度下能占据有利地位，发展和扩大自身的利益。任何一项新制度的出台都可能拨动举办者的神经，他们担心旧制度带来的既得利益不保，还担心在新制度下丧失已有的制度利益，因此会抓住制度变迁的机会和空间获取利益。在新制度建立和实施以后，受营利驱动，一些主体又开始寻找新制度下的逐利机会，在组织大学运行过程中继续实施营利活动，从而可能产生新制度的内在风险，如此无止境地循环反复。

在我国民办高校发展进程中，政府一直以一个社会利益代表和教育事业主要管理者的身份直接参与整个过程的调节及管理。在现有的教育体制之下，政府的作用并没有削弱，反而随着社会的发展时有增强。政府行为的目标是多重的，具体到教育领域，政府既要保证国家教育主权、政治方向，也要尽可能提供数量和品种更丰富的资源，确保资源供给，还要协调各方关系、监控办学行为、保证目标实现。在对民办教育的监控和管理上，政府除了对正常的教学业务实施领导和监管外，还希望民办高校承担一些超出其属性和业务的社会职责。从制度目标分析，一方面，政府鼓励并期待市场力量和资源参与举办高等教育，弥补教育资源的不足，协同服务教育事业发展，满足人民群众接受高等教育的需求；另一方面，政府希望对民办高校的监管自始至终掌握在可控范围内，缩小民办高校的逐利空间，尽量克服市场带来的逐利影响，保障民办高校的办学方向和办学质量。但是，这种以公益性为主导的制度变迁思路与许多民办高校的办学诉求从根本利益上来说存在冲突。有的地方政府及下属机构甚至直接举办"公参民"的民办学校，存在制度变迁利益关联的现象，从而制约制度变迁的内容、路径、进程和成效。中央政府的政策与地方实际和政府行为目标存有差异、地方政府对民办高校办学的目的与中央政府不尽相同，导致制度变迁过程延长，制度的执行力削弱，制度的不稳定性、不确定性更加凸显。政府对制度变迁的信心动摇，影响到民办高校的正常运行，导致办学风险的发生。

举办者多数时候是民办高校的代表，根据"现有民办学校中90%以上都存在投资动机"① 的假设，与政府的多重行为目标相比，民办高校行为目的相对单纯一些，无非是通过办学行为实现追求经济利益的目的，这表现在追求办学成本的最低化和实现经济效益的最大化。在制度变迁过程中，旧制度即将退出，新制度正在建立，新旧制度交替的空隙往往成为利益主体争夺最激烈也最容易冒险而为的重要时刻。根据前述假设，民办高校举办者往往从制度变迁中投机钻营、获取利益。只要民办高校举办者预期的相关行为收益大于为获取这种收益而支付的成本，就会有一部分人钻制度的"空子"，采取逐利行为获得相关利益。从经济学角度来看，利益与风险总是伴生的，有人获利可能就有人损失。同一个制度变迁，对于有的民办高校是利好，对于有的民办高校可能就是风险了。如果民办高校的办学行为超出制度界限或不符合制度变迁的方向和目标，政府就可能果断出手干预，从而给民办高校的发展带来办学风险。

在我国，学生一直是民办高等教育资源的享受者，民办高校给学生提供了接受高等教育的机会。目前，全国民办普通、职业本专科在校生达845.74万人，占全国普通、职业本专科在校生的24.19%②，民办高等教育已成为国家高等教育系统的重要组成部分。同时，学生也是民办高校的主要投资者。我国民间资金集聚度不足，社会力量投资民办高校实力较弱，绝大多数民办高校存在经费投入不足的情况。从文化角度分析，长期以来我国社会缺乏捐资办学的传统文化，社会对民办高校的捐赠非常稀缺。民办高校资金来源单一，学费占民办高校办学经费的90%以上③。依靠收费来归还贷款、支撑基建和维持运行，是大多数民办高校的办学常态。从市场供求角度分析，民办高校举办者是资源掌控方，学生是资源消费方，政府是行业监管方。在这个"铁三角"的关系中，政府有权发布政策决定民办高校的重大发展方向，有权干预民办高校的办学；举办者是具体执行方，决定着民办高

---

① 盛梦露. 新民促法明天实施：对民办教育释放了哪些信号？[EB/OL]. 2017-08-31. http://mt.sohu.com/learning/d20170831/168599053_473325.shtml.

② 教育部. 2021年全国教育事业发展统计公报 [EB/OL]. 2022-09-14. http://www.moe.gov.cn/jyb_sjzl/sjzl_fztjgb/202209/t20220914_660850.html.

③ 徐绪卿：《民办高校办学体制与发展政策研究》，中国社会科学出版社2018年版，第248页。

校内部资源的配置；学生虽然缴纳了学杂费，承担出资者的角色，但是在资源的分配方面鲜有发言权，属于制度中的弱势群体。学生到民办高校的目的是学习知识，成为一个对社会有用的人。在制度变迁过程中，面对民办高校举办者的逐利行为，学生的权益得不到保护，知情权或丧失或非常有限。学生往往是直接的受害者和风险的直接引爆者，很多风险都是从民办高校学生的群体性事件或舆情开始的，学生最关心的是自身的权益能否得到有力的保障。另外，民办高校教职工的作用也不容小觑，制度变迁涉及他们的相关利益，但是受职业本能和就业等相关因素的影响，一般来说这一群体引发风险的可能性较小。

最后讨论分析的是制度变迁中民办高校自身行为的变化。民办高校的发展需要遵循教育规律，尊重大学的基本办学规范。然而，逐利是民办高校办学的本质特征，教育规律与市场规律之间固有的矛盾始终存在，往往顾此失彼，平衡不好便可能发生风险。民办高校只能在两者间努力寻找平衡点，以克服过度逐利导致的办学风险。因此，民办高校制度建设和制度变迁始终围绕学校稳定办学的主线前行。在整个过程中，政府、举办者和学生等相关利益者都在博弈，以获取自身更大的利益。民办高校办学风险的各种要素实质上是在一定宏观背景下各利益相关者行为对民办高校活动影响的表现形式，即办学风险本质上不过是各利益相关者包括高校本身活动作用的综合产物。

三　民办高校办学风险的案例分析

民办高校发展初期，由于制度缺失，借鉴国外私立大学的经验甚至沿用国内历史上私立大学的办学模式探索前行，边发展、边立制、边规范的痕迹明显。制度供给不足、制度变迁频繁给举办者留下了逐利空间，也存在许多办学制度变迁的风险，其中诱致性制度变迁风险和强制性制度变迁风险均有发生。这里举例分析如下。

案例一："合理回报"产生的诱致性制度变迁风险。我国民办高校举办之初，国家还处于一个经济比较落后的状态，社会资金集聚度较低，导致民办高校投入不足。为了符合国家要求，具备办学条件，保证办学质量，举办者倾尽全力采用多种方法投入，在投入办学的同时也希望获得相应的经济回报。如前所述，我国民办高校办学的重要特征就是投资性，当投资办学成为民办高校发展的一个"既定"事实时，它就成为制度设计者应思考的重要依据。1999 年全国人大常委会开始审议《民办教育促进法》，历经 4 次会议审议，2002 年才获得通过，其中争论和分歧最大的莫过于民办学校的营利问题。坚持不以营利为目的，是我国教育事业发展的历史传统，但是鉴于民办学校举办实践中存在普遍的投资性以及众多举办者的强烈要求、众多学者的大声疾呼，现实中许多民办学校举办者在"不得以营利为目的"的政策下，私下获取大量的经济回报而逃避政府监管。作为解决这一问题的集中体现，《民办教育促进法》设置了"合理回报"的法律条款，其中第五十一条明确规定："民办学校在扣除办学成本、预留发展基金以及按照国家有关规定提取其他的必需的费用后，出资人可以从办学结余中取得合理回报。"

诱致性制度变迁是个人和群体为追求自身利益而自发倡导组织的制度变迁，并且大多是由某种在原有制度安排下无法得到的获利机会所引起的。原有"教育不得营利"的制度原则根深蒂固，无法满足民办学校举办者的需求，为激励社会"投资办学"的热情，兼顾"不得营利"的教育原则，民办学校的利益主体自发倡导组织"合理回报"的制度变迁。这一制度变迁带有明显的"诱致性"特征。当然，制度总是由政府制定发布的。但是，这一制度变迁本身存在一定的风险因素。从举办者角度来看，首先，"合理回报"与"不得营利"存在矛盾，只要《教育法》中"不得营利"这一原则不取消，"合理回报"就存在一定程度的不合理性；其次，法律规定的"取得合理回报的具体办法由国务院规定"后续条款迟迟没有出台，增加了这一制度变迁的不确定性；最后，"合理回报"这一法律条款的出台引发社会激烈争论，分歧未得到解决。从政府角度来看，虽然立法表明了允许"合理回报"的态度，但是由于缺乏操作性的"实施细则"，如何管理无据可依，"合理回报"举步维艰。从学生层面来说，"合理回报"意味着办学资源被挤压，办学质量会下降，利益可能会受到损害。因此，"合理回报"这一制度变迁存在诸多的不确定、不稳定因素。诸多原因使得许多举办者对这一条款能否长期实施产生怀疑，办学预期无法确定，一些举办者开始大量获取"回报"，甚至获取暴利，不断积累办学风险。以江西省为例，仅 2006 年 10 月至 2007 年 6 月期间就发生 60 起高校学生群体性事件，其中相当一部分发生在民办高校①。尤其是 2006 年上半年，个别民办高校相继发生因学籍、学历、收费等问题而导致的学生群体性事件，并逐渐蔓延至全国多个省份。制度变迁风险的爆发影响了局部地区的社会稳定，引起了党中央、国务院的高度重视以及社会各界的广泛关注，各界开始对"合理回报"立法产生疑虑，开始思考"合理回报"的替代制度，最终促成"分类管理"政策的试点和推行。

案例二：独立学院转设的强制性制度变迁风险。独立学院是我国民办高等教育发展到一定阶段的产物。为全面实施科教兴国战略，国家推进高等教育大众化和积极发展高等教育的相关政策，1999 年，浙江等一些高等教育资源本身就比较紧缺的省份开始了独立学院办学的尝试。由于借助母体公办高校的资源和声誉优势，独立学院受到了社会的广泛欢迎，在短时期内快速发展起来，在高等教育尤其是本科教育中的占比快速提高。

独立学院一开始并没有制度规制，处于"野蛮生长"的状态。由于无章可循，独立学院规模迅速扩大，发展速度极快，短短几年就成为高等教育大众化中本科教育的生力军。据统计，独立学院从 1999 年的 46 所快速增加到 2003 年的 366 所，直到 2008 年《独立学院设置与管理办法》颁布要求独立学院转设，当年仍有 318 所②。与此同时，独立学院缺乏国家相关制度的支撑和规制，其规模的快速增长引发了管理层的关注和担忧。2003 年，教育部印发了《关于规范并加强普通高校以新的机制和模式试办独立学院管理的若干意见》。如果说该文件只是独立学院的临时制度，那么《独立学院设置与管理办法》则是发展制度的完善。办法强调了独立学院的性质，在提出"独立学院是民办高等教育的重要组成部分"的同时，明确自文件施行之日起 5 年内，基本符合办法要求的，由独立学院提出考察验收申请，经省级教育行政部门审核后报国务院教育行政部门组织考察验收，考察验收合格的，核发办学许可证。这一规定后来演变成独立学院脱离母体高校转设为具有独立办学资格的民办高校，简称"转设"。紧接着，教育部还专门下文要求各省编报省级《独立学院五年过渡期工作方案》，实际上隐含了独立学院办学的过渡性质。

---

① 陈美红：《新时期民办高校学生群体性事件防范问题研究》，江西财经大学，硕士学位论文，2009 年，第 1 页。

② 金秋平、徐绪卿等：《中国民办高等教育发展研究报告》，中国社会科学出版社 2019 年版，第 163 页。

2009—2019 年，教育部一直在引导和推动独立学院的转设，但是收效并不明显，只转设了 70 余所，占 20% 左右。独立学院转设进展缓慢的原因有二。一方面，独立学院承担了高等教育大众化中本科教育新的增长点，自筹资金增加高等教育资源的努力得到地方政府的支持，母体高校的声誉得到学生的认可和支持。另一方面，独立学院多年来形成的复杂的产权结构和利益关系很难厘清。但是作为过渡性质的独立学院，"立"而不"独"，越来越体现出"寻租""冒牌"和不公的问题，社会资金进入不多，主要靠学费运行；学校条件改善不快，影响办学质量，引发社会舆论高度关注。2020年，教育部下发《关于加快推进独立学院转设工作的实施方案》，指出"独立学院在发展过程中存在的法人地位未落实、产权归属不清晰、办学条件不达标、师资结构不合理、内部治理不健全等问题，在一定程度上影响了教育公平和高等教育健康发展"，并提出"能转尽转、能转快转，统筹兼顾、协调推进，分类指导、因校施策"的工作思路和要求，转设路径也从单一的转为民办，改为转为民办、转为公办（含鼓励与公办高职学院联合举办职业大学）和停止办学，并明确"到 2020 年末，各独立学院全部制定转设工作方案，同时推动一批独立学院实现转设"。至此，独立学院转设的制度实行强制性变迁，各地根据文件精神加快规划安排，转设工作也有较快的推进。仅在 2020 年，就有 68 所独立学院完成转设，2021 年上半年又有 38 所独立学院获得转设批复和公示。但是，由于制度变迁刚性、转设信息不透明，相关群体不了解、不理解、不认可：教师顾虑职业不保，学生担心影响就业和考研，举办者忧心投入打水漂。在多方的共同作用下，抵制独立学院转设的舆情暴涨，网络上集中出现大量独立学院转设的不实信息，事件蔓延10 多个省份，部分地区出现了学生家长上访甚至学生围困学院领导的极端事件①，强制性制度变迁风险终究爆发了。

---

① 江苏省丹阳市公安局 2021 年 6 月 8 日发布警情通报：南京师范大学中北学院部分学生因对独立学院与高职院校合并转设工作不满，在校内长时间聚集，并将前来做解释说明工作的学院院长常某（男，55 岁）非法扣留，限制其人身自由达 30 余小时，在省教育厅和南京师范大学分别发布暂停独立学院与高职院校合并转设工作和终止中北学院与高职院校合并转设工作的公告并现场宣读解释后，少数学生仍不听劝阻继续阻止常某离开。公安机关多次向学生喊话警告，开展法律宣传，但遭到一些学生的围攻谩骂、阻碍执法。为维护校园秩序和被困人员人身安全，公安机关依法采取必要手段将被困人员带离，后立即送医院救治。对该起事件涉及的违法行为，公安机关正在依法调查。参见：《江苏丹阳警方：南京师范大学一学院院长被部分学生非法扣留 30 余小时》，2021-06-08，百家号网站 https://baijiahao.baidu.com/s? id=1701979626737912293&wfr=spider&for=pc。

四　制度变迁视角下民办高校办学风险治理路径

如前所述，我国民办高校是在制度空白的状态下起步的，在发展的进程中，需要制度建设适时跟进。尤其是最近几年，随着高等教育普及化的深入推进、高等教育供求关系的持续改善和政府财政的日渐丰裕，市场的选择性行为更加突出，从办人民满意的教育宗旨出发，政府加大了制度建设的步伐，制度变迁频繁，制度变迁风险多发。民办高校发展到现阶段，制度变迁也从诱致性变迁为主向强制性变迁为主过渡。而这种强制性制度变迁一旦推行，势必触及利益相关者的利益调整，一些办学主体风险的增大和爆发在所难免。过去几年因制度变迁引发的民办高校办学风险，对民办高校的发展和社会形象、政府发展民办高校的信心以及就读民办高校的学生都造成了非常大的负面影响，并且干扰了政府的正常工作和局部地区的社会稳定，教训深刻，值得政府管理部门和社会各界高度警惕。

（一）高度重视制度变迁下民办高校办学风险的危害性

我国民办高校办学起步迟、政策滞后，制度建设任务重，变迁频繁。由于制度变迁涉及相关利益者的利益调整，一旦发生风险，便会产生严重的后果。"合理回报"引发的诱致性制度变迁风险曾导致许多省份的民办高校一度被整顿，中共中央、国务院和各省（区、市）政府为此都下发过文件，经过了很长时间才得以平息。独立学院转设引发的强制性制度变迁风险，也在社会上产生了较大的负面影响。由于当时正值制度变迁带来的敏感时期，风险发生影响了局部地区稳定，干扰了党和政府的政策工作；事件中一些省份的教育行政主管部门为息事宁人，都暂停了独立学院转设工作，许多独立学院纷纷宣布不转设为民办高校，或者不与高职院校联合举办职业大学；已经获得教育部批准公示的独立学院转设也暂停公布和招生。据笔者粗略估计，受事件影响的省份达 10 多个。虽然没有文件要求或者默认暂停独立学院转设工作，但从实际情况来看，近一年来除了个别省份的个别独立学院得以转设外，其他独立学院转设工作基本处于停顿状态。事实说明，制度变迁对于民办高校的稳定、健康发展意义重大，同时，制度变迁过程也是办学风险的多发期，需要做好风险防控，以保证制度变迁的顺利推进。

（二）加强制度设计，注意制度变迁的逻辑性、稳定性和连续性

长期以来，公办高校独步高等教育舞台，国家高等教育制度体系也是围绕公办高校而建立的。民办高校是在国家相应制度空白的状态下起步的，由于制度本身的供给不足、不完善或者需要纠错，制度变迁在所难免，与此相对应，制度变迁的风险也经常发生。尤其是当一些巨变、突变的制度变迁发生时，变革往往是非直线的，充满不确定性，也往往蕴含着变迁的风险。从非学历到学历文凭考试，从"合理回报"到"分类管理"，制度建设一直在进行中，制度变迁的风险也始终相伴随。由于制度尚未完善，民办高校属于政策高敏感性组织，任何政策的出台和制度的改变都可能影响其发展走向。为避免政策在一定程度上出现的不确定性、不连续性、不稳定性、不适切性对民办高校发展所带来的冲击，有必要加强制度建设的顶层设计，切实把握制度变迁的逻辑性和连续性，避免制度变迁的大起大落，尤其是切忌大起大落的颠覆性的制度变迁，防范因政策预期的不确定性和不稳定性引发制度变迁风险。2016 年以来，国家对民办高校实施分类管理，由于宣传不足、缺乏相关配套文件的支持，在一些地区出现了民办高校关联交易等不良事件，导致办学风险剧增。事实已经证明，制度变迁必须做好宣传解释，夯实制度变迁的思想基础。

（三）及时回应关切，切实维护相关利益群体合法权益

制度变迁是一个关系全局的工作，涉及方方面面的利益调整，相关利益主体都会给予高度关注，都有很多关切希望表达，以争取在制度变迁中获取最大利益，因而这些关切往往是制度变迁风险爆发的导火索。当下互联网与媒体技术紧密结合，各种新的传播手段不断出现，随着网民数量的不断增加，网络影响不断扩大，若一些制度变迁的问题处理不当，极有可能成为风险发生的源头。我国民办高校的制度变迁，大多属于强制性制度变迁。顾及和维护相关利益主体的已有利益，巩固既有发展成果，对于民办高校的稳定和可持续发展来说意义重大。回顾已经发生的事件可知，每逢制度变迁总有一些利益诉求表达的出现，这些诉求实际上具有代表性，容易引起相关利益群体的共鸣，往往成为矛盾的焦点，而风险往往是从一些相关利益主体的诉求表达开始的，2021 年许多省份发生的独立学院转设风波就是一个例证。因此，需要认真对待，及时回应诉求和关切，疏通难点和堵点，化解顾虑和

情绪，耐心做好疑难解答。要顾及历史和现实，维护利益主体的合法权益，避免制度变迁伤及无辜，挫伤他们的积极性和创造性。

（四）强化研判预警，妥善处理制度变迁过程中的舆情

制度变迁往往引发舆情，舆情往往是风险的前奏。因此，舆情风险是政府部门需要高度防范的一大风险，关系到社会的和谐与稳定。民办高校制度变迁中的一些舆情信息，涉及面广、关注者多、鼓动性强，非常容易成为相关群体行动转化的情绪铺垫。总结以往教训，民办高校制度变迁中的若干问题，有可能在一些讨论中被不断放大，形成社会热点，引发舆情。政府部门对一些事件若不能及时引导与有效处置，就很容易引发舆情风波，并可能进一步造成风险事件。因此，政府在监管和治理民办高校办学风险的过程中，应加强风险预判，推行政策政令和配套规制，做好前置研究，完善民主建设和听证机制，在制定落实政策法规前广泛调研、充分论证，夯实制度建设的社会基础；对于一些重大的制度变迁，相关部门应当做好风险评估，周全考虑、细心设计，做好风险防范预案；在舆情发生后，要及时化解和消除风险，妥善处理制度变迁过程中的关键问题、焦点问题，尽快平息舆情风波，避免触发风险治理工作带来的二次风险。应统合央地、府学之间的纵向联通和政府机构的横向协同，对于一些国家层面出台的制度变迁，务必在省域层面因地制宜跟进落实配套政策和实施细则，以使制度变迁适合当地实际，得到更好的落实。

（五）优化制度环境，努力把制度变迁转化为制度动力

制度变迁是民办高等教育发展中必然经历的环节，科学的制度变迁是民办高校发展的强大动力。但是，从制度变迁转化为制度动力，不可能是一个顺畅、自然的过程，需要各方共同努力、协同工作。民办高校的制度变迁，一是要成为新制度的吹风、宣传和动员的过程，使得制度变迁的意义、内容和价值深入人心，得到广大相关利益者的理解和认同；二是要宣传新制度的价值和优势，进一步明晰制度变迁的效益预期，稳定相关群体的情绪和心理；三是要及时总结和宣传典型经验，扩大制度变迁的正面效应，营造制度变迁的和谐环境，及时克服和纠正制度变迁中的问题，积极探索制度变迁的路径创新，把制度变迁转化为制度动力，在民办高校的健康稳定可持续发展中发挥制度应有的效益和效能。民办高校发展的制度形成、实施和效益是历

史制度变迁共同作用下的结果，在不同的发展阶段，民办高校各利益主体对制度变迁有着不同的诉求，这也是制度变迁的原生动力所在。政策、制度、体制和机制，是民办高校改革发展的重要保障和生机活力所在。当前，我国民办高校发展总体已进入内涵提升和高质量发展的关键阶段，政府应该抓住机遇，深化改革，打破常规，加强研究，及时化解和消除民办高校办学的各类风险，用好制度变迁的资源，以新理念、新制度、新模式激发民办高校发展，用制度促进民办高校的健康稳定和可持续发展。

致谢：苏州大学教育学博士研究生侯琮为本文的撰写做过贡献，在此谨表感谢。

（2023 年第 1 期）

民办高等教育政策执行阻滞研究

徐绪卿　韩晓敏

摘　要：阻滞是民办高等教育政策执行过程中的普遍伴生现象，举办行为的营利性与政策对营利性的拒斥和限制之间的矛盾是民办高等教育政策执行阻滞的肇因。阻滞阻碍政策落实落地，增加政策执行成本，削弱政府公信力。为规范和支持民办高等教育健康稳定可持续发展，应重建对政策执行阻滞问题的认知，挖掘其潜在的或现实的建设性功能，规避可能的执行误区，最大限度地缓释与疏解民办高等教育政策执行过程中的阻滞现象。

关键词：民办高等教育；教育政策；执行阻滞；负效应

我国民办高等教育政策长期供应不足，且具有明显的"摸着石头过河"的痕迹。这不仅加剧了政策执行的不确定性和复杂性，而且加大了政策理解的难度，从而使得政策执行阻滞现象愈演愈烈。当下，"阻滞"已成为一种司空见惯的现象，导致民办高等教育政策执行低效或无效，造成国家资源严重浪费和政府权威受损，对我国民办教育事业健康发展产生了诸多负面效应。基于此，本研究以民办高等教育政策为研究对象，对其场域中的政策执行阻滞现象进行剖析，挖掘深层次根源，研究生成机理，并提出理性思考，以期为促进我国民办高等教育健康稳定可持续发展提供参考。

一　教育政策执行阻滞的概念与内涵

除了"教育政策执行阻滞"以外，学界还经常使用教育政策执行"偏离""偏差""失真""梗阻"等近似概念。因此，有必要对"阻滞"及其近似概念进行简要辨析。"偏差"指"运动的物体离开确定方向的角度"，英语中常用"deviation"表示①，而"偏离"指"因出现偏差而离开确定的轨道、方向等"，英语中用"deviate"表示②。由此可知，"偏差"与"偏离"是一对同义词，本质上无太大差别。"失真"即"跟原来的有出入"，英语中用"distortion"予以表示③，与"变形"近似。可以看出，这三个词实为同一个意义概念，具有一定的共性，都强调事物发展过程中对既定目标的偏离或偏差，且更强调事物运动所导致的结果性。"梗阻"即"阻塞（block）；拦挡（obstruct）"④，强调事物运动过程中的障碍和不顺畅。该术语在公共政策学政策执行研究中较为常见。

"阻滞"，顾名思义，包含"阻"和"滞"两个词的内容。古书《诗·秦风·蒹葭》曰："溯洄从之，道阻且长"，"阻"即"艰阻；难行"之义。⑤ 古书《淮南子·时则训》曰："流而不滞"，"滞"即"不流通"。⑥ 因此，"阻"和"滞"两个字组合起来表示某一事物发展过程中出现的艰阻、不顺畅或停滞不前的现象或情形。本研究使用"阻滞"的宽泛含义，认为"偏差""偏离""失真""梗阻"等都属于"阻滞"的现象或情形，统一使用"阻滞"一词予以表达。也就是说，本研究不囿于"阻滞"与近似概念的考辨，使用其广义的含义，既包括政策执行过程中出现的不顺畅或停滞现象（如梗阻），又包含政策执行后所导致的结果（如偏差、偏离、失真、走样等）。教育政策执行阻滞指因某些消极因素的影响，教育政策执行过程中出现了艰阻、不顺畅或停滞不前，从而出现政策内容失真、政策目标偏离、政策时间延滞等现象，导致教育政策执行低效或无效，使教育政策目标不能圆满实现，甚至完全落空的一种现象或情形。

对于教育政策执行阻滞的研究，学界有诸多描述。国外相关研究多关注

① 中国社会科学院语言研究所词典编辑室：《现代汉语词典》，外语教学与研究出版社 2002 年版，第 1470 页。

② 中国社会科学院语言研究所词典编辑室：《现代汉语词典》，外语教学与研究出版社 2002 年版，第 1471 页。

③ 中国社会科学院语言研究所词典编辑室：《现代汉语词典》，外语教学与研究出版社 2002 年版，第 1729 页。

④ 中国社会科学院语言研究所词典编辑室：《现代汉语词典》，外语教学与研究出版社 2002 年版，第 663 页。

⑤ 夏征农：《辞海 1979 年版·缩印本》，上海辞书出版社 1980 年版，第 488 页。

⑥ 夏征农：《辞海 1979 年版·缩印本》，上海辞书出版社 1980 年版，第 970 页。

导致政策目标与政策结果产生的"执行差距"（Implementation Gap），而"失败"或"执行差距"即是政策执行阻滞的一种现象、情形或结果。因此，西方相关研究多围绕影响教育政策执行的因素或理论模型展开。从已有研究来看，专注于"教育政策执行阻滞"概念上的考辨尚不多见。国内相关研究中，学者们基于不同的研究需要对教育政策执行中的"阻滞"概念进行了界定与说明。譬如，孙绵涛认为，教育政策执行偏离指"偏离教育政策目标或者完全没有执行教育政策，不按照教育政策本身的内容和精神办事，导致教育政策执行的结果严重'走样'。"[1] 褚宏启将"教育政策执行偏差"界定为"由于各种因素的作用，其行为效果偏离了政策目标，从而产生了不符合政策目标结果的现象。"[2] 袁振国则使用了"教育政策失真"一词，即"执行活动及结果偏离政策目标的不良现象。"[3] 徐绪卿等提出教育政策执行的"滞后现象"，即"教育政策具有明确的先导性，但是由于各种主客观因素的干扰，在教育政策执行的过程中也出现诸多的滞后现象，导致政策的缺失和缺位。"[4]

上述学者的概念界定中无一例外地使用了"不按照""不符合""滞后性""不良""消极"等词汇描述阻滞所导致的教育政策执行的负效应。虽然，学者们使用的术语不同，但表达的意义却大同小异，均强调"变形""走样"，都抓住了这个概念所导致的行为结果是使既定的教育政策目标无法完满实现或完全落空，即政策执行偏离政策目标。本研究认为，"偏差""偏离""失真"等更强调行为的结果，而"阻滞"一词则更好地诠释了政策执行过程的复杂性，所表达的意蕴也更丰富。

教育政策执行中出现的"阻滞"现象，实质上就是教育政策执行活动及结果偏离了政策的预定目标，这是政策制定主体所不想、不愿或力求避免的。在教育政策执行实践中，阻滞是教育政策执行过程中的伴生现象。政策执行是政策由理想和计划变为现实的关键环节。教育政策首先表现为教育行政部门为解决特定的教育问题而制定的政策文本，但政策的制定并不意味着问题的解决。因为有了不等于做了，做了不等于好了，"从政策的规划和合

---

[1] 孙绵涛：《教育政策学》，中国人民大学出版社 2010 年版，第 194 页。

[2] 褚宏启：《教育政策学》，北京师范大学出版社 2011 年版，第 212 页。

[3] 袁振国：《教育政策学》，江苏教育出版社 2001 年版，第 208 页。

[4] 徐绪卿：《浅论教育政策滞后性现象——以民办高校分类管理政策为例》，《教育与经济》2019 年第 6 期，第 72—78 页。

法化到政策目标的实现之间还有一段相当长的距离，还存在着一个十分复杂的过程，只有通过有效的执行，才能保证政策目标的实现。"[①] 否则，再好的制度设计也只能是空中楼阁，再好的政策也只不过是一纸空文。诚如美国学者艾利森（Allison）所言，"政策方案对于政策目标的贡献率只占10%，而其余的90%则取决于政策的有效执行"。[②] 只有通过有效的执行，才能使政策目标由理想转化为现实，才能推动教育实践的变革；反之，一项政策，如果只有文本，没有经过切实有效的执行，那么，这样的政策再好也是没有任何意义的。

教育政策执行是检验教育政策科学、合理与否的标准。"实践是检验真理的唯一标准"，通过教育政策执行不仅能检验教育政策正确与否，而且还可以在政策实践中不断地调整、修正、充实和完善教育政策，并为下一阶段的政策深化和制定提供经验和参考，据此不断提高政策质量，最终促进教育政策目标的落实和教育问题的有效解决。

教育政策执行是一种实践活动。在实践中，行动不可避免地要面对风险和不确定性。杜威（Dewey）曾言："实践活动有一个内在而不能排除的显著特征，那就是与它俱在的不确定性。因而我们不得不说：行动，但需冒着危险行动。"[③] 因此，"教育政策和实践总是处在困境之中"[④]。"在现实世界中，没有一项公共政策能够一以贯之，丝毫不打折扣"[⑤]，教育政策亦不例外。"上有政策，下有对策""政策走样""打折扣、做选择、搞变通""有令不行，有禁不止""土政策"等政策执行阻滞现象在实践中屡见不鲜。美国教育政策学家福勒（Fowler）通过数项研究证明，"新的政策要么根本没有得到实施，要么在实施过程中被极大地改变了。"[⑥] 加拿大教育政策学专家莱文（Levin）也曾指出，"政策是被那些将其转变为行动的人们所变形

① 丁煌：《政策执行阻滞机制及其防治对策：一项基于行为和制度的分析》，人民出版社2002年版，第29页。

② Allison G T, Essence of Decision: Explaining the Cuban Missile Crisis, *Boston: Little, Brown*, 1971, p. 176.

③ 约翰·杜威：《确定性的寻求关于知行关系的研究》，上海人民出版社2004年版，第4页。

④ 大卫·K. 科恩等：《政策和实践的困境》，《华东师范大学学报（教育科学版）》2010年第3期，第1—12页。

⑤ 李允杰、丘昌泰：《政策执行与评估》，北京大学出版社2008年版，第13页。

⑥ 弗朗西斯·C. 福勒：《教育政策学导论》，江苏教育出版社2009年版，第16页。

的。"① 由此可知，执行环节作为教育政策过程的"黑箱"，其本身的动态复杂性和不确定性使政策执行过程常常面临各种阻滞，导致政策"扭曲""变形""走样"，偏离政策目标，导致政策目标与政策结果之间出现巨大的执行差距。总之，教育政策执行不可能总是一帆风顺，它充满着各种各样的变数。

二 民办高等教育政策执行阻滞现象的两则案例

我国民办高等教育是在改革开放的进程中逐步发展崛起的，是在教育政策一片空白的状态下起步的。我国民间素有举办教育的情怀与传统，私学一直伴随公学在教育事业发展中发挥积极作用。中华人民共和国成立后，由于国际形势的影响和对社会主义条件下私立大学存在发展的认识偏差，私立高等教育一度消失于教育舞台，形成公立高等教育一花独放的局面。改革开放以后，国家重视发展教育，确定了科教兴国的发展战略，但国家庞大、百废待兴，经济落后，经费紧缺，虽竭力投入，但仍难满足，高等教育发展水平始终处于低位。改革开放前夕，世界许多国家的高等教育毛入学率已经达到40%以上，而我国仍在个位数之间徘徊。1998年，欧洲、北美洲和大洋洲的高等教育平均毛入学率分别为49%、48%和47%，亚洲平均为11%，而中国只有9.8%，低于亚洲平均水平，高等教育发展规模小、水平低。② 世界各国高等教育发展的经验表明，开放办学权，鼓励社会力量投入高等教育，增加教育资源供给是发展高等教育事业的重要途径。中国实行改革开放以后，高等教育发展无疑也选择了这一道路。但是在公办高等教育一花独放、教育市场发展民办高等教育，政策的引导、支持和规制就显得非常重要。由于民办高等教育政策的探索性、独创性，往往在与现有政策的冲突中迂回曲折，使得政策执行阻滞现象更为严重。下述用两个具体案例予以阐释。

第一个案例是以"教育不得以营利为目的"的相关政策阻滞情况。我国法律法规明文规定"教育不得以营利为目的"。民办高等教育的相关政策

---

① 本杰明·莱文：《教育改革从启动到成果》，教育科学出版社2004年版，第31页。

② 数据来源于 http://www.uisunesco.org。

根据法律要求"民办学校不得营利"。在以鼓励为主、摸着石头过河的宽松环境下，社会各界对民办高校中的营利现象虽有议论，但政府一直采取的是"高高举起、轻轻放下"的宽容政策。实际上，民办高校的营利行为从未停止。伴随着民办高等教育发展的整个过程，有的地方甚至出现了"学店"现象。虽然这种极端的例子很少，但是，营利行为在民办高校办学中非常普遍，以至出现了90%以上的民办高校都是要营利或者说90%以上民办高校都有营利动机的现象。"不得以营利为目的"的民办教育政策，一直无法得到真正的贯彻落实。2002年全国人大常委会审议《民办教育促进法》草案，争议最大的也是"营利"问题。经过四轮会议审议，最后颁布的《民办教育促进法》在遵循"不得以营利为目的"规定的同时，提出了"民办学校在扣除办学成本、预留发展基金以及按照国家有关规定提取其他必需的费用后，出资人可以从办学结余中取得合理回报"的规定，法律和政策实际上已经做出让步。当然，由于"合理回报"实施的具体办法要"由国务院规定"，且后续国务院也没有出台新的政策，因而这一政策实际上成为"一纸空文"，民办高校陷入营利可否的混乱状态，甚至有的民办高校表面上承诺"不营利"，享受政府的相关补助，背后却营利不止。2010年，《国家中长期教育改革和发展规划纲要》提出"积极探索营利性和非营利性民办学校分类管理""开展对营利性和非营利性民办学校分类管理试点"，这实际上宣告了"不得以营利为目的"的法律规定已经被突破。而2016年前，为修订《民办教育促进法》修正案做准备，全国人大一揽子修改法律，《教育法》和相关法律正式删除"任何组织和个人不得以营利为目的举办学校及其他教育机构"的规定，随后修订颁布的《民办教育促进法》规定"民办学校的举办者可以自主选择设立非营利性或者营利性民办学校。……非营利性民办学校的举办者不得取得办学收益，学校的办学结余全部用于办学。营利性民办学校的举办者可以取得办学收益，学校的办学结余依照公司法等有关法律、行政法规的规定处理。"至此，"教育不得以营利为目的"的政策不再成为普遍遵循的民办高等教育政策，政策执行阻滞最终导致政策的方向发生改变。

第二个案例是独立学院转设的政策阻滞情况。独立学院是我国高等教育大众化中出现的一种新体制办学形式，在国家积极发展高等教育、推进高等教育大众化进程中发挥积极作用。由于独立学院在发展过程中存在法人地位未落实、产权归属不清晰、办学责任不明确、办学条件不达标、师资结构不合理、内部治理不健全等问题，在一定程度上影响了教育公平和高等教育健康发展，且部分独立学院严重依赖母体院校办学，稀释了母体高校的办学资源，引发社会舆论的高度关注。对于独立学院存在的这些问题，教育行政部门希冀通过转设来进行规范。但是，自2008年教育部正式启动转设工作以来，独立学院转设工作一直进展非常缓慢，甚至处于停滞状态。截至2015年底，全国完成转设的独立学院仅有57所，占需要转设总数的17.7%①。随着新《民办教育促进法》的实施，独立学院转设的任务更加繁重且迫切。2020年，教育部颁布《关于加快推进独立学院转设工作的实施方案》，提出"能转尽转、能转快转，统筹兼顾、协调推进，分类指导、因校施策"的工作思路和总体要求，并指出"到2020年末，各独立学院全部制定转设工作方案，同时推动一批独立学院实现转设"。至此，独立学院转设的制度实行强制性变迁。各地根据文件精神加快规划安排，转设工作也有了较快推进。仅2020年就有77所独立学院获得转设（见图1）。加快转设这一政策在执行过程中也伴随着阻滞现象，迫于舆情蔓延所带来的安全稳定压力，有些地方教育行政部门和相关院校迫于无奈"暂缓转设"。独立学院转设政策执行阻滞导致了转设工作被迫按下"暂停键"，迄今仍未恢复常态。

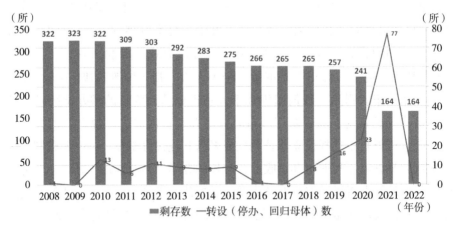

图1　2008年以来独立学院剩存数和转设（含回归母体）数②

上述案例，从不同侧面分析了民办高等教育政策执行中的阻滞现象。由于政策执行的阻滞，使得政策难以持续实施，最终倒逼管理部门放弃或中断

---

① 参见：教育部发布的相关年份《全国教育事业发展统计公报》。

② 根据教育部发布的相关年份《全国教育事业发展统计公报》整理。

政策的执行，给政策本身的权威和实施带来严重损害。那么，民办高等教育政策执行阻滞现象产生的根源是什么？它具有什么样的生成机理？这些问题是认识与疏解民办高等教育政策执行阻滞现象的基础性问题，急需我们深入探究与厘清。

三　民办高等教育政策执行阻滞的基本假设与形成机理

长期以来，民办高校举办者普遍存在的营利性动机及行为与政府代表的社会对教育机构营利限制之间的矛盾冲突是民办高等教育政策执行阻滞问题衍生的基本假设。研究表明，投资办学是我国民办高等教育的本质特征。[①] "现有民办学校中 90% 以上都存在投资动机"[②]。既然是投资办学，就可能有营利行为。经济学的原理告诉我们，投资是一种以一定资本作为本钱以获取一定收益为目的的经济行为。当办学成为一种投资行为之后，对民办高等教育的最大影响就是举办者将办学过程视作营利过程，从而偏离正常的办学方向。而我国以往所有的法律法规都明确强调"教育不得以营利为目的"。但长期以来政府对投资办学缺乏理论指导、实践引导、法律准备和政策供给，在民办高等教育发展中是否可以营利问题上摇摆不定，对其办学营利行为文件禁止、实践默许，使得其政策执行陷入系统性困局。凡有"不得以营利为目的"的相关政策执行中都会造成阻滞。

2002 年颁布的《民办教育促进法》仍然坚持了"不得以营利为目的"的办学原则，但是鉴于"现有民办学校中 90% 以上都存在投资动机"的既定事实，法律确定了"民办学校在扣除办学成本、预留发展基金以及按照国家有关规定提取其他必需的费用后，出资人可以从办学积余资金中取得合理回报。取得合理回报的具体办法由国务院规定。"（第五十一条）这一政策实际上默许了民办高校办学营利。但是在法律颁布实施以后，有关部门仍强调"合理回报"不是营利，其带有"奖励"性质，并且"合理回报"的相关细则实际上没有办法出台，这就加剧了政策与实践之间的矛盾。民办高校中营利行为开始由暗转明，通畅无阻，"不得以营利为目的"政策悬置，

---

① 邬大光：《我国民办教育的特殊性与基本特征》，《教育研究》2007 年第 1 期，第 3—8 页。

② 吴华：《新〈民办教育促进法〉即将实施，民办高等教育何去何从》，2017 - 08 - 07，https：//www.sohu.com/a/162899638_ 379440。

政策执行中产生阻滞的矛盾进一步突显。

2016 年《民办教育促进法》修正案获得通过，取消了 "不得以营利为目的" 和 "合理回报" 的相关规定，允许社会力量选择举办营利性学校。一段时间内，社会资本直接投资举办营利性民办高校大量增加。一些举办多年的民办高校担心政策不稳定、预期不确定，借政策尚未落地的过渡期，公开亮出营利性办学的旗子，营利性民办高校蜂拥而出。甚至上市的民办高校也不在少数，短时间内达到近百家。① 由于法律对于营利的场景和数额等缺乏细节规制，许多民办高校出现了 "逐利" 或 "暴利" 行为，如某高教集团 "一年挣 19 亿"②；某上市 "教育集团领导父女两人年薪合计 3400 多万元"③ 等媒体报道，引发社会强烈反响。针对这一现象，相关领导和文件强调，"可以营利不等于可以逐利，更不可以暴利" "不能让良心的行业变成逐利的产业"④，"民办学校须以公益性为初衷，莫让'教育者'变成'生意人'"⑤ 等，教育部有关领导也强调 "民办学校需以公益性为初衷"⑥，呼吁民办高等教育不能 "唯利是教"⑦，试图干预和限制日趋严重的营利行为。但是，资本的性质和投资行为获取利润的目的是不以人的意志为转移的。可见，允许营利也并没有完全解决政策与举办者之间的矛盾，民办高等教育发展中 "营利" 与 "非营利" 之间的矛盾将转化为 "营利为目的" 与 "有限制营利" 之间的矛盾仍将继续发展，政策执行阻滞现象也将持续存在与深化。

我国民办高等教育发展中存在 "营利" 与 "非营利" 之间的矛盾，

---

① 徐绪卿、周朝成：《制度变迁与民办高校的风险治理研究》，《浙江树人大学学报》2023 年第 1 期，第 1—8、18 页。

② 腾讯新闻：《一年挣 19 亿！民办高校有多暴利？》，2023-02-06，https：//new.qq.com/rain/a/20230206V02L3V00。

③ 今日头条：《宇华教育上市 20 个月：市值增长 81% 实控人年薪飙增 80 倍》，2018-09-18，https：//cj.sina.com.cn/articles/view/1068891872/3fb5fee001900blp4。

④ 习近平：《完善科技成果评价机制深化医疗服务价格改革，减轻义务教育阶段学生作业负担和校外培训负担》，《人民日报》2021 年 5 月 22 日，第 1 版。

⑤ 王阳、张守坤：《民办教育促进法实施条例修订 民办学校须以公益性为初衷 莫让 "教育者" 变成 "生意人"》，2021-06-16，https：//baijiahao.baidu.com/s？id = 1702694542026224420&wfr = spider&for = pc。

⑥ 教育部：《民办学校需以公益性为初衷》，2021-05-19，百度网站 https：//baijiahao.baidu.com/s？id = 1700146565690956684&wfr = spider&for = pc.Html。

⑦ 胡俊：《民办高等教育不能唯利是 "教"》，《广州日报》2021 年 6 月 17 日，第 4 版。

具有深刻的社会原因。一方面，办学之初社会资金集聚度弱，缺乏大笔资金投入，政府资助与社会捐助又少之又少，民办学校从建校到运行都依赖市场运作，市场机制是民办院校得以生存和发展的基础条件，举办者往往从市场的角度和要求来评估和执行政策；另一方面，我国高等教育市场不是一个完全开放市场，与经济领域市场机制起决定性作用不同，当下高等教育仍是一个计划占主体、起决定性作用的有限市场，政府通常用适应性的要求来制定民办高等教育政策。营利性和非营利性办学的碰撞，实际上反映了市场和计划的矛盾博弈。虽然政策已经允许营利，但是市场主体对营利的自由追求和政策容许的有限营利之间的矛盾仍然存在，政策阻滞难以避免。

在我国民办院校发展进程中，政府一直是社会利益代表和教育事业主要管理者，直接参与民办高等教育发展整个过程的调节与管理。政府既要保证国家教育主权、政治方向，也要尽可能地提供数量和品种等更多的资源，符合国家政策，满足社会需求，要协调各方关系，规制和杜绝民办高校营利行为。长期以来民办高等教育发展政策几经变迁，从《社会办学条例》《民办教育促进法》《民办教育促进法实施条例》以及相关配套文件都坚持和明确了"不得以营利为目的"的政策核心理念，相关条文也都贯彻这一精神，因此这些法律和政策在执行中出现阻滞，也就不可避免的了。

对举办者而言，既然是投资办学，就必然要营利，营利既是办学的动机，也是办学的动力，还是可持续办学的路径。因此，营利是举办者的"共性"。尤其是新的《民办教育促进法》已经颁布，营利合法，不应该再受到制约。举办者通过办学达到对经济利益的追求，主要表现在办学中追求成本的最低化和经济效益的最大化。收入是有限的，利润高了，用于学校业务和质量保障的资金就少了。因此，营利与质量就成为一对难以克服与调和的矛盾。在民办高等教育政策执行过程中，举办者往往会将政策做出是否有利于营利的比较，如果政策对营利有利，他们执行会非常积极，政策执行就会比较顺畅；反之，就很可能消极甚至抵抗，造成政策执行阻滞。在上述案例中，"不得以营利为目的"从根本上忽视了举办者的利益诉求，大多数举办者并不认可，也与办学实践相脱节，因此丧失了政策执行的基础，最终导致政策被丢弃。

民办院校办学资金来源单一，主要依靠收费来归还贷款、支撑基建和维持运行。一项研究表明，学费及住宿费占到了民办院校办学经费总收入的82%。[①] 因此，民办高校的学生不仅是民办高教资源的享用者。同时也是民办院校的主要投资者。因此，当学生认为一些政策的实施可能导致学校过度营利，自身学习资源受到挤占，利益受到损害时，他们就会奋起反抗，这也可能导致政策执行阻滞现象的出现。独立学院转设，有可能让转设的独立学院更加"资本化"，因而学生和家长反应强烈，抵触严重。2021 年上半年发生的独立学院转设风波，就是从一所独立学院转为企业控制而引发的。学生认为，这可能促使学校办成营利性学院，利润输出可能导致学习资源减少和教学质量下降，损害受教育者的利益，因而采取过激行动阻止政策的执行。

最后，民办院校的长远可持续发展，必然需要尊重教育规律，尊重大学的基本规范。教育部门对办学规范形成了一系列的政策。然而教育规律与市场规律之间固有矛盾始终存在，并且由于经费有限，民办院校一方面要满足举办者的"营利要求"，另一方面也要符合政策规定的办学规范，只能从两者之间寻找平衡，但往往顾此失彼，难以调和，政策执行受到阻滞。为保证营利，民办院校要维持办学业务经费的必要开支，同时尽量压缩一些非教学业务的经费。但教育部门对办学的各个方面都有规范政策，如，教辅人员、思政人员需要达到一定的量，经费也要列入预算；生均图书设备都要达标，否则要被挂"黄牌"甚至减少招生名额；学生奖助学金等需要足额提取，教育部有强制要求。这种情况下，民办学校就出现了难以兼顾的尴尬局面，若要完全达到教育部门的要求，就不可能有利润；若利润过高，教学投入势必达不到要求，评估又通不过。因而，有些民办院校为了通过教育行政部门的审核评估，往往采取临时招聘人员、应急安排预算等短期行为。因此，教育部门对民办院校业务指导的相关政策，实际上也普遍存在执行阻滞的状况。

综上所述，在民办高等教育政策制定和执行过程中，政府、举办者和学生等利益相关者都在博弈，以获取自身的利益（见图 2）。民办高校政策执行阻滞实质上是各利益相关者主体包括院校本身博弈的综合表现。

---

① 徐绪卿：《民办院校办学体制与发展政策研究》，中国社会科学出版社 2018 年版，第261 页。

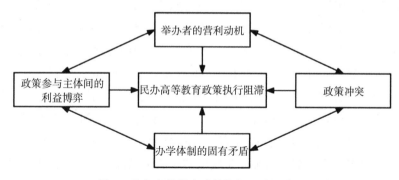

图2 民办高等教育政策执行阻滞示意图

四 民办高等教育政策执行阻滞的负面效应

民办高等教育政策执行阻滞是一种普遍存在的客观现象，但其作用具有两面性。一方面，执行阻滞对于一部分未定型尚在探索中的政策而言，可以修正目标，纠正原有偏差，明确未来的发展方向，因此，对教育政策执行阻滞的效应分析不能简单否定。譬如，虽然"不得以营利为目的"的政策执行受到阻滞，但却推动了分类管理政策的诞生。当然，多数情况下，政策执行阻滞所带来的都是负面效应。所谓负面效应即民办高等教育政策执行阻滞所带来的负面的、消极的或不利的影响。教育政策的制定与执行是国家对教育实施宏观调控，进行持续性教育变革的重要手段，而政策执行过程中的阻滞现象对我国民办教育系统性变革与实现教育现代化产生了诸多负面影响，成为民办高等教育改革的"拦路虎"与"绊脚石"。其负面效应主要表现在以下几个方面。

（一）阻碍政策落实落地

任何教育政策的颁布与实施都是为了解决特定的教育问题，但教育政策的制定并不意味着教育问题的解决。只有通过有效的政策执行，才能解决所关涉的教育问题。民办高等教育是我国高等教育的重要组成部分，国家出台一系列政策原本是回应社会关切和公民诉求，切实解决民办高等教育发展过程中存在的各类问题，促进民办高等教育良性、有序、健康的发展，但长期深陷"执行难"的困局使民办高等教育成为我国实现高等教育现代化的阻碍。政策执行阻滞客观上对政策的执行实施造成重大影响，如政策实施不顺利、不理想、进展缓慢，严重的甚至中断执行或弃用。这种以政策执行阻滞造成的障碍，对我国民办高等教育事业发展产生很大影响。上述案例中，虽然政府一再强调"不以营利为目的"的政策条款，政策也一直在坚持，但是"社会反响强烈"，一些专家和举办者都呼吁，"不以营利为目的"，影响社会对教育的投入，现阶段不宜实施，由此导致政府对执行"不以营利为目的"政策难以执行到位，民办高校营利行为反而愈演愈烈，对民办高校发展产生很多负面影响；而独立学院的转设舆情风波以后，实际上在全国已经停止了转设工作，由此打乱了教育部最初提出的加快转设工作计划。可见，民办高等教育相关政策长期的执行阻滞终究使其陷入执行低效或无效的沉疴，直接导致民办高等教育所关涉的问题无法得到有效解决。

（二）改变政策的方向

政策执行阻滞不仅影响政策的落地，并且可能引发政策分化，甚至改变政策的发展方向。仍以"不以营利为目的"政策为例，2002 年国家制定《民办教育促进法》，经过多次审议，最终提出"民办学校在扣除办学成本、预留发展基金以及按照国家有关规定提取其他的必需的费用后，出资人可以从办学结余中取得合理回报"。（第五十一条）表明"不以营利为目的"的政策在法律层面实际上已经松动和突破。不仅如此，由于与"不以营利为目的"的立法宗旨相冲突，合理回报实际上不具操作性，国务院也始终没有出台合理回报的具体办法，相关政策条款也无法落实和执行。为克服合理回报政策执行阻滞带来的矛盾和问题，2015 年，全国人大实施一揽子修法，删除了《中华人民共和国教育法》、《中华人民共和国高等教育法》和《中华人民共和国教师法》中"不以营利为目的"的相关条款。2016 年全国人大常委会又审议通过《民办教育促进法》修正案，明确"民办学校的举办者可以自主选择设立非营利性或者营利性民办学校（第十九条）"，同时实行营利和非营利分类管理，从而使得民办教育尤其是民办高等教育营利合法化。从"不以营利为目的"到"可以取得合理回报"再到"选择设立非营利性或者营利性民办学校"，政策的方向发生了根本的改变。虽然允许营利分类管理对于"不以营利为目的"的政策不一定是负效应，但是由于执行阻滞的影响使得新老政策方向大相径庭却是事实。

（三）增加政策执行成本

从政策的制定到政策的执行，再到政策的执行评估，均需大量的人力、物力和财力资源，实际上也是政策资源投入、消耗的过程。政策执行阻滞后使得原有的投入没有发挥应有的效益，重新启动推进实施或制定新的政策，不仅浪费原有的政策资源，而且必然需要增加新的投入，增加政策实施的资源成本，从而造成政策资源的巨大浪费。政策资源本身是一种公共资源，而公共资源的浪费意味着国家和人民的公共利益受到损害。譬如，校中校模式的独立学院是我国高等教育特殊时期的产物，在当时丰富了我国高等教育资源，让更多的孩子能够步入大学，所以国家鼓励具备条件的高校建立独立学院，但今天的独立学院显然已经完成了其历史使命。在独立学院转设过程中，这类"校中校"模式的独立学院在转设道路上却举步维艰。虽然相关部门屡下最后通牒，但却效果不佳，迟迟难以完成转设工作。独立学院与母体高校利益盘根错节，再加之在校师生的利益也会产生诸多不确定性，因此使转设工作遭遇多方围阻，增加了政策执行成本。一项教育政策的制定需要各行政部门、专家学者、社会公众、高校等各级各类主体出谋划策，共商举措。一旦政策执行阻滞无疑使政策制定的目标"流产"，甚至造成政策弃用，也使政策制定与政策执行投入的人财物资源与时间成本付诸东流，造成教育资源的严重损耗。

（四）严重削弱政府权威

就中央政府及教育部而言，作为最高政策制定主体，其颁布的一系列民办高等教育政策具有权威性、合法性、严肃性的特点，但是由于许多教育政策出台后在执行场域中遇冷阻滞，使得政策目标偏离或失真，造成公众对政府信任度降低，直接削弱了民办高等教育政策制定主体的权威。从民办高等教育发展实践来看，由于许多重要政策执行阻滞，导致出现这样的怪象：无论政策如何调整，似乎都有比较强劲的不理睬、不支持甚至否定政策的声音存在，这从政策阻滞的角度就不难理解，由于民办高等教育发展中许多政策执行乏力，导致对政策制定主体的不信任和政策执行受到质疑。

根据公共管理理论，政府的权威理论上来源于国家法律的赋权和人民的事权授权。但在实际社会生活中，政府权威更多地来自政府的能力和政策绩效，而政府能力和政策需要通过公共政策的执行和成效来体现和维护。由于政策执行阻滞，在很大程度上直接损害了公众的利益，政府权威受到质疑和挑战，并有可能诱发公众对相关公共政策的信任危机，严重的甚至爆发舆情，给局部地区稳定带来风险。民办高等教育政策执行阻滞，举办者、教师、家长、学生等利益相关者对政府政策的执行持不合作的态度，长此以往形成政策执行阻滞的恶性循环，久而久之，政策的权威性和社会对政策的信任度将大打折扣，对行业的政策制定和执行将带来严重的影响。

综上所述，政策执行阻滞不仅损害政府权威，同时也削弱了政府的公信力，最终将损伤政府在公众中的形象、声誉与权威。

五　民办高等教育政策执行阻滞的理性思考

"政策的执行过程远比过去人们想象和了解的要复杂。"[①] 洞悉政策执行过程的复杂性是缓释与疏解民办高等教育发展政策执行阻滞的必要条件。只有充分了解政策执行的动态性、多变性、复杂性、曲折性、艰巨性和不稳定性，才能形成正确的政策认知，最大限度地规避政策执行不力。民办高等教育发展是一个地道的教育问题，但更是一个社会问题，嵌套在社会发展变革的整体系统中，其落实落地的影响因素不仅涉及管理体制、利益博弈、价值取向、文化传统等诸多因素，而且涉及政府、社会、学校、家庭等相互牵扯的多元主体。本研究无意于、也难以通过一篇学术论文提出具体、清晰、明确的政策建议，彻底解决民办高等教育发展政策执行阻滞的沉疴痼疾，但却希冀能通过案例阐释清晰这些复杂因素的作用逻辑，深化各界人士对民办高等教育政策执行低效问题的认识，更好地把控和克服民办高等教育发展政策中矛盾的影响，实现民办高等教育健康、稳定、可持续发展，为建设高等教育强国添砖加瓦。

（一）政策制定主体的视角

对政策制定主体而言，要想缓释与疏解民办高等教育发展政策执行阻滞现象，首先要体认政策执行主体的实践逻辑，表达对阻滞这种实践逻辑的尊重与体察。当阻滞发生时，政策制定主体不是作为"局外人"对政策执行

① 戴维·T. 康利：《谁在管理我们的学校：变化中的角色和责任》，华东师范大学出版社2005年版，第91页。

主体严加苛责，而是应该走近/走进政策执行场域，反思政策本身的合理性与科学性问题。在民办高等教育发展政策执行的过程中，不难看到政策制定与政策执行之间的割裂与对立，制定者常常无视执行者所处的特殊生境，自上而下一味地要求、命令、强制政策执行者贯彻落实政策，却忽视了举办者、学校、地方所处的特殊生境及利益诉求，从而导致民办高校夹缝生存。其次，相当多的阻滞都是政策执行者的一种实践逻辑。布迪厄（Bourdieu）在谈到"实践逻辑"时曾说："谈论实践不是一件容易的事"①，实践受场域、惯习、资本等诸多综合因素的羁绊，有时甚至行动者本人也未必能道明自身行为的动机与内在逻辑，但实践还是如其所是地发生了。民办高等教育政策执行是一种复杂的政策实践，而阻滞现象就体现了某些政策执行者的实践逻辑。政策制定遵循政策制定的独特逻辑，政策执行遵循政策执行的独特逻辑，但两者之间不是简单的二元对立，而是错综复杂的关系。最后，要转变立场，从基于经验的决策转变为基于证据的决策，介入、了解、扎根民办教育发展实践，深切体察政策执行者阻滞行为背后的深层原因，将其作为反思政策价值合理性与过程合理性的宝贵资源。只有政策制定主体与政策执行主体循环往复、双向交流的持续互动，才能使我国民办高等教育发展政策的执行者了解政策、认同政策，共创政策执行的新样态。

（二）政策执行主体的视角

法国著名思想家埃德加·莫兰（Edgar Morin）曾表达理念转型对教育变革产生的影响。他说："教育的改革应当导致思想的改革，而思想的改革应当导致教育的改革"②，也就是说，思想变革是教育变革的前提，教育变革反过来又能促进思想的变革。因此，对政策执行主体而言，必须破除根植于民办高等教育发展政策执行过程中普遍存在的短视、功利行为，转变各方政策参与主体的价值理念，以"立德树人"的初心使命作为行动先导，凝聚政策共识，实现民办高等教育发展集体行动利益的最大化。教育改革之所以陷入僵局，终究"利益"二字作祟。③ 追求民办高等教育的公共利益应该成为民办高校、政府及教育行政部门的行动指南与价值依归。当前，营利性

---

① 布迪厄：《实践感》，译林出版社 2003 年版，第 124 页。

② 埃德加·莫兰：《复杂性理论与教育问题》，北京大学出版社 2004 年版，第 108 页。

③ 吴康宁：《理解"深化教育领域综合改革"》，《清华大学教育研究》2013 年第 1 期，第6—9 页。

与公益性之争是民办高校面临的一对基本矛盾，但两者之间并非相互冲突、互不兼容、非此即彼的二元对立。倘若各方能够树立"营利性是民办高校存在与发展的必要条件，也是举办者投资办学的必然属性，保障其营利性更有利于实现其公益性"①的包容、开放理念，那么民办高等教育政策的执行也将更加顺畅。可见，理念转变是推动民办高等教育政策执行的前提条件。短视功利的理念导向是当前民办高等教育政策执行阻滞的主要原因，也是掣肘民办高等教育政策执行的内在阻力，主要表现为举办者过度重视办学收益，而忽视办学质量，一味地追求自身利益的最大化，荒疏了立德树人的初心和使命。因此，要克服民办高等教育政策执行中的阻滞问题，必须转变各政策参与主体的价值理念，以立德树人作为行动主导，凝聚政策共识，实现集体行动利益的最大化。

（三）政策执行环境的视角

良好的制度约束、多元的政策联动是保障民办高等教育发展政策长效落实的外部条件，也是减少或规避不必要阻滞行为的有效策略。民办高等教育不仅是一个嵌套在社会复杂系统中的社会问题，而且是一个嵌套在我国高等教育整体发展大局中的教育问题。因此，难以彻底解决，但完善的制度保障可以减少或规避不必要的阻滞行为，使民办高等教育政策执行更加顺畅。譬如，建立民办高等教育政策发展的利益表达机制。利益表达是公民参与政治过程的一种重要形式，而民办高等教育利益表达指地方政府、举办者、师生、家长、普通公众等利益相关者为了实现自身或群体的利益诉求，借助一定的手段与方式，通过合法、合规的渠道，直接或间接地向各级教育行政部门提出意见、建议或诉求的过程。而管理部门可以通过灵活多样的方式吸纳不同利益群体的民意表达，听取并征求不同利益群体的意见，这也是一个集聚民间智慧，弥合决策者与执行者信息鸿沟，整合利益诉求的过程。当然，民办高等教育发展政策执行不仅涉及教育行政部门，更涉及土地局、财政局、劳动与社会保障局等诸多行政部门的联动配合，制定专门的配套政策才能更好地助力民办高等教育政策的实施，从外围营造良好的政策执行环境，协同推进民办高等教育发展政策的落地落实。

（2024 年第 1 期）

---

　　① 潘懋元、别敦荣、石猛：《论民办高校的公益性与营利性》，《教育研究》2013 年第 3 期，第 25—34 页。

学报与会议综述

首批民办高校发展经验的思考

摘　要： 改革开放以来，我国民办高校发展已经走过了十多年的历程。本文介绍了首批民办高校的由来，分析了各校的特点，展示了首批民办高校发展的现状，回顾了首批民办高校的发展历程，整理、总结了首批民办高校办学的主要经验，展示了民办高校发展的美好前景。

关键词： 首批民办高校；民办高等教育；社会力量办学

元月 6 日至 9 日，来自浙江树人学院、上海杉达学院、南京三江学院、四川天一学院、北京海淀走读大学、黑龙江东方学院的校长们，聚集在黑龙江东方学院会议室里，有说有笑，欢聚一堂，全国首批民办普通高校协作会在这里举行。校长们久别重逢，格外亲切，他们畅所欲言，回味着各自艰苦创业的历史，畅谈多年来办学的体会和心得，憧憬民办高校美好的明天。笔者有幸参加本次盛会，从中受到许多鼓舞和启发。

一　首批民办高校的由来和主要特点

首批民办高校，指改革开放以来，由国家教委（教育部）最早批准具有颁发高等教育学历文凭资格的一批民办高校。1992 年春天，邓小平同志南方谈话发表，极大地鼓舞了我国社会力量办学的积极性，民办高等教育机构如雨后春笋，快速发展。为了迎接和适应市场经济条件下高等教育发展的形势，引导和规范民办高等教育事业的健康发展，1993 年 8 月 17 日，当时的国家教委制定出台了《民办高等学校设置暂行条例》，并于当年 10 月 21 日至 24 日在湖南长沙召开高校设置评议会议。按照有关标准和民办高等学校的实际，评定黄河科技学院、浙江树人学院、上海杉达学院和四川天一学院具有大专文凭颁发资格。1994 年，国家教委又评定南京三江学院，黑龙江东方学院具有大专文凭颁发资格。加上在这以前批准的民办公助性质的北京海淀走读大学，共有七个民办高校。由于这批民办高校办学时间早，又是一直招收全日制学生，按大专的规范办学，积累了高等教育办学的丰富经验，相同的东西较多。为了加强相互之间的了解，交流办学的经验和教训，互通办学信息，研究教学改革和学校管理，取长补短，共同繁荣，促进民办高校的健康发展，几个学校的领导商定以全国首批民办高校的名义召开协作会。笔者有幸参加会议，较为深入地了解了这些民办高校的创业历史、发展现状。总的来说，这批民办高校代表了我国民办高校办学的较高水平，是我国民办高校发展的领头雁。他们的共同特点：一是办学历史长。浙江树人学院、北京海淀走读大学都是 1984 年正式开始招生的，其他各校也是教育部建立民办高校批准制度以来最早获得批准的民办高校。二是办学条件较好。主要依靠自身努力，艰苦创业，滚动发展，这些学校办学条件有了较大的改善，固定资产已达亿元以上，有的甚至达数亿元，如浙江树人学院评估校产总值已达 4.5 亿元。办学条件的完善为教学质量提供了基本保证。三是管理严格规范，既符合国家对全日制高校的要求，又运用民办机制，办出了自身的特色，走出了一条在市场经济条件下办民办高校的成功路子。四是具有一定的办学规模。黄河科技学院、浙江树人学院、北京海淀走读大学在校生均已达到万人以上，其他各校在校生也都在数千人以上，规模效益明显。五是教学质量较高，招生生源丰富，毕业生就业情况良好，在当地有一定的办学信誉。树人学院虽然 2000 年、2001 年的招生数倍增，但连续两年报考生源仍十分富足，第一志愿上线考生为招生数的近 2 倍。各校的毕业生就业率均较高，超过了当地专科院校。六是注重制度和机制的创新，大胆进行教学改革，争办特色学校，培养特色人才。七是经过努力，积极筹备，已经或正在争取申办本科。黄河科技学院 2000 年已获本科文凭学历颁发资格，上海杉达学院、南京三江学院 2002 年元月 9 日已获通过，黑龙江东方学院、北京海淀走读大学、浙江树人学院已经分别通过本省、市有关部门的评审，正在向教育部申报。总之，首批民办高校的发展令人鼓舞，研究这批民办高校的办学历史、成长过程、办学经验、办学模式等，对于我国民办高教的发展乃至整个高等教育事业的发展，都有着重大的现实意义和指导意义。

二 不同的起步，同样的艰辛

首批民办高校的诞生，是我国改革开放的产物，是解放思想、实事求是、从实际出发加速高教事业发展的重要尝试。

我国私立教育历史悠久。但是，由于历史的原因，新中国成立后被基本取消，改为公办。改革开放以后，国家从穷国办大教育的实际出发，积极鼓励社会力量办学。1982年，全国人大五届五次会议通过的《中华人民共和国宪法》指出："国家鼓励集体经济组织、国家企业事业和其他社会力量依照法律规定举办各种教育事业。"这是改革开放以来第一次在宪法中对社会力量办学做出原则规定。在这个精神鼓舞下，一批有识之士和教育专家开始了民办高等教育的艰难探索，首批民办高校应运而生。

1984年7月，浙江省政协的几位老同志根据浙江高等教育资源十分紧缺、人民群众子女上大学十分困难的实际情况，提出办一所民办大学的建议，得到时任政协主席王家扬的肯定和支持，报省政府批准筹建，校名定为"浙江树人大学"，"纳入省教育事业发展规划"，"学生入学参加高校招生统一考试，学完规定课程，考试合格，承认学历"。但在当时，学校仅有一块牌子，无校舍、无校园、无资金、无教师，有的是一批老教授、老教育工作者对教育事业的拳拳之心。在各方面的支持下，学校创始人带领大家东奔西跑，租借校舍，购置桌椅板凳和家具。他们东借西凑，筹集资金，为了保证学校开学的经费，王家扬同志自掏腰包，把落实政策所返还给自己的工资也投了进去。他们走访在杭州的高等学校，聘用高质量的师资。他们用艰辛的劳动，迎来了1985年秋首届学生进校。1993年，《中国教育改革与发展纲要》发表，极大地鼓舞了树大人的办学积极性。他们千方百计筹措资金，征土地、造校舍，聘用优秀师资，提高教育质量。1991年，树人大学终于有了自己的校园。1993年10月，树人大学通过国家教委高教设置评议组的认定，成为一所国家承认学历、具有大专学历文凭颁发资格的民办高等学校。

与树人学院的情况相似，黄河科技学院也是在艰难的岁月里起步的一所民办高校。1984年，因公致残的郑州大学教师胡大白不甘心三年多的病榻生活，与病魔展开了顽强的抗争，针对当时上大学困难，高等教育自学考试风靡全国的形势，她萌发了帮助热血青年自学成才的愿望，开始了黄河科技学院艰难的创业。学校创办伊始，一无所有，白手起家。胡大白用自己的30元钱，买来纸墨，制作广告，在大街小巷里张贴。由于行走困难，经常是丈夫用自行车推着她找教室，求教师。身残志坚的胡大白，终于办起了黄河科技学院前身——郑州市高等教育自学考试辅导站，从而开始了创办民办高等学校的艰难探索。1985年，辅导班143名学员在统考中取得令人惊异的好成绩，从此，胡大白的名字和她的辅导班声震郑州！18年过去了，高等教育自学考试辅导班也走过了黄河科技专科学校、黄河科技学院的发展历程，学校也从单一的高等教育自学考试辅导站发展到具有颁发大学专科、本科文凭学历资格的全日制高等学校。而今，黄河科技学院已成为全国最早升入本科的民办大学。1984年，根据当时学校资源紧缺的实际，北京成立了民办公助的走读大学——北京海淀走读大学。校长傅正泰在一篇文章中写道："1984年学校初创时，没有经费，没有校舍，没有设备，没有教职工，而其中最突出的是没有最低限度的开办费。作为创办人，我向清华大学核能研究所吕应中同志借了5万元，应付急需。从此走上民办公助、自负盈亏的创业道路。"①

如果说民办高校是改革开放的必然产物，那么，邓小平南行讲话则是民办高校发展的春风。一批热心教育的老教授、老专家以教书育人为己任，挑起了发展民办高等教育的重担。1992年6月，以南京大学、东南大学的离退休教授为主体，由其中长期担任教育管理的老同志为核心，创办了江苏省第一所民办全日制普通高等学校——南京三江大学。8月，上海交通大学、北京大学、清华大学的部分老教授在上海发起成立了杉达大学。1992年11月，黑龙江省高校老教授科技咨询工作委员会发起成立了黑龙江东方大学。在这以前，1991年，四川天一集团在成都成立了天一大学。他们不要政府投资，但求政策扶持，艰苦创业，办学育人，一心为培育现代化的建设人才而工作，为提高民族文化科学素质、培养一代新人而努力，理应得到社会各界的支持和赞赏。

根据民办高校发展的形势和国家对民办教育"积极鼓励、大力支持、正确引导、加强管理"的十六字方针，国家教委颁发了《民办高等学校设置暂行条例》，并按照条例的规定和民办高校发展初期的实际，组织专家对

---

① 《中国教育报》2002-01-22（4）。

上述高校进行了考察、评估，经专家设置委员会审议通过，正式批准了这些学校的办学资格。回过头来看，当时国家教委的领导以及专家评议组的教授们，确实有着对民办高校满腔的热情、极大的宽容、巨大的勇气和超前的胆识。这些民办高校，大都从无场地、无资金、无教师的"三无"境地中走过。就是国家教委审批的时候，按照今天的标准来衡量，其办学条件不堪回首。值得一提的是，学校的创始人以事业为重，一心扑在学校建设上，从来就没有考虑个人的得失。东方学院的校领导，每月薪水仅250元，他们戏称自己为"二百五"校长。树人大学的老教授，自己经常当搬运工，也舍不得请民工帮忙。四川天一学院的冯蜀龙校长，从公办学校调入民办高校，工资未拿多少，到头来却背上一身债务。尽管如此，他们却毫无怨言，心甘情愿投身民办教育。他们的艰辛终于感动了上帝，得到了社会的理解和支持。这里需要说明的是，国家教委在审批这些民办高校时，考虑到当时学校的办学条件，均批准"学院"冠名，但是，这无伤他们的办学积极性，毕竟，首批民办高校正式诞生了。

三　首批民办高校办学的成功经验

首批民办高校的办学只有短短的几年时间。得益于改革开放的伟大决策和社会主义现代化建设的大好形势，各校都得到较快发展，走出了一条民办高校的成功之路。同时，积累了市场经济条件下运用民办机制持续发展的成功经验。

1. 坚持面向经济建设、服务地方需要，是民办高校持续发展的生命力所在。始终面向市场开设专业，按需培养，紧紧贴近社会经济发展和产业结构调整，设置和举办定位于优势产业、朝阳行业、前景职业的专业，针对性强，不仅满足了经济发展对专科层次人才的需要，同时也使民办高校办出了自己的特色，赢得对社会的吸引力，找到民办高校自身的发展空间。

树人学院成立之初设置的两个专业，是国际贸易和工商管理。这是当时浙江省内高校唯一设置的两个专业。在我国改革开放事业大发展的年代，这两个专业的人才格外紧俏。浙江省是市场经济发展较快的省份，商品经济和对外开放都走在全国前列，对国际经贸人才需求更加紧迫。树人学院国际经贸专业的毕业生，成了省内许多外经贸企业争抢的对象。1988年，浙江省面向全国招聘外贸人员，树人学院有 34 名毕业生参加，被录用的有 26 人。1992 年，省外办受委托招考外商在浙代理工作人员，考试成绩前五名中，树人学院有 4 人。

东方学院针对黑龙江省是实施沿边开放的重要省份的实际，设置外向型企事业单位急需的外经贸人才。针对全省 466.9 公顷草原、百万头奶牛、占全国乳制品产量 1/3 的产业状况，专门设置了乳品工艺专业，与技术先进的乳品企业联合培养，实行"2+1"形式，两年在校学习，一年到企业一边学习一边实践。由于办学思路新颖，面向生产一线，毕业生深受企业欢迎，得到社会的好评。

办市场之所需，补公办高校之所缺，发挥民办灵活机制，扬长避短，把开办社会急需专业、培养市场短缺的人才作为民办高校办学的切入点，根据市场的变化动态地设置一些短线专业、热门专业和边缘专业，使专业设置、人才培养与人才市场紧密接轨，是民办高校持续发展的一个重要方面。这一点，在海淀走读大学更加突出。在海淀走读大学，始终面向市场开设专业，按需培养，已经制度化。只要市场需要，海大就设置专业。在海大，专门制订了《关于设置高等职业教育专业的原则规定》，从专业设置的必要性、可行性、办学条件、教学计划制定等作了明确而严格的规定。2001 年，海大的招生专业达到 98 个专业和专业方向，这些专业定位于优势产业、朝阳行业、前景职业上，满足了经济发展对专科层次人才的需要，从而大受市场的欢迎。而海淀走读大学也通过专业设置，缩短了学校培养与人才市场的距离，学校也由此拓宽了办学空间。2001 年海淀走读大学共招收计划内学生 4064 人，加上自学考试面授班等，全部新生达到 9000 多人。开学典礼选择在人民大会堂举行，反映了民办高校强大的生命力和巨大的发展潜力。

2. 质量优先，取信社会，是民办高校成功的永恒规律。质量是民办高校的生命线，它关系到民办高校的生存和命运。由于历史和现实的原因，民办高校对教学质量的重要性认识更加到位。首批民办高校成功的奥秘，其中很重要的一条就是质量优先，取信社会。

黄河科技学院胡大白校长认为，"民办高校面临多方面的压力和挑战，最突出的是教学质量。把参差不齐起点不高的学生培养成合格人才，实现宽进严出是最大的难题，也是全力追求的目标。"为此，黄河科技学院多年来采取了许多强有力的措施，如不惜重金延聘优秀教师、实行小班上课、灵活设置课程、适当增加课时、购买现代教学设备、改革教学方法和教学手段等等，一切为了学生，千方百计提高教学质量，务求教学质量达到或超过公办大学同等学力层次的水平，取得了明显的效果。在东方学院，实行专家办学、教授治教。制定了严格而系统的教学管理制度，层层把关，确保质量。他们对聘用的教师严格筛选，奖罚分明，使教学质量始终得到稳定和提高。

杉达学院办学九年来，坚持"以诚意对待社会，以严谨的教育管理取信于社会，以较高的教育质量回报社会"的办学理念，坚持学校的办学特色和把提高教育、教学质量放在首位，取得了喜人的成效，赢得了社会良好声誉。2001 届全校涉外专业专科毕业生（不含艺术类）通过国家大学英语四级考试为 81.9%，六级为 31.4%；在 2000 年全国大学英语四、六级口试中，全国全部本科院校、部分专科院校共 1906 人参加，该校有 12 名学生参加，11 名获得通过；全国取得 A 级成绩的 209 名学生中，该校占了 4 名。2001 年全校有资格参加口语考试的学生上半年增加到 86 名、下半年增加到 161 名，分别是 2000 年的 7 倍和 13 倍，毕业生英语水平位于国内大专院校非英语类专业的前列。同样，2000 年 59 名日语专科 29 名毕业生中，通过一级考试的有 49.2%，通过二级的占 83%。这个成绩不能不使人感到兴奋。三江学院的毕业生参加专升本，考试成绩和录取人数均居全省专科院校前例。在前几年浙江省招聘外贸人员中，浙江树人学院的毕业生一直占有一定的优势。杭州市装潢设计行业的从业人员中，树人学院三份天下有其一，办学质量得到社会的认可和赞赏。

教师队伍的质量是教学质量的重要保证。民办高校不可能像公办高校一样建设一支完善而齐全的专职教师队伍，这个特点加重了民办高校教学质量工作的难度。首批民办高校的一个共同特点，就是十分注重教师队伍的建设，严格把关，把尽可能好的教师聘进来，同时抓住机会，加快自身骨干教师队伍的建设，使学生能接受较好的教育。据材料分析，首批民办高校的教师队伍中，除了自身的专职教师以外，聘用的公办高等学校优秀教师是教学工作的主要承担者。由于这些学校都在大城市，区域优势使得他们能够依托名牌高校聘到较好的师资。如，杉达学院主要依托上海复旦大学和交通大学、三江学院主要依托东南大学和南京师范大学、东方学院主要依托黑龙江师范大学、黑龙江大学和哈尔滨工业大学等。各校的做法，一是适当提高教师待遇，用经济杠杆吸引人才；二是严格把关，择优聘用，保证聘用教师有较高的教学质量，这是民办高校的优势所在；三是采取多种办法，使一批相当稳定的外聘教师安心工作，形成相对固定而优质的外聘教师队伍。现在各校的教师队伍建设基本形成，副高以上职称的教师大致占到 70% 以上，为教学质量的稳定提供了保证。

较高的办学质量取得了良好的办学信誉，为学校持续发展创造了条件。三江学院毕业生的就业率多年保持在 100%。各校毕业生就业率在当地专科院校中均居较高水平。正因为这样，在高校大幅扩招的情况下各校仍保持了充裕的生源。树人学院连续几年生源爆满，2000 年、2001 年招生数分别为 2100 人和 3000 人，第一志愿报考的上线生达 4300 余人和 5000 余人。三江学院 2001 年在江苏招生 1550 人，第一志愿报考的有 2600 人。进得来、留得住、学得好、出得去，学校信誉良好、质量过硬、就业率高和生源充裕，已经形成一个持续发展的良性循环。

3. 加快积累，完善办学条件，是民办高校持续发展的保证。首批民办高校全都经历过无校舍、无资金、无教师的"三无"境况。在坚持不以营利为目的的前提下，得益于国家政策，充分利用社会资源办学，坚持规模和效益的并举发展，为学校办学积累了难得的资金，再投入学校的建设，加快了办学条件的改善和完善，而这又反过来为学校办学规模的扩大和教学质量的稳定提高创造了条件。随着近几年高校扩招的展开，首批民办高校的办学规模也得到快速的扩大，学校发展进入一个新时期。表 1、表 2 列出了各校办学硬件和招生数增长情况①②。

表 1　　　　　　　　　　部分首批民办高校主要办学硬件情况

学校名称（简称）	占地面积/亩	建筑面积/万平方米	藏书量/万册	大学在校生/人	设备总额/万元	计算机/台	专任教师/人	专业数/个
东方学院	392	10.5	21	3800	1442	1004	77	17
三江学院	421	12.0	20	5800	2000	650	300	16
杉达学院	402	10.0	12	3700	1700	1300	206	20
树人学院	501	18.0	30	6300	2500	1400	360	41
海淀大学	438	22.0	34	10200	3095	—	511	98
黄河学院	570	23.0	30	5900	1259	—	373	10（本科）13（专科）

注：方格内画线表示未查到有关数据信息，下表同。

---

① 根据各有关院校网站资料整理。

② 《黄河科技大学学报》2001（3），1999（1）。

表 2 部分首批民办高校近年全日制计划生招生人数

学校名称	1997 年	1998 年	1999 年	2000 年	2001 年
海淀大学	1094	1021	2500	—	4064
黄河学院	—	—	—	—	2870
杉达学院	—	700	960	1393	1450
树人学院	352	583	736	2234	3147
三江学院	600	684	1544	1712	2637
东方学院	400	500	700	1200	1900

值得一提的是，这些高校的硬件设施主要是近几年建设起来的。由表 2 可见，这些学校大幅扩大招生，主要的也是因为有较为完备和齐全的办学设施作为支撑。可以肯定地说，如果没有一定的"硬件设施"的建设，这些民办高校不可能发展得这么快。长期处于"三无"状态的民办高校，不可能取得持续发展。

4. 注重整体培养质量，坚持社会主义办学方向，是民办高校发展的基本要求。首批民办高校十分重视班子建设，十分重视思想政治工作，注重学生德、智、体全面素质的提高。各校都建立了校党委，关系均挂靠在省教育工委，同时根据学校需要，配有专门从事学生思想政治工作的机构和人员。在日常教育工作中，各校重视学生怎样做人的素质教育，指导学生树立正确的世界观与价值观，严格执行校规校纪，认真进行思想品德教育，实行以法治校和以德治校相结合，增强学生法律意识和遵纪守法的行为规范，使学生的整个素质都得到提高。杉达学院在全面贯彻素质教育中，坚持邓小平理论"三进"和以"三个代表"的思想为指导，加强精神文明建设，做好党建工作，发展学生骨干和青年骨干教师入党。学校举办了八期业余党校，参加者达 883 人，共发展学生党员 78 人。据 2001 年 9 月统计，学生申请入党的人数为 815 人，占全校在校生数的 22.1%。各校重视党风的建设，带动了校风、学风的建设，促进了学生整体素质的提高。东方学院的学生在今年的冰雕节上运用自己的知识奉献多件作品，获得几个大奖，有的还参加了全国和国际冰雕节比赛，扩大了学校的影响，受到了社会好评。三江学院专门配有强有力的班导师队伍，专职从事学生思想政治工作，学生管理和思想工作落到实处。该校所实施的"十中汰一"滚动竞争制，使学生领略到市场竞争的严峻性，培养学生的竞争意识，激励学生奋发求学的自觉性，起到很好的效果。树人学院几年来在全校持久开展树优良学风、建文明校园活动，推进了学校精神文明建设的步伐，2000 年被评为浙江省优秀民办学校，2001 年学校党委又被评为优秀基层党组织。黄河科技学院的胡大白校长还被选为河南省党代会代表和"中国十大女杰"，受到党和国家领导人的亲切接见。杉达学院的常务副校长袁济作为上海市高校的代表出席全国高校党建会议。民办高校的党建工作和思想政治工作也已经取得了显著的成绩。

5. 宽松的办学环境、开明的政策扶持，是民办高校发展的有力保证。纵观首批民办高校的产生和发展，政府的支持是成功的主要因素之一。政府支持的直接作用，是明确给予民办高校发展的优惠政策，如征用土地、建设配套费、招生办法、专业设置、收费审批等等方面，给予相对宽松的政策。由于历史的原因，我国民办高校发展相对滞后，发展实力还比较薄弱，还需要一些政策的扶持。各地本着积极鼓励、大力支持、正确引导、加强管理的精神，在鼓励和支持民办高教发展方面作了许多卓有成效的工作。如浙江省的教育投入免所得税政策和民办高校收费备案制政策、北京市关于民办高校专业设置的政策、江苏和上海两地 2001 实行的自主招生政策等，对民办高校的发展起到了有力的促进作用。政策扶持的另一个方面，是共同营造社会认可、理解和支持民办高校发展的环境，转变社会对民办高校的偏见，为民办高校的发展营造有利的氛围。在首批民办高校，留有许多政府和教育部门领导来校考察的照片和记录，他们深入校园，研究问题，解决困难，与民办高校领导一起探讨如何促进学校健康有序稳定持续发展，这本身就是对民办高校发展的有力支持，同时也为社会理解、支持民办高校发展做出了表率。

首批民办高校的发展是健康而令人骄傲的，她已经成为我国民办高校发展的领头雁。从它们身上，可以看见我国民办高教事业的未来。

（2002 年第 2 期）

认清形势　发挥优势　促进可持续发展

——第二届中外民办高等教育发展论坛综述

摘　要：对第二届中外民办高等教育发展论坛的内容进行综述，从形势、问题、优势及发展四个方面对我国的民办高等教育作出了阐述。这也是该论坛的重要成果。

关键词：民办高等教育；形势；问题；优势；发展

由中国高等教育学会举办、浙江省高等教育学会和浙江树人大学承办的第二届中外民办高等教育发展论坛，于 5 月 12 日至 15 日在浙江树人大学隆重举行。参加会议的有民办高校代表、民办高校研究专家等共 110 余人。著名高等教育研究专家潘懋元、蔡克勇、胡瑞文、邬大光、菲利普·G. 阿尔特巴赫（美）等出席了会议，中国高等教育学会副会长兼秘书长张晋峰出席会议并主持专家报告会。

一

与会专家和代表分析了我国民办高等教育的发展现状。大家一致认为，经过 20 多年的努力，我国民办高等教育已经有了一定的发展规模，特别是国家实施高校扩招、积极推进高等教育大众化以来，民办高等教育抓住了机遇，乘势而上，加快发展。截至 2005 年，我国已有 252 所民办普通高校，是 1998 年 25 所的 10 倍之多，在校生 212.63 万人，约占全国普通高校在校生的 13.6%。办学层次也有了较大的突破。2005 年教育部门批准 16 所民办高校升格本科，使民办本科院校增加到 25 所，突破了民办高校原有的发展空间，初步改善了民办高校的办学结构，也极大地鼓舞了民办高校的办学热情。民办高等教育在高等教育大众化进程中发挥越来越重要的作用。国家对民办高等教育发展寄予的期望，穷国办大教育的基本国情和国家经济发展对人才培养的需求，高等教育财政的严重不足和人民群众热切希望上大学的期盼，急需社会力量参与高等教育的投资，民办高等教育在整个高等教育体系中的比例逐步增加，办学信誉日益提高。许多专家在对民办高等教育发展形势进行分析的同时，还对未来的发展进行了预测。著名高等教育专家潘懋元从财政性教育经费、高等教育的巨大需求和世界特别是亚洲私立高等教育发展的实例多方位举证，乐观地认为未来"如果方针正确，政策落实，当高等教育毛入学率达到30%—40%，全国高校在校生达到4000万时，民办高校在校生可能达到1/2以上"。

美国波士顿学院国际高等教育研究中心主任、著名高等教育研究专家菲利普·G. 阿尔特巴赫认为，以下因素综合表明私立高等教育未来将在全球范围内变得越来越重要。（1）政府没有足够的能力充分满足社会对高等教育的需求。（2）许多社会对高等教育理念的变迁——高等教育如今更多被视为个人从中受益的"私人物品"，而非使整个社会产生收益的"公共物品"。这种理念变迁的必然结果就是"谁受益，谁付费"。（3）人们普遍认为，政府应该较少干预所有的社会事务，包括高等教育。（4）未来全球高等教育的扩张将可能集中在私立高等教育。以上因素在中国同样存在，因此有理由相信，中国民办高等教育将在不远的未来得到快速的发展。

二

许多专家在对民办高等教育未来发展充满乐观愿景的同时，也对其发展的环境和存在的问题表示担忧。总体来看，目前的环境还不理想。没有取得独立颁发学历文凭资格的民办高等教育机构数量大幅减少，已经从2002年的1200多所减少到2005年的1077所，呈锐减趋势；民办普通高校的办学自主权也没有得到落实，分类管理进展不快；教师队伍建设的障碍没有得到有效的解决，专职教师队伍建设缓慢，师资主要依靠外聘教师的局面尚未改观；生源文化素质低，教学和管理难度较大；办学资金紧张，基本设施建设难以到位，生均资源占有率低，影响教学质量的提高。民办高校内部关系的理顺和机制运用也有待于努力。总体来看，民办高等教育在高等教育体系中的弱势地位尚未改变。厦门大学高等教育研究中心潘懋元教授从外部环境（招生问题、师生待遇问题、评估问题、行政管理问题、优惠政策不到位问题等）和民办高校自身"成长中的问题（生源问题、师资问题、资金问题、质量问题、办学思想与学校管理问题"等两个方面进行分析，指出"这些问题未能得到及时、有效解决，导致近年来民办高等教育发展相对较为缓慢"。华中科技大学教育科学研究院副院长别敦荣教授在演讲中指出：当前对独立设置的民办高校的政策限制与政策歧视依然存在。从工作机构看，政府并未将民办高校纳入高等教育的行政范畴，政府管理部门不健全，职能不到位；政府对公办高校和独立设置的民办高校采取的是双轨制的财政政策，民办高校得不到政府的任何补助。独立设置的民办高校发展空间越来越窄，呈现萎缩趋势。民办高等教育的倒春寒现象为民办高校敲响了警钟。2004年全国民办高校报到率平均不到80%，个别学校不到50%，学生流失率上升。许多基础薄弱的民办高校面临着被兼并或倒闭的命运。投资不足使得独立设置的民办高校发展缺乏后劲，而民间资本的回报与盈利是影响投资信心的关键。投资民办高校的风险加大，有的民办高校因资金链断裂而陷入难以维持的境地。独立设置的民办高校初具规模，但始终游离于高等教育的边缘。从学科专业设置看，所设置的大都是应用型的、投资节约型的学科专业；从发展定位看，都是教学型院校，全国还没有一所民办高校被批准具有培养硕士研究生资格。民办高校进入高等教育的中心还需努力。

三

许多专家和代表认为，面对存在的困难和问题，民办高等教育也不是无所作为。经过20多年的实践锻炼，我国民办高校已经在探索中逐步走出适合自身特点和市场规律的发展之路。实际上，现阶段我国民办高等教育的发展仍有自身的体制和机制优势，如何扬长避短，发掘、发挥这些优势，将压力转化为动力，有所为有所不为，是民办高等教育可持续发展的重要方面。

华中科技大学教育科学研究院副院长张应强教授认为，我国高等教育大众化为民办高等教育提供了发展壮大的空间。民办高等教育与高等教育大众化之间具有必然联系，高等教育大众化的继续推进必然带来民办高等教育的快速发展，高等教育市场化趋势为民办高校发展提供了广阔前景。我国民办高等教育发展是适应高等教育市场化而发展起来的，民办高校比公办高校具有更强的市场意识、市场运作机制和市场适应能力，因而具有强大的生命力。中国高等教育学会副会长、原教育部发展研究中心副主任蔡克勇教授认为，由于民办高校都是改革开放以来发展起来的，犹如一张白纸，容易描绘最新最美的图画。民办高校没有公办高校的历史包袱，能够做到轻装前进，跑得更快。别敦荣教授认为："民办高校一无所有，可以根据时代要求，遵循高等教育发展规律，进行办学模式的全面规划和建设。创建新的办学模式。应当紧紧抓住民办机制优势，充分利用民办机制在争取教育资源、人力资源配置、教育活动建构、质量效益诉求等多方面所具有的灵活性、敏感性、快捷性和经济性等优势，建立起比公办高校更有竞争力的管理体制、人事制度和教育制度，使民办高校步入快速、高效、优质发展的轨道。"

一些专家认为，由于民办高校主要依靠社会投资和学费收入，很少有政府财政经费投入，民办高校可以拥有更大的办学自主权，相对于公办高校，具有更大的灵活应变的空间和能力，在高等教育竞争加剧的背景下，能够顺应市场，及时调整自身的策略，贴近市场办学，强化办学特色，做到扬长避短，趋利避害，赢得发展机遇。

四

会议期间，专家们就如何促进民办高等教育的可持续发展建言献策，提出了许多有见地的意见。许多专家和代表认为，当前我国民办高校仍处于竞争的弱势，要争取竞争的有利环境，加快自身发展，就必须找准定位，凸现特色。民办高校的可持续发展的关键是要适应市场，准确定位，强化特色，提高质量，错位竞争。

针对当前民办高校的优势和办学实际，许多民办高校的校长都认为，与公办普通高校以培养学术型人才为目标不同，民办高校主要以培养应用型人才为目标。目前绝大多数民办高校的定位都是在高等职业技术教育和专科教育层次上，教学内容、教育形式与课程结构的设计普遍倾向于面向就业市场，注重实践与应用，以提升毕业生的就业率，满足民间经济与社会发展的人才需求。即使已经升格本科的民办高校，也仍要发挥优势，坚持高级应用型人才培养的方向，努力为生产、管理和服务的第一线培养人才。

　　蔡克勇教授指出：民办高校作为后起的办学形式，要避免与历史悠久的强者在竞争上发生正面冲突，就应该坚持"拾遗补缺"。他指出："拾遗"就是"拾"公办高校之"遗"，"补缺"就是"补"公办高校之"缺"，提供公办高校所没有提供的"另类选择"。他从香港凤凰台的跨越式发展、美英等国家私立高等教育发展的历程和我国高等教育的现状出发，阐述了这种"拾遗补缺"、创建特色对于民办高校发展的重要意义。张应强教授则认为：市场是民办高校发展的基础，民办高校在"计划块"无法与公办高校竞争，但在"市场块"有公办高校想做不能做、能做不屑作的市场，这正是民办高校超越公办高校的有利空间。民办高校应该而且能够在市场意识上超越公办高校，在市场运作上超越公办高校，适应市场——坚定地面向市场，依法自主办学。通过瞄准市场，面向市场，跟踪市场，服务市场来解决高等教育与市场的高度紧密结合问题，是民办高校发展的重要策略之一。斯坦福大学经济学博士还在会上介绍了美国阿波罗教育集团的成功案例，启发国内的民办高校走向市场，发挥优势，寻找自身的发展空间。

　　强化特色，是民办高校可持续发展的关键所在。在高等教育市场初步形成、高校之间竞争日益加剧的背景下，民办高校办学特点越鲜明，就越容易生存，越容易赢得发展。专家和代表对如何突出民办高校的办学特色提出了许多建议，同时认为，民办高校的办学特色，应该体现在人才培养的目标、定位、规格和类型，更要体现在专业的设置和课程内容的优化。原上海教育科学研究院院长胡瑞文教授列举了当前普通高校专业设置和人才培养中存在的问题，希望民办高校从人才需求的实际和民办高校的优势出发，勇于改革，大胆突破公办高校的学科体系、教学计划、教学大纲，根据市场状况自主调节，富有弹性、灵活机动，注意培育服务面向上的特色。面向行业、面向职业门类的多样化市场和需要，培养需求面广量大、适销对路的应用性人才。美国波士顿学院教育博士汪惠平就正确处理多样性和同类性的关系、培养既符合大学人才标准又体现学校个性特色的问题，做了专题演讲。

　　浙江树人大学校长朱玉认为，加强民办高校的管理对于民办高等教育的健康发展具有重大意义。当前，政府、企业和社会各个行业都十分强调提高管理水平，力求通过管理来节约成本，提高效率，加强效益，可以说现代化、科学的管理越来越被人重视。目前全国 5000 人以上规模的民办高校有36 所，万人以上的民办高校有 21 所，许多民办高校家当已经不小，人、财、物、信息等诸方面的管理量大，头绪多，因此，为尽早使民办高校上层次、上水平，提高管理水平就显得更为迫切。针对当前民办高等教育发展中的问题，必须加强管理，努力做到决策民主化，科学化，大力提高管理水平，逐渐形成符合民办高校的管理理念、管理机制、管理方法，从而提高民办高校人才培养的整体质量和水平。

专家认为：大学毕业生就业问题对高等教育的发展起着重要的导向作用，民办高等教育的发展（包括规模扩张和质量提升），要充分考虑大学生的就业问题。"十五"期间，高校毕业生在求职总人数中的比例从 2001 年的 8.77% 上升到 2005 年的 14.46%，预计"十一五"期间将上升至 20%—25%，随着就业压力的加大，民办高校的就业将成为考量其办学质量和信誉的重要指标。日本东京大学教育学院博士、北京大学教育学院博士后鲍威在会上就其对民办高校毕业生就业情况的研究报告做了专题介绍，对如何形成民办高等教育在就业市场中的优势提出了三点建议：一是加强培养学生的实践性、职业性技能知识，更好地适应就业应岗的需要；二是要加强指导，转变学生的择业意识，教育学生务实择业；三是要深化改革，保持教学内容与现实需求之间变化的一致性，学以致用，适应科学技术和社会发展的需要。

创设宽松且带有鼓励和支持力度的有利于民办高等教育发展的环境，是政府部门义不容辞的责任。与会代表和专家呼吁各级政府主管部门，从民办高校的实际和高等教育的长远发展出发，更新观念，加快管理职能的转变。原北京市人大常委会副主任、全国民办教育工作者联谊会主席陶西平认为，当前特别要树立整个高等教育协调发展的大局观念，克服偏见，制定和落实发展民办高等教育的各项政策，使规范和促进相结合，引导民办高等教育的可持续发展，最终形成政府办学为主体，公办高校和民办高校共同发展的格局，为全面实现小康和中华民族的伟大复兴做出贡献。

会议还协商讨论成立中国高等教育学会民办普通高等教育分会的相关事宜，并达成了一致意见。

（2006 年第 4 期）

以规范树形象　以质量立地位
以特色塑品牌
——首次"全国民办高校学报工作研讨会"综述

徐绪卿　王晓瑜　毛红霞　陈汉轮

编者按：2007 年 11 月 10 日，首次"全国民办高校学报工作研讨会"在杭州浙江树人大学召开。当前全国民办高校呈现健康快速的发展势头，而民办高校学报的发展由于种种原因显得较为艰难，对相关问题进行研究和探讨显得尤为必要，从而实现两者的协调发展。到目前为止，专门就民办高校学报举行的全国性会议尚属首次，本次会议具有重要的里程碑意义。为此，刊载首次"全国民办高校学报工作研讨会"综述，以向关心民办高校和民办高校学报发展的领导和学者们转达会议的信息。

关键词：民办高等教育；民办高校；民办高校学报

2007 年 11 月 10 日，首次"全国民办高校学报工作研讨会"在杭州浙江树人大学召开。本次研讨会由中国高等教育学会和中国人文社会科学报学会举办，浙江树人大学承办。教育部社科司出版处领导田敬诚应邀出席会议并作重要讲话。中国人文社会科学报学会理事长龙协涛教授、中国社会科学院文献信息数据库主任姜晓辉教授、中国人民大学原学报主编杨焕章教授、北京师范大学原学报主编潘国琪教授、浙江省高校学报研究会创始人方集理教授、上海《教育发展研究》期刊常务副主编董秀华等专家应邀出席会议并作专题报告。会议由浙江树人大学副校长徐绪卿教授主持，校长朱玉教授出席会议并作了热情洋溢的讲话。浙江省高校学报研究会理事长朱君华教授、副理事长徐枫教授到会祝贺。来自全国 30 多所民办高校的学报同仁与会并围绕学报建设展开了热烈的讨论，其中 8 位民办高校学报编辑部负责人在会上做了专题经验交流。

一　全国民办高校学报的基本情况

截至 2006 年，我国民办普通高校已有 278 所，其中民办本科院校 27 所，在校学生 280.5 万人。民办高校已成为我国高等教育的重要组成部分。随着学校规模的扩大和层次的提升，许多民办高校已经开始重视和关注科研工作，纷纷创办学报。据了解，全国民办高校已有学报近 200 种，其中有 100 多种获各省市自治区新闻出版管理部门颁发的内部出版准印许可证，还有为数不少的民办高校学报在筹办中。经批准公开出版的民办高校学报仅有 4 家（浙江树人大学学报、黄河科技大学学报、北京城市学院学报、仰恩大学学报），其中浙江树人大学学报已进入"首届浙江期刊方阵工程"及"中国人文社科学报核心期刊"行列，并在创刊的同时交付邮局发行。由此可见，民办高校学报虽然起步较晚，但数量正在增加，质量正在逐步提高，呈现越办越好的态势。尽管如此，目前我国民办高校学报"一少二多"（公开出版少，内部准印多，自行印刷交流多）的现状不利于政府监管，也不利于学报整体质量的提高，在一定程度上阻碍了民办高校科研工作的开展和学术水平的提高，已成为制约民办高等教育健康发展的因素之一，应引起有关方面的高度关注。中国民办高等教育既然已经成为我国高等教育的重要组成部分，那么民办高校学报在高校学报队伍中也应该有一席之地。

二　专家呼吁：政府应尽快解决民办高校
学报的刊号问题

与会专家认为，正如高等教育大众化背景下中国高校多样化发展一样，中国大学学报自然也应是分不同层次、不同类型、满足不同需要的。中国民办高等教育作为我国高等教育新崛起的重要组成部分，其科研和学术的环境应引起必要的重视。民办高校学报的健康发展，有待于政府相关部门的关注和支持。浙江树人大学徐绪卿认为，当前，民办高校学报大多无刊号或只有内部临时刊号，难以纳入政府管理视野。无论从哪一个角度看此问题，这样庞大的学报群体尚未获得政府认可，是值得关注的。解决民办高校学报的刊号问题，政府与民办高校之间应是互动的。一方面，希望相关部门能正视民办高校已经成为我国高等教育重要组成部分的现实，正视民办高校学报的特殊性，适度地、有条件有步骤地解决民办高校学报的刊号问题。尤其是对一些办刊时间较长、质量较好、办刊规范的民办高校学报，应出台相关政策，尽快解决，将民办高校学报纳入政府管理的范畴。既保证正确的舆论导向，促进民办高校学报的规范和质量提升，又满足民办高校多样化发展的需要。同时，针对存在的问题，政府部门应帮助提高质量，加强规范管理。另一方面，民办高校领导应重视学报工作，加大投入，加强管理，加快队伍建设，进一步创设科研环境。民办高校学报编辑部应加强自身建设，从编辑的各个环节上把好关，重质量、重信誉，不断提高学报的质量，努力增强社会的认可度，以时间换空间，以有为争地位。

三 办好学报应注重学报的定位、质量和特色

与会专家和代表就如何办好学报进行了研讨。龙协涛认为，要办好学报，首先要明晰学报的定位，应有明确的办刊目标。没有明确的定位和目标，学报就缺少了灵魂。由于办学体制的不同、面向对象的不同，民办高校学报的定位就应该与公办高校学报有所区别。杨焕章认为，高校学报必须立足本校，放眼社会。面向学校办学实际，服务于本校教师的教学与科研，这是由学报的性质决定的。当然，学报也应放眼社会，为加强学报与社会的联系，为教师学术交流和学报融入社会做好自身的工作。田敬诚认为，目前民办高校学报与民办高校一样，有与公办高校学报趋同的倾向，这是值得关注的。他认为，民办高校学报应关注民办高校自身的问题，把民办高校办学的实际问题作为重要内容加以研究。

与会代表还认为，要办好民办高校学报，必须注重质量的提高。诚然，绝大多数民办高校的学报尚未取得公开刊号。但是，相当多的民办高校学报已获内部准印或临时准印。刊号是"临时"的，但办刊思想不能"临时"。与民办高校的发展一样，民办高校学报也应该从严要求，以规范树形象，以质量立地位，以特色塑品牌。针对当前实际，要提高民办高校学报质量，大家认为应从三个方面入手。一是注意学报文章内容的政治倾向，保证学报沿

着正确的政治方向，保证政治上与党中央保持高度一致。二是注重学报内容的品位，不能让不健康的内容在学报有滋生土壤，使学报整体呈现积极向上的品位和较高的学术起点。三是严格按国家标准和规范编辑，避免随意性和不符合标准的编辑。从目前部分民办高校学报的实际来看，优质稿源有待于发掘，编辑力量还应加强。潘国琪分别选择 5 家已进入教育部名刊工程的学报和 5 家非名刊学报部分文章 255 条经典著作引文，发现出差错的有 70 条，占 45%，其中非名刊学报略高于名刊的差错率，说明当前学报经典著作引用的高差错率是一个带有普遍性的问题，希望引起民办高校学报同行的重视。

特色是高校学报可持续发展的保证。民办高校学报起步晚，在高校林立、高校学报众多的背景下，要想取得市场的竞争地位，就必须在规范办刊、不断提升质量的同时，努力发掘和培育自身的特色，在夹缝中寻找生存和发展空间。浙江树人大学学报的"民办高等教育"专栏创建 6 年来，发表了大量的专题文章，成为学报的特色和亮点，获得了社会好评，从正面说明突出办刊特色的重要性。杨焕章也认为，民办高校的根本特征是多样化，各校自身的特点和特色，为民办高校学报的特色奠定了良好的基础，民办高校学报应立足学校，努力发掘，使之成为彰显学校特色的阵地，成为学报特色的根基。龙协涛认为，中国的重点院校并非所有的学科都是重点学科，非重点院校并非所有的学科都不是重点。学术研究是个性化的创新活动，大学学报如果千刊一面，诸如麦当劳、肯德基的连锁店，就会丧失学术的基本品格和学报的个性，丧失存在和发展的必要。姜晓辉指出，社会科学研究院的核心期刊重视学术应用，评选不分地区和行业，使用率（包括被引率、转载量、流通率）较高是核心期刊最重要的一个特征，"学术影响较大"则是核心期刊的重要表征之一。对此，学报应练好内功，做好期刊定位和策划，做出特色，注意宣传。董秀华在会上介绍了《教育发展研究》期刊坚持前沿和纵深相结合、理论与实践相结合、学术性与可读性相结合，如何抓质量、抓特色的主要经验和措施，受到与会代表的欢迎。

四　会议决定成立民办高校学报研究会

本次会议就成立全国民办高校学报组织机构进行了磋商，大家认为成立相关机构有利于加强政府及相关部门对民办高校学报的联系和指导，有利于民办高校学报之间的规范自律和质量提升。经中国人文社科学报学会同意，会议决定成立中国人文社科学报学会民办高校系统联络中心，并推选浙江树人大学为联络中心主任和秘书长单位。中国人文社科学报学会理事长龙协涛介绍了学会的相关情况，勉励各民办高校学报积极参加学会组织的活动，定期展开交流和讨论。与会代表纷纷表示全力支持学会的工作，希望民办高校学报越办越好。

（2007 年第 6 期）

分类管理，分类指导，分类评估，促进发展

——全国民办本科高校教学评估研讨会综述

徐绪卿　冯淑娟　廖华跃

摘　要：如何通过教学评估有效推进民办高校健康快速发展，是民办高等教育研究的热点。2008年4月24—28日在杭州召开的第三届中外民办高等教育发展论坛上，与会专家、学者围绕民办本科高校教学评估进行了广泛交流、深入探讨，并就评估的分类指导、体系设置、内容方法、效果评价等问题提出了真知灼见，达成了共识。此次会议对即将开展的第二轮教学评估将起到十分积极的作用。

关键词：民办高等教育；民办高校；民办本科高校；教学评估

为进一步加强高等学校教学工作的宏观管理和指导，努力提高高校规模扩大后人才培养的质量，提升我国高等教育的综合实力和国际竞争力，2003年教育部决定建立5年一轮的全国高等学校本科教学工作水平评估制度。列入首轮（2003—2007年）评估的592所本科高校中，仅有2所民办本科高校（黄河科技学院和三江学院）。时至今天，我国已经有40所民办本科院校，在即将开展的第二轮评估中，它们将全部被列为评估对象。如何做好民办本科高校教学评估工作，通过评估来促进民办高校办学质量和水平的提升，规范、推动民办高校的健康、可持续发展，也成为理论界及教育实践迫切需要回答的问题。4月24—28日，由中国高等教育学会举办、中国高教学会民办普通高教分会（筹）和浙江树人大学承办的第三届中外民办（私立）高等教育发展论坛暨全国民办本科院校教学评估研讨会，在浙江杭州举行。来自全国34所民办高校和部分新建本科院校的130多位代表参加了会议。浙江省教育厅副厅长蒋胜祥，教育部高等教育司高校评估处处长朱洪涛，教育部高校教学评估中心副主任李志宏和专项评估处处长周爱军，著名高等教育研究专家潘懋元、孙莱祥、邬大光，中国高教学会副会长兼秘书长

张晋峰和学术部副主任高晓杰以及部分教育部评估专家出席了会议。应会议之邀，朱洪涛处长作了题为"对进一步提高评建工作质量的几点思考"的报告，回顾总结第一轮评估的成绩和问题，介绍了下一步工作的主要设想。李志宏副主任作了"高校教学评估的规划与组织"的报告，系统介绍了我国高校评估工作的进程和相关情况，并回答了代表提出的热点问题。孙莱祥教授作了"本科教学评估新构想框架"的报告，系统介绍了所主持的教育部重大项目"高等学校分类评估研究"的阶段成果。潘懋元教授在会上做了"分类指导与民办高校评估"的报告，邬大光教授作了"教学评估与教学改革的若干思考"的报告，受到代表们的一致好评。另有 13 位专家、领导和民办高校代表在会上做专题报告或发言。会议围绕民办本科院校如何正确对待和怎样开展教学评估问题，从理论、政策和实践的角度做了广泛探讨，取得了许多共识。

据统计，截至 2007 年底，全国已有民办普通高等学校 297 所，独立学院 310 所，民办普通高校已经占全国普通高校总数的 33%。民办普通高校在校生 349.7 万人，约占全国普通高校在校生的 18.5%。从规模上看，我国民办高校已经成为高等教育体系的重要组成部分。学校升格也有所突破，2008年，教育部又批准 13 所民办高校升格为本科，这样，我国独立设置的民办本科院校已经达到 40 所。随着我国高等教育大众化的积极推进和受高等教育需求的持续增长，高等教育经费紧张的局面进一步加剧。教育部领导已经表示，今后高等教育发展的增量，主要依靠发展民办高等教育解决，可以想见，我国民办普通高校今后将持续快速发展，成为我国高等教育发展强劲的增长点。民办高校的成长和发展，改变了我国高等教育投资体制长期以来单一的由国家财政独家承担的局面，拓宽了高等教育资金的来源渠道，减轻了国家负担，增加了高等教育的投入，兴办了新的高等学校，扩大了我国高等教育的紧缺资源，缓解了我国高等教育供求关系严重失衡的矛盾，增加了学生读大学的机会，满足了人民群众对接受高等教育的愿望，为社会培养了大批经济建设和社会发展需要的人才；民办本科高校以其灵活、高效的机制特性，促进了教育思想观念的更新，推进了办学体制、管理体制、教育模式和学校内部运行机制等教育改革的深化，创新了人才培养模式，形成了自身的办学特色，影响和推动了我国高等教育的改革和发展，为我国建设人力资源强国做出了贡献。民办高等教育正在为越来越多的人所认同，正在成为我国高等教育的重要组成部分，在我国社会主义现代化建设事业中发挥重要的作用。

与会代表研讨了民办本科院校开展评估工作的必要性和重要意义。朱洪涛处长介绍了第一轮评估的基本情况，他用"成绩巨大，主流良好，新生事物，问题不少"16个字概括了第一轮评估工作，并对下一步工作提出了要求。李志宏副主任认为，第一轮教学水平评估总的来说是好的，参评学校至少在以下几个方面取得了明显成效：厘清了办学思路，明确了办学定位；强化了教学中心地位；教学管理更加规范科学；促进办学特色凸显和大学文化进步；扩大教育开放和交流，促进教育观念更新；促进教学投入，办学条件明显改善。代表们普遍认识到，全面开展普通高等学校教学评估工作，确立同期性的教学评估制度，是教育部审时度势，为提高教育质量采取的关键举措。对于树立质量是高等教育的生命线意识，确立教学工作在高校的中心地位，加大教学投入、深化教学改革、规范教学管理和提高教学质量，具有重要的作用。在整个社会对高校办学质量十分关注的背景下，民办本科院校应高度重视教学质量，积极参与教育质量评估，把自己置身于高等教育体系之中，抓住机遇，积极迎战，从评估中吸取经验，牢固确立教学工作的中心地位，进一步提高教学质量，不断提升办学核心竞争力，从而提升社会对民办本科院校的认可度。教育部评估专家、南京三江学院副院长陈云棠教授认为，开展教学水平评估，有利于从政策和制度上规范民办高校的各项办学条件建设和办学行为，引导民办高校采取措施切实提高教育教学质量，进而展示民办高校的办学实力，提高民办高校的办学水平，促进民办高校可持续发展。教学工作评估不仅是教育部对高校办学水平和办学质量的一次全面检验，更是民办本科高校夯实基础、实现新一轮改革与发展的良好机遇。依法治校，健全、完善学校办学体制和投入机制，并按照教育部的评估要求规范本科教育体系，健全和完善学校保障教育教学质量的长效机制，是民办本科高校实现可持续发展的根本。教育部评估专家、上海杉达学院陈建新教授认为，教育部和地方教育行政主管部门这些年来对我国普通高校部署、组织和开展的教学工作评估，无疑对规范民办高校的办学行为，提高民办高校的办学质量和办学水平，起到了明显的促进作用。因此，评估工作同样适合于民办高校。会议代表普遍认为，尽管目前社会上对高等学校教学评估存在不同的看法，但是教学评估在促进学校重视教学工作、重视教学建设、重视教学质量的重要作用是客观存在的。民办本科高校的教学工作评估不是"要不要"进行的问题，而是如何改革、如何实施的问题。

代表们分析了我国民办本科院校教学工作的特点，进一步就实施分类指导、分类管理和分类评估作出呼吁。浙江树人大学副校长徐绪卿教授认为，我国民办本科院校是改革开放以来的新生事物，是高等教育大众化的产物，由于特殊的投资体制和管理体制，在教学和人才培养方面呈现更多自身的特点。至今为止，我国 40 所民办本科院校中，有 11 所属于高等专科学校和高等医学专科院校升格，其余全部由高等职业技术学院升格。相当一部分民办本科院校秉承职业教育的优势，继续在培养应用型人才方面下功夫，形成了自身的人才培养特色。经过 10 多年来的发展，高等教育多样化的格局已经形成，高等教育质量已经成为一个多层面的概念，要顺应形势变化，适应发展的实际，避免用一个统一的尺度来衡量多样化的高等教育质量。要区分不同地区、科类和学校，确定发展的目标和重点，制定高等教育分类标准和相应的评估政策，发挥评估的作用，引导各种类型的学校合理分工，在各自层次上办出特色。广东白云学院李望国副院长认为：从办学定位来看，根据目前办学类型定位国内外比较通用的分类方法，我国民办院校办学类型定位一般定位于技术应用（教学）型，主要培养面向生产、建设、管理、服务第一线，把技术创造原型进行具体化设计，并组织实施于现实的生产实践；能够维护、监控实际的技术系统或组织系统，发现、分析和解决综合性、复杂的技术或实践问题，可以对基层技术员或业务员提供指导和咨询；在服务领域可以运用专门的知识与技术向特定顾客提供全面或综合性服务，并承担相应责任的高素质的技术高级专门本科人才，这与传统的本科院校培养目标有较大差异。在培养模式上，许多民办院校的人才培养模式以本科教学和学生基本素质与工程技术应用能力培养为主导，强调学用结合、学做结合、学创结合，采用产学研合作教育的人才培养模式。毕业生的面向与传统本科院校也有很大的不同。徐绪卿教授从教师成分、生源特点、培养特色、学生面向等十个方面，详细分析民办本科院校办学的主要特点。潘懋元教授认为，教学评估已经成为高校办学的"指挥棒"，应注意发挥好对高校教学工作的指导和引导作用。一些民办本科高校所具有的特殊问题，如能通过评估牵引进一步落实，则能起到促进民办高校规范办学、提升教学质量的效果。

会议认为，在当前多样化、多层次的高等教育发展格局中，不同类型的高校人才培养的规格和标准是呈多样化分布的，它们在办学的基本条件、基本规范和培养创新人才的要求方面也就不一样，因而在认真区分和科学把握评估考察的侧重点方面也应当有所区别。由于民办高校教学工作具有自身明显的特点，评估的指导思想和原则、评估的内容和指标体系，应该有自身的特殊性。分类指导、分类管理，应当包括分类评估。相关部门应贯彻落实分类管理的精神，加强评估工作的分类指导，以促进各高校准确定位，创建特色，为社会培养出多规格、多层次的多样化人才。会议对民办高校的类别区分作了研究。与会代表认为，鉴于我国民办本科院校绝大多数是升格时间不满5年的新建本科院校，对照本科院校的相关规定，各项条件有待于建设完善，教学基本建设有待于规范，因此，实施新建本科院校教学工作合格评估，更加适合于民办高校办学的实际。有代表认为，民办本科院校的评估也可分为两类：一是新建或升格后未满3届毕业生（一般为6年）的本科院校，由于其办学起点较低，条件相对差一些，经验相对少一些，应通过评估促进其加强办学条件建设、规范教学管理，确保达到国家规定的本科教育基本办学条件和合格质量标准，对其评估可在现有本科教学工作水平评估方案的合格等级上进行适当调整；二是新建或升格后已培养有3届以上毕业生（一般为6年）的民办本科院校，由于其已有一定的办学积累和本科人才培养经验，应通过评估促进其进一步提高办学水平和人才培养质量，对其评估也可在现有本科教学工作水平评估方案的基础上进行。

代表们在发言中高度肯定民办高校师资队伍建设的机制优势，认为"专兼结合，以专为主"是民办高校师资队伍的一大特点，要求在评估中得到认可。安徽新华学院副院长梁金喜教授认为：高校办学水平和教育质量，关键是看师资队伍的水平。民办高校是社会力量办学，这里不仅是一种投资方式，更是一种观念。动员和利用社会各方面的人、财、物资源，投入民办教育，当然包括吸引社会上的人才资源作为民办高校师资的重要来源之一。特别是一些地处高校和科研机构相对集中的城市的民办高校，大量退休的高级专业技术人才正处于发挥作用的第二个黄金时期，他们有丰富的经验，较少有家庭负担，是一支非常重要的办学骨干队伍，他们可以对民办高校的学科建设和师资队伍的培养发挥不可替代的作用。在计算师资队伍时，应该把这一部分"专聘教师"与"专职教师"一样对待，都作为"专任教师"队伍看待。这样做有利于民办高校教师队伍的建设和成长。徐绪卿教授认为，对民办高校的教师队伍，既要承认部分使用"专聘教师"的合理性，允许部分外聘教师列入计算，同时，为稳定教学秩序，提高教育质量，促进学校可持续发展，也应区别学校的办学区域、办学类型等，对专职教师的数量和结构提出明确的要求，作出具体规定。政府有关部门也应落实相关政策，划出专门编制，为民办高校专职教师队伍建设提供条件。

对于图书藏书量的规定也是代表们关注的问题之一。有代表认为，我国民办高校起步较晚，发展历史较短，图书藏量需要一个积累过程，大量复本或低价值甚至废旧图书的采购，既对完善办学条件无益，也对资金造成浪费，制约了其他办学条件的改善，更不符合节约型高校建设的精神。有代表认为，图书藏书量应该从实际情况出发，适当降低新建本科院校评估中图书藏书量的标准。许多代表认为，在当今数字（电子）图书日益兴盛的时代，高校图书馆建设应该顺应发展趋势，相关部门应该将电子图书列入图书数量的指标之一。有代表认为，高校图书不仅要看藏书量，还要看流通量和图书馆的使用效率。徐绪卿教授建议，鉴于我国民办本科院校大多是新建本科院校的实际情况，在评估中既要看存量，也要看增量。具体来说，对藏书既要有一定的数量要求，又应考核升本以来生均图书的年增量，用评估来促进民办本科院校图书馆藏书的基本建设。

代表们对民办高校教学经费统计口径也提出了建设性的建议。由于民办本科高校大多为新建高校，其仪器设备多为新近购置且损耗较少，因而用于教学仪器设备维修和维护方面的费用较少，加之民办本科高校主要以本科教学工作为主，科研经费的开支只占一小部分。因此，对民办本科高校来说，更需要进一步加大投入，提高四项经费占学费收入的比例。在计算具体数值时，"四项经费占学费比例"的"学费"可以当地政府规定的公办高校收费的平均值为基数，也可参考独立二级学院合格评估方案中"生均四项经费值"合格标准为 1000 元/生，优秀标准为 1300 元/生来掌握和评价。同时，在考核"生均教学科研仪器设备值"时，还应该结合学校的学科性质来确定。

与会专家和代表对民办本科院校教学评估的周期和评估主体的问题也展开了热烈的讨论，认为借鉴国外私立大学评价（评估）的经验，从我国民办本科院校的实际出发，教学评估不一定要和公办高校"齐步走"、一刀切，建议适当延迟评估周期，以使学校有一个相对稳定和宽松的建设环境。著名高等教育研究专家潘懋元教授认为，对民办高校评估，在评估民办本科院校教学相关条件的过程中，既要注意横向比较的评估，也要关注自身纵向（历史）条件的评估，关注动态的、发展的、增长的速度和趋势。他还指出，从长远来看，高校评估一定要从政府评估向社会评估转变，可以借鉴商业化调查机构的合理之处以提高评估的效率。徐绪卿教授认为，在民办本科院校教学评估中，长远来看应注重发挥中介机构的作用，以克服行政性评估中难以避免的种种缺陷，做出较为客观、公正的价值判断。另外，他认为，民办高校内部开展的以教学为主要内容的经常性自我评估活动，是整个教育评估活动的主体和基础，也是学校提高教育质量的重要手段，应建立健全学校教学工作的自评制度，增加评估的主动性，从"要我评估"变为"我要评估"。教育部评估专家、黑龙江科技学院利民校区吕其诚教授认为，单靠政府组织评估，即政府包办的评估，在评估主体上是有缺陷的。我们不妨从试点开始，实施由多元主体负责的评估，既要有中央政府+地方政府（教育行政部门）+区域高校联盟+半官方中介组织+社会中介组织的各种组合，也要有社会各界关注教育的有识之士参加，以避免评估主体的单一化、避免"政府包打天下"。与此同时，要由政府授权，评估结果由政府予以认定。有的代表提出，评估专家一定要了解民办高校的办学实际和相关政策。目前民办高校评估专家太少，难以适应民办高校开展评估的需要，希望相关部门能适当增加相关专家名额。

许多代表还在会上介绍了本单位如何搞好评估准备的经验，对与会代表多有启发。陈云棠教授认为，开展教学工作水平评估，目的是规范教学管理行为，提升教学管理水平，提高人才培养质量。面对教育部的本科教学工作水平评估，民办本科院校既要积极抓住机遇，更要勇于迎接挑战。只有依法治校，健全和完善学校的办学体制和投入机制，创新学校的运行机制和用人机制，扎扎实实地做好教学基本建设、积极稳妥地推进教学改革，严格规范地实施教学管理，才能提高学校的核心竞争力，扩大学校的社会影响力，从而促进学校的健康、可持续发展。浙江树人大学教务处处长陈新民教授在会上介绍了该校"以建迎评"的工作思路，该校提出在评估准备阶段，民办高校应更主动地、更积极地去建设，把"建"摆在首位，凸现"建"的主动性和工作的创新性，建出更多成绩来迎接评估，得到与会领导、专家和与会代表的高度肯定和一致好评。

本次会议是在我国高等学校第一轮教学评估行将结束、第二轮评估工作即将展开的时候召开的。由于我国民办本科院校大都是近几年来刚刚升格而来，对本科教学评估了解不深。许多民办本科院校十分关注评估工作，渴望了解相关情况，担心评估工作影响学校的发展。与会代表普遍认为，这是一次非常重要、非常及时的会议，对于在民办高校中普及评估知识，统一和端正民办高校对评估问题的态度与认识，消除民办高校对评估工作的神秘感和畏惧感，增强接受评估的主动性和信心，起到了十分积极的作用，收获颇丰。对于政府制定和实施对民办本科院校评估的政策，沟通民办高校与政府之间对评估的价值认同，进而促进民办本科高校的可持续发展，也具有重大的促进作用。与会专家和代表对会议取得的成绩表示高度认同。同时，由于民办高校评估问题的复杂性和独特性，很多问题还需要继续探讨和研究，因此，很多代表建议由教育部评估中心牵头，组织一批包括在民办高校管理的专家，成立若干相对独立的课题组，对民办高校本科教学水平评估方案进行专项研究，逐步建立和健全我国民办高校的教学评估体系，为分类指导、分类管理提供依据，为民办高校提供教学工作的规范指导，促进民办高等教育健康稳定和可持续发展。

（2008 年第 3 期）

民办高校内部管理体制改革的若干问题

——第四届中外民办高等教育发展论坛上的演讲

编者按：第四届中外民办高等教育发展论坛于 4 月 23 日至 24 日在浙江杭州顺利召开。本届论坛由中国民办教育协会高等教育专业委员会主办，浙江树人大学承办，主题是民办高校内部管理问题研究。来自日本、韩国和我国台湾地区的 30 余位专家学者，以及国内 50 余位民办高等教育的研究者和实践者集聚一堂，共同商讨民办（私立）高等教育研究尤其是民办高校内部管理的课题，交流最新研究成果。我国高等教育研究著名前辈潘懋元先生出席会议并讲话，浙江省政协副主席、国内比较高等教育研究著名专家徐辉教授，中国民办教育协会高等教育专业委员会理事长周南照教授，浙江树人大学校长朱玉教授分别致辞。中国高等教育学会副会长兼秘书长张晋峰教授，台湾地区高等教育学会理事长陈伯璋教授，日本著名高等教育研究专家金子元久教授和西井泰彦教授，厦门大学副校长邬大光教授，北京大学教育学院郭建如副教授和鲍威博士等出席论坛。

民办高等教育已经成为我国高等教育的重要组成部分，在高等教育体系中已占重要地位，在承担培养现代化事业建设者和社会主义事业接班人的宏伟事业中负有重要的使命和责任。建设高等教育强国的进程不可能也不应该缺少民办高校的参与。民办高校在为国家高等教育发展做出重要贡献的同时，也在不断完善自身。在国家高等教育发展环境和政策转移到提升质量和内涵，竞争内容从规模扩张转移到质量和特色的宏观背景下，民办高校如何加强管理，改革管理模式，提高管理水平和效益，已成为当前和今后一段时间内民办高校可持续发展的重要命题，也是民办高等教育研究工作者应予关注的重要课题。

研究民办高校管理体制改革，既是重大的理论问题，又是重大的现实问题，对我国民办高等教育理论的推进和促进民办高校的可持续发展，都具有重要的意义。

第一，我国民办高等教育十几年来的发展存在着一个非常突出的问题就是至今尚未形成较为完善有效的管理体制。近10年来我国民办高等教育的快速发展，主要体现在规模扩张上。规模扩张对于民办高校树立形象、扩大影响、占领市场、积累资金和办学经验而言，无疑都是非常重要的。但十几年来的发展，相对于民办高校的发展规模而言，我国民办高校的内部管理，无论是体制、机制的创新，还是目标、规范的形成，都还没有十分明显的突破。我国民办高校产权和办学主体较为复杂，在董事会、理事会等决策机构的建立、举办者与办学者之间的关系、决策机构与执行机构的责权划分等方面都缺乏明确的法律指导。从实践的层面上说，各地的民办高校对管理体制改革所进行的探索不多、深度不够，可以供民办高校学习借鉴的对象还很少。管理体制改革的落后阻碍了我国民办高校的可持续发展。一方面，从发展规模上看，年年增长，欣欣向荣；另一方面，从发展过程来看，困难重重，缺乏后劲，危机四伏，风险剧增。因而，从长远发展来说，民办高校的发展不能仅仅依靠规模的扩张，更应该通过内涵建设来实现。从数量走向质量，从规模走向内涵，这是民办高等教育可持续发展的必然要求。

第二，管理体制是民办高校内部管理问题的核心。所谓管理体制是指一个管理系统内各类、各层管理组织关于决策权责与执行权责的划分及它们彼此之间的从属关系，即决策权归哪个机构，执行权归哪个机构。管理机制是指涵盖于一个管理体制内的各个管理组织之间及各个组织内部管理的主客体之间权责关系及其相应的利益分配机制。在民办高校内部管理系统内各类、各层管理组织决策权责与执行权责的划分中，管理体制问题是最基础的条件和最重要的依据。只有建立和完善管理体制，才能确定内部机构设置，建立各个管理机构的职能，理顺各个机构和层面的相关关系，划分相应的职权范围和工作职责。并且也只有建立了科学有效的管理体制，才能建设和完善相应的管理机制，明晰各个组织、机构中相关者的利益分配，在确定的制度安排框架下，调动各方面的工作主动性、积极性，增强内部工作的协调性。在全国高等教育全面进入内涵建设、提升质量的宏观背景下，我国民办高校必须进一步贯彻落实科学发展观，依法办学，规范管理，加强内涵建设，提升办学质量，增强民办高校的核心竞争力，改变我国民办高校与公办高校之间落差悬殊的格局。研究探索民办高校管理体制改革，建立和健全管理体制，理顺内部关系，分清机构职责，可以提高民办高校的管理水平和效率，促进内部和谐，集中精力深化教学改革，搞好人才培养，从而重塑民办高校的办学形象和品牌。

第三，微观层面的高等学校管理体制改革尚未深入。新时期高等教育体制改革，包括办学体制、管理体制、招生就业体制、经费筹措体制和校内管理体制的改革，这五大体制改革对于我国高等教育的大发展起到了积极的推动作用。周远清指出："五大体制的改革，改变了我国大学按科类设置的状况，使一部分学校的科类更加综合，为我国高等学校培养高水平、高素质的人才，为出高水平的科研成果打下了基础。实行办学体制改革，使我们发展了民办高等教育……体制改革使我们的高等教育适应了社会主义市场经济，为规模的发展和质量效益的提高打下了基础、创造了条件。"需要指出的是，至今为止，高等教育体制改革，比较多的是在宏观层面进行的，而处于微观层面的高等学校管理体制改革，则由于许多主客观原因难以深入。积极尝试和探索民办高校管理体制改革，不仅会为民办高校自身的管理体制改革提供理论支持，同时也将为全国高校管理体制改革提供探索和实践的借鉴，从而促进我国高校内部管理体制和机制的改革，提高我国高等学校整体的办学效率和效益。

当前我国民办高校内部管理体制改革，首先要解决好如下五方面的问题。

第一，民办高校产权问题。产权制度是民办高校内部管理体制架构的基础，产权制度的基本要求是要在产权的公益性和营利性（激励性）之间保持恰当的平衡。一方面，教育不同于经济，民办高校不同于企业，投入民办高校的资金不能完全等同于投资经济领域的资本，对民办高校的投资也不能像对企业投资一样以利润最大化为目的，对产权的过分激励有可能助长民办高校的营利性，这是民办高校产权制度公益性的要求。从国际私立高等教育的发展经验来看，大部分发展较好的私立高校都不是营利性的，都不追求产权回报，如美国哈佛大学。另一方面，适当地保护民办高校创办者或投资者的收益权、控制权等各项产权权利，对于激发创办者或投资者的积极性，吸引更多社会资金进入民办高等教育领域，也具有重要的作用，这是民办高校产权制度对营利性（激励性）的要求。从我国的发展现实来看，追求一定的回报，正是民办高等教育在短时期内能够迅速发展的主要动力。那么，从长远来看，如何既能保持民办高校产权的公益性，又能关照到民办高校产权的营利性，是今后民办高等教育研究的重点问题之一。

第二，民办高校的决策机构问题。决策机构问题是民办高校内部管理体制的基本问题之一。《民办教育促进法》第十九条、《民办教育促进法》第二十条以及《民办教育促进法实施条例》第九条和第十六条的规定虽然比较全面，但大都是原则性的规定，可供操作的内容不多，从而导致这些规定很难在实际操作中实施。许多民办高校决策机构不健全；有的看似健全，实为虚设；有的不仅没有董事会，连实际的负责人都难以找到。这样的民办高校是难以提高质量的。

第三，民办高校校长和执行机构问题。《民办教育促进法》第二十四条的规定，说明民办高校校长的角色是双重的，他既受董事会的委托管理学校，是董事会决策的执行者，又是内部具体事务的决策者，在董事会的授权下，独立自主地完成自己在学校治理中的分工。从民办高校的现实来看，大部分民办高校校长都是公办高校退休的校领导，他们"德才兼备"，都有良好的"社会资源"，可以利用自己的"社会资源"积极促进民办高校各项事务的解决。但从公办高校选聘的校长也有不足之处。一是有些民办高校校长到任后，观念难转变，办学凭经验，结果事倍功半，效果不佳。二是有些校长对民办高等教育的认可度不高，关心程度不够，对民办高校一味地抱怨，对民办高等教育和民办高校缺乏感情。三是有些校长缺乏办学主见，放弃原则，将经济利益放在首位，忽视了教育的公益性和奉献性，把领导工作作为单纯的职业，雇用观念较重，将民办高校看作是"养老""创收"的地方。四是有些民办高校校长年龄偏高，虽工作勤恳，但观念陈旧，不思变革，创业不足，守业有余，学校发展缺乏应有的闯劲和活力。有些学校的校长甚至身体素质欠佳，难以适应大学校长这一需要较高体力和精力的岗位要求。因此，以《民办教育促进法》和实施条例以及相关法规为依据，研究和探索民办高校校长的选拔、任用、培训和发展制度，逐步建立民办高校校长专业化成长的环境，是研究民办高校内部管理的重要内容。

第四，民办高校监督机构问题。对于民办高校的监督机构及机制的研究，目前来说几乎处于空白状态。当前来看，我国民办高校的监督机构不健全，监督机制未建立，力量十分薄弱。家长（或学生）、社区、校友和媒体的力量微乎其微，难以起到监督作用。监督机构的缺少，导致学校利益相关人的利益得不到保障。针对一些地方政府对民办高校疏于管理，办学行为不规范、内部管理体制不健全、法人财产不落实以及行业自律、社会监督薄弱等突出问题，国家有关部门出台政策，要求加快建立对民办高校的督导制度，由省级教育行政部门向民办高校委派督导专员。督导专员依法监督民办高校贯彻执行有关法律、法规和政策的情况，监督、引导学校的办学方向、办学行为和办学质量，参加学校发展规划、人事安排、财产管理、基本建设、招生及收退费等重大事项的研究讨论，向委派机构报告学校办学情况、提出意见与建议，同时承担有关党政部门规定的其他职责。这一重要举措将加强政府督导管理和引导民办高校健全内部管理体制有机结合起来，对于加快构建政府依法管理、民办高校依法办学、行业自律和社会监督相结合的管理格局，促进民办高校又好又快发展，具有十分重要的意义。

第五，民办高校内部管理制度。董事会、以校长为首的执行机构、监督机构是民办高校内部管理的三大基本组织架构。除了要完善这三大基本组织架构的内部结构和运行机制之外，民办高校也要完善内部管理的其他方面。民办高校的内部管理体制具有自身的一些特点，比如，民办高校在教师管理制度、教师待遇和福利制度、学校内部管理流程以及学生管理和教学管理制度等方面，均与公办高校有显著差别。但相比于公办高校，民办高校具有管理体制和运行机制自主灵活、市场意识强、市场敏感度高、历史包袱少等优势，民办高校应利用优势，抓住机遇，积极进行内部管理制度创新。目前很多民办高校已经在内部管理制度建设方面进行了尝试，并且得到了地方教育行政部门的大力支持和指导。另外，民办高校也应以开放的胸怀相互学习、相互借鉴、取长补短，学习先进民办高校在内部管理制度方面所进行的创新。只有打破封闭办学的局面，我国民办高校才能实现共同发展、共同繁荣，共同为建设高等教育大国和高等教育强国贡献更多的力量。

（2010 年第 3 期）

开展分类管理 推进高水平民办高校建设

——"支持公益、推进高水平民办高校建设研讨会"综述

编者按：2011 年 5 月 27 日，部分民办高校"支持公益，推进高水平民办高校建设研讨会"在北京召开。该会议由上海杉达学院、北京城市学院和浙江树人大学发起，由浙江树人大学中国民办高等教育研究院和北京城市学院高等教育研究所承办，来自全国 11 所民办高校的领导、研究人员和谈松华、韩民、阎凤桥、贺春兰等专家 30 余人出席了会议。与会代表呼吁积极开展分类管理，大力支持公益办学，加快推进高水平民办高校建设。为使关注民办高等教育发展的专家和学者了解会议内容，本刊特刊发研讨会侧记，以飨读者。

关键词：民办高等教育；民办高校；营利性；非营利性；分类管理；公益

《国家中长期教育改革和发展规划纲要》（2010—2020 年）（以下简称《纲要》）颁布实施以后，我国高等教育发展进入了一个新的阶段，加大投入、加快改革和加强质量已成为发展的主旋律。从民办高等教育发展的角度来看，各地把大力支持民办教育、积极开展营利性与非营利性分类管理作为探索的试点。基于对分类管理的认识存在诸多差异，短期内相关政策难以出台，上海杉达学院、北京城市学院和浙江树人大学三所民办高校发起召开了相关的研讨会，旨在凝聚共识，呼吁推动科学分类，推进公益性高水平民办高校的建设，得到了众多民办高校的积极响应。

一　《纲要》鼓舞民办高校加快内涵建设

与会代表认真学习《纲要》，一致认为：《纲要》描绘了我国 2010—2020 年教育改革发展的宏伟蓝图，体现了国家意志，回应了群众关切，是一份指导我国教育改革发展的纲领性文件，也是新世纪继《科技规划纲要》《人才规划纲要》之后的又一个支撑国家战略的纲领性文件，将对我国教育事业今后十年的发展产生巨大影响。《纲要》充分肯定民办教育的重大贡献和发展地位，从未来发展和实际需要出发，提出民办教育发展的重要方针和政策，对我国民办高等教育的发展将起到极大的鼓舞和导向作用。《纲要》提出，民办教育是教育事业发展的重要增长点和促进教育改革的重要力量；各级政府要把发展民办教育作为重要职责；要"大力支持民办教育。鼓励出资、捐资办学，促进社会力量以独立举办、共同举办等多种形式兴办教育，支持民办学校创新体制机制和育人模式，提高质量，办出特色，办好一批高水平民办学校"……这些论述深得广大民办高校举办者、管理者的真心拥护和高度好评。目前，教育战线学习贯彻《纲要》，制定科学发展规划，设计相关专项，出台相关政策措施，力求将精神落到实处。广大民办高校工作者翘首以盼落实《纲要》，以便给学校建设带来新的发展机遇和环境。对《纲要》的学习热情和政策期待，正在转变为贯彻落实的具体行动。各民办高校要抓住机遇，加快内涵建设，提升办学水平和办学质量，提升核心竞争力，争取在新的十年再创佳绩，为国家发展和民族振兴作出更大的贡献。

二　开展营利性和非营利性分类管理试点

在贯彻落实《纲要》、制定地区发展规划的进程中，许多省（区、市）都把发展民办教育作为一个重要的方面。在实现的路径上，将开展民办高校的分类管理放在突出的地位。据报道，作为全国唯一的民办教育综合改革试点省份，浙江省将以实施分类管理为重点，积极探索"学校自愿选择，政府分类管理"的新模式，按营利性和非营利性两大类进行区分①。政府将制定相应的许可登记、管理、税收和财政补贴等制度与政策，完善年检年审制度，强化督导评估，建立评估结果和招生计划挂钩的机制；以设立专项资金为重点，建立对民办教育的公共财政资助体系，省、市、县（市、区）三级政府设立"民办教育专项资金"，探索建立差额补助、定额补助、项目补助、奖励性补助以及购买服务等多元化的民办教育公共财政资助体系等。福建省已经出台了闽教发〔2010〕196号，下发了"福建省教育厅关于开展非营利性民办高校办学制度改革试点的通知"，确定了6所民办高校作为试点。提出"建立与非营利性民办高校相适应的产权制度；建立与非营利性民办高校相适应的资产财务制度；建立非营利性民办高校扶持与资助政策体系；建立非营利性民办高校社会监督机制"为内容的试点工作方案。据了解，上海等其他地区的方案也在紧锣密鼓的制定中。几乎所有地区的"中长期教育改革和发展规划"都提到要"开展对营利性和非营利性民办学校分类管理试点或探索建立营利性和非营利性民办学校分类管理制度"。这表明了各地政府对分类管理的高度重视和坚定决心。然而，由于我国民办教育举办和发展的特殊环境，民办教育举办主体和动机的多样性与复杂性，对正在开展的营利性与非营利性分类管理工作认识纷杂，支持者众多，反对的也不少。对于为什么要分类管理、如何分类和如何管理等问题意见相左，对当前已经出台的试点方案分歧亦很大，致使对民办高校各项政策的制定进展缓慢甚至有停顿之势。有地区的领导叹言，这个问题太复杂了，可以考虑暂时不搞。为此，一些代表认为，分类管理不仅是针对营利性民办高校的管理，也是一种全面的科学管理。当下，我们不仅缺乏对营利性民办高校的管理，而且对非营利性民办高校的管理也同样缺失。只有建立起科学的民办高校分类管理体系，明确政策导向，举办者才能加以自主选择，政策才更具有实施的思想认识基础。

鉴于此背景，与会代表重点研讨了《纲要》所提出的"开展对营利性和非营利性民办学校分类管理试点""积极探索营利性和非营利性民办学校分类管理"等问题。总体认为，这是鉴于我国民办教育发展中"理论准备和实践探索不足，目前尚未建立对营利性和非营利性民办学校进行分类管理的国家制度，导致实践中鼓励和规范的政策产生了矛盾，法律规定的优惠政

---

① 朱振岳：《浙江将实施民办学校分类管理模式》，《中国教育报》2011-01-03（1）。

策得不到有效落实"①的实际需要。同时，"如果不界定的话很多优惠政策和管理制度就不好分类出台。因为各个管理部门有各自的考虑，所以这方面也要加以试点，看看是不是能够有所创新。这样才能使民办教育分类更加清晰，政策更加有针对性"②。有专家指出，民办学校分类管理问题已经提出多年，但一直没有引起重视和实施。在《纲要》的制定过程中，关于分类管理的问题上上下下提了很多意见，经过多方讨论后形成共识，最后确定为"开展对营利性和非营利性民办学校分类管理试点"。借鉴世界各国私立大学发展的经验，实行分类管理是私立大学管理的通例。因此，《纲要》提出"积极探索营利性和非营利性民办学校分类管理"，不仅仅是立足于我国民办教育的实际国情提出的重要举措，而且是符合国际私立大学管理发展惯例的。对于分类管理的种种意见，反映了不同层面对发展民办教育的不同认识，也折射出我国民办学校办学投入多元、动机多样的不同诉求，值得关注和研究。从我国民办高等教育发展的长远目标出发，与会代表呼吁民办高校要端正认识，积极支持和参与分类管理的讨论和试点，建立健全规范的、有利于各类民办高等教育发展的制度环境。

三　尊重意愿自主选择

我国民办高校大多是个人投资办学，《民办教育促进法》的实施已经承认营利性学校的存在和合理回报的客观事实。无论是营利性学校还是非营利性学校，都是在法律允许的范围内办学，无论哪一个层面都应尊重举办者的选择。尽管社会上对民办高校的合理回报多有争议，但只要是在法律的框架下，就不应该受到歧视，也不存在道德之高低，尤其不存在相互对立。相反，营利性大学的跨国发展应引起我们足够的重视。讲求效率和成本的管理模式、基于生存与发展的快速适应市场机制、以生为本的服务理念的运用等等，对民办高校的发展都有启示意义，值得我们关注和借鉴。

现有试点方案中存在不足。在民办高校分类管理的相关讨论和试点方案

---

① 鲁昕：《认真贯彻落实〈规划纲要〉促进民办教育蓬勃发展》，《湖南民办教育》2010 年第6 期。

② 孙霄兵. 纲要考虑对民办学校实行分类管理试点［EB/OL］.（2010－03－02）［2011－05－06］. http://www.jyb.cn/china/gnxw/201003/t20100302_343243.html.

中，对于举办者投入资产的产权规定不明晰、不到位或者不符合投资者的期望和诉求是问题的焦点，而解决问题的关键却在于办学积余资产的产权处理。许多投资者和研究者认为，现有产权制度和试点方案与办学实际之间尚存有四个问题。（1）政策不合理。对非营利性民办高校的支持政策不清晰，单向要求举办者选择，困难很大。（2）界定不合理。非营利性学校界定中要求举办者投入的办学资产一律作捐赠处理、举办者放弃对校产的所有权，不符合我国国情。（3）产权不合理。投资者拥有的产权应该包括投入学校形成的资产和学校增值部分的资产，现有政策和方案未包括学校增值部分的资产，与投资举办者的诉求距离太远。（4）回报不合理。现有政策合理回报的基数仅指投资者投入的资产，未包括学校办学积累（增值）的资产部分。我国民办高校大多是个人办学，除一些现代股份公司的大手笔投入以外，绝大多数为个人办学，从直接的资产投入来看，相当多的人只有少量投入或没有实际资产投入，而大多数民办高校的增值部分要比直接投入的资产多得多。很多投资者认为，应拥有学校部分增值资产。因此，以个人实际资金投入作为举办者对学校产权的拥有权和合理回报的基数，与营利性学校投资者办学的诉求相距甚远，难以满足一部分"投资办学"者的利益诉求。

　　民办高等教育为我国高等教育事业的发展、为我国经济和社会人才培养以及人民群众文化科学水平的提高作出了巨大贡献。以美国为例，其建国以前只存在私立大学，尽管现在私立大学占普通高校的70%以上，但其在校生不足普通高等教育的四分之一。而截至2010年底，我国民办高校数量已经接近全国普通高校总量的30%，在校生接近21%，民办高校在短短的30年时间里就发展到这个规模，没有广大热心教育的投资者参与是难以想象的。对于广大民办高校投资者投身教育，为国植才，从事符合国家法律规定的办学行为，都应得到尊重。对于一些民办高校举办者由于各种原因，期望通过办学取得经济效益，担心分类管理会影响学校的政策支持和形象塑造，应该表示理解。科学合理设计分类管理的制度，应充分尊重举办者的意愿，允许举办者根据自身投入的实际和价值判断自主选择举办类型。从某种意义上来说，只要法律许可并管理得当，举办一定数量的营利性民办高校，也有利于公益性民办高校的改革和提高，不会影响国家教育事业的发展。制定和实施民办高校发展的政策，既需要认真借鉴国外管理经验，也需要考虑我国的基本国情。与会代表认为，应该充分讨论，凝聚认识，积极引导，做好示范，科学合理地设计分类管理的制度，允许举办者有一个思考、选择的过程，充分尊重举办者的意愿，由举办者根据国家政策导向、自身的投入实际和价值判断自主选择举办类型，确定自身的发展定位和空间，获得相应的政策支持。

四　坚持公益性是重要条件

有研究指出，近几年来世界上一些国家出现了营利性大学大量增加的现象。特别是在美国，20 世纪 90 年代后，美国营利性大学的发展变得迅速。以学位授予为例，从 1995 年到 2005 年，营利性大学授予的学士学位从 10800 个增加到 62000 个，增长了 474%；授予的硕士学位从 3900 个增加到 45100 个，增长了 1069%[①]。其中在两年制的教育机构中，营利性学位授予型大学的数量从 1989 年到 1999 年十年间增长了 78%，达到 483 所，而同期公立大学的数量增长仅九个百分点，共 1075 所，而非营利性私立教育机构的数量下降了 6%，仅为 169 所。但是，纵观全球高等教育，可以看出两个明显的特征。其一，坚持公益性办学和分类管理始终是世界私立大学发展的主流和方向。研究表明，与非营利性大学相比，美国私立大学在校生不足高校在校生总量的四分之一，营利性大学更是其中的一小部分，并且大都为二年制的学院。在高层次人才培养的院校中，非营利性高等教育机构仍占绝对地位。就世界范围而言，营利性大学的比例就更小。其二，质量上乘、享有美誉的私立大学都坚持公益性办学。研究表明，私立大学的成长和发展与办学动机不无关系。中外民办（私立）大学的发展历史和现状都可充分说明这一点，即使在营利性高校发展比例较高的美国也无例外。哈佛、斯坦福等私立大学之所以跻身世界一流大学的行列，坚持公益性是一个极其重要的原因。在世界排名靠前的大学中，至今尚难找到营利性大学的影子。由此我们有理由相信，坚持公益性（非营利）是建设高水平民办高校的重要条件。与会代表认为，要实施高水平民办高校建设，必须坚持公益性的原则。也只有坚持公益性办学并得到政府强有力支持的民办高校，才有建成高水平民办高校的可能。因此，支持民办高校的发展，建设高水平民办高校，首先是要

---

① Natioanal Center for Education Stataistics. Degrees Conferred by Public and Privaten Institutions (2008)［EB/OL］.［2011-02-16］. http://nces.ed.gov/programs/coe/2008/section5/indicator41.asp/2008-12-05.

关注和大力支持公益性民办高校的发展。

五　分类管理推进高水平民办高校建设

与会代表一致认为，高水平民办高校建设不仅十分必要，而且十分迫切。1999 年第三次全国教育工作会议召开，从国家层面启动了推进高等教育大众化的进程。经过十多年的努力，我国高等教育大众化正在深入发展，全国高考录取率平均达到 60% 以上，许多省（区、市）甚至超过 80%。浙江省 2010 年的高等教育毛入学率达到 45%，正朝着普及化的目标快速迈进。高等教育资源严重紧缺的局面得以完全改变，供求矛盾快速缓解。在新的发展阶段，高等教育市场逐渐由卖方（高校）走向买方（考生），老百姓接受高等教育的态度和理念正在发生重大变化，从被动接受高等教育转向主动选择高等教育，从要上大学转向要上好大学。2010 年，第四次全国教育工作会议召开，标志着我国高等教育进入了一个新的发展阶段，质量、特色和内涵成为高等教育发展新阶段的主题词。在新的时期，我国民办高校发展挑战与机遇突显：一方面，《纲要》的贯彻落实，将为我国民办高校在新的起点上的新发展提供良好的机遇和空间；另一方面，我国民办高校教师队伍整体成长缓慢，办学层次和质量较低，在日趋激烈的高等教育市场竞争中的弱势地位尚难改变。当下高考生源的快速萎缩又带来了民办高校需求的快速下滑，有的民办高校已经出现了生源严重不足的状况。有专家预言，随着我国生源的下降，各高校间的生源竞争将会越来越激烈，部分民办高校可能会破产。可以说，民办高等教育面临的形势十分严峻。

开展国家层面的高水平民办高校建设工程，尽快提升我国民办高校的核心竞争力，为民办高校的改革和发展提供示范和经验，意义非常重大，任务十分急迫。《纲要》已经将高水平民办高校建设提上议事日程。当前各地正在制定相关政策，开展营利性、非营利性民办高校分类管理的试点，这是十分必要的基础性工作。对非营利性民办高校的界定、管理和支持政策的制定，既需要理论研究，也需要实践探索，更需要关心引导，凝聚共识。鉴于分类管理工作的复杂性和艰巨性，政策制定需要时间，学校选择也需要过程和相关引导，与会代表和专家呼吁，在全面和系统的民办高等教育政策制定和实施过程中，应先易后难，突破重点，积极落实《纲要》提出的各项措施，不因困难和障碍而停滞，重点支持一部分产权清晰、坚持公益、不求回报的民办高校，优先启动公益性高水平民办高校建设工程。建议尽快出台公共财政扶持公益性民办高校的政策；落实民办高校教师与公办高校教师同等的政治地位和经济待遇，支持公益性民办高校教师队伍建设；落实民办高校的自主权，给予公益性民办高校更加宽松的办学环境。以明确的政策导向和有效的措施，扶持一部分公益性民办高校实现高水平民办高校建设的目标，促进一部分民办高校进入国家强校、名校和示范校行列，带动整个公益性民办高校建设，确立国家政策的公益性导向和示范。同时要经过调查研究、开展试点、反复论证和积累经验，逐渐明晰科学合理的分类界定标准，制定实施分类管理的相关政策，让不同诉求的投资主体和办学动机获得各自相应的支持和发展空间，真正形成以政府办学为主体、全社会积极参与、营利性与非营利性合理分工、公办教育和民办教育共同发展的格局。

（2011 年第 4 期）

加强名栏建设　服务民办高等教育发展

——写在本刊"民办高等教育"
栏目入选教育部名栏之际

徐绪卿　孟莉英

摘　要：教育部年前公示了高校哲学社会科学学报名栏建设第二批入选栏目，《浙江树人大学学报》"民办高等教育"栏目名列其中，这是迄今为止唯一进入国家层次名栏建设的民办高校学报栏目，体现了教育部领导及各位专家对民办高校学报的关注和期待。在新的起点上，《浙江树人大学学报》将进一步强化政治意识、巩固服务意识、提升质量意识以及落实质量责任，积极发挥学科优势，加强名栏建设，服务民办高等教育发展。

关键词：高校学报；学报名栏；名栏建设；民办高等教育；服务民办高等教育；浙江树人大学学报

元旦前夕，教育部公示了高校哲学社会科学学报名栏建设第二批入选栏目。在160多家申报的学报栏目中，最终仅有24家高校学报入选，由《浙江树人大学学报》举办的"民办高等教育"栏目有幸名列其中，这是迄今为止唯一进入国家层次名栏建设的民办高校学报栏目，充分表明《浙江树人大学学报》办刊10年来的进步和"民办高等教育"栏目的影响力，更体现了教育部领导及各位专家对民办高校学报的关注与期待。

一

学报是大学学术科研的阵地，是教师队伍建设的重要平台。据悉，我国共有 9000 余种期刊，其中社科学术期刊达 2000 多钟。2010 年在新闻出版行政管理机构登记备案、接受年检的高校社科类学术期刊就多达 1231 家①。国家教育部为了不断提高大学学报的质量和水平，鼓励大学学报正确定位，办出特色，早在 1981 年就发文指出："要努力发挥各高校的学术优势，扬长避短，办出自己的特色。要根据本地区的特点、学校和学科的特长，组织和发表有特色的文章，并办好各种专栏。"② 之后，如何办出特色栏目开始受到学界界的关注。2002 年，根据高等教育进入大众化，高校学报快速发展的实际，教育部发布了《关于加强和改进高校哲学社会科学学报工作的意见》，提出"要进一步优化学报结构，启动名刊工程"。同时提出要支持高校学报"根据各地和各校的实际和特色，创办特色栏目和名牌栏目，走内涵式发展之路，塑造各自刊物的学术个性和文化特征"。自此，有关高校学报名栏的建设被提到重要的议事日程。2004 年 10 月 13 日，《教育部高校哲学社会科学学报名栏建设实施方案》正式出台，提出：要在 3—5 年时间内建设 30 个左右代表我国高校学术水平、在国内外学术界享有较高学术声誉、为解决改革开放和社会主义现代化建设中的重大理论和现实问题、为文化的积累和传承、为学科建设发挥重要作用的高校学报品牌栏目，并提出了名栏建设的标准、入选名栏的条件、名栏评审的原则和评审程序等③。由此，高校学报名栏建设工程正式启动。2004 年 12 月，根据相关文件精神和专家评审，共有 16 家高校学报的重点栏目入选首批名栏建设工程。2011 年底，时隔 7 年以后，教育部又启动了第二批高校学报名栏评审工作，共评选出 24 家高校学报的相关专栏为名栏，至此，全国高校学报共有 40 个栏目已经进入教育部名栏建设行列。在第二次名栏评审中，《浙江树人大学学报》能够脱颖而出，得益于领导、专家的理解和支持，他们高瞻远瞩，公办、民办不分亲疏，质量面前同等对待，实在难能可贵，体现了高等教育大众化背景下的新价值观。《浙江树人大学学报》"民办高等教育"栏目的入选，将对民办高校及其学报产生巨大的激励作用，鼓舞和坚定民办高校及其学报编辑人

---

① 陈洁：《"中小"大学文科学报的众生态》，《中华读书报》2010-08-17（5）。

② 教育部（81）号教高字 009 号文：《华东地区高校文科学报编辑座谈会纪要（摘要）》，1981。

③ 教社政［2004］11 号文．教育部高校哲学社会科学学报名栏建设实施方案［EB/OL］．(2004-01-15)［2007-11-02］．中国高校人文社会科学信息网 http://www.sinoss.net/si-noss admin/webfiles-show.asp？id=115。

员办好学报的士气与信心，从而对正在发展中的我国民办高校学报建设产生重要的启迪和影响作用。

教育部《高校哲学社会科学学报名栏建设实施方案》指出：教育部高校哲学社会科学名栏建设是教育部高校哲学社会科学名刊工程的深化和拓展。开展名栏建设的目的是提升高校社科学报专业化水平，突出高校社科学报的品牌效应，带动高校社科学报整体学术水平的提高，繁荣发展高校哲学社会科学研究。可以想见，"民办高等教育"的名栏建设，必将推进《浙江树人大学学报》的建设，继而为全国民办高等教育研究提供高层次的品牌阵地和特色平台，为民办高等教育事业的发展和民办高等教育理论研究的繁荣作出贡献。

二

2001 年 5 月，《浙江树人大学学报》创刊，学校领导就决定将"民办高等教育"作为常设和重点建设栏目。10 年来，学报编辑部牢记本刊的办刊宗旨，"认真贯彻执行党和国家的出版方针政策，坚持国家新闻出版总署核准的办刊宗旨，依据本省社会主义建设的需要和本校学科优势与特点，设置专栏，狠抓质量，逐步形成了比较鲜明的特色，取得了喜人的成绩，对本省的经济、文化建设和民办高教事业发展，发挥了积极的促进作用"①。学校非常重视学报工作，主要领导亲自担任学报主编，多次为专栏撰稿，在经费和人员配备等方面也给予大力支持。为提高学报办刊水平，学校于 2007 年特颁发《浙江树人大学关于进一步做好学报工作的意见》（浙树大校〔2007〕30 号）文件，以"全校办刊"的理念与相应的奖励办法，充分调动全校教职工的投稿热情。分管领导曾亲自担任"民办高等教育"专栏负责人，坚持每年为栏目撰稿，并积极发挥浙江省高校重点学科（A）——高等教育学的学科优势，协同编辑部在组织稿源、联系专家等方面做了大量工作。编辑部负责同志长期以来诚恳地向学报界前辈和专家求教，虚心地接受指导，严格把好刊物的学术质量与编校质量关。学报创刊以来始终坚持民办

① 中国期刊协会：《〈浙江树人大学学报〉创刊十周年的贺信》，《浙江树人大学学报》2011年第 4 期。

性、地方性和应用性，着重反映民办高等教育的研究成果，反映浙江地区特点和本校学科专长的学术优势，服务于社会需求和高级应用型人才的培养。

在学报编辑部同仁的共同努力下，《浙江树人大学学报》及其"民办高等教育"栏目的建设取得了初步成效。截至 2011 年第 3 期，"民办高等教育"栏目共发文 321 篇，其中被人大报刊复印资料全文转载 15 篇、摘要转载 2 篇，占发文总量的 5.29%；被人大报刊复印资料索引 229 篇，占总量的 71.34%。刊发基金课题论文 48 篇，其中国家级基金课题 29 项，省部级基金课题 19 项，基金课题论文占比为 14.46%。所刊论文大致可分为三种类型：民办高等教育理论与政策研究 150 篇，占比为 46.73%；民办高校院校研究 160 篇，占比为 49.84%；国际私立高等教育借鉴研究 22 篇，占比为 6.85%①。上述文章中，我校民办高等教育研究院撰写的文章占了一定的比重。

与此同时，随着学报优质稿件的增多，影响因子的逐年提高，学报的良好形象得以塑造，获得了不少荣誉，得到了各方的肯定。2006 年《浙江树人大学学报》荣获"全国高校优秀社科期刊"称号；2007 年入围"首届浙江期刊方阵工程"潜力型期刊群；2010 年荣获"全国优秀社科学报"称号、"第四届华东地区优秀期刊"称号和全国民办高校学报"十佳期刊"称号。"民办高等教育"专栏的建设也取得"优秀栏目""特色栏目"等称号，并引起了管理部门的高度关注。2006 年 12 月 25 日，浙江省新闻出版局主编的《报刊审读与管理》第 93 期刊登《坚持"三性"突出特色——读〈浙江树人大学学报〉》一文，文章说：在相当长的一段时间里，研讨民办高等教育问题的专刊、专栏少之又少，据此，他们从创刊号起，就开辟"民办高等教育"专栏，各方组稿并选登了一批有分量的研究民办高等教育的论文。这些文章对民办高校的办学思路、集资渠道、运行机制、招生方向、培养目标、专业设置、课程开设、教学管理与师资队伍建设等热点与难点问题做了较深入的研究，受到了兄弟院校和众多读者的好评。经浙江省新闻出版局"首届浙江期刊方阵工程"中期检查，2010 年 1 月 4 日，《报刊审读与管理》第 1 期再次刊登《〈浙江树人大学学报〉有特色》的文章。文章说：这几年，《浙江树人大学学报》着力推进"民办高等教育""民营经济""服务经济"等专栏建设，取得了良好的社会效益，提高了学报的整体质量和

---

① 本节相关内容见《浙江树人大学学报》编辑部提供的相关申报材料。

知名度。学报所设置的"中国民办高等教育研究目录索引"，为业内人士的学术研究提供了大量的、及时的信息，获得相关研究人员的好评。栏目刊载的课题论文具有较好的社会反响，2008 年第 1 期刊登的《论科学发展观视野下的民办高校发展转型》就是徐绪卿主持的全国教育科学"十一五"规划课题（教育部重点）《民办高等学校可持续发展研究》，课题成果获相关领导的批示，同时作为全国人大十一届二次会议提案，得到教育部高度关注并予回复，该研究成果先后获得浙江省教科规划优秀成果一等奖和第十六届浙江省哲学社会科学优秀成果二等奖。

　　学报的发展得到国内外著名专家的高度肯定和关注。在学报创刊 10 周年前夕，北京师范大学潘国琪教授曾撰文："我手头有一份由中国科学文献计量研究中心和清华大学图书馆共同研制的《中国学术期刊影响因子年报》，其中按 2009 年影响因子数据排序，收录了全国 653 家社科综合性学术期刊。我在这份《年报》里看到了树大学报的两个数据。第一个数据是，树大学报在这 653 家期刊中排在 236 位。236 位意味着什么呢？如果将这653 家期刊排成三个方阵，每个方阵是 217 家，那么排在 236 位的树大学报就处在第二个方阵的第 19 位，也就是说，处在一、二方阵的交界处。显然，这是一个较为靠前的位置……树大学报作为一家民办大学学报，能处在这样一个位置，能与创刊数十年的、有名的公办大学学报比肩而立，我始而感到惊讶，继而感到震撼！另一个数据是，树大学报从 2001 年创刊到 2009 年，9 年内所载文章在'中国知网'全文下载总量为 54900 篇次，每年平均下载为 5100 篇次，若按平均每年发表 110 篇文章计算，那么，每篇文章平均下载约为 46 次。这一数据同样是能和某些创刊数十年的、有名的公办大学学报相匹敌的。这虽只是两个数据，但从一个方面充分说明，树大学报深受广大学人的关注和重视，具有相当的影响力！"①

　　有的专家和领导评价说：《浙江树人大学学报》"创刊十年来，始终坚持正确的办刊方向，始终坚持质量第一的原则，始终坚持严谨求实的学风，在人才培养、学术研究、服务社会和文化传承等方面都作出了突出的贡献，赢得了学报界的尊敬，是民办高校学报的排头兵"；"他们坚持正确的舆论导向，努力探索民办高校学报自身的特色，以打造优秀教育期刊、服务民办

---

① 《第三届全国民办高校学报工作研讨会暨〈浙江树人大学学报〉创刊十周年庆典来宾发言摘要》，《浙江树人大学学报》2011 年第 5 期。

高校建设为目标，以建设'民办高等教育'特色栏目为契机，办出了自己的风格和特色，在全国民办高校学报中赢得了一定的地位，也在全国学报同行中赢得了良好的声誉和口碑"；"从一些具体指标上，被引用、转载、摘要的情况，还有在学报界的影响，可以看出她是在不断地进步，这归结于编辑部同仁的艰苦奋斗和学校领导的重视。她作为民办高校的学报能进入全国高等学校文科学报研究会核心期刊的行列，表明其具有很强的实力"；"学报以民办性、地方性和应用性为特色，以'民办高等教育'栏目为重点和看点。虽曰民办高校的学报，但秀于刊林，显于学界，在浙江省和全国评奖中屡获好成绩"。

从上可见，学报的质量孕育了专栏的特色，而专栏的影响为学报添彩。这些评价，既是对《浙江树人大学学报》工作的肯定和鼓励，也是对成长中的民办高校学报的期待和关怀。

三

站在新的起点上，我们对办好《浙江树人大学学报》充满信心，同时也感到任重道远。截至2010年底，民办高校总数已占全国普通高校总数的30%，在校生也已经超过20%。据了解，2010年全国共有10余个省份的民办高校在校生超过当地普通高校在校生总数的20%，比例最高的浙江省已经达到33%左右①。民办高校已经成为国家高等教育体系中新的增长点，成为高等教育的重要组成部分，在推进高等教育大众化、多样化和选择性方面作出了巨大贡献。但是，随着高等教育资源的逐渐丰富和少子化带来的高等教育适龄生源的急剧下滑，高等教育开始从资源约束型转向需求约束型，高等教育市场逐步从卖方市场转向买方市场。随着社会进步和人才需求的变化，人民群众接受高等教育的观念正在转变，从要求接受高等教育走向主动选择高等教育，这些转变，给处于弱势的民办高校带来了巨大的发展压力。积极开展民办高等教育研究，为国家制定政策提供参考依据，为民办高校提供办学参考，是民办高校学报肩负的重要使命。目前国内许多学术期刊都停

---

① 浙江树人大学中国民办高等教育研究院：跳出"象牙塔"高度 聚焦地方高校的新选择：教学服务 [N]，《光明日报》，2011-10-27（15）。

办了"民办高等教育"专栏，仅有的一些专栏也不固定，持续开展民办高等教育研究的专家、学者较少，给专栏的品牌建设带来不少难度。《浙江树人大学学报》的"民办高等教育"专栏，已是全国高校学报中为数不多的国家名栏，应当而且必须起到展示民办高等教育研究成果、交流办学经验的作用，为进一步推动民办高等教育研究承担起义不容辞的责任。《教育部高校哲学社会科学学报名栏建设实施方案》的根本主旨是，名栏建设重在建设。据此，《浙江树人大学学报》"民办高等教育"名栏的建设，将重点在以下几方面做出努力。

第一，进一步强化政治意识，牢牢把握栏目的政治方向。袁贵仁部长曾在教育部高校哲学社会科学学报名栏建设座谈会上指出，名栏建设一定要把握好政治导向，努力增强政治意识、大局意识、责任意识和阵地意识。这代表了教育部对学报的政治要求。学报既是学术媒体，是学校科研的窗口，同时也是意识形态的一部分。我们要以邓小平理论、"三个代表"重要思想和科学发展观为指导，坚持正确的政治导向，落实学报的政治责任，与党中央保持政治上、思想上的高度一致，为社会和谐与民办高等教育的发展创设良好的政治环境。

第二，牢固树立服务意识，发挥名栏服务民办高等教育发展的作用。"民办高等教育"名栏建设的根本目的，在于通过对有关民办高等教育中重大理论与实践问题、前沿与热点问题的深入探讨，为推动民办高等教育发展提供理论依据和现实经验。为此，我们将采取具体措施，帮助编辑更新办刊理念，牢固树立服务意识，自觉地关注和搜集民办高等教育中的有关重要信息，持续地、有针对性地举行专题研讨会，并借此发现和组织一批又一批重头文章，以引领学术研究的方向，为民办高等教育的科学发展作出新的贡献。

第三，强化质量至上理念，严把审、校质量关。学报"民办高等教育"专栏进入教育部名栏，既是荣誉，是对学报以及栏目过去工作的充分肯定，同时也是一份责任，应该更自觉地把质量置于优先的位置。学校将进一步加强力量，强化质量至上的编辑理念，提高编辑人员的素质和水平，优化和完善学报质量流程，坚持"三审"程式，严把审、校质量关。通过一轮建设，努力使专栏的质量提高到一个新的水平。

第四，发挥学科优势，不断突显和弘扬专栏特色。特色是名栏建设的基本特征。作为反映学报水平的重要标志，名栏建设要注意体现自身的特点和优势，要加强针对性、体现高品位、坚持可持续发展①。教育部的要求和第一批名栏建设的建设经验都告诉我们，名栏必须体现出特色和品位，做到"人无我有，人有我优，人优我特"，有自己显著而外人难以执掌的优势。同时，名栏建设必须建立在牢固的学科基础上，否则就会成为"无源之水，无本之木"而最终枯竭。名栏之特色，关键在于学报所在学校的学术优势与学术传统。在下一步的发展中，我们将充分发挥学校优势，密切专栏建设与民办高等教育研究院的关系，把名栏建设与学科建设相结合，名栏要将民办高等教育研究院作为可靠的资源基地，而民办高等教育研究院则要将专栏建设作为成果发表的主阵地，优秀的科研成果、高级别的课题和优质的论文，都要在专栏优先发表，以确保名栏的学术质量。

第五，坚持开门办刊，吸纳全国优质学术资源办好专栏。名栏建设是教育部繁荣和发展社会科学的重大举措，也是所在学校的责任，但任何一所高校仅仅依靠自身的力量是不够的，也是不符合名栏建设精神的，更何况高校学报本身就具有外向性。因此，名栏建设只有善于广集学术精华，兼收并蓄，才能提升品位。就民办高等教育研究而言，我国起步较晚，研究者有少、散、单的特点，因此，专栏应在凝聚学术力量，组织研究队伍和集中研究人才方面，发挥聚沙成塔的作用，广泛吸纳社会优质研究资源为我所用，从而建立起可靠而丰裕的稿源基地。

第六，坚持专家指导，充分发挥专家智囊团的作用。《浙江树人大学学报》创刊以来一直得到许多领导和高校学报界前辈、专家的关爱和鼓励。专栏的初步成功离不开这些领导和专家的理解与支持。在今后的名栏建设中，我们将建立专家库，进一步加强与专家之间的联系，完善相关制度，充分发挥专家的作用，虚心听取他们的意见，自觉接受专家的指导，加快提升学报名栏的学术水平。

(2012 年第 1 期)

---

① 唐景莉、黄文：《名栏要把握导向突出特色提高品位》，《中国教育报》2005-04-08（1）。

办好名栏 引领民办高校学报

——在《浙江树人大学学报》教育部
名栏建设座谈会上的发言

《浙江树人大学学报》编委会副主任、副主编 徐绪卿
浙江树人大学中国民办高等教育研究院院长

编者按： 在"《浙江树人大学学报》教育部名栏建设座谈会"上，教育部社科司出版管理处处长田敬诚，浙江省教育厅副厅级巡视员吴永良，全国高等学校文科学报研究会副理事长、《高等学校文科学术文摘》执行总编姚申，全国高等学校文科学报研究会首任理事长、《中国人民大学学报》原主编杨焕章，全国高等学校文科学报研究会原理事长、《北京师范大学学报（社会科学版）》原主编潘国琪，全国高等学校文科学报研究会副秘书长、《北京大学学报（哲学社会科学版）》常务副主编刘曙光，《北京大学学报（哲学社会科学版）》原主编、全国高等学校文科学报研究会原理事长龙协涛等发了言。以下是徐绪卿教授的发言整理稿。

非常感谢各位领导、专家能在百忙之中抽空来参加"《浙江树人大学学报》教育部名栏建设座谈会"。我校学报能在教育部第二次名栏评审中脱颖而出，得益于在座的各位领导与专家的理解与支持。《浙江树人大学学报》"民办高等教育"栏目的入选，将对民办高校及其学报产生巨大的激励作用，鼓舞和坚定民办高校及其学报编辑人员办好学报的士气与信心，从而对正在发展中的我国民办高校学报建设产生重要的启迪和影响作用。在此，我代表学校对参会的各位领导与专家表示热烈的欢迎和诚挚的问候！

目前国内许多学术期刊都停办了"民办高等教育"专栏，仅有的一些专栏也不固定，持续开展民办高等教育研究的专家学者较少，给专栏的品牌

建设带来不少难度。《浙江树人大学学报》的"民办高等教育"专栏，已是全国高校学报中为数不多的国家名栏，应当而且必须起到展示民办高等教育研究成果、交流办学经验的作用，为进一步推动民办高等教育研究承担起义不容辞的责任。《教育部高校哲学社会科学学报名栏建设实施方案》的根本主旨是，名栏建设重在建设。据此，《浙江树人大学学报》"民办高等教育"名栏的建设，将重点在以下几方面努力。

第一，进一步强化政治意识，牢牢把握栏目的政治方向。袁贵仁部长曾在教育部高校哲学社会科学学报名栏建设座谈会上指出，名栏建设一定要把握好政治导向，努力增强政治意识、大局意识、责任意识和阵地意识。这代表了教育部对学报的政治要求。学报既是学术媒体，是学校科研的窗口，同时也是意识形态的一部分。我们要以邓小平理论、"三个代表"重要思想和科学发展观为指导，坚持正确的政治导向，落实学报的政治责任，与党中央保持政治上、思想上的高度一致，为社会和谐和民办高等教育的发展创设良好的政治环境。

第二，牢固树立服务意识，发挥名栏推动民办高等教育的作用。"民办高等教育"名栏建设的根本目的，在于通过对有关民办高等教育中重大理论和实践问题、前沿和热点问题的深入探讨，为推动民办高等教育发展提供理论依据和现实经验。为此，我们将采取具体措施，帮助编辑更新办刊理念，牢固树立服务意识，自觉地关注和搜集民办高等教育中的有关重要信息，持续地、有针对性地举行专题研讨会，并借此发现和组织一批又一批重头文章，以引领学术研究的方向，为民办高等教育的科学发展作出新的贡献。

第三，强化质量至上理念，严把审、校质量关。学报"民办高等教育"专栏进入教育部名栏，既是荣誉，是对学报以及栏目过去工作的充分肯定，同时也是一份责任，应该更自觉地把质量置于优先的位置。学校将进一步加强力量，强化质量至上的编辑理念，提高编辑人员的素质和水平，优化和完善学报质量流程，坚持"三审"程式，严把审、校质量关。通过一轮建设，努力使专栏的质量提高到一个新的水平。

第四，发挥学科优势，不断突显和弘扬专栏特色。特色是名栏建设的基本特征。作为反映学报水平的重要标志，名栏建设要注意体现自身的特点和优势，要加强针对性、体现高品位、坚持可持续发展。教育部的要求和第一批名栏建设的经验都告诉我们，名栏必须体现出特色和品位，做到"人无我有，人有我优，人优我特"，有自己显著而外人难以执掌的优势。同时，名栏建设必须建立在牢固的学科基础上，否则就会成为"无源之水，无本之木"而最终枯竭。名栏之特色，首先就在于学报所在学校的学术优势与学术传统。在下一步的发展中，我们将充分发挥学校优势，密切专栏建设与我校中国民办高等教育研究院的关系，把名栏建设与学科建设相结合，名栏将研究院作为可靠资源基地，研究院要将专栏建设作为成果发表的主阵地，优秀的科研成果、高级别的课题和优质的论文，都要在专栏优先发表，以确保名栏的学术质量。中国民办高等教育研究院举办两年一次的"中外民办高等教育发展论坛"也为名栏建设带来了学术资源和人气，借助这个论坛，可以组织相当一批主题文章，并借此壮大作者队伍，形成较为稳定的稿源。

第五，坚持开门办刊，吸纳全国优质学术资源办好名栏。名栏建设是教育部繁荣和发展社会科学的重大举措，也是所在学校的责任，但任何一所高校仅仅依靠自身的力量是不够的，也是不符合名栏建设精神的，更何况高校学报本身就具有外向性。因此，名栏建设只有善于广集学术精华，兼收并蓄，才能提升品位。就民办高等教育研究而言，我国起步较晚，研究者有少、散、单的特点，因此，专栏应在凝聚学术力量，组织研究队伍和集中研究人才方面，发挥聚沙成塔的作用，广泛吸纳社会优质研究资源为我所用，从而建立起可靠而丰裕的稿源基地。同时，紧紧依靠现有的几个民办高等教育研究基地，如厦门大学高等教育发展研究中心、北京大学教育学院以及西安外事学院的民办教育研究所等，加强专题建设。今年年初，通过与北京大学教育学院阎凤桥教授联系，组织了一批主题文章，发表在今年第2期。

第六，坚持专家指导，充分发挥专家智囊团的作用。《浙江树人大学学报》创刊以来一直得到许多领导和高校学报界前辈、专家的关爱和鼓励。专栏的初步成功离不开这些领导和专家的理解和支持。在今后的名栏建设中，我们将建立专家库，进一步加强与专家之间的联系，完善相关制度，充分发挥专家的作用，虚心听取他们的意见，自觉接受专家的指导，加快提升学报名栏的学术水平。

第七，坚持编委会制度，壮大编委队伍以增强编委力量。学报一直坚持编委会制度，定期举行编委会会议，并考核编委会成员工作量（包括审稿、组稿、撰稿），既激发了编委会成员的积极性，又加强了编委会成员的责任感。同时，为提高学报的知名度，广泛吸纳校外知名专家进入编委会，如从2012年第1期开始，特邀邬大光、阎凤桥、卓勇良和裴长洪四位专家做编委，以使"民办高等教育"栏目得到更多专家的关注与支持。

第八，学校下发文件，进一步加强学报名栏建设。为办好"民办高等教育"名栏，学报编辑部和浙江树人大学中国民办高等教育研究院联合署名请学校颁发《关于进一步加强学报名栏建设的意见》的文件。该意见将从学校文件的高度，要求加强"民办高等教育"栏目与民办高等教育研究院的合作与联系，通过提高科研分值与奖励额度、提升学报的刊物级别等措施，聚集校内优质稿源。

（2012 年第 4 期）

认真学习领会　加快推进落实
促进健康发展

——《民办教育促进法修正案》学习研讨会综述

编者按：2017 年 2 月 25 日，浙江树人大学民办高等教育研究院国家社科基金重点项目"民办院校办学体制及发展政策研究"课题组在杭州举行"《民办教育促进法修正案》学习研讨会"，课题组组长、浙江树人大学校长徐绪卿教授主持会议。来自浙江、上海、江苏、山东、江西和辽宁等省市的民办教育研究学者和《教育发展研究》《复旦教育论坛》《浙江树人大学学报》及《浙江教育报》等报刊的相关人士 30 余人参加研讨。与会代表认真学习《民办教育促进法修正案》，结合前段时间的调研和各自研究的成果，阐述对学习贯彻《民办教育促进法修正案》的体会，并就修正案下一步的落实落地发表各自的见解和建议。本刊特刊发此次研讨会的主要内容，以飨读者。

关键词：民办教育；《民办教育促进法修正案》；地方民办教育制度；实施细则；分类管理；党建工作

2016 年 11 月 7 日，第十二届全国人民代表大会常务委员会第二十四次会议审议通过了《民办教育促进法修正案》（下称"《修正案》"）。之后，围绕《修正案》的实施，有关部门密集下发了一系列文件：12 月 29 日，中共中央办公厅印发《关于加强民办学校党的建设工作的意见（试行）》（中办发〔2016〕78 号），对民办学校党的建设作出新的部署；同日，国务院印发了《关于鼓励社会力量兴办教育促进民办教育健康发展的若干意见》（国发〔2016〕81 号，下称"《若干意见》"），对民办教育改革发展作出全面部署；12 月 30 日，教育部、人力资源和社会保障部、民政部、中央编办和国家工商总局联合下发《关于印发〈民办学校分类登记实施细则〉的通知》

（教发〔2016〕19号），教育部、人力资源和社会保障部和工商总局下发
《关于印发〈营利性民办学校监督管理实施细则〉的通知》（教发〔2016〕
20号）。这些法律法规以及相关政策，是新形势下我国民办学校办学的基本
依据，构成了保障和规范民办教育发展的主要制度体系，是今后一个时期民
办学校和相关部门学习贯彻的重要内容。

一　《民办教育促进法》修订的重大意义

2017年2月25日，"《民办教育促进法修正案》学习研讨会"在杭州召
开。与会代表认真学习了《修正案》、国务院及相关部门的文件，并交流心
得，认为《修正案》是在我国民办教育新一轮发展的关键时刻颁布的，对
加强民办教育国家层面的顶层设计、从法律层面破解民办教育发展中面临的
关键问题、继续营造民办教育发展的软环境、深化民办教育治理、提高民办
学校品质和指导民办教育健康可持续发展等，均具有重大意义。浙江树人大
学校长徐绪卿教授认为，法律是国家意志的表现，要不要举办民办教育，举
办什么样的民办教育，通过什么样的路径发展民办教育，这些重大问题需要
根据基本国情和国家发展目标由国家法律来确定。与会代表认为，本次修法
意义重大：一是进一步加强了民办学校党的建设。《修正案》从法律高度确
立民办学校党的领导的合法性，强调民办学校党的建设的重要性，要求积极
发挥党组织的政治核心作用，确保民办学校始终坚持社会主义办学方向。二
是确立分类管理的法律依据。《修正案》突破原有法律框架，允许社会力量
举办学前教育、高中阶段教育、高等教育以及非学历教育的营利性民办学
校，实行非营利性和营利性民办学校分类管理的差异性政策。三是进一步保
障举办者权益。《修正案》规定举办者可以自主选择设立非营利性或者营利
性民办学校，根据学校章程规定的权限和程序参与学校的办学及管理。现有
民办学校继续实施非营利性办学的，在办学终止时给予出资者相应的补偿或
奖励。四是进一步完善师生权益保障机制。《修正案》提出，民办学校应当
依法保障教职工的工资、福利待遇和其他合法权益，并为教职工缴纳社会保
险费，鼓励民办学校按照国家规定为教职工办理补充养老保险。县级以上各
级人民政府可以采取助学贷款、奖助学金等措施保障民办学校学生的权益。
五是进一步完善国家扶持政策。《修正案》强调民办学校与公办学校具有同

等的法律地位，规定非营利性和营利性民办学校在财政、税收优惠、用地和收费等方面的差别化扶持政策，明确了国家鼓励方向。六是进一步健全民办学校治理机制。《修正案》规定民办学校应当设立理事会、董事会或者其他形式的决策机构并建立相应的监督机制。教育行政部门及有关部门建立民办学校信息公示和信用档案制度。

二　加强民办高校党的建设是主题之一

与会代表认为，加强民办高校党的领导是本次民办教育政策的主题之一，也是最重要的要求。民办学校是在中国共产党领导下的社会组织，应该接受中国共产党的领导，坚持社会主义的办学方向，培养可靠的社会主义事业接班人和现代化建设的合格建设者，牢牢掌握意识形态的主动权和话语权。《高等教育法》提出："国家举办的高等学校实行中国共产党高等学校基层委员会领导下的校长负责制。中国共产党高等学校基层委员会按照中国共产党章程和有关规定，统一领导学校工作。""社会力量举办的高等学校的内部管理体制按照国家有关社会力量办学的规定确定。"受历史的限制，过去《民办教育促进法》整个文本中没有党的建设的相关内容，由此在实践中造成了某些误解。

徐绪卿认为，现实中也确实存在一些问题，表现在：党组织不健全，隶属关系不落实，党的建设和党的领导弱化，党组织法定地位不落实、职权不明确、作用难发挥；党的建设工作淡化，在节省人力、节约经费的幌子下，党的机构被"精简"，人员很少甚至没有安排，党组织生活不健全，党组织经费没预算，存在有组织没机构、有组织没经费和有组织没活动的情况；党组织的主体责任虚化，从严治党力度小、不见效，学校内部治理混乱，事故苗头频出，影响教育教学质量，甚至给社会稳定带来影响；党的作用边缘化，有的民办学校党组织涣散，作用发挥不明显，成为摆设。尽管总体上民办学校党的建设有所加强，但是由于先天不足，缺乏法律依据，并没有得到应有的重视。《修正案》修改的第一个方面，就是明确"民办学校中的中国共产党基层组织，按照中国共产党章程的规定开展党的活动，加强党的建设。"国务院印发的《若干意见》也提出了"切实加强民办学校党的建设"的要求，"全面加强民办学校党的思想建设、组织建设、作风建设、反腐倡廉建设、制度建设，增强政治意识、大局意识、核心意识、看齐意识。完善民办学校党组织设置，理顺民办学校党组织隶属关系，健全各级党组织工作保障机制，选好配强民办学校党组织负责人。民办学校党组织要发挥政治核心作用，强化思想引领，牢牢把握社会主义办学方向，牢牢把握党对民办学校意识形态工作的领导权、话语权，切实维护民办学校和谐稳定。"文件把"加强和改进民办学校思想政治教育工作"纳入民办学校党的建设，也凸显了民办学校思想政治工作的重要性和紧迫性。作为一个专项文件，中共中央办公厅《关于加强民办学校党的建设工作的意见（试行）》不仅强调了民办学校党建工作的重要性，而且对民办高校党的建设的地位、职能、内容以及工作机制等作出了全面规划和布置。几个文件密集下发，从而在法律高度确立了党的领导的合法地位，为民办学校加强党的建设提供了法律依据。与会代表认为，当前这一系列文件尚未引起应有的重视，许多单位和部门把过多的精力集中于"分类管理"上，许多会议讨论的主题仅谈"分类管理"，而对民办学校党建问题关注不多，值得有关部门加以重视。

三　实施分类管理是重大突破

温州市教育局副局长戚德忠认为："分类管理"问题是伴随民办教育发展产生的重大问题，也是本次修法的重点工作之一。由于此条款承认了营利性民办学校存在和发展的法律地位，与以往教育法律对于"办学营利"的排斥条款相抵触，因而一直广受社会的关注和争议。现在，多个相关法律条款作出修订，从国家层面允许营利性民办学校的存在，并实施分类管理，实行差异性优惠和扶持政策。与会代表认为，实施分类管理有诸多好处：一是有利于破解长期以来民办教育发展的瓶颈，使民办学校发展中存在的许多问题和矛盾在法律层面得以澄清与解决。二是有利于贯彻国家鼓励社会力量办学的导向，分类落实财政、税收和土地等方面的扶持政策。三是有利于拓展民办教育发展的空间。非营利性民办学校可以获得政府更多的扶持，提高办学质量；营利性民办学校可以利用市场机制，创新教育产品，增加教育供给，满足社会接受多样化教育的需求。徐绪卿认为，《民办教育促进法》的修订，充分考虑到我国的国情，顾及民办教育发展的现状，也充分考虑到民办学校举办者的利益。无论实行哪种形式的民办教育（营利、非营利），都要有利于国家教育事业的健康发展，有利于教育资源和教育品种的增加，满足社会接受个性化、多样化教育的需求。有代表对当下一些民办学校举办者在实施《修正案》之前的关联交易行为表示担忧，对此，上海市教育科学研究院方建锋博士认为，这些行为总体来说没有违背已有法律，因此不必要过分关注。徐绪卿认为，鉴于目前《修正案》的具体实施意见尚未出台，总体来说宣传和理解都还不到位，现有规定与一些举办者的期待又有巨大差距，部分举办者采取一些"过当"措施保全资产的想法和措施是可以理解的，关键是要尽快出台实施《修正案》的具体意见，做好教育引导工作，稳定举办者的思想。

四　营利性与非营利性民办学校有明显差异

就理论而言，既然营利性民办学校和非营利性民办学校都是国家允许举办的，那么这两类学校都是合法的，不存在法律上的障碍和道德上的缺失，都应该得到鼓励和支持。实施分类管理，有利于民办学校根据学校性质（营利或非营利）获得相应的政策优惠和扶持。营利性学校有望通过股权激励等方式改变教师报酬结构、吸引更多优秀教师加入，而非营利性学校也有望获准登记为民办事业单位，从而获得土地、税收和贷款等方面的优惠。

根据与会代表的发言，目前营利性与非营利性民办学校的发展政策具有七方面的差异。

第一，结余分配。《修正案》规定："非营利性民办学校的举办者不得取得办学收益，学校的办学结余全部用于办学。营利性民办学校的举办者可以取得办学收益，学校的办学结余依照公司法等有关法律、行政法规的规定处理。"举办者是否可以分配办学结余资金，构成营利性与非营利性民办学校的核心区别。区分两者的关键是看举办者是否分红，分红就是营利，不分红把经费用于教育发展就是非营利①。

第二，资产归属。非营利性民办学校在学校存续期间资产归学校法人所有，办学结余全部用于学校发展。而"营利性民办学校的举办者可以取得

① 民办学校学费十多万也是非营利？ 教育部释疑 ［EB/OL］. 2016-11-02.http://news.qq.com/a/20161102/032900.htm? t＝1478085623057.

办学收益，学校的办学结余依照公司法等有关法律、行政法规的规定处理。"

第三，终止清算。《修正案》规定，现有民办学校"选择登记为非营利性民办学校的……终止时，民办学校的财产依照本法规定进行清偿后有剩余的，根据出资者的申请，综合考虑在本决定施行前的出资、取得合理回报的情况以及办学效益等因素，给予出资者相应的补偿或者奖励。营利性民办学校终止办学时，清偿上述债务后的剩余财产，依照公司法的有关规定处理。"可见，本次修法充分考虑到了举办者的利益。当然这里的理解仍有些歧义，即补偿和奖励可否兼得还不清晰。

第四，校园用地。非营利性民办学校按照公办学校的要求获得土地，营利性民办学校是"可以供给土地"，在政策上具有明显的差异。根据现有的政策，政府供地是可能的，关键是供地的方式和土地的价格。

第五，税收优惠。非营利性民办学校按照公办学校的税收政策，营利性民办学校按照公司法的规定缴纳税收。目前各地对于举办学历教育的民办学校都是免税的，如湖南某民办学校尽管在章程中明确标明是营利性办学，但因其举办的是高等学历教育，因此也不曾被要求纳税。估计在今后相当长的一个时期，各地为了稳定民办学校办学和营造良好的发展环境，会创设政策洼地，还会对营利性民办学校尤其是营利性学历教育学校给予税收优惠政策。

第六，财政补贴。政府将对非营利性民办学校进行补贴，这是政府的承诺，也是分类管理的必要性所在。但是补贴多少，如何补贴，法律没有提及，需要地方政策落实。另外，是否对营利性学校予以补贴，法律也不明确。现有部分省市对营利性学校还是有补贴政策的，一般是在补贴的标准上减半，如上海、重庆等地。

第七，登记方式。教育部等五部门《关于印发〈民办学校分类登记实施细则〉的通知》中专门列有"分类登记"一章，其中第七条规定："正式批准设立的非营利性民办学校，符合《民办非企业单位登记管理暂行条例》等民办非企业单位登记管理有关规定的到民政部门登记为民办非企业单位，符合《事业单位登记管理暂行条例》等事业单位登记管理有关规定的到事业单位登记管理机关登记为事业单位"；第九条规定："正式批准设立的营利性民办学校，依据法律法规规定的管辖权限到工商行政管理部门办理登记。"

综上可以看出，《修正案》对一些原则性的问题考虑周全、内涵清晰，为举办者提供了明确的选择方向，也为法律的实施创造了良好的条件。温州市教育局民办教育处处长王永其认为，实施《修正案》以后，非营利性民办学校的违法风险大幅加大，营利性民办学校的成本大大增加，对此必须引起高度重视。上海市教育科学研究院民办教育研究所董圣足教授提出，要建立民办学校最低风险保证金制度，没有这个制度，对于营利性民办学校是很危险的事情。山东英才学院民办高等教育研究院石猛博士认为，民办高校的治理应该更加规范一些，主要是内部治理。一体两翼，解决民办高校内部治理的问题，关键是董事会、校长和党委书记。

五　落实法律须消除六个认识误区

《修正案》颁布以后，由于修改的两个内容都突破了以往的法律框架，引发社会广泛议论是必然的。尤其是分类管理被写入法律以后，各界对此理解不一，出现了一些认识误区。徐绪卿认为，在贯彻落实《修正案》的过程中，有必要澄清认识、消除误区。

误区一：非营利性等于公办。这方面的说法较多，并且依据不同学校的诉求（选择）具有不同的理解。有的认为，非营利性学校既然享受与公办学校同等的政策，就"距离"公办学校不远了。也有举办者担心非营利性学校如果等同于公办学校，是否意味着举办者现有的举办权将丧失殆尽。这一观点的误区在于混淆了非营利与民办的概念：非营利只说明办学的类别，而民办体现办学的性质，两者不是一个层面的概念。民办可以办成非营利性，也可以办成营利性。从政策来看，民办学校永远都不可能享受到与公办学校相同的政策。

误区二：非营利性等于低收费。这一观点也是不准确的。举办者选择非营利性办学以后，其民办的性质不变，从实际情况来看，绝大多数民办学校的主要经费来源还是学费收入。学校要走向市场、办出质量及留住优质师资，势必会增加办学成本，收费也较高。教育部发展规划司司长谢焕忠曾指出："目前社会上有人认为高价学校或者贵族学校等同营利性学校，这种认识并不准确。收费高不一定就是营利性。收费比较高的学校，会高薪聘请很好的老师，学费收得高，但是支出也会很高。这些学校的开支和耗费都比较大。非营利性不等于不收费或者低收费。"①

误区三：非营利性等于低酬金。这一观点也是错误的，会影响到非营利性民办学校师资队伍的稳定性。其实选择举办非营利性民办学校，不涉及内部分配。无论是营利性民办学校还是非营利性民办学校，若要办出特色和水平，就必须引进和留住优秀人才，就需要下大力气和本钱建好队伍，当然也包括提高教职员工的待遇等。因此，非营利性学校也需要高酬金招揽人才，应得到政府的鼓励。如上海目前出台的政策是鼓励民办学校提高教师待遇，民办高校教师工资发得多，政府提供的配套扶持就越多。《若干意见》也提出："国家鼓励民办学校按照国家规定为教职工办理补充养老保险。" 这里当然也包括非营利性民办学校。

误区四：非营利性等于更严格的政府管理。实施分类管理后，政府会加大对非营利性民办学校的支持力度，当然也会加大监管力度。但这不意味着让政府接管非营利性民办学校，否则改革就没有意义了。对于营利性民办学校，政府毫无疑问也会加大监管力度，已经出台的《营利性民办学校监督管理实施细则》监管力度就不小。目前的制度安排既缺乏非营利性的制度框架，也缺乏营利性的制度框架，至少从现有政策文本上还看不出两者的区别。从国际高等教育管理的主流来看，随着国家治理和治理现代化的推进，政府会逐渐放松对教育的管制，充分尊重民办学校的自治权。浙江大学民办教育研究中心吴华教授提出，在制定政策、规范民办学校办学行为时，应放松规制，不要把它管得死死的，现在全球的基本态势就是放松。如果从这个出发点来设计政策，管理成本会大大降低，民办学校的政策空间会大大拓展。

误区五：营利性民办学校得不到政府资助。这也是一个极端的误区。吴华提到，据研究，美国对营利性民办学校也是有优惠的。从我国目前的制度安排来看，政府对营利性民办学校和非营利性民办学校都持鼓励态度。当然，从政府的导向来看是大力鼓励和支持民办学校选择非营利性学校，这个倾向是公开、透明的，但法律并不排除对营利性民办学校的支持。在国家层面，《修正案》和《若干意见》都有这方面的条款；在地方层面，若要创设政策洼地，吸引更多的投资进入民办教育，地方政府也不可能采取单边的支持政策。

---

① 《非营利性学校不等于低收费》，《成都商报》2016-11-02（3）。

误区六：非营利性办学等于放弃管理权。这一观点确实引发不少举办者的担心。有人认为，非营利性办学就是捐资办学，而捐资办学是不能参加管理的，由此得出"非营利性办学＝捐资办学＝放弃管理权"的结论。还有人甚至认为《修正案》实施以后，捐资办学的管理者就要卷铺盖走人了，这一观点是不准确的。诚然，捐资办学是非营利办学，但是法律并无规定非营利性办学就得放弃学校管理权。从私立大学发展的实践来看，日本、韩国和我国台湾地区的私立大学都是非营利性办学，且大多是由举办者自行管理的，甚至家族式管理的私立大学也不在少数。法律规定"民办学校的举办者根据学校章程规定的权限和程序参与学校的办学与管理。"民办学校举办者是否参与管理应由学校章程约定，与营利、非营利的办学类别无关。

六　吸引社会力量投入办好现有的民办学校

关于《修正案》实施的重点对象，吴华有一个判断：经过 10 多年的快速发展，无论在学前教育、义务教育、高中教育还是在高等学历教育，资源已经基本饱和，今后增长的空间很小，要吸引社会力量继续投入，可能量不会多。因此，《修正案》的实施应把吸引社会力量投入办好现有民办学校作为重点。而现有民办学校绝大多数是投资办学，故落实好相关政策、调动现有学校投资者的积极性，应该成为地方政策的重点。

我国幅员辽阔，各地民办学校发展的环境和条件差异性大，因此，《修正案》秉承了以往立法的经验和传统，给地方政府留有政策创新的空间。无锡太湖学院高等教育研究所阚明坤博士认为，《修正案》的实施既要有国家层面的顶层设计，也要有地方政府的中层担当。现在，距离法律实施的时间非常紧迫，许多省市都在紧锣密鼓地制定地方政策，压力很大。戚德忠认为，地方政府普遍存在着急、焦急和焦虑的状态。地方政策的配套力度决定了国家文件的贯彻程度。浙江师范大学章露红博士提出，在同样的法律框架下，地方比中央表现出更多的动力。民办教育的发展差异更多来自地方政策的差异，法律本身的政策创新空间更影响地方民办教育的发展。她指出，地方在以下三个层面有大量的政策创新空间：第一，法律明确授权地方制定的民办教育政策层面。第二，在国家新政出台后地方要做好政策的衔接，因地制宜，稳妥推进分类管理。第三，地方政府要进一步深化改革，找寻同一个法律框架下不同的实施路径和制度变革的政策空间，寻求地方政策的新突破。已有的地方民办教育政策创新实践就体现为一些"策略行为"，比如在国家民办教育法律体系的盲点、模糊点或者存在政策冲突的地方进行政策"首创"，或就已有的政策理念和制度安排进行重新组合。

与会代表也交流了各地政府政策制定的情况，由于时间紧迫、事务繁多，在观望的背后，地方政府普遍感觉压力巨大。据了解，云南、安徽、江苏、上海、湖南、湖北和浙江等地都在积极准备，云南出台了相关文件初稿，安徽被确定为试点省推进速度加快，江苏下拨了30万元专项基金用于相关研究。阙明坤提出，制定地方政策必须做到四个结合：一是国家统一规定与地方特色相结合；二是现有的民办学校与新设的民办学校相结合；三是扶持、鼓励与规范管理相结合；四是非营利性与营利性民办学校相结合。

与会代表还对地方立法的一些问题进行了研讨。

1. 政策实施的时间节点问题。按照全国人大常委会决议，《修正案》将于2017年9月1日起实施。根据这个时间安排，时间紧、任务重，各地教育部门资源缺失、压力较大。尽管如此，与会代表还是认为必须严格按照这个时间去落实。否则，国家立法机构就会产生诚信问题，实践中也可能留有执法的空白地带，给法律实施带来更多问题。

2. 奖励和补偿问题。《修正案》规定，"本决定公布前设立的民办学校，选择登记为非营利性民办学校的，依照本决定修改后的学校章程继续办学，终止时，民办学校的财产依照本法规定进行清偿后有剩余的，根据出资者的申请，综合考虑在本决定施行前的出资、取得合理回报的情况以及办学效益等因素，给予出资者相应的补偿或者奖励，其余财产继续用于其他非营利性学校办学。"需要明确的问题是：补偿或者奖励由谁出钱，可否兼得？

3. 政策制定协调问题。由于《修正案》的实施涉及政府各部门，除教育部门以外，人力资源保障、工商、物价、土地、民政和编制等部门都有涉及。即使在教育部门内部，也有内设机构各部门间的协调问题，协调工作量大面广。为争取时间、加快进度，应该建立由地方政府主要领导牵头的领导小组，协调和指导具体工作，及时消除工作障碍，保证工作顺利进行。另外，我国民办学校与国外私立学校有很大不同，绝大多数是依赖学费结余滚动发展起来的，因此在制定政策时要考虑到其产权结构的复杂性。

4. 国家层面的具体政策协调问题。《修正案》与现有的一些相关法律会发生冲突，例如转设营利性民办学校，其资产转移中的税费问题、运行过程中的税费问题以及土地供给问题等，地方政府没有权限，政策创新具有一定的风险，建议由国家税务部门统一明确相关要求，保持政策适度平衡。还有诸如学校选择以后可否悔选、重选等问题，法律也不明确。

5. 贯彻落实问题。贯彻落实《修正案》既需要政策创新，也需要智慧。《复旦教育论坛》熊庆年教授表示，《修正案》不可能解决所有问题，民办学校之间也不是千篇一律的，实施《修正案》既要严格执法，解决实施中的问题，也需要集中智慧，善于解决重点、难点问题。《浙江教育报》言宏编辑提出如何加强监管和信息透明化问题。戚德忠认为，在《修正案》实施过程中，教育部门应该发挥主导作用，以确保政策的连续性。徐绪卿提出，对《修正案》实施中产生的问题，要分轻重缓急，有的甚至可以暂时搁置，待条件成熟时再实施，以保证《修正案》实施顺利、有序地推进。

（2017 年第 2 期）

透视实施条例　完善顶层设计
促进民办教育新发展

——《民办教育促进法实施条例（修订草案）
（送审稿）》专题研讨会综述

徐绪卿　毛红霞

摘　要：2018 年 8 月 18 日，由全国民办教育研究联盟秘书处发起、浙江树人大学中国民办高等教育研究院承办的"《民办教育促进法实施条例（修订草案）（送审稿）》专题研讨会"在杭州召开。30 余位地方教育管理部门的代表、民办高校管理者和举办者、民办教育政策研究专家学者参加本次研讨会。与会者对教育部和司法部分别发布的《民办教育促进法实施条例（修订草案）（征求意见稿）》《民办教育促进法实施条例（修订草案）（送审稿）》进行比较分析，普遍认为《送审稿》对公办学校品牌输出、集团化办学行为和关联交易活动加以规范十分必要，同时对民办培训教育机构（含在线）纳入监管并允许民办学校跨区域招生等规定表示欢迎。与会者也对《送审稿》存在的一些问题进行深入探讨并提出相关建议：需对集团化办学、兼并收购、协议控制和语言能力等概念作出更清晰的界定；在优先维护受教育者权益的基础上，还需兼顾其他利益相关者的诉求，特别需重视保护和调动各类民办教育举办者的办学积极性；彻底解决产权问题，以扫清法律落地的障碍等。

关键词：《民办教育促进法实施条例》；品牌输出；集团化办学；在线教育；跨区域招生；关联交易

2018 年 8 月 10 日，司法部发布《民办教育促进法实施条例（修订草案）（送审稿）》（以下简称《送审稿》）以及公开征求意见文，在全国引起巨大反响，这也是近段时间教育研究领域最热门的话题之一。此稿与教育部 2018 年 4 月 20 日发布的《民办教育促进法实施条例（修订草案）（征求意见稿）》（以下简称《征求意见稿》）相比，有许多显著变化。为更好地理解和参与《送审稿》的讨论，2018 年 8 月 18 日，由全国民办教育研究联盟秘书处和浙江树人大学中国民办高等教育研究院发起举办的"《民办教育促进法实施条例（修订草案）（送审稿）》专题研讨会"在浙江树人大学召开，30 余位地方教育管理部门的代表、民办高校管理者和举办者以及民办教育政策研究专家学者参加了研讨会。

在有关部门公开向社会征求意见之际召开专题研讨会，有助于更好地厘清司法部和教育部在《送审稿》上出现的变化，在研究领域达成一定的共识，为宣传、落实相关法律打好基础。下文对本次研讨会与会者们的主要观点进行凝练和总结，供民办教育研究者和政策执行者参考。

一　规范发展是顶层设计的主线

我国民办教育政策大部分都是打补丁的，难免会在不同程度上影响整个民办教育事业的发展。但《民办教育促进法》及其实施条例的修订属于国家制度的顶层设计，无法顾及甚至会影响到多样化发展中一部分群体的利益，因此，决不能只着眼于小我，而需从民办教育长远发展的目标和需要出发来看待此次修法。研讨会主持人、浙江树人大学校长徐绪卿教授认为，任何政策的出台都是一把双刃剑，对政策的研讨应该本着客观、公正的态度。两个法律的修订都十分注重民意基础，2003 年颁布的《民办教育促进法》是全国人大常委会四审通过，2016 年修订的《民办教育促进法》（以下简称《修正案》）是三审通过，说明国家在法治建设方面越来越重视民众的参与性，当然也说明了民办教育问题的复杂性。

辽宁教育科学研究院院长黄元维认为，此次实施条例修订的很多内容首先是受到高层领导和社会公众的关注，然后起草条文并向社会公众征求意见，因此《送审稿》有了相当大的改善，解决了很多问题。大连民族大学张利国博士认为，《修正案》出台近两年来，全国已有 20 个省（市、区）出台配套文件，但整体上各地政府对管理认识不足，工作推进不平衡，制约了民办教育分类管理改革的推进，对政府的公信力形成考验。因此，

《送审稿》变化的背后传递得更多的是国家层面坚定推进分类管理、力求破除民办教育存在的难点和痛点以及促进民办教育发展不变的意志和决心。相较《修正案》，《送审稿》对法律责任的规定，在范围、内容和责任上都有明显的增强与扩大。浙江大学吴华教授认为，分类管理更强调规范，但规范只是手段，发展才是目的。两者在很多情况下是相互促进的，但也有一些情况下是相互冲突的。在相互冲突时，要把发展放在首位。发展是优先的，规范是条件，是为了发展而作的政策和制度设置，目的是促进发展。对此，张利国也表示，依法依规办学才是生存之道。他认为，《送审稿》涉及"不得"共有 32 处，涉及"禁止、规范"字眼共有 32 处，说明规范已成为整个法规的一条主线。这不仅体现在对集团办学不当关联交易问题的规范，也体现在对民办学校治理结构和办学行为等方面的规范。

二　《送审稿》相较《征求意见稿》的显著变化

（一）公办学校品牌输出受到限制

《送审稿》第七条规定："公办学校不得举办或者参与举办营利性民办学校。公办学校举办或者参与举办非营利性民办学校的，应当经主管部门批准，并不得利用国家财政性经费，不得影响公办学校教学活动，不得以品牌输出方式获得收益。"对此，与会者们有不同的看法。

吴华认为，品牌资产是民间与公办学校合作的核心诉求，如果品牌不能以输出方式获得收益，那就失去了价值。若是如此，现实中大部分公办学校都会选择绕过去，该条款在实践中可能起不到规范作用。上海教科院民办教育研究所所长董圣足也表示，公办学校若不以品牌输出方式与公司合作，可能会以专业咨询的名义收取咨询费，事实上还是在变相收取品牌使用费，因而建议增加"直接或是变相收取"的字样，以弥补法律漏洞。另一些代表则对该条款持赞同意见，认为这将大大加快独立学院的分设进程。黄元维认为，在没有更好办法的情况下，该规定是有利的，可以让公办学校感受到各方面的压力，比如来自纪检监察部门的压力。

（二）集团化办学行为受到制约

针对实践中存在的同一举办者同时举办多所民办学校等集团化办学行

为，《送审稿》进一步规范集团化办学的举办资格、教学活动等。董圣足认为，《送审稿》第十二条的目的是要限制集团化办学的一些办学方式和控制形态，更强调规范集团化办学，一方面防止境外资金控制我国的义务教育学校，另一方面鉴于境外上市机构确实引发了一些矛盾和问题。

不少与会者就第十二条中"集团化办学不得通过兼并收购、加盟连锁、协议控制等方式控制非营利性民办学校"的条款提出异议。黄元维认为，该条款会面临合法性和操作性问题，比如对非营利性民办学校来讲并不存在兼并收购，在程序上就是一个变更举办者的问题，兼并收购都是学校上一层在进行的，如何控制、限制和加以约束？吴华和海亮教育湘湖公学（筹）执行校长张双庆均认为，该条款不符合实际情况，集团化办学若不得运用以上方式进行控制，又该用什么方法呢？上海建桥学院原院长、副董事长黄清云表示，通过收购得来的学校绝不可能建成一个优质的民办学校，现在民办学校上市的利润是50%—60%，而美国营利性学校的利润是5%—6%，如此高的利润下怎么建成优质的民办学校？江苏省教育厅王升武认为，禁止协议控制可能会造成两个潜在的影响：一是上市公司需要剥离一些非营利性学校的资产，但由于涉及境外投资人的利益，这个剥离是很困难的；二是法不溯及既往，老人老办法，新人新办法，这也是一个需要考虑的问题。徐绪卿认为，尽管集团化办学的概念不清晰，但这一条款的精神是为了阻断营利性教育集团通过兼并收购、加盟连锁和协议控制等方式控制非营利性民办学校，导致一部分非营利性民办学校以非营利之名行营利之实，无法体现分类管理、各行其道的法律要求。

对于非营利性民办学校能否集团化办学的问题，徐绪卿、吴华和张双庆等均提出疑问：营利性民办学校可以集团化办学，非营利性民办学校为什么不可以？对公办学校大力提倡集团化办学，为什么民办学校不可以？这显然是公办与民办教育之间存在的不公平待遇。

（三）民办培训教育机构（含在线）纳入监管

针对《送审稿》第十五条"设立招收幼儿园、中小学阶段适龄儿童、少年，实施与学校文化教育课程相关或者与升学、考试相关的补习辅导等其他文化教育活动的民办培训教育机构""设立实施语言能力、艺术、体育、科技、研学等有助于素质提升、个性发展的教育教学活动的民办培训教育机构，以及面向成年人开展文化教育、非学历继续教育的民办培训教育机构"

的规定，上海教科院民办教育研究所潘奇博士将上述两种民办培训教育机构归纳为考试类和素质类，认为现在很多民办培训教育机构同时在做这些培训，如果从事素质类培训的民办培训教育机构不得开展文化教育活动，那么这些机构的生存将成问题；如果从事考试类培训的民办培训教育机构获得了办学许可，在工商部门登记时又把素质类的培训内容也登记进去，那就可以从事两种类型的培训，而从事素质类培训的民办培训教育机构则不能从事考试类的培训，这显然有失公平。

上海市教委继续教育处处长陶文捷基于上海培训教育市场的实践，分享了上海的做法与经验。他认为，准入是首先需要明确的问题，《修正案》颁布后，培训教育机构的管理就有了抓手。上海市于 2017 年底出台了《民办培训机构设置标准》《营利性民办培训机构管理办法》和《非营利性民办培训机构管理办法》（以下简称"一标准、两办法"），起初是除特殊教育以外全覆盖的，现在则趋向于面向在校中小学生的文化类培训机构。上海市教育行政部门与人力资源和社会保障部门达成共识：从教育培训的管理部门来讲，基础教育仅仅是管中小的；职业技能类的培训机构包括成人培训机构，是一个大教育的概念，属于人力资源和社会保障部与教育系统共同管辖的范畴。首先，上海市现在针对教育培训机构实行一个文件、两个审批系统的规定，既有教育的行政部门，又有人力资源的管理部门。其次，事中、事后的监管很重要。批的不管、管的不批，会造成管理真空。针对这个问题，上海利用"一标准、两办法"的许可精神和原则，对设立教学点的机构履行许可程序，从而落实属地管理责任，有效避免由简单备案带来的一些问题。最后，从执法层面来看，仅有教育行政部门还不行，应联合工商、民政等部门形成一个多部门联合的协同管理机制。黄元维对此持相同意见，认为现在行政管理体制改革后，有些地方是批管分离的，很多地方已经设立审批局，不属于教育行政部门，因此应联合人力资源和社会保障部等多部门共同管理。

为适应教育的新形势和新业态，《送审稿》新增第十六条，分别对在线实施的学历教育、培训教育和利用互联网平台提供教育服务等三种形态作出规定。陶文捷认为，在线教育在上海市"一标准、两办法"中未作具体规定，亟须顶层设计作出相关规定。与实体的培训教育许可不同，在线教育许可面临着到何处登记和如何许可等问题，尤其是一类跨地区、无边界的培训教育机构，需在《民办教育促进法实施条例》修订时加以明确。另外，在线培训教育机构自身也急于取得合法身份，特别是在其做大后一定要有政府的认可，但由于缺乏上位法，地方教育行政部门无法进行认可。董圣足表示，通过互联网的入网许可和办学许可来实现互联网的监管存在困难，因为互联网是无边界的，且监管时间也难以确定，存在很大的监管难点。黄清云认为，互联网技术服务平台可以用于教育，但它不是教育行政部门，应由教育行政部门利用互联网技术平台开展培训教育活动，而不是由互联网技术平台自己组织培训教育活动。

（四）允许民办学校跨区域招生

与会者们均表示，第三十一条允许民办学校跨区域招生是《送审稿》的一大亮点。徐绪卿认为，民办学校对跨区域招生呼声强烈，"国务院三十条"中亦有涉及，但是各地在制定地方新政过程中有明显的抵触倾向，落实也较困难，亟须国家层面的推动。张双庆认为，现在中国教育面临激发教育活力和培养创新型人才两大问题，公办学校按地区招生，不具备选择权，民办学校存在的必要性就是给学生提供适合自己的教育，这是对公办教育非常有利的一个补充。若限制招生，从某种程度上说就是限制了公民的自由权，因此这是《送审稿》一个很大的进步。

对于跨区域招生需要备案并有住宿条件的规定，徐绪卿和吴华均认为，向当地教育行政部门备案是非常合理的，但没必要加上住宿条件的条款。谁来检验有没有住宿条件？一旦明确这一要求，可能会增加行政许可手续事项，涉及更多问题。

（五）关联交易受到控制

《送审稿》第四十五条严格控制民办学校与利益关联方的关联交易。浙江省发展民办教育研究院院长田光成认为，与《征求意见稿》相比，《送审稿》对关联交易的要求更为严格，一是扩大了规范的对象范围，由原来对非营利性民办学校关联交易的要求扩展到所有学校；二是强调了对关联交易的协议监管，体现在《送审稿》要求"教育行政部门、人力资源社会保障部门应当加强对非营利性民办学校与利益关联方签订协议的监管，对涉及重大利益或者长期、反复执行的协议，应当对其必要性、合法性、合规性进行审查审计。"但他同时担心：《送审稿》对关联交易管得过细，监管工作能否跟上？以现在的行政力量，能否根据协议进行监控和审查，审查到什么程度？

　　董圣足表示，关联交易如果不浮出水面，分类管理就没有意义，完全不符合中央有关分类管理的精神和要义。他认为，《送审稿》第四十五条并不是把关联交易的路切断了，恰恰是把路打开了，民办学校按照规定做就不会出问题。该条款不是不允许关联交易，而是要求走决策程序，并且做到信息公开和价格公道。在分类管理新时代，从举办者的角度来看，浑水摸鱼的日子肯定是越来越少了。徐绪卿提出，加强信息公开意义重大，社会对民办学校的关联交易应有知情权。

三　对进一步完善《送审稿》的建议

（一）明确界定相关概念，增强政策的可执行性

　　《送审稿》第十二、十五条广受各界关注，大家认为，其中一些概念需进一步明确，比如集团化办学、品牌输出和加盟连锁等不是严格的法律概念，以增强政策的可执行性。

　　1. 关于集团化办学。王升武提出，拥有多少数量的学校算集团化？黄清云不赞成使用集团化办学这个词语，认为法律要做的是明确什么样的情况不能通过集团化办学来实现兼并。徐绪卿表示，法律需要明确集团化办学的概念，对第十二条文字作适当的修改。田光成也认为，《送审稿》对集团化办学缺乏清晰的界定，现在很多上市公司包含非营利性学校，可能集团正着手非营利性学校的收购工作，《送审稿》通过后能否继续？诸如此类的问题均会影响到集团的利益和未来的发展。

　　2. 关于兼并收购和协议控制。王升武对兼并收购提出疑问：一所学校收购另一所非营利性学校，政策是否允许？田光成也提出，在非营利性机构的相关法律中均未出现过兼并收购和协议控制等名词，非营利性民办学校作为非营利性机构的一种，《送审稿》提出这两个名词的依据何在？

　　3. 关于关联交易。潘奇认为，关联交易的概念很大，第四十五条第二款提出"应当对其必要性、合法性、合规性进行审查审计"，其中，对必要性的表述缺乏相关标准和可操作性，因为审查是要作出行政决议的，一旦有学校要复议就需要提供标准。张利国也建议对关联交易的概念、种类和法律责任作出规定。

4. 关于语言能力。魏训鹏认为，在第十五条中提及的"设立实施语言能力、艺术、体育、科技、研学等有助于素质提升、个性发展的教育教学活动的民办培训教育机构"中，语言能力和艺术等不是并列关系。王升武也提出疑义，语言能力到底涵盖哪些范围，比如面向青少年的英语培训，怎么判定通过英语培训提升了素质和能力？面对成人的能力培训，又该怎么界定和判断？

（二）关注举办者诉求，兼顾其他利益相关者诉求

与会者普遍认为，在讨论《民办教育促进法实施条例》修订的过程中，更应关注各方面意见，因为民办教育是利益相关者的集合体，涉及政府、举办者、教师和学生等。

徐绪卿提出，现在许多讨论集中在举办者的利益诉求上，忽视了师生的权益保护。比如有的学校被举办者多次买卖，教师缺乏话语权和知情权。凸显办学特色、提升办学质量和加强内涵建设，是民办高校的重点工作，但现实中一些民办高校教师的薪酬开支低于学校整体收入的30%，教学经费加上人员经费低于整体收入的40%，这种被严重"抽血"的学校，教师待遇低，肯定留不住人才。教师队伍建设不好，学校就难以办好，长此以往，将与优质化、特色化办学的要求严重背离，最终损失的也是举办者的利益。张利国对此持赞同意见，认为《送审稿》第三十九条"民办学校及其教师、职员、受教育者申请政府设立的有关科研项目、课题等，享有与公办学校及其教师、职员、受教育者同等的权利，立项后应当平等获得资助经费"的条款未提及民办学校教师普遍关心的表彰和奖励等事项，社会舆论更多关注的是举办者的利益，对教职工利益兼顾不足。仅在第四十条提及"对组织有关的评奖评优提供同等的机会"，但同等的权利不等于同等的机会，前者是一个法律概念，是法律承认并受到法律保护的利益。

对此，与会者们纷纷献计献策。上海建桥学院陈洁博士认为，上海民办学校年检要求学校的人员经费至少占学费收入的50%，而《送审稿》未对营利性民办高校教师的工资待遇设置底线和总额，将在执行中出现隐患，建议在第三十六条第二款后增加相关规定。徐绪卿提出两种保障教师权益的办法：一是教师的待遇原则上不低于本地区高校的平均水平；二是用于人员工资部分的经费不能少于学校收入的50%。很多民办学校之所以留不住人才，关键在于教师利益得不到保障。

（三）彻底解决产权问题，扫清法律落地的障碍

魏训鹏认为，民办学校举办者对原《民办教育促进法》合理回报的规定有一些误解，形成了对原有制度的依赖。原来的合理回报无论是奖励性的还是借贷还息，均造成个人产权所有权和法人所有权的混同，使办学的动机向营利方向发展。《修正案》取消了合理回报，造成举办者在思想上有波动，进而抵触新法。徐绪卿也提出，《修正案》实施后，民办学校产权问题没有得到根本性的解决，导致部分非营利性民办学校举办者继续存有合理回报的想法。尽管日本和我国台湾地区都规定私立学校不准营利，但私立学校仍经常发生营利性的违规行为。就民办学校举办者而言，政府给予的补助、补偿或奖励，实际上能拿到的经费还是很少的。

魏训鹏提出构建民办高校多元化产权制度的四条建议。一是打造多元的融资机制和投资格局，打破学校的思维定式，解开举办者的心结，正确理解法人产权。从本质上讲，一旦举办者选择非营利性民办学校，学校既是出资的又不是出资的，既是社会的又不是社会的，因为民办高校法人产权仅仅是法律意义上的抽象的财产所有权。二是民办高校应形成多元化的产权主体，并进入决策机构。三是增加财政投入，提高国有资产和捐赠资产的比例，形成多元化的投资格局。四是允许举办者进行合法的关联交易，在一定程度上承认合法的关联交易，让学校将营利做在明处，比如做强、做大学校后，后勤和相关产业可获取更多的盈利。总之，大学产权的公共制度有助于学校的科学治理和发展壮大。

与会者们还提出很多细节性的建议，比如徐绪卿建议将第五条中"由捐赠人、发起人或者其代理人履行"改为"由学校的决策机构负责管理"；针对第十九条的民办学校章程，张利国建议参照《公司法》章程，按照名称、宗旨、资本、机构和人员的顺序重新排位，并增加教职工和学生的权利与义务；陈洁对张利国的建议表示赞同，认为应把教职工与学生的权利以及保障机制写入法律；吴华认为第十一条中用了一个新词"牟利"，类似的词语一直都用营利，在法律中应尽量少用新词，建议改回营利；张利国从《公司法》出发，认为注册资金反映企业的经营管理权，注册资本反映公司的法人财产权，建议将第十九条的注册资金改成注册资本。

总之，多数人认为《送审稿》改革思路清晰、方向明确、措施得当，通过分类管理，使非营利性和营利性民办学校各归其位、各得其所，体现出

中央支持和规范社会力量兴办教育的精神。同时，《送审稿》存在的一些表述问题也有待完善。我国幅员辽阔，各地经济发展水平不平衡，对民办教育的需求和发展阶段的要求均不同，因此政策的重点和力度不可能相同。徐绪卿认为，有些问题从国家层面切入会有难度，可以交由地方政府因地制宜加以解决，要充分相信立法机关赋予地方政府的制度创新能力，这样才不会耽误政策的出台。对此，作为参与地方政府政策制定和实践的温州市教育局副局长戚德忠深有感触，他认为，国家把很多由国家层面、省层面的政策放权给地方政府去做，其实是对地方政府底层创新的一种考验。比如现有民办学校退出的奖励和补偿、民办学校收费、民办学校教师流动和民办学校的社会保险等问题，均考验着地方政府的智慧和创新力度。温州作为民办教育改革的试验田和先行者，在《修正案》出台前就实施了民办学校分类管理制度，实践证明，温州的民办学校在实施分类管理后并没有弱下去，而是强起来了。温州改革的五年，吸引社会资本 70 亿元，引进一系列品牌学校及名师、名校长 600 余人，有的民办学校创办仅 3 年就培养出了省理科状元。可以预见，《送审稿》的顺利通过和层层实施，将真正有效推动民办学校分类管理工作的落地，充分激发民间资金的活力，促使我国民办教育实现又一次腾飞。

（2018 年第 5 期）

办好民办高校学报，
服务民办高校高质量发展

——在《浙江树人大学学报》创刊 20 周年
座谈会上的发言

一

实施国家高质量发展战略，是保持经济持续健康发展的必然要求，是适应我国社会主要矛盾变化和全面建成小康社会、全面建设社会主义现代化国家的必然要求。习近平总书记在党的十九大报告中明确提出，我国经济已由高速增长阶段转向高质量发展阶段。他在十九届五中全会上指出："新时代新阶段的发展必须贯彻新发展理念，必须是高质量发展。""当前，我国社会主要矛盾已经转化为人民日益增长的美好生活需要和不平衡不充分的发展之间的矛盾，发展中的矛盾和问题集中体现在发展质量上。这就要求我们必须把发展质量问题摆在更为突出的位置，着力提升发展质量和效益。""经济、社会、文化、生态等各领域都要体现高质量发展的要求。"在参加十三届全国人大四次会议青海代表团审议时，习近平强调："要坚定不移走高质量发展之路，坚定不移增进民生福祉。高质量发展不只是一个经济要求，而是对经济社会发展方方面面的总要求。"① 习近平总书记围绕高质量发展发表的一系列重要讲话，为我们深刻认识高质量发展的科学内涵、核心要义和基本要求提供了依据，也为我们各项事业的高质量发展，提供了方向和行动的根本遵循。

---

① 高质量发展"高"在哪儿？习近平总书记这样解析［EB/OL］. 2021 - 03 - 08.光明网https：//www.m.gmw.cn.

国家的高质量发展必须有高质量的人才做支撑，人才培养的质量直接关系到高校能否为社会输送高质量的建设人才，从而关系到整个社会能不能实施高质量发展。因此，服务国家高质量发展战略，高等教育也必须实施高质量发展。正如党的十九届五中全会所提出的，"十四五"时期要建设高质量教育体系，使全民受教育程度不断提升。高等教育肩负着培养数以千万计的高素质专门人才和一大批拔尖创新人才的重要使命。提高高等教育质量，实施高等教育的高质量发展，既是高等教育自身发展规律的需要，也是支撑经济社会高质量发展、办好让人民满意高等教育的需要，更是建设创新型国家、构建社会主义和谐社会的需要。刚刚公布的《第十四个五年（2021—2025年）规划和2035年远景目标纲要》也明确提出，要"把提升国民素质放在突出重要位置，构建高质量的教育体系"。可见，高等教育的高质量发展，培养高质量的建设人才，已经成为我国高等院校在新的历史时期新发展阶段的新使命。

民办院校是我国高等教育改革和发展的生力军和增长点。改革开放以来，顺应各项事业发展对人才的需要，推进高等教育体制改革和发展，我国民办院校发展快速，迅猛崛起。根据教育部公布的数据，截至2019年年底，全国民办普通高校756所（含独立学院），招生数219.69万人，在校生7088280人，学校数、招生数和在校生数分别占全国普通高等院校的28.1%、24%和23.4%左右。另外还有硕士研究生招生876人，在学1865人。以下根据教育部网站相关数据统计（见表1）。

表1 2019年全国普通高校与民办高校办学相关数据比较①

项目	全国普通高校			全国民办普通院校					
	总数	本科	专科	总数	占比	本科	占比	专科	占比
学校数/所	2688	1265	1423	756	28.1	434	34.3	322	22.63
招生数/万人	9149026	4312880	4836146	219.69	24.01	110.84	25.7	108.85	22.5
在校生数/万人	3031.53	1750.8204	1280.7058	708.83	23.38	445.5180	25.45	303.1901	23.67

民办院校和在校生数量已经在我国普通高等教育发展中占有1/3和1/4的份额，成为国家高等教育体系中不可或缺的重要组成部分。全国每4个大

① 2019年全国教育事业发展统计公报［EB/OL］. 2020-05-20.教育部网站 http://www.moe.gov.cn/jyb_sjzl/sjzl_fztjgb/202005/t20200520_456751.html.

学生中，就有一个在民办高校就读。民办院校的质量已经涉及国家战略的实施，涉及社会千家万户的期待，涉及民办院校自身的健康稳定和可持续发展。民办高校的高质量发展，是国家高质量教育体系的重要组成部分，国家实施高质量发展战略，高等教育实施高质量发展，民办院校不能置身事外，必须抓住机遇，努力跟上，融入国家高质量发展。而由于体制的障碍、发展阶段的制约和政策不完善等影响，从民办院校发展的现实状况来看，实施高质量发展更为重要，更为迫切。

二

　　学报是高校特殊的学术阵地。《教育部关于进一步加强和改进高等学校校报工作的若干意见》（教社政〔2005〕13号）指出："高校校报是高校加强思想政治教育和开展新闻宣传工作的重要阵地，是传播社会主义先进文化和精神文明建设成果的重要载体，是学校联系师生员工、海内外校友、学生家长和社会各界人士的重要纽带，是展示高校对外形象和塑造学校品牌的重要窗口。""高校学报在高等教育事业发展和人才培养方面具有重要作用。"国际国内的经验表明，"高等学校学报工作是高等学校科研和教学工作的组成部分"，在高等学校人才培养、科学研究、服务社会和文化传承中，具有不可替代的作用，办好学报，既是高校工作的重要组成部分和基本职责，也是院校发展之必需。

　　高校学报是一个十分特殊的学术期刊群。它是特殊的学术期刊，也是学术期刊的特殊品种。首先，高校学报姓"校"，它属于高校，服务高校，是高校教学、科研成果展现的重要窗口；其次，高校学报属"师"，它是高校教师成长、成才的必不可少的重要助力器。高校学报在人才培养中肩负着基础学术科研能力的培养，在培养科技人才方面发挥着基础性的作用。最后，高校学报是信息库，是高等学校教学科研信息交流无可替代的重要平台，是高等学校以科研促教学、以教学促科研的重要信息源流。一所好的大学，至少应有一本有影响的学报。反之，一本有影响的学报，其背后必有一所名校作支撑。由此可见学报在高校发展中的地位和作用。

　　民办高等教育的发展，需要有一定的舆论阵地，学报就是其中最好的阵地之一。民办高校学报除了具有一般大学学报的学术职能外，还肩负民办高校教师队伍历练、国家民办教育政策宣传、民办高校经验交流和发展信息传递的功能，因此，大部分民办高校都对学报工作高度重视，建立机构、培育队伍、划拨经费，以大部分民办高校学报都有学校领导或者从公办院校聘请资深学者担任主编，保证学报质量，扩大学校的影响，支持学校的发展。目前为止，《浙江树人大学学报》《北京城市学院学报》《黄河科技大学学报》《湖北函授大学学报》已获得国家新闻出版部门的批准公开出版发行，在这些民办高校发展中发挥着重要的作用，尤其是《浙江树人大学学报》创办20年，服务教师成长，服务学校发展，服务国家决策，不断提高办刊质量，获得社会好评，《民办高等教育》栏目已经成为教育部30多个高校哲学社会科学学报名栏之一，建立了自身在社会和高校中的影响和地位。但是由于特殊的发展环境和发展阶段，我国民办院校学报发展严重滞后。对于大多数民办院校来说，举办学报仍然是困难重重。在1300余所已有公开刊号学报大学中，民办高校仅此4所。绝大部分民办高校学报只能通过发行内部刊物的方式。据了解，目前近800所民办高校中，已有200多所民办高校举办了"内刊"性质的学报。尽管许多民办高校对"内部发行"的学报没有嫌弃，在办刊的队伍建设、内部管理和编审质量方面做了大量的工作，涌现了一大批民办高校的优秀学报，在学报界产生了一定的影响。但是由于"内刊"的特性，带来一系列的问题。首先是功能问题。有关部门规定，内刊的主要功能是信息交流，原则上不刊登论文，有的地方管理部门甚至明确，内刊不能称为"学报"，由此形成"五花八门"的名称，诸如《××学院论丛》《××学院信息》《××学院》。其次是权益问题。内部刊物即使有部分论文发表，根据相关规定，所刊载文章不能进入学术数据库，也不能作为公开的成果参与相关考核或评奖，当然也无法获得著作权的保护。最后是质量难以提高。由于诸多原因制约，民办院校学报难以激发教师投稿的兴趣和吸收社会优质稿源，也制约了办刊质量的提高。

三

民办高校的高质量发展，呼唤民办高校学报支撑；民办院校教师的发展，呼吁民办高校学报的支持；民办高校的学科建设和科研发展，呼喊民办高校学报的支援。当下我国民办院校的科研能力、学科实力较弱，与我国民办院校的学报发展滞后也有一些关系。因此，重视和加快民办高校学报建设，提高民办院校学报办刊质量，建设好民办院校科研和学科发展的阵地，非常必要，非常迫切。为此，我们必须统一认识，高度重视，下大力气，办好学报。

第一，进一步凝聚民办高校学报重要性的认识。当下我国民办院校与公办院校的质量，整体而言尚有较大的差距，而科研和学科建设方面来看差距更显著，学报在培养和提高院校的研究能力方面，能够起到积极的推动作用，因此，民办高校领导要高度重视学报建设。"应加强对学报工作的领导与管理：定期研究学报工作；检查学报的政治方向和贯彻执行党和国家有关方针政策的情况；重视并关心编辑部的建设，采取切实措施不断提高编辑人员的政治思想与业务学识水平，提高学报的办刊质量和水平。"[1]

第二，政府主管部门要支持民办院校学报发展。要从提高民办院校办学质量、实施高质量发展的高度、加强民办院校学报监管的高度，解决民办院校学报长期游离于政府监管之外的问题。民办院校学报长期处于"内刊"状态，既不利于民办院校发展对学报的运用，也不利于主管部门的管理规范，更不利于民办院校学报提高质量。因此，建议相关部门能从办人民满意的高等教育的宗旨出发，给予民办院校与公办院校同等的拥有学报的地位，尤其要解决好民办高校学报长期以来无公开刊号的问题，分期分批给予部分办刊队伍齐、管理严、质量好的民办高校学报公开发行刊号。要将民办院校学报纳入常规管理，引导和规制民办院校办好学报提高质量，服务民办院校的高质量发展。

第三，民办院校学报要立足"服务"，提高质量。要准确把握和敏锐观察政治原则问题，坚持马克思主义的意识形态要求，坚持正确的政治导向；要端正学报的办刊思想，坚持学报为学校发展、为教师发展的服务、为学校教育教学和科研服务方向，结合学校的学科、专业特色，加强学报的特色化培育和建设，有条件的民办院校学报建议设置特色专栏，彰显学校的学科、专业特色，从而为学校的特色化、多样化发展助力；要及时发布投稿指南，培养特色优质稿源，提升民办院校学报的作者和稿源质量；要加强学报编辑

---

① 教育部办公厅：《关于印发〈高等学校学报管理办法〉的通知》，教备厅〔1998〕3号。

的业务水平提高民办院校学报的编辑和发行质量，加强编辑队伍的培养和建设，加大学报经费投入，给予必要的奖励和激励，以办好学报助推民办院校高质量发展。

（2021 年第 3 期）

附录　徐绪卿专著序言

1. 潘懋元：《新时期中国民办高等教育发展研究》序

中国民办高等教育重新起步于 20 世纪 80 年代，经过 20 多年的发展，已经成为中国高等教育事业的重要组成部分。随着中国全面建设更高水平小康社会的需要和高等教育大众化的进程，在未来的 15 年间，民办高等教育必将有更大的发展。未来的发展包括两个部分：其一是数量的增长，可能从当前约占高等学校总数的 41% 和在校生总数的 18%，增长到一半以上；其二是在民办高等教育总体质量逐步提高的同时，将有一批办学理念先进、师资阵容强大、资金实力雄厚、办学声誉良好的优秀民办高校脱颖而出，成为各自类型的一流大学。浙江树人大学已基本上完成了以规模扩张和校园建设为主的第一阶段的发展任务，向提高质量和注重内涵发展的第二发展阶段转变。在当前 1000 多所民办高校中，处于前列领跑的位置，有望与同类型公办一流大学媲美抗衡。因此，树人大学办学的理念与经验，特别值得民办高等教育界的重视。

徐绪卿副教授从 2000 年开始就在树人大学从事领导管理工作，并参与创建民办高等教育研究所，带头研究民办高等教育问题，与树人大学的发展相适应，边实践，边探索。2000—2004 年间发表了 60 多篇文章，主持了 10 多个研究课题，现在又出版了专著。我阅读了其中的部分文章和研究报告，认为这些来自实践的报告和论文颇具特色，其中不乏精辟的见解。举例说：

——在《"十一五"期间中国民办高等教育发展对策》课题研究报告中所提到的"发展问题"，如事业定位、法律保障、产权界定、经费筹集、公平、自主权、质量和评估、配套改革、内部建设与管理、科研和信息传递等问题，并作了准确详细的分析，可以说，抓住了当前民办高校进一步发展的要害。

——在《加强科研工作，提升民办高校整体办学水平》一文中，既阐述了民办高校开展科研工作的重要性，又实事求是地指出当前民办高校科研工作的重点应当是：面向区域经济发展的应用技术开发和推广、教学科研、民办高等教育自身的研究。这是很中肯的意见。

同时，综观全部文章，着重于研究讨论民办高校发展的关键性问题，如师资队伍建设、提高教育质量、筹集教育经费、制定规划和可持续发展战略等等，既有理论说服力，又提供了具体经验和方法，读之颇受启发。

这本论著，可以说，在一定程度上反映了中国民办高等教育发展的历程，也反映了民办浙江树人大学 2000 年以来快速发展的轨迹。它的出版发行，既有现实意义，也有较好的历史观照价值。

潘懋元

2005 年 4 月 8 日于厦门大学高等教育研究所

注：《新时期中国民办高等教育发展研究》，徐绪卿著　浙江大学出版社 2005 年 7 月出版

2. 朱玉：《新时期中国民办高等教育理论研究》序

我国改革开放 30 多年来，民办高校从无到有，办学规模从小到大，办学层次由低到高，从 20 世纪 90 年代中期仅有 6 所具有学历文凭颁发资格的民办高校开始，到目前含独立学院已有 600 多所具有学历文凭颁发资格的民办高校了。当时把民办高校仅锁定在专科的层次，但 21 世纪以来，除独立学院全是本科院校外，也已经有了 43 所普通的民办本科院校。值得十分欣喜的是，近日公布的《国家中长期教育改革和发展规划纲要》草案中提出了大力支持民办教育的一些有力举措，明确指出："民办教育是教育事业发展的重要增长点和促进教育改革的重要力量""支持民办学校创新体制机制和育人模式，提高质量，办出特色，办好一批高水平民办学校"；"对具备学士、硕士和博士学位授予单位条件的民办学校，按规定程序予以审批"等。这些举措的实施必将有力地促进民办高等教育的健康发展，昭示着不久将有一批高水平的民办高校屹立在中国的大地上。

在民办高校成长与发展的过程中，民办高等教育研究始终与之相伴，并随着民办高等教育事业的发展，从个别的、零散的、依附于高等教育研究而逐渐形成一个十分重要的独立的研究分支。从少数教育专家、个别关爱和倡导民办教育的政府官员对民办高等教育的研究逐渐聚集起了一支有着一定数

量的民办高等教育研究队伍，研究的内容也不仅仅是总结办学中的实践经验，对民办高等教育的未来也做了不少有益的探索。近几年来，随着民办高等教育事业的发展和壮大，民办高等教育研究成果也在不断丰富，研究水平不断提升，研究的学术活动不断增多。汤建民教授撰写的《近十年来国内民办高等教育的研究足迹——基于1999—2008年研究论文的计量分析和可视化识别》（注：刊登在《现代大学教育》2009年第2期）一文中提供的一组数据，可以对民办高等教育研究的状况有个粗略的了解：

1999—2008年中国期刊网收录论文总数为2857篇，发表论文涉及期刊有843种，论文的作者共有2081位，发表论文较多的院校既有老牌知名的大学，如厦门大学、北京大学、北京师范大学、华中科技大学、华东师范大学等，也有一批民办的高校，如浙江树人大学、黄河科技学院、北京城市学院等，同时，作者还统计了论文的来源，12%的论文来自课题研究成果，有来自国家社会科学基金和自然科学基金，有来自全国教育科学规划课题、中国高等教育学会课题以及教育部其他课题等。

必须指出，近几年来民办高等教育研究成果不仅仅是论文数量的增加，反映在有关教育政策法规的制定，而且还有一批民办高等教育的研究专著出版，更大量的还有民办高校本身的院校研究，直接指导着各个民办高校的改革和发展。可喜的是，民办高等教育研究的机构也在不断地增多。浙江树人大学21世纪伊始就成立了民办高等教育研究所，连续两次被中国高等教育学会评为全国优秀高等教育研究机构。一大批硕士生和不少博士生也把民办高等教育研究选择为自己研究的重要方向，许多从事民办高等教育的工作者也愈来愈重视对民办高等教育的研究，努力实践着"工作、学习、研究"三结合，有力地推动了教育、教学工作的开展。总之，实践已经证明，民办高等教育研究的开展，有力地推进了民办高等教育的改革和发展。

徐绪卿教授自从投身于浙江树人大学的建设后，较快地就选定了民办高等教育作为自己研究的方向。他撰写了大量论文，2005年出版了《新时期中国民办高等教育发展研究》一书，现在又从他近十年来公开发表的论文中选编出版《新时期中国民办高等教育理论研究》。这本著作的出版不仅仅是对徐绪卿教授十几年来研究成果的一个展示，也必将有助于推进国内民办高等教育研究的深入开展。从徐绪卿教授十多年来对民办高等教育研究轨迹中可看到几个鲜明的特征：第一，持之以恒。他最早的一篇文章是总结我国最早几所民办高校的办学经验，即本书中的《首批民办高校发展经验的思考》。以此为开篇，十几年来研究民办高等教育的方向不动摇，勤于探索，而获得了一批丰富的研究成果。第二，选题较广。既有宏观的又有微观的，有国家层面民办高等教育的持续发展研究，政策、法规的研究，又有大量的结合本省实际和学校发展的院校研究。第三，勇于申报各类课题，紧紧围绕课题，结合论坛主题展开探索。他善于收集大量的资料，进行分析比较，进行定量分析，从而使其研究成果更具有实践性、针对性、指导性。

民办高等教育正在迅速地成长，但民办高等教育研究毕竟是一个新生事物，无论在研究深度、研究成果、研究队伍、研究阵地等都还正处于起步阶段，我们相信，再过十年民办高等教育研究必将成为高等教育研究领域这个大花园中具有鲜明特征和不可或缺的重要组成部分。

朱　玉

2010 年 3 月于浙江树人大学

注：《新时期中国民办高等教育发展研究》，徐绪卿著　浙江大学出版社 2010 年 4 月出版。朱玉时任浙江树人大学校长。

3. 潘懋元：《我国民办高校内部管理体制改革和创新研究》序

中国民办高等教育的重现与发展，有两个重要的意义：其一是人们耳熟能详、基本上已达成共识的，就是民办高等教育以社会力量办学，减轻国家的教育财政负担，满足更多青年接受高等教育的愿望，为高等教育大众化和社会文化水平与生产力提高做出重大贡献。这一重要的意义，已有许多文章进行论证，并为 30 多年来民办高等教育发展的事实所证实，从而成为政府政策上从限制到支持转变的主要理由。只是对于未来公共教育经费充足，或者进入"福利国家"之列后，是否应当"国进民退"，有不同的设想，但那是未来遥远的事。另一个重要意义，只在一些理论文章有所论及，个别教育部门领导人曾经点到而大多数人并未认识或认同的，这就是：民办高等教育的办学者，拥有较多的办学自主权，具有较强的相关利益与经营意识，受传统治理体制的影响较少，因而具有较强的高等教育改革的动力，能够成为"促进教育改革的重要力量"（见《国家中长期教育改革和发展规划纲要》第四十五条）。但是，这一同样重要的意义，由于种种原因，包括社会认识不足、政策歧视或不落实，以及内部管理体制不规范等等，因而远未能实现，更谈不上"对普通公办教育产生冲击"（黄藤《关于我国民办教育基本理论的思考》）)。

中国公办高等教育内部管理体制是在计划经济时期所形成的。高校作为各级政府的附属机构，政教不分，管办合一，行政化倾向严重，在现代学校制度的建设中，举步维艰；校内各级领导管理干部实行任期制，在有限的任职期间，重视管理而不重视经营，改革、创新的动力不足。20 多年前，我曾担任过公立大学的领导管理工作，那时所存在的机构臃肿、人浮于事、资源浪费、效率低下的流弊和行政化的管理模式，至今改变不多，有的甚至更加严重。民办高等学校对比公办高等学校，无疑是弱势群体，但在体制、机制上的改革和创新，却具有一定的优势：压力较大，阻力较小，动力较强。但是，要使民办高等学校成为教育改革和创新的重要力量，还必须在内涵建设上下苦功。因此，积极探索民办高校内部管理体制的改革和创新，是彰显第二重大意义所急需。正如本书所指出的："对民办高校内部管理问题进行系统研究……不仅对于实现民办高校的有效管理、促进民办高校的良性运行和可持续发展具有十分重要的意义，而且对于完善公办高校的治理结构，促进公办高校管理体制的改革和机制创新，探索和建设我国现代大学制度，也具有重要的参考价值"。

徐绪卿教授的新著《我国民办高校内部管理体制的改革和创新研究》，是他从事民办高校领导管理工作十多年来所积累的实践经验，结合了他十多年来的理论研究成果。在这本新著中，作者以国内知名的民办高校——浙江树人大学的实践为基础，深入调研全国 30 多所不同层次与类型的民办高校，广泛搜集全国和国（境）外民办（私立）高等教育资料，运用有关理论如教育规律理论、法人治理理论、教育产权理论等等，进行分析研究，构成这部论述全面、结构严谨、理论与实际结合的专著，同时它也是一本系统的教材。多年来我也很关注中国民办高等教育的发展问题，但主要关注在宏观的理论与政策上，对于内部管理体制与机制，很少涉及。读了这本专著，增长不少知识。尤其是书中很多精辟见解，颇受启发。如关于产权问题久悬未决对民办高校发展所形成障碍的分析，关于民办高校不同性质资产所有权的界定和改革产权制度的建议；关于创新民办高校法人治理结构模式的设计；关于加强校长团队建设的深思熟虑，包括对民办高校管理家族化趋势和接班人的培养问题的研究；关于深化内部管理体制改革必须积极开展院校（校本）研究的建议等等，都提出了有理有据、符合实际的独到见解，体现了作者对于民办高校内部管理问题的深入思考。这是这本专著的基本特点。另一个特点是本书撰写过程中资料的搜集上颇见功力：历史资料的钩沉，如已经很难查到的《关于社会力量举办高等学校和中等专业学校试行条例》的重现和《私立学校法》（拟写稿）、《私立高等学校条例》（拟写稿）等；散佚资料的整理，如早期民办普通高校审批状况、早期民办高校概况表、民办高校专升本一览表、民办高等教育研究的相关博士论文一览表等等。一册在手，可阅可查。总体来看，本书全面系统地集成了当下民办高校内部管理体制改革研究的最新成果，创新了民办高校内部管理体制的研究，具有重要的理论研究和实践应用价值。

当然，作为社会科学的研究成果，一般只是探索性的而非定论。有些意见还可以讨论，还有一些问题有待进一步探索。例如：如何认识民办高校在体制、机制上可能的优势，引导其发挥优势，推动整个高等教育内部管理的改革和创新？如何在尊重民办高校自立、自主、自强的基础上，建设现代大学制度？如何认识当前民办高校的基本特点是投资办学，制定正确的善待投资办学者的政策？如何加强民办高校的章程建设，规范管理者、办学者都要依照章程管理学校？还有更多的问题，希望作者进一步深入探索，更希望引起读者的共同探讨。

是为序

潘懋元

2012 年 4 月 1 日于厦门

注：《我国民办高校内部管理体制的改革和创新研究》，徐绪卿著，中国社会科学出版社 2012 年 10 月出版

4. 杨德广：《我国民办高校内部管理体制改革和创新研究》序二

改革开放以来，伴随经济和社会的发展，人民生活水平的提高，我国民办高等教育得到快速发展，目前全国已有民办高校 676 所（含独立学院 323 所），每年招生 146.74 万人，在校生 476.68 万人，可见民办高等教育已在我国高等教育中占据重要地位，并进入一个崭新的发展阶段。今后，高等学校的主要任务是，贯彻落实《国家中长期教育改革和发展规划纲要》精神，大力提高教育质量，走内涵发展之路。对民办高校来说，要确保提高教育质量，必须搞好内部管理体制改革。在宏观政策环境逐步改善的背景下，内部管理体制已经成为民办高校增强自身核心竞争力的重要因素，成为民办高校

可持续发展的关键。

　　徐绪卿教授的专著《我国民办高校内部管理体制的改革和创新研究》，抓住当前我国民办高校改革发展中的重点问题，将民办高校内部管理体制置于高等教育发展转型的大背景下，剖析当下民办高校管理体制中的问题及其对民办高校自身可持续发展的影响，从基本国情和民办高校的实际出发，深入思考民办高校内部管理体制的改革和创新，提出了构建民办高校内部管理体制的系统设想和积极建议。

　　我有幸成为该书最早的读者之一，读后受益匪浅。

　　本书有三个特点。

　　一是系统性。目前，关于民办高校内部管理体制的研究尚不多见，现有研究散见于一些论文中，不够全面和系统。有研究产权的、研究董事会建制的、研究民办高校党组织作用发挥的等等。但是，管理体制是一个完整的系统，分割研究难以做到对整个管理系统的全面理解，还有可能就事论事、单兵独进和顾此失彼。《我国民办高校内部管理体制的改革和创新研究》一书，集成了当下国内同类研究的最新成果，比较系统全面地论述了民办高校内部管理体制问题，展现了民办高校内部管理问题研究的全貌，为读者系统全面地把握民办高校内部管理体制的构建和内涵，提供了可能。

　　二是创新性。由于举办体制的特殊性，民办高校内部管理体制与公办高校管理体制有很大的不同。而民办高校管理体制最初的构建无疑是借鉴国外模式。但是正如作者在书中所指出的，"民办高校内部管理体制终归是本国国情和文化的产物"。如何借鉴、消化国外经验并构建具有中国特色的民办高校内部管理体制，是我国民办高校可持续发展的关键。《我国民办高校内部管理体制的改革和创新研究》从民办高校的实践和国家制度的规定出发，提出了以董事会——校长——党委会——教职工代表大会为核心内容的"我国民办高校内部管理体制的模式"，这是对现有民办高校内部管理体制的大胆改革和创新。它既借鉴了国外私立大学的管理经验，同时也基于我国的国情和特色，考虑到与政府现有的高校管理机制相衔接和现有法律的规定，比较符合我国民办高校的管理实际。目前我国高等学校管理专著不多，民办高校内部管理研究更是鲜见。《我国民办高校内部管理体制的改革和创新研究》无疑填补了这一空白。

　　三是现实性。"没有调查就没有发言权"。开展调查研究，是搞好教育科研的基础和前提。《我国民办高校内部管理体制的改革和创新研究》的研究过程中，作者深入民办高校，做了大量的细致的调查研究，掌握第一手资料。本书有很强的现实性和针对性，对问题的论述、分析能做到客观、务实，提出的建议既能与法律法规相衔接，也考虑到民办高校的实际情况，因而提高了专著的可读性和应用性，不失为民办高校理论研究和实践探索相结合的一本好书。本书的出版既有益于丰富民办高等教育理论研究，也有一定的实践借鉴和启发作用。

我国经济社会正处在新一轮的改革发展时期，迫切需要大量人才，迫切需要发展高等教育。但如何发展？仅依靠国家财政出资兴办公办高校是不可能的，也是不现实的。中国这么大，底子又比较薄，要做的事情很多，不可能投巨资满足高等教育的发展。从世界各国高等教育大众化进程来看，发展私立大学是重要途径之一。在过去的 20 年间，至少 3/4 的经合组织国家中，私人资金的增长速度超过了公共资金，美国、日本、澳大利亚等国家私人资金的份额已经超过了 40%；韩国、智利等国家私人资金超过了 73%。传统上高等教育主要责任在国家的观点已经逐渐被教育成本、责任应由直接受益者和社会总体共同分担理念所替代。东南亚有些国家的高等教育 70% 以上是私立大学。俄罗斯私立高校也发展很快，有些地区达到 40%。印度除发展私立大学外，还有一批按成本收费的公立大学，既减轻了国家负担，又满足了更多人上大学的需求。而我国民办高等教育规模仅占全国高等教育规模的百分之二十几，仍有一定的发展空间。但大多数民办高校办学条件并不很好，面临严峻的挑战。尤其是近十年来，教育资源的快速增加和高等教育供求关系的逐渐缓解，加上计划生育效应下高等教育适龄人口的快速下滑，人民群众对于接受高等教育的选择权逐渐增加，优质高等教育资源受到追捧，而处于竞争弱势的民办高校生存和发展有较大的困难。因此，加快发展转型，加强内涵建设，深化改革，提高人才培养的质量，已经成为民办高校的紧迫任务。

管理问题是高等学校发展的软实力。民办高校与公办高校内部管理体制的差异，正是民办高校的优势所在。如何发挥民办高校管理体制和运行机制的优势，加强内部管理，提高管理效益，是民办高校内涵建设和转型发展的重要内容，也是民办高校在新的发展环境下摆脱困境、赢得竞争的重要途径。积极开展内部管理体制的研究，为民办高校加强管理提供理论参考和借鉴，也是民办高等教育研究者的责任和使命。《我国民办高校内部管理体制的改革和创新研究》虽然不能提供民办高校发展的灵丹妙药，但是至少提供了许多有益的思路和解决问题的积极建议，从而为民办高校抓住机遇，发挥体制、机制优势，创建特色和提升质量，实施可持续发展战略，提供了的理论支撑和实践依据。

徐绪卿教授是一位勤于学习、善于思考、勇于开拓的研究型民办高校领导。他对于民办高等教育的研究非常专注，主持过30余项课题，发表了90多篇论文，先后获得多项省部级成果奖。特别值得一提的是，他不仅亲自从事研究和实践，而且在学校里培养了一支队伍，组织了一个有实力、有影响的民办高等教育研究团队，取得了可喜的丰硕成果。他所领导的"民办高等教育研究院"，已经连续三届荣膺全国优秀高等教育研究机构，其所培育的以民办高等教育研究为特色的高等教育学学科，已经成为浙江省百强重点学科。他所负责的《浙江树人大学学报》"民办高等教育"专栏，已经成为全国高校学报教育部名栏工程栏目。这些成绩的取得，既是浙江树人大学的骄傲，也是徐绪卿教授辛勤劳动的结晶。事实也说明，民办高等教育研究也是前景广阔、大有作为的。

杨德广

2012 年 5 月 1 日于上海

4. 潘懋元:《教学服务型大学:理论研究与制度框架》序

刚收到徐绪卿校长一部40万字的著作《我国民办高校内部管理体制改革和创新研究》，另一部同样厚重的《教学服务型大学:理论研究与制度框架》书稿又摆在我的案头。徐绪卿校长是一位拥有16000多学生的准巨型民办本科大学的领导，又是一位多产的高等教育研究者。我同他交往已有十多年，读过他的一些文章和专著，并有多次思想交流的机会，对他善于融合理论和实践的作风与能力，有所感受。他的理论，产自丰富的实践经验;他的实践，并不囿于自己的经验，而是有其理论依据，尤其是善于吸取国内外有关的学科知识，改造创新，成为自己的理论观点。这本《教学服务型大学:理论研究与制度框架》，就是一个很好的范例:他所领导的树人大学，定位于"教学服务型"，这本著作，研究的就是教学服务型大学的理论与制度。这一研究，可以将亲自经营管理的大学作为实验基地，广泛参考其他同型高校办学的经验和国内外有关理论与制度，构建自己的理论体系。

本书的理论体系，是将高等教育大众化作为切入点，提出问题。这一切入点是准确的。因为应用性与多样化，都是高等教育大众化的主要特点。大众化的发展，不能停留在精英教育阶段的学术性与单一化上，固守精英教育立场的学者，往往看不起也很难理解大众化的重要性与必要性。因此，必须在大众化的前提下提出问题，才能深入理解当前高等教育必须克服同质化、必须分类定位、特色发展，才能使大学适应社会对专门人才的需求，推进高等教育现代化。

树人大学定位于教学服务型大学，以教学为中心，以服务为导向，符合教育发展规律和高等院校社会职能。学校教育以教学为中心，对于非学术研究型大学的应用本科或高职，都很容易理解并践行，因此本书着墨不多。本书的着力点也是重要创新点，在于研究服务的导向。

作为高校职能之一的社会服务，是指高校必须为当时当地的社会服务，才能扎根于地方。而教学服务型大学中的服务，除适应社会需求、对外服务之外，还强调对内为学生服务，从而将"以生为本，尊重学生的自主性和选择权，一切为了学生的成长"的理念作为对内服务的导向。不仅如此，本书还将服务的导向泛化到经营管理上，办学资源的配置，如资金、设备的分配和投入的先后，都要以对外、对内的服务导向为依据，从而使"应用"和"服务"落到实处。这一论点，颇具创新特色。

我认为，教学服务型大学的实质，也就是应用技术本科教育。因此，本书所阐述的上述理论，以及学科建设、科研建设、文化建构和"特色发展""转型发展"的战略等等，对于其他应用技术型本科都有较好的参考价值。

在高等教育大众化的进程中，中国一般普通本科院校，正面临向应用技术本科转型发展的时刻。如何转型、如何定位、如何发展，正需要理论指导和实践经验参考。相信本书及时出版，能为即将转型和正在转型的本科高校提供借鉴。

潘懋元

2014 年 8 月 28 日于厦门大学教育研究院

注：《教学服务型大学：理论研究与制度框架》，徐绪卿著，中国社会科学出版社 2014 年 10 月出版

5. 杨德广：《教学服务型大学：理论研究与制度框架》修订版序

徐绪卿教授的专著《教学服务型大学：理论研究与制度框架》，把高校

分类与高校的职能紧密联系在一起，颇有新意。这是我国第一部系统研究和论述教学服务型大学的重要著作。我国现有普通高校 2500 多所，传统的分类大致分为五类：研究型、研究教学型、教学研究型、教学型、职业技能型。各类高校都有四个职能：教学（人才培养）、科学研究、社会服务、文化传承创新。教学型大学，一般指新建本科院校，以教学、培养应用型人才为主要任务。但各校之间四方面的职能有所侧重，迥然不同。徐绪卿教授提出的教学服务型大学，是强调教学型大学如何更好地做好服务社会工作，强化社会服务职能，具有重要的现实意义。

教学服务型大学是一种新型院校定位，是大众化背景下我国高等教育多样化发展的产物。从教育发展史看，中世纪以后的大学，最初只有教学（培养人才）职能，是"象牙塔"里的大学；1810 年德国的洪堡创立柏林大学，打破了大学以人才培养为唯一职能的状况，提出大学应该开展科学研究的职能；20 世纪初，美国"威斯康星思想"创造性地提出了大学的第三职能——为社会提供直接的服务，使大学与社会生产、生活实际更紧密地联系在一起。克拉克·克尔在《高等教育不能回避历史》一书中指出，"社会是变化的，而且随着新知识的产生，随着技能的增加，随着需要更多的知识和技能应付前进中的文明的复杂情况，随着更多的人希望受到高等教育，教育在社会内部变得越来越重要。从而，不断地有新的服务领域打开，高等学校应该对此做出反应。"另外，根据布鲁贝克的高等教育哲学基础，服务职能不属于高等教育发展的认识论哲学范畴，它属于政治论哲学范畴，也是美国实用主义精神在高等教育发展中的体现。

在我国，随着高等教育大众化进程的推进，大学的社会服务职能逐步得到彰显。对于教学服务型大学的概念的提出，较早地见于 2007 年我国学者刘献君教授在《教育研究》发表的《建设教学服务型大学——兼论高等学校分类》论文之中，该文初步提出了建设教学服务型大学的路径和对策。由于当时对这一类型学校研究不多，认识还不够深入，虽有部分学者和高校关注，但并没有引起广泛的讨论。在 2010 年，当部分高校（尤其是新建本科院校）开始制订十二五发展规划之际，引发了对于学校自身定位的广泛探讨。新建本科院校都是教学型本科院校，但是又不囿于教学单一职能，此时教学服务型大学作为一种学校类型和一类学校的定位开始引发学术界的深入讨论，浙江树人大学、黑龙江科技学院、武汉纺织大学和宁波大红鹰学院等 10 余所高校都先后提出了建设教学服务型的大学的办学定位，并在十二五期间积极开展了大量的理论研究和探索性实践建设。

徐绪卿教授的专著《教学服务型大学：理论研究与制度框架》正是在这一背景下深入研究与实践探索的成果。该专著以高等教育大众化背景下高校多样化发展为背景，以大学发展历史、职能分化及其分类逻辑为基础，提出了教学服务型大学作为一种新型院校定位产生的逻辑必然性和社会合法性。专著深入研究了教学服务型大学的基本理论，探讨了教学服务型大学的概念、内涵与基本特征，提出了教学服务型大学的基本理念。从大学职能视角，专著深入阐述了教学服务型大学人才培养、科研服务与学生服务体系；从制度与组织视角，专著深入探讨了教学服务型大学的基本理念、组织设计、制度框架、文化创新与发展战略。整体上，专著初步形成了基本理论、制度组织构架及其实践路径的教学服务型大学基本框架体系，为教学服务型大学的建设与发展提供了较有价值的理论参考与实践指导。

教学服务型大学是大众化背景下我国高等教育发展与改革的新兴产物，它的出现和采用，既符合世界高等教育分类发展的逻辑，更具有中国高等教育发展历史的必然性，具有中国社会经济文化发展的必然性。该专著紧紧把握住高等教育发展的时代需求，从理论与实践层面阐述教学服务型大学的基本内涵、基本功能与发展战略，面向我国新建本科院校改革与发展，具有鲜明的时代性、理论性、系统性、创新性和实践性五个基本特征：

1. 时代性。自 1999 年高等教育扩招以来，中国高等教育进入了跨越式发展阶段，在这一时期，产生了一批新型的本科院校，部分本科院校通过体制改革进行了合并调整，部分中等学校、专科学校升格为本科院校，一些老牌本科院校通过多种途径建立二级学院并转制独立学院，目前这部分本科院校达到了 700 余所，占据了我国本科高校的半壁江山。正如专著中所指出的，这部分学校在管理体制上、在大学使命上、在教育经费投入上和教育服务区域上均具有浓厚的地方性色彩。服务当地经济和社会建设，是这部分院校的主要任务，从这个意义上说，地方新建本科院校选择建设教学服务型大学的定位，非常必要，非常贴切。因此，专著针对大众化时期的高等教育发展，满足新建本科院校发展改革与定位调整需求，具有鲜明的时代特征。

2. 理论性。专著以历史逻辑视角，阐述了大学发展历史及其职能演变史，详细论述了从中世纪时代大学职能演进及其类型到现代高等教育系统的分化，深入探讨了高等教育分类的理论基础、世界高等教育分类方法及其我国高等教育分类的基本状况，指出教学服务型大学的产生是大学发展的历史与社会发展的必然产物。当前高等教育系统走向开放化和多样化，大学服务职能应该得到回归。高等教育加快分化与加速转型，必然产生新的高校分类类型。专著从理论视角深刻地研究了教学服务型大学的社会合法性与逻辑必然性，具有深厚的理论基础。

3. 系统性。专著系统阐述了教务服务型大学办学理念、基本职能与组织设计，初步形成了教学服务型大学的基本理论体系与制度性框架。一是分析了教学服务型大学的办学理念，人才培养须"注重应用、服务需求"，科学研究须"以任务为导向、以服务为宗旨"，内部治理须"以生为本、以师为尊"，学校发展须"校地互动，特色发展"。二是系统阐述了教学服务型大学的基本职能，系统研究人才培养服务体系、科学研究服务体系以及学生服务体系。三是阐述了教学服务型大学以服务为基本宗旨，具有自身发展的基本理念，在组织设计、文化建设以及发展战略层面均具有了其独特性。

4. 创新性。专著创新性地提出了增加教学服务型大学的分类，扩充了高校分类种类，丰富了高校分类理论，并且围绕教学服务型大学进行了理论与制度的研究创新，认为教学服务型大学可以作为新建本科院校的发展定位；创新性地引入"服务"核心理念，将现代服务理念融入教学服务型大学的办学理念之中；创新性地提出了将服务流程融入对组织的整体设计与再造之中，确立服务导向的高效组织结构体系和灵活的内外适应性运行机制。专著具有较好的创新性，填补了这一领域研究的空白，是对教学服务型大学的一个很有意义的研究和探索。

5. 实践性。徐绪卿教授领导的浙江树人大学是我国最早获得批准的民办高校，在全国具有一定的知名度。学校定位于教学服务型大学，并在十二五期间进行了探索与实践。专著以校本为实践基地，广泛吸收了其他同类兄弟院校的办学经验，构建教学服务型大学发展的理论框架和组织制度体系，为我国新建本科院校选择教学服务型大学定位及其规划发展提供了重要的借鉴与参考作用，在推进新建本科院校转型发展和调整战略定位改革过程中具有重要的实践价值。

徐绪卿教授的专著《教学服务型大学：理论研究与制度框架》出版以来，受到了学术界和同行高校的高度关注。专著出版一年时间就售罄一空，这在现行的学术专著出版界并不多见，是非常值得肯定的，也说明社会对教学服务型大学探索有着相当广泛的认知基础和探索需求。值此十三五规划开局之际，该著作进一步修改并再版，我相信，这将进一步推动学界对于教学服务型大学的持续关注，引发更多同类高校对于教学服务型大学的研究并持续推进实践层面改革和探索，进一步完善和丰富教学服务型大学的理论研究和制度设计，推动高校转型，使更多的高校在服务经济和社会发展的进程中创造更好更多的业绩，在社会主义现代化建设和全面实现小康社会的伟大事业中贡献自我。

杨德广

2016 年 8 月 28 日

注：《教学服务型大学：理论研究与制度框架》修订版，徐绪卿著，中国社会科学出版社 2016 年 10 月出版

6. 钟秉林：《我国民办高校治理及机制创新研究》序

党的十八届三中全会通过的《中共中央关于全面深化改革若干重大问题的决定》中强调指出：全面深化改革的总目标是"完善和发展中国特色社会主义制度，推进国家治理体系和治理能力现代化"。将"推进国家治理体系"和"治理能力现代化"置于改革开放新的目标的高度，说明"治理体系"和"治理能力现代化"的建设在国家各项事业管理中将得到凸显和加强，并将预示着党和国家管理模式和方法的转型和变化。国家治理的目标决定了高等教育管理改革的方向，国家治理的需求也决定了高等教育治理的产生，国家治理的模式决定了国家高等教育管理的制度。在民办高等教育领域贯彻全面深化改革促进国家治理体系和治理能力现代化的要求，就应该加快贯彻"治理"理念，转变管理方式，深化管理改革，发挥各界积极性，共同推进民办高等教育事业的发展升级。

治理理论最早应用于经济领域，并在政治领域和社会生活各个领域逐步得到应用，越来越广泛地被用于公共管理领域，说明"治理"具有公共性和普适性。当然，"治理"在各个领域，具有不同的内涵。在"大学治理"中，研究人员分别从学理角度比较了大学治理与大学管理的内涵，分析了两者存在差异的原因并对此达成了一定共识。王洪才教授指出，从权力运作方式来看，大学管理比较注重垂直权力的运用，强调正式权力与职责分配，管理者与被管理者二元分明。大学治理强调每个成员的共同参与精神，强调协调与文化的引导力量；从权力实施的目的看，大学治理强调过程维度，注重正式权威的运用；大学管理则强调目标维度，注重无形权威的运用。赵俊芳

教授从管理与治理的概念入手，分析了大学治理与大学管理存在差异的原因。一是形成原因不同。管理的起因比较中性，而治理往往因"乱"而起，是由乱而序的治理。二是运行方式不同。管理是照看、看管之意，属于静态；而治理强调"改造"的过程，属于动态。三是力量强度不同。管理一般体现为渐进，而治理强调用"强力"变革，推陈出新。四是组织形态不同。管理的组织一般表现为结构封闭，治理的组织则突出开放的特征。五是组织构成不同。管理结构单一，治理结构多元。六是管理理念不同。管理强调控制，治理强调协同。基于上述原因，她认为，在高校组织中，大学治理与大学管理之间存在本质差别。这些见解代表了研究者的独到眼光，具有一定的道理，为大学治理的实践提供了理论的参考和指导。我从现代大学的组织特性出发，曾提出构建现代大学治理制度的前提。认为"现代大学的理想特征是自主办学、学术自由、师生为本，因此建设好的现代大学治理制度要做到：首先，改善政府宏观管理。政府要转变职能，加强宏观管理、分类指导，通过政策规划、经济杠杆、检查评估、信息服务等实现对大学的宏观管理；同时要构建外部质量保障体系，扩大高校办学自主权，使大学真正成为质量建设的主体。其次，完善大学领导体制。大学管理体制要职责明晰、规则明确、机制完善、团结协调，通过管理的科学、民主、效能，凝聚人心，实现学校发展目标。最后，优化大学组织结构。学术组织要进行交叉融合、学术创新，党政管理机构要精干、高效，加强服务和学术研究。其四，保障大学民主管理。利益相关者的参与权要加以保证，包括教代会、学生会、校友会的权益诉求，促进民主管理与决策。其五，深化管理体制改革。其六，制定大学章程。"

徐绪卿教授的新作《我国民办高校治理及机制创新研究》，回顾了私立大学治理的演变进程，分析了我国民办高校的治理现状，根据党和国家对私立大学治理的相关法律法规，提出了我国民办高校治理的基本目标和模式，并从理论与实践结合的高度，提出了机制创新的思想和观点，成为我国民办高校治理领域的又一重要理论成果。本书在以下几个方面提出明确的观点：

第一，大学治理是一个过程，民办高校的治理已经到了水到渠成的阶段。作者分析了我国民办高校发展的进程，结合民办高校发展的现状和趋势，认为民办高校治理既有必要性，也有紧迫性。

第二，任何国家的大学都是民族的大学，在治理问题上既有普遍性，也有特殊性。根据这一观点，作者提出我国民办高校治理的特征：（1）政府治理仍然是主导，加强党组织在治理中的地位和作用。上级政府机关和党组织，对民办高校治理仍然负有较大的责任；（2）董事会代表投资人和利益相关人政府、家庭、教职工等，为高校的最高权力机构，它代表产权所有者对所属高校拥有最终的控制与决策权。（3）校长是学校内部事务执行核心，为董事会负责，执行董事会决议，具体承办学校内部运行，并直接为学校的培养质量和水平负责。（4）党组织是学校政治核心，全面介入学校内部治理，参与学校重大决策，对学校办学方向负有把握权和监督权，依法对董事会和校长在行使职责时的行为进行监督。（5）教职工是学校改革和发展的主要力量和奉献者，有能力有资格有必要参与学校治理，以最大限度地调动学校发展的积极力量，凝聚人心，共同为学校发展出计献策。（6）民办高校是一个利益相关者的集合体，除了以上主体以外，民办高校的学生和社会家长、校友和社会企业都存在参与治理的缘由，要解决好学校发展的软环境，需要尽最大可能提供参与治理的机会和空间。多方参与，共同治理，职责明确，相互协调是我国民办高校治理的特色所在。

第三，民办高校治理是一个多方利益博弈的复杂进程，既要依法治理，也要实务指导。民办高校治理具有自身的动机、目标和要求。应从实际出发构架民办高校的治理模式。大学治理理论是从企业治理理论发展而来，但大学与企业又存在着本质的不同，因此，民办高校治理不应等同于企业治理。大学治理不同于经济领域的治理和政府治理，它是以培养受教育者作为第一要义的，无论哪个治理主体，教育教学权的把握始终必须放置于首位，只不过围绕这个中心任务各个治理主体的分工有所侧重。作者强调指出，现有许多研究将学校法人治理结构与企业法人治理结构混为一谈，全盘搬用企业治理的模式和目标，混淆了教育机构与经济机构的区别，混淆了学校与企业的区别，其架构不能适应高等学校的管理规律和民办高校的实际情况。

本人认为，本书的以上观点，密切结合我国民办高校治理实践，体现了我国民办高校的治理特色，值得关注。同时，个人认为，本书在以下几方面有所创新：

1. 理论性。治理是经济界产生的理论，但是由于其理念符合社会发展趋势，因此为社会各个领域所借鉴。但是，各个领域有不同的治理目标和内容，经济领域的治理不能适应所有社会领域的需要，经济领域治理的模式也不能推广到所有领域，因此，各个领域在借鉴和实施治理的同时，就必须有所理论创新，努力完善和丰富本领域的治理理论。本书中作者花费了较大篇幅，详细论述大学治理的演变和民办高校治理的必要性、重要性、紧迫性和可行性，论述民办高校治理所设计的理论基础和模式的构架，丰富了大学治理理论尤其是民办高校的治理理论，为我国民办高校实施治理提供理论参考。

2. 全面性。迄今为止关于民办高校治理的专著本身不多，而在仅有的少量专著中，本书的论述最为全面。这一方面得益于治理理论的高等教育领域的应用深化，人们对于高等教育治理理论认识的提高，同时也可以看出专著作者认真的治学精神。本书共计 40 余万字，对于一个省部级课题的成果，应该说是非常全面。从内容上说，专著贯彻了利益相关者"共同治理"的概念，敏锐关注高等教育特别是民办高等教育发展趋势，努力把握治理的内涵。

3. 创新性。本书创新性包括两个方面：一是本书在构架民办高校治理模式上的创新，二是在落实民办高校治理机制上的创新。如同作者所言，任何大学都是"国家的大学"，在治理方面也就有国家的、民族的文化烙印。我国民办高校是在中国共产党领导下社会主义土壤上成长起来的大学组织，是植根于中国大地的上层建筑，在治理方面，我们既不能照搬外国私立大学的治理模式，也不能照套我国 1949 年以前的私立大学治理样本。我国当下民办高校治理，既要有普遍性，更要体现时代性，把握创新性。有鉴于此，作者从我国民办高校发展环境和趋势出发，构建了政府主导、董事会决策、校长执行、党委把关、教职工参与、社会广泛辅助的民办高校治理体系，为当前民办高校治理提供有益的指导。

本书的另一个特点是理论与实践结合。本书作者徐绪卿博士，是一位多年从事治理实践的民办高校领导，也是一位较为知名的民办高等教育研究专家。在十多年的研究工作和领导实践中，他勇于探索，大胆实践，在学校治理中积累了丰富的经验，并善于运用高等教育发展理论，深入思考办学中的问题，从理论与实践的结合上探寻中国特色民办高等教育发展的模式和路径，效果显著，值得关注和点赞。我国民办高等教育发展规模庞大，在全国高等教育系统中占比较高，但是从事这一领域研究的学者不多，借此机会呼吁有更多的学者能关注我国民办高等教育的发展，积极参与民办高等教育的研究，共同为我国民办高等教育的发展做出贡献。

中国教育学会会长　钟秉林

2017 年 2 月 28 日于北京

注：《我国民办高校治理及机制创新研究》，徐绪卿著，中国社会科学出版社 2017 年 6 月出版

潘懋元：《民办院校办学体制与发展政策研究》序

一

徐绪卿教授的新著《民办院校办学体制与发展政策研究》，是一部专门研究我国民办院校办学体制与发展政策的鸿篇巨制，是系统地研究民办院校办学体制与发展政策的重要成果。

"高等教育体制是根据国体形式和社会发展需求确定的一种以高等教育的领导管理体制为核心制度体系，是由国家权力机关和领导结构制定的、相对稳定的高等教育体系结构模式，其功能划分为高教管理权限，规范人们高教活动范围、方式和行为，维护和促进高等教育事业的良性循环。"①

高等教育体制，包括办学体制、投资体制、管理体制、评价体制等。在这些体制领域中，办学体制是最基本的体制，是推动其他体制改革的关键。改革开放以后的一个时期，我国的高等教育改革主要是以管理体制改革作为主线来牵动的，曾先后进行了宏观管理体制、内部管理体制等改革。然而进展不快，关系不顺，推进难度大。事实说明，如果仅从领导与被领导、管理与被管理的关系层面开展高等教育体制改革是不够的。

为与市场经济相适应，高等教育体制改革的指向应该是办学体制改革。这种办学体制改革绝不仅仅是在不同业务部门、不同层次政府间的管理权的转换，更不单纯是为了解决办学经费不足，其主要作用是唤起全社会对高等教育的关注，动员社会各界参与高等教育办学，因而形成多样化的办学体制，广泛吸纳社会资源，最大可能地满足人民群众和经济社会发展对高等教育的需求。正是由于开展和深化办学体制的改革，40 年来，我国民办院校从无到有，从小到大，迄今为止学校数和在校生数在国家高等教育体系中已占有 29% 和 23% 的份额，民办院校已经迅速崛起成为我国高等教育的重要组成部分，为多渠道筹集高等教育经费，推进高等教育大众化，满足人民群众上大学的需求和社会主义现代化建设对人才的需求，激发我国高等教育发展活力做出了贡献。

民办院校的发展，需要多样化的办学体制。我国人口众多，举办世界最

---

① 潘懋元：《高等教育学》，福建出版社 1995 年版，第 66 页。

大规模的高等教育，需要大量的办学资金和运行经费。应该多渠道、多样化、多层面动员社会力量的参与和支持，为高等教育的质量提升和可持续发展提供充足的办学经费。同时，这种办学体制的改革也会在全社会起到辐射作用，从而为整个高等教育办学体制改革积累经验和提供借鉴，推动高等教育的健康发展，为实现科教兴国战略和建设社会主义现代化强国提供强大的人才支撑。

当然，高等教育办学体制的改革需要政府政策强有力的推进和保障。纵观世界各国私立高等教育发展的历史，可以发现，各国私立高等教育发展的繁荣和衰落与国家政策的认可程度和行政管理的措施是否得当是息息相关的，而且在发展过程中，几乎每个转折点都是以政策的颁布为标志的。世界银行1994年关于高等教育的报告指出，政府制定的优惠政策和管理框架是私立院校得以繁荣的重要保证。这一结论同样可以作为我国民办院校发展的指导。而由于我国民办院校发展的特殊需要，政策对于民办院校发展的影响更大。诚如本书作者所思考的，当前克服传统政策樊篱，消除民办院校办学体制的政策障碍，适应新形势制定新政策，推动民办院校办学体制深化发展，仍然是各级政府和民办高等教育研究者共同面临的重要任务。

二

随着我国民办院校办学的兴起，相关研究也逐渐开展起来。尤其是一批办学经验丰富、成绩卓越的民办高校，从办学实践出发，总结经验，提升为民办（私立）办学体制理论。浙江树人大学徐绪卿校长撰写的专著《民办院校办学体制与发展政策研究》的出版，更加展现了我国民办院校研究的水平。专著以我国民办院校起步发展，发挥体制机制优势，在国家高等教育体制中迅速崛起为宏观背景，以我国民办院校办学体制发展中的政策问题为主线，深入思考我国民办院校办学体制可持续发展的重大课题。专著回顾了世界各国高等教育发展进程中办学体制改革和发展的历程，从大学的起源、大学办学体制演变和世界各国私立大学发展的历史逻辑中，阐明我国民办高等教育发展壮大的重要性、必然性，这种从源头研究民办院校办学体制发展演变的论述非常少见。不仅如此，作者还以我国蓬勃兴起的多样化的民办院校办学体制为脉络，以高等教育大众化不断深化和提升为依据，多角度分析我国民办院校办学体制相关政策存在的问题和趋势，在此基础上，运用民办院校办学体制基本原理和要求，提出我国民办院校未来发展宏观政策设计和微观政策创新的工作思路和政策建议。

在本书中，作者在研究分析后提出了对民办院校办学体制的六个观点，值得重视：

第一，公私并行办学体制是高等教育办学体制改革的基本规律。本书系统回顾了中世纪以来大学办学体制改革进程，总结了私立大学发展的规律。指出公私并行办学体制是高等教育体制改革的基本规律。在公、私立大学的并行发展中，实际上营造了高等教育发展的生态环境，满足了社会多样化的求学需求，促进了高等教育质量的提高，从而使得民办（私立）院校的发展呈现新的价值。

第二，办学体制改革是高等教育发展的关键。办学体制改革是高等教育诸多体制改革的基础。本书对我国高等教育办学体制改革进程进行了梳理，用发展实践说明，没有办学体制改革的基础，教育体制改革就难以形成共识，改革就难以展开并取得成效。全国第三次教育工作会议确立"以政府办学为主体，公办学校和民办学校共同发展的格局"，并提出了一系列具体举措，从而大大推动了民办院校的发展。

第三，民办院校多样化办学体制格局基本形成。书中总结了当下我国民办院校办学体制主要的 5 种形态：一是个人举办，包括个人合伙举办；二是机构举办，包括企事业单位和社会组织机构举办；三是公私混合举办，具有国资成分参与；四是中外合作举办；五是多元举办。对办学体制类型的分析和划分，能够较为准确地判断我国民办院校发展的政策需求，同时为民办院校实施多样化的治理提供依据。

第四，管理改革成为民办院校发展的关键，管理政策成为民办院校发展的重要影响因素。作者认为，随着办学体制改革的深入，民办院校快速发展，管理问题凸显。传统的面向公办院校的管理不能适合民办院校，管理层与民办院校之间冲突不断，必须制定新的管理制度。而政策作为管理民办院校的主要载体和指导依据，成为民办院校办学体制深化改革、持续发展的关键因素，必须加强民办政策的研究。

第五，我国民办院校发展政策仍然存在的问题急需解决。专著结合我国民办院校办学体制改革和发展的政策和实践，指出了我国民办院校发展政策中存在的六大问题：一是发展政策缺乏顶层设计，制度缺失严重；二是政策执行力缺乏，政策效率不高；三是产权政策难以操作，制约社会投入；四是扶持政策难以落实，政策导向不明；五是民办院校内部治理关系不顺，急需政策规制；六是民办院校发展未能及时转型，急待政策引领。这些问题成为民办院校发展的政策瓶颈。

第六，我国民办院校发展政策应该转型。根据高等教育发展的新任务和新使命，着眼于公、民办高等教育共同发展格局的形成和巩固，着眼于科教兴国战略的实施和高等教育办学体制改革的深化，我国民办院校的发展政策应该转型，从外延式发展走向内涵式建设，从鼓励量的扩张走向质的提高，从规范监管走向鼓励与支持。

以上关于我国民办院校办学体制与发展政策的六个结论，符合中国民办院校发展实际，体现了一定的创新性，为民办院校发展政策的制定、实施与完善提供了依据，为民办院校发展实践提供重要参考。

在本书中，作者并没有仅仅停留在问题的分析上，而是怀着高度的学术责任心，以问题为依据，运用研究成果，大胆提出我国民办院校办学体制深化改革相关政策的六大建议。限于篇幅，这些不再一一列出。

三

粗览洋洋 60 多万字的鸿篇巨制，笔者认为，本书具有以下三个方面的创新：

第一，全面性和系统性。表现在两个方面：一是本书以改革开放后我国高等教育大发展背景下民办院校的发展崛起为背景，全面系统地研究我国民办院校办学体制与发展政策问题；二是本书全面系统地研究世界高等教育办学体制发展及政策演变过程，发掘民办（私立）院校办学体制改革的基本规律，为我国民办院校办学体制改革的深化和政策制定提供重要的依据。

第二，逻辑性和科学性。本书运用高等教育发展最新理论，分析和把握民办院校办学体制改革的重要性和必然性。通过中外比较，立足国情、放眼世界、关照历史、注重现实，从理论和实践两个层面研究和总结我国民办院校发展和改革的经验，揭示世界私立院校发展的共同规律和一般趋势，进而阐明我国民办院校办学体制改革的必然性，探讨规律性，服务于我国民办院校的发展。

第三，实践性和应用性。本书从理论研究分析出发，而重点放在实践性和应用性。本书的写作恰逢我国《民办教育促进法》修法、对民办院校实施分类管理之际，各个层面需要提出实施细则之时，作者抓住了机遇。据了解，专著中多项成果已经应用于政策制定，获得肯定，体现了较好的应用价值和实践价值。

总之，本书将理论研究与实际应用密切结合，具有一定的理论水平和较强的现实指导意义，所提出的政策建议具有针对性、时效性和应用性。部分内容已经为国家和省级有关单位采纳，在服务国家民办教育"新政"的贯彻落实方面发挥了积极作用。

这部专著，是徐绪卿教授主持的国家社会科学基金教育学重点项目的主要成果。应作者之邀，我作为专家组组长主持了项目研究开题报告会和成果报告会，有机会听取作者对成果的全面介绍，对成果内容有一个比较全面的了解和接触。

课题研究团队实力雄厚。浙江树人大学的民办高等教育研究院是我国民办高等教育研究的专门机构。团队还邀请和吸收了国内多所高校和教育研究机构的学者参与，提高了课题研究的能力，保证了课题研究成果的较高水平。

课题组开展了广泛的调查研究。先后组织 6 批近 40 人次，对 15 个省市以及浙江省内各地市和 60 多所民办院校开展了调研工作；召开了各类会议 14 次，参加会议的近 400 人；问卷发放 2000 余人；利用各种场合深度访谈 50 余人，来访会谈 100 余人，专题采访 210 余人次，获得了大量的第一手资料，为研究奠定了厚实的基础。

课题研究成果丰硕。课题组成员已发表论文 22 篇，其中教育研究等 C 刊论文 14 篇，被新华文摘和人大书报复印资料全文转载 5 篇；完成调研报告 9 篇，3 篇被相关部门领导批示采用；提供决策部门的建议文本 5 篇；课题组成员参加《民办教育促进法》修法讨论和《民办教育促进法实施条例》修改讨论 30 余次，许多成员直接承担或参与了地方贯彻落实《民办教育促进法》新政的制定，研究成果得到直接引用，扩大了课题研究的效益和效率。

我与徐绪卿教授认识已经 20 年。他具有多年的民办院校领导实践，加上本人的兴趣和努力，成为一个丰产而有影响的民办高等教育研究著名学者，近几年来出版的专著就有 140 余万字。他用自己研究成果和实践经验，为我国民办高等教育的发展出谋划策，值得点赞。

潘懋元

2018 年 6 月 23 日

注：《民办院校办学体制与发展政策研究》，徐绪卿著，中国社会科学出版社 2018 年 8 月出版

8. 别敦荣:《民办高等教育研究二十年》序

徐绪卿教授是一位优秀的民办高校领导者，又是一位成就斐然的民办高教研究者。他以一位学者型领导的身份活跃于民办高教界 20 年，创造了多个之最：承担民办高教研究项目最多，发表民办高教研究著述最多，研究成果获得政府奖项最多，以及民办高教界最有影响力的学者之一。他先后担任浙江树人大学副校长、校长近 20 年，为树人大学成立后最关键时期的发展建设付出了人生最重要的时光，也成就了自己人生最高光的时刻。浙江树人大学由小到大、由比较弱到比较强的发展，与他的付出是分不开的。卸任校长岗位后，他将自己发表的有关民办高教研究的论文整理出来，精选了部分代表性论文辑结出版，这是一件有意义的事。不论是对他个人的任职经历还是对他的民办高教研究，他都做了一个很好的总结。他的研究一部分是为了解决工作中的问题，一部分是探讨民办高教的一般发展问题。

民办高等教育也是我十分关注的一个领域。我可能是两个少数派，即高等教育研究者中研究民办高教的，民办高教研究者中研究高等教育的。尽管如此，我对民办高等教育发展和民办高教研究发展是有一定发言权的。毫无疑问，改革开放以来，民办高等教育和民办高等教育研究都取得了令人瞩目的成就。民办高等教育实现了复兴，一大批民办高校发展起来了，民办院校数量和在校学生人数占整个高等教育的比例奠定了民办高教不可替代的地位，让人们看到了民办高教的巨大影响力和广阔的发展空间。据统计，到 2019 年，民办高校数量已经达到 757 所（含独立学院 257 所，成人高校 1 所），普通本专科招生人数有 219.69 万人，在校生人数达 708.83 万人。民办高教发展解决了数以百万计的人民群众子弟有学上的问题，缓解了政府财政投资高等教育发挥的巨大压力。再从社会就业角度看，每一所民办高校都解决了数百人乃至上千人的就业问题，民办高教成了庞大的社会就业部门。不论从哪方面看，民办高教都是国家重要的事业，民办高校举办者和办学者们应当受到尊重。与民办高等教育复兴相伴随的是民办高教研究的发展。改革开放以来，民办高教研究未曾停下脚步，尽管这个研究领域至今仍没有成为"显学"，但这并不能否认它的地位和作用。每年都有一批民办高教研究文章刊发，也有若干专著出版，它们是民办高教发展的一种支持力量。

在看到积极面的同时，也不能否认，民办高教发展遇到了困难，民办高教研究未能破解民办高教发展的困局，或者说民办高教研究自身也存在不能忽视的短板。民办高教发展的困局可能是其发展过程中不能避免的，也可能是有的人一厢情愿造成的，不管是什么原因，政府有关部门和研究者都应当高度重视，从实际出发寻求破局良策。

民办高教的困局在于营非选择的两难。基于营非的分类管理政策设计是一个理想化的政策动议，出发点无疑是值得称道的。但它可能有些不切实际，民办高校似乎无论选择营利还是非营利，都难有一个光明的发展前景。这导致部分民办高校举办者铤而走险，将学校空壳化间接上市，将学校置于股市的起伏跌宕之中。其他民办高校举办者犹豫不决，难舍难分，举棋不定。实际上，不只是举办者面对两难困境，地方政府也似乎找不到两全其美的实施策略，所以，尽管许多省份都出台了实施细则，但也没有解除民办高校举办者疑虑。

民办高教的困局在于资本逐利的诱惑。社会资本可以捐作慈善，也可以投资营利。民办高校举办者投资办学的动机在于营利，尽管有的举办者在办学过程中精神境界得到升华，培养了浓厚的教育情怀，但不可否认，大多数举办者还是怀揣营利期望的。如果政策将举办者的营利动机完全推向市场，以市场手段调控民办高校办学，那无疑是勒紧了民办高教发展的脖颈。承认资本逐利的合理性，在发展民办高校慈善事业性质的同时，给予资本逐利合理的空间，这正是40多年来民办高教得以持续发展的命脉。有人可能说民办高校可以选择营利性办学，恕我直言，这可能是民办高校的绝望坡，不可能有前途。

民办高教的困局在于举办者的代际传承。民办高校正陆续进入举办者代际传承期，第一代举办者很多已经或即将进入古稀之年，精力有限，难以承受高强度的管理治校负荷。民办高校举办者的年轻一代子女正逐步上位，接替父辈执掌治校大权。常言道，嘴上无毛，办事不牢。尽管年轻一代可以从父辈手中接过权杖，但很多却还难有父辈那般的威信和亲和力。更值得注意的是，他们的父辈可能并没有光鲜的履历和先进的办学理念，但他们有数十年筚路蓝缕艰苦创业的经验财富，还有数十年里一起打拼的同事感情和人脉。经验、感情和人脉成就了他们父辈的事业，那么，年轻一代靠什么开创民办高校发展的新格局呢？

民办高教的困局在于治理的不成熟。很多人都认为民办高校有治理优势，它们机制灵活，束缚较少，决策更快，手段更有效，这些所谓的优势往往带来民办高校决策多变，办事随意，缺少规矩，没有遵循。因为举办者常常大权独揽，其他各级管理人员有职无权，连购买和报销几块钱的办公用品都需要找举办者审批签字。法律规定民办高校实行董事会（理事会）领导下的校长负责制，因为法律没有做出更详细的规定，即便有的有一些要求，也往往得不到有效的执行。很多工作制度徒具形式，实际上往往是举办者一人说了算。没有成熟的治理，难有稳定持久的高水平办学。民办高校的治理还很不成熟，治理体系建设和治理能力现代化建设依然任重道远。

民办高教发展的困局不是单一因素作用的结果。我不认为民办高教研究应该对民办高教发展困局负多大的责任，但研究存在的问题确实是有一定影响的。明确民办高教研究的短板，加强民办高教研究，更好地发挥理论支持实践的作用，是民办高教研究的发展方向。

民办高教研究的短板在于理论研究的薄弱。民办高教研究源于发展民办高教事业的需要，所以，民办高教研究及相关成果主要是关于发展民办高教的现实需要和政策的。民办高教理论研究，尤其是民办高教学理的深度阐释和规律揭示非常少见。理论研究薄弱不但使得相关研究工作停留于表面，主要讨论现实工作上的一些情况和问题，难以深入民办高教发展的深层次问题中去，而且不可能形成民办高教发展学说，使民办高教发展缺少坚实的理论基础。

民办高教研究的短板在于政策研究前瞻性不足。民办高教政策研究是重要的，不可缺少，一些新政策出台后，与之相关的研究往往会如雨后春笋涌现。审视这些研究会发现，大都是政策解释研究和政策实施研究，少见政策预研究和政策评价研究。这就使得政策研究的前瞻性是个问题。前瞻性不足使政策出台常常缺少充分的研究支持，弱化了政策的科学性和可行性。当然，这不只是民办高教研究存在的问题，也是整个高等教育政策研究存在的问题。

民办高教研究的短板在于服务民办高校办学的研究少见。民办高教研究关于宏观的问题很多，微观的研究较少，尤其是关于民办高校办学的研究非常少见。高等教育研究中有一类研究，即院校研究，专门研究具体学校办学问题，为学校改革建设决策提供咨询建议。民办高校很少设置院校研究机构，举办者较少听取研究人员意见和建议的意识，而校长等行政领导往往又主要根据举办者的意志办学。所以，民办高校办学体系建设随意性大，办学中的不确定性高，科学性、严谨性难言令人满意。

民办高校需要学者型的领导，他们能把发展民办高教的需要与理论研究结果有机结合起来，使理论更好地服务实践。徐绪卿教授是民办高教界少有的学者型领导。这样的领导越多，民办高教发展就越有希望。所以，我乐意为他的学术文集推荐，也希望他不忘初心，用更多的时间和精力投入民办高教研究，取得更多新的研究成果，为民办高教的繁荣发展作出新的贡献。

　　是为序。

别敦荣教授

厦门大学教育研究院院长

2020 年 11 月 18 日

　　注：《民办高等教育研究二十年》，徐绪卿著，中国社会科学出版社 2021 年 1 月出版

后　记

这是一本论文集，收集了本人在《浙江树人大学学报》上从 2001 年创刊以来发表的全部稿件。在浙江树人大学创建 40 周年之际，我把它结集出版，献给我为之服务、为之自豪、为之牵挂的浙江树人大学。

翻着一本本的学报，20 多年前创办学报的经历仿佛就在眼前，感慨万千。1990—1994 年，我在浙江省电子工业学校担任党委副书记，兼任浙江省电子工业局（后改为信息产业厅）团委书记。1994 年 11 月，接受组织部门的选派，到兰溪市挂职锻炼，担任市人民政府副市长，分管部门工业和电子工业规划。1996 年 8 月，接到省委组织部的通知，我提前结束了挂职，回到学校担任党委书记兼校长。2000 年 3 月 14 日，省政府下发文件，同意浙江树人大学与浙江省电子工业学校、浙江省轻工业学校（舟山东路校区）、浙江省对外经济贸易学校联合办学，组建新的浙江树人大学，实行统一领导，统一建设，统一管理。省政府在批复文件中明确，学校新组建后"董事长由省政协选派，董事由省教委与原 4 校主管部门协商后报省政府审定。" 4 月 30 日上午，首届董事会在杭州花家山庄隆重举行，省教育工委领导在会上宣布了学校董事会成员和领导名单，根据安排，我担任了首届董事和学校副校长，协助校长分管教学、科研、外事、图书信息和继续教育（含中专部）。2012 年 10 月，我又担任了树人大学的第七任校长，直至退休。纵观我的一生，大部分时间是与浙江树人大学紧紧地联系在一起的。

一

大学是一个学术单位，学报是一所大学的重要窗口，是大学特有的一种学术媒介，肩负着传播校园信息、推动科研发展、展示学术水平、促进教育改革的使命，在高校的整体工作中发挥着重要的不可或缺的作用。作为一所新建院校，它还是教师科研历练成长的一个重要的无法替代的阵地。2000

年5月新树大组建时，校长朱玉（时任常务副校长兼党委书记，主持学校行政工作）就高屋建瓴地提出了要办学报的想法，但是学报公开刊号的申请非常困难，其时全国民办高校仅有三份学报，实际上已经停止审批多年。因此，当我们开始申报刊号的时候，就有人预言这是"不可能完成的任务"。

可能不可能，做了才知道。根据工作分工，朱校长指派我主管学报工作，并确定教务处孟莉英老师具体负责。2000年6月6日学校正式向省教委和浙江省新闻出版局提交了学报刊号申请，10月浙江省新闻出版局审核同意上报国家新闻出版署。12月初，时任中央党校青干培训处肖廷福副处长帮忙了解到我校学报审批搁置的相关信息。事实证明，刊号申请的可能性很小。

12月27日，我和孟老师等一行3人赶赴北京，了解具体原因。第二天，我们冒着大雪寒冷，在浙江省政府驻京办事处原址路口打车，近两个小时才赶到新闻出版署，但是原来约好的与学校一位老师有亲戚关系的领导无论如何不肯见面，其他部门领导也都避而不见。我们都感觉到难度不小。

回到住处，正好碰到省政府驻京办郑宇民主任。郑主任曾是我的领导，我在兰溪挂职时，他任市委书记。我随口与他说了情况，情绪低落非常沮丧。郑主任告诉我，不要丧失信心，新闻出版署署长助理是我们义乌老乡，可以找他帮忙再沟通一下，可能有办法。他还给了我联系方法。29日，我们又打的赶往新闻出版署，直接找到了石峰同志。他告诉我们，对于大学办学报，新闻出版署是支持的，但是有一些具体规定比较难办。他让我们直接找司领导沟通。经过反复联系和要求，最后一位主管期刊的刘副司长出来与我们见了面，在听取学校的办学性质、主管和主办单位以及学报申办理由等情况汇报后，他直接告诉我们，有关部门有"'民办'不办"的明确指示，希望理解。如果不是'民办'，那就好办。看来，"民办"高校办刊的路确实走不通。

限于当时的情况，所有民办高校的校名都冠有"民办"，我们学校也不例外，全名为"民办浙江树人学院"。学报刊号如果要办成，那只有一个办法，就要把校名中的"民办"去掉。

回来后我把情况与朱校长做了汇报，提出了自己的想法。当时我参加了两次教育部举办的《民办教育促进法》立法座谈会，知晓民办院校对冠名"民办"问题普遍反映强烈（"民促法"颁布后根据大家的意见确实取消了），我想这事虽有风险但还是可以一试，这一想法得到朱校长的支持，为此我们重新起草了申请报告送到省教委，主管副主任得知情况后相当理解，很快就签字批准。但是在省新闻出版局遇到了困难，主管副局长因"校名不符"不肯签字，提出要省政府出具相关证明，这个困难就很大了，事情就这样耽搁下来。实在想不出其他办法，我把问题向时任学校董事长陈文韶做了详细的汇报，他非常理解，当即帮忙联系新到任的省新闻出版局俞局长，请他支持。2001年元月5日中午我们拿着文件赶到浙江省新闻出版局，俞局长很快就批了"同意"。次日我们就带上文件直飞北京，经联系8号下午到新闻出版署，顺利通过审核。我们又直接赶到张处长办公室，恳请她帮忙拟好文件，希望我们能带回去，经石助理协调，新闻出版署办公室很快帮忙编了文号盖好公章，我们提出"浙江树人大学学报"的名称也得到了支持，下班之前我们拿着批文高高兴兴地回到驻京办。学报公开刊号终于拿到了！1月9日我要去厦门大学参加教育部召开的民办高等教育研讨会，厦门气温19度，两地温差近40度，我在机场将大衣打包，请同事帮忙带回杭州，我直飞厦门开会。学报刊号申请终于获得成功，我们办成了一件大事！心中洋溢着成功的愉悦。朱校长甚至认为"《浙江树人大学学报》刊号的获得，不亚于造两幢大楼的作用①"。迄今为止，我们学报是全国仅有的四份有公开出版刊号的民办高校学报之一。此后至今20余年再未有民办高校学报获批正式刊号。

二

好事多磨。回顾学报刊号申报过程，感觉真是太不容易了，但是要办好学报，刊号申请成功只是第一步，这绝不是一句套话。为此学校专门聘请浙江工商大学的方集理、郁建明两位老先生过来帮忙，两位都是高校学报的前辈，具有非常丰富的经验。孟老师的爱人陈老师帮忙设计了学报封面，并提供了许多指导。学报的其他同志在孟老师带领下勤于学习，虚心求教，精心准备，学报在2001年5月正式创刊。

在设置学报专栏的时候，朱玉校长强调要求从学校实际出发，办出特色，办出质量，办出水平。根据当时学校的实际和服务浙江的要求，确定了"民办高等教育""经济和服务贸易""民营经济"等特色专栏，开始了学

---

① 徐绪卿、孟莉英：《十年树木——〈浙江树人大学学报〉创刊十周年》，后记。

报的建设。深知学报来之不易，我对学报的创办是格外珍惜，格外重视，我甚至担任了最初几期《民办高等教育》专栏的编审和校对，至今保存着有关部门颁发的学报编辑证书。

办好学报的重要一环在于稿源。当时民办高等教育专栏稿源稀缺，我们想了许多办法。但是，稿源的需求是大量的、长期的，培育自身的稿源势在必行且非常紧迫。朱玉校长对此非常重视，在学报提交申请刊号的同时，2000年9月8日，学校成立了"民办高等教育研究所"，开展民办高等教育研究，朱校长亲任所长，我任副所长，负责具体事务。我们邀请了省教委一位刚退休的副处长担任专职副所长，负责此项工作，但是进展非常艰难，三个月不到他就离开了。此项工作的主要任务就落在我的肩上。在朱校长的指导和支持下，我开始组织团队、物色成员、制定规划、指导研究，从无到有，从零开始组织民办高等教育研究。为了给学报提供稿件，朱校长亲自动笔，率先垂范，为学报撰写文稿。作为学报的分管领导和主要负责人，我也开始加入民办高等教育研究的行列。学校民办高等教育研究院为学校培养了一批研究骨干，也为学报的"民办高等教育专栏"提供了大量的稿源。这些论文虽然比较简朴甚至粗糙，但是切合民办高校发展实际，面向具体问题，经学报同仁的努力"加工"和作者反复修改，基本达到发表要求，也引发民办高校同行和上级部门领导的关注。各位同仁在为学报积极撰稿的同时也在科研启蒙、课题研究、教学研究和职称评定等诸多方面得益匪浅，绝大部分青年教师都在学报上发表过论文，学报成为名副其实的青年教师科研训练和成长的重要阵地。同时，学报也逐步积累经验，专兼结合，内外兼收，广开稿源，潘懋元、胡瑞文、顾明远、杨德广、邬大光、阎凤桥、张应强、别敦荣、韩民、鲍威、菲利普·阿尔特巴赫等一大批国内外著名高等教育研究大家、专家都曾为学报撰稿，有的至今还应邀担任学报编委会校外委员，帮助学报提高质量。大量民办高等教育研究成果的发表，提高了稿源的档次和水平。学报的发展和特色引起相关人士的关注，教育部原副部长周远清、发展规划司原副司长瞿延东等领导多次给予肯定。教育部社科司期刊处田敬成处长，北京大学学报原主编、中国高校人文社会科学报理事长龙协涛、杨焕章、潘国琪等三位教授，全国高等学校文科学报研究会副理事长、《高等学校文科学术文摘》执行总编姚申教授，中国社科院文献信息数据库部主任姜晓辉研究员等，给予学报的发展予以更多的关注和支持，多次受邀亲临学报相关会议指导。学报的建设和成长离不开这些领导、专家的关注、呵护和支持。2006年，经专家推荐和组织评审，学报被评为中国高校人文社科学报全国优秀社科期刊，2011年，"民办高等教育"专栏在教育部第二批高校社科学报优秀栏目评审中脱颖而出，成为全国民办高校学报中独有的"名栏"，成为省内唯一获此殊荣的高校学报。短短几年时间就取得了这样的成果，出乎我们的意料，增强了我们的工作信心。2007年在龙教授等专家的支持下，我们成立了中国高校人文社科学报协会民办高校学报系统联络中心（又名：全国民办高校学报研究会），正式成为中国高校人文社科学报协会的二级机构，我被选为首任主任（理事长，2016年12月退任），成为联系和组织民办高校学报的牵头单位。2016年10月，在首届教育部"名栏工程"建设评奖活动中，学报"民办高等教育"栏目获得"名栏建设优秀奖"。

三

在2000年之前，我对高等教育研究、民办高等教育研究几乎是一片空白，我没有搞过正儿八经的"科研"，既没有做过课题研究，也没有发表过任何"论文"，是高等教育研究的"门外汉"。担任树大领导后，感觉到"外行"的艰难，渴望通过学习和研究，提高理论修养和自觉。办好学报，为学报供稿，也是当时一项非常重要而急迫的任务，客观上成为我开展理论研究的一个契机。于是，从学报创刊开始，在朱玉校长指导下，我学着给学报供稿，并逐步从学报发表到相关专业期刊发表，从撰写论文到做课题研究，从服务学报到服务学校和民办高等教育发展，不论是担任副校长还是后来担任校长，坚持数年，从未中断。研究使我尝到了研究的收获，为管理工作提供了依据和指导，并逐渐形成了边工作、边研究的习惯，研究成为工作和生活的一部分。在担任副校长、校长的20个年头里，我先后在各种报刊发表了150余篇论文，其中C刊和全文转载近60篇；主持国家社会科学基金重点项目、全国教科规划教育部重点研究课题、教育部人文社科研究课题、省哲学社会科学研究课题和省科技软科学研究重点课题等省部级以上级别研究课题21项，另外还有省高校新世纪教改重大招标课题、教育部"十一五"全国教育事业发展规划招标课题以及若干协会、学会和厅局级一大批课题；从2001年开始，我陆续参加《民办教育促进法》立法和《民办教育促进法实施条例》制定的讨论，2004年参加"全国教育事业发展规划"制定讨论，并主持了教育部招标课题研究，参与国家层面决策咨询活动，

2017 年，受上级委托我们还牵头组织起草"贯彻落实《民办教育促进法》地方新政'1+7'文件"，多次近距离参与了省政府民办教育发展重大政策的决策；经同意，我们与中国高教学会合作，先后举办了 6 期"中外民办（私立）高等教育发展论坛"等学术会议，扩大了学校的影响，民办高等教育研究院连续四届获得"全国优秀高等教育研究机构"称号，先后成为中国高教学会民办高等教育研究基地和中国高教学会民办高等教育研究协作组组长单位，2009 年高等教育学科成为省重点学科（A），我担任两个机构和重点学科的负责人；在高级别出版社出版民办高等教育研究专著 12 部，其中在中国社会科学出版社出版 10 部；根据学校工作的需要和研究积累，本人从 2007 年开始申报省级研究成果奖，迄今为止共获得 9 项省部级奖项，主要是省政府哲学社会科学奖和教学成果奖，其中一等奖两项，二等奖 3项，三等奖 4 项，另外还有 3 项厅局级一等奖。奖项层次不高，但是也体现着我的一份努力。2008 年，我集中研究民办高校的教学评估问题，引发相关部门领导重视，并应邀参加了第一轮本科院校合格评估相关课题的研究，2010 年开始担任教育部普通高等学校本科教学工作合格评估和审核评估专家、副组长，先后参加全国 40 余所民办本科院校的评估。我还担任了国家社科基金项目评委。鉴于我在民办高校管理和民办高等教育研究中的成果和影响，经推荐，我曾应邀出席教育部直属高校工作咨询委员会第二十八次全体会议，担任过中国民办教育协会民办教育研究分会理事长。

　　我的第一篇论文是在学报发表的，我的学术是从学报起步的，我是学报的受益者之一，我对学报具有一种特殊的情感。从 2001 年 5 月学报创刊至今，我在学报"民办高等教育"栏目共发表 50 余篇文章，为学报供稿成为我的一份责任，一份不能推卸的任务。作为一位高校领导能为本校学报连续撰写这么多稿件，我想在全国也不会太多，这凝结着我对浙江树人大学、对《浙江树人大学学报》的一份深切感情。

　　对于本书的内容，还需要说明几点：一是为了反映对民办高等教育的认识进程，除了一些明显错处之外，对文章没有做大的修改，但是限于篇幅，收集时删除了英文摘要和个人介绍，另外有一些格式根据出版社要求做了调整；二是这些文章绝大部分都是本人独立完成的。部分与同事合作的文章，我是主要起草者，不是挂名的，不存在"知识产权"问题。三是我在学报共发表 50 余篇文章，为节省篇幅精简内容，删除了几篇论文和报道性质的会议综述。另外，部分论文已经编入《民办高等教育研究二十年》（中国社会科学出版社 2021 年出版），为保持本书的完整性，仍将其收录其中。

四

　　本书的出版，凝结着许多专家和朋友的支持，没齿难忘。2001 年初，我在北京办好学报刊号，直飞厦门，参加教育部高教司在厦大召开的"民办高等教育研讨会"，其间有幸认识了潘懋元先生和邬大光教授。2001 年 5 月中国高教学会和全国人大教科文委在杭州召开民办高等教育学术研讨会期间，我专门邀请潘先生到学校考察讲座，此后潘先生几乎每年都有一到两次带学生来我校交流和讲学，给予我校学报和民办高等教育研究莫大的鼓励，10 多年里潘先生在学报发表的论文就有 9 篇，肯定是同类期刊中最多的，大大提高了学报的层次和影响。他一直担任学报的校外编委，以实际行动支持民办高校办好学报，支持民办高等教育研究。潘先生给予我的研究很多的指导，是我学术的启蒙和引路人，我曾自喻是潘先生的"编外学生"，从潘先生身上学到许多。我有 4 部专著是潘先生亲自作的序。2015 年 12 月，当潘先生得知我申报的课题获得国家社科基金重点立项时，专门打电话来祝贺鼓励；2016 年 3 月，96 岁高龄的潘先生更是接受邀请作为专家组组长千里迢迢赶来杭州参加课题开题，给予我无私的支持，2017 年 12 月，我们邀请潘先生作为课题成果认证报告会专家组组长，他欣然接受，并提了许多很好的建议；成果专著出版时，潘先生应邀为专著作序，给予高度评价和肯定；在潘先生的鼓励和指导下，该专著获得浙江省人民政府颁发的"省哲学社会科学优秀成果一等奖"，潘先生得知后非常高兴。后来此书还被收录首届"浙江省高校哲学社会科学精品文库"（全省 100 部）。可以说，这个荣誉的取得，与潘先生悉心指导和大力支持是分不开的。本书许多文章的发表，也得益于潘先生的讨论、启发和指点。如今潘先生已经离开了我们，但是他的教导我终生都会牢记。感谢周远清、顾明远、胡瑞文、杨德广、钟秉林、张晋峰、邬大光、张应强、别敦荣、韩民、阎凤桥等领导和专家的关心和关怀，我主持的 10 多次学术会议，都有他们的启发和支持。张应强教授指导我较好地完成了博士论文，杨德广、钟秉林、别敦荣、邬大光教授曾分别为我的专著作序，他们真正是我学术方面的良师益友。

　　特别感谢厦门大学原副校长邬大光教授在百忙中为本书撰写序言。我们从 2001 年年初的厦大会议熟悉，从 2002 年开始，邬教授多次应邀来校讲学，参加我组织的民办高等教育研究学术活动并作演讲，从专家、专业的角度给予我校民办高等教育研究工作指导，多次应邀参加我的课题开题、结题和鉴定，并在交往中成为很好的朋友。从学报来说，邬教授多年来一直担任校外编委，在学报发表多篇论文，对我校学报给予大力的支持。本书出版，我深知邬教授工作忙碌，时间宝贵，不想麻烦太多，想选邬教授以前在学报所发的一篇短文作序，没想到与邬教授沟通后，他无论如何不肯"将就"，一定要重写，他特别用心，挤出宝贵时间，花费大量精力，时间和数据反复核对，结构内容数易其稿，洋洋 7000 余字，直至年三十的前一天才定稿，认真态度令我动容，感激之情难以言表。

本书文章整理得到学报编辑部毛红霞、陈汉伦两位同仁的大力支持。两位年轻的编辑来学报工作后积极上进，认真负责，一丝不苟，严格要求，为学报的发展和成长作出了贡献；同时他们勤奋学习，注重提高，均已获得副编审职称，他们与学报共成长。本书文章的发表，他们做了许多的修改、编辑工作，也有他们劳动的成果，本次收集整理工作时间紧工作量大，两位同仁冒着酷暑，细心帮忙，非常辛苦，在专著出版之际，对两位编审付出的辛勤工作表示由衷的感谢！

本次结集出版的论文，全部是发表在《浙江树人大学学报》上的，但是借此机会我还是要感谢《教育发展研究》的孙昌立、朱云、林岚和翁伟斌老师，《中国高教研究》的王小梅、范笑仙老师，《高等教育研究》的曾伟老师，《教育研究》的杨雅文老师，《教育与经济》的叶庆娜老师，《高教发展与评估》的金诚老师，《复旦教育评论》的熊庆来老师，《中国高等教育》的吴绍芬老师，《人民政协报》的贺春兰老师和《中国教育报》的赵一枫老师，还有人大复印报刊资料《高等教育》的谭旭、宣小红和林清华老师，等等，我的许多论文的发表，得益于他们的修改和指导，他们的帮助和支持增强了我研究的信心和勇气。他们为民办高等教育的发展和理论创新，也作出了贡献。

本次结集出版，感谢中国社会科学出版社编校老师的大力支持，他们对书稿的认真审校，高度负责，保证了专著的质量。专著《我国民办高等教育内部管理体制的改革和创新研究》（2012 年出版）获得省政府颁发的"浙江省哲学社会科学优秀成果奖"三等奖；2014 年出版的《教学服务型大学：理论研究与制度框架》是国内唯一的一部专门论述"教学服务型大学"的专著受到业界欢迎，不到一年就告售罄，2016 年又出版了修订本；由我校胡建伟教授等翻译、我受托出版并负责审校的《私立高等教育：全球革命》（［美］菲利普.阿尔特巴赫等著，2014年出版）获得了出版社年度引进优秀图书；我的专著《民办院校办学体制与发展政策研究》（2018年版）获得"浙江省哲学社会科学优秀成果奖"一等奖，并被收录首届浙江省高校哲学社会科学精品文库（全省100部，2022年）。在成功的背后，有中国社会科学出版社编校老师的辛勤付出，他们在书稿结构、框架安排和装饰设计等方面提出了很多专业的建议，花费了很多精力。在此对中国社会科学出版社的老师们表示感谢。

最后，谨对学校领导、学科同仁的理解和支持深表谢意。我把浙江树人大学视作是探索民办高校中国办学模式的一个重要的试验场，树大的成功和发展为我的研究提供了平台，研究工作一直得到学校各位领导的帮助。学科同仁给我提供了很多的支持，他们有的参与我的研究，有的为论文撰写提供建议，有的与我合作撰写或修改论文，为今天的论文结集出版或多或少做出贡献。他们正在成长，是学报发展和民办高等教育研究未来的希望。

我国民办高等教育正处于重要的发展阶段。政策已经出台，方向已经明确，目标更加清晰，要求更加严格，挑战更加严峻，未来前程光明。民办高校的高质量发展，有待于广大实践者的不懈探索，也需要理论界的深度创新提供指导。希望本书出版，能给同行、同仁们有所启迪，推动我国民办高等教育研究不断深入，共同为我国民办高等教育的发展助力，共创民办高等教育发展美好的明天！

徐绪卿

2024年1月8日于杭州浙江树人大学